ARCHIVI DI ARTE ANTICA

GIOVANNA SARONI

LA BIBLIOTECA
DI AMEDEO VIII DI SAVOIA
(1391-1451)

UMBERTO ALLEMANDI & C.
TORINO ~ LONDRA ~ VENEZIA ~ NEW YORK

Il volume di Giovanna Saroni dedicato alla biblioteca di Amedeo VIII di Savoia prosegue una collana che l'Editore Allemandi ha inteso realizzare, prendendo le mosse dai risultati degli studi svolti dai vincitori delle borse di ricerca in discipline storico-artistiche promosse dalla Compagnia di San Paolo.

La Compagnia, nell'ambito della sua attività di sostegno alla ricerca artistica e culturale, ha promosso borse di ricerca volte, da un lato, a ricostruire le vicende e la personalità di quegli artisti che operarono in Piemonte tra il XV e il XIX secolo, dall'altro, ad affrontare nel medesimo arco temporale il tema della *frontiera*, intesa in senso non meramente geografico, ma come area privilegiata di incontro e scambio di diversi valori filosofici, politici e culturali.

Le borse di ricerca sono state assegnate da una commissione presieduta da Pierre Rosenberg e composta da Michela di Macco, coordinatrice, Enrico Castelnuovo, Andreina Griseri, Giovanni Romano e Carlenrica Spantigati.

COMPAGNIA DI SAN PAOLO
Corso Vittorio Emanuele II, 75 - 10128 Torino
tel. (+39) 011 5596911 - fax (+39) 011 5596976
www.compagnia.torino.it
info@compagnia.torino.it

Sommario

Presentazione

A un quarto di secolo dalla mostra «Giacomo Jaquerio e il gotico internazionale» (Torino 1979) le ricerche di Giovanna Saroni vengono a ricompattare e a illustrare in modo ineccepibile una serie di scoperte e di accertamenti critici finora dispersi nella sempre più ricca bibliografia jaqueriana e in quella, per tanta parte parallela, sul duca-papa Amedeo VIII e i suoi gusti collezionistici. A scorrere il fitto repertorio bibliografico che conclude il volume si leggono in filigrana i passi avanti delle indagini storico-artistiche che hanno consentito e favorito i risultati innovativi della giovane studiosa (è giusto ormai parlare di una nuova generazione di ricercatori che subentra ai fondatori e promotori degli studi sull'arte nel ducato sabaudo nel delicato passaggio dal Trecento al Quattrocento). Anche se la ricerca della Saroni si concentra sul patrimonio librario della corte sabauda (e ne discute François Avril qui accanto, da par suo), i riferimenti diramati alla cultura figurativa franco-italiana (e non solo) faciliteranno per tutti nuovi accertamenti sulla pittura e la scultura nelle aree che gravitano su ambo i lati dello spartiacque alpino. Si avverte che la Saroni viene da una precedente esperienza di studio sulla pittura ad affresco del Trecento in Piemonte, tale da renderla sempre attenta ai rapporti tra la miniatura e la pittura a grande dimensione.

L'*Apocalisse di Savoia* ora all'Escorial è naturalmente il centro di gravitazione intorno a cui ruota tutto il lavoro, ma Giovanna Saroni ha saputo inserire quel capolavoro in una prospettiva storica aperta, che spazia dai suoi precedenti alla sua fortuna nel tempo. Il collezionismo di Amedeo VIII e del figlio Ludovico agisce da filo conduttore, ma insieme occupano il primo piano del lavoro le figure così diverse e così significative a livello europeo di Jean Bapteur e di Péronet Lamy. Il primo rimarrà sempre legato alla grande stagione artistica dominata dai figli e i nipoti di Jean le Bon: Carlo V di Francia e Isabella, moglie di Gian Galeazzo Visconti, Jean de Berry, Filippo l'Ardito, Luigi d'Angiò e i loro eredi. Il secondo arriverà ad affrontare (pur con qualche incertezza) il radicale rinnovamento dell'immaginario figurativo promosso dai primi eroi della «ars nova», da Robert Campin a Konrad Witz, presenti in area alpina con opere determinanti. Per Witz è facile dirlo, data la conservazione dell'altare ginevrino per il vescovo François de Mies; per Campin siamo un poco più incerti, ma credo che basti insistere su quanto resta del polittico per Pierre Rup già in San Pietro a Ginevra. La dislocazione attuale presso il Museo di Digione ha finito per lasciarlo un poco in ombra negli studi, mentre è una splendente e forte risposta locale ai modelli di Campin: sarebbe dunque importante precisarne meglio la data, oltre il lasco *ante quem* del 1469. È ovvio domandarsi se un polittico destinato a un altare di San Pietro a Ginevra possa ignorare, dopo il 1444, la tonante macchina pittorica di Witz ospitata nella stessa chiesa; poiché il polittico dell'anonimo di Pierre Rup risulta poco coinvolto dal modello witziano siamo indotti a pensare che la sua data debba cadere non molto dopo, quindi in prossimità di Péronet Lamy, come del Maestro della Crocifissione al Museo Civico di Torino e dell'*Adorazione dei Magi* Harcourt, conservata presso la Galleria Sabauda, sempre a Torino. Che il rinnovamento della cultura figurativa nell'area ginevrina non sia in debito solo con l'apparizione abbacinante di Konrad Witz mi sembra provato dai bellissimi stalli corali della chiesa di Saint-Gervais (ma provenienti dalla cappella dei fiorentini in San Francesco, sempre a Ginevra): *post* 1441 e forse già finiti nel 1446.

Le ricche e sicure annotazioni della Saroni spingono a riflessioni di largo raggio sui mutamenti di stile nell'area alpina e quanto detto sopra non è che un limitato assaggio. Sono importanti, ad esempio, anche le pagine sui confronti figurativi internazionali stimolati dai concili: di Costanza e soprattutto di Basilea. Ne è prova la figura del vescovo di Padova Pietro Donato, cliente notorio di Péronet, ma un censimento integrale dei protagonisti sarebbe di eccezionale interesse. Per la parte piemontese è utile il paragone tra le due tombe di Ogier Moriset ad Aosta e a Saint-Jean-de-Maurienne con la tomba ultima (e molto più moderna) di Basilea; per la Lombardia vale la nota e circostanziata descrizione da parte di Francesco Pizolpasso delle iniziative di Branda Castiglione a Castiglione Olona, con arredi provenienti d'Oltralpe. L'inchiesta dovrebbe insomma comprendere l'insieme dei cantieri promossi dai prelati sospettati di committenza antico-moderna, anche se dovremo spesso confrontarci con perdite dolorose: ci manca la cappella funeraria di Ogier Moriset ad Aosta, quella di Jean de Brogny a Ginevra è stata stravolta dai restauri succedutisi nel tempo, ad Avignone la situazione non è molto migliore e solo rimane in buon ordine, favorita da una collocazione appartata, la piccola cappella funeraria di Jacques de Mauvoisin ad Ambronay (non lontano da Bourg-en-Bresse), con la tomba quasi intatta, l'architettura impreziosita da alcuni tocchi di antica policromia, le vetrate in parte originali (buona la «Santa Margherita», sconciato dai restauri il «San Giacomo»). Bapteur e Lamy frequentarono questo genere di committenti e per loro realizzarono i codici schedati con attenzione e sensibilità da Giovanna Saroni (segnalo in particolare il *Breviario di Santa Coletta*, a Besançon che è codice bellissimo e sostanzialmente nuovo per gli studi).

Il libro di Giovanna Saroni compone un dittico con *La biblioteca dei conti di Savoia* di Simonetta Castronovo (Torino 2002, in questa stessa collana) e avvia alla conclusione una campagna di ricerche mirata alla ricostruzione della biblioteca di corte al tempo dei conti e poi duchi di Savoia; non a caso già vi sono ampiamente citati i codici quasi gemelli delle cosiddette *Ore di Saluzzo* a Londra e delle *Ore del duca Ludovico di Savoia* a Parigi. Le prime possono vantare una esemplare lettura da parte di François Avril, ma per le *Ore del duca Ludovico* mi auguro che Giovanna Saroni non ci faccia attendere troppo i risultati delle ricerche che ha in corso.

GIOVANNI ROMANO
Università degli Studi, Torino

Prefazione

Sulla scia del bel lavoro che, poco tempo fa, Simonetta Castronovo ha dedicato alla biblioteca dei conti di Savoia e alla pittura in area savoiarda tra la fine del Duecento e la metà del secolo successivo, ecco ora un'altra giovane storica dell'arte torinese, Giovanna Saroni, che, prendendo come punto di partenza la biblioteca del duca Amedeo VIII (1383-1451), ci propone a sua volta una panoramica estremamente approfondita della produzione miniatoria fiorita in Savoia ai tempi di questo straordinario personaggio, di cui non è forse inutile ripercorrere a grandi linee la biografia, in ciò che può servire a chiarirne le scelte artistiche.

È indubbio che il gusto di Amedeo - il primo dei conti di Savoia a fregiarsi del titolo ducale conferitogli nel 1416 dall'imperatore Sigismondo - fu a lungo influenzato, in un primo tempo, dall'arte allora in voga alla corte di Francia, visti i molteplici legami che lo univano ai Valois: nipote per via materna di Jean de Berry, nipote per via paterna di un'altra principessa francese, Bona di Borbone, fu anche il genero del potente duca di Borgogna, Filippo l'Ardito, di cui nel 1393, giovanissimo, aveva sposato la figlia Maria. Non c'è da stupirsi quindi se, in questo contesto, troviamo menzione nei registri contabili sabaudi di numerosi acquisti di libri effettuati a Parigi tra il 1398 e il 1414, la presenza del giovane conte in quella capitale essendo d'altronde documentata nel 1398 e nel 1401. Due manoscritti identificati da Giovanna Saroni alla Biblioteca Nazionale di Torino risalgono proprio al periodo in cui Amedeo subiva ancora l'ascendente della metropoli francese.

Orfano e ancora in minore età, Amedeo VIII restò a lungo sotto la tutela dei suoi potenti parenti. Ma altri influssi dovettero ben presto controbilanciare la pesante ingerenza dei Valois: in particolare quello del suo tutore Oddone di Thoire-Villars, un personaggio strettamente legato ai conti di Ginevra, di cui aveva raccolto l'eredità nel 1394, alla morte di Roberto di Ginevra, antipapa con il nome di Clemente VII (Maria José, *La Maison de Savoie. Amedée VIII, le Duc qui devint Pape*, I, p. 38, nota). Non è certamente per caso se in un inventario di Ripaille del 1393 si rileva la presenza di una «pulcherrima Biblia» recante lo stemma di quel pontefice, che fu donata al giovane conte dal suo mentore: un dono questo che suggerisce un possibile e precoce interesse per l'arte assai più eclettica e fortemente italianizzante che fiorì ad Avignone alla fine del XIV secolo.

Ben diverso appare il peso politico di Amedeo VIII a partire dagli anni venti del Quattrocento. La grave crisi che scuoteva allora la Francia in seguito all'assassinio di Luigi d'Orléans, fratello del re Carlo VI, avvenuto nel 1407 per istigazione di suo cugino Giovanni senza Paura, duca di Borgogna, divideva il regno in due campi irriducibilmente ostili: fu la sanguinosa «querelle» tra gli Armagnacs e i Borgognoni. Gli Inglesi, approfittando di queste lacerazioni interne, sbarcarono in Normandia e sbaragliarono l'esercito del re di Francia ad Azincourt nel 1415 (il vecchio duca di Berry sarebbe morto l'anno dopo). Un nuovo disastro per la pace interna si registrò nel 1419, quando alcuni uomini del delfino, il futuro Carlo VII, uccisero Giovanni senza Paura sul ponte di Montereau. Carlo VI, il re pazzo, sarebbe scomparso a sua volta nel 1422, dopo aver rinnegato il suo legittimo erede e avere concesso la corona di Francia al figlio del vincitore di Azincourt, il giovane Enrico VI. Durante quegli anni tragici, Amedeo VIII non lesinò gli sforzi nel tentativo di riconciliare le fazioni avverse. Senza ottenere grande successo con il giovane nipote, il duca di Borgogna Filippo il Buono, ebbe invece maggior credito presso il «re di Bourges», Carlo VII, che allora si trovava in una posizione difficile. La perseveranza del duca di Savoia sarebbe stata infine coronata da successo nel 1435 con il trattato di Arras. All'epoca ritiratosi a Ripaille, dopo aver affidato gli affari ordinari del ducato al figlio Ludovico, Amedeo aveva ormai acquisito in quegli anni un'indiscutibile statura di uomo di Stato. Arbitro rispettato a nord delle Alpi, lo era in pari misura in Italia. Questo perché, pur continuando a seguire con attenzione le cose di Francia, il duca si trovava sempre più coinvolto ormai nei sottili giochi di equilibrio tra le diverse forze politiche della penisola italiana, cercando di volta in volta l'alleanza o l'isolamento rispetto al suo troppo potente vicino milanese. È in questo favorevole contesto che fiorì in Savoia un'arte estremamente originale, la cui opera più rappresentativa è la famosa *Apocalisse* dell'Escorial, sulla quale torneremo in seguito.

Resta da dire del terzo e ultimo capitolo di questo straordinario destino, quello in cui il duca Amedeo assunse il titolo di papa con il nome di Felice V. L'episodio si colloca in un momento critico della storia della chiesa romana, i cui rappresentanti s'erano riuniti a Basilea per porre fine all'interminabile scisma che lacerava l'Europa cristiana dal 1378. Veri e propri stati generali della Chiesa, il concilio di Basilea non tardò a entrare in profondo conflitto con il papa legittimo, Eugenio IV. La deposizione di quest'ultimo, proclamata nel 1437 dai sostenitori del concilio, fu seguita da un colpo di scena: nel novembre 1439 fu offerta la tiara ad Amedeo che ascese al soglio pontificio con il nome di Felice V. Era una situazione insostenibile, che acuì ulteriormente le divisioni e che si sarebbe conclusa dieci anni dopo con un'ingloriosa abdicazione e con lo scioglimento definitivo del concilio. Per quanto disordinato e tumultuoso possa apparire, quest'ultimo periodo resta un momento di confronto politico, religioso e culturale di primaria importanza, di cui non ci si stancherà mai di sottolineare le ricadute sul piano degli studi umanistici e degli scambi artistici. Molti manoscritti presi in esame in questo libro ne rappresentano un'eloquente testimonianza.

Sull'esempio di Simonetta Castronovo, Giovanna Saroni ha opportunamente scelto come punto d'avvio della sua ricerca la biblioteca di Amedeo VIII, così come ce la fa (parzialmente) conoscere la contabilità ducale. Incomparabilmente più ricca e più precisa di quella di cui disponiamo per il secolo precedente, quest'ultima rivela l'interesse di Amedeo VIII, via via più marcato con il passare del tempo, per l'acquisto di libri, il principe non accontentandosi più di fare eseguire o ordinare questi in un centro specializzato come Parigi (una prassi alla quale sembra ancora conformarsi all'inizio del suo regno), ma rivolgendosi anche a personalità artistiche reclutate localmente o nelle immediate vicinanze degli stati sabaudi per realizzare imprese a volte di ampio respiro. È il caso della stupenda *Apocalisse* dell'Escorial, di cui conosciamo la lenta elaborazione, che fu manifestamente seguita da vicino da Amedeo tra il 1428 e il 1435, quando l'illustrazione del manoscritto fu interrotta per ragioni che ci sfuggono: il ciclo sarà ripreso e condotto a termine soltanto una cinquantina d'anni più tardi a opera di Jean Colombe, miniatore di Bourges.

Per la qualità delle miniature e le somme di denaro investite nella sua esecuzione, l'*Apocalisse* è indubbiamente l'opera chiave della miniatura savoiarda del periodo. Al tempo stesso essa rivela le inquietudini spirituali e morali del suo committente, che di lì a poco avrebbe affidato la gestione degli affari politici del ducato al figlio Ludovico, per ritirarsi nel suo castello di Ripaille trasformato in una fondazione quasi monastica. È grazie alle numerose menzioni nei registri contabili relative all'esecuzione di questo straordinario manoscritto che conosciamo il nome di coloro che contribuirono alla fase iniziale del lavoro: il copista Cardino, parigino, e due illustratori, ossia Jean Bapteur che fu affiancato a partire dal 1432 da Péronnet Lamy, un miniatore originario di Saint-Claude nella Franche-Comté. Questi dati sono di capitale importanza: ci consentono infatti di identificare lo stile peculiare di ognuno dei due artisti su delle basi particolarmente solide e di precisare, mediante il confronto con altri documenti relativi alla loro attività, il rispettivo profilo e la durata della loro carriera al servizio di casa Savoia. Lo statuto dei due maestri non è infatti lo stesso. Jean Bapteur di Friburgo aveva un arco assai ampio di possibilità, essendo uno di quegli artisti polivalenti a cui erano affidati, di volta in volta, ruoli diversissimi tra loro: da pittore araldico impegnato nella decorazione di apparati scenici per le feste, a capo équipe con l'incarico di dirigere vasti programmi di pitture murali, ma anche pittore di statue e, all'occorrenza, illustratore di manoscritti, come nell'*Apocalisse di Savoia*. Sappiamo inoltre che nel 1427, agli inizi della sua carriera, partecipò al seguito del maresciallo di Savoia Manfredi di Saluzzo a un'ambasciata inviata da Amedeo VIII alla corte del duca di Milano, un incarico questo che gli fece scoprire l'Italia, portandolo fino in Toscana, e che non fu certamente privo di conseguenze sulle sue concezioni artistiche. La sua attività al servizio dei Savoia proseguì fino al 1454. Lamy, invece, da ciò che si deduce dai documenti, sembrerebbe essere stato quasi unicamente specializzato nell'illustrazione di manoscritti.

Le opere che Giovanna Saroni è riuscita a ricondurre su basi stilistiche ai due artisti confermano pienamente quanto riportato dalle fonti e sottolineano le differenze delle loro attività e delle loro ambizioni. Bapteur, il pittore che conosce direttamente l'Italia, s'inserisce perfettamente nel contesto della pittura monumentale savoiarda dell'epoca, e i suoi legami stilistici con un artista come Jacquerio saltano agli occhi. Oltre all'*Apocalisse*, conosciamo soltanto tre manocritti di sua mano, tutti legati direttamente o indirettamente al mecenatismo ducale. Tra questi uno splendido breviario conservato nel convento delle Clarisse di Besançon, che l'autrice studia e riproduce qui per la prima volta. L'attività di Bapteur come pittore è invece meno chiara: nonostante le riserve di Giovanna Saroni in merito, per parte mia gli attribuisco senza dubbio alcuno la straordinaria «Crocifissione» del Museo Civico di Torino. I manoscritti riuniti da Giovanna Saroni intorno alla figura di Lamy sono assai più numerosi e mostrano come il miniaturore di Saint-Claude, sebbene sembri aver goduto del favore di Amedeo VIII (testimoni i due *Messali* della Biblioteca Reale e dell'Archivio di Stato di Torino), non abbia lavorato esclusivamente per la corte dei Savoia e abbia dovuto far fronte alle richieste di un'importante clientela privata. Diversamente da Bapteur, i suoi debiti stilistici vanno ricercati quasi unicamente nell'ambito dei manoscritti.

Per tutto il XIV secolo e fino ai primi anni di regno di Amedeo VIII, il gusto dei principi di Savoia si era collocato sotto il segno di un'«entusiastica francofilia» (per riprendere la graziosa formula usata da Laura Cavazzini nel recente catalogo della mostra *Il Gotico delle Alpi*, Trento 2002, p. 189, per definire la situazione artistica lombarda alla fine del Trecento). Con le innovazioni in campo pittorico che emergono quasi contemporaneamente nelle Fiandre e a Firenze nel secondo quarto del XV secolo, questa situazione non era destinata a durare. Il prestigio dell'arte raffinata e preziosa delle corti settentrionali di certo persiste ancora, ma il modello parigino entra in crisi a partire dagli anni 1420-1430. Ed è proprio in questo periodo, e nel contesto di un profondo *aggiornamento* (in italiano nel testo, N.d.T.) in corso sia a nord delle Alpi sia in Italia, che in Savoia si forgia un'arte che certamente prende a prestito, ma che al tempo stesso sperimenta e innova, e i cui diversi elementi si ricompongono in una sintesi originale, una delle più godibili della cultura alpina. Attraverso lo studio particolareggiato delle testimonianze sparse della miniatura savoiarda dell'epoca, Giovanna Saroni ha il grande merito di far rivivere quel momento privilegiato.

FRANÇOIS AVRIL
Ancien conservateur général au département des Manuscrits della Bibliothèque nationale de France

(Traduzione di Elda Negri Monateri)

A Sergio e Anna Maria

Il primo ringraziamento va alla Compagnia di San Paolo che, assegnandomi la borsa di ricerca in discipline storico-artistiche «Aree culturali di frontiera tra l'Italia e l'Europa: artisti, committenti, teorie, progetti, opere tra il IX e il XIX secolo» (1999-2000), mi ha permesso di svolgere questo lavoro. Ringrazio quindi i membri della commissione scientifica per la fiducia accordatami: Michela di Macco, Andreina Griseri, Pierre Rosenberg, Carlenrica Spantigati e, in particolare, i miei tutori, Enrico Castelnuovo e Giovanni Romano, che mi hanno guidata e sostenuta nella ricerca, fornendomi suggerimenti determinanti. Un grazie sentito va anche a François Avril, ai cui preziosi consigli, come dimostrano le numerose citazioni lungo il testo, questo lavoro deve moltissimo. Sono inoltre riconoscente a tutti coloro che durante la ricerca mi hanno offerto chiarimenti e stimoli: Miklós Boskovits, Patrizia Cancian, Guido Castelnuovo, Luisa Gentile, Michel Pastoureau, Ada Quazza, Nicole Reynaud e Alessandro Vitale Brovarone.

Per la collaborazione nell'agevolare le mie ricerche, ringrazio vivamente Angelo Giaccaria, Maria Letizia Sebastiani e il personale della Sala Manoscritti della Biblioteca Nazionale di Torino; i funzionari dell'Archivio di Stato di Torino, Sezione I e II, in particolare Anna Marsaglia, Federica Paglieri e Maria Paola Niccoli; e ancora Clara Vitulo della Biblioteca Reale di Torino, Mariel Marabotto, Luisa Medana e Alessandra Vigna della Biblioteca del Dipartimento di Discipline Artistiche, Musicali e dello Spettacolo dell'Università di Torino. Un ringraziamento va anche al personale delle biblioteche straniere, dove mi sono recata per consultare alcuni dei manoscritti oggetto della mia ricerca, ossia la Bibliothèque nationale di Parigi, la Bibliothèque royale di Bruxelles, la Bibliothèque municipale di Grenoble, la Bibliothèque publique et universitaire di Ginevra, il Musée Savoisien di Chambéry, e la Real Biblioteca del Monasterio de San Lorenzo de El Escorial. Sono riconoscente al direttore di quest'ultima biblioteca, José Luis del Valle, per la sua generosa disponibilità nel cercare di facilitare una nuova campagna fotografica a colori dell'*Apocalisse di Savoia*, la quale alla fine non si è potuta realizzare per motivi tecnici, costringendoci a pubblicare immagini che non restituiscono l'alta qualità del manoscritto. Un grazie di cuore anche alle suore del monastero Sainte-Claire di Besançon, e soprattutto a soeur Marie-Claire, che mi hanno gentilmente ospitato per la consultazione del *Breviario di Santa Coletta* e che hanno messo a mia disposizione le fotografie del codice realizzate dall'IRHT-CNRS.

Ringrazio Rosaria Cigliano della Compagnia di San Paolo e, per la diligenza e l'efficienza nella cura redazionale, iconografica e grafica del volume, sono grata a Simona Miola, Margherita Sassone, Carlo Nepote, Federica e Franco Savoretti. Sono inoltre riconoscente a Ernani Orcorte, alla cui perizia si devono le fotografie dei manoscritti della Biblioteca Nazionale, della Biblioteca Reale e dell'Archivio di Stato di Torino, della custodia della spada di san Maurizio all'Armeria Reale di Torino e degli affreschi dell'abbazia di Sant'Antonio di Ranverso. Un grazie anche all'Archivio fotografico dei Musei Civici di Torino e a Lucio Rossi per le eccellenti riproduzioni del ms. Pal. 56 della Biblioteca Palatina di Parma. Ringrazio infine gli amici, in particolare Massimiliano Caldera, Simonetta Castronovo e Clara Goria, per le segnalazioni e gli aiuti materiali. Un grazie speciale va a Matteo Castellan e Paolo Verzone. A quest'ultimo si deve il ritratto fotografico qui pubblicato.

Introduzione

Questo lavoro prende le mosse dal volume di Simonetta Castronovo sulla biblioteca dei conti di Savoia nei decenni a cavallo del 1300[1]. La speranza iniziale era quella di trovare nuove notizie documentarie e soprattutto nuovi codici miniati da ricondurre alla committenza di Amedeo VI (1343-1383) e Amedeo VII (1383-1391), ma lo spoglio delle fonti d'archivio e l'esame dei fondi manoscritti di alcune biblioteche, come quelle di Torino, Ginevra, Grenoble e Chambéry, non hanno dato i risultati sperati[2]. La ricerca si è allora concentrata sugli acquisti al tempo di Amedeo VIII che, per i decisivi incrementi alle collezioni librarie di casa Savoia, è considerato tradizionalmente «le véritable créateur» della biblioteca sabauda[3]. Si è trattato, innanzitutto, di mettere un po' d'ordine tra la ricca bibliografia sull'argomento, approfondendo aspetti trascurati o appena accennati negli interventi precedenti, e di far dialogare tra loro i dati documentari a nostra disposizione, dividendo il periodo della reggenza di Amedeo (capitolo primo) da quello in cui, per unanime decisione del concilio di Basilea, lo stesso fu eletto antipapa con il nome di Felice V (capitolo secondo). Per quanto ci si sia dovuti confrontare con un dossier già noto agli storici dell'arte, non sono mancate le sorprese. Ben tre manoscritti conservati alla Biblioteca Nazionale di Torino e contenenti rispettivamente le *Grandes Chroniques de France*, il *De casibus virorum illustrium* di Giovanni Boccaccio e una miscellanea di testi di medicina possono essere aggiunti oggi a ciò che rimane dell'antica biblioteca del primo duca sabaudo. I primi due volumi furono confezionati a Parigi intorno al 1400, a conferma di quanto i prodotti artistici oltralpini abbiano costituito un riferimento culturale imprescindibile per Amedeo VIII, unito da vincoli politici e parentali alle corti del re di Francia, del duca di Berry e del duca di Borgogna. È alla cultura figurativa promossa da queste corti, mirabilmente indagata dalla recente mostra «Paris 1400» e dalle esposizioni a essa connesse[4], che rimanda il *Breviario di Santa Coletta* di Besançon, uno stupefacente manoscritto ricondotto per tempo alla committenza del duca Amedeo, ma praticamente sconosciuto agli storici dell'arte, e che qui viene analizzato per la prima volta sia da un punto di vista stilistico sia da un punto di vista iconografico. Intorno a esso ruota anche il terzo capitolo di questa ricerca dedicato a Jean Bapteur, il grande artista di origine friburghese a cui Amedeo VIII commissionò tra il 1428 e il 1434 la celeberrima *Apocalisse di Savoia*: la prima campagna decorativa del *Breviario* di Besançon mostra tali affinità con le pagine spettanti a Bapteur nel manoscritto dell'Escorial da doversi inserire a mio avviso nel *corpus* di opere attribuibili all'artista. L'ultimo capitolo è infine una revisione del catalogo di Péronet Lamy, il prolifico miniatore di Saint-Claude anche lui coinvolto nell'*Apocalisse* del duca di Savoia e in altri suoi manoscritti, ossia i due *Messali* eseguiti poco dopo l'elezione al papato di Amedeo, ma attivo anche per una clientela esterna alla corte sabauda. Si è cercato di ricostruire il percorso di Lamy dal concilio di Basilea, dove rivestì un ruolo di punta, in poi, dando particolare importanza ai codici meno noti dell'artista, come il *Messale* dell'Escorial, considerato a torto opera di bottega, o il *Libro d'Ore* di Yale, ricondotto a Péronet grazie a una segnalazione di Nicole Reynaud.

I capitoli relativi alla biblioteca sabauda al tempo di Amedeo VIII-Felice V rivelano la sua costante attenzione all'arricchimento delle collezioni librarie di famiglia e la progressiva emancipazione dal mercato parigino a favore di un reclutamento locale di opere e artisti, in parallelo al formarsi di una scuola di miniatura savoiarda in grado di elaborare in modo intelligente e originale i molteplici influssi circolanti nel ducato di Savoia grazie anche ai cantieri cosmopoliti promossi dalla corte. Il principale esponente di questa scuola è Jean Bapteur, impiegato da Amedeo e in seguito da suo figlio Ludovico per i compiti più diversi, ma a noi noto solo attraverso i suoi manoscritti. Il *Breviario di Santa Coletta* fa luce sull'attività di Bapteur agli inizi della sua carriera per i duchi di Savoia, poco prima del viaggio in Italia del 1427, e sottolinea una volta di più l'eccezionale qualità di questo pittore in grado di competere con le più grandi personalità artistiche del tempo. Lo scarto stilistico tra il *Breviario* di Besançon e l'*Apocalisse di Savoia* è rivelatore della straordinaria capacità del nostro artista di recepire e reagire alle innovazioni figurative del periodo, e resta il rammarico di non possedere sue opere certe per gli anni successivi al 1440, quando nel ducato sabaudo giungono importanti stimoli da nord, a cui saprà rispondere prontamente una nuova generazione di miniatori, quella impiegata per intenderci nelle famose *Ore del duca Ludovico di Savoia*. Restano infatti ancora molti punti da chiarire, primo fra tutti, appunto, quello del ruolo svolto accanto ad Amedeo VIII dal figlio Ludovico, sia come committente, sia come tramite per l'arrivo in Savoia delle novità dell'arte fiamminga. Ludovico assume la luogotenenza del governo nel 1434 al momento del ritiro di Amedeo nell'eremo di Ripaille e diventa formalmente duca nel 1439, quando il padre viene eletto papa. Questo passaggio di consegne sembra avere riguardato di fatto anche la politica artistica, come risulta dal rapido *excursus* sui manoscritti riconducibili direttamente o indirettamente alla committenza di Ludovico, alcuni dei quali poco noti alla critica, come il bellissimo *Breviario* Lat. 760 della Bibliothèque nationale di Parigi, opera di un artista della cerchia del Maestro delle Vitae Imperatorum, o il *Libro d'Ore*, ms. Pal. 56 della Biblioteca Palatina di Parma, la cui seconda campagna decorativa è stata erroneamente collegata alla figura di Anna di Lusignano, duchessa di Savoia dal 1434 (capitolo secondo). Quanto agli scambi tra pittura e miniatura entro i confini del ducato sabaudo nel periodo preso in esame, ci si è soffermati di volta in volta su alcuni casi specifici, relativi soprattutto al cruciale problema del rapporto di dare e avere tra Giacomo Jaquerio e Jean Bapteur (capitolo terzo): ma l'indagine è all'inizio, e solo una ricognizione sistematica dei cicli sopravvissuti, non tanto sul versante cisalpino quanto su quello oltralpino, potrà fornire ulteriori chiarimenti.

La speranza, infine, è che qualche novità giunga dall'importante campagna di catalogazione in corso del fondo manoscritto della Biblioteca Nazionale di Torino, diretta da Alessandro Vitale Brovarone, e dai restauri sui codici della stessa biblioteca promossi in occasione del centenario dell'incendio del 1904. Nuovi apporti verranno poi senz'altro dalle sempre più numerose banche dati via internet relative ai fondi manoscritti delle biblioteche europee e americane: grazie a esse, per esempio, è emerso un delizioso codice di origine savoiarda, oggi alla Bibliothèque municipale di Sens (ms. 0039), posseduto un tempo dal conte di Ginevra Giano di Savoia, figlio del duca Ludovico e di Anna di Lusignano[5].

[1] S. Castronovo, *La biblioteca dei conti di Savoia e la pittura in area savoiarda (1285-1343)*, Torino 2002 (2002a).

[2] Una notizia sfuggita alle revisioni di S. Edmunds, *The Medieval Library of Savoy*, in «Scriptorium», XXV, 1971, pp. 256-259, nn. 13-23, 25-26, 28-29 e 34, è quella relativa a un pagamento del 1382 per la rilegatura di un messale conservato nella cappella del castello di Le Bourget (Ast, Sezioni Riunite, Camerale Savoia, inv. 16, reg. 34, f. 161). Se poco o niente è emerso circa gli acquisti in campo librario, ci si è però più volte imbattuti in pagamenti riguardanti altri manufatti preziosi, che in futuro varrà la pena di riprendere in mano, poiché sugli investimenti artistici di Amedeo VI e Amedeo VII si sa ancora relativamente poco. Diversi per esempio sono gli acquisti di oreficerie e i nomi di orafi, alcuni dei quali di origine parigina, come Laurencin e Robinet, non ancora segnalati; o la notizia di pagamenti curiosi, come quello per «une escriptoire garni», comprata nel 1378; mentre ci piacerebbe sapere come si presentavano «les ymages de Notre Dame et des appostres qui sunt en la chapelle monseigneur (Amedeo VII)» ad Altacomba, e che Bona di Berry nel 1393 chiese venissero spolverate ogni settimana; infine, il rapporto della corte sabauda con le altri grandi corti europee, in particolare con quella del duca di Berry in corrispondenza delle nozze di Amedeo VII con la figlia del duca, è attestato da numerosi e reciproci doni (arazzi, cinture, vasellame d'argento dorato, panni preziosi eccetera) (Ast, Sezioni Riunite, Camerale Savoia, inv. 16, rot. 28, ff. 27 , 31, 32 e 37; rot. 29, ff. 30 e 39; rot. 32, f. 9; reg. 34, ff. 87*v* e 93*v*; reg. 37, ff. 101*v* e 165*v*; reg. 40, f. 68). Sui pittori e sui menestrelli attivi alla corte dei Savoia nel XIV secolo, si veda C. Jacquemard, *Les Artistes à la Cour de Savoie au XIVe siècle*, mémoire de maîtrise (Histoire médiévale), directeurs de recherche C. Guilleré et G. Castelnuovo, Université de Savoie, Chambéry 1999-2000; per gli acquisti di stoffe nello stesso periodo, si rimanda invece a N. Gauffre, *La parure à la cour des comtes et ducs de Savoie (1300-1439). Approvisionnement, confection et distribution*, mémoire de Dea (Histoire médiévale), directeur de recherche C. Guilleré, Université Lumière Lyon 2, 1998-1999. Va ricordato, infine, che il ms. J.b.II.19 dell'Archivio di Stato di Torino per ragioni stilistiche non può essere fatto coincidere con l'acquisto eseguito da Amedeo VI a Parigi nel 1347 dell'*Epitoma rei militaris* di Vegezio, così come ipotizzato da S. Edmunds, *Catalogue des manuscrits*, in A. Paravicini Bagliani (a cura di), *Les manuscrits enluminés des comtes et ducs de Savoie*, Torino 1990, p. 201, n. 47 (1990b); mentre è difficile dire se appartenne veramente alle collezioni sabaude di fine Trecento il modestissimo ms. 1152 della Bibliothèque municipale di Grenoble, contenente il *Roman de Matebrune* (S. Castronovo e A. Quazza, *La circolazione dei romanzi cavallereschi fra il XIII e l'inizio del XV secolo tra Savoia e area padana*, in E. Castelnuovo [a cura di], *Le Stanze di Artù. Gli affreschi di Frugarolo e l'immaginario cavalleresco nell'autunno del Medioevo*, catalogo della mostra di Alessandria, Milano 1999, p. 91).

[3] E. Castelnuovo, *Introduction*, in A. Paravicini Bagliani (a cura di) 1990, pp. 13-15.

[4] E. Taburet-Delahaye e F. Avril (a cura di), *Paris 1400. Les arts sous Charles VI*, catalogo della mostra, Parigi 2004; *Les Très Riches Heures du duc de Berry et l'enluminure en France au début du XVe siècle*, catalogo della mostra di Chantilly, Parigi 2004; S. N. Fliegel e S. Jugie (a cura di), *L'art à la cour de Bourgogne. Le mécénat de Philippe le Hardi et de Jean sans Peur (1364-1419)*, catalogo della mostra di Digione, Parigi 2004; T. Crepin-Leblond (a cura di), *Louis d'Orléans et Valentine Visconti. Mécénat et politique autour de 1400*, catalogo della mostra di Blois, Parigi 2004; B. de Chancel-Bardelot (a cura di), *Une fondation disparue de Jean de France, duc de Berry: la Sainte-Chapelle de Bourges*, catalogo della mostra di Bourges, Parigi 2004. L'unico rammarico è che tutte queste esposizioni, così importanti ai fini del nostro studio, siano state aperte contemporaneamente alla pubblicazione del presente volume: è mancato quindi il tempo necessario per riflettere a dovere sulle opere in esse esposte e sulla mole di nuove informazioni contenute nei cataloghi di accompagnamento.

[5] http://www.enluminures.culture.fr/documentation/enlumine/fr/rech-guidee_06.htm. Devo alla professoressa Costanza Segre Montel, che qui ringrazio, l'indicazione di questo e di numerosi altri siti.

Tavole

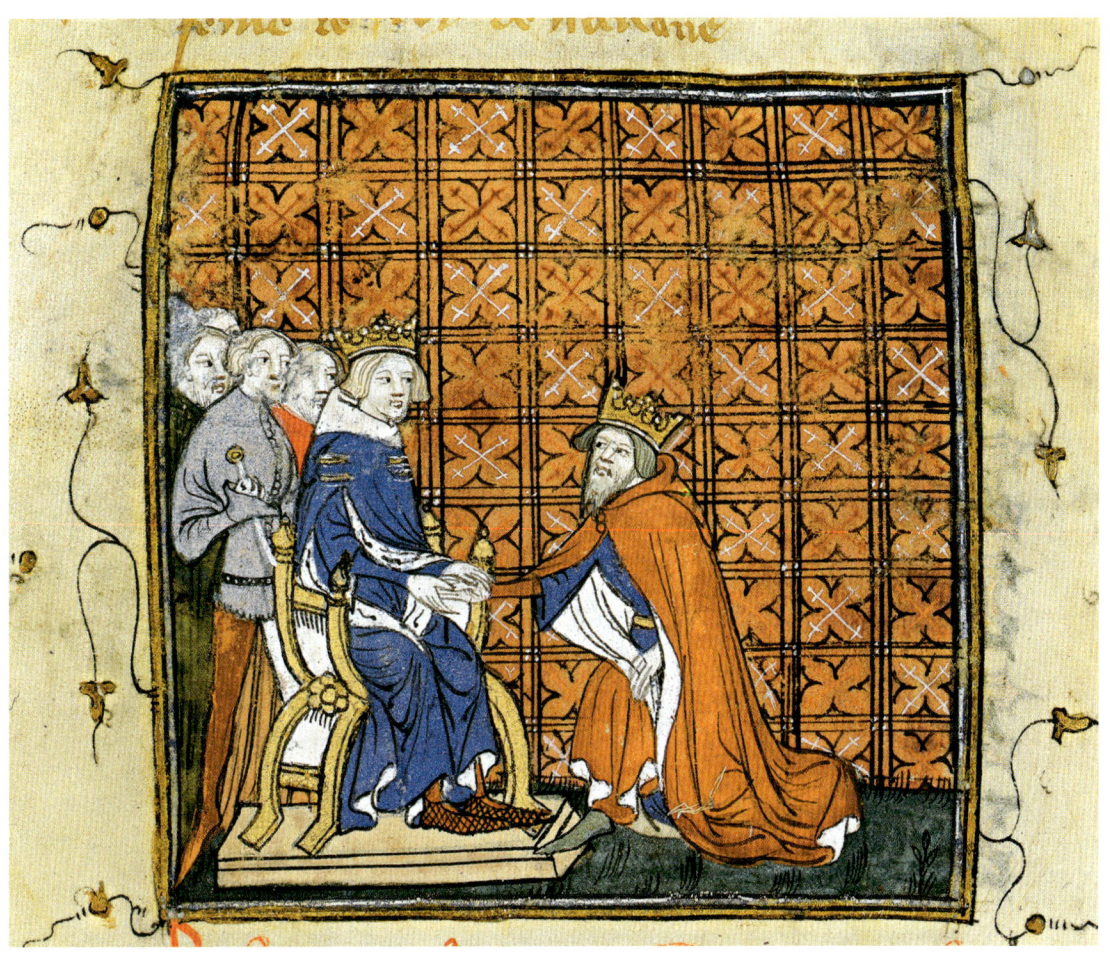

I. MINIATORE PARIGINO, «Edoardo I, figlio di Enrico III re d'Inghilterra, rende omaggio a Filippo il Bello, re di Francia», 1400 circa. Torino, Biblioteca Nazionale Universitaria, ms. L.II.8, *Grandes Chroniques de France*, f. 391.

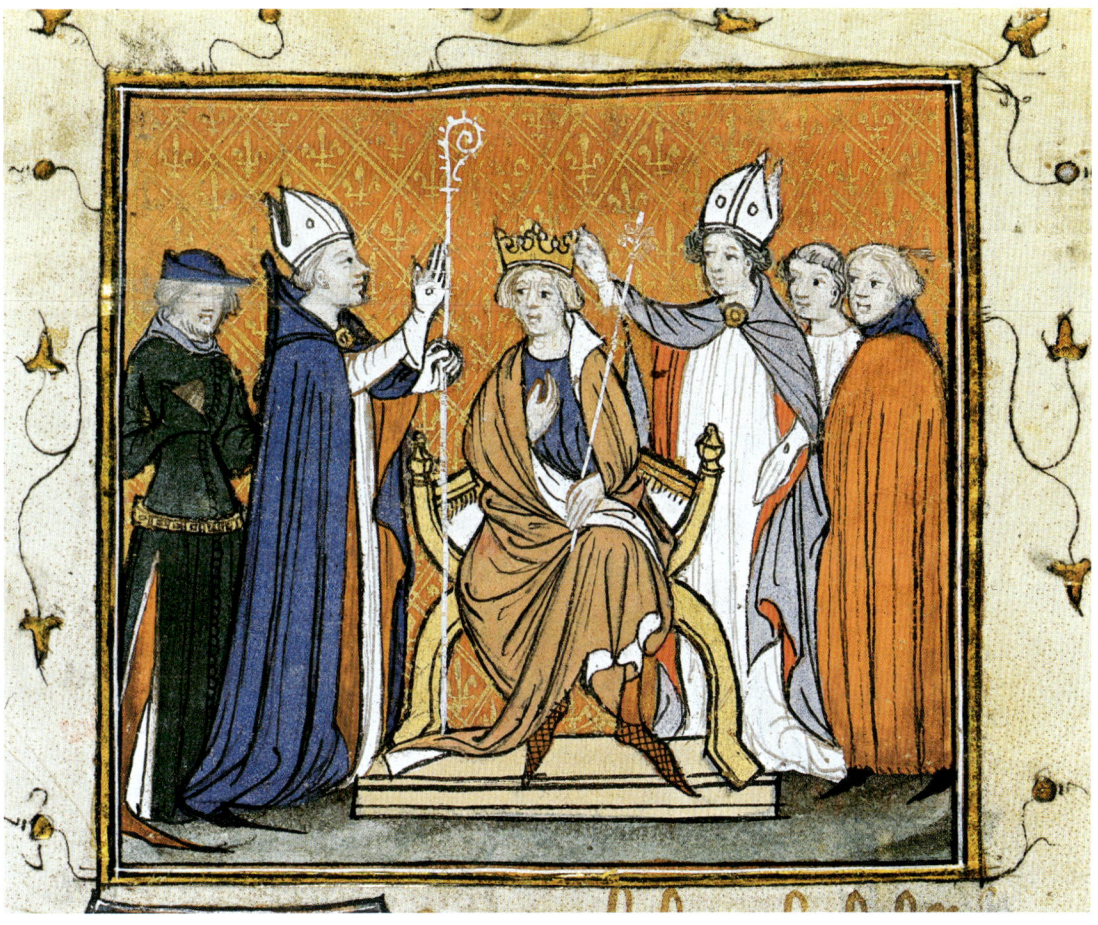

II. MINIATORE PARIGINO, «Incoronazione di Luigi X», 1400 circa. Torino, Biblioteca Nazionale Universitaria, ms. L.II.8, *Grandes Chroniques de France*, f. 422.

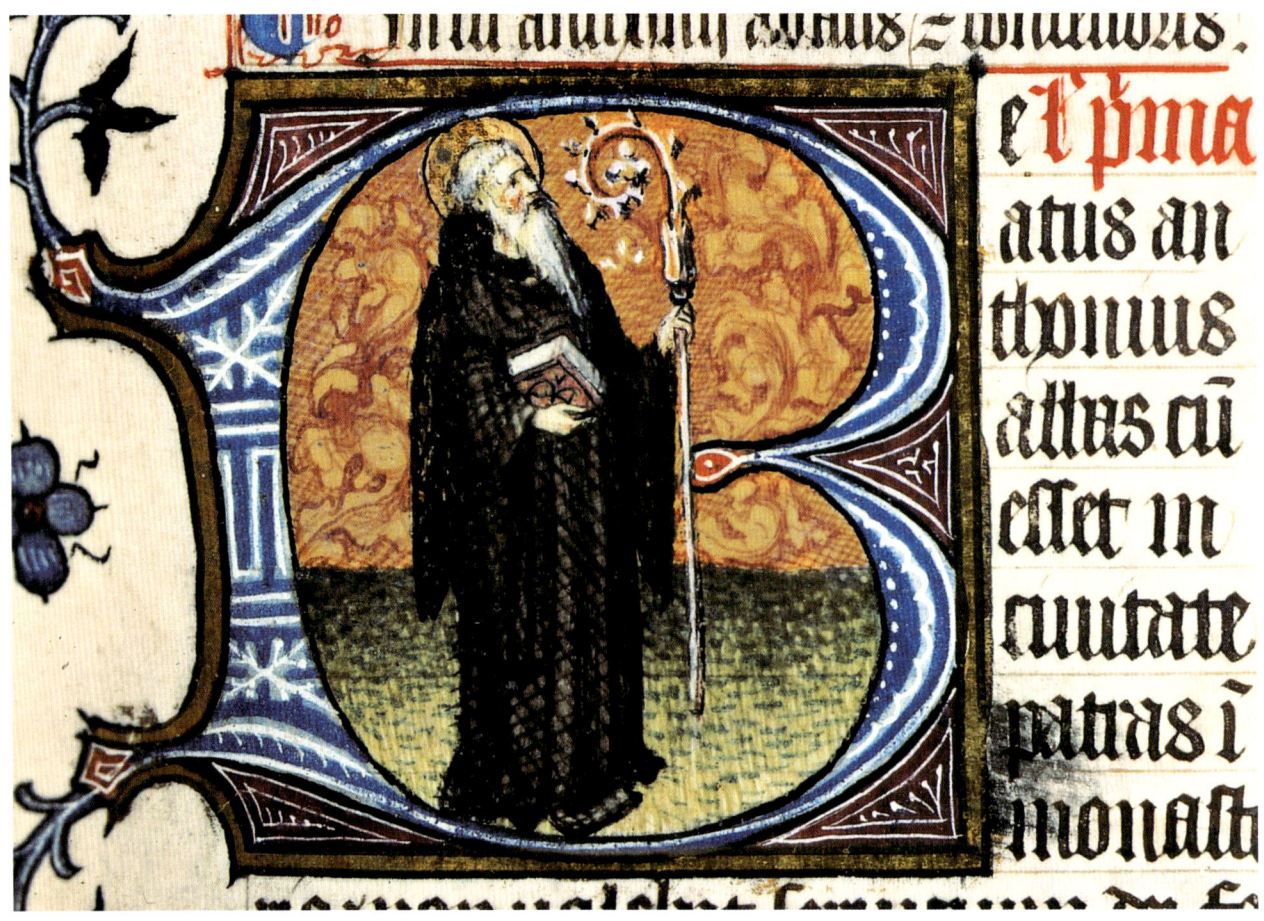

III. JEAN BAPTEUR (?), «Sant'Antonio abate», 1425-1430. Besançon, convento delle clarisse, ms. 3, *Breviario francescano detto «di Santa Coletta»*, f. 285.

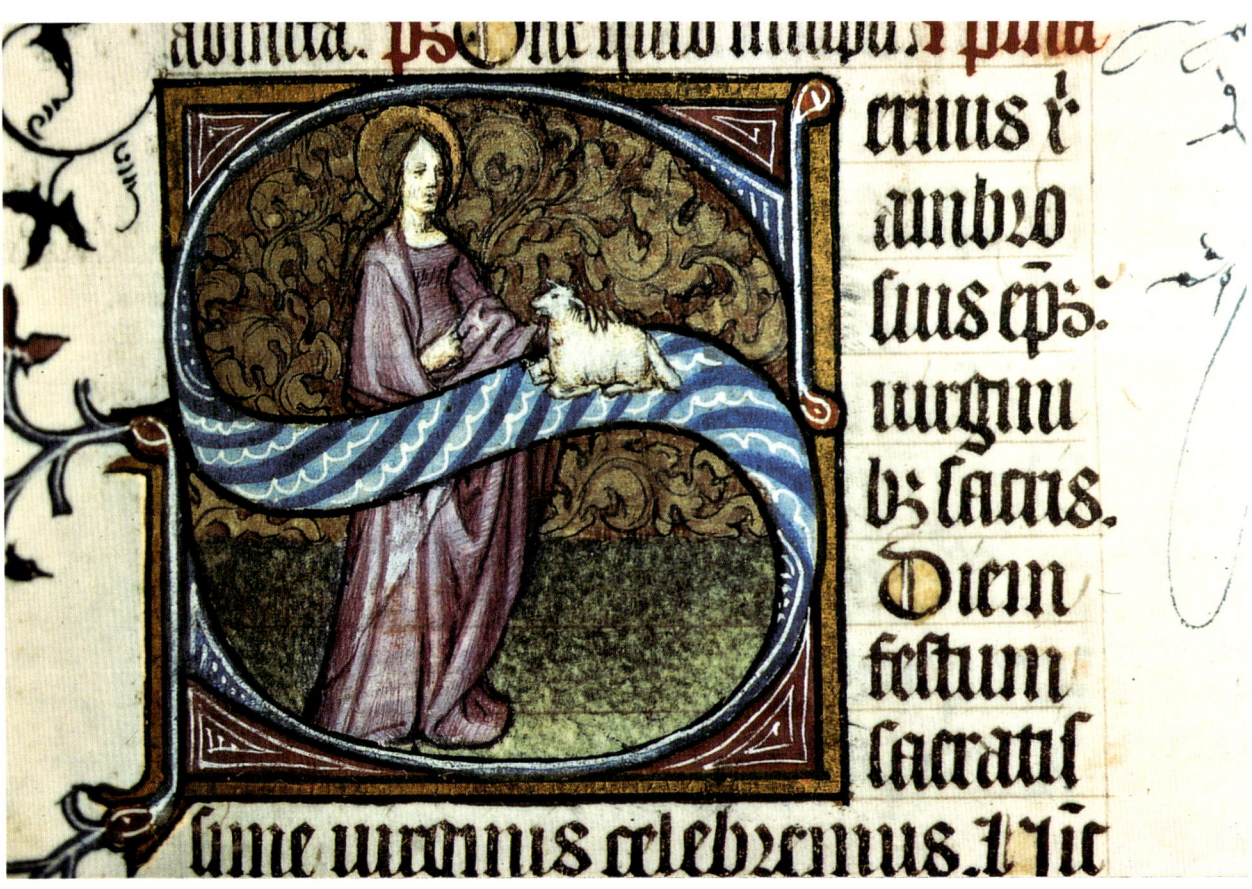

IV. JEAN BAPTEUR (?), «Sant'Agnese», 1425-1430. Besançon, convento delle clarisse, ms. 3, *Breviario francescano detto «di Santa Coletta»*, f. 289.

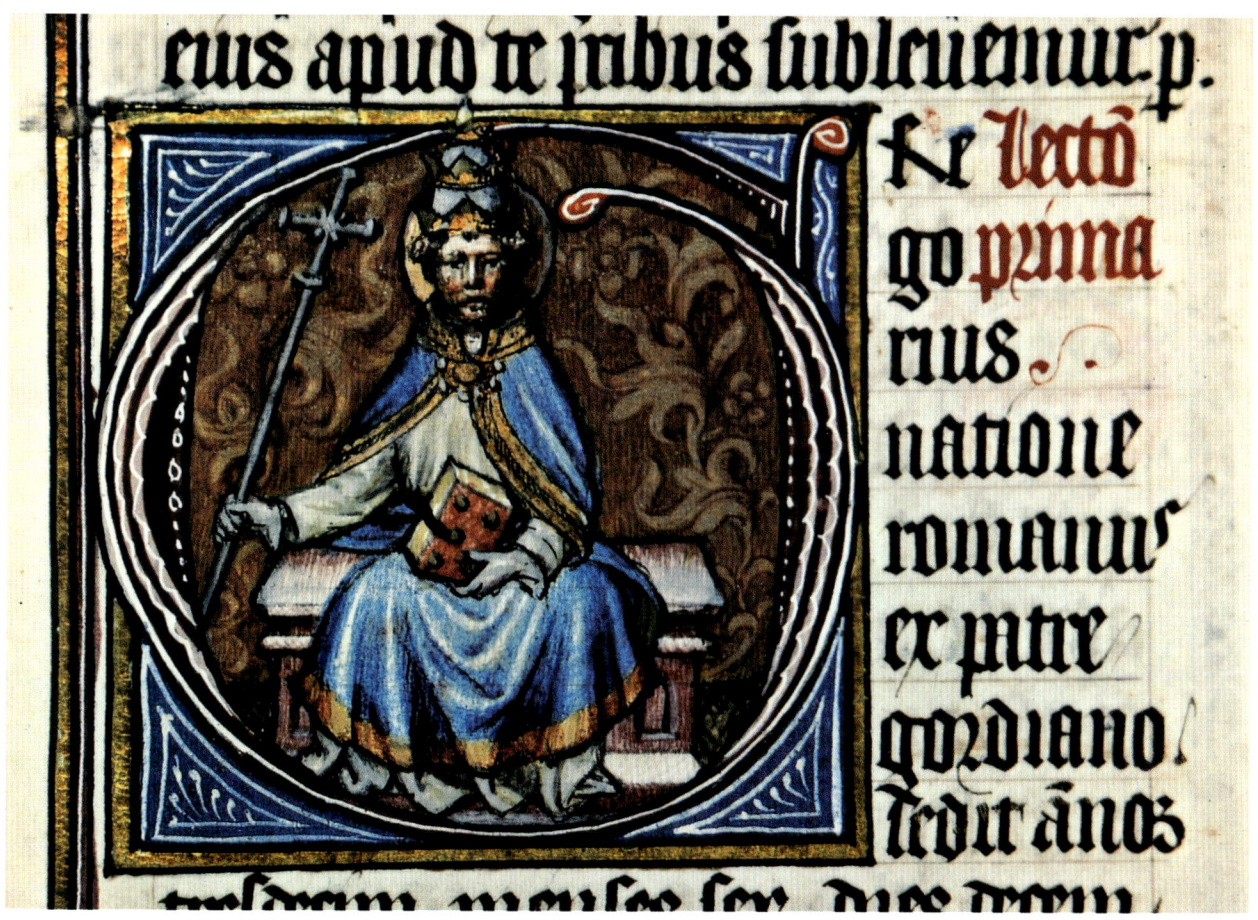

v. Jean Bapteur (?), «San Gregorio», 1425-1430. Besançon, convento delle clarisse, ms. 3, *Breviario francescano detto «di Santa Coletta»*, f. 305.

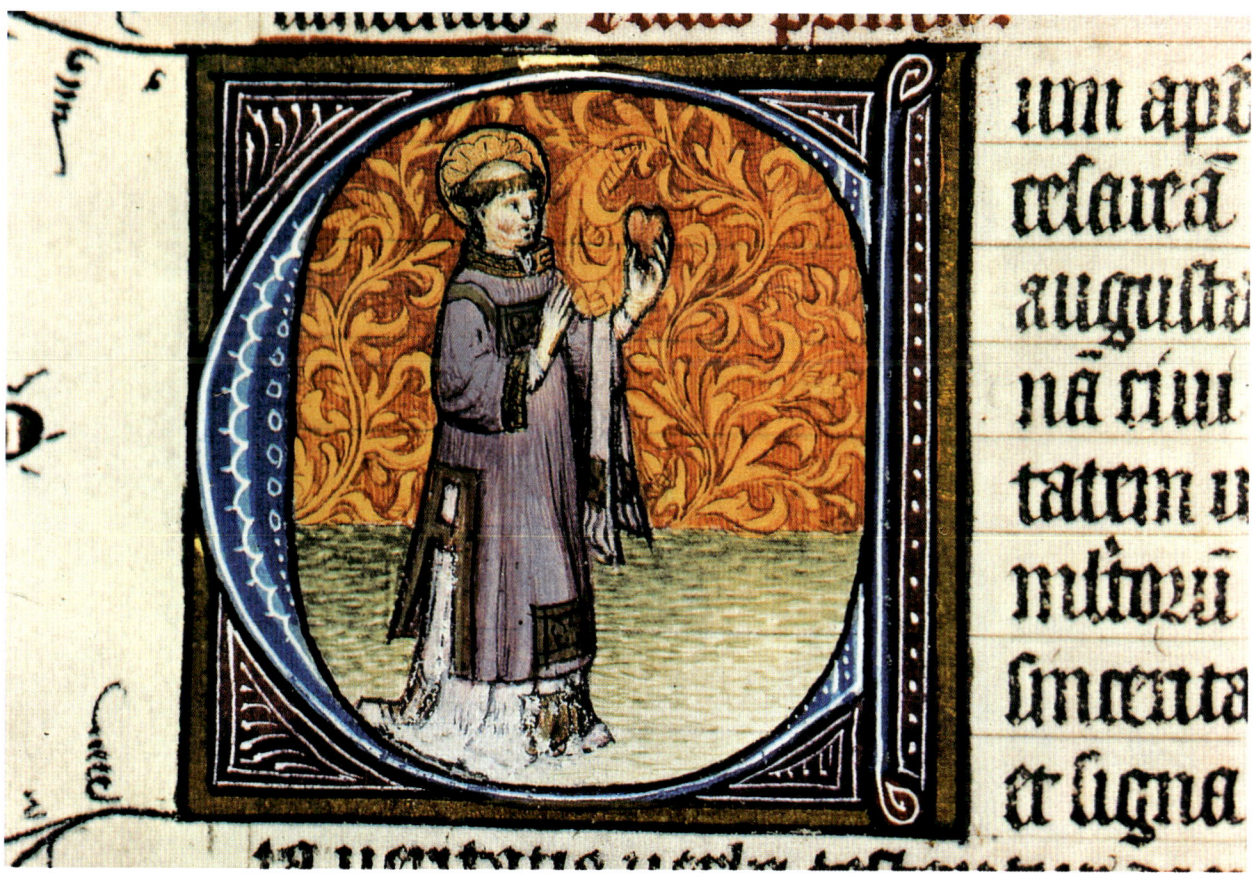

vi. Jean Bapteur (?), «San Vincenzo (?)», 1425-1430. Besançon, convento delle clarisse, ms. 3, *Breviario francescano detto «di Santa Coletta»*, f. 291v.

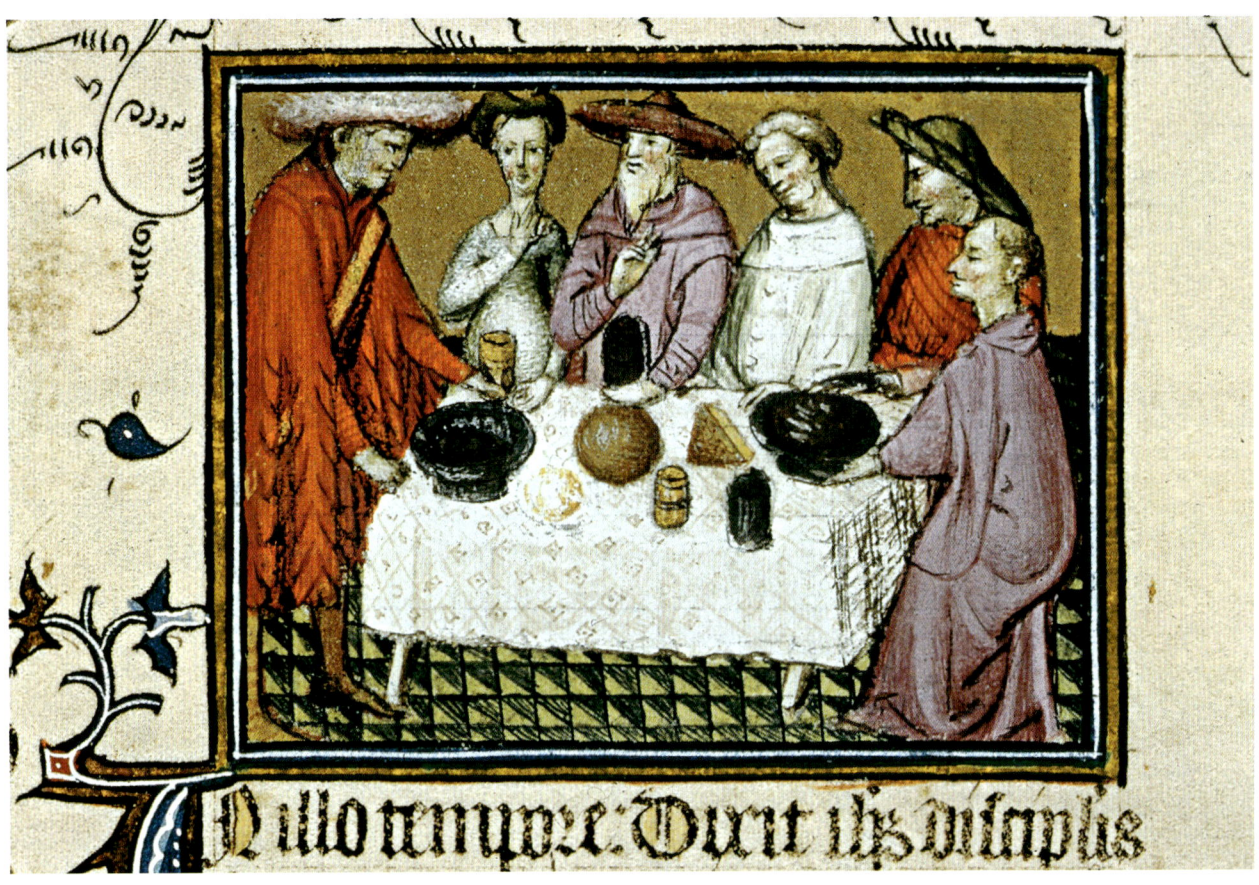

VII. JEAN BAPTEUR (?), «La parabola degli invitati sostituiti dai poveri», 1425-1430. Besançon, convento delle clarisse, ms. 3, *Breviario francescano detto «di Santa Coletta»*, f. 243.

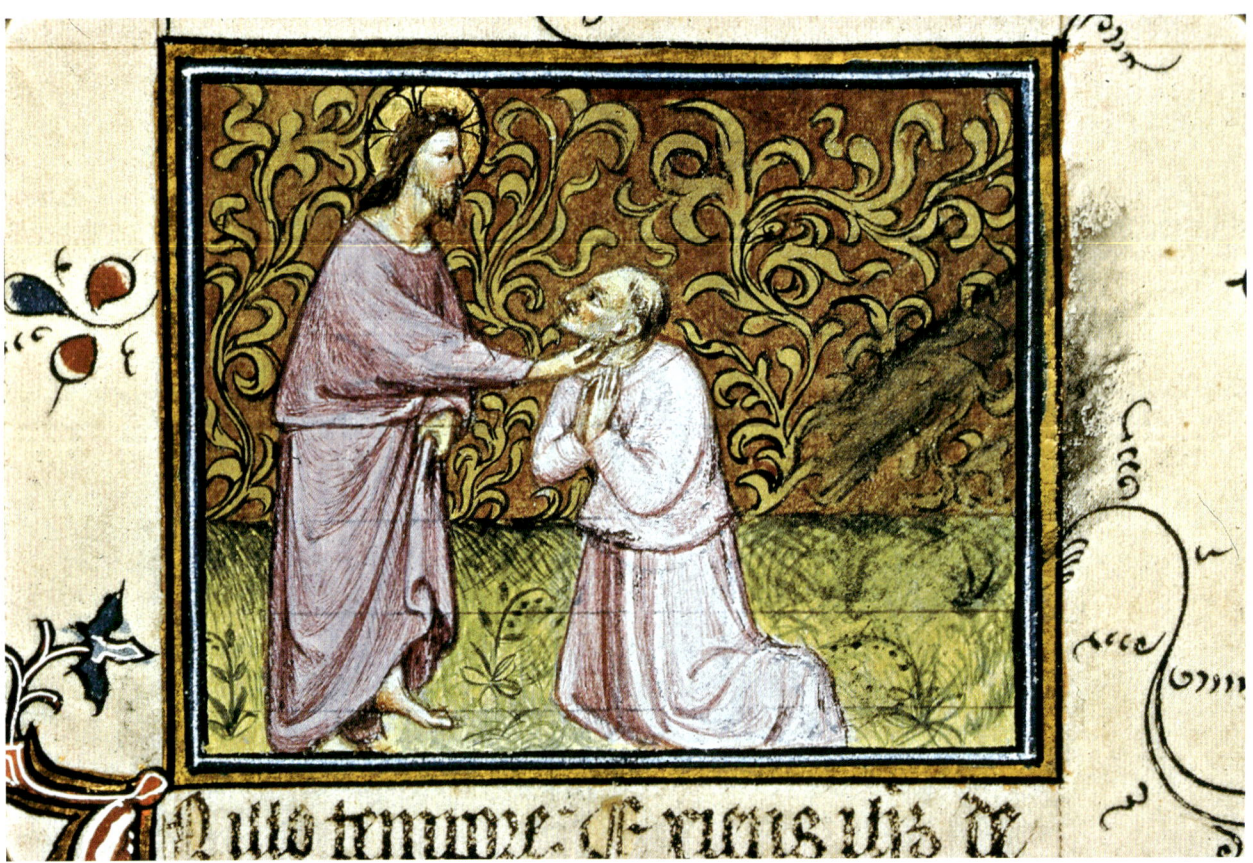

VIII. JEAN BAPTEUR (?), «Guarigione di un sordomuto», 1425-1430. Besançon, convento delle clarisse, ms. 3, *Breviario francescano detto «di Santa Coletta»*, f. 247.

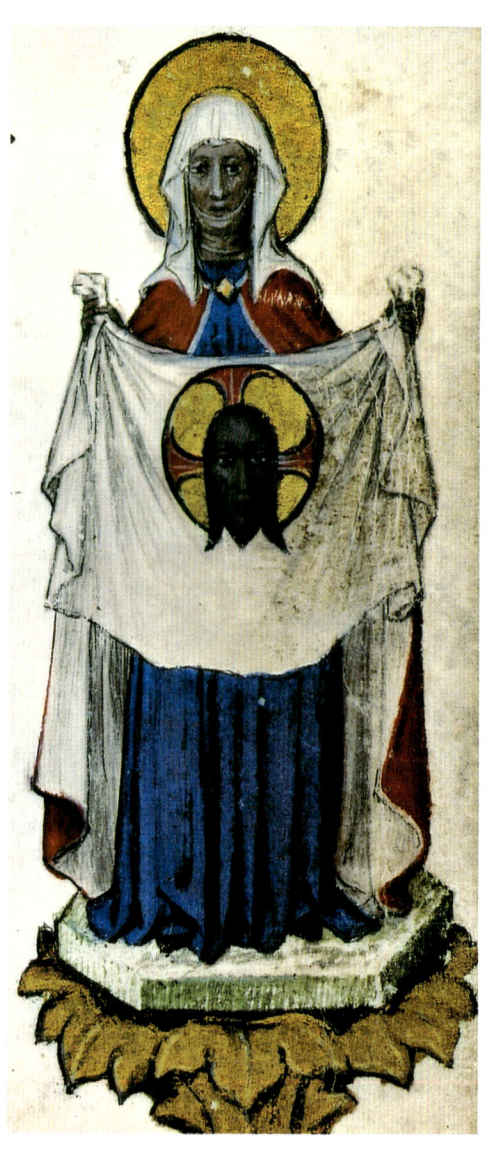

IX. JEAN BAPTEUR (?),
«Santa Veronica», 1435-1440.
Besançon, convento delle clarisse, ms. 3,
Breviario francescano detto «di Santa Coletta», f. 196.

X. JEAN BAPTEUR,
«Il traduttore presenta la sua opera
ad Amedeo VIII di Savoia», 1430-1435.
Bruxelles, Bibliothèque royale, ms. 10317-18,
Albertano da Brescia, *De Doctrina dicendi et tacendi*
(traduzione francese anonima), f. 1.

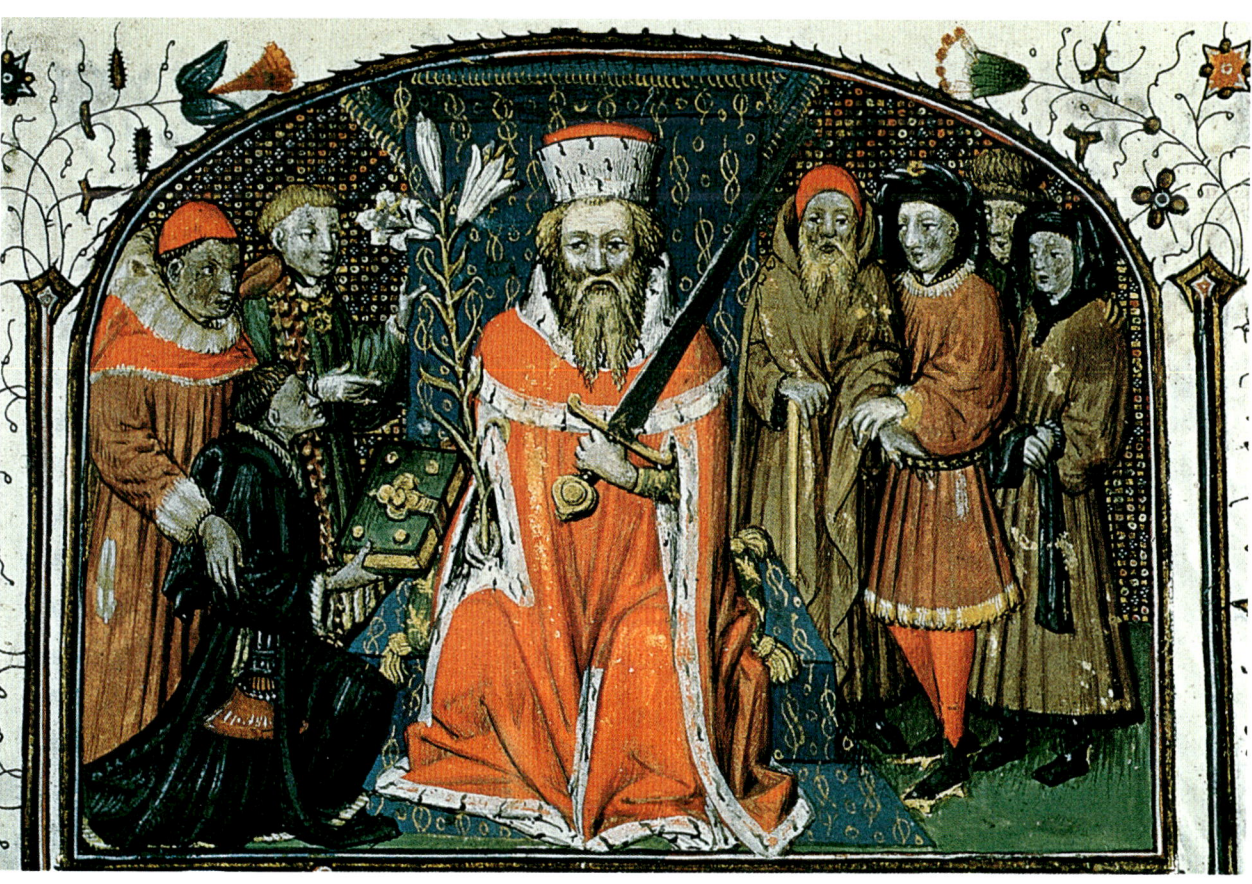

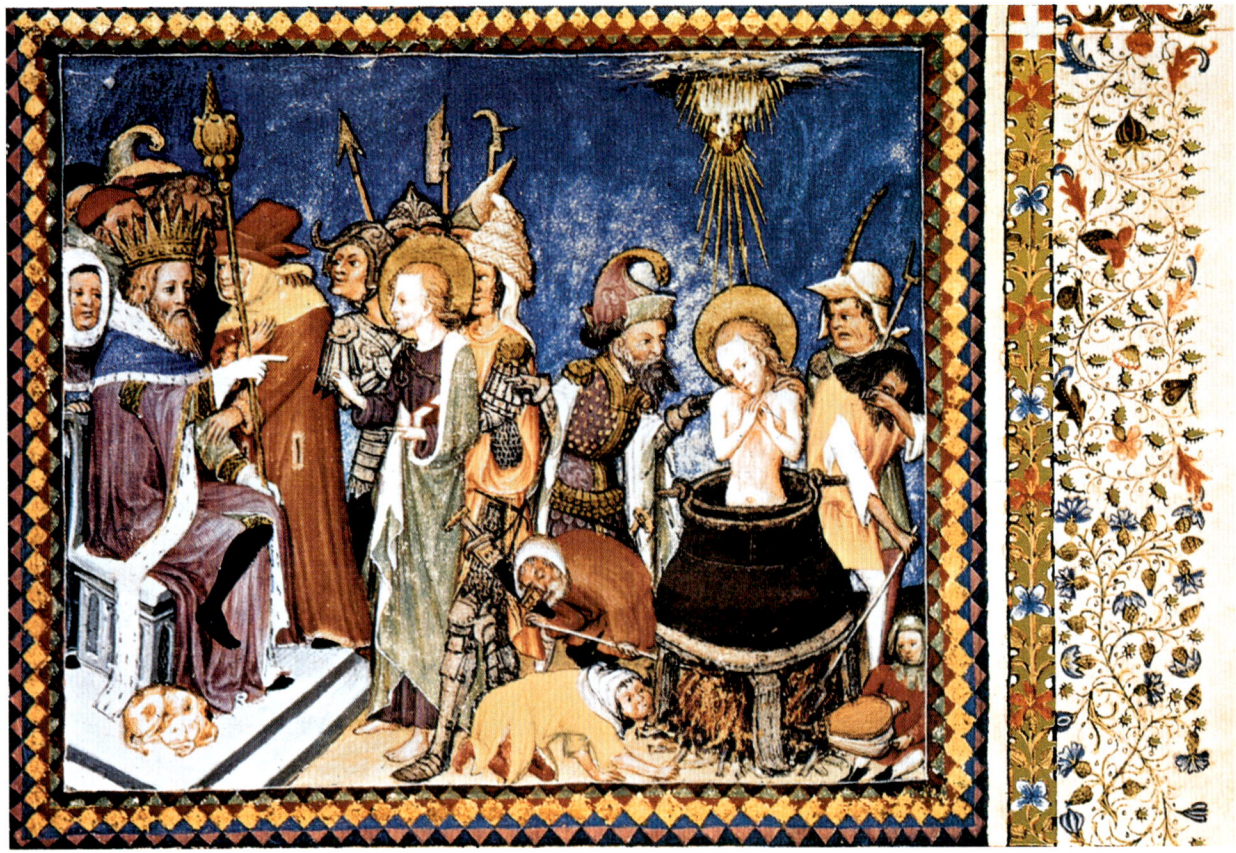

XI. JEAN BAPTEUR, «Condanna di san Giovanni e suo martirio», 1428-1434. El Escorial, Real Biblioteca del Monasterio de San Lorenzo, ms. E. Vit. 5, *Apocalisse di Savoia*, f. 1.

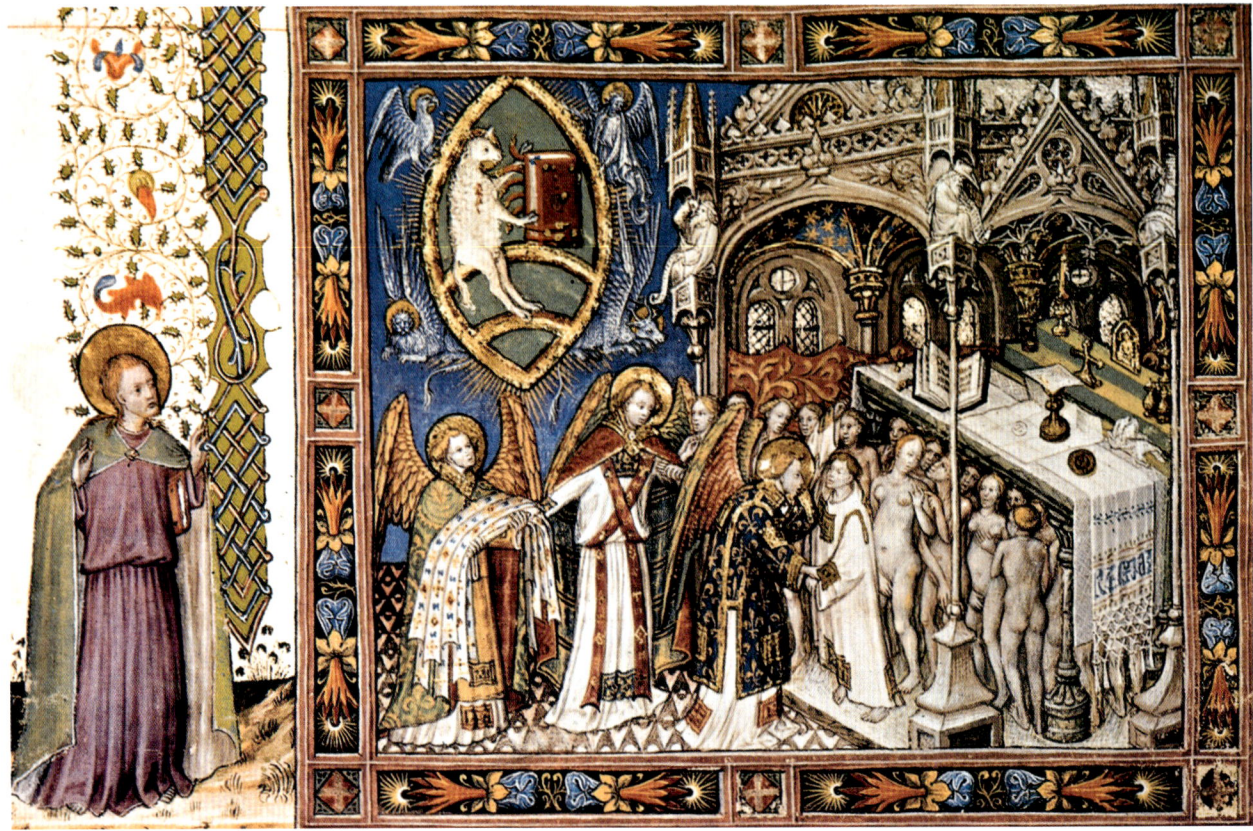

XII. JEAN BAPTEUR, «Apertura del quinto sigillo: le anime in attesa di giudizio», 1428-1434. El Escorial, Real Biblioteca del Monasterio de San Lorenzo, ms. E. Vit. 5, *Apocalisse di Savoia*, f. 8v.

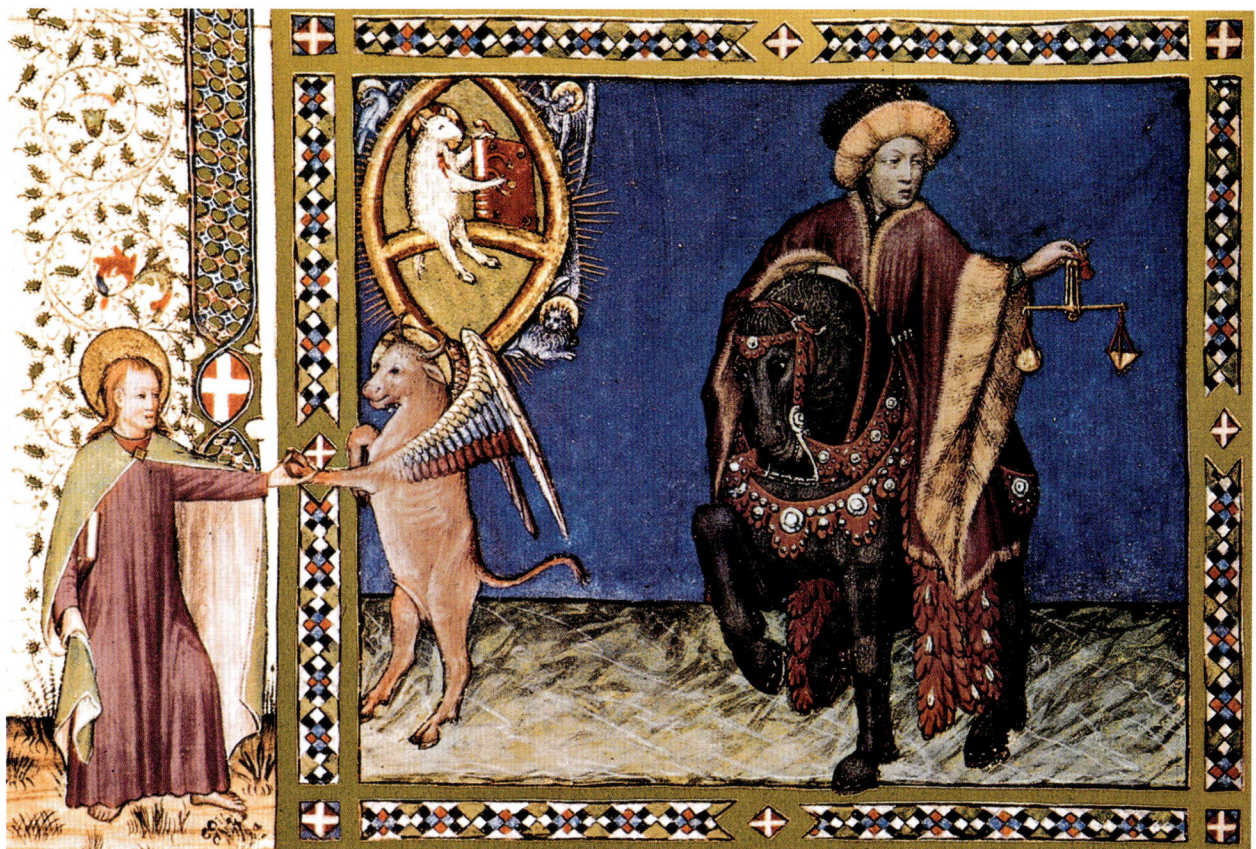

XIII. JEAN BAPTEUR, «Apertura del terzo sigillo: il cavaliere sul cavallo nero», 1428-1434. El Escorial, Real Biblioteca del Monasterio de San Lorenzo, ms. E. Vit. 5, *Apocalisse di Savoia*, f. 7v.

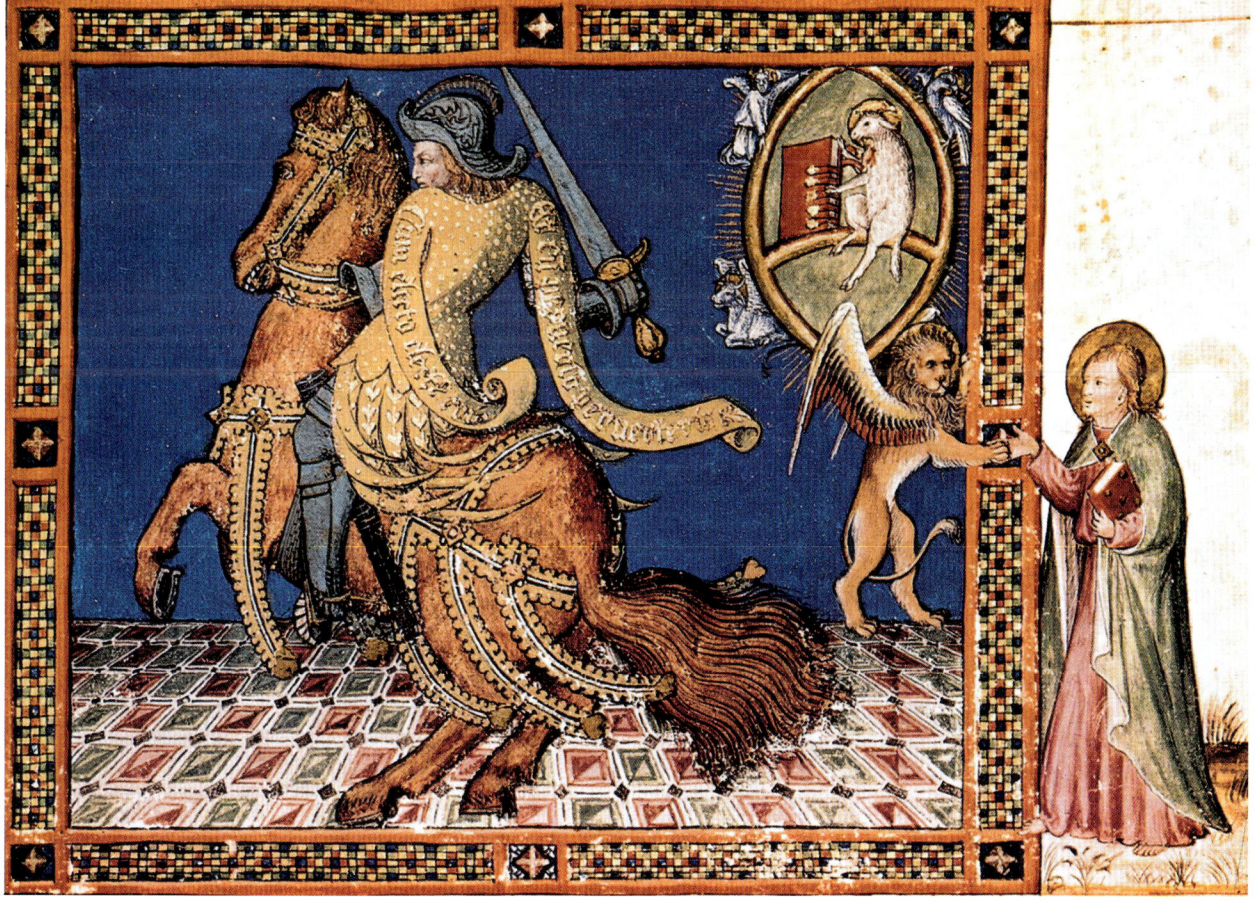

XIV. JEAN BAPTEUR, «Apertura del secondo sigillo: il cavaliere sul cavallo rosso fuoco», 1428-1434. El Escorial, Real Biblioteca del Monasterio de San Lorenzo, ms. E. Vit. 5, *Apocalisse di Savoia*, f. 7.

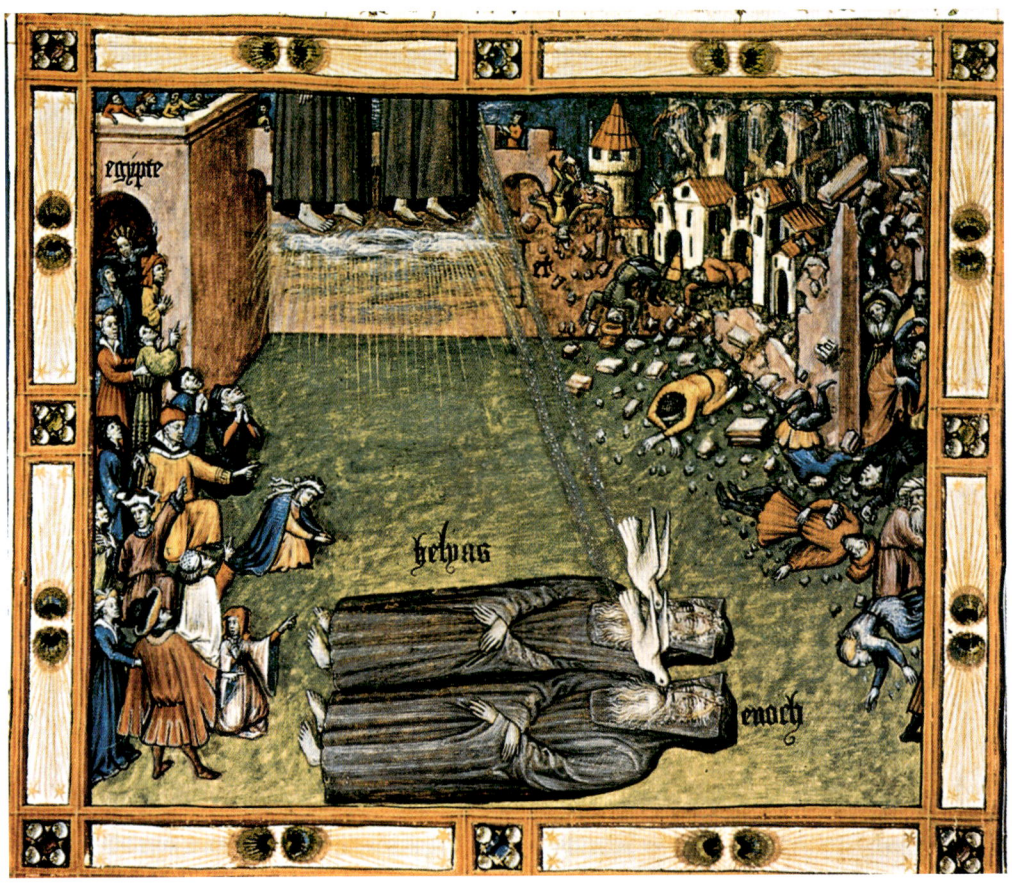

xv. Jean Bapteur, «Resurrezione e ascensione di Enoch ed Elia», 1428-1434. El Escorial, Real Biblioteca del Monasterio de San Lorenzo, ms. E. Vit. 5, *Apocalisse di Savoia*, f. 18v.

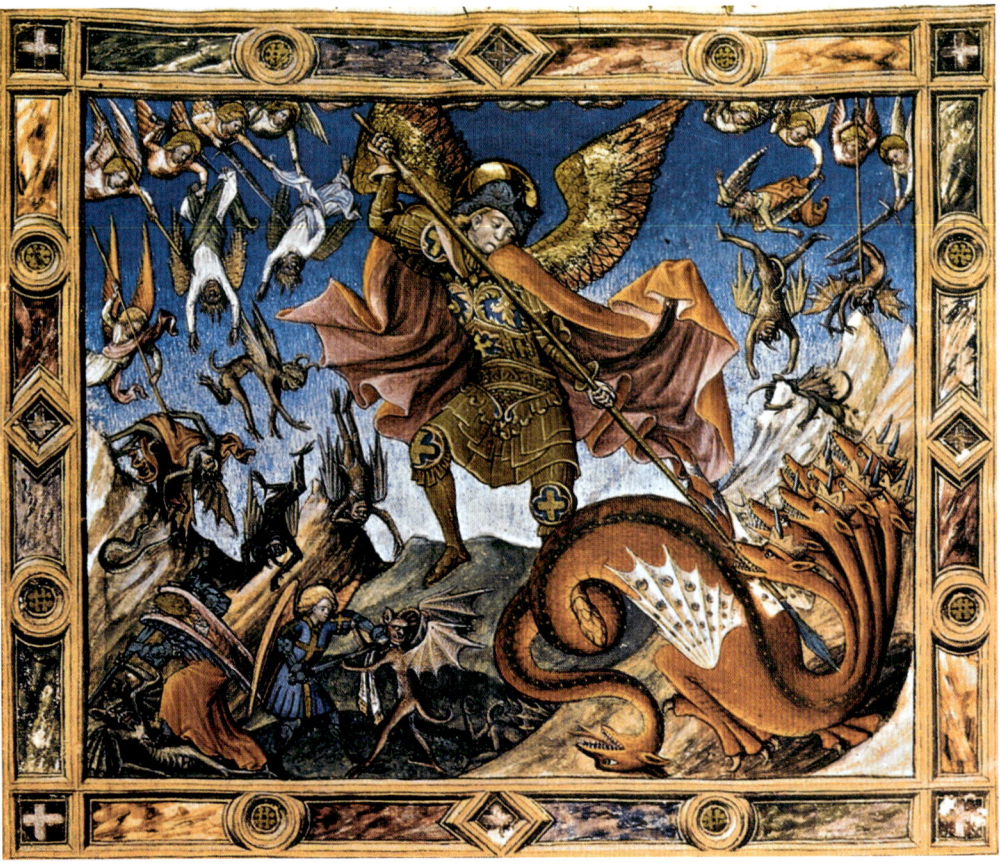

xvi. Jean Bapteur, «Combattimento di san Michele e il drago», 1428-1434. El Escorial, Real Biblioteca del Monasterio de San Lorenzo, ms. E. Vit. 5, *Apocalisse di Savoia*, f. 21.

Nella pagina a fianco
xvii. Jean Bapteur, «La Donna vestita di sole», 1428-1434. El Escorial, Real Biblioteca del Monasterio de San Lorenzo, ms. E. Vit. 5, *Apocalisse di Savoia*, f. 20.

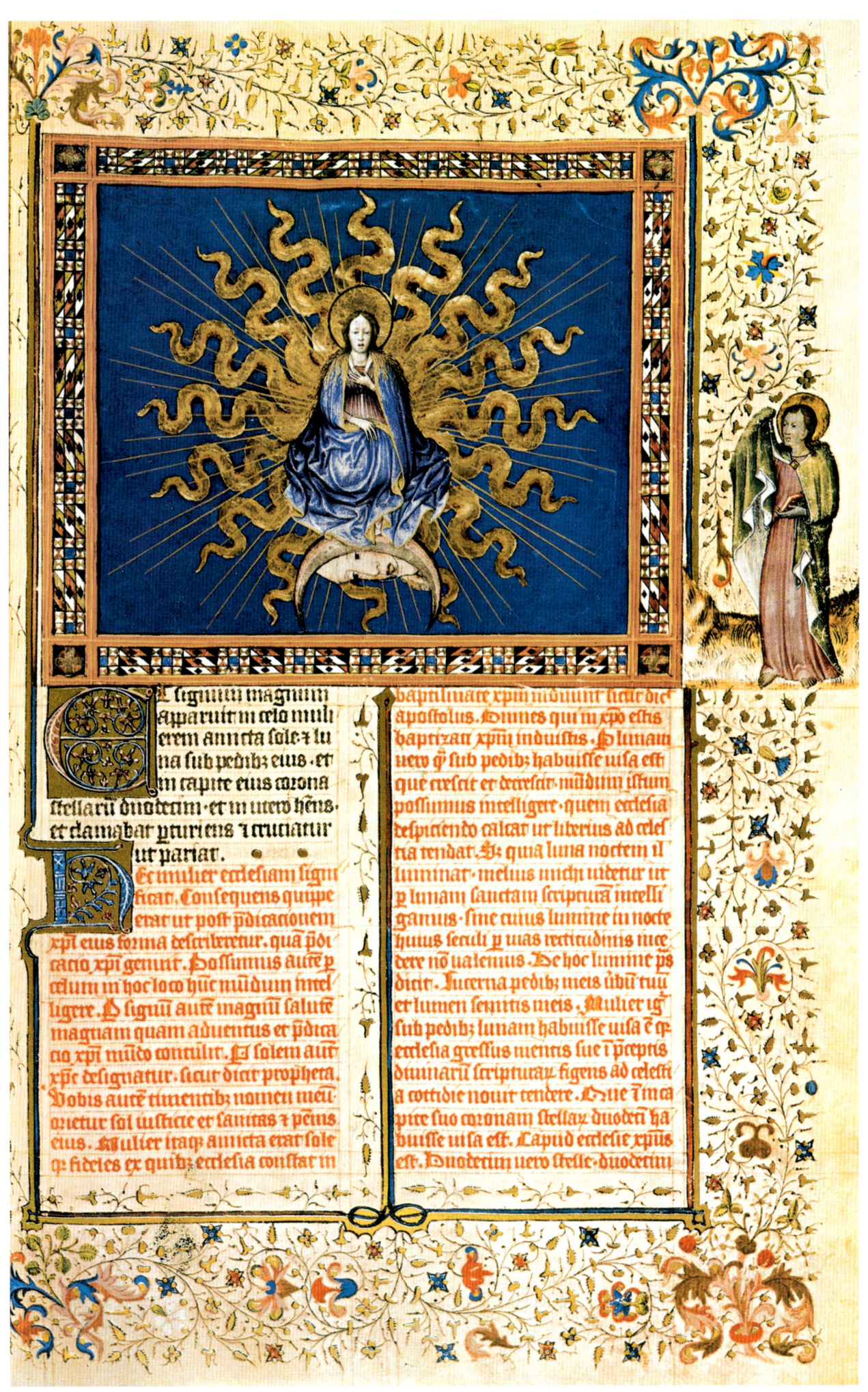

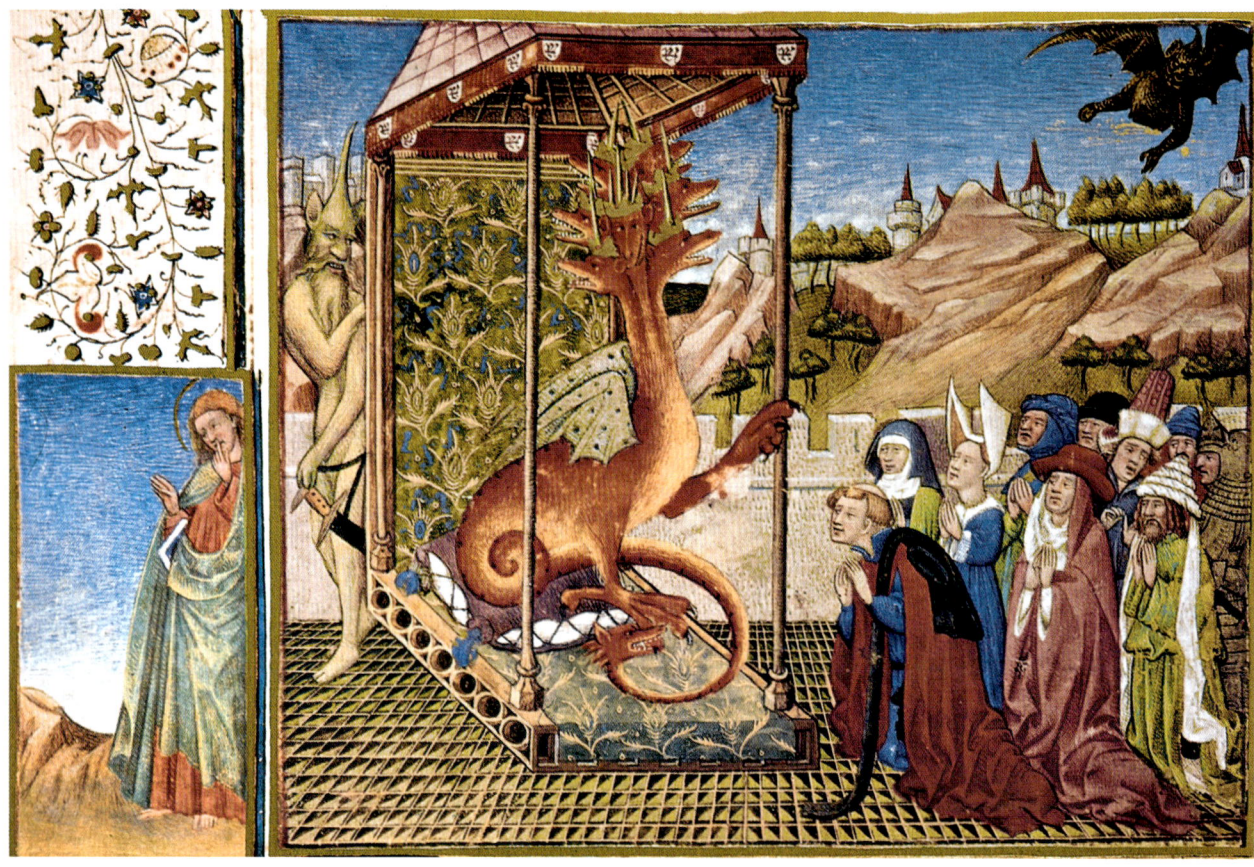

XVIII. PÉRONET LAMY,
«Adorazione del drago», 1432-1434.
El Escorial, Real Biblioteca del Monasterio de San Lorenzo,
ms. E.Vit. 5, *Apocalisse di Savoia*, f. 24*v*.

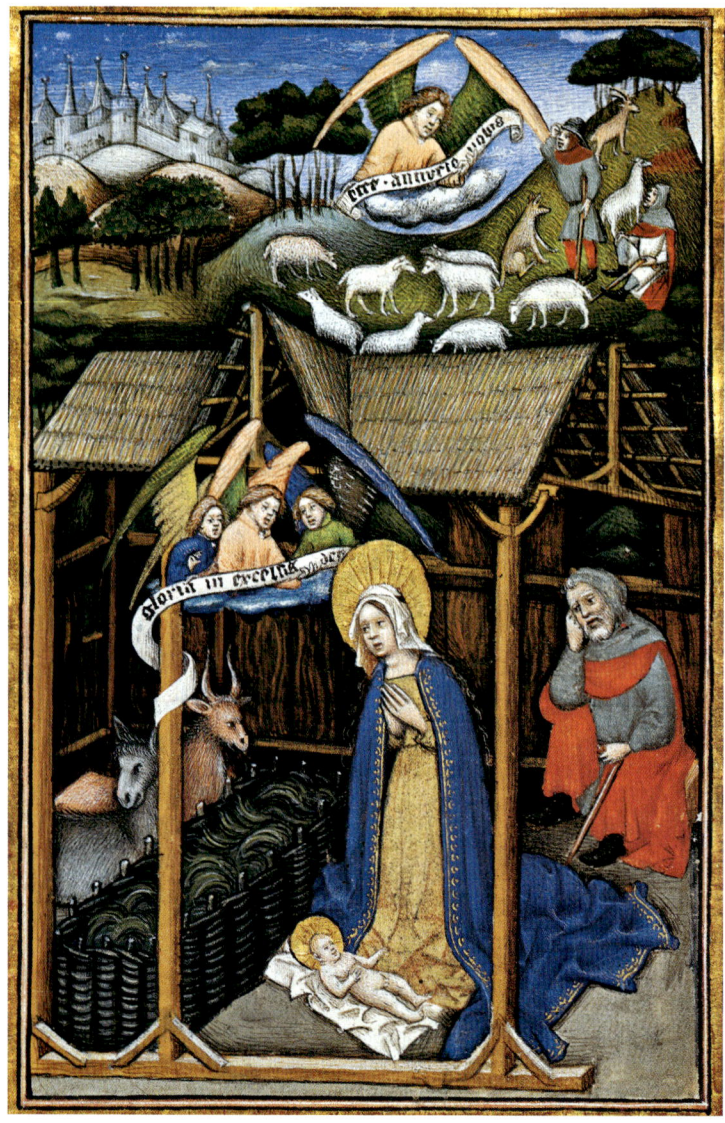

XIX. PÉRONET LAMY,
«La Natività e l'Annuncio ai pastori», 1436.
New York, Pierpont Morgan Library, ms.
M. 180, *Evangelistario*, f. 11*v*.

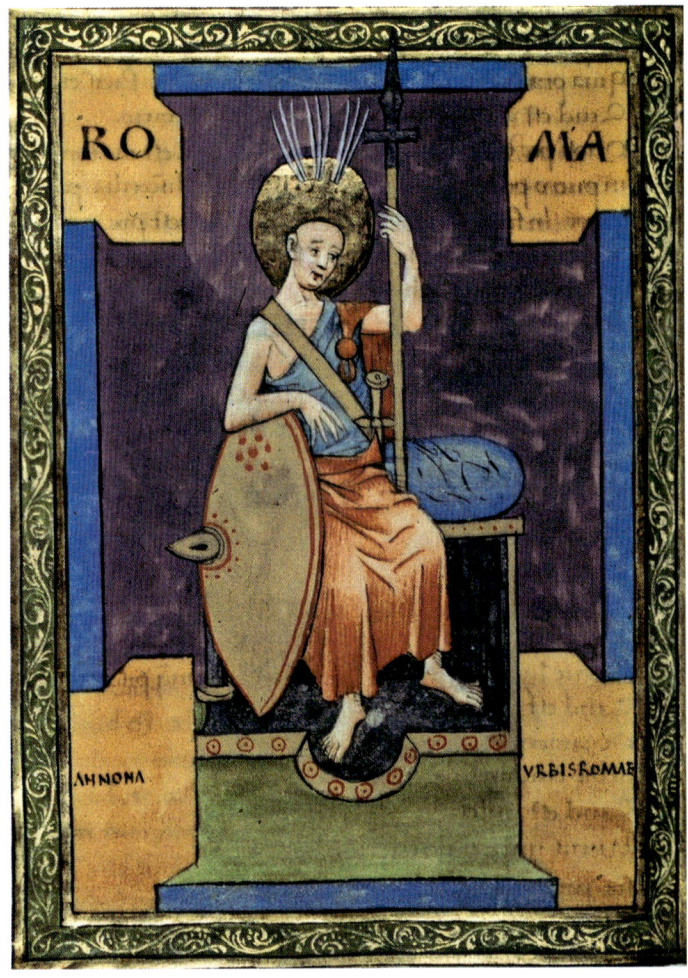

XX. PÉRONET LAMY, «Personificazione di Roma», 1436.
Oxford, Bodleian Library, ms. Canon Misc. 378,
Notitia Dignitatum & C, f. 80*v*.

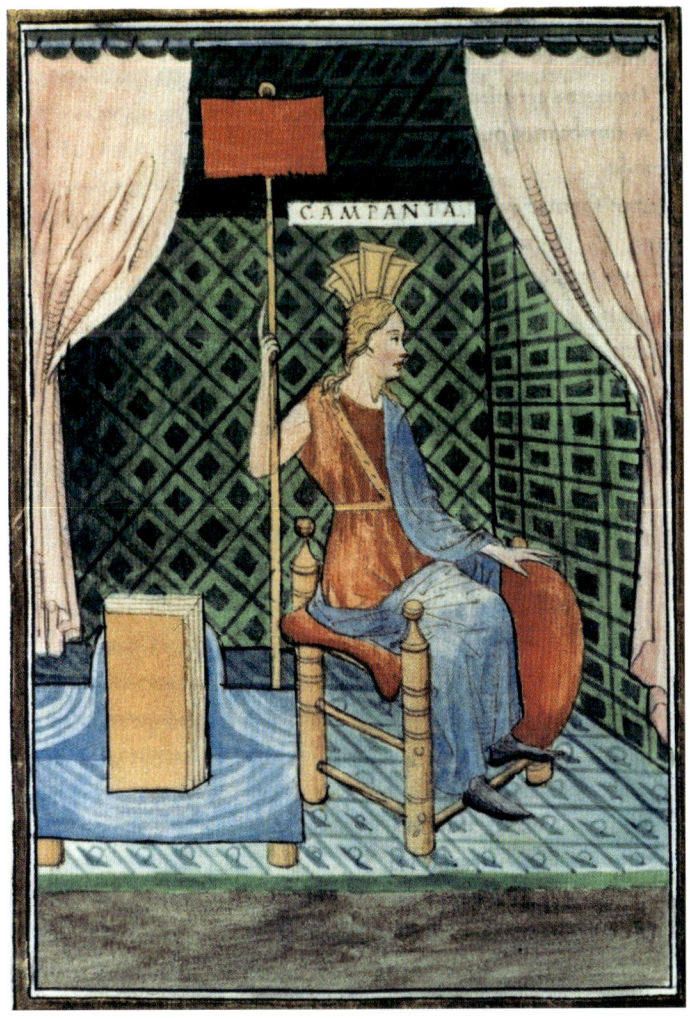

XXI. PÉRONET LAMY, «Personificazione della Campania»,
1436. Oxford, Bodleian Library, ms. Canon Misc. 378,
Notitia Dignitatum & C, f. 167*v*.

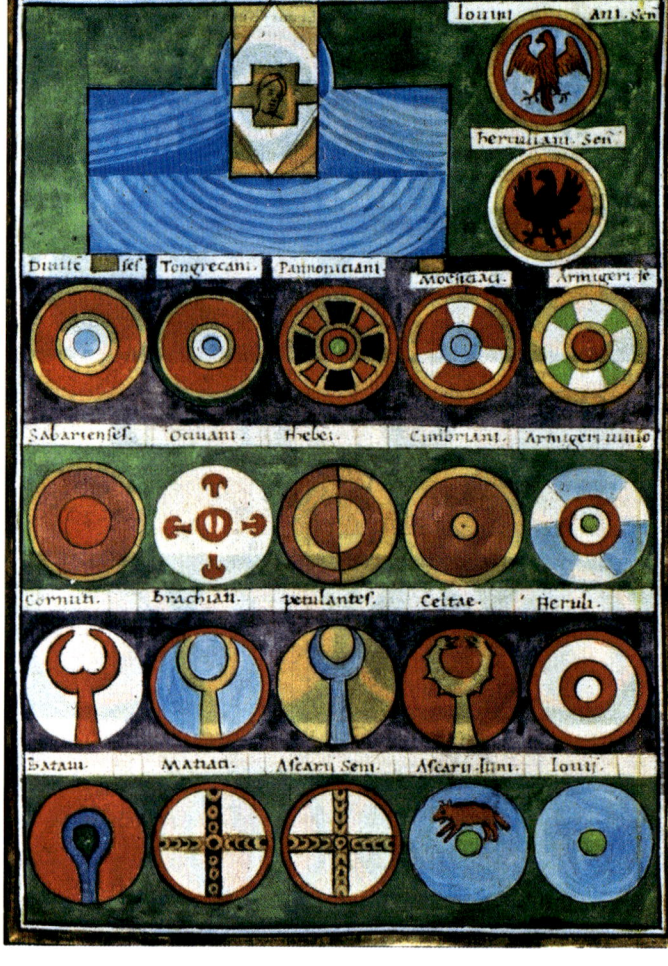

XXII. Péronet Lamy, «Insegne del *magister peditum praesentalis*», 1436.
Oxford, Bodleian Library, ms. Canon Misc. 378, *Notitia Dignitatum & C*, f. 134.

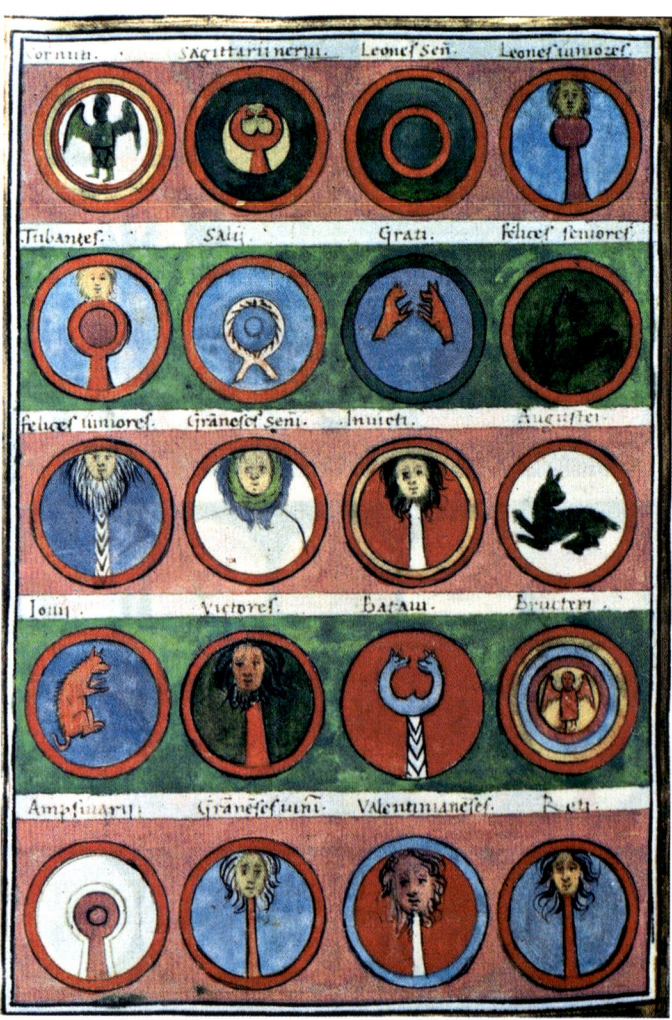

XXIII. Péronet Lamy, «Insegne del *magister peditum praesentalis*», 1436.
Oxford, Bodleian Library, ms. Canon Misc. 378, *Notitia Dignitatum & C*, f. 134v.

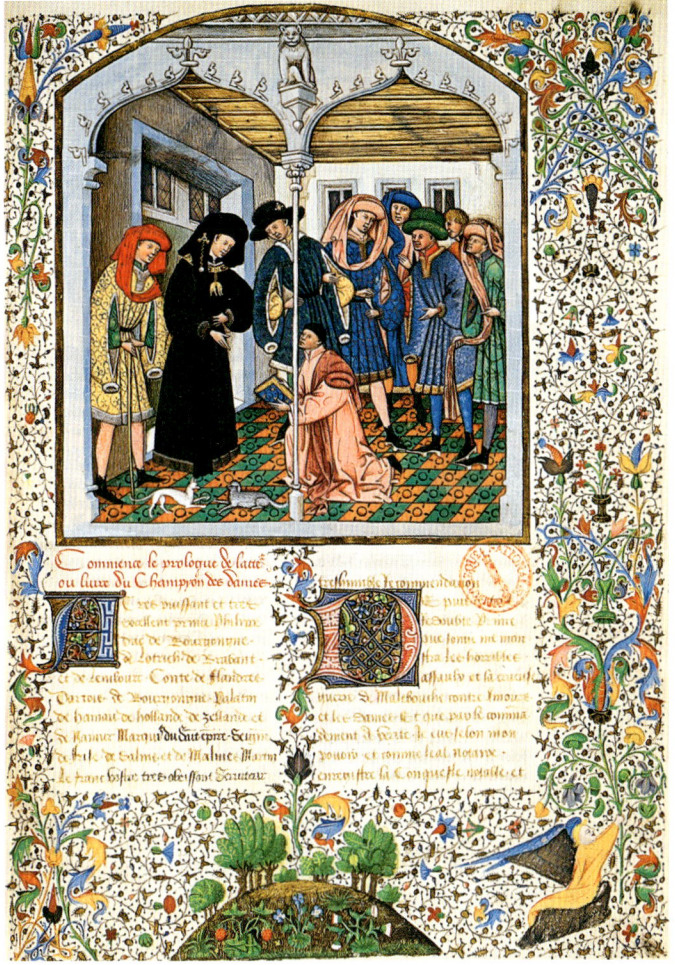

XXIV. Péronet Lamy, «Filippo il Buono, circondato dai suoi
cortigiani, riceve in omaggio da Martin Le Franc una copia
del *Champion des Dames*», 1442 circa. Bruxelles, Bibliothèque
royale, ms. 9466, Martin Le Franc, *Le Champion des Dames*, f. 1.

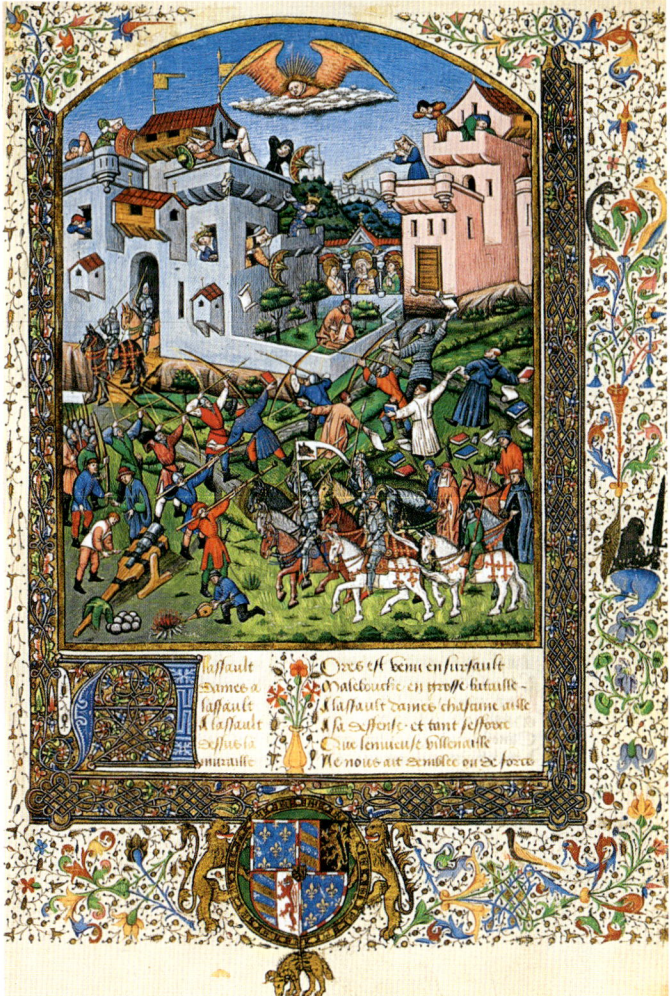

XXV. Péronet Lamy, «Le truppe di Malebouche assaltano
il "château d'Amour"», 1442 circa. Bruxelles, Bibliothèque royale,
ms. 9466, Martin Le Franc, *Le Champion des Dames*, f. 4.

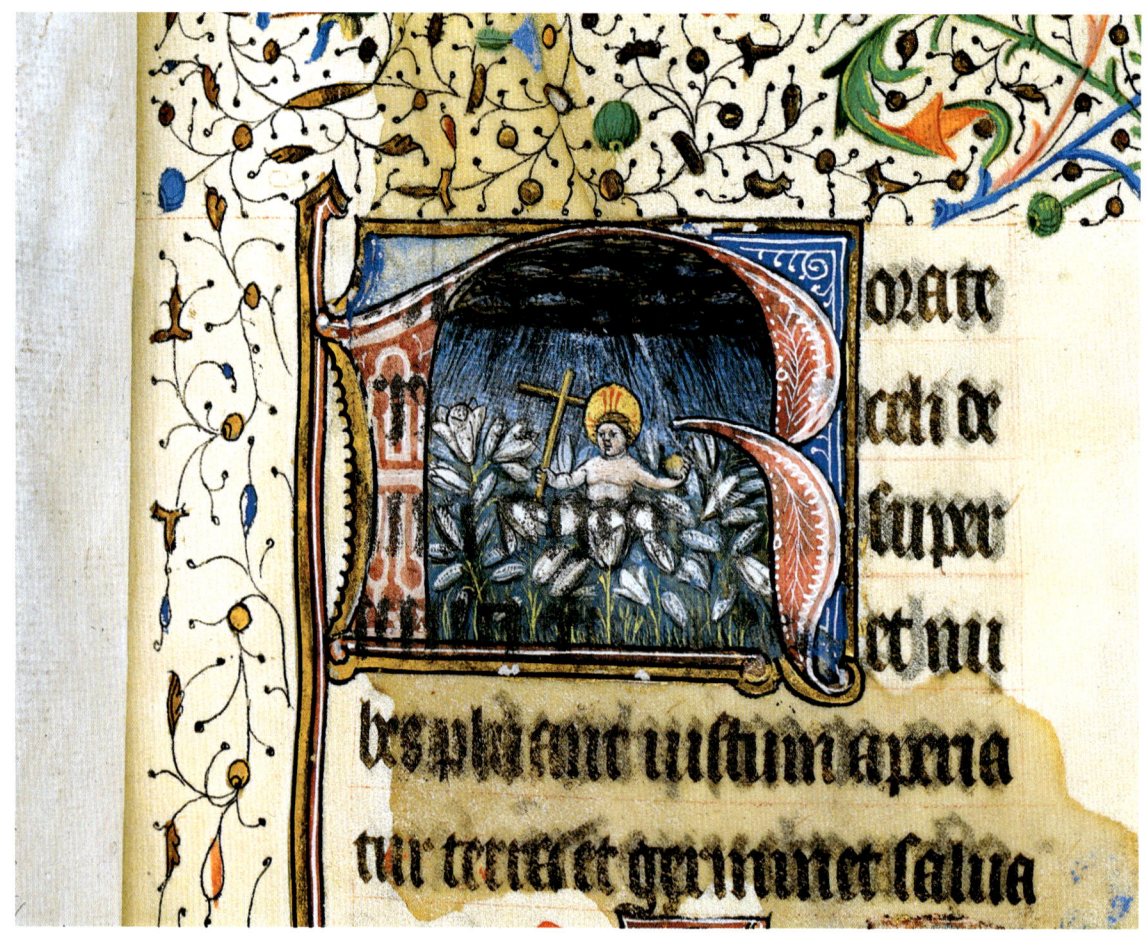

XXVI. PÉRONET LAMY, «Iniziale a commento dell'*Epistola di san Paolo ai Corinzi* I, 9», 1445 circa. Torino, Archivio di Stato, ms. J.b.II.6, *Messale di Felice V*, f. 6.

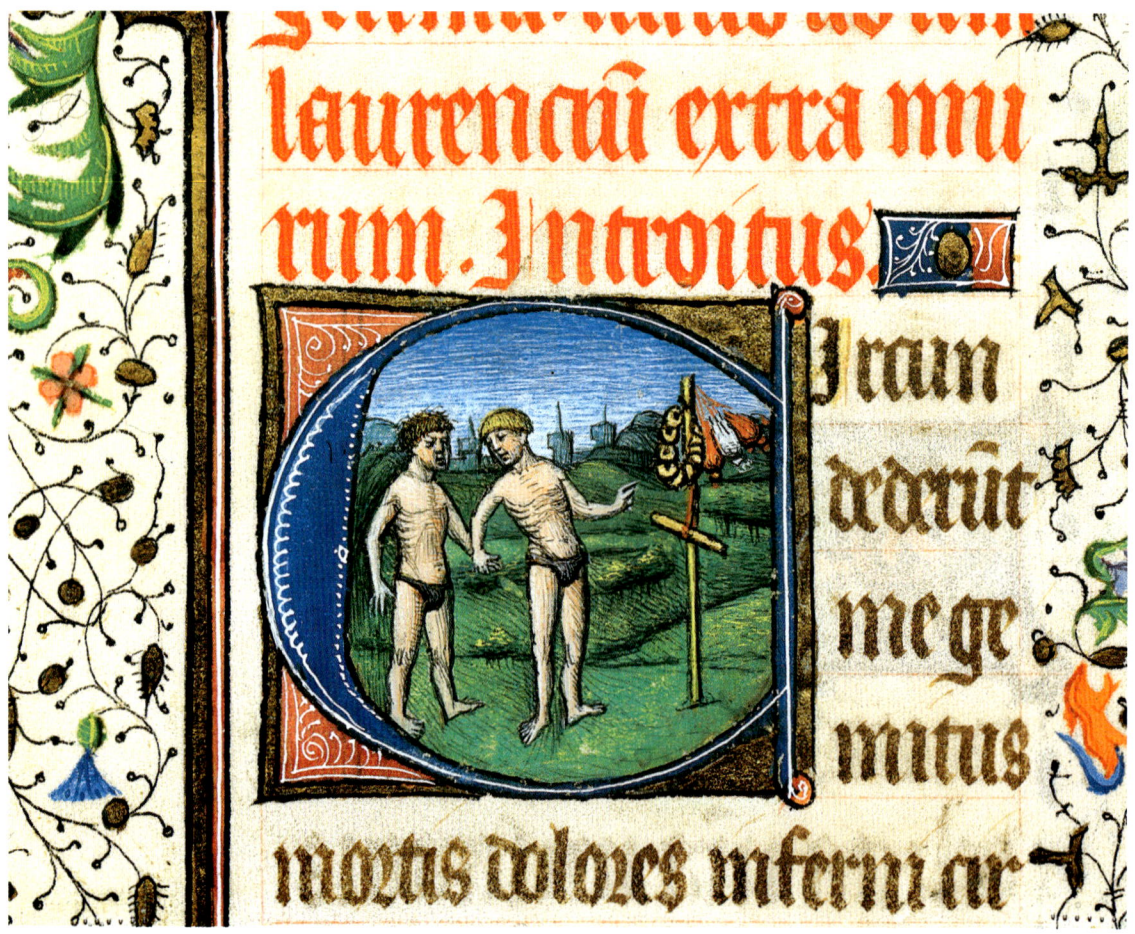

XXVII. PÉRONET LAMY, «Iniziale per la IIII Domenica dell'Avvento (*Isaia* 45, 8)», 1445 circa. Torino, Archivio di Stato, ms. J.b.II.6, *Messale di Felice V*, f. 6v.

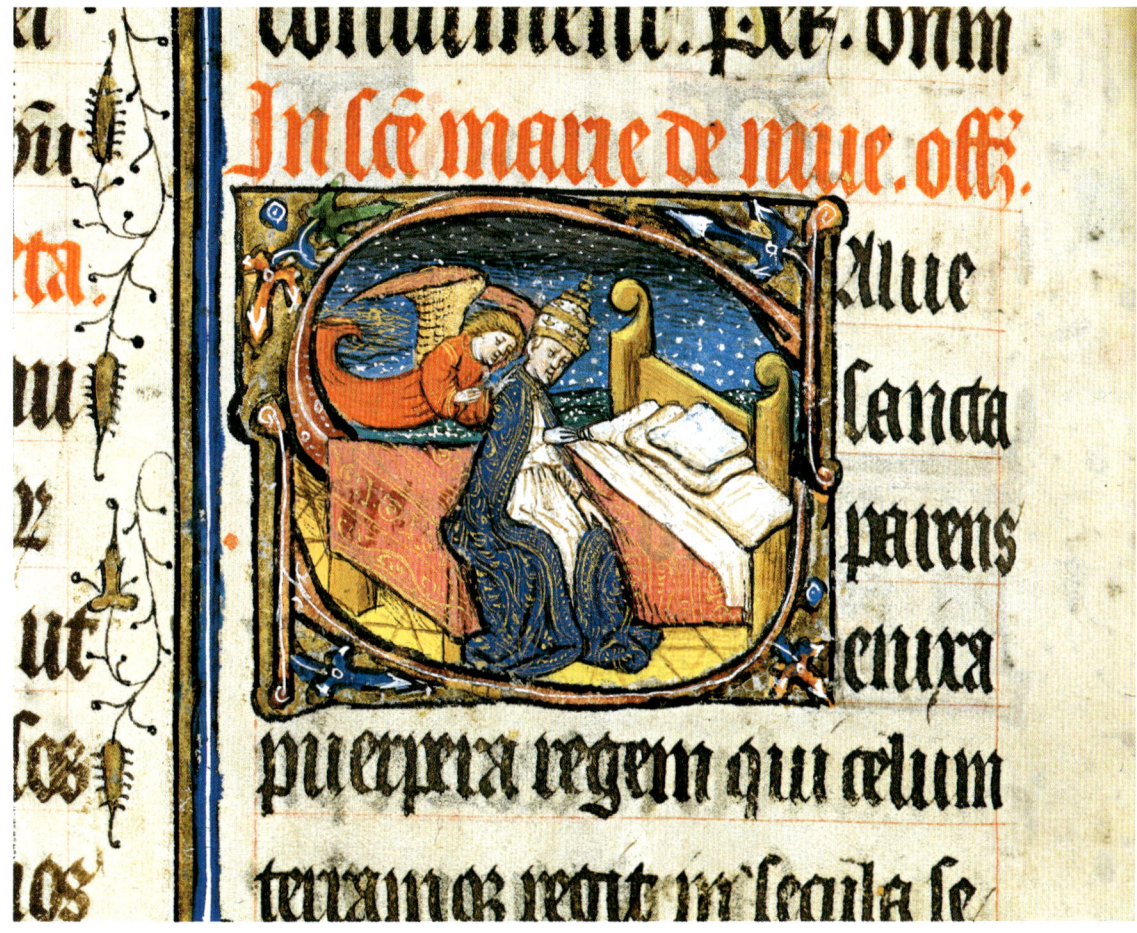

XXVIII. Péronet Lamy, «Santa Maria della Neve», 1445 circa. Torino, Archivio di Stato, ms. J.b.II.6, *Messale di Felice V*, f. 181*v*.

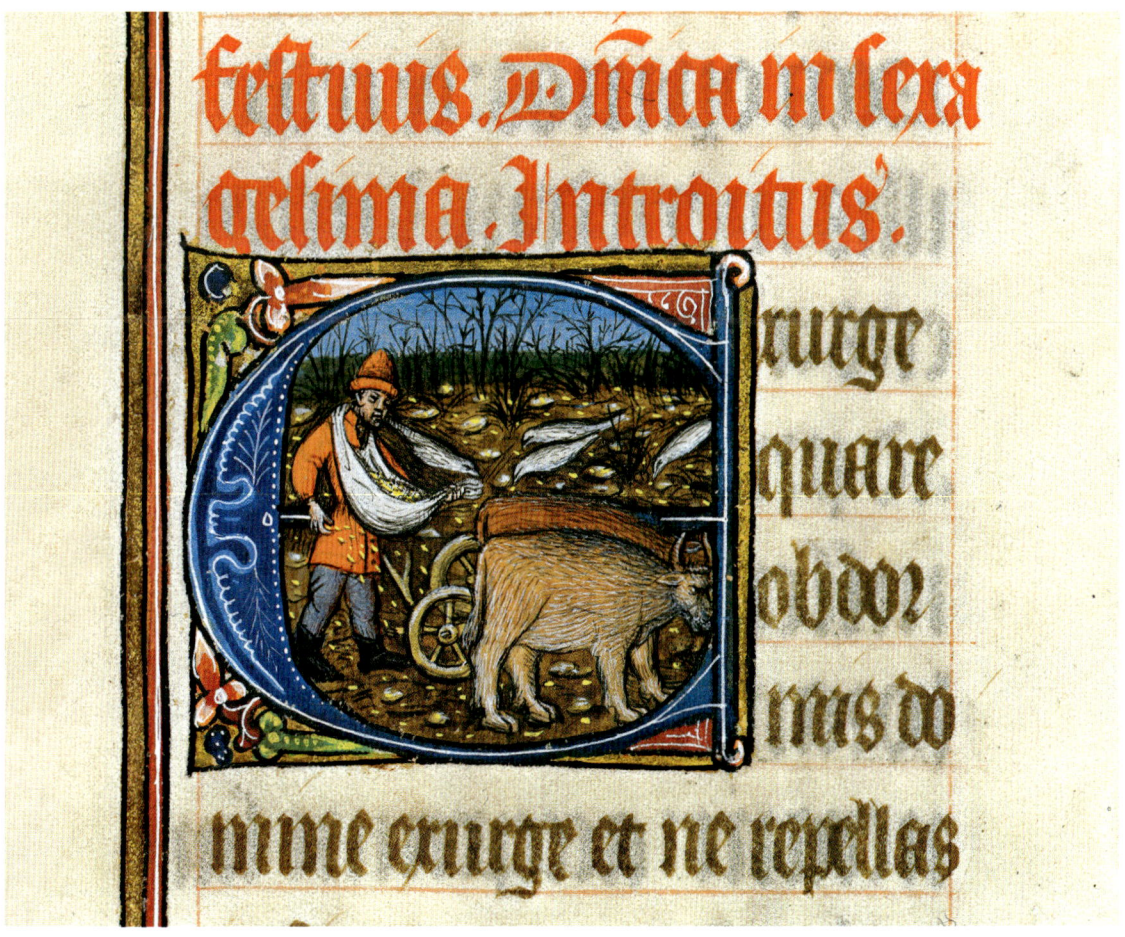

XXIX. Péronet Lamy, «La parabola della semente (*Luca* 8, 4-15)», 1445 circa. Torino, Archivio di Stato, ms. J.b.II.6, *Messale di Felice V*, f. 18*v*.

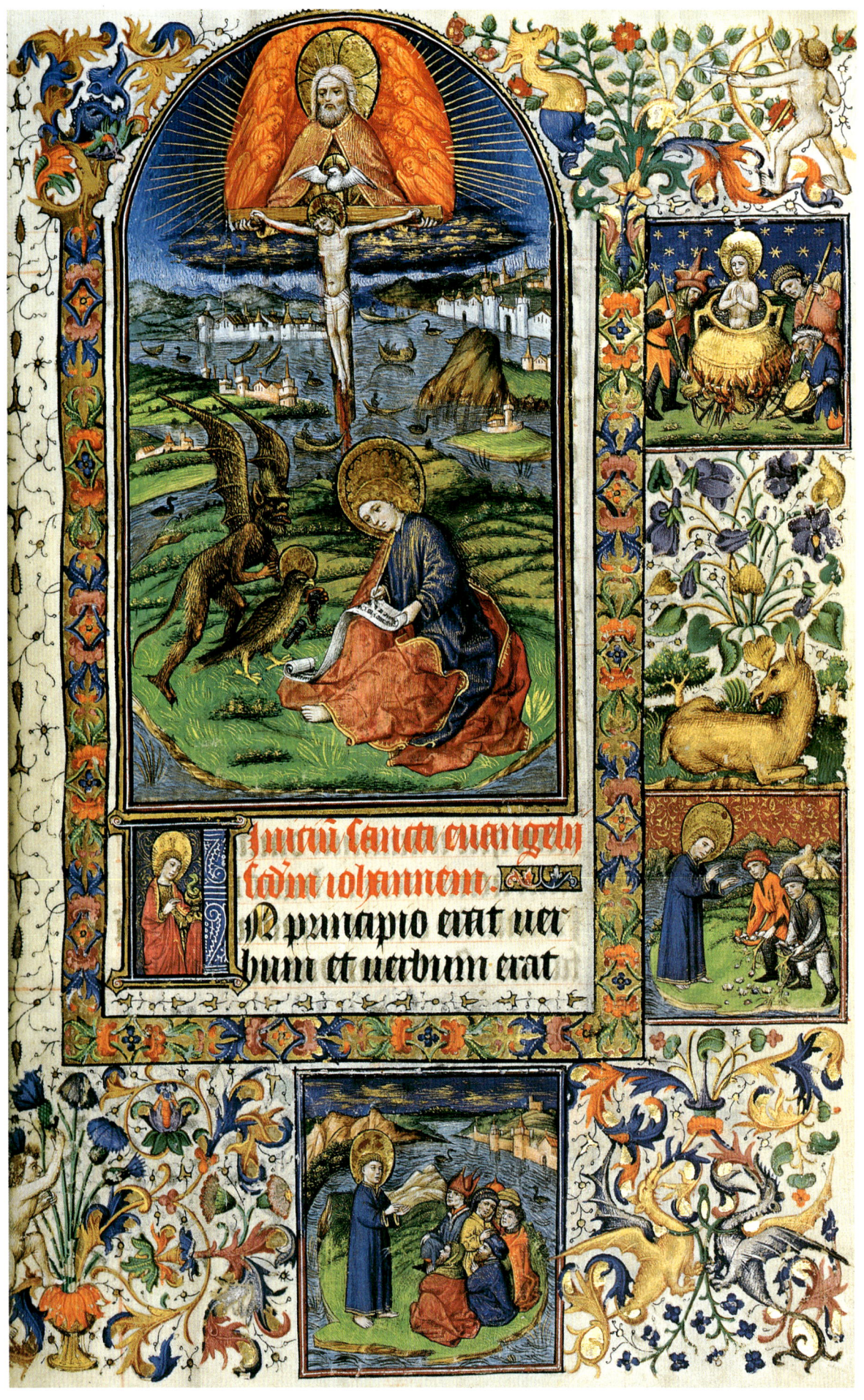

XXX. Péronet Lamy e Primo Maestro delle Ore di Ludovico di Savoia (con interventi successivi di Antoine de Lonhy), «San Giovanni Evangelista sull'isola di Patmos e Trinità»; «San Giovanni che regge la coppa del veleno»; «Predica di san Giovanni»; «Il miracolo delle verghe mutate in oro e dei sassi mutati in pietre preziose»; «Il martirio di san Giovanni», 1445-1465 circa. Londra, British Library, ms. Add. 27697, *Libro d'Ore noto come «Ore di Saluzzo»*, f. 13.

La biblioteca di Amedeo VIII (1391-1439):
codici registrati nelle fonti e manoscritti superstiti

I DOCUMENTI

Con Amedeo VIII, mecenate aguerrito e bibliofilo attento, le collezioni librarie di casa Savoia si arricchirono considerevolmente e assunsero una precisa fisionomia. I documenti segnalano acquisti via via più fitti e mirati, riflettendo i gusti sicuri del nuovo conte poi duca di Savoia, consapevole più dei suoi predecessori dell'importanza di una ricca biblioteca quale strumento di potere e prestigio politico e desideroso di competere con gli altri sovrani europei anche sul piano artistico. Che la maggior parte dei codici superstiti dell'antica biblioteca sabauda sia da ricondurre alla sua committenza non è quindi un caso[1]. Le prime notizie di libri acquistati per Amedeo riguardano quelli concernenti la sua educazione: il 19 aprile del 1390 e il 9 giugno dello stesso anno sono segnalati un pagamento «pour le pris de *uns sept salmes*»[2] e uno «pro emendo unum *cathonem et partes* ad instruendum illustrem Amadeum de Sabaudia»[3]. Questo secondo acquisto fu fatto per conto di Giovanni di Bettens, decano di Annemasse e precettore del giovane conte. Il 13 marzo 1392 Giovanni fu incaricato di comprare «ung livre appeleé *cartula* pour monseigneur»[4], mentre nel 1394 fu pagato «pro precio *duorum librorum vocatorum Ysoppet* pro domino et bastardo de Sabaudia [Umberto, fratellastro di Amedeo]»[5]. Nel 1393 Oddone di Villars, tutore insieme a Bona di Borbone di Amedeo VIII fino al 1398, regalò al principe una «pulcherrimam *bibliam* coopertam de samito rubeo ad firmantes et botonos argenti deauratos», appartenuta a Clemente VII, il papa scismatico che regnò ad Avignone dal 1378 al 1394[6]. Con Oddone, Amedeo andrà a Parigi dal marzo all'agosto del 1398 e a questo periodo risalgono i primi acquisti personali del conte: due *Libri d'Ore* («*paris matutinarum*») per le sorelle e uno per lui, quest'ultimo decorato con «certaynes ystoires dor fin et dasur» da «Huguet escrivain de Paris»[7], ossia il libraio Hugues Foubert attivo anche per Valentina Visconti, moglie del duca d'Orléans.

Con l'apertura del nuovo secolo, le commissioni si susseguono incalzanti. Numerosi continuano a essere i libri di preghiera e di devozione privata (libri d'ore, un vero *best-seller* alla fine del Medioevo, breviari, salteri e bibbie)[8], ma sempre più frequenti sono anche gli acquisti di codici contenenti testi di altra natura: nel 1408 viene comprato un *romain de tamburlein*; nel 1410, a Thonon si commissiona un *jeu de la passion* (probabilmente un testo destinato a essere recitato nelle rappresentazioni sacre); nel 1416 «Lanchinito borserio» è pagato «pro una magna pelle rubea per eum tradita et de qua cooperuit *unum romanum de guerris novis francie*»; nel 1417 un messo è inviato a prendere alcuni libri scritti «in romancio» presso il vescovo di Mâcon; nel 1419 è segnalato un pagamento a Cabaret per le *cronicarum dominorum comitum sabaudie*; mentre nel 1430 viene pagato Tommaso di Muerla «pro scribendo quendam *romanicum super veterri et novo testamentis*»[9]. Accanto ai volumi destinati alla biblioteca, di cui quelli citati non sono che alcuni esempi, i documenti segnalano poi un'attenzione crescente per i libri liturgici a uso delle cappelle private di casa Savoia. Amedeo e sua moglie Maria di Borgogna si premunirono infatti di dotare di graduali, messali, antifonari e «libri cantus», alcuni dei quali sicuramente miniati e decorati, le cappelle di Evian, Ripaille e Chambéry[10]. Il fatto che Amedeo VIII, come vedremo, poco dopo la sua elezione a pontefice, prenderà in prestito nove manoscritti liturgici proprio da quest'ultima cappella dimostra quanto essa dovesse essere riccamente fornita[11]. Oltre a darci notizie importanti sugli acquisti e sulle commissioni, i documenti sono altresì rivelatori dell'attenzione cui venivano sottoposti i manoscritti che spesso accompagnavano la corte nei suoi spostamenti. Beni di lusso delicati e fragili, i codici erano frequentemente riparati, impreziositi da raffinate rilegature, avvolti in stoffe pregiate o conservati con cura in scatole apposite: nel 1402 troviamo un pagamento «pour la reparacion daucon *romayn*»; nel 1406 «George Lovagnier dorier d'Anissie» viene pagato «per la faczon et per lemalieure de deux fermeaulx dargent per le *roman* et la *bible* de monseigneur»; nel 1409 è segnalata una spesa «por acheter de drap de soye pour covrir les ymages des *matines* de monseigneur et les figures [...] Item per deux aulnes et deux tierz daulne de toile subtil de lin per couvrir le *breviaire* de monseigneur»; nel 1412 sono commissionati un «librerio et studio [...] in capella domini Chamberiaci» e «una archa [...] ad tenendum libros domini»; nel 1429 troviamo un lungo pagamento per «trium quartorum unius ulne persici velluti [...] pro coperiendo librum domini vocatum *catholicum*[12] [...]; pro clavis et duobus fermalliis emailiatis de armis domini emptis a Janino dorerio; [...] pro tissuto [...] pro faciendo corrigias dictorum fermalliorum»; e ancora, nel 1434, è segnalata una spesa «pro duabus ulnis cum dimidia tercellini persici [...] pro coperiendo *breviarii* domini» e «pro filo auri et cirici implicando in brodatura et factura coperture dicti *breviarii*»[13]. I trasferimenti di libri da una residenza a un'altra rivelano anch'essi l'attaccamento del duca ai suoi preziosi manoscritti. Nel 1418 troviamo un pagamento «pro expensis Anthonii Sauveti clerici et eius equi factis eundo una vice a Chamberiaco Rummiliacum ad dominum tam pro *libro scacorum* quam pro *libro lancellocti* quos dominus habere volebat ultra alios libros sibi pridem portatos per unum ex someriis suis»; nel 1419 viene pagato «Berthot le chambrier pour ses despens quil a fait daler de Rumilly a Chambery pour aller querre la *bible* et *plusieures autres romans*»; nel 1428 è la volta di «Johanni Lenguellini», che deve portare una *Bibbia* al suo signore da Chambéry ad Annecy, con il compito di procurarsi anche una «tela cereata et alia tela nova cum filo januense pro involvenda dicta *biblia* propter pluviam»; mentre nel 1429 troviamo un pagamento a «Berthodo chambrerio domini» per portare alcuni libri da Thonon a Chambéry[14]. Lo spostamento più importante ebbe luogo nell'ottobre del 1434, quando Amedeo VIII si ritirò a Ripaille[15], portando con sé più di trenta volumi che, per l'occasione, furono tutti restaurati e dotati di nuove rilegature, confezionate con stoffe sontuose di colori diversi (velluti cremisi, sete viola, damaschi verdi e così via) e rifinite con fermagli, borchie e scudi sabaudi in ottone dorato[16]. Nell'elenco compariva anche l'*Apocalisse* che Amedeo nel 1428 aveva affidato a Jean Bapteur e al copista Cardino e che, per il trasferimento del duca a Ripaille, rimase incompiuta.

Oltre a Cardino di Parigi, Jean Bapteur di Friburgo e Péronet Lamy di SaintClaude, nomi famosi perché più volte citati nei documenti e perché associati alla celeberrima *Apocalisse di Savoia* ora all'Escorial, Amedeo VIII fece ricorso a numerosi altri copisti, miniatori e rilegatori di provenienza diversa: «Levi judeo habitatori Chamberiaci religatori librorum» (1409); «Pierre lescrivain» di Thonon (1410); «Johanni Fert clerico et scribe» di Ripaille (1411 e 1412); «Nycodo parchimine[rio] de Viviaco» e «Theodorico scriptori Rippallie» (1412); «Petro Foreis» antoniano di Chambéry specializzato in rilegature (1416 e 1417); «Humberto Rosseti» (di Evian?) che decora un *Libro d'Ore* per i figli del duca (1420); «Johannes Guidonis decanus Alingii» pagato «pro scriptura *libri statutorum* eiusdem domini [ossia gli *Statuta Sabaudiae* promulgati dallo stesso Amedeo VIII]»[17] (1430); e ancora, «Thome de Mueria (o de Muruel)», che copia il già citato *romanicum super veterri et novo testamentis* (1430) e poco più tardi un *librum refformationis* (1431 e 1434)[18]. Nel 1429 è segnalato un pagamento a «Jacobo de Peymes pro uno parvo libro papiri [...] pro faciendo registrum librorum domini»[19]. Questo è un documento importante perché, da un lato, indica ancora una volta l'attenzione di Amedeo nei confronti della sua biblioteca, dall'altro dimostra che le collezioni librarie di casa Savoia avevano assunto proporzioni tali da esigere un adeguato inventario. In realtà, il primo inventario dei fondi librari sabaudi giunto fino a noi è quello stilato il 3 settembre del 1431, poco dopo la morte del primogenito del duca, Amedeo principe di Piemonte. La lista comprendeva una ventina di manoscritti, tra cui alcuni libri di preghiera, un *livre de chanczons*, svariati romanzi (per esempio, un *romain de la rose* e un *romain des nouvelles guerres de france*), *L'Arbre des batailles* di Honoré Bovet (un trattato didattico molto diffuso alla fine del Medioevo) e una copia degli statuti di Vercelli[20]. Tutti questi volumi andarono verosimilmente ad arricchire le collezioni di Amedeo VIII, come accadde poco dopo con i libri di Bona di Savoia, sorella di Amedeo e vedova dell'ultimo principe d'Acaia, morta il 4 marzo 1432[21]. Resta ancora da chiarire l'arrivo nelle collezioni sabaude di manoscritti appartenuti a Jean de Berry, suocero di Amedeo VII e nonno di Amedeo VIII: le *Heures de Savoie* di cui restano alcuni frammenti alla Beinecke Rare Book and Manuscript Library di Yale[22], le *Très Riches Heures* di Chantilly[23], le cosiddette *Heures de Turin-Milan*[24], la *Bible Historiale*, ms. Fr. 159 della Bibliothèque nationale di Parigi[25], e il *Livre du Roy Modus et de la Reine Ratio* dell'Archivio di Stato di Torino[26]. Se l'arrivo in Savoia di alcuni di questi codici - primo fra tutti, le *Heures de Turin-Milan* - a una data anteriore alla metà del Quattrocento è assai improbabile, non è da escludere a priori per altri di essi (come il *Modus* di Torino) che poterono entrare nella biblioteca sabauda già nel 1416, alla morte di Jean, o ancora prima come dono del duca a qualche membro della famiglia.

Sappiamo dai documenti che le donazioni di libri tra le corti di Francia e di Savoia nei decenni a cavallo del 1400 furono assai frequenti e abbiamo già ricordato che proprio il duca di Berry, nel 1375, donò al futuro consuocero, Amedeo VI, una copia del *Livre des échecs moralisés* di Jean de Vignay[27].

Bisogna infine ricordare un documento del 1414 che segnala l'acquisto a Parigi di «deux livres escrips en franczois dont lon est *des proprietes des chouses* et lautre *de la vie doree des saints* ystoriés et illuminés»[28]. Nel primo dei due manoscritti, contenente la traduzione in francese di Jean Corbechon del trattato enciclopedico *De proprietatibus rerum* di Bartholomeus Anglicus, un testo che conobbe un largo successo nelle collezioni principesche, Donal Byrne ha voluto identificare il ms. 251 del Fitzwilliam Museum di Cambridge[29]. Il codice, attribuito inizialmente al Maître du Maréchal de Boucicaut e oggi ricondotto alla personalità nota come Maître des Heures Mazarine 469[30], è decorato da 19 miniature, tra cui al f. 14 una scena di dedica con Jean Corbechon che offre la sua opera al re di Francia alla presenza di alti dignitari di corte. Byrne ha proposto di riconoscere tra questi il duca di Berry e Amedeo VIII. Il fatto che

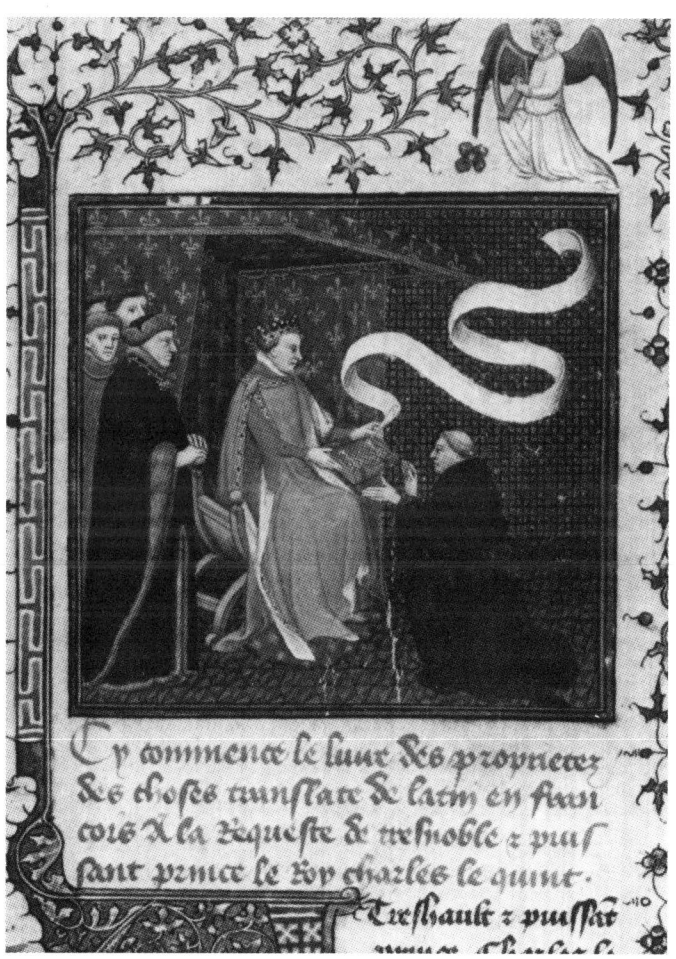

Maître de la Mazarine, «Jean Corbechon offre la traduzione del *Livre des propriétés des choses* di Bartholomeus Anglicus a Carlo VI re di Francia», 1410-1415 circa. Cambridge, Fitzwilliam Museum, ms. 251, Bartholomeus Anglicus, *Livre des propriétés des choses* (traduzione francese di Jean Corbechon), f. 14.

Amedeo possa essere stato il committente e il primo proprietario del manoscritto sarebbe poi confermato, sempre secondo Byrne, dalla raffigurazione di gigli (forse uno degli emblemi del duca di Savoia) sullo sfondo di 5 miniature e in una decorazione marginale, e dalla scelta di iconografie legate a temi a lui particolarmente cari[31]. Se questa ipotesi fosse confermata da prove più definitive (per non dire meno fragili), il nome di Amedeo VIII si legherebbe a quello del Maître de la Mazarine, vale a dire un artista che fu a capo di una delle più importanti botteghe di miniatori attive a Parigi intorno al 1400, e a cui si rivolsero alcuni tra i più raffinati collezionisti del periodo, da Carlo VI, re di Francia, a Giovanni senza Paura, duca di Borgogna.

I MANOSCRITTI

Tre manoscritti inediti della Biblioteca Nazionale di Torino: le Grandes Chroniques de France *(mss. L.II.8 e L.V.47); il* De casibus virorum illustrium *di Giovanni Boccaccio (ms. K.IV.11) e una miscellanea di testi di medicina (ms. F.V.25).*

Alla Biblioteca Nazionale di Torino si conservano tre manoscritti degli inizi del Quattrocento sicuramente riconducibili alla biblioteca di Amedeo VIII, perché recanti lo stemma sabaudo e, in un caso, anche una nota di possesso. Due di questi codici erano stati segnalati come provenienti dagli antichi fondi librari di casa Savoia già da Stelio Bassi nel 1980, ma non sono stati presi in considerazione dalla critica successiva e non sono mai stati pubblicati: si tratta delle *Grandes Chroniques de France* (mss. L.II.8 e L.V.47) e del *De casibus virorum illustrium* di Giovanni Boccaccio (ms. K.IV.11)[32]. Il ms. F.V.25, contenente sei testi di argomento medico, ha invece interessato per il suo contenuto ma mai per la sua decorazione e non era stato ancora ricondotto alla committenza sabauda[33].

Le *Grandes Chroniques de France* della Biblioteca Nazionale di Torino furono gravemente danneggiate dall'incendio che, nella notte tra il 25 e il 26 gennaio del 1904, devastò la biblioteca sita all'epoca in via Po. Quello che resta del manoscritto è attualmente conservato in carte sciolte in tre scatole distinte (ms. L.II.8). Alcuni fogli iniziali del codice sono stati rilegati a parte con segnatura L.V.47 e sono stati erroneamente identificati, a partire da Cosentini, con la *Chronique des rois de France* di Guillaume de Nangis[34]. Dell'illustrazione originaria rimangono 18 riquadri miniati disposti su una delle due colonne del testo e circondati da una sottile cornice dorata da cui si dipartono rami di vite. Ogni riquadro, posto all'inizio dei vari libri e capitoli di cui si compongono le *Grandes Chroniques*, illustra a commento delle rubriche che precedono il testo alcuni degli episodi salienti della storia dei re di Francia, da Clodoveo alla battaglia di Poitiers. Si susseguono così incoronazioni, visioni, morti, assedi e battaglie descritti con colori brillanti e toni vivaci (tavv. I-II e figg. 1-4). Tutte le scene, anche quelle che si svolgono all'aperto, presentano il fondo decorato con motivi ornamentali diversi: a scacchiera, a losanghe, a racemi, o a semplice foglia d'oro. Ogni episodio è descritto per lo più in modo essenziale e incisivo, senza l'aggiunta di suppellettili o particolari superflui alla comprensione del racconto. Non è questo il caso delle battaglie e degli assedi (fig. 4), pullulanti di figure che occupano l'intero riquadro, ma di scene come quella raffigurante «Chilperico che strangola la regina Galswintha» o quella con l'«Apparizione di san Giacomo a Carlomagno» (ff. 39 e 148), dove l'episodio illustrato è ridotto ai minimi termini.

La decorazione si deve a un unico artista, che è stato giustamente individuato da Anne D. Hedeman con il secondo miniatore del ms. Fr. 823 della Bibliothèque nationale di Parigi, contenente i tre poemi del cistercense Guillaume de Digulleville (*Pèlerinage de vie humaine*; *Pèlerinage de l'âme*; *Pèlerinage de Jésus-Christ*) e recante la data 1393[35]. Sulla figura di questo artista parigino e sulla ricostruzione del *corpus* delle opere a lui attribuibili si era soffermato a suo tempo François Avril[36].

Si tratta di un miniatore assai prolifico la cui mano è riconoscibile in almeno altri quindici mano/
scritti, di cui due sono da ricollegare alla figura di Jean de Berry: il ms. Fr. 301 della Bibliothèque
nationale di Parigi che contiene la seconda redazione della *Histoire ancienne jusqu'à César*, copiata a
Parigi all'inizio del xv secolo da un codice napoletano del 1340 circa, e che potrebbe essere stato
comprato dal duca di Berry nel 1402, e una *Bible historiale* oggi conservata alla Walters Art Gallery
di Baltimora (mss. w. 125/126) che il duca donò a Jean Harpedenne[37]. Nei manoscritti attribuiti al
secondo artista di Fr. 823 (figg. 5/8) ritroviamo molti degli elementi riscontrati nelle *Grandes
Chroniques* della Biblioteca Nazionale di Torino: lo stesso modo di impaginare le scene, gli stessi
fondali («de couleurs variées [...] le plus souvent quadrillés de filets dorés entrecroisés, ou parcou/
rus de rinceaux dorés filiformes»)[38] e, soprattutto, lo stesso linearismo secco e insistito. Figure e og/
getti sono profilati da una linea di contorno marcata e spessa che ne rifinisce anche i particolari, dai
capelli, alle pieghe delle vesti, ai ciuffi d'erba che spuntano dal terreno. Nelle figure ritornano inol/
tre gli stessi incarnati chiari e lo stesso modo di rendere gli occhi con l'iride ben evidenziata. Uno
stile, quello del secondo miniatore di Fr. 823, nel complesso veloce, a volte fin sommario e un po'
sciatto, che non sembra evolvere molto nel tempo, dato che tutti i manoscritti ai lui attribuibili si
collocano nel medesimo arco di anni, ossia tra la fine del xiv e l'inizio del xv secolo, senza che sia
possibile individuare all'interno del gruppo una cronologia precisa dei singoli codici. Siamo di
fronte a un miniatore arcaizzante attivo poco prima della comparsa sulla scena parigina dei grandi
artisti che, da un punto di vista stilistico e tecnico, innovarono la miniatura a cavallo tra Tre e
Quattrocento. Il secondo miniatore di Fr. 823, così come il Master of Death di Michael Camille,
il Maître du Policratique de Charles V (Antoine de Compiègne?) e il Maître du Rational des di/
vins offices, fa parte di quel filone ritardatario rimasto fedele a formule e schemi già in voga al tem/
po di Carlo V. Si tratta di una corrente che persisterà fino alla fine del xiv secolo, grazie anche al
favore di una clientela prestigiosa, formata per lo più da laici e aristocratici, come dimostra la net/
ta predominanza di testi di carattere profano e in lingua volgare nei codici riconducibili ai minia/
tori sopra citati[39].

Le *Grandes Chroniques* della Nazionale di Torino, come abbiamo anticipato, appartennero con
ogni probabilità ad Amedeo VIII. Nel margine in alto a sinistra del f. 264*v* troviamo, infatti, un
rozzo disegno a penna raffigurante lo stemma dei Savoia e la scritta: «Ame co(m)te de Maurienne
[...] de Savoye onces [...]» Non sappiamo come il volume divenne proprietà di Amedeo, se cioè fu
da lui stesso acquistato già confezionato in qualche bottega della capitale francese, dove il duca (ai
tempi ancora conte) si recò nel 1398 e poi ancora nel 1401, o se si trattò invece di un dono offerto
ad Amedeo VIII da qualche principe oltrealpino. Sembra però verosimile che il ms. L.II.8 della
Nazionale sia il codice contenente le *chroniquarum francie*, citato nell'inventario dei libri che il duca
sabaudo portò con sé a Ripaille nel 1434 e dotato per l'occasione di una nuova rilegatura in «vel/
luti persici»: un manoscritto quindi che, al pari della preziosissima *Apocalisse* di Bapteur e Lamy,
doveva essere particolarmente caro ad Amedeo[40]. In seguito non troviamo più menzione di questo
testo fino al 1659, quando due volumi contenenti le *Chroniques de France* sono citati nell'inventario
della Galleria Grande del Castello Ducale di Torino[41]. L'inventario non dà altra indicazione, al/
l'infuori del soggetto delle opere elencate, e non specifica se si tratti di manoscritti o di libri a stam/
pa. Comunque sia, le *Chroniques de France* di Amedeo VIII giunsero alla biblioteca dell'Ateneo
torinese (oggi Biblioteca Nazionale Universitaria) verosimilmente insieme ai manoscritti, incuna/
boli, disegni e incisioni provenienti dalle collezioni sabaude e donati da Vittorio Amedeo II a quel/
l'istituto nel 1720. Il codice è segnalato da Pasini nel 1749, con la collocazione gall. LXXIII[42].

Il ms. K.IV.11, contenente il *De casibus virorum illustrium* di Giovanni Boccaccio, è stato anch'esso
seriamente rovinato e mutilato dall'incendio del 1904 e risulta oggi di difficile lettura, anche per/

ché ancora in attesa di un restauro accurato. Per ricostruire l'aspetto originario del manoscritto ci soccorrono gli antichi inventari della Biblioteca Universitaria di Torino. Dalla breve scheda di Bencini (1732) si apprende che a quella data: «Initio operis duae sunt Icones minio effictae»[43], mentre Pasini così descrive il volume nel 1749: «Membranaceus, constans foliis 229, saeculi XV [...] Praemittitur index capitum, quae auro undequaque fulgent. Plures etiam per totum codicem cernuntur aureae imagunculae, praeter Regium stemma Domus Sabaudiae»[44]. Informazioni ulteriori sono quelle forniteci quasi un secolo dopo da Gazzera, secondo cui il manoscritto era «scritto elegantemente [...] con fregi in oro e due miniature le quali furono lavorate in un foglio a parte e quindi appostevi non vi scorgendo nessuna allusione al soggetto del libro»[45]. Delle 229 carte originarie, oggi non ne rimangono che 71, mentre la pagina incipitaria, con lo stemma sabaudo nel margine inferiore, è posta sotto vetro insieme alle due miniature citate da Bencini e da Gazzera (figg. 9-10). Una di queste rappresenta una tavola imbandita, intorno alla quale stanno un re, due nobili donne, due figure maschili in abiti principeschi e due araldi che suonano la tromba; nell'altra è raffigurato un papa seduto in trono tra due dignitari ecclesiastici, di fronte a cui si accalca un gruppetto di persone (un religioso e cinque laici), il tutto entro un'edicola architettonica poggiante su esili colonnine. Il cattivo stato di conservazione non offusca la qualità delle pitture, di cui risaltano la delicatezza del disegno e la raffinatezza dei particolari, come le finestre a grata che incorniciano la prima miniatura. Sebbene per stile e dimensioni le due immagini non stonino con il resto del manoscritto[46], vari indizi ne denunciano una diversa provenienza: innanzitutto, il testo sul *verso* dei fogli su cui sono dipinte è in francese, non in latino, e presenta una grafia differente da quella con cui è stato scritto il testo boccacciano. Inoltre, dalla lettura dei capitoli componenti quest'ultimo e da un confronto iconografico con il *Des cas des nobles hommes et femmes* appartenuto a Giovanni senza Paura[47], le due miniature del codice della Biblioteca Nazionale di Torino, così come indicato già da Gazzera, non mostrano alcuna relazione con l'opera di Boccaccio. È assai probabile che esse siano state inserite nel manoscritto in un momento successivo alla sua stesura, forse in occasione di una nuova rilegatura. La datazione di questo intervento è per ora impossibile da definire, ma vale la pena di ricordare che lo stesso Amedeo VIII sembra aver fatto inserire in uno dei *Messali* commissionati a Lamy intorno al 1443-1445 due miniature a piena pagina, un'iniziale istoriata e altri frammenti di un codice duecentesco, forse proveniente dalle collezioni sabaude[48].

La scrittura e gli elementi decorativi del ms. K.IV.11 della Biblioteca Nazionale di Torino sono sicuramente francesi e indicano una data intorno al 1400-1410. Abbiamo già ricordato che la prima citazione nei documenti della cancelleria sabauda di testi scritti in volgare o contenenti opere della nascente letteratura italiana (tra cui il *Decameron* di Boccaccio) risale all'inventario dei libri fatti rilegare da Amedeo tra il 1431 e il 1434, in vista del suo ritiro a Ripaille. Il ms. K.IV.11 della Nazionale di Torino è quindi il primo codice pervenutoci delle collezioni sabaude (e l'unico per gli anni di Amedeo VIII) che contiene il testo di uno dei padri della letteratura italiana. Esso fu però scritto e confezionato in Francia, dove la traduzione del *De casibus*, eseguita da Laurent de Premierfait all'inizio del Quattrocento e dotata di un ampio ciclo illustrativo, conobbe uno straordinario successo divenendo un testo chiave delle raccolte librarie signorili[49]. La storia iniziale del *De casibus virorum illustrium* di Boccaccio oggi alla Biblioteca Nazionale di Torino rimane oscura. Esso non compare negli inventari sabaudi fino al 1659[50], quando tra i libri della Galleria Grande del Castello Ducale di Torino troviamo menzionati tre volumi contenenti quest'opera, di cui uno in francese (*Des Nobles malheureux*)[51]. Come le *Chroniques de France*, anche il manoscritto di Boccaccio giunse alla Biblioteca Universitaria di Torino con ogni verosimiglianza nel 1720, con la donazione di Vittorio Amedeo II.

Il ms. F.V.25 della Biblioteca Nazionale di Torino contiene sei trattati di carattere medico e uno di economia domestica, inframmezzati in modo apparentemente disordinato e casuale da tabelle lunari, pronostici, esorcismi e scongiuri, ricette per preparare medicamenti e unguenti, consigli terapeutici e dietetici e così via. I trattati sono stati così individuati[52]:

- ff. I-XII: Tabelle lunari e pronostici secondo la luna, i pianeti e le costellazioni;
- ff. XII-XXXVII: Ricette mediche di vario tipo;
- ff. XXXVIIv-LXXIX: *Thesaurus pauperum*;
- ff. LXXIXv-LXXXXIIIIv: Enrico Flotico, *Maestro Phaeni de Alexandria, Liber experientiarum*;
- ff. LXXXXV-CLXXVIIv: Pietro Ispano, *Thesaurus pauperum*[53];
- ff. CXVIII-CXXII: Bernardo, *Trattatello del governo della casa*;
- ff. CLXXVIII-CLXXIXv (indice); ff. I-XXXXVI (testo con numerazione propria): Macer Floridus, *Poema de viribus herbarum*;
- ff. CCI-CCXVIv: indice del *Thesaurus pauperum*;
- ff. CCXVII-CCXXII: Costantino Africano, *Trattato della virtù dei semplici*[54];
- ff. CCXXII-CCLIIv: Ricette varie;
- ff. CCLIII-CCLIXv: Taddeo Alderotti, *Libello sulla conservazione della sanità*;
- ff. CCLX-CCLXXVII: Giovanni Alessandrino, *Sul morbo pestilenziale*[55].

L'intero volume è decorato da vivaci disegni a inchiostro color seppia, ritoccati di rosso, verde e ocra. Troviamo iniziali a filigrana e fregi a volute in cui si annidano uccelli, cani, lepri, scorpioni, scimmie, insetti e altri animali fantastici, nonché vasi e fiori di specie diverse. Al f. CCXLVI, sotto la didascalia «unguentum», c'è il disegno di un omino che mescola un preparato in un'ampolla (fig. 12). Fanno da sfondo alla scena fiori, animali vari e una testa a tre facce. Raffigurazioni isolate di cinghiali, rospi e volti umani sono inserite con estrema libertà qua e là nel testo, mentre i richiami di fascicolazione che accompagnano tutto il codice sono spesso incorniciati da disegni di vario genere: una testa di re, un vaso di fiori, un coltello e così via. Ai ff. CXXXXII e CLXXX, tra i girali del fregio troviamo lo stemma sabaudo (fig. 11).

Il ms. F.V.25 della Biblioteca Nazionale di Torino è un'importante aggiunta al catalogo di trattati di medicina prodotti in Savoia o per i Savoia nel XIV e XV secolo[56], come il *De sanitatis custodia*, scritto per Giacomo d'Acaia dal suo medico personale, Giacomo Albini di Moncalieri, al principio degli anni quaranta del Trecento (Torino, Biblioteca Nazionale, ms. D.V.13)[57]; il trattato di alchimia che Guglielmo Fabri, decano della chiesa di Die, dottore in Legge e in Medicina, nonché medico di Felice V, dedicò a quest'ultimo durante il concilio di Basilea (Bologna, Biblioteca Universitaria, ms. n. 134)[58]; e il *Régime pour garder santé* di Pierre Héronchel, che François de Russin, signore di Allaman, offrì al duca Ludovico, verosimilmente intorno al 1450-1460 (Bruxelles, Bibliothèque royale, ms. 11198)[59]. La decorazione di F.V.25 è estremamente semplice e grossolana e, da un punto di vista cronologico, in base alla veste con maniche a gozzo sfilate della figura al f. CCXLVI, dovrebbe collocarsi a una data successiva al 1420[60]. Essa sembra prendere a modello formule e schemi più arcaici, quali quelli che troviamo negli erbari e nei trattati naturalistici prodotti in Italia settentrionale nella seconda metà del Trecento. Un esempio di quale poté essere il riferimento stilistico per il nostro manoscritto proviene dalle stesse collezioni sabaude. Si tratta del codice Varia 129 della Biblioteca Reale di Torino, un ricettario decorato con bellissimi disegni di piante, animali e scene di vita campestre, di solito collegato agli interessi naturalistici di Carlo Emanuele I e al suo collezionismo[61]. Qualunque sia stato il modello utilizzato per la modesta decorazione del ms. F.V.25 della Nazionale di Torino, siamo di fronte a un prodotto locale che, come tale, si avvicina al libro di cucina che Amedeo VIII fece compilare nel 1420 al suo capocuoco, Chiquart Amiczo (Sion, Bibliothèque cantonale du Valais, ms. S.103). Questo manoscritto fu copiato da Jehan de Dudens di Annessier le Bourg ed è privo di decorazioni. Contiene ricette tradizionali della cucina medioevale e altre dovute alla fantasia del suo autore, indicazioni pratiche e allusioni ad avvenimenti storici contemporanei. È un'importante e interessante testimonianza della vita di corte al tempo di Amedeo VIII[62].

Il Breviario di Santa Coletta, *ms. 3 del convento delle clarisse di Besançon*

Il *Breviario di Santa Coletta* del convento delle clarisse di Besançon, detto anche *Breviario di Amedeo VIII*, è poco noto agli storici dell'arte[63]. È un manoscritto di superba qualità, sicuramente prodotto in area sabauda tra la fine degli anni venti e la metà del Quattrocento. Da un punto di vista editoriale, il codice è preziosissimo; misura 252 x 180 millimetri, si compone di 511 fogli ed è ornato da ben 184 miniature: 24 medaglioni con i mesi e i segni zodiacali nel calendario, 159 iniziali e riquadri istoriati (con profeti, santi, storie del Vecchio Testamento ed episodi evangelici) nel resto del manoscritto, e una miniatura nel margine esterno del f. 196 (tavv. III-IX e figg. 13-18, 21-22, 25-26, 29-30, 33-34 e 37)[64]. La committenza sabauda del *Breviario* di Besançon è attestata dal nodo di Savoia, più volte ripetuto all'interno del codice (figg. 17-18), e dal motto «FERT» dipinto nella cornice che circonda il testo al f. 78. Inoltre è assai probabile che lo stemma raschiato nel margine inferiore di questo foglio, di cui si intravvedono ancora deboli tracce di rosso, fosse proprio quello sabaudo. L'inserzione dei motivi araldici è coeva al resto della decorazione e, in alcuni casi, si intreccia a essa (figg. 17-18). Al f. 361, nell'iniziale posta ad apertura della festa dedicata a santa Maria della Neve, inginocchiati e a mani giunte di fronte all'altare con l'immagine della Vergine e il Bambino, sono raffigurati i due committenti: un principe e la sua consorte che indossano *houppelandes* dalle ampie maniche foderate di vaio[65]. Si tratta con ogni verosimiglianza di Amedeo VIII e di Maria di Borgogna, che in anni non lontani dall'esecuzione del *Breviario* di Besançon, compaiono ritratti insieme nell'*Apocalisse* oggi all'Escorial[66]. Per quanto riguarda la decorazione del manoscritto si distinguono almeno due mani. A un primo artista si devono i medaglioni del calendario e la maggior parte delle iniziali istoriate (tavv. III-VIII e figg. 13-18, 21-22, 25-26, 29-30 e 33-34). Alla stessa mano, forse intervenuta in un momento successivo, sembra spettare la «Santa Veronica» dipinta nel margine del f. 196 (tav. IX), mentre si distingue un secondo intervento nelle iniziali dei ff. 488 e 494*v*, raffiguranti l'«Incontro alla porta aurea» e la «Visitazione» (fig. 37). Queste ultime due iniziali decorano l'Ufficio della Vigilia e quello dell'Immacolata Concezione (ff. 488-494), aggiunti al fondo del manoscritto in un secondo momento rispetto alla stesura originaria del codice. I suddetti Uffici furono promulgati dal concilio di Basilea tra il 1439 e il 1441, e questo verrebbe dunque a costituire un termine *post quem* per la datazione dell'ultima parte del manoscritto.

Resta da indagare su come e quando questo breviario di casa Savoia sia giunto nel convento delle clarisse di Besançon: la tradizione locale vuole che il manoscritto sia stato offerto a santa Coletta da papa Benedetto XIII nel 1406, in occasione del loro incontro a Nizza[67]. Alcune iscrizioni del XVI-XVII secolo all'interno del volume testimoniano la presenza del breviario nel convento già a quell'epoca; f. III: «C'est le breviaire d'heurese memoire seur Beatte Colete reformatrice de ce couvent de Madame Sainte Clere en ceste noble imperiale cite de Besancon»; «C'est le Breviare que le pape luy donna lors qui la fit professe de l'ordre de Saincte Claire et Reformatrice de tous l'ordre»; mentre, sul foglio di pergamena che ricopre la parte interna del piatto posteriore della legatura, leggiamo: «Istud Breviarium dicitur fuisse olim Beate Colete reformatricis ordinis Beate Clare cum esset in hoc conventu Bysuntine Civitatis quem primum [...] reformavit et rexit».

Santa Coletta nacque a Calceye, presso Corbie, nel 1381 e morì a Gand nel 1447. Fu fondatrice delle clarisse povere dette colettine e iniziò la sua opera di riforma proprio a Besançon nel 1410[68].

Diverse furono le circostanze che poterono metterla in contatto con casa Savoia. Suo tramite presso l'antipapa Benedetto XIII a Nizza nel 1406 fu il cardinale Antonio di Challant, figlio di
Aimone, consigliere di Amedeo VI, Bona di Borbone e Amedeo VII, e a sua volta cancelliere di
Savoia dal 1402 al 1404[69]. Il convento delle clarisse di Besançon fu fondato con il concorso di Bianca
di Savoia, contessa di Ginevra e sorella del defunto papa Clemente VII[70]. Bianca fu compagna e
protettrice della santa dal 1406 al 1416, e fu forse grazie a lei che la giovane riformatrice ebbe modo
di conoscere Amedeo VIII[71]. Al duca di Savoia Coletta si rivolgerà all'inizio degli anni venti, allo scopo di ottenere l'autorizzazione per fondare un monastero di clarisse a Vevey (Vaud). Amedeo
intercesse in suo favore presso papa Martino V, ottenendo il 22 ottobre del 1422 la bolla di fondazione ma, per il finanziamento dei lavori, Coletta dovette rivolgersi a Guillermette de Gruyère, vedova di Louis de Poitiers, conte di Valentinois e di Diois[72]. Fin qui i dati certi su cui poterci basa-
re. Quando, però, il cosiddetto *Breviario di Santa Coletta* entrò in possesso delle clarisse di Besançon?
Fu un dono personale di Amedeo a Coletta, appositamente confezionato per lei, o un manoscritto del duca, ceduto successivamente da un membro di casa Savoia al primo dei numerosi conventi fondati dalla santa? O ancora, era un codice presente a Vevey e solo in seguito trasferito a Besançon?
Per ora non è dato sapere, ma la prima delle ipotesi non è da escludere, visti gli stretti legami che
intercorsero tra Coletta e Amedeo e visto che il *Breviario* segue l'uso liturgico francescano ed era
quindi adatto a essere utilizzato in un convento di clarisse riformate[73].

Solo l'isolamento periferico spiega la scarsa attenzione di cui ha goduto fino a oggi il *Breviario di
Santa Coletta* che, da un punto di vista stilistico, non solo è un manoscritto di qualità sorprendente ma costituisce una *summa* imprescindibile per chi studia l'evoluzione della miniatura alla corte
sabauda nei decenni centrali del XV secolo. Un unico volume esemplifica, infatti, con le sue due
campagne decorative il graduale passaggio dei miniatori operanti per i duchi di Savoia da un linguaggio ancora gotico cortese a un'assimilazione sempre maggiore dei nuovi portati del naturalismo nordico. I medaglioni del calendario e le iniziali istoriate, dal f. 8 al f. 470*v* incluso, del *Breviario*
di Besançon sono ricchi di dettagli raffinati e preziosi, e descrivono la vita dei contadini, le visioni
dei profeti, le parabole evangeliche e il martirio dei santi, con toni di una delicatezza quasi strug-
gente (tavv. III-VIII e figg. 13-18, 21-22, 25-26, 29-30 e 33-34). Colpiscono gli accordi cromatici luminosi, la varietà delle combinazioni e la qualità dei colori stessi. La pennellata morbidissima nasconde la linea di contorno, rendendo il disegno soffice e vaporoso, a tratti impalpabile. Alcuni
particolari sono veramente degni di nota, come la trasparenza delle acque del Giordano nella scena del «Battesimo di Cristo» (f. 120; fig. 13), la finezza di figure quali la «Sant'Agnese» del f. 289
(tav. IV), il «San Vincenzo» del f. 291*v* (tav. VI) o il «San Michele arcangelo» del f. 319*v* (fig. 26),
la preziosità dei fondali, come il cielo crepuscolare che accompagna il paesaggio roccioso del f. 208,
o le decorazioni a *ramages* corposi che fanno da sfondo alla maggior parte delle miniature (per esempio i ff. 285, 289 e 305; tavv. III-V). Le scene sono mosse e vivaci, soprattutto laddove la mancanza
di una lunga tradizione iconografica per alcuni episodi da illustrare ha dato libero sfogo alla fantasia del miniatore: si vedano, al f. 243 (tav. VII), il banchetto che illustra la parabola degli invitati
sostituiti dai poveri (Lc 14, 16-22), con la tavola imbandita e le figure gesticolanti tutt'intorno; al
f. 248, il gruppo di lebbrosi, coperti da piaghe purulente, intenti ad ascoltare il Cristo nella parabola dello straniero riconoscente (Lc 17, 11-19); al f. 247*v*, l'animosità del dibattito tra Gesù e il
suo interlocutore nella parabola del buon samaritano (Lc 10, 23-37; fig. 14); o ancora, il ventre gon-
fio dell'idropico e il corpo deforme del paralitico ai ff. 249 e 250 (Lc 14, 1-6; Mt 9, 1-8). Si notino,
infine, le fisionomie dei personaggi che sono varie ed espressive, toccando vertici di intensità
nell'«Isacco vecchio e cieco» del f. 168 (fig. 22), nel «Sant'Antonio» del f. 285 (tav. III) o nel «San
Gregorio» del f. 305 (tav. V).

Questo primo gruppo di miniature, databile a mio avviso poco oltre la metà degli anni venti del Quattrocento[74], in più di un passaggio mostra di essere in debito nei riguardi della cultura figurativa nata, tra la fine del XIV e i primi due decenni del XV secolo, nelle grandi corti d'Oltralpe. Ritorneremo con più calma su questo argomento d'importanza cruciale: basti per ora l'accostamento tra la testa di apostolo proveniente dal castello di Mehun-sur-Yèvre, oggi al Louvre, e i volti di «Isacco» e di «San Clemente» del *Breviario* di Besançon (ff. 168 e 445; figg. 21-24)[75]. Ciò che però ancora saldamente la prima campagna decorativa di questo codice alla Savoia è la stringente affinità che essa rivela con quanto conosciamo della produzione di uno tra gli artisti più dotati della corte di Amedeo VIII: Jean Bapteur di Friburgo. Da una parte ci sono i confronti puntuali: per esempio gli sgherri sull'estrema destra di chi guarda al f. 1 dell'*Apocalisse di Savoia* ricordano quelli del «Martirio di san Pietro» di Besançon (f. 337; tav. XI e fig. 15); il profilo del donatore nel frontespizio dell'*Albertano da Brescia* di Bruxelles richiama, nel mento appuntito, quello del sordomuto inginocchiato davanti al Cristo del f. 247 del *Breviario* (tavv. VIII e X); e ancora, il cavallo del f. 7v dell'*Apocalisse* è quasi sovrapponibile a quello cavalcato da san Martino nel volume di Besançon (f. 436; tav. XIII e fig. 16). Nel *Breviario di Santa Coletta* troviamo, inoltre, la gamma cromatica ricca e luminosa e il gusto per i particolari preziosi che sono una delle caratteristiche principali del volume dell'Escorial, e più in generale i riferimenti culturali alla base dei due manoscritti paiono analoghi. Si nota, cioè, in entrambi la medesima propensione a mescolare sapientemente spunti provenienti da ambedue i versanti della catena alpina. Quello che manca nella prima campagna decorativa del codice di Besançon e che troveremo invece nell'*Apocalisse* voluta da Amedeo VIII è l'apertura nei confronti dei portati dell'*ars nova*, e il linguaggio del *Breviario* risulta più arcaico, ossia ancora squisitamente tardogotico. La figura della «Veronica con il Volto Santo», dipinta nel margine esterno del f. 196 (tav. IX), presenta una stesura più compatta e un tocco maggiormente metallico rispetto alle iniziali istoriate analizzate fin qui, ma i modi sono sempre molto vicini a quelli di Bapteur: la severità del volto della santa e il suo incarnato cinereo sono sorprendentemente simili, infatti, al ritratto di Amedeo VIII nel *De doctrina dicendi et tacendi* di Bruxelles (tav. X). È probabile che la «Veronica» sia posteriore alla prima fase della decorazione del manoscritto di Besançon (ma anche al frontespizio di Bruxelles). L'orientamento più settentrionale e moderno della figura è rivelato, oltre che dalla diversa stesura, da un particolare prezioso: il velo trasparente che cinge il mento della santa e che sembra quasi una citazione da Campin. Diversa è l'assimilazione delle novità dell'arte fiamminga che troviamo nelle ultime due miniature del *Breviario di Santa Coletta*, quelle che decorano l'Ufficio dell'Avvento (fig. 37). Sono opera di un artista che sembra conoscere l'*ars nova* per il tramite di Konrad Witz ed è per questo che sono state avvicinate da Sheila Edmunds alle *Ore di Ludovico di Savoia* (Parigi, Bibliothèque nationale, ms. Lat. 9473)[76]. Dopo gli interventi di François Avril, sappiamo che questo *Libro d'Ore* fu dipinto da due personalità distinte, entrambe influenzate dal realismo fiammingo che interpretano però con una sensibilità differente[77]. Il miniatore di Besançon è vicino al Maestro principale delle *Ore di Ludovico* che inizia il manoscritto intorno al 1445-1450: si confrontino, per esempio, le statue sulla Porta aurea di Gerusalemme, nella miniatura raffigurante l'«Incontro di Anna e Gioacchino» nel *Breviario* di Besançon, con quelle che decorano l'edificio ospitante la Vergine dell'«Annunciazione» al f. 17 delle *Ore di Ludovico* (figg. 37-38)[78]. La descrizione delle ombre portate in entrambe queste miniature, verosimilmente derivata dalla pala di Konrad Witz per la cattedrale di Ginevra (1444)[79], è un dettaglio realistico che in Bapteur è ancora allo stato embrionale.

Torneremo sulla prima campagna decorativa e sulla Veronica del *Breviario di Santa Coletta* nel capitolo dedicato all'artista di Friburgo. La coincidenza della miniatura al f. 196 del manoscritto con il frontespizio dell'*Albertano da Brescia* di Bruxelles a me pare innegabile e, per quanto riguarda la prima fase di decorazione del *Breviario*, non riesco a immaginare una personalità strettamente affine per formazione e cultura a Bapteur ma diversa da lui, in grado di raggiungere in Savoia a quella data un risultato simile[80]. Penso cioè che ci troviamo di fronte a una prova giovanile di Bapteur, non di molto precedente al suo viaggio in Italia. Una prova che testimonia quali poteva, no essere i modelli circolanti alla corte sabauda nel primo trentennio del Quattrocento, facendo nuova luce in questo senso anche sugli inizi e sul percorso di Giacomo Jaquerio.

L'Albertano da Brescia *di Bruxelles, ms. 10317-18 della Bibliothèque royale Albert Ier*

Il ms. 10317-18 della Bibliothèque royale Albert Ier di Bruxelles contiene la traduzione francese del *De doctrina dicendi et tacendi* e del *De amore et dilectione Dei*, ossia due dei tre trattati morali (il terzo è il *Liber consolationis et consilii*) scritti da Albertano da Brescia, rispettivamente nel 1245, nel 1238 e nel 1246. I tre trattati, dedicati a ognuno dei tre figli di Albertano (Stefano, Vincenzo e Giovanni), conobbero uno straordinario successo tra il XIV e il XVI secolo e furono volgarizzati in varie lingue[81]. Il prologo del ms. 10317-18 di Bruxelles ci informa che la traduzione francese del *De doctrina dicendi et tacendi* e del *De amore et dilectione Dei* fu eseguita per volere di Amedeo VIII:

En la translation du *Livre de parler et de taire*, tres excellent et poissant prince Amé, premier duc de Savoye, tant plus volontiers ay continué mon estude quant plus m'a esté delitable penser a tes vertus; car, congnoissant que, en la langue latine et es sciences bonnes et honnorables, tu soyes expert grandement et oultre la commune cler, gie des princes de cestui temps, ne besoing te soit de interpretacion ou doctrine aucunes, tousjours m'ont esté devant les yeulx ta prudence et charité tant grandes que non pas seulement en toy voeulent et poeunt livre, ains continuellement s'efforcent eslargir aux aultres leurs claretés et bontés...

Il codice voluto da Amedeo è verosimilmente «le livre dit *De parler et de tayre*» che troviamo men, zionato nell'inventario dei beni del castello di Vigone, redatto nel 1479 dopo la morte di Jolanda di Savoia[82]. Esso fu in seguito scelto da Margherita d'Austria, vedova di Filiberto II di Savoia, tra i libri della collezione ducale da portare con sé nei Paesi Bassi nel 1506[83]. Non compare nell'in, ventario del castello di Malines del 1516, ma è così segnalato in quello del 1523: «Item, ung aultre petit couvers de velours verd avec les armes de Savoie, qui son d'argent doré, qui ce nomme de Amé, premier duc de Savoie»[84]. Alla morte di Margherita (1530) gran parte della sua biblioteca, com, preso l'*Albertano da Brescia* di Amedeo VIII, passò alla nipote Maria d'Ungheria e, nel 1559, il no, stro manoscritto entrò nella Biblioteca di Borgogna. Nel 1748 fu prelevato dalle truppe francesi e deposto nella Biblioteca Reale di Parigi fino al 1770, anno della sua restituzione[85]. Fu prelevato una seconda volta, sempre dai Francesi, nel 1794 e restituito definitivamente nel 1815[86].

Il ms. 10317-18 della Bibliothèque royale di Bruxelles potrebbe essere l'esemplare originale del, la traduzione in francese dei due trattati di Albertano da Brescia, voluta da Amedeo VIII. Nel frontespizio, l'unica miniatura del codice raffigura per l'appunto il traduttore in atto di offrire la sua opera al duca (tav. X). Questi, vestito con un sontuoso mantello cremisi foderato di ermellino e con il berretto ducale anch'esso foderato, è seduto su un trono coperto da un drappo blu ornato con i nodi di Savoia; con una mano tiene la spada di giustizia[87] e con l'altra un giglio, forse uno dei suoi emblemi. Alla destra del duca sabaudo stanno un alto dignitario ecclesiastico, che presenta il traduttore, e un giovane vestito di verde, con un collare d'oro al collo. Secondo Alphonse Bayot, queste sarebbero le insegne dell'Ordine del Collare di Savoia, detto anche dei Cavalieri dell'Annunziata, fondato da Amedeo VI con ogni probabilità ad Avignone nel gennaio del 1364, e il giovane raffigurato potrebbe essere il principe Amedeo, primogenito di Amedeo VIII, che en, trò nel suddetto ordine cavalleresco nel 1413 e che morì prematuramente nel 1431[88]. In effetti, la fat, tura della collana, «fait d'or à feuillies de lorier entretenus l'une à l'aultre, esmailliez de vert esmail, et en la rompure dessoulz auroit ung pendant à trois neux de las entrelassés, correspondant l'ung à l'aultre» coincide con la più antica raffigurazione delle insegne dell'Ordine del Collare che si trova ad apertura dell'atto di fondazione di una messa quotidiana, da celebrarsi nella cappella della Vergine della cattedrale di Losanna a nome di Amedeo VI (29 gennaio 1382)[89].

Ritornando alla miniatura dell'*Albertano* di Bruxelles, alla sinistra di Amedeo troviamo raffigurato, accanto a tre gentiluomini in abiti eleganti, un personaggio barbuto, vestito con un semplice saio, che si appoggia con una mano a un bastone, mentre con l'altra si tiene alla cintura del suo vicino, e che mostra sul petto la croce di san Maurizio. Tutto porta a pensare che si tratti non, com'è stato detto, di sant'Antonio[90], ma di un cavaliere dell'Ordine di san Maurizio, fondato da Amedeo a Ripaille nell'ottobre del 1434, e i cui membri erano

tous veufs et plus que sexagénaires, chargés de gloire militaire, désormais vêtus d'un manteau à capuchon et d'une robe, avec une ceinture et un bâton tordu comme on en voit aux ermites, laissant pousser leur barbe et leurs cheveux et portant pendue à leur poitrine une croix à la mode des ermites, seule concession à leur état de noblesse[91].

Si deve ad Andreina Griseri la felice intuizione di associare la miniatura dell'*Albertano da Brescia* di Bruxelles al nome di Jean Bapteur, attribuzione subito condivisa da Sheila Edmunds e, in seguito, mai messa in discussione[92]. Le tangenze tra il frontespizio di Bruxelles e le pagine dell'*Apocalisse di Savoia* spettanti all'artista di Friburgo sono in effetti evidenti e molteplici. Troviamo, per esempio, gli stessi incarnati cinerei, lo stesso modo di stendere il colore e gli stessi panneggi a pieghe dritte e tubolari. Alcune fisionomie, inoltre, si presentano molto simili nei due manoscritti: la figura di Amedeo VIII ricorda quella del re Domiziano al f. 1 dell'*Apocalisse* (anche nel modo di rendere l'ampio mantello che avvolge le due figure; tav. XI); l'angelo sull'estrema destra del f. 16 del codice dell'Escorial assomiglia al presunto Amedeo, principe di Piemonte, nel manoscritto di Bruxelles; e ancora, al f. 24 dell'*Apocalisse*, le due figure maschili inginocchiate di profilo sulla destra ricordano quella dell'anonimo traduttore dell'*Albertano da Brescia*. Questi confronti puntuali indicano per il ms. 10317-18 di Bruxelles una datazione assai prossima all'*Apocalisse di Savoia*, che sappiamo essere stata eseguita tra il 1428 e il 1434. Come proposto recentemente da Annick Vadon, il fatto che Amedeo VIII nel volume di Bruxelles si sia fatto rappresentare con la barba, a differenza del f. 14v dell'*Apocalisse*, dove il duca appare ancora sbarbato, può essere un indizio di un'esecuzione del manoscritto a ridosso del ritiro a Ripaille avvenuto nell'autunno del 1434 ma progettato dal duca a partire dal 1431. A Ripaille Amedeo e i cavalieri dell'Ordine di san Maurizio da lui fondato «barbam prolixam nutriverunt et crines intonsos gestaverunt», come ci informa Enea Silvio Piccolomini che visitò l'eremo nel 1435[93]. La figura a sinistra del duca, in abiti eremitici e con la croce di san Maurizio sul petto, sembra confermare ulteriormente questa ipotesi.

L'Apocalisse di Savoia, ms. E. Vitr.5 della Real Biblioteca del Monasterio de San Lorenzo de El Escorial

Fortuna critica e storia del manoscritto

Com'è noto, l'origine e la datazione dell'*Apocalisse*, ms. E. Vitr. 5 della Real Biblioteca del Monasterio de San Lorenzo de El Escorial, sono ampiamente registrate nei conti della Tesoreria di Savoia. Fu Durrieu che per primo, pur non conoscendo le fonti documentarie, ricondusse l'*Apocalisse* dell'Escorial alla committenza sabauda (in base allo stemma della famiglia, al nodo d'amore e al motto «FERT» più volte ripetuti nel manoscritto) e che per primo cercò di ricostruire le vicende del volume dalla fine del Quattrocento in poi[94]. Lo stesso Durrieu attribuì la decorazione del codice a tre mani diverse, distinzione questa che fu in seguito confermata dai documenti, e notò che le miniature a partire dal f. 30 spettavano a un artista presente in altri manoscritti appartenuti ai Savoia e che sarebbe stato poco più tardi riconosciuto in Jean Colombe[95]. Al principio del secolo scorso Vesme e Carta cercarono e trovarono negli archivi di corte piemontesi i documenti concernenti la storia iniziale dell'*Apocalisse*, che ora sappiamo essere stata commissionata da Amedeo VIII a Jean Bapteur e al copista Cardino e che doveva già essere iniziata nel dicembre del 1428, quando compare per la prima volta citata nei conti ducali[96]. Nei sei anni che seguono troviamo il manoscritto menzionato periodicamente: dopo il gennaio del 1431 i documenti non fanno più il nome del copista Cardino, mentre il 30 maggio del 1432, accanto a Bapteur, compare Péronet Lamy, con la qualifica di illuminatore. La collaborazione tra questi due artisti continuò fino al 1434, quando la decisione di Amedeo VIII di ritirarsi a vita eremitica comportò l'interruzione del manoscritto. Come abbiamo già ricordato, l'*Apocalisse*, rimasta incompiuta e dotata per l'occasione di una rilegatura in «satini avelutati violeti» con dieci borchie, due fermagli d'ottone a forma di nodo di Savoia e quattro scudi di sabaudi, fu tra i 32 volumi che accompagnarono il duca nel suo castello-monastero di Ripaille. I documenti tacciono sulle vicende successive del manoscritto fino al 1490, quando i conti ducali segnalano un pagamento di 400 fiorini a favore di Jean Colombe per illustrare un'*Apocalisse* che, con ogni verosimiglianza, doveva essere quella lasciata interrotta da Bapteur e Lamy più di cinquant'anni prima. Colombe, dal 1486 nominato «familiarem et illuminatorem librorum» di Carlo I di Savoia[97], a cui era stato probabilmente presentato dalla zia Carlotta, seconda moglie di Luigi XI di Francia e protettrice del pittore, nel 1485 aveva completato un altro codice presente all'epoca nelle collezioni sabaude, ossia le celeberrime *Très Riches Heures* eseguite all'inizio del secolo per il duca di Berry[98]. L'*Apocalisse*, restaurata e terminata da Colombe, fece parte del lotto di manoscritti che Margherita d'Austria portò con sé nei Paesi Bassi. È segnalata negli inventari del castello di Malines: «Ung autre livre couvert de velours vert en parchemin escript a la main tous les filletz illuminez in tutilé *lappocalipce figuré*» (1516); «Ung aultre grant couvers de velours verd que ce nomme *lapocalise figuré* a clos dorez» (1523)[99]. Nel 1530, alla morte di Margherita, il volume fu ereditato da Maria d'Ungheria: lo troviamo citato nell'inventario del 1550 e in quello dei libri portati da Maria in Spagna, redatto dopo il 1558. Passò poi nelle collezioni di Filippo II, re di Spagna e nipote di Maria d'Ungheria, e nel novembre del 1566 entrò nella biblioteca del monastero dell'Escorial da lui fondato. Il codice scomparve durante la guerra civile spagnola, ma fu ritrovato nel 1963[100].

Dopo la pubblicazione dei documenti della cancelleria ducale che chiarirono la storia del manoscritto e diedero un nome agli artisti che lo decorarono, il passo successivo, a partire dagli stessi Vesme e Carta e poi con Guiffrey, Petit-Delchet, Bayot, Winkler, Péman, Porcher e Andreina Griseri, per non fare che alcuni nomi, fu quello di cercare di delineare i singoli interventi all'interno del volume e di definirne le caratteristiche stilistiche[101]. Agli inizi degli anni sessanta uscì un articolo molto importante di Sheila Edmunds, che affrontò ancora una volta il problema delle distinzioni di mani e attribuì a Lamy i due *Messali* di Felice V e altri manoscritti su cui torneremo, in base alla somiglianza tra questi e le pagine spettanti a Péronet nell'*Apocalisse* dell'Escorial[102]. Le conclusioni di Edmunds circa i diversi interventi all'interno di questo manoscritto (ff. 1-24r: Bapteur; ff. 24v-25: Lamy; ff. 26-29: Colombe su disegno di Bapteur; ff. 29v-49: Colombe da solo) sono state per lo più accettate dagli studiosi successivi, se si eccettua qualche dubbio sui fogli di transizione tra la prima fase della decorazione del manoscritto e quella tardoquattrocentesca[103]. Unica voce discordante è stata quella di Giovanni Romano, secondo cui la mano di Lamy sembra essere individuabile già a partire dai ff. 13v-14, dove si nota «una presenza divergente e più moderna», mentre Colombe pare intervenire dal f. 24r in poi[104].

*Bapteur, Lamy e Colombe nell'*Apocalisse di Savoia

Per quanto riguarda le parti spettanti a Bapteur, Lamy e Colombe nell'*Apocalisse* dell'Escorial, l'a-nalisi diretta del manoscritto mi ha portato alle seguenti conclusioni.

Al pittore di Friburgo si devono sicuramente le scene apocalittiche e le figure del «San Giovanni» nei margini dal f. 1 al f. 24*r* (tavv. XI-XVII e figg. 35, 39, 41, 45, 49 e 51). Sono di Bapteur anche i riquadri tridimensionali riccamente decorati che circondano le miniature fino al f. 24*r* del mano-scritto. La vivacità dei colori e la fantasia dei motivi di questi riquadri corrispondono al gusto del-l'artista friburghese, mentre si discostano dalle cornici che circondano il testo scritto e dalle deco-razioni marginali. Ai ff. 23*v* e 24*r*, l'incarnato non terminato del volto del «San Giovanni» è forse un primo indizio dell'interruzione del lavoro da parte di Bapteur.

Al f. 24*v* (tav. XVIII) cambia la mano in modo evidente: la proporzione delle figure all'interno dei riquadri aumenta (anche perché la cornice rettangolare, che «rubava spazio» alla scena, è sosti-tuita da una sottile e semplice cornice d'oro); le fisionomie si addolciscono e in generale si nota un appiattimento espressivo; il tratto si appesantisce e cambiano i colori che diventano più squillanti e accostati in modo meno raffinato rispetto ai sapienti e armoniosi accordi di Bapteur; il paesaggio sullo sfondo si semplifica; il «San Giovanni» nel margine viene rinchiuso in una cornice rettango-lare e perde la vivacità e la carica emotiva di quelli dipinti da Bapteur. Tutti questi elementi carat-terizzano anche il *recto* e il *verso* del f. 25 (fig. 52). Come proposto già da Vesme e Carta, e poi con-fermato dagli studiosi successivi, in particolare da Edmunds, le miniature di questi tre fogli sono verosimilmente da ascrivere alla mano di Péronet Lamy.

La miniatura del f. 26 fu iniziata da Lamy e terminata da Colombe (che la miniatura non fos-se finita sembra essere confermato dallo sfondo incompiuto dietro al «San Giovanni» nel margi-ne). Le proporzioni, certi particolari o intere figure sono uguali a quelli dei tre fogli precedenti, cambia però qualcosa nel disegno: il cielo non è più striato, ma reso con una tecnica *pointilliste* (co-me è stato più volte notato), e i volti delle figure hanno i tratti più segnati rispetto a quelli di Lamy. Un particolare che rivela l'intervento di Colombe è il modo di rendere le ombre sui panneggi con leggere striature d'oro accostate, particolare che ritorna in tutte le miniature dell'*Apocalisse di Savoia* riconducibili con certezza a questo artista.

Le miniature ai ff. 26*v* e 27 sembrano essere state eseguite *in toto* da Colombe: non si nota né la mano di Lamy come al f. 26, né quella di Bapteur come ai ff. 27*v*-29*v*. Si confrontino gli angeli del f. 26*v* con quelli dei ff. 31*v*, 32*v* e 33, o con il «San Giovanni» nel margine del f. 40, tutte illustra-zioni spettanti sicuramente a Colombe. La miniatura del f. 27 riprende nell'impianto quelle di sog-getto simile dovute a Bapteur (ff. 4, 5, 5*v*, 6 e 19; fig. 49), ma altre miniature di Colombe ripren-deranno questo modello più avanti nel manoscritto (ff. 39 e 39*v*). Infine i colori usati ai ff. 26*v* e 27 sono diversi sia da quelli usati da Bapteur sia da quelli usati da Lamy; soprattutto al f. 26*v* la tavo-lozza è quella un po' smorta e monotona di Colombe.

La miniatura del f. 27*v* sembra essere stata eseguita (o rifinita) da Colombe su un disegno di Bapteur. L'impostazione della scena, gremita di personaggi e con il paesaggio sullo sfondo percor-so da architetture, alberi, corsi d'acqua, imbarcazioni, non è lontana dalle scene affollate di Bapteur (ff. 13, 13*v* e 23*v*); la chiesa sulla sinistra ricorda le ardite costruzioni architettoniche di questo ar-tista (ff. 2*v* e 10) e ritorna la varietà dei colori della prima parte del manoscritto. La mano di Colombe si nota nei volti ritoccati delle figure e nelle rifiniture d'oro dei panneggi; inoltre il Cristo in mandorla sembra un ricalco di quello disegnato sul *recto* del foglio. Per quanto riguarda il «San Giovanni» nel margine, il paesaggio sullo sfondo è di Colombe, ma il santo ha dimensioni e vesti simili a quelle di Bapteur.

Restano dei dubbi sulla miniatura al f. 28, che potrebbe essere stata eseguita *ex novo* da Colombe.

Vanno a favore di questa ipotesi i colori più smunti della miniatura, la somiglianza della scena con altre eseguite da Colombe (ff. 37v e 38) e il fatto che il «San Giovanni» nel margine sembra interamente di mano di quest'artista.

I ff. 28v, 29 e 29v paiono essere stati eseguiti (o rifiniti) da Colombe su disegno di Bapteur. Al f. 28v il disegno è di Bapteur per l'impostazione della scena e per alcuni dettagli (come la bocca dell'inferno da confrontare con quella del f. 8, o i diavoletti che ricordano quelli dei ff. 8, 17v, 21 e 21v; tav. XVI); al f. 29 sono di Bapteur i particolari architettonici, l'affollamento degli spazi, la disposizione dei personaggi (le figure poste in circolo intorno al prete all'interno della chiesa ricordano le scene di predica ai ff. 15v e 24)[105]. Sia al f. 28v sia al f. 29 si riconoscono gli interventi di Colombe nelle striature d'oro dei panneggi e nei lineamenti delle figure: i ritocchi, come al f. 27, appesantiscono il disegno sottostante. Al f. 29v Colombe prevale su Bapteur: si notano tracce di quest'ultimo nel disegno dell'edificio sulla destra; da attribuire al primo sono, invece, la figura del re ripetuta due volte (da confrontare con i re del f. 31) e quella dell'angelo che esce dalla chiesa (da confrontare con gli angeli e il «San Giovanni» del f. 31v).

Dal f. 30 in poi i riquadri miniati e le figure di «San Giovanni» nel margine spettano interamente a Colombe.

Per quanto riguarda le iniziali, le cornici e le decorazioni marginali del manoscritto, si può affermare quanto segue.

Fino al f. 14 incluso si nota una grande varietà nella decorazione marginale che cambia quasi sempre di foglio in foglio sia nella disposizione (a volte la decorazione interessa tutti i margini della pagina, a volte solo alcuni o parte di essi), sia nella composizione. Il testo in alcuni casi è circondato da una cornice, di fattura diversa a seconda delle pagine. La decorazione cambia nel *recto* e nel *verso* del foglio.

A partire dal f. 15 e fino alla fine del manoscritto la decorazione del *verso* di ogni pagina ricalca quella del *recto* e si estende sempre sui quattro lati del foglio (indice questo, come già notato da Edmunds, di una possibile accelerazione dei tempi di esecuzione del volume)[106].

A partire dal f. 16 fino al f. 24 incluso dalle iniziali partono delle aste dorate che circondano il testo a destra e a sinistra, nel margine inferiore e tra le due colonne di scrittura.

Dal f. 25 al f. 32 incluso la cornice intorno al testo diventa più spessa e ornata al suo interno. La decorazione a motivi vegetali della cornice varia di foglio in foglio.

A partire dal f. 33 e fino alla fine del manoscritto cambia ancora una volta la decorazione marginale: scompare la cornice intorno al testo e la decorazione dei margini diventa più complessa, rispetto a quella dei fogli precedenti. I motivi vegetali e floreali si fanno più rigogliosi e compaiono nuovi elementi ornamentali e figurativi, come i due draghi dalla coda vegetale posti l'uno di fronte all'altro ai ff. 33r-v e 41r-v; le aquile che affiancano i nodi di Savoia al f. 39r-v; il motivo nastriforme con la scritta «FERT» al f. 40r-v, o gli angeli musicanti al f. 44r-v.

Dal f. 1 fino al f. 32 incluso iniziali e cornici intorno al testo sono collegate, ossia le cornici sono una diramazione delle iniziali, ed entrambe sembrano di una sola mano. A partire dal f. 33, le iniziali, che in tutto il manoscritto sono costituite da un motivo a *vignettes* su fondo oro di sapore arcaico, stonano un po' con il resto della decorazione che è più moderna (si vedano soprattutto i ff. 39, 41-42 e 44-46).

Penso che le fasi di composizione e decorazione dell'*Apocalisse di Savoia* siano state all'incirca queste: più o meno contemporaneamente alla stesura del testo da parte di Cardino, Bapteur iniziò a dipingere i riquadri miniati del manoscritto. Il copista dovette concludere il suo intervento già all'inizio del 1431, quando il suo nome non compare più nei documenti della Tesoreria ducale. Nel 1432, invece, entra in scena l'illuminatore Lamy: spetta alla sua bottega l'intera decorazione del codice? È certo che le iniziali, le cornici intorno al testo collegate alle iniziali e l'ornamentazione marginale sono posteriori all'intervento di Bapteur perché, come è già stato sottolineato, sia i racemi dei margini sia le cornici circondano e si interrompono in corrispondenza della figura di «San Giovanni» che assiste dall'esterno agli eventi apocalittici. Le iniziali sono uguali (ossia verosimilmente di una stessa mano) in tutto il manoscritto, mentre la decorazione marginale varia, ma nel complesso sembra tutta riconducibile alla prima campagna decorativa dell'*Apocalisse* (1428-1434). C'è una certa omogeneità stilistica dal f. 1 al f. 32 incluso, anche se sembrano distinguersi più interventi: per esempio non sempre le iniziali e le cornici paiono dello stesso autore delle decorazioni marginali (si veda, in particolare, il f. 12*v*, dove la differenza tra iniziali e margini è molto evidente). Le cornici intorno al testo dal f. 25 al f. 32 per struttura e decorazione ricordano quelle ornanti altri manoscritti prodotti in Savoia nel secondo quarto del Quattrocento: penso alle già citate *Ore del duca Ludovico* e alle cosiddette *Ore di Saluzzo* (Londra, British Library, ms. Add. 27697). A partire dal f. 33 sembra intervenire un nuovo artista nella decorazione dei margini. François Avril, a proposito delle *Ore* della British Library, aveva notato l'affinità tra alcuni motivi ornamentali presenti in questo manoscritto, come «celui des deux dragons affrontés à queue végétale» e quelli decoranti la seconda parte dell'*Apocalisse* dell'Escorial, e aveva proposto di attribuire i suddetti motivi a Lamy, che nel codice londinese eseguì anche alcune miniature[107]. L'ipotesi è interessante (per quanto sia lecito pensare a repertori figurativi comuni circolanti tra le diverse botteghe) e se così fosse si potrebbe far risalire l'inizio di questo intervento al 1432, quando i documenti citano per la prima volta Péronet a fianco di Bapteur. Quel che è certo è che nell'*Apocalisse* dell'Escorial non è riconoscibile la mano dell'artista che, come vedremo, collaborò accanto a Lamy nei due *Messali* di Felice V, nel *Champion des Dames* di Bruxelles e nel *Messale*, ms. b.I.3, dell'Escorial. In questi codici le *drôleries* dei margini spiccano per dimensioni e colori (diversi da quelli usati nelle miniature); nell'*Apocalisse di Savoia*, al contrario, le figurine dei margini fino al f. 25, di piccolo formato e quasi a tinta monocroma, si individuano a stento tra i racemi; mentre la tipologia delle decorazioni marginali dal f. 33 fino alla fine del manoscritto è assai lontana da quella usata dal collaboratore di Péronet: si vedano, in particolare, gli angeli ai ff. 44*r-v* e 46*r-v* che risultano completamente differenti da quelli che troveremo nei codici suddetti e che sono invece confrontabili con quelli dipinti da Lamy nelle miniature a lui riconducibili.

Fin qui gli interventi di Péronet come illuminatore accanto a Bapteur. Questi interruppe l'illustrazione del manoscritto al f. 24*r*. Nei fogli immediatamente successivi, fino al f. 29 incluso, è evidente una fase di transizione, in cui non risulta facile individuare i singoli interventi: i riquadri (ma forse non tutti) dovevano verosimilmente contenere i disegni preparatori di Bapteur che furono completati in parte da Lamy (ff. 24*v*-26*r*; tav. XVIII e fig. 52)[108] e più tardi da Colombe. Dal f. 30 e fino alla fine Colombe eseguì tutte le miniature del manoscritto basandosi su un modello iconografico diverso da quello impiegato in precedenza da Bapteur.

Le fonti iconografiche di Bapteur e Colombe: problemi aperti e problemi risolti
Un primo problema da affrontare, per quanto riguarda le fonti iconografiche a cui si ispirò Jean Bapteur nell'*Apocalisse* che incominciò a dipingere nel 1428 per conto di Amedeo VIII, è la relazione che intercorre tra quest'ultima e la cosiddetta *Apocalisse del Conte Verde*, recentemente ribattezzata *Apocalisse Viry* (Parigi, Bibliothèque nationale, ms. Lat. 688)[109]. Questo manoscritto fu eseguito in Savoia intorno al 1370 per i De Viry-Sallenove, vassalli di Amedeo VI, e passò una decina d'anni più tardi a un'altra famiglia strettamente legata al Conte Verde, i Faucigny, che fecero

completare la decorazione del volume e sovrapporre il loro stemma a quello dei proprietari precedenti: entrambe le famiglie avevano partecipato alla vittoriosa crociata condotta da Amedeo contro i Turchi e, al f. 3 del codice, probabilmente in ricordo di questa impresa, è raffigurata una galera con vessillo di Savoia trainata da sant'Antonio (fig. 40). Già Delisle e Meyer, e in seguito
Gardet e in parte Edmunds, avevano notato gli stretti rapporti testuali e iconografici che intercor-
revano tra l'*Apocalisse Lat. 688* della Nationale di Parigi e quella dell'Escorial[110]. In entrambi i codici il testo dell'*Apocalisse* scritto in nero è accompagnato da un riassunto del commentario alto-
medioevale di Berangaudus, scritto in rosso, ed è disposto su due colonne nella metà inferiore del
foglio, al di sotto dei riquadri rettangolari contenenti le immagini delle visioni di san Giovanni.
Entrambi i manoscritti discendono, nell'impaginazione e nella scelta iconografica, dalla tradizione delle *Apocalissi* inglesi del XIII secolo, rientrando in particolare nella categoria nota come
«Westminster group» o III famiglia, di cui fanno parte l'*Apocalisse Dyson Perrins*, oggi ms. Ludwig
III 1 del John Paul Getty Museum di Malibù, l'*Apocalisse Add. 35166* della British Library di
Londra, l'*Apocalisse Douce 180* della Bodleian Library di Oxford e l'*Apocalisse Lat. 10474* della
Bibliothèque nationale di Parigi[111]. Per quanto riguarda la decorazione, mi sembra poi interessante rilevare una coincidenza: al f. 3v dell'*Apocalisse* dell'Escorial, si nota sullo sfondo una galera con
vela spiegata e vessillo di Savoia, che pare quasi una citazione della galera trainata da sant'Antonio
al f. 3 del codice parigino (figg. 39-40). Detto ciò, l'innegabile affinità tra i due manoscritti sembra dipendere dal fatto che entrambi derivano da un modello molto vicino alla sovracitata *Apocalisse
Dyson Perrins*[112]. Se, infatti, si analizza attentamente l'*Apocalisse Lat. 688* della Nationale di Parigi,
non emergono indizi rivelatori di una diretta discendenza dell'*Apocalisse* dell'Escorial da quella parigina, tanto più che difficilmente quest'ultima poté trovarsi anche solo per un breve periodo nella
Biblioteca dei Savoia[113]. Resta la coincidenza della galera con vessillo dei Savoia sullo sfondo della miniatura al f. 3v dell'*Apocalisse* di Amedeo VIII, che sembra una citazione del f. 3 dell'*Apocalisse
Viry*. Potrebbe però trattarsi di un semplice omaggio ai Savoia (uno dei tanti sparsi nel manoscritto) o di un omaggio particolare al Conte Verde e un ricordo della crociata contro i Turchi da lui
condotta vittoriosamente nel 1366. Un riferimento ad Amedeo VI sembra anche essere la veste verde del cavaliere al f. 7 dell'*Apocalisse* dell'Escorial (tav. XIV)[114].

Secondo Sheila Edmunds, da un punto di vista iconografico, l'*Apocalisse di Savoia* deriverebbe
da un modello inglese del XIII secolo molto vicino all'*Apocalisse Dyson Perrins* ma con l'aggiunta di
particolari ricavati da altre fonti anticipatrici o coeve all'*Apocalisse Douce 180* di Oxford[115]. Da un
confronto tra *Perrins*, *Douce*, *Escorial* e il ms. *Lat. 10474* della Bibliothèque nationale di Parigi (figg.
41-48) - *Apocalisse* inglese della seconda metà del XIII secolo strettamente legata da un punto di vista iconografico a *Perrins* e *Douce* e affine a questo secondo manoscritto da un punto di vista stilistico - risulta evidente lo stretto rapporto di dipendenza (nella scelta dei soggetti e nell'impaginazione delle scene) di *Escorial* da *Perrins*; le varianti introdotte sono le stesse o quasi che troviamo in
Douce, come notava Edmunds[116]; d'altra parte, quest'ultimo manoscritto non può essere stato il prototipo di *Escorial*, perché l'iconografia dei due codici presenta numerose divergenze[117]. Quasi tutte
le varianti introdotte da *Douce* rispetto a *Perrins* si trovano anche in *Lat. 10474*, che però, in confronto
al codice di Oxford, soprattutto nella scelta delle scene, è più fedele all'*Apocalisse* ora a Malibù, e
per questo motivo mi sembra molto più vicino a *Escorial* di quanto non lo sia *Douce*[118]. Ossia mi
pare di poter dire che il prototipo usato da Bapteur possa essere stato una via di mezzo tra *Perrins* e
Lat. 10474 più che tra *Perrins* e *Douce*[119]. Quindi, concludendo, il miniatore dell'*Apocalisse Viry* si
valse di un modello molto vicino all'*Apocalisse Dyson Perrins* (l'identità tra i due manoscritti, per
quanto riguarda la scelta dei soggetti, la struttura delle scene e le posture dei personaggi, è praticamente totale; cambiano solo pochi e irrilevanti particolari)[120]; l'*Apocalisse* dell'Escorial non pare
aver tenuto conto dell'*Apocalisse Viry*; inoltre, il modello su cui si basò Bapteur fu senz'altro diver-

so da quello usato per quest'ultimo manoscritto; dovette essere un'*Apocalisse* inglese affine a *Perrins* nella scelta e nell'impaginazione delle scene ma con alcune varianti. Un'*Apocalisse* non lontana da quella che fu il prototipo di Bapteur sembra essere il ms. Lat. 10474 della Bibliothèque nationale di Parigi. D'altra parte, l'*Apocalisse Viry* (1370 circa), l'*Apocalisse B.10.2* del Trinity College di Cambridge (1380-1400) e gli affreschi della sala capitolare dell'abbazia di Westminster (1372-1404) testimoniano della fortuna del ciclo iconografico della III famiglia nel XIV secolo e portano a non escludere che il modello usato per il manoscritto di Amedeo VIII possa essere stato un rappresentante tardivo di quella tradizione.

Se Bapteur si avvalse di un prototipo duecentesco per illustrare l'*Apocalisse* ora all'Escorial, possiamo anche immaginare che esso fosse presente nelle collezioni di casa Savoia *ab antiquo* visti i rapporti che in passato, a partire dalla prima metà del Duecento, avevano legato la dinastia inglese e quella sabauda[121]. Il fatto poi che Amedeo VIII abbia scelto di far riprodurre formule e schemi del XIII secolo, se pur aggiornandoli al gusto contemporaneo, non deve essere considerato sintomo di una «tendance retardataire»[122] ma, come ben evidenziato da Sheila Edmunds, rientra piuttosto in quella sorta di «revival gotico» promosso dal duca e di cui un esempio significativo è la costruzione della Sainte-Chapelle di Chambéry (1408-1430) su modello di quella parigina[123], ma anche l'invio a Lione del pittore di corte Gregorio Bono (1416), per eseguire una copia dei portali della cattedrale di Saint-Jean, costruiti un secolo prima da Pietro di Savoia, vescovo di Lione e antenato di Amedeo[124]. D'altra parte, l'interesse per il testo dell'*Apocalisse*, così strettamente legato all'immaginario medioevale e che, verso la metà del XIII secolo, conobbe una particolare fortuna in Inghilterra dando vita a una tradizione figurativa originale ed estremamente prolifica, non si esaurì nei due secoli successivi, come non venne meno il coinvolgimento delle corti europee nella produzione di cicli pittorici illustranti le visioni di san Giovanni[125]. Per limitarci agli esempi più pertinenti al nostro discorso, non si può non citare l'*Apocalisse di Angers*, la celeberrima serie di arazzi che intorno al 1373-1379 per volere del duca Luigi d'Angiò fu confezionata, partendo dai cartoni di Jean Bondol, nella bottega del mercante parigino Nicolas Bataille[126]. E vale la pena ricordare, da un lato, l'acquisto di tappezzerie da parte di Amedeo VI di Savoia presso questa stessa bottega, proprio negli anni a ridosso della creazione dell'*Apocalisse* per il duca Luigi[127]; dall'altro, la dipendenza iconografica di quest'ultima da un manoscritto inglese del XIII secolo[128]. A questo punto viene inevitabilmente da chiedersi se Bapteur ebbe modo di vedere i cartoni di Bondol traendone spunto per la sua *Apocalisse*. La risposta è no: alla base dei due manufatti vi sono due modelli iconografici differenti, per quanto entrambi classificabili negli «Anglo-French Gothic Apocalypse Cycles», per dirla con Peter Klein[129]. Quel che accomuna Bondol e Bapteur è semmai il tentativo, perfettamente riuscito in entrambi i casi, di aggiornare il modello ai canoni della pittura coeva, di arricchirlo di nuovi particolari e di dargli una forte impronta personale. Questo risulta particolarmente evidente se si mettono a confronto l'*Apocalisse di Angers* e quella dell'Escorial con due rappresentati tardivi del «Westminster group», quali l'*Apocalisse Viry* e l'*Apocalisse B.10.2* del Trinity College di Cambridge, così poco creativi nei confronti del modello duecentesco. Un'interpretazione del testo di san Giovanni originale e ricca di spunti fantasiosi è invece quella che troviamo nel ms. Néerl. 3 della Bibliothèque nationale di Parigi, che contiene l'unica *Apocalisse* illustrata scritta in fiammingo. Si tratta, com'è noto, di un ciclo figurativo dell'inizio del Quattrocento che, da un punto di vista iconografico, non sembra avere confronti con la tradizione precedente ma che, con i suoi spazi brulicanti di figure, edifici e particolari naturalistici, e con il suo brio nell'interpretare il testo apocalittico, anticipa le soluzioni di Bapteur[130].

Le *Apocalissi* scritte e miniate in Inghilterra nel XIII secolo, e anche quelle più antiche o appartenenti a tradizioni figurative e iconografiche differenti, non solo servirono ancora da modello, ma continuarono a essere ambite dai grandi collezionisti del Tre e Quattrocento: un'*Apocalisse* con commento del Beato di Liébana, prodotta in Francia o in Spagna alla fine del XII secolo, era nella biblioteca di Carlo III di Navarra nel 1389[131]; Filippo il Buono, duca di Borgogna, possedeva un'*Apocalisse* francese della prima metà del XIV secolo, oggi a Dresda[132]; mentre il ms. Fr. 403 della Bibliothèque nationale di Parigi, contenente uno dei rappresentanti più significativi delle *Apocalissi* della I famiglia, prodotto in Inghilterra (Salisbury?) intorno al 1250, entrò nelle collezioni dei re di Francia grazie a Carlo V e vi rimase finché, nel 1424, non fu acquistato dal duca di Bedford[133]. Che dire poi del collezionista per antonomasia, Jean de Berry, nonno di Amedeo VIII? Dagli inventari risulta che possedeva un manoscritto in francese e un arazzo, segnalati rispettivamente nel 1402 e nel 1416, e contenenti entrambi le illustrazioni al testo di san Giovanni[134]. Inoltre è sopravvissuto un altro codice con un'*Apocalisse* in francese (New York, Pierpont Morgan Library, ms. M. 133), che non compare negli inventari del duca ma che reca al f. 86*v* il suo *ex libris*[135]. Il volume, da cui ha preso il nome l'artista – The Berry Apocalypse Master – che decorò le 85 miniature che lo impreziosiscono, è secondo Millard Meiss «one of the most impressive manuscripts in the Duke's collection». Da un punto di vista testuale e iconografico, esso mostra stringenti affinità con l'*Apocalisse 28* del Musée Condé di Chantilly, opera del Chantilly Medallion Master[136]. Alla base dei due codici, prodotti entrambi intorno al 1415, vi è nuovamente un'*Apocalisse* inglese del XIII secolo, oggi non più rintracciabile.

Per concludere questa carrellata sulla fortuna delle *Apocalissi* miniate nel XIV e XV secolo, si devono ancora ricordare due importanti manoscritti prodotti nel Nord dell'Europa nel secondo

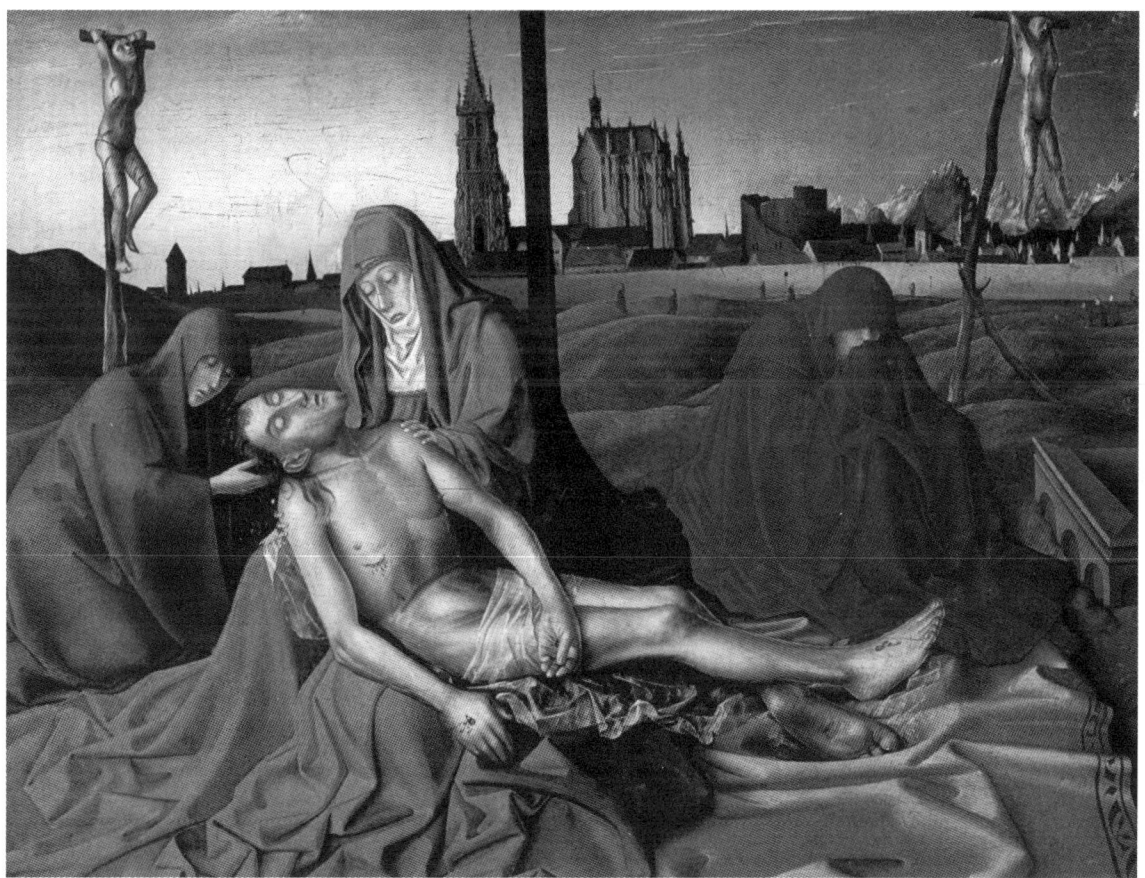

Hans Witz, «Pietà», 1440 circa. New York, Frick Collection.

Quattrocento: si tratta dei mss. M. 68 e M. 484 della Pierpont Morgan Library di New York. Il primo fu scritto e miniato a Bruges per il duca Carlo il Temerario nella bottega di David Aubert intorno al 1470[137]. Il secondo, destinato alla ricca e lussuosa biblioteca personale della moglie del duca, Margherita di York, fu confezionato a Gand nella cerchia del Maestro di Maria di Borgogna, all'incirca nello stesso periodo[138]. Al 1490 risale infine l'intervento di Jean Colombe, pittore di corte di Carlo I di Savoia, nell'*Apocalisse* commissionata più di cinquant'anni prima da Amedeo VIII. L'artista, per completare il volume lasciato interrotto da Bapteur nel 1434, non utilizzò il manoscritto inglese del XIII secolo che aveva ispirato le miniature del suo predecessore, ma un modello napoletano già identificato all'inizio del secolo scorso con il secondo pannello dell'«Apocalisse» dipinta intorno al 1330 per un committente d'alto rango (forse Roberto d'Angiò) e oggi conservato alla Staatsgalerie di Stoccarda[139]. Si tratta di un'opera di estrema raffinatezza, nota da tempo agli storici dell'arte e variamente attribuita (da ultimo è stato nuovamente avanzato il nome di Giotto)[140], e che dimostra l'importanza della Savoia come centro culturale, luogo di incontri e di scambi nel XV secolo. Al pari di Bapteur, Colombe non si limitò a copiare pedissequamente il modello a sua disposizione, ma lo aggiornò secondo il gusto della sua epoca, arricchendo molte scene di nuovi particolari[141]. Inoltre, poiché il pannello non illustrava tutti gli episodi previsti invece dal manoscritto, il pittore inventò espedienti di vario tipo, come per esempio frazionare le immagini che nella tavola si presentavano unite in una sola sequenza, oppure cercò ispirazione altrove, rifacendosi in alcuni casi al suo predecessore, senza però riuscire a eguagliarne la potenza espressiva e la carica emotiva[142]. Resta infine da capire quale fu il modello a cui Colombe attinse per le ultime scene dell'*Apocalisse*, ossia quelle illustranti tre miracoli di san Giovanni e la morte del santo (ff. 47v-49). Per ora ci soccorrono le osservazioni di Charles Sterling che ai ff. 47 e 49 del codice escorialense rilevò un'eco della «Sacra Famiglia» di Hans Witz oggi al Museo Nazionale di Capodimonte, e vale la pena di ricordare l'ipotesi recente di Frédéric Elsig di ricondurre alla committenza sabauda sia questa tavola sia la «Pietà» della Frick Collection, che non solo fu anch'essa fonte di riflessione per un altro dipinto di Colombe, ma che recherebbe sullo sfondo un ricordo della Sainte-Chapelle di Chambéry e del linguaggio architettonico di Matthäus Ensinger[143].

[1] Per la ricca bibliografia sulle arti figurative al tempo di Amedeo VIII mi limito ai titoli essenziali: A. GRISERI, *Jaquerio e il realismo gotico in Piemonte*, Torino s.d. [1965]; E. CASTELNUOVO e G. ROMANO (a cura di), *Giacomo Jaquerio e il gotico internazionale*, catalogo della mostra, Torino 1979; E. CASTELNUOVO, *Postlogium Jaquerianum*, in «Revue de l'Art», LII, 1981, pp. 41-46; M. DI MACCO e G. ROMANO (a cura di), *Arte del Quattrocento a Chieri. Per i restauri nel Battistero*, Torino 1988; S. EDMUNDS, *Le patronage artistique de la Maison de Savoie à l'époque d'Amédée VIII*, in B. ANDENMATTEN e A. PARAVICINI BAGLIANI (a cura di), *Amédée VIII-Félix V, premier duc de Savoie et pape (1383-1451)*, Actes du Colloque International (Ripaille-Losanna, 23-26 octobre 1990), Losanna 1992 (Bibliothèque historique vaudoise 103), pp. 395-404; G. ROMANO, *Tra la Francia e l'Italia: note su Giacomo Jaquerio e una proposta per Enguerrand Quarton*, in *Hommage à Michel Laclotte. Etudes sur la peinture du Moyen Age et de la Renaissance*, Milano 1994, pp. 173-188; ID., *Da Giacomo Pitterio ad Antoine de Lonhy*, in G. ROMANO (a cura di), *Primitivi piemontesi nei musei di Torino*, Torino 1996, pp. 111-190; A. GRISERI, *Le arti alla corte di Amedeo VIII*, in R. COMBA (a cura di), *Storia di Torino*, vol. II, *Il basso Medioevo e la prima età moderna (1280-1536)*, Torino 1997, pp. 659-692 (1997a); S. BAIOCCO, *Il procedere degli studi sulla cultura jaqueriana*, in W. CANAVESIO (a cura di), *Jaquerio e le arti del suo tempo*, Beinasco 2000, pp. 11-25; E. CASTELNUOVO, *Alla corte dei duchi di Savoia*, in E. CASTELNUOVO e F. DE GRAMATICA (a cura di), *Il Gotico nelle Alpi 1350-1450*, catalogo della mostra, Trento 2002, pp. 204-223 (2002a); S. BAIOCCO, S. CASTRONOVO e E. PAGELLA (a cura di), *Arte in Piemonte*, vol. II, *Il Gotico*, Torino 2003, pp. 93-133.

[2] Si tratta verosimilmente dei *Sette Salmi penitenziali*, una raccolta di salmi (Sal 6, 31, 37, 50, 101, 129 e 142) sulla misericordia di Dio nei confronti dei peccatori, che poteva essere utilizzata per imparare a leggere e a cantare (lo stesso testo comparirà più tardi tra i libri scelti per l'educazione di Filippo di Savoia, figlio del duca Ludovico e di Anna di Lusignano): G. CASTELLINO, voce *penitenziali, salmi*, in *Enciclopedia cattolica*, vol. IX, Roma 1952, col. 1.133; N. BLANCARDI, *Les petits princes. Enfance noble à la cour de Savoie (XVe siècle)*, Losanna 2001 (Cahiers lausannois d'histoire médiévale, 28), p. 24.

[3] Per i *Disticha Catonis*, un caposaldo della letteratura infantile che riuniva massime e insegnamenti morali in distici elegiaci: L. PICHARD e S. I. JAMES, voce *Caton (Distiques de)*, in G. HASENOHR e M. ZINK (a cura di), *Dictionnaire des lettres françaises. Le Moyen Age*, Parigi 1994 (prima edizione Parigi 1964), pp. 227-228; BLANCARDI 2001, p. 25. Il termine *partes* è un'abbreviazione del titolo *Donati de partibus orationis ars minor*, un celebre manuale di grammatica del IV secolo, ancora molto usato alla fine del Medioevo come testo base su cui imparare il latino (*Ibid.*, p. 26).

[4] La *Cartula*, o *Chartula* (ma il titolo esatto era *De contemptu mundi*), era un trattato morale del XII secolo, attribuito al cluniacense Bernard de Morlaix (*Ibid.*)

[5] Gli «Isopets» erano raccolte di apologhi che derivavano il loro nome da Esopo, considerato l'inventore del genere, ed erano un altro testo assai diffuso tra i giovani scolari della fine del Medioevo: F. FERY-HUE, voce *Isopets*, in HASENOHR e ZINK (a cura di) 1994, pp. 716-718; BLANCARDI 2001, p. 25.

[6] Le raccolte liturgiche (bibbie, libri d'ore, messali) erano indicate sia per l'educazione grammaticale sia per quella spirituale dei giovani principi e, a differenza dei manuali scolastici, costituivano il nucleo

della loro futura biblioteca (*Ibid.*) Per Oddone di Villars e Giovanni di Bettens, rispettivamente tutore e precettore di Amedeo VIII: L. CIBRARIO, *Dei governatori, dei maestri e delle biblioteche dei principi di Savoia fino ad Emanuele Filiberto e d'una enciclopedia da questo principe incominciata*, in «Memorie della Reale Accademia delle Scienze di Torino», serie II, tomo II, 1840, p. 4.

[7] S. EDMUNDS, *The Medieval Library of Savoy*, in «Scriptorium», XXV, 1971, pp. 258-259, nn. 24-25, 27, 30-33 e 35. Per le *matines illuminés dor fin aystoriés dymages* comprate nell'*atelier* di «maistre Jehan Lesternain» per Bona di Savoia, sorella di Amedeo e moglie di Ludovico d'Acaia, si veda anche M. FRATINI, *Il panorama figurativo a Pinerolo fra Trecento e Quattrocento. Documenti e monumenti*, in «Bollettino storico-bibliografico subalpino», anno C, primo semestre 2002, p. 246. Per i librai parigini Hugues (Huguet) Foubert e Jean Lesternain: R. H. ROUSE e M. A. ROUSE, *Illiterati et uxorati. Manuscripts and their Makers. Commercial Book Producers in Medieval Paris 1200-1500*, Londra-Turnhout 2000, vol. II, pp. 54 e 76.

[8] EDMUNDS 1971, pp. 260-261, 263-265, 269 e 271, nn. 40-45, 48, 60-61, 67, 71, 76, 79-80, 102 e 108; ROUSE e ROUSE 2000, vol. II, p. 86.

[9] EDMUNDS 1971, pp. 260, 263-264 e 266, nn. 43, 47, 66, 68, 73 e 86. Per le *Chroniques de Savoie* di Jean Cabaret: D. CHAUBET, *Amédée VIII et l'historiographie savoyarde des XVe et XVIe siècles*, in ANDENMATTEN e PARAVICINI BAGLIANI (a cura di) 1992, pp. 64-65. Il ms. J.a.VI.16 dell'Archivio di Stato di Torino, contenente le *Chroniques de Savoie*, reca sia lo stemma sabaudo sia quello di un cadetto dei principi di Orange della casa di Chalon («inquartato, al 1° e al 4° di Chalon [di rosso, alla banda d'oro], al 2° e al 3° d'Orange [d'oro, al corno da caccia d'azzurro, legato del medesimo], sul tutto di Ginevra [cinque punti d'oro equipollenti a quattro d'azzurro]; il tutto con orlo d'azzurro carico di otto bisanti d'oro»: quest'ultimo fu il probabile primo proprietario del volume che poté aver ricevuto in dono da un membro di casa Savoia. Il ms. J.a.VI.18, sempre all'Archivio di Stato di Torino e contenente anch'esso le *Chroniques* di Cabaret, appartenne in origine a Pierre Marchand, un membro della corte del duca Ludovico di Savoia (S. EDMUNDS, *Catalogue des manuscrits savoyards*, in A. PARAVICINI BAGLIANI [a cura di], *Les manuscrits enluminés des contes et ducs de Savoie*, Torino 1990, p. 201, nn. 42-43 [1990b]).

[10] EDMUNDS 1971, pp. 263-264, 269 e 271-272, nn. 49, 54, 62-65, 72, 75, 99, 108 e 110. L'esecuzione di questi codici sembra per lo più essere stata affidata a ecclesiastici: «fratri Petro Foreis», «fratri Andree» e «Roberto de Villa monacho», antoniani di Chambéry; «Jehan de Cluses» canonico di Ripaille; «Petro Theobaldo capellano et scriptori». Nel 1403-1404 Filippo l'Ardito comprò presso il libraio Jean Postil un *Messale* «tout complet à l'usage de Paris pour la chapelle de ma dicte dame de Savoye», sua figlia: P. COCKSHAW, *Mentions d'auteurs, de copistes, d'enlumineurs et de libraires dans les comptes généraux de l'Etat bourguignon (1348-1419)*, in «Scriptorium», XXIII, 1969, p. 137, n. 62.

[11] La Sainte-Chapelle del castello di Chambéry, fondata da Amedeo V, fu fatta ricostruire e decorare da Amedeo VIII tra il 1408 e il 1430. La parte architettonica fu posta sotto la direzione del savoiardo Nicolet Robert, mentre la decorazione scultorea dal 1409 fu affidata al fiammingo Jean de Prindall che diresse un'*équipe* di artisti di provenienza diversa, tra cui Janin de Bruxelles, Arnaut Prindael (forse parente dello stesso Jean) e Stefano da Milano: E. CASTELNUOVO, *Giacomo Jaquerio e l'arte nel ducato di Amedeo VIII*, in CASTELNUOVO e ROMANO (a cura di) 1979, pp. 32-33; ID. 2002a, pp. 208-209; G. CASTELNUOVO e M. A. DERAGNE, *Peintres et ménétriers à la cour de Savoie sous Amédée VIII (1391-1451). Salaires, statuts et entregent*, in N. GUIDOBALDI (a cura di), *Regards croisés. Musiques, musiciens, artistes et voyageurs entre France et Italie au XVe siècle*, Actes du Colloque International (Tours 1999), Parigi 2002, *passim*.

[12] Si tratta del *Catholicon* di Giovanni Balbi, erudito domenicano morto nel 1298 circa. La *Summa grammaticalis quae vocatur Catholicon* era un trattato di ortografia, prosodia, grammatica e retorica, accompagnato da un vocabolario della latinità bassa e medioevale: A. WALZ, voce *Balbi, Giovanni*, in *Enciclopedia cattolica*, vol. II, Roma 1949, col. 725; BLANCARDI 2001, p. 27.

[13] EDMUNDS 1971, pp. 259-261, 266 e 269-270, nn. 39-40, 45, 51, 85 e 102.

[14] *Ibid.*, pp. 264-266, nn. 69, 71, 80 e 82. A proposito del *libro scacorum* portato a Rumilly nel 1418, ricordo che nel 1375 una copia del *Livre des échecs moralisés* di Jean de Vignay era stata donata ad Amedeo VI dal duca di Berry. Un codice contenente un testo sul gioco degli scac-

chi compare nel 1431 nell'inventario stilato dopo la morte del primogenito di Amedeo VIII, Amedeo principe di Piemonte («Ung petit coffre sans clé et dedans ledit petit coffre *ung livre deschacs* et un jeu de cartes»), e nel 1479 nell'inventario dei beni del castello di Moncalieri redatto dopo la morte della duchessa Jolanda («*le geu des esches* en francois couvert de vellour noir et est escript en parchemin»); nel 1498, tra i libri documentati nel castello di Chambéry, troviamo «ung petit livre de parchemin escript a la main traictant *de jeu de leschacquier* appelé *doctrine* illuminé dor et dazur folliagé tout a lentour de la premiere margine commencant "Cy commence"; couvert de post et de vellours deciré a quatre fermeaulx a boucles dargent douré et deux agullectes de ruban ou il y a troys fers dargent douré» e «ung petit livre en papier *du jeu des eschetz en figure* escript à la main couvert de papier coullé»: *Ibid.*, pp. 257, 267 e 278, nn. 20 bis, 95 (n) e 148 (20); S. EDMUNDS, *The Medieval Library of Savoy*, in «Scriptorium», XXVI, 1972, p. 269, n. 162 (7); P. VAYRA, *Le lettere e le arti alla corte di Savoia nel secolo XV. Inventari dei castelli di Ciamberì, di Torino e di Ponte d'Ain - 1497-98*, in «Miscellanea di storia italiana», tomo XXII, 1884, p. 45, n. 91. Alla Biblioteca Nazionale di Torino, il cui prezioso fondo manoscritto com'è noto proviene in gran parte dall'antica biblioteca ducale sabauda, si conserva un piccolo codice, purtroppo molto danneggiato dall'incendio del 1904, contenente la traduzione in francese di Jean de Vignay del *Liber super ludo scaccorum* di Jacopo de' Cessoli (ms. L.V.10). È un volume elegante, scritto in gotica corsiva francese della fine del XIV secolo. Sfortunatamente risulta illeggibile la miniatura del frontespizio che rappresentava, secondo Pasini, Jean de Vignay «cum Rege ludentis»: G. PASINI, *Codices manuscripti Bibliothecae Regii Taurinensis Athenaei per linguas digesti, et binas in partes distributi, in quarum prima Hebraei et Graeci, in altera Latini, Italici et Gallici*, Torino 1749, p. 488. Per quanto riguarda invece la copia del *libro lancellocti*, citato insieme al *libro scacorum* nel documento del 1418, forse si tratta del «*romancii domini de lancellot*» fatto rilegare dal copista Cardino di Parigi nel 1420 (EDMUNDS 1971, p. 265, n. 77). Secondo Edmunds, questo codice potrebbe identificarsi con il *Roman de Lancellot*, ms. L.V.30 della Biblioteca Nazionale di Torino, copiato da «Johannem de Cour de Sonzio in Pergamo [cioè Bergamo]» nell'ottobre 1403 (iscrizione oggi perduta): EDMUNDS 1990b, p. 205, n. 74. Assolutamente contrario a questa identificazione è A. VITALE BROVARONE, *Diffusione dei testi letterari nel Piemonte fra '400 e '500*, in *Histoire linguistique de la Vallée d'Aoste du Moyen Age au XVIIIe siècle*, Actes du Séminaire (Saint-Pierre, 16-18 maggio 1983), Aosta 1985, pp. 132-177. Anche questo manoscritto ha subito gravi danni nell'incendio del 1904, ma secondo Pasini si trattava di una copia «vetustissima et elegantissime impressa, atque eximiis iconibus ornata» (PASINI 1749, p. 493).

[15] L'eremo di Ripaille, sulle rive del lago di Lemano, fu fondato il 21 ottobre del 1430. Qui Amedeo si ritirò il 16 ottobre del 1434, affidando la luogotenenza generale del ducato al figlio Ludovico: M. BRUCHET, *Le château de Ripaille*, Parigi 1907, in particolare pp. 87-96; C. SANTSCHI, *L'érémitisme princier*, in ANDENMATTEN e PARAVICINI BAGLIANI (a cura di) 1992, pp. 71-87.

[16] BRUCHET 1907, pp. 374-375; EDMUNDS 1971, pp. 270-271, n. 106. La lista comprendeva, oltre a due bibbie, un messale e testi di diritto canonico, una copia del *De regimine principum*, forse ereditato da Amedeo VI di Savoia, un *Digestum vetus* in francese, due *Legendae sanctorum* e una *Vita sanctorum*, un codice contenente l'*Estoire du Saint Graal* e il *Roman de Merlin*, verosimilmente appartenuto ad Amedeo V di Savoia (S. CASTRONOVO, *La biblioteca dei conti di Savoia e la pittura in area savoiarda [1285-1343]*, Torino 2002, pp. 46-48 e 189-191, n. 2 [2002a]), l'*Etica* e la *Politica* di Aristotele, le *Epistole* di Seneca e altri testi di carattere filosofico, un *Liber ystoriarum antiquarum romanorum de cartage* e diversi libri di argomento storico. Inoltre per la prima volta compaiono testi della nascente letteratura italiana (le opere di Dante e il *Decamerone*, quest'ultimo chiamato nell'inventario «centum novellarum») o libri scritti in lingua volgare italiana («in lombardo»): un *Roman de la Rose*, un *Mandevie* di Dupin e un libro con la *Distruzione di Troia* di Guido delle Colonne. Secondo Edmunds, il ms. E.V.27 della Biblioteca Nazionale di Torino, contenente le *Vitae Sanctorum* di Jacopo da Voragine, potrebbe identificarsi con l'omonimo testo segnalato nell'inventario del 1434 e più tardi in quello redatto a Chambéry nel 1498 («...ung gros livre à moyen volume escript à la main en latin tractant *de [Vitis] sanctorum*, commencant en sa grosse lectre "Universum tempus"...»): EDMUNDS 1990b, p. 202, n. 55. Il codice della Nazionale è di piccole dimensioni (200 x 155 milli-

metri; ff. 234) e presenta come unica ornamentazione due iniziali decorate con motivi vegetali (ff. 1 e 2*v*), di sapore ancora trecentesco. L'*incipit* del testo («Universum tempus praesentis vite...») corrisponde in effetti alla citazione documentaria del 1498, ma non esistono altre prove per poter affermare con sicurezza la provenienza del manoscritto dalle antiche collezioni sabaude.

[17] I *Decreta seu Statuta Sabaudiae*, promulgati da Amedeo VIII e pubblicati a Chambéry il 17 giugno 1430, sono conservati alla Biblioteca Reale e all'Archivio di Stato di Torino rispettivamente nel ms. Storia Patria 649 e nel ms. J.b.VI.30. Si tratta, nel primo caso, di una copia del testo originale dovuta al notaio Claudio Festi da Sallanches; nel secondo, di un elegante codice in *lettre bâtarde*, a cui sono state aggiunte annotazioni e revisioni dello stesso Festi e, in appendice, disposizioni varie trascritte da mani e in tempi diversi: *Il Tesoro del Principe. Titoli, carte, memorie per il governo dello Stato*, catalogo della mostra, Torino 1989, pp. 82-83 (scheda di E. Mongiano); G. GIACOBELLO BERNARD (a cura di), *Biblioteca Reale - Torino*, Firenze 1990, p. 50, tav. XV (scheda di I. Soffietti); I. MASSABÒ RICCI, M. CARASSI e L. C. GENTILE (a cura di), *Blu, Rosso e Oro. Segni e colori dell'araldica in carte, codici e oggetti d'arte*, catalogo della mostra di Torino, Milano 1998, p. 224, n. 235 (scheda di L. Gentile).

[18] EDMUNDS 1971, pp. 260-261, 263, 265-267 e 270, nn. 46-47, 49, 54, 62, 67, 76, 89, 93 e 104.

[19] *Ibid.*, p. 266, n. 84.

[20] *Ibid.*, pp. 267-268, n. 95.

[21] *Ibid.*, pp. 268-269, n. 96. L'inventario dei libri appartenuti a Bona, stilato a Stupinigi il 10 aprile del 1432, comprendeva 23 volumi, tra cui un *romanum de la rossa et de la dama du vergier*, un *romancium de crestina* (probabilmente Christine de Pisan) e un *romancium de mandavia* (vale a dire il *Livre de Mandeville*, una raccolta di racconti di viaggio in Oriente, scritti dall'inglese Jean de Mandeville tra il 1322 e il 1356, e in seguito confluiti nel *Livre des Merveilles*): S. CASTRONOVO, *Il mondo cavalleresco. L'Italia nord-occidentale*, in CASTELNUOVO e DE GRAMATICA (a cura di) 2002, p. 231 (2002b). Come stabilito dal testamento datato 19 ottobre 1429, è assai probabile che parte della biblioteca di Bona di Savoia, insieme ad alcuni suoi reliquiari, paramenti e oreficerie, sia stata donata al convento francescano di Pinerolo (FRATINI 2002, p. 246, nota 62).

[22] Per le vicende e la bibliografia relative a questo manoscritto, iniziato a Parigi intorno al 1330-1340 per Bianca di Borgogna, vedova di Edoardo I di Savoia, forse appartenuto alle collezioni sabaude al tempo di Amedeo VI, successivamente completato per Carlo V re di Francia, offerto da Carlo VI a Jean de Berry e tornato a una data ancora da precisare in Savoia (già nel 1413 il codice non risulta registrato nell'inventario dei libri del duca di Berry), si rimanda al saggio di CASTRONOVO 2002a, pp. 87-89.

[23] Com'è noto, il manoscritto iniziato dai fratelli Limbourg per il duca di Berry fu completato alla fine del Quattrocento da Jean Colombe per conto di Carlo I di Savoia e Bianca di Monferrato: EDMUNDS 1990b, pp. 197-198, n. 22, con bibliografia precedente, a cui si deve aggiungere *Les Très Riches Heures du duc de Berry et l'enluminure en France au début du XVe siècle*, catalogo della mostra di Chantilly, Parigi 2004 e, per l'intervento di Barthélemy d'Eyck nei mesi di «Ottobre» e «Dicembre», L. BELLOSI, *I Limbourg precursori di Van Eyck? Nuove osservazioni sui «Mesi» di Chantilly*, in «Prospettiva», 1, 1975, pp. 24-34 (ora ripubblicato in ID., *Come un prato fiorito. Studi sull'arte tardogotica*, Milano 2000, pp. 111-122); per un parere divergente da quello di Bellosi: E. KÖNIG, *Un grand miniaturiste inconnu du XVe siècle français. Le peintre de l'octobre des Très Riches Heures du duc de Berry*, in «Les dossiers de l'archéologie», 16, maggio-giugno 1976, pp. 96-123, e A. CHÂTELET, *L'âge d'or du manuscrit à peintures en France au temps de Charles VI et les Heures du Maréchal de Boucicaut*, Digione 2000, pp. 155-157 e 190, nota 51.

[24] Le *Heures de Turin* (distrutte dall'incendio che nel 1904 devastò la Biblioteca Nazionale di Torino) e le *Heures de Milan* derivarono dalla divisione delle *Très Belles Heures de Notre-Dame* del duca di Berry. Per la storia e i problemi attributivi di questo splendido manoscritto si vedano almeno: A. VAN BUREN, J. H. MARROW e S. PETTENATI (a cura di), *Heures de Turin-Milan. Inv. n. 47. Museo Civico d'Arte Antica - Torino*, Luserna 1996; F. BOESPFLUG e E. KÖNIG, *Les «Très Belles Heures» de Jean de France, duc de Berry. Un chef-d'oeuvre au sortir du Moyen Âge*, Parigi 1998; J. H. MARROW, *Une page inconnue des Heures de Turin*, in «Revue de l'Art», n. 135, 1, 2002, pp. 67-76; G. GIACOBELLO

BERNARD e E. PAGELLA (a cura di), *Van Eyck, Antonello, Leonardo. Tre capolavori del Rinascimento*, catalogo della mostra, Torino 2003, pp. 3-11, n. 1 (scheda di S. Pettenati).

[25] La *Bible historiale* ora a Parigi contiene l'*ex libris* del duca di Berry e la firma, sull'ultimo foglio di guardia, di Filiberto I di Savoia (1472-1482). Le miniature di questo manoscritto sono state attribuite da Millard Meiss al Maître du Couronnement de la Vierge e al suo *atelier*: EDMUNDS 1990b, p. 199, n. 33.

[26] E. CASTELNUOVO (a cura di), *Le Stanze di Artù. Gli affreschi di Frugarolo e l'immaginario cavalleresco nell'autunno del Medioevo*, catalogo della mostra di Alessandria, Milano 1999, p. 169, n. 12 (scheda di G. Saroni). Per il miniatore del ms. J.II.18 dell'Archivio di Stato di Torino, battezzato da François Avril Maître du second Roman de la Rose de Jean de Berry, si veda ora: E. TABURET-DELAHAYE e F. AVRIL (a cura di), *Paris 1400. Les arts sous Charles VI*, catalogo della mostra, Parigi 2004, pp. 56 e 268, n. 141 (scheda di M. H. Tesnière e F. Avril).

[27] Per un dittico a ricamo («due tabule de brodeatura») con il ritratto di Jean de Berry e una «ymage de sainct Antoine, d'argent doré, aux armes de Berry devant et derrier» segnalati negli inventari sabaudi alla fine del Quattrocento: ROMANO 1994, pp. 174-175. Resta ancora da stabilire se fu iniziato per il duca di Berry o per Giovanni senza Paura un *Libro d'Ore* giunto in seguito in Savoia dove fu completato da Antoine de Lonhy per conto del duca Amedeo IX: *Book of Hours Illuminated by the Master of the Breviary of Jean sans Peur*, catalogo della vendita Sotheby's del 7 dicembre, Londra 1999 (scheda di C. De Hamel); M. NATALE (a cura di), *El Renacimiento Mediterráneo. Viajes de artistas e itinerarios de obras entre Italia, Francia y España en el siglo XV*, catalogo della mostra di Madrid e Valenza, Madrid 2001, pp. 198-204, n. 13 (scheda di F. Avril); TABURET-DELAHAYE e AVRIL (a cura di) 2004, pp. 271-272, n. 167 (scheda di F. Avril).

[28] EDMUNDS 1971, p. 262, n. 57.

[29] D. BYRNE, *Two Hitherto Unidentified Copies of the «Livre des propriétés des choses», from the Royal Library of the Louvre and the Library of Jean de Berry*, in «Scriptorium», XXXI, n. 1, 1977, p. 98; ID., *The Boucicaut Master and the Iconographical Tradition of the «Livre des propriétés des choses»*, in «Gazette des Beaux Arts», XCI, novembre 1978, pp. 150-164. L'identificazione è stata accolta da EDMUNDS 1990b, p. 197, n. 19.

[30] F. WORMALD e P. M. GILES, *Illuminated Manuscripts in the Fitzwilliam Museum*, Cambridge 1966, p. 31, n. 70; M. MEISS, *French Painting in the Time of Jean de Berry*, vol. II, *The Boucicaut Master*, Londra 1968, pp. 58-59 e 79-80. Sono stati François Avril e Gabrielle Bartz a proporre di ricondurre parte del ricco *corpus* di miniature attribuito tradizionalmente al Maître de Boucicaut a una seconda personalità artistica, quella appunto del Maître de la Mazarine, così chiamato dalla sua opera principale, il *Libro d'Ore*, ms. 469 della biblioteca eponima: F. AVRIL, *Le Livre des Merveilles, manuscrit fr. 2810 de la Bibliothèque nationale de France*, in F. AVRIL, M. T. GOUSSET, J. MONFRIN, J. RICHARD e M. H. TESNIÈRE, *Marco Polo. Le Livre des Merveilles - Manuscrit fr. 2810 de la Bibliothèque nationale de France*, Lucerna 1996, pp. 291-324; G. BARTZ, *Der Boucicaut Meister. Ein unbekanntes Studenbuch* (Illuminationen, I), Rotthalmünster 1999.

[31] Già Meiss aveva ipotizzato che i gigli potessero essere l'emblema del primo proprietario del codice (MEISS 1968, pp. 79-80). Amedeo VIII tiene in mano un giglio nella miniatura-frontespizio dell'*Albertano da Brescia* di Bruxelles, su cui torneremo più avanti. Francesco Cognasso ricorda tra gli arazzi appartenuti ad Amedeo diversi esemplari decorati con fiori di giglio o con il giglio di Francia (F. COGNASSO, *Amedeo VIII [1383-1451]*, vol. I, Torino 1930, pp. 79-80). Il giglio non è citato tra gli emblemi «para-araldici» (il nodo di Savoia, il motto «FERT», la lettera A, il falcone eccetera) che Michel Pastoureau attribuisce al primo duca sabaudo: M. PASTOUREAU, *De la croix à la tiare. Amédée VIII et l'emblématique de la Maison de Savoie*, in ANDENMATTEN e PARAVICINI BAGLIANI (a cura di) 1992, pp. 89-104. I temi legati agli interessi di Amedeo VIII sarebbero secondo Byrne: la gerarchia della società, il problema degli infedeli e degli ebrei, l'esercizio della medicina (BYRNE 1978, pp. 154-156).

[32] S. BASSI, *Introduzione ai manoscritti della Biblioteca Nazionale Universitaria di Torino*, in C. SEGRE MONTEL, *I manoscritti miniati della Biblioteca di Torino*, vol. I, *I manoscritti latini dal VII alla metà del XIII secolo*, Torino 1980, pp. XIX-XX. Ai 22 manoscritti della Biblioteca Nazionale, ricondotti da Vayra e Edmunds agli antichi fondi librari sabaudi, Bassi ne aggiunse altri 11, ma in diversi casi le sue identifi-

cazioni risultano precipitose o sbagliate: per esempio il ms. L.IV.21 (trascritto a Gand nel 1491 dal copista Jean de Kriekenborch), che Bassi diceva contenere solo i *Dits moraux des philosophes* di Guillaume de Tignonville e che identificava con l'item 2 di V AYRA 1884, in realtà comprende anche il *Traité abrégié parlant de l'art de scavoir bien mourir*; per altri manoscritti invece, come D.I.7 (*Messale d'Amiens*), L.I.1 (Petrus Comestor, *Bible historiale*) e L.III.31 (*Histoire du Roy Arthus*), non vi è alcun segno tangibile (stemmi, *ex libris*, note di possesso eccetera) che permetta di ricondurli con sicurezza al fondo medioevale di casa Savoia.

[33] Ricordo che tutti e tre i manoscritti citati furono schedati tra il 1965 e il 1972 da Ada Quazza, nell'ambito dello spoglio dei codici miniati della Biblioteca Nazionale di Torino, compiuto per conto del Consiglio Nazionale delle Ricerche. La pubblicazione, prevista a seguito della schedatura, non fu purtroppo mai realizzata per mancanza di fondi. Colgo l'occasione per ringraziare di cuore Ada Quazza, sempre pronta e disponibile nel mettere a disposizione di noi studiosi l'ampio materiale da lei amorevolmente e sapientemente raccolto.

[34] F. C OSENTINI, *Torino-Biblioteca Nazionale*, in A. S ORBELLI (a cura di), *Inventari dei manoscritti delle Biblioteche d'Italia* (opera fondata dal Prof. Giuseppe Mazzatinti), vol. XXVIII, Firenze 1922, p. 168, n. 1691. L'errore, che non fu notato da E. G. W AHLGREN, *Renseignements sur quelques manuscrits français de la Bibliothèque Nationale de Turin*, Uppsala 1934, p. 46, è stato segnalato da B ASSI 1980, p. XX. L'indicazione di Bassi è sfuggita a Hedeman, che si sofferma velocemente sul ms. L.II.8 della Nazionale di Torino nel suo saggio sull'illustrazione delle *Grandes Chroniques de France* nel Medioevo (A. D. H EDEMAN, *The Royal Image. Illustrations of the Grandes Chroniques de France, 1274-1422*, Berkeley [Cal.] - Los Angeles [Cal.] - Oxford 1991, pp. 185 e 264). Troviamo qualche indicazione su come si dovessero presentare le *Grandes Chroniques* di Torino prima dell'incendio del 1904 nel catalogo dei manoscritti dell'allora Biblioteca Universitaria, redatto da Giuseppe Pasini nel 1749. Il codice, «elegantissime scriptus, multisque aureis imagunculis ornatus», si componeva di 587 fogli, e iniziava con il prologo «Cil qui ceste oevre comence a tous ceuls qui ceste histoire liront salut. Pource que plusieurs Gens se doubtojent de la Genealogie des Rois de France...», a cui seguivano l'indice e l'*incipit* del testo, «Cy commence la Genealogie des Roys de France et coment ils descenderent primerement des Princes de Troyes...» (P ASINI 1749, p. 481). Prologo e indice del testo sono andati perduti. L'*incipit*, allo stato di lacerto, si conserva in L.V.47. Manca anche la «miniatura prima» del manoscritto, che era «divisa in quattro compartimenti» e rappresentava «quattro diversi fatti»: C. G AZZERA, *Descrizione dei codici francesi della Biblioteca Universitaria di Torino*, Torino, Biblioteca dell'Accademia delle Scienze, ms. 1379, s.d. [1844-1859], f. 102.

[35] H EDEMAN 1991, pp. 185 e 264.

[36] F. A VRIL, *Trois manuscrits napolitains des collections de Charles V et de Jean de Berry*, in «Bibliothèque de l'Ecole des Chartes», 127, 1969, pp. 291-328, in particolare pp. 300-308, a cui si deve aggiungere I D., *Les manuscrits enluminés de Guillaume de Machaut*, in *Guillaume de Machaut*, Actes du Colloque-Table ronde organisé par l'Université de Reims (Reims, 19-22 aprile 1978), Parigi 1982, pp. 128-129; I D., *Le parcours exemplaire d'un enlumineur parisien à la fin du XIVe siècle. La carrière et l'oeuvre du Maître du Policratique de Charles V*, in B. F LEITH e F. M ORENZONI (a cura di), *De la sainteté à l'hagiographie. Genèse et usage de la Legende dorée*, Colloque International (Université de Genève, 12-13 marzo 1999), Ginevra 2001, pp. 273-274 (2001b). Avril nel 1969 aveva proposto di riconoscere nel secondo miniatore di Fr. 823 Perrin Remiet, artista parigino più volte citato nei documenti, il cui nome compare in una nota scritta sul *verso* del f. 18 del suddetto manoscritto, che recita: «Remiet, ne faites rien cy, car je y ferai une figure qui y doit estre». La tesi non è stata accolta da Michael Camille, il quale ritiene che l'appunto sia rivolto all'artista principale di Fr. 823 e che il secondo miniatore sia da identificarsi con Jean de Nizières, che lasciò il suo nome in testa al volume: M. C AMILLE, *Master of Death. The Lifeless Art of Pierre Remiet Illuminator*, New Haven (Conn.) - Londra 1996, pp. 21, 33 e 261, nota 44. Su Perrin Remiet e sulla diatriba tra Avril e Camille sono intervenuti di recente: R OUSE e R OUSE 2000, vol. I, pp. 293-295.

[37] Il ms. Fr. 301 della Bibliothèque nationale di Parigi è una copia del ms. Royal 20.D.I della British Library di Londra, importante esemplare di miniatura napoletana di derivazione giottesca che apparten-

ne a Carlo V re di Francia e in seguito allo stesso duca di Berry: A VRIL 1969, pp. 300-314; I D., *La iluminación francesa del siglo XV y el mundo mediterráneo*, in N ATALE (a cura di) 2001, p. 66 (2001a); T ABURET-D ELAHAYE e A VRIL (a cura di) 2004, p. 206, n. 118 (scheda di F. Avril). Per la *Bible historiale* di Baltimora: *Illustrations from One Hundred Manuscripts in the Library of Henry Yates Thompson*, Londra 1915, tavv. III-IV e L. M. C. R ANDALL, *Medieval and Renaissance Manuscripts in the Walters Art Gallery*, vol. I, *France, 875-1420*, Baltimora (Md.) 1989, p. 201, figg. 148-149. Gli altri manoscritti attribuibili al secondo artista di Fr. 823 sono: Parigi, Bibliothèque nationale, mss. Lat. 13261 e Fr. 216, 250 (f. 14), 568, 1165, 2606 (figg. 5-6), 2616-2617 (figg. 7-8), 22545-22546; Parigi, Bibliothèque Sainte-Geneviève, mss. 783 e 1028 e Londra, British Library, ms. Royal 20.B.VI. A questa lista Michael Camille ha aggiunto parte delle miniature del *Libro d'Ore*, ms. Add. 23145 della British Library di Londra (C AMILLE 1996, pp. 259-260, nota 16) e io aggiungerei parte delle miniature di una *Chronique de Bertrand du Guesclin* di Jean Cuvilier (Londra, British Library, Yates Thompson, ms. 35: J. B ACKHOUSE, *Illuminated Page. Ten centuries of Manuscript Painting in the British Library*, Londra 1997 [frontespizio del testo], per una riproduzione del f. 136 del manoscritto).

[38] A VRIL 1982, pp. 128-129 («une particularité qui permet de reconnaître à coup sûr notre artiste est son emploi pour certains fonds de la couleur noire, tout à fait inusitée à l'époque, sur laquelle se détachent des rinceaux dorés»: si veda il f. 278 di L.II.8).

[39] T ABURET-D ELAHAYE e A VRIL (a cura di) 2004, pp. 45-46 (testo di F. Avril e E. Taburet-Delahaye), pp. 53-55, nn. 13-14 (schede di M. T. Gousset), pp. 55-56, n. 15 e p. 109, n. 44 (scheda di F. Avril).

[40] Ricordo che tra gli arazzi che Amedeo VIII prese in prestito dal guardaroba sabaudo, poco dopo la sua elezione al pontificato, vi erano due «magna tapissia», raffiguranti rispettivamente Clodoveo di Francia e Carlomagno: V. P ROMIS, *Inventaire fait au XVe siècle des meubles, ornements religieux, vaisselles, tapisseries, etc., empruntés par le pape Félix V à l'hôtel de la Maison de Savoie*, in «Mémoires et Documents publiés par la Société Savoisienne d'Histoire et d'Archéologie», tomo XV, 1876, p. 311.

[41] M. A LBENGA, *Inventario della Biblioteca Ducale del protomedico e bibliotecario Giulio Torrini (1659)*, tesi di laurea in Letteratura italiana, Università degli Studi di Torino, Facoltà di Lettere e Filosofia, relatore M. Guglielminetti, a.a. 1990-1991, pp. 201 e 217. I due volumi si trovavano rispettivamente nella ottava «guardarobba» verso levante e nell'ottava «guardarobba» verso ponente, entrambe intitolate «Historiae Europae-Asiae Africae-Novis Orbis», ed erano così segnalati: «Les chroniques de France premier volume» et «Pr. volume des chroniques de France». La proposta di Bassi, di identificare le *Grandes Chroniques* della Nazionale di Torino con l'item 49 dell'inventario dei libri conservati nel castello di Chambéry nel 1498, non è condivisibile perché le *Chroniques* citate sono quelle di Jean Froissart (E DMUNDS 1972, p. 271). Nell'inventario del 1659 le *Chroniques* di Froissart sono citate quattro volte e compaiono due *Chronique des roys de France*, verosimilmente di Guillaume de Nangis (A LBENGA 1990-1991, pp. 192, 197, 208, 212 e 215).

[42] P ASINI 1749, p. 481.

[43] F. D. B ENCINI, *Indice de' Libri Manoscritti Ebraici, Greci, Latini, Italiani e Francesi i quali la R.M. del Re di Sardegna ha tolti dal suo Regio Archivio per rendere riguardevole la Biblioteca della sua Regia Università di Torino*, Torino 19 agosto 1732, manoscritto conservato presso l'Archivio di Stato di Torino, Sezione I, *Archivio dell'Archivio, cat. 9, scritture relative alla Biblioteca degli Archivi di Corte, mazzo I* (copia xerografica presso la Biblioteca Nazionale di Torino, ms. R.I.28), vol. IV, f. 575 (ms. K.III.22).

[44] P ASINI 1749, p. 113.

[45] G AZZERA, ms. 1379, s.d. [1844-1859], f. 100r-v.

[46] Lo stile e i particolari della moda (le *houppellandes*, «con maniche spropositate» e «frastagliate sui bordi»; «gli alti colletti a campanula», ossia i *collets montants*, detti *carcailles*; i capelli tagliati a *l'écuelle* e le calze *mi-parties*) indicano un'origine franco-fiamminga per le due miniature e suggeriscono una data intorno al 1400-1410 (B ELLOSI 1975, pp. 24-26; F. B OUCHER, *Histoire du costume en occident*, Parigi 1996, pp. 153-170).

[47] H. M ARTIN, *Le Boccace de Jean sans Peur, Des cas des nobles hommes et femmes. Reproduction des cent cinquante miniatures du manuscrit 5193 de la Bibliothèque de l'Arsenal*, Bruxelles 1911; V. B RANCA (a cura di),

Boccaccio visualizzato. Narrare per parole e per immagini tra Medioevo e Rinascimento, vol. III, *Opere d'arte d'origine francese, fiamminga, inglese, spagnola, tedesca*, Torino 1999, pp. 76-80, n. 24 (scheda di M. H. Tesnière).
[48] CASTRONOVO 2002a, pp. 48-52, tav. I, figg. 6-7.
[49] M. H. TESNIÈRE, *I codici illustrati del Boccaccio francese e latino nella Francia e nelle Fiandre del XV secolo*, in BRANCA (a cura di) 1999, vol. III, pp. 3-17; B. BUETTNER, *Il commercio di immagini: i mercanti, i Rapondi e il Boccaccio in Francia*, in BRANCA (a cura di) 1999, vol. III, pp. 19-28. Laurent de Premierfait eseguì due traduzioni del *De casibus*: la prima, più letterale, non riscosse un grande successo; la seconda, parafrasata e accompagnata da un commento dettagliato, fu dedicata il 15 aprile del 1409 al duca di Berry. Degli oltre ottanta manoscritti, contenenti la traduzione dell'opera boccacciana, che sono giunti fino a noi, sessanta circa sono miniati. Tra questi è il ms. Fr. 226 della Bibliothèque nationale di Parigi, illustrato nella capitale francese nel primo quarto del XV secolo: per quanto la proposta sia seducente, la presenza della croce d'argento in campo rosso sullo scudo dell'arcangelo Gabriele al f. 6v del manoscritto è un indizio troppo labile per ricondurre il volume al collezionismo sabaudo (BRANCA [a cura di] 1999, vol. III, pp. 86-90, n. 27, scheda di M. H. Tesnière).
[50] Nell'inventario del castello di Chambéry del 25 ottobre 1498 è segnalato un manoscritto «en parchemin petit escrit à la main de lectre bastarde en latin traictant *De viris illustribus*, commençant de la grosse lectre: *Proceres*, couvert de postz et peau rouge à fermeaulx de lécton». Come ha fatto notare Vayra, si tratta verosimilmente delle *Vite di Cornelio Nepote* compendiate da Emilio Probo (VAYRA 1884, p. 53, n. 132). Il *De casibus virorum illustrium* di Boccaccio inizia con la dedica a Mainardo Cavalcanti («Generoso militi domino Maghinardo de Cavalcantibus de Florentia...»), a cui segue il proemio dell'opera («Exquirenti michi quid ex labore studiorum meorum possem...»): V. BRANCA (a cura di), *Tutte le opere di Giovanni Boccaccio*, vol. IX, *De casibus virorum illustrium*, Milano 1983, pp. 2 sgg. e 8 sgg. Nell'inventario del 1498 sono menzionate le seguenti opere di Boccaccio: un manoscritto e una versione a stampa del *Decameron*, una traduzione in francese del *De mulieribus claris* («c'est le bocace des cleres femmes»), un testo manoscritto e uno a stampa del *Filocolo* (VAYRA 1884, pp. 32-33, 45, 47 e 76, nn. 21, 23, 92, 99 e 267).
[51] ALBENGA 1990-1991, pp. 213, 220 e 267. Oltre ai tre citati, sono registrati altri 13 volumi contenenti opere di Boccaccio: tre copie del *Decameron*, di cui una in spagnolo; tre copie del *De mulieribus claris*, di cui una in francese; quattro del trattato mitologico intitolato *Genealogia deorum gentilium*; una copia del *Filocolo* e una della *Commedia delle Ninfe fiorentine* (registrata con il titolo *L'Ameto*); e un volume contenente un'opera non identificata (*Ibid.*, pp. 142, 252, 259, 263-264, 267, 269, 271, 275, 278-279, 288 e 291).
[52] P. GIACOSA, *Magistri salernitani nondum editi. Catalogo ragionato della esposizione di storia della medicina aperta in Torino nel 1898*, Torino 1901, pp. 442-446.
[53] Secondo Giacosa, il testo contiene solo alcuni capitoli, e per lo più abbreviati, del *Thesaurus pauperum* ed è interrotto qua e là da prescrizioni, consigli e cure mediche, da pronostici sui sogni, scongiuri contro le tempeste, da una trattazione sulle urine e da capitoli sui sintomi delle febbri, sulle calcolosi e sul salasso: *Ibid.*, p. 443.
[54] «È un estratto dell'opera di Costantino "De virtutibus simplicium medicinarum" che si può leggere in *Opera Isaac*, Lugd. 1515, II parte, p. 186v [...] anche qui il testo si smarrisce in una serie di ricette, prescrizioni per preparare unguenti [...], clisteri, ecc.» (*Ibid.*, pp. 444-445).
[55] Il testo si conclude in questo modo: «Explicitus est igitur hic tractatus seu libellus de preservatione morbi pestilentialis nunc apparentibus a me magistro bononio de bernardis declixione pergani sive filii quondam Reverendi doctoris de magistro octulini quondam bone memorie die tertia junii inceptus et die sexta predicti mensis finitus MCCCLXXIII cum auxilio Dei misericordes». Al trattato dell'Alessandrino: «seguono le lettere domenicali, il modo di calcolare la Pasqua, le sedi delle facoltà e dei sentimenti, ecc., da c. CCLXXVI al termine del codice» (*Ibid.*, p. 446).
[56] A. M. NADA PATRONE, *Médecine et médecins à la cour de Savoie au bas Moyen Age*, in B. ANDENMATTEN e D. DE RAEMY (a cura di), *La Maison de Savoie en Pays de Vaud*, catalogo della mostra, Losanna 1990, pp. 203-206.
[57] G. CARBONELLI, *Il «De Sanitatis Custodia» di Maestro Giacomo Albini di Moncalieri con altri documenti sulla storia della medicina negli Stati Sabaudi*

nei secoli XIV e XV, Pinerolo 1906 (Biblioteca della Società Storica Subalpina, XXXV); G. SARONI, *Tra la Lombardia e la Francia: pittori e committenti del Trecento in area torinese*, in G. ROMANO (a cura di), *Pittura e miniatura del Trecento in Piemonte*, Torino 1997, p. 147; A. QUAZZA e S. CASTRONOVO, *Miniatura trecentesca in Piemonte: produzione locale e circolazione di manoscritti*, in ROMANO 1997, p. 323 (testo di A. Quazza); FRATINI 2002, pp. 223-224.
[58] L. CARBONELLI, *Amedeo VIII di Savoia ed il libro delle «Due Parole» di maestro Guglielmo Fabri*, in «Bollettino dell'Istituto Storico Italiano dell'Arte Sanitaria», anno II, nn. 7-8, 1922 (consultato in estratto); M. J. DI SAVOIA, *Amedeo VIII di Savoia*, Milano 1965, vol. II, pp. 95-100. Per i medici alla corte di Amedeo VIII, si veda anche COGNASSO 1930, vol. I, pp. 153-158.
[59] M. DEBAE, *La bibliothèque de Marguerite d'Autriche, duchesse de Savoie*, in PARAVICINI BAGLIANI (a cura di) 1990, pp. 152-153; EDMUNDS 1990b, p. 197, n. 16; M. DEBAE (a cura di), *La Bibliothèque de Marguerite d'Autriche. Essai de reconstitution d'après l'inventaire de 1523-1524*, Lovanio-Parigi 1995, pp. 473-475, n. 339. Héronchel in realtà non era un medico ma un letterato che tradusse in francese il *Regimen sanitatis ad inclitum regem Aragonum directum et ordinatum*, scritto all'inizio del XIV secolo dal medico catalano Arnaud de Villeneuve. Il manoscritto ora a Bruxelles, che pare essere l'unico testo in francese del trattato di Arnaud, compare nell'inventario di Vigone del 1479 (n. 58) e in quello di Chambéry del 1498 (n. 111). Fu tra i volumi che Margherita d'Austria, vedova di Filiberto II di Savoia, volle con sé di ritorno nei Paesi Bassi (inventario di Malines del 1523-1524, n. 339).
[60] BELLOSI 1975, pp. 113-114.
[61] F. VARALLO, *I manoscritti figurati*, in G. C. SCIOLLA (a cura di), *Le collezioni d'arte della Biblioteca Reale di Torino. Disegni, incisioni, manoscritti figurati*, Torino 1985, p. 202; P. BIANCO, *Un ricettario trecentesco illustrato alla Biblioteca Reale di Torino: il ms. Varia 129*, tesi di laurea in Storia dell'Arte medioevale, Università degli Studi di Torino, Facoltà di Lettere e Filosofia, relatore C. Segre Montel, a.a. 1999-2000. Per i trattati di medicina citati negli inventari quattrocenteschi di casa Savoia, tra cui un *Herbolarium* («Item ung livre dit *lerbolain* couvert de postz»), segnalato nel castello di Vigone nel 1479, e due volumi, menzionati nel 1498 e intitolati rispettivamente *Medicina etc...* e *Secundus avicena*: VAYRA 1884, pp. 44 e 53-54, nn. 83 e 134; EDMUNDS 1971, p. 278, n. 148 (31); NADA PATRONE 1990, p. 206.
[62] T. SCULLY, *Du Fait de cuisine par Maistre Chiquart, 1420*, in «Vallesia», 40, 1985, pp. 101-231; ID., *Les «quatre causes principales» du Fait de Cuisine de Maître Chiquart*, in ANDENMATTEN e PARAVICINI BAGLIANI (a cura di) 1992, pp. 457-462.
[63] Una breve scheda del manoscritto, priva di riferimenti bibliografici, si trova in EDMUNDS 1990b, p. 195, n. 2. Per una descrizione codicologica, un'analisi del contenuto liturgico del volume (che è un breviario francescano) e la riproduzione di alcune miniature: J. C. GAFFIOT e D. RIGAUX (a cura di), *Beauté et Pauvreté. L'Art chez les clarisses de France*, catalogo della mostra, Parigi 1994, pp. 74-76, n. 26 (scheda di M. H. Simon e V. Klukaszewski).
[64] L'individuazione dei soggetti iconografici delle 159 iniziali istoriate del manoscritto è stata piuttosto complessa poiché in molti casi, come nel *Messale di Felice V* dell'Archivio di Stato di Torino su cui torneremo nel prossimo capitolo, le miniature riprendono alla lettera brani specifici della messa tratti dall'Antico e dal Nuovo Testamento. Anche l'identificazione dei santi nella parte del testo dedicata al Santorale ha comportato qualche difficoltà. L'elenco delle miniature è riportato in appendice, nella scheda relativa al manoscritto.
[65] Una scena completamente diversa decora l'iniziale consacrata alla stessa festività nel *Messale di Felice V* dell'Archivio di Stato di Torino dove, su un fondale blu cosparso di fiocchi di neve, è raffigurato un papa a cui un angelo poggia una mano sulla spalla e sembra suggerire qualcosa all'orecchio (tav. XXVIII).
[66] L'*Apocalisse di Savoia* fu eseguita dopo la morte di Maria, che al f. 14v del manoscritto è ritratta con Amedeo e i loro sei figli: Amedeo, primogenito della coppia morto nel 1431, Ludovico, futuro duca di Savoia, Filippo, conte di Ginevra, Maria, futura duchessa di Milano, Bona, che morirà nel 1430, e Margherita, che sposò in prime nozze Luigi III d'Angiò (A. VADON, *Amédée VIII-Félix V dans l'iconographie*, in ANDENMATTEN e PARAVICINI BAGLIANI [a cura di] 1992, pp. 107-108).
[67] E. LOPEZ, *Culture et sainteté. Colette de Corbie (1381-1447)*, Saint-Etienne 1994, p. 61.

[68] M. E. LOPEZ, *Colette et Amédée VIII*, in ANDENMATTEN e PARAVICINI BAGLIANI (a cura di) 1992, pp. 317-326; ID., *Sainte Colette*, in G. BRUNEL-LOBRICHON, D. DINET, J. GREAL e D. VORREUX (a cura di), *Sainte Claire d'Assise et sa postérité*, Actes du Colloque International organisé à l'occasion du VIIIe Centenaire de la naissance de Sainte Claire (29 settembre - 1° ottobre 1994), Nantes 1995, pp. 193-216. Da Besançon, Coletta portò avanti fino alla morte la sua instancabile attività di riformatrice, fondando nuove comunità o riformando monasteri di antica data.

[69] A. P. FRUTAZ, voce *Antonio di Challant*, in *Enciclopedia cattolica*, vol. III, Firenze 1949, coll. 1.369-1.372. In occasione dell'incontro di Nizza, che era stato fortemente auspicato dal frate francescano Henri de Baume, padre spirituale e confessore di Coletta, Benedetto XIII concesse alla futura riformatrice l'abito delle clarisse e il permesso di fondare un monastero (LOPEZ 1995, pp. 195-196).

[70] ID. 1992; ID. 1995. Un'annotazione con la data di morte di Bianca di Ginevra è stata aggiunta nel calendario di due *Libri d'Ore*, oggi conservati rispettivamente a: Monaco, Bayerische Staatsbibliothek, ms. Lat. 10096, e Roma, Biblioteca Apostolica Vaticana, ms. Palat. Lat. 540. Il primo dei due manoscritti è opera di un artista di probabile origine borgognona (CASTELNUOVO 2002a, pp. 222-223); il secondo, eseguito ad Avignone tra la fine del XIV e l'inizio del XV secolo e attribuito alla committenza della principessa Bianca da Bernard Gagnebin (B. GAGNEBIN, *Le livre d'heures de la comtesse Blanche de Genève*, in *Miscellanea codicologica F. Masai dicata*, vol. II, Gand 1979, pp. 345-352, tavv. 51-52), sembra più verosimilmente da ricondurre a uno dei funzionari della corte sabauda che furono numerosi nella città provenzale sia al tempo del pontificato di Clemente VII, sia sotto l'amministrazione di François de Conzié (M. C. LEONELLI, *La dévotion aux saints d'après les livres d'heures confectionnés à Avignon*, in «Mémoires de l'Académie de Vaucluse», VI, 1985, p. 328).

[71] Così secondo i biografi più antichi di Coletta; d'altra parte, diversi erano i fili che legavano Amedeo alla santa riformatrice. Questa, infatti, fin dai suoi esordi e grazie alle diramate conoscenze di Henri de Baume, fu appoggiata dalle più importanti famiglie nobili del tempo, tra cui i duchi di Borbone e di Borgogna, uniti com'è noto ai Savoia da stretti rapporti di parentela, avendo Amedeo VI sposato Bona di Borbone, figlia di Pietro I di Borbone e di Isabella di Valois, e Amedeo VIII Maria di Borgogna, figlia di Filippo l'Ardito (LOPEZ 1992; ID. 1995).

[72] ID. 1992, pp. 322-324. La devozione dei duchi di Savoia nei confronti di santa Coletta si protrasse lungo tutto il XV secolo: la duchessa Jolanda fondò i monasteri di Chambéry (1471) e Ginevra (1479), e tra il 1480 e il 1484, il duca Carlo e Filippo di Savoia, signore di Bresse, assicurarono la fondazione di Bourg-en-Bresse (ID. 1994, p. 355). Coletta compare tra i santi che Nicolas Robert raffigurò nell'oratorio di Ivrea per volere di Jolanda di Savoia nel 1474 (A. BAUDI DI VESME, *Schede Vesme. L'arte in Piemonte dal XVI al XVIII secolo*, vol. IV, Torino 1982, p. 1.569 [1963-1982]). Inoltre, secondo Réau particolarmente legati al culto della santa riformatrice furono in seguito l'imperatore Massimiliano e sua figlia Margherita d'Austria (moglie di Filiberto II di Savoia dal 1501 al 1504), che insistettero invano presso il papa per una sua canonizzazione: L. RÉAU, *Iconographie de l'Art Chrétien*, tomo III*, Parigi 1958, pp. 326-328 (1955-1959).

[73] Pare essere stato confezionato fin dall'origine per il convento delle clarisse di Besançon il bel polittico del 1420 circa oggi conservato parzialmente al Musée des Beaux-Arts di quella città: I. VILLELA-PETIT, *Le Gothique International. L'art en France au temps de Charles VI*, Parigi 2004, pp. 32-34.

[74] Il calendario del *Breviario* di Besançon ci fornisce come unico termine *post quem* per la redazione del manoscritto la presenza di Jeanne Marie de Maillé, morta nel 1414.

[75] Il confronto non è casuale visto il rapporto intercorrente tra la testa attribuita a Beauneveu e uno dei profeti di Jaquerio a Ranverso, come evidenziato da ROMANO 1996, p. 122.

[76] EDMUNDS 1990b, p. 195, n. 2.

[77] F. AVRIL e N. REYNAUD, *Les manuscrits à peintures en France - 1440-1520*, catalogo della mostra, Parigi 1993, pp. 208-209, n. 114 (scheda di F. Avril). Un intervento recente sulle *Ore del duca Ludovico* si trova nel catalogo della mostra *El Renacimento Mediterráneo* precedentemente citato, pp. 305-308, n. 41 (scheda di F. Elsig), e si veda anche F. ELSIG, *Notes sur la peinture en Savoie autour de 1450*, in «Nuovi Studi», anno III, 5, 1998, p. 26.

[78] La mano del miniatore principale delle *Ore del duca Ludovico* compare anche nelle *Ore di Saluzzo*, e nelle *Ore* W.292 della Walters Art Gallery di Baltimora: J. PLUMMER (a cura di), *The Last Flowering. French Painting in Manuscripts 1420-1530*, catalogo della mostra, New York (N.Y.) 1982, pp. 27 e 56-59; AVRIL e REYNAUD 1993, p. 208. Frédéric Elsig ha avvicinato a questo artista la «Natività», inv. 203, del Kelvingrove Art Gallery and Museum di Glasgow e la «Crocifissione» D.138 del Musée des Beaux-Arts di Digione: NATALE (a cura di) 2001, pp. 305-308.

[79] Gli echi della pala witziana nel *Libro d'Ore* del duca Ludovico erano già stati segnalati da CH. STERLING, *L'influence de Konrad Witz en Savoie*, in «Revue de l'Art», 71, 1986, p. 17.

[80] È difficile pensare che un pittore del genere non abbia lasciato traccia nei documenti della cancelleria sabauda. Ora, tra Thierry de Marbroz, artista poliedrico della corte di Savoia tra il 1386 e il 1414, e Jean Bapteur di Friburgo, citato per la prima volta nel 1427, i pittori menzionati nei conti sembrano personalità secondarie: Jean Comtet di Chambéry, che nel 1413 dipinge due stendardi per Amedeo VIII; Pierre Nitard di Ginevra, che tra il 1414 e il 1415 in vista dell'elezione al ducato di Amedeo è incaricato di decorare le «naves dominorum regis romanorum et comitis sabaudie»; Jean de Larche di Lione, che nel 1415 esegue delle pitture nel chiostro e nella chiesa di Chassaigne per celebrare i funerali di Oddone di Villars; il già citato Pierre Foreis, frate di Chambéry (1416); Jean de Nernier, che nel 1422 a Thonon dipinge uno scudo con lo stemma di Amedeo VIII, in occasione di un torneo in onore del duca di Borgogna; un pittore di Poncin che installa nel 1424 delle vetrate nel castello del luogo (A. DUFOUR e F. RABUT, *Les peintres et les peintures en Savoie du XIIIe au XIXe siècle*, in «Mémoires et Documents publiés par la Société Savoisienne d'Histoire et d'Archéologie», tomo XII, 1870, pp. 42 e 57-59; C. CHARLES, *Stalles sculptées du XVe siècle. Genève et le duché de Savoie*, Parigi 1999, p. 251). A ridosso di queste date è segnalato infine un certo «Janin, paintre de Chambéry», che nel 1433 è inviato a Romans, Saint-Antoine-en-Viennois e Grenoble per trovare artisti disposti a lavorare nei preparativi per le nozze di Ludovico di Savoia: G. CASTELNUOVO, *Les étrangers du prince: cour, crédit et seigneurie en Savoie à la fin du Moyen Âge*, in «Revue du Nord», tomo 84, nn. 345-346, aprile-settembre 2002, p. 443.

[81] Su Albertano da Brescia, giurista, magistrato e filosofo che si formò a Bologna a contatto del nascente francescanesimo, dal cui messaggio politico e religioso rimase profondamente colpito, e che ricoprì in seguito varie cariche pubbliche nella sua città natale: P. GUERRINI, *ad vocem*, in *Dizionario biografico degli italiani*, vol. I, Roma 1960, p. 669.

[82] EDMUNDS 1971, p. 280, n. 148 (87).

[83] I due manoscritti della *Doctrina dicendi et tacendi* di Albertano da Brescia, presenti nel castello di Chambéry nel 1498, erano entrambi in latino: VAYRA 1884, pp. 58-59, n. 159 e p. 71, n. 239. Gli indizi che abbiamo a disposizione non provano in alcun modo che il ms. G.III.5 della Biblioteca Nazionale di Torino possa identificarsi con l'item 239 dell'inventario di Chambéry, come proposto a suo tempo da Sheila Edmunds (EDMUNDS 1972, p. 286; ID. 1990b, p. 203, n. 57).

[84] DEBAE 1990, pp. 149-150; ID. (a cura di) 1995, pp. 311-313, n. 184.

[85] Nel margine inferiore del f. 1 (*recto* e *verso*) si legge la seguente annotazione: «Ce volume enlevé de la Bibliothèque royale de Bourgogne après la prise de Bruxelles en 1746, et qui depuis lors a été placé dans la Bibliothèque du Roi à Paris, a été restitué par la France et replacé à Bruxelles dans la Bibliothèque de Bourgogne le 7 juin 1770». La rilegatura in marocchino rosso con lo stemma di Luigi XV risale a questo primo soggiorno parigino del codice.

[86] A memoria di questo secondo soggiorno francese del manoscritto, rimane il timbro rosso della Bibliothèque nationale di Parigi ai ff. 1 e 79.

[87] Per l'insegna della spada, «signe de raison et de justice»: L. GENTILE, *Processi di rappresentazione del potere principesco in area subalpina, XIII-XVI secoli: riti ed emblemi*, tesi di dottorato in Storia medievale in cotutela tra l'Università degli Studi di Torino e l'Université de Savoie di Chambéry, relatori R. Bordone e C. Guilleré, a.a. 2000-2003, vol. I, pp. 125-129.

[88] A. BAYOT, *Les manuscrits de provenance savoisienne dans la Bibliothèque de Bourgogne*, in «Mémoires et Documents publiés par la Société Savoisienne d'Histoire et d'Archéologie», tomo XLVII, 1909, p. 322.

[89] Sull'atto di fondazione della celebre «Messa dell'Aurora»: ANDENMATTEN e DE RAEMY (a cura di) 1990, p. 98, n. VI 6 (sche-

da di B. Andenmatten) e p. 111 (per la citazione, tratta da una cronaca contemporanea alla fondazione dell'Ordine del Collare); I.
MASSABÒ RICCI, M. CARASSI e L. C. GENTILE (a cura di) 1998,
pp. 230231, n. 248 (scheda di E. Giuriolo e L. Gentile); CASTEL
NUOVO e DE GRAMATICA (a cura di) 2002, pp. 480483, n. 31 (scheda di I. Massabò Ricci e S. Castronovo).

[90] A. GRISERI, *Le vie dei pellegrinaggi e il segno degli Antoniani*, in *Dal Piemonte all'Europa: esperienze monastiche nella società medievale*, Relazioni e comunicazioni presentate al XXXIV Congresso storico subalpino nel millenario di San Michele della Chiusa (Torino, 2729 maggio 1985), Torino 1988 (Deputazione Subalpina di Storia Patria, Regione Piemonte), p. 51; GRISERI 1997a, p. 676.

[91] SANTSCHI 1992, p. 79. Una figura che corrisponde alla lettera a questa descrizione accompagna Amedeo VIIIFelice V negli affreschi della cappella di Ognissanti nella chiesa di SaintGervais a Ginevra: P. BROILLET e N. SCHÄTTI, *La reconstruction de l'église paroissiale (après 1431 après 1449)*, in *Les monuments d'art et d'histoire du canton de Genève*, vol. II, *Genève, SaintGervais: du bourg au quartier*, Berna 2001, pp. 123130, in particolare p. 126 («D'ailleurs, l'ordonnance d'une telle image fut recréée à Bâle lors du couronnement de Félix V: elle constituait la principale "histoire" des "tableaux" du cortège, où trois ermites suivaient les magistrats municipaux et précédaient le pontife»).

[92] GRISERI [1965], p. 71; EDMUNDS 1972, pp. 279280. Prima di Griseri solo Gaspar e Lyna avevano espresso un giudizio storicoartistico sull'*Albertano da Brescia* di Bruxelles, datando il codice al 1430 circa, rilevando la qualità della miniatura e ancorandola stilisticamente all'area francofiamminga (C. GASPAR e F. LYNA, *Les principaux manuscrits à peintures de la Bibliothèque Royale de Belgique*, vol. II, Parigi 1945, pp. 9597, n. 228). Avril sembra mostrare qualche riserva sulla qualità della miniatura in AVRIL e REYNAUD 1993, p. 203.

[93] VADON 1992, pp. 109110, nota 11, per la citazione di Enea Silvio Piccolomini. Poco prima di salire al soglio pontificio, Amedeo chiese al concilio di Basilea che lo aveva eletto di poter continuare a portare la barba: richiesta che gli venne rifiutata (J. W. STIEBER, *Amédée VIIIFélix V et le concile de Bâle*, in ANDENMATTEN e PARAVICINI BAGLIANI [a cura di] 1992, pp. 339362, in particolare p. 359).

[94] P. DURRIEU, *Manuscrits d'Espagne remarquables par leurs peintures*, in «Bibliothèque de l'Ecole des Chartes», 54, 1893, pp. 251326; ID., *Un Manuscrit à miniatures de la Maison de Savoie à la Bibliothèque de l'Escurial*, in «La Chronique des arts et de la curiosité», n. 13, 1895, pp. 135137. Durrieu segnalò la presenza dell'*Apocalisse* nelle collezioni di Margherita d'Austria e ne ricostruì le vicende successive ma non conosceva i documenti precedenti.

[95] Fu De Champeaux a dare un nome all'autore delle miniature della seconda parte dell'*Apocalisse di Savoia* (A. DE CHAMPEAUX, *Jean Colombe enlumineur des ducs de Savoie et de la reine de France Charlotte de Savoie*, in «La Chronique des arts et de la curiosité», n. 16, 1895, pp. 154155). Si deve invece nuovamente a Durrieu l'attribuzione allo stesso Colombe delle miniature a lui spettanti nelle *Très Riches Heures* di Chantilly (P. DURRIEU, *Les Très Riches Heures de Jean de France duc de Berry*, Parigi 1904).

[96] A. VESME e F. CARTA, *I miniatori dell'Apocalisse dell'Escuriale*, in «L'Arte», anno IV, 1901, pp. 3542. La scoperta di Vesme e Carta sembra essere stata indipendente da quella di Dufour e Rabut, che una trentina d'anni prima avevano pubblicato i documenti sull'*Apocalisse* di Bapteur e Lamy senza però ricollegarla a quella dell'Escorial: DUFOUR e RABUT 1870, pp. 6067. Per una revisione delle fonti relative all'*Apocalisse di Savoia*: S. EDMUNDS, *New Light on Bapteur and Lamy*, in «Atti della Accademia delle Scienze di Torino. Classe di scienze morali, storiche e filologiche», vol. 102, 19671968, pp. 503 e 545547. Il copista Cardino è menzionato in altri documenti della cancelleria sabauda: nel 1420 viene pagato per la stesura di un *Libro d'Ore* per i figli del duca e per la rilegatura di un *Roman de Lancellot* (verosimilmente quello che nel 1418 Amedeo si fece inviare a Rumilly): ID. 1971, p. 265, nn. 76 e 77; si veda sopra la nota 14.

[97] DUFOUR e RABUT 1870, pp. 110111.

[98] EDMUNDS 1971, p. 283, n. 158, nota 58; DEBAE 1995, pp. 38, n. 3. Colombe intervenne anche nei due manoscritti del *Roman de Merlin* e dell'*Histoire du SaintGraal* (Bruxelles, Bibliothèque royale, ms. 9246 e Parigi, Bibliothèque nationale, ms. Fr. 91) che erano stati iniziati per Jean Louis de Savoie, vescovo di Ginevra e zio di Carlo: EDMUNDS 1990b, pp. 195 e 199, nn. 4 e 32; AVRIL e REYNAUD 1993, p. 163, n. 83 e p. 326 (scheda e testo di F. Avril).

[99] DEBAE 1995, pp. 216220, n. 128 (sul primo foglio di guardia del manoscritto è segnata la collocazione «du iii pepitre le xviije»).

[100] Secondo Gregorio de Andrés, l'*Apocalisse* fu rubata nel 1936 dall'allora conservatore dell'Escorial con la speranza di venderla all'estero, e fu depositata in una cassetta di sicurezza di una banca parigina. Non essendo riuscito nel suo intento, poco prima di morire, lo stesso conservatore decise di restituire il manoscritto ai padri agostiniani della biblioteca escorialense: G. DE ANDRÈS, *El Apocalipsis figurado de los Duques de Saboya*, in «Reales Sitios», 18, 1981, pp. 2126. Dell'*Apocalisse di Savoia* esistono due facsimile: C. GARDET, *De la peinture du Moyen Age en Savoie*, vol. III, *L'Apocalypse figurée des ducs de Savoie (Ms. Escurial E.Vitr.V)*, Annecy 1969; C. SANTIAGO AGUT (a cura di), *Apocalipsis figurado de los duques de Saboya. Ms. Vitrina I de la Biblioteca de El Escorial*, Madrid 1980.

[101] J. GUIFFREY, *Alcune note sulle miniature dell'Apocalisse dell'Escuriale*, in «L'Arte», anno IV, 1901, pp. 196198; M. PETITDELCHET, *Les visions de Saint Jean dans trois Apocalypses manuscrites à figures du XVe siècle*, in «Le Moyen Age», 18, 1905, pp. 6573; BAYOT 1909, pp. 381383; F. WINKLER, *Reisefrüchte. II: Die Apocalypse des Jean Bapteur und Perronet Lami im Escorial*, in «Zeitschrift für bildende Kunst», n.s., 31, 19191920, pp. 225232; C. PEMÁN, *Las miniaturas del «Apocalipsis de Saboya» de El Escorial y sus autores*, in «Boletin de la Sociedad española de Excursiones», 34, 1926, pp. 2432; J. PORCHER, *Les enlumineurs des Ducs de Savoie*, in «Revue de Savoie», luglioagostosettembre 1955, pp. 235242; A. GRISERI, *Nuovi riferimenti per Giacomo Jaquerio*, in «Paragone», anno IX, n. 115, luglio 1959, pp. 2326; ID., *Nell'area di Jaquerio e di Bapteur*, in «Paragone», anno XIV, n. 161, maggio 1963, pp. 714.

[102] S. EDMUNDS, *The Missals of Felix V and Early Savoyard Illumination*, in «The Art Bulletin», vol. XLVI, n. 2, giugno 1964, pp. 127141 (1964a).

[103] GRISERI [1965], pp. 3436; GARDET 1969 (con qualche esitazione per i ff. 2629); CASTELNUOVO e ROMANO (a cura di) 1979, p. 222 (scheda di S. Pettenati). Edmunds ha approfondito ulteriormente l'analisi dell'*Apocalisse di Savoia*, in S. EDMUNDS, *Jean Bapteur et l'Apocalypse de l'Escorial*, in PARAVICINI BAGLIANI (a cura di) 1990, pp. 92104 (1990a). Secondo François Avril, Lamy oltre alle miniature ai ff. 2425 potrebbe essere stato anche l'autore dei «beaux encadrements de style très français qui accompagnent les peintures à partir du f. 16 jusqu'à la fin» (AVRIL e REYNAUD 1993, p. 204). Sulla fase di transizione da BapteurLamy a Colombe si veda di recente: L. RIVIÈRE CIAVALDINI, *Jean Colombe entre Naples et la Savoie. A propos de l'Apocalypse des ducs de Savoie*, in «Arte cristiana», LXXXVIII, fascc. 798799, maggioagosto 2000, pp. 181200 e 259268, in particolare fasc. 799, p. 261 (2000b).

[104] ROMANO 1988, pp. 1719. Secondo Romano, a Lamy «si devono le testine in scorcio nella cornice del fol. 13*v* e la naturale immediatezza del san Giovanni col manto gonfiato dal vento del fol. 14*r*. Da queste pagine in avanti la compresenza dei maestri è poco meno che inestricabile, come lasciano intendere anche i documenti, così da non sapere a chi assegnare la scelta del modello di Ambrogio Lorenzetti ora ad Asciano per il battagliero san Michele di fol. 21*r*». Luciano Bellosi ha recentemente fatto notare come a monte del san Michele di Badia a Rofeno, così come di altri dipinti di artisti attivi a Siena e nell'Italia centrale tra Tre e Quattrocento, quali Don Silvestro de' Gherarducci e il cosiddetto Maestro dei monocromi di Monticiano, vi sia un probabile modello perduto di Ambrogio stesso, da individuare forse nel «San Michele» che un tempo accompagnava la «Presentazione al Tempio», già sull'altare di San Crescenzio nel duomo di Siena e oggi agli Uffizi: L. BELLOSI, *La tavoletta di Gabella del 1444, il «Maestro dei monocromi di Monticiano» e un probabile modello perduto di Ambrogio Lorenzetti*, in «Prospettiva», n. 100, ottobre 2000, pp. 3640.

[105] Queste considerazioni stilistiche mi portano a non concordare con Rivière Ciavaldini, secondo la quale la miniatura al f. 29 spetterebbe esclusivamente a Colombe: RIVIÈRE CIAVALDINI 2000b, fasc. 799, luglioagosto, pp. 262 e 264265.

[106] EDMUNDS 1990a, p. 98.

[107] F. AVRIL, *Le Maître des Heures de Saluces: Antoine de Lonhy*, in «Revue de l'Art», n. 85, lugliosettembre 1989, p. 10.

[108] Si ricordi il documento del novembre del 1434, in cui Lamy è pagato «pro certis ymaginibus» da dipingere nell'*Apocalisse* di Amedeo VIII: EDMUNDS 1971, p. 270, n. 105.

[109] L. Rivière Ciavaldini, *L'Apocalypse de Galois de Viry et la «Croisade» de 1366 (Paris, BNF, Ms. Lat. 688)*, in *Art et artistes en Savoie*, Actes du XXXVII e Congrès des Sociétés Savantes de Savoie (Thonon-les-Bains, 19-20 settembre 1998), Saint-Juste-la-Pendue 2000, pp. 69-82 (2000a); Castronovo 2002a, pp. 89-96.

[110] L. Delisle e P. Meyer, *L'Apocalypse en français au XIII e siècle (Bibl. nat. fr. 403)*, Parigi 1901, pp. LXXXVI-LXXXVIII e CXXXI-CXXXII; Gardet 1969, pp. XVI-XVIII; Edmunds 1964a, p. 134, nota 42; Id. 1990a, pp. 92-93.

[111] Delisle e Meyer 1901; M. R. James, *The Apocalypse in Art*, Londra 1931 (per una prima suddivisione delle *Apocalissi* in due gran- di gruppi o «famiglie»); P. Klein, *Endzeiterwartung und Ritterideologie, Die englischen Bilderapokalypsen der Frühgotik und MS Douce 180*, Graz 1983, in particolare pp. 158-170; N. J. Morgan, *Early Gothic Manuscripts*, vol. II, *1250-1285*, Londra 1988, in particolare pp. 98-101 e 141-147; P. Klein, *The Apocalypse in Medieval Art*, in R. K. Emmerson e B. McGinn (a cura di), *The Apocalypse in the Middle Ages*, Ithaca (N.Y.) - Londra 1992, pp. 159-199, in particolare pp. 188-192 (per l'attuale classificazione dei cicli dell'*Apocalisse* in tre fa- miglie e, in particolare, per il «Westminster group», una sorta di sot- togruppo del «Metz group»). Rappresentanti tardivi della III fami- glia sono il ms. B.10.2 del Trinity College di Cambridge (1380-1400) e gli affreschi della sala capitolare dell'abbazia di Westminster (1372-1404): L. Freeman Sandler, *Gothic Manuscripts 1285-1385*, Oxford 1985, vol. I, p. 176, n. 153, vol. II, figg. 408-409 (per il manoscritto); P. Binski, *Westminster Abbey and the Plantagenets: Kingship and the Representation of Power, 1200-1400*, New Haven (Conn.) - Londra 1995, pp. 192-193 (per gli affreschi).

[112] Edmunds 1990a, p. 93 e, per una scheda approfondita sull'*Apocalisse Dyson Perrins*, prodotta probabilmente a Londra nel 1255-1260 circa, Morgan 1988, pp. 98-100, n. 124. *Perrins*, *Lat. 688* ed *Escorial*, al pari dell'*Apocalisse Add. 35166* della British Library di Londra e dell'*Apocalisse R.16.2* del Trinity College di Cambridge, si aprono tutti con un estratto della leggenda apocrifa di san Giovanni, che inizia con la lettera a Domiziano da parte del proconsole di Efeso («Piissimo Cesari et semper augusto Domiciano proconsul Ephesiorum salutem...») Gli ultimi fogli di *Perrins* sono andati per- duti; *Lat. 688* ed *Escorial* terminano entrambi con quattro scene della vita di san Giovanni accompagnate da legende (l'impaginazione del testo nei due manoscritti relativamente a queste quattro scene finali è pressoché identica).

[113] Se, come ipotizzato da Castronovo 2002a, pp. 89-96, alla base del ms. *Lat. 688* di Parigi c'è un'*Apocalisse* inglese del XIII secolo pre- sente nelle collezioni sabaude al tempo di Amedeo VI, dobbiamo pensare che essa non fosse più *in loco* al tempo di Amedeo VIII, o che non fosse un manoscritto così amato dal duca al punto di sceglierlo come modello da dare a Bapteur.

[114] Edmunds 1990a, p. 97.

[115] *Ibid.*, pp. 92-94. Per l'*Apocalisse Douce*: Klein 1983; Morgan 1988, pp. 141-145, n. 153.

[116] Alcuni esempi, oltre alle varianti riportate da Edmunds 1990a, p. 93, sono i seguenti: nella miniatura che rappresenta «Alcuni eletti che adorano il Signore e l'Agnello», in *Douce* (p. 20) ed *Escorial* (f. 10) so- no raffigurati sia l'Agnello sia il Redentore, al contrario di *Perrins* (f. 9v), dove è presente solo l'Agnello; nella «Liberazione dei quattro an- geli presso il fiume Eufrate», in *Douce* (p. 30) ed *Escorial* (f. 14v) è rap- presentato l'atto della liberazione, che in *Perrins* (f. 14) è già avvenu- ta; sia in *Douce* (p. 34) sia in *Escorial* (f. 16v), nella scena con «San Giovanni che riceve un bastone per misurare il tempio di Dio», il san- to è raffigurato due volte; e ancora, nell'«Adorazione dell'Agnello sulla montagna di Sion», in *Douce* (p. 53) ed *Escorial* (f. 26v) l'Agnello è adorato non solo dal gregge di pecorelle, come in *Perrins* (f. 26), ma anche da una folla di eletti.

[117] *Ibid.*, p. 93. Altri esempi, oltre a quelli riportati dalla studiosa ame- ricana, possono essere i seguenti: le isole intorno a Patmos nella mi- niatura raffigurante «San Giovanni visitato dall'angelo» seguono lo stesso ordine in *Perrins* (f. 2), *Lat. 10474* (f. 2) ed *Escorial* (f. 2), mentre in *Douce* (p. 1) sono collocate in modo diverso; in quest'ultimo ma- noscritto, la scena con «Il quinto angelo che suona la tromba» è dispo- sta su due pagine (pp. 28-29), mentre in *Perrins* (f. 13v), *Lat. 10474* (f. 15) ed *Escorial* (f. 14) occupa un foglio soltanto; in *Douce* manca la mi- niatura con la «Discesa sulla terra del diavolo in collera», raffigurata sia in *Perrins* (f. 21) sia in *Escorial* (f. 21v) e forse anche in *Lat. 10474*

(qui la miniatura non è finita), così come non troviamo in *Douce* «La bestia con sette teste e sette corna che esce dal mare» (*Perrins*, f. 23; *Escorial*, f. 23v; *Lat. 10474*, f. 24); infine alcune scene di *Douce*, come quelle a p. 40 («Il Giudizio») e p. 45 («Il sangue dell'Agnello»), non solo non compaiono né in *Perrins*, né in *Lat. 10474*, né in *Escorial*, ma non trovano riscontri iconografici in nessun'altra *Apocalisse* inglese del XIII secolo (si veda in proposito Morgan 1988, p. 143).

[118] Oltre agli esempi citati nella nota precedente: in *Perrins* (f. 2v), *Lat. 10474* (f. 2v) ed *Escorial* (f. 2v), nella miniatura con «Le sette chiese» gli edifici sono collocati sullo stesso piano (in *Douce*, p. 2, sono posti su due registri); nell'«Apertura del settimo sigillo», in *Perrins* (f. 10), *Lat. 10474* (f. 11v) ed *Escorial* (f. 10v), gli angeli sono di disposti da en- trambi i lati della mandorla centrale (in *Douce*, p. 21, sono raggrup- pati da un lato solo; figg. 41-44); nella «Discesa sulla terra del diavo- lo in collera», in *Lat. 10474* (f. 22v) e in *Escorial* (f. 21v) è presente un solo angelo annunciatore. Per le differenze tra *Lat. 10474* ed *Escorial*, che dimostrano che, nonostante le affinità, il primo non poté essere l'unico modello iconografico per il secondo, si rimanda allo schema di confronto tra *Perrins*, *Lat. 10474*, *Douce*, *Lat. 688* ed *Escorial* in ap- pendice. Si ricordi che sia *Douce* sia *Lat. 10474* non hanno le scene ini- ziali con il «Martirio di san Giovanni» e «San Giovanni deportato a Patmos» (presenti invece in *Perrins*, *Lat. 688* ed *Escorial*), né le scene con alcuni miracoli del santo alla fine del manoscritto.

[119] *Lat. 10474* fu prodotto intorno al 1270 nella stessa bottega da cui uscì *Douce*, anche se è probabilmente opera di un artista diverso. Non è stata fatta ancora piena luce sui rapporti iconografici e cronologici che intercorrono tra i due manoscritti, che potrebbero discendere en- trambi da un modello comune andato perduto. Quel che sembra im- probabile è che *Lat. 10474* derivi da *Douce*, mentre non è da escludere il contrario. *Lat. 10474*, già nel XVII secolo, era in Francia (probabil- mente nel Sud-ovest del paese); nel 1794, insieme a una trentina di vo- lumi provenienti dalle biblioteche di Ville-Affranchie (Lione), il co- dice giunse alla Bibliothèque nationale di Parigi (timbro del Collegio dei Gesuiti di Lione, ai ff. 1 e 2): G. Henderson, *An Apocalypse Manuscript in Paris: B.N. ms. lat 10474*, in «The Art Bulletin», 52, 1970, pp. 22-31; F. Avril e P. D. Stirnemann, *Manuscrits enluminés d'ori- gine insulaire - VIIe-XXe siècle*, Parigi 1987, pp. 102-107, n. 146; Morgan 1988, pp. 145-147, n. 154.

[120] Sui rapporti tra *Lat. 688* e *Perrins* si rimanda a Rivière Ciavaldini 2000a, p. 77; Castronovo 2002a, pp. 91-95: le uniche differenze degne di nota da un punto di vista iconografico si riscontrano nelle architetture e nelle armature dei personaggi, aggiornate entrambe al gusto trecentesco.

[121] E. L. Cox, *The Eagles of Savoy - The House of Savoy in Thirteenth- Century Europe*, Princeton (N.J.) 1974, *passim*; J. P. Chapuisat, *Pierre de Savoie, les affaires anglaises et la politique européenne (1252-1255) ou: trois années très remplies*, in B. Andenmatten, A. Paravicini Bagliani e E. Pibiri (a cura di), *Pierre II de Savoie «Le Petit Charlemagne» († 1268)*, Actes du Colloque International (Losanna, 30-31 maggio 1997), Losanna 2000 (Cahiers lausannois d'histoire médiévale, 27), pp. 257-264. Da ricordare sono, per esempio, le rendite fondiarie pos- sedute nella contea di Richmond da Pietro II di Savoia, che era fra- tello di Bonifacio, arcivescovo di Canterbury, e zio di Eleonora, an- data in sposa a Enrico III Plantageneta, e l'attività dell'architetto James of Saint George che negli ultimi decenni del XIII secolo lavorò sia per Filippo I, conte di Savoia (1268-1285), sia per Edoardo I, re d'Inghilterra, lo stesso re per cui sembra essere stata eseguita l'*Apocalisse Douce* (Morgan 1988, pp. 141-145, n. 153). Da non di- menticare, inoltre, è la permanenza in Inghilterra di Amedeo V, dal 1267 al 1285, come cavaliere a servizio di Edoardo, il quale fu scelto come padrino del primogenito di Amedeo e Sibilla di Baugé, nato nel 1284 (secondo Edmunds 1990a, p. 94, un manoscritto inglese con- tenente l'*Apocalisse* poté arrivare in Savoia proprio come dono del re d'Inghilterra al suo figlioccio). I legami con questo paese prosegui- rono anche più tardi visto che, nel 1292, Amedeo, divenuto nel frat- tempo conte di Savoia, commissionò a orafi londinesi due sigilli d'ar- gento e uno d'oro con catena aurea, e panni d'oro «cum figuris»; men- tre, nel 1303, durante un viaggio a Londra, è segnalato l'acquisto sem- pre per conto di Amedeo «pro duabus tabulis depictis trium mor- tuorum et vivorum». A Londra fu anche comprata una *Bibbia* suc- cessivamente donata allo zio del conte di Savoia, Guglielmo, abate di San Michele della Chiusa (Castronovo 2002a, pp. 69, 111 e 130, nota 32).

[122] A esprimersi in modo così severo nei confronti delle scelte figurative di Amedeo VIII è stato C. Bertelli, *Amédée VIII et la symbolique pontificale*, in Andenmatten e Paravicini Bagliani (a cura di) 1992, pp. 375-391, in particolare p. 386. Secondo Bertelli, il duca si convertì alle novità della pittura fiamminga con la commissione della pala d'altare dipinta da Konrad Witz per la cattedrale di Ginevra. Sull'improbabilità di un legame tra Amedeo e la pala witziana: Romano 1996, p. 117, nota 13 (anche per una discussione sull'inspiegabile proposta di Bertelli di considerare le due tavole con «Storie di san Pietro» di Jaquerio «décoratives et faibles comme oeuvres d'atelier»).

[123] Edmunds 1992, p. 403. Più difficile stabilire con certezza a quando risalgano da un lato l'intervento sul reliquiario di sant'Apollonia, costituito da una pisside di cristallo del XIII secolo, fissata su un piede quattrocentesco in argento dorato ornato da sei medaglioni a smalto, due dei quali rappresentanti lo stemma di Savoia (*Ibid.*, p. 403 e Andenmatten e de Raemy [a cura di] 1990, p. 96, scheda VI 4), dall'altro l'inserzione di miniature duecentesche nel *Messale di Felice V*, ms. J.b.II.6 dell'Archivio di Stato di Torino (Castronovo 2002a, pp. 48-52).

[124] Castelnuovo 1979, p. 33; Id. 2002a, p. 210.

[125] Klein 1992, pp. 159-199; J. J. G. Alexander, *I miniatori medievali e il loro metodo di lavoro*, Modena 2003, p. 191; per un censimento dei manoscritti illustrati con illustrazioni dell'*Apocalisse* dal IX al XVI secolo: R. K. Emmerson e S. Lewis, *Census and Bibliography of Medieval Manuscripts Containing Apocalypse Illustrations, ca. 800-1500*, in «Traditio», XL, 1984, pp. 337-379; XLI, 1985, pp. 367-409; XLII, 1986, pp. 443-472.

[126] F. Joubert, *Création à deux mains: l'élaboration de la tenture de l'Apocalypse d'Angers*, in «Revue de l'art», n. 114, 1996, pp. 48-56 (anche per la bibliografia precedente).

[127] Presso la bottega di Bataille, tra il 1376-1378 e il 1379-1380, Amedeo VI fece acquistare 105 arazzi variamente decorati: M. Viale Ferrero, *Gli acquisti d'arazzi del Conte Verde e Nicolas Bataille*, in *Studi di Storia dell'Arte in onore di Vittorio Viale*, Torino 1967, pp. 127.

[128] G. Henderson, *The Manuscript Model of the Angers «Apocalypse» Tapestries*, in «The Burlington Magazine», vol. CXXVII, n. 985, aprile 1985, pp. 209-218; Klein 1992, p. 191.

[129] Alla base dell'*Apocalisse di Angers* sembra esserci un manoscritto, oggi perduto, appartenente a un sottogruppo tardo del «Metz group», che nella disposizione delle illustrazioni rispetto al testo mostra alcune affinità con *Perrins, Douce* e *Lat. 10474*. Rientrano in questa categoria l'*Apocalisse Burckhardt-Wildt*, il ms. Ashburnham 415 della Biblioteca Laurenziana di Firenze e il ms. Add. 22493 della British Library di Londra. Da un punto di vista iconografico non si riscontrano coincidenze evidenti tra l'*Apocalisse di Angers* e quella dell'Escorial, e le poche esistenti (si confrontino nei due cicli: «La visione dei sette candelabri d'oro» e «Il Figlio d'Uomo che miete la terra») non sono tali da far presupporre una conoscenza diretta da parte di Bapteur dei cartoni di Bondol. L'unica coincidenza degna di nota è nella scena raffigurante «L'apertura del quarto sigillo»: qui, in entrambi i cicli, il cavaliere sul cavallo livido non è, come in *Perrins*, una figura incappucciata, né, come in *Douce* e *Lat. 10474*, un gentiluomo, ma vediamo per esempio nell'*Apocalisse Tanner 184* della Bodleian Library di Oxford (Morgan 1988, pp. 69-70, n. 107) o nell'*Apocalisse Néerl. 3* della Bibliothèque nationale di Parigi, su cui torneremo tra poco.

[130] E. Panofsky, *Early Netherlandish Painting: Its Origins and Character*, Cambridge (Mass.) 1953, tomo I, pp. 110-112; tomo II, tavv. 68-69; Emmerson e Lewis 1986, p. 452, n. 136; M. Smeyers, *L'Art de la Miniature flamande du VIIIe au XVIe siècle*, Tournai 1998, pp. 213-214. Belle riproduzioni a colori del manoscritto si trovano in: F. van der Meer, *L'Apocalypse dans l'art*, Anversa 1978, pp. 203-235. Per un'altra *Apocalisse* apparentemente priva di tradizione iconografica alle spalle: *Medieval Mastery. Book Illumination from Charlemagne to Charles the Bold, 800-1475*, catalogo della mostra, Lovanio 2002, p. 297, n. 77 (Lione, Bibliothèque municipale, ms. 439, eseguito verso il 1450 dal Maestro del Champion des Dames di Filippo il Buono), scheda di D. Vanwijnsberghe.

[131] Si tratta del ms. Nouv. Acq. Lat. 1366 della Bibliothèque nationale di Parigi: Emmerson e Lewis 1984, p. 373, n. 26.

[132] Il ms. Oc. 49 della Sächsische Landesbibliothek di Dresda fu gravemente danneggiato nel 1945: Emmerson e Lewis 1985, pp. 378-379, n. 54. A Filippo il Buono forse appartenne anche un'*Apocalisse* in francese, scritta e miniata nel 1313 da Colin Chadewe (ms. Fr. 13096 della Nationale di Parigi). Il codice è una copia del ms. Fr. 2 della stessa biblioteca, che fu di proprietà di Jeanne de Navarre, moglie di Enrico IV: *Ibid.*, p. 407, n. 111.

[133] *Ibid.*, pp. 405-406, n. 107; Avril e Stirnemann 1987, pp. 79-80, n. 123; Morgan 1988, pp. 63-66, n. 103. È interessante ricordare che la «Apocalypse en françois toute figurée et historiée», menzionata nell'inventario della biblioteca del re, redatto da Gilles Mallet nel 1373, fu imprestata al duca d'Angiò «pour faire son beau tapis» (così nella nota aggiunta allo stesso inventario da Jean Blanchet nel 1380). È verosimile che il volume in questione fosse il ms. Fr. 403 della Nationale di Parigi, anche se poi non fu questo il modello utilizzato per l'*Apocalisse* di Angers.

[134] J. Guiffrey, *Inventaires de Jean duc de Berry (1401-1416)*, vol. I, Parigi 1894, p. 233, n. 895 («Item, un *livre de l'Apocalipse*, escript de lettre de court, translaté en françoys, et y a pluseurs exemples après; couvert de cuir rouge, à deux fermouers de laton») e vol. II, Parigi 1896, p. 207, n. 6 («D'un autre tappis nommé *le Tappis de l'Appocalice*, contenant XIX aulnes de long et quatre aulnes et un quartier de large, lequel est de laynne de plusieurs couleurs, sanz or»). Per un possibile frammento dell'arazzo databile al 1416: Taburet-Delahaye e Avril (a cura di) 2004, pp. 48-49, n. 9 (scheda di F. Joubert).

[135] M. Meiss, *French Painting in the Time of Jean de Berry*, vol. I, *The Late XIV Century and the Patronage of the Duke*, Londra-New York (N.Y.) 1967, vol. I, pp. 277, 300, 311 e 354, e vol. II, fig. 843; Id., *French Painting in the Time of Jean de Berry*, vol. III, *The Limbourgs and their Contemporaries*, New York (N.Y.) 1974, vol. I, pp. 252-256 e 296-298, e vol. II, figg. 787-788, 790, 792, 808, 811 e 843; Emmerson e Lewis 1985, pp. 395-396, n. 88.

[136] Meiss 1967, p. 360; Id. 1974, vol. I, pp. 252-256 e 296-303, e vol. II, figg. 789, 791, 794-798, 800, 802-804 e 812; Emmerson e Lewis 1985, pp. 377-378, n. 52; Taburet-Delahaye e Avril (a cura di) 2004, pp. 289-290, n. 180 (scheda di W. Voelkle).

[137] Emmerson e Lewis 1985, p. 395, n. 87.

[138] *Ibid.*, p. 396, n. 89; Smeyers 1998, p. 387.

[139] L'accostamento delle miniature di Colombe al secondo pannello dell'«Apocalisse» di Stoccarda risale al 1905, e si deve al conte Adalbert zu Erbach von Fürstenau che all'epoca era il proprietario delle due tavole: A. Erbach von Fürstenau, *Pittura e miniatura a Napoli nel secolo XIV*, in «L'Arte», anno VIII, fasc. I, 1905, pp. 16-17; Id., *Die Apokalypse von Santa Chiara*, in «Jahrbuch der Preuszischen Kunstsammlungen», 58, 1937, pp. 81-106. L'indicazione, non ebbe largo seguito (sfuggì per esempio a Edmunds 1990a, p. 103, ma non a Y. Christe, *L'Apocalypse de Jean. Sens et développements de ses visions synthétiques*, Parigi 1996, p. 117), è stata ora ripresa da Laurence Rivière Ciavaldini che ha approfondito l'argomento nell'ambito di una tesi di dottorato presso l'Università Pierre Mendès France di Grenoble, sotto la guida della professoressa Pierrette Paravy (L. Rivière Ciavaldini, *L'Apocalypse des Ducs de Savoie, entre Westminster et Naples. Spiritualité et pouvoirs princiers dans l'art gothique*, thèse de doctorat [Histoire de l'Art], UFR Sciences humaines, Grenoble 2000 [2000c]). Alcune conclusioni della studiosa sono state pubblicate in Id. 2000b.

[140] A. Tartuferi (a cura di), *Giotto. Bilancio critico di sessant'anni di studi e di ricerche*, catalogo della mostra, Firenze 2000, pp. 192-197, scheda 28a-b di M. Boskovits (anche per la fortuna critica delle due tavole).

[141] Per alcuni esempi sul modo di procedere di Colombe e per le considerazioni che seguono si rimanda all'articolo di Rivière Ciavaldini.

[142] Colombe riprende da Bapteur la disposizione circolare dei Vegliardi intorno alla mandorla centrale con il Signore, nelle miniature raffiguranti la corte celeste (ff. 39 e 39v), e deriva verosimilmente dal suo predecessore l'idea di rappresentare le forze del bene con lo stemma sabaudo (f. 42).

[143] Sterling 1986, pp. 20-21 e 25; Natale (a cura di) 2001, pp. 309-312, n. 42 e pp. 315-318, n. 44 (schede di F. Elsig); Castelnuovo e De Gramatica (a cura di) 2002, pp. 680-681 (scheda di F. Elsig).

Acquisti e commissioni dell'antipapa Felice V (1439-1449)

I DOCUMENTI

Il 5 novembre del 1439 il concilio di Basilea, dopo aver deposto il 25 giugno dello stesso anno papa Eugenio IV, elesse al soglio pontificio Amedeo VIII con il nome di Felice V. La scelta del conclave fu dettata principalmente dal bisogno urgente del supporto politico e finanziario di casa Savoia. L'ambizioso Amedeo dal canto suo accettò le decisioni del concilio per «l'honneur et le prestige de la tiare», ma non recise mai i vincoli che lo legavano al ducato di Savoia e, fino al 7 aprile 1449, data della sua abdicazione, esercitò l'autorità papale a favore e a sostegno dei domini sabaudi e degli interessi dinastici[1]. Le prime notizie di spese e commissioni per l'antipapa Felice V (8 e 14 dicembre 1439) sono di poco successive alla sua elezione e riguardano per lo più l'acquisto di stoffe di diverso tipo e colore per la confezione di paramenti sacri[2]. I pagamenti più significativi sono quelli a favore di Jean Bapteur, artista *factotum* della corte ducale fino al 1453, a cui Felice V si rivolse per la fattura e la decorazione di «pluribus escabellis» e per dipingere le sue armi «in pallio et certis aliis paramentis»[3]. Non molto tempo dopo queste prime commissioni di poco conto, Felice V, forse per limitare il più possibile le spese e non incidere sul suo patrimonio[4], decise di prendere a prestito dal guardaroba sabaudo tutte le suppellettili necessarie al decoro della sua nuova dimora e al suo nuovo *status*[5]. L'inventario degli oggetti scelti, rivelatore del gusto e delle preferenze del pontefice, fu redatto a Basilea il 30 luglio del 1440 da Martin Le Franc, fedele segretario del pontefice, e da Jean de Lestelley, notaio di Ginevra[6]. L'elenco era diviso in tre categorie: reliquiari, libri, indumenti «et aliorum ornamentorum capelle et lingiorum»; tappezzerie[7]; vasellame e gioielli[8]. Tra gli oggetti più notevoli, sono da segnalare: «Unam pissidem rotondam de argento deaurato cum magestate inmalliata supra cohopertorium»; «unam crucem auream ponderantem quinque marchas et tres uncias, in qua sunt quatuordecim saphiri valentes quislibet decem ducatos, quindecim ballex [balascio, una varietà di rubino] valentes quislibet quadraginta ducatos. Tres dyamantes valentes quislibet quadraginta ducatos, et quadraginta due perlie quelibet valens tres ducatos. Sita ipsa crux supra unum pedem de argento deaurato cum ymaginibus beate Marie et sancti Iohannis evangeliste»; «unam cameram de sactino cramessino brodeatam auro et argento et seminatam de serenis»; «duo tapissia unum de venacione amorosa et aliud est cum ymaginibus ludentibus cum scachis et aleis»; «unum gobelletum aureum operatum ad damasquinum munitum tam in pede quam in coperto duodecim perliis quarum pecia valet tribus ducatis, sex saphiris et sex baleysiis valentibus pecia sex ducatos, et in summitate uno saphiro valens decem ducatos»; «unum cifum deauratum cohopertum cum viso aureo in summitate ubi pendet una parva perlia»; «unum calicem aureum cum pactena ad magestatem in medio pactene quinque ymagines circumcirca et in pomello quatuor evangelistas cum quatuor aliis personagiis»[9]. Di alcune suppellettili che Felice V volle con sé nella sua nuova dimora di Basilea possiamo avere un'idea approssimativa circa la loro datazione o possiamo ricostruirne in parte la storia: per esempio gli oggetti recanti gli stemmi congiunti di Savoia e Borgogna dovrebbero datarsi tra il 1401, anno del matrimonio di Amedeo VIII con Maria di Borgogna, e il 1422, anno della morte della duchessa[10]. L'inventario segnala «unum calicem cum patena de argento deaurato», che oltre agli stemmi di Savoia e Borgogna reca anche le armi di sant'Antonio; una «casulam [...] rubram [...] cum frangia aurea cum apostolis et armis duchisse»; una «cameram tercellini rubei brodeatam chapelletis [corone] cum armis Sabaudie Burgondie»; «unum bancherium chapelletorum viride cum chapelletis» e «decem tapissia chapelletorum viridia» ornati dagli stessi stemmi e «tria tapissia persica cum armis Burgundie et Flandrie»[11]. Alcuni degli oggetti presi in prestito da Felice V ricompariranno negli inventari sabaudi di fine Quattrocento: la «camera» sopracitata corrisponde al «ciel et douciel de taffetas rouge et couvertes trapoinctés, armoyé des armes de Savoye et Bourgongne à chappelletez de feulliage de brodure autour desdites armes» segnalato nel castello di Torino nel 1498[12]; la «ymmaginem beati Johannis Baptiste de argento deaurato cum reliquiario in manu affixo, ponderantem decem novem marchas cum dimidia» dovrebbe essere la «ymago sancti Johannis Baptiste, habens in sinistra reliquiarium [..]in quo pede sunt arma ducis Sabaudie, et domine ducisse Marie que fuit de Burgundia», presente nella Sainte-Chapelle di Chambéry nel 1483[13]; e ancora, la «ymaginem magnam beati Anthonii cum baculo et sine reliquiis, ponderantem triginta octo marchas argenti deaurati» citata nell'inventario del 1440, sembrerebbe essere la «ymaige de sainct Antoine, d'argent doré, aux armes de Berry», presente a Torino nel 1498[14].

Ma veniamo alla biblioteca di Felice V. L'elenco dei manoscritti che il pontefice prese in prestito dalla Sainte-Chapelle di Chambéry era così composto:

- item unum *missale* scriptum litera romanense cohopertum veluto rubro;
- item aliud parvum *missale* scriptum litera parisiense;
- item *epistolarium* unum pulchrum et bene scriptum;
- item *evangeliarium* scriptum de simili litera et cohopertum corio basanico;
- item *psalterium* unum scriptum litera comune copertum corio albo;
- item *antiphonarium* unum festorum notatum cum psalmis festivis foderatum corio albo;
- item *graduale* unum incipiens dominica quarta de adventu sine fermalibus;
- item unum *antiphonarium* magnum de tempore sine fermalibus;
- item simile de sanctis cum fermalibus[15].

Quindi, a differenza delle altre suppellettili, alcune delle quali - in particolar modo arazzi e tappeti - presentano iconografie profane, Felice V sembra aver scelto per la sua dimora di Basilea solo testi di carattere liturgico, che gli servivano verosimilmente per svolgere le nuove mansioni[16].

Il trasferimento dell'antipapa negli Stati sabaudi, nel novembre del 1442, determinò la riorganizzazione della corte pontificia all'interno di questi territori, che a sua volta comportò la necessità di raccogliere nuovi testi liturgici e di teologia[17]. Risale al 25 dicembre del 1443 la richiesta di Felice V al priore del monastero benedettino di San Pietro di Savigliano, Daniele Beggiami, per il prestito di alcuni libri conservati nell'abbazia di San Benigno a Fruttuaria. Si trattava delle *Enarrationes in psalmos* di sant'Agostino, del *De Antiquitatibus Hebraicis* di Flavio Giuseppe, del *De paradiso* di sant'Ambrogio, del commentario di san Gerolamo sull'*Epistola* di san Paolo ai Romani e di una raccolta di testi («flores operum») sempre di san Gerolamo[18]. Per quanto riguarda l'arricchimento della biblioteca negli anni successivi, oltre ai due manoscritti pervenutici, sappiamo che nel maggio del 1444 Ludovico di Savoia fece rilegare a «Hennequin le cousturier» un *Breviario* che aveva donato, o intendeva donare, al padre[19]. Forse si tratta dello stesso volume citato in un documento del 23 aprile 1445, in cui il frate Giovanni Leporeti viene pagato «pro pena et labore per ipsum habitis in correcione *breviarii* sanctissimi domini nostri»[20]. Nell'inventario della libreria del castello di Chambéry del 25 ottobre 1498, troviamo segnalati i seguenti manoscritti un tempo appartenuti a Felice V: un «gros livre en parchemin escript à la main traictant *du consille de balle* commencant "Sacrosante etcetera"; a ung seaulx pendent de plomb ou sont sur tous les feulletz; couvert

de post de cuyr garny de locton par les quatre carrés a fermeaulx de cuyr et de locton»; «un autre livre grant en parchemin, en latin, traictant du *consile de Bale*, escript à la main commencant "In no-
mine sancte etc...", couvert de parchemin et reslié»; «ung petit livre en parchemin, lectre bastarde
en latin nommé *Operis recitatio septem advisamentorum*, armoyé au premier feulliet des armes nostre
sainct père le pape Félix, commençant: Ad informandum etc..., couvert de postz et peau tannée»[21].
Il primo dei tre codici citati è forse da identificarsi con il ms. I.III.39 della Biblioteca Nazionale di
Torino, un volume «gros», cioè spesso (390 fogli), che contiene i decreti emanati dal concilio di
Basilea dal 1437 al 1439 e che, in effetti, inizia con il termine «Sacrosanta»[22]. Ai ff. 40, 226, 227 e
316, in calce ai documenti è apposta la bolla di papa Eugenio IV, mentre al f. 234*v* troviamo disegnate entrambe le facce del sigillo imperiale: sul *recto* sono raffigurati l'imperatore seduto in trono
con lo scettro nella mano destra e il globo sormontato dalla croce nella sinistra, e tutt'intorno la scritta «Sigismundus Dei gracia Romanorum Rex semper Augustus ac Hungarie, Boemie, Dalmatie,
Croacie Rex»; sul *verso* è disegnata la città di Roma, accompagnata dalla scritta «Roma caput mundi regit orbis frena rotundi». Bisogna infine ricordare che nel 1445 Felice V fece eseguire a Jean de
Vitry una statua in legno raffigurante san Felice, più tardi dipinta da Jean Bapteur[23]. Un «Sainct
Pierre assis en sa chaire tout d'argent doré, vestu en pontifical, miché, tenant en sa main destre ung
reliquiaire fait à mode de tamborin où il n'a rien dedans, de l'une des pars dudit reliquiaire les armes
du pape Felix, en l'autre main deux clefs» è segnalato nell'inventario del castello di Torino del 1498[24].
Peccato sia andato perduto il «livre en papier contenant plusieurs inventaires faicts du temps nostre
sainct père à Lausanne, l'an mil IIII XLIX, couvert de parchemin», che molto probabilmente ci avrebbe restituito la composizione e l'entità del guardaroba di Felice V alla fine del suo pontificato[25].

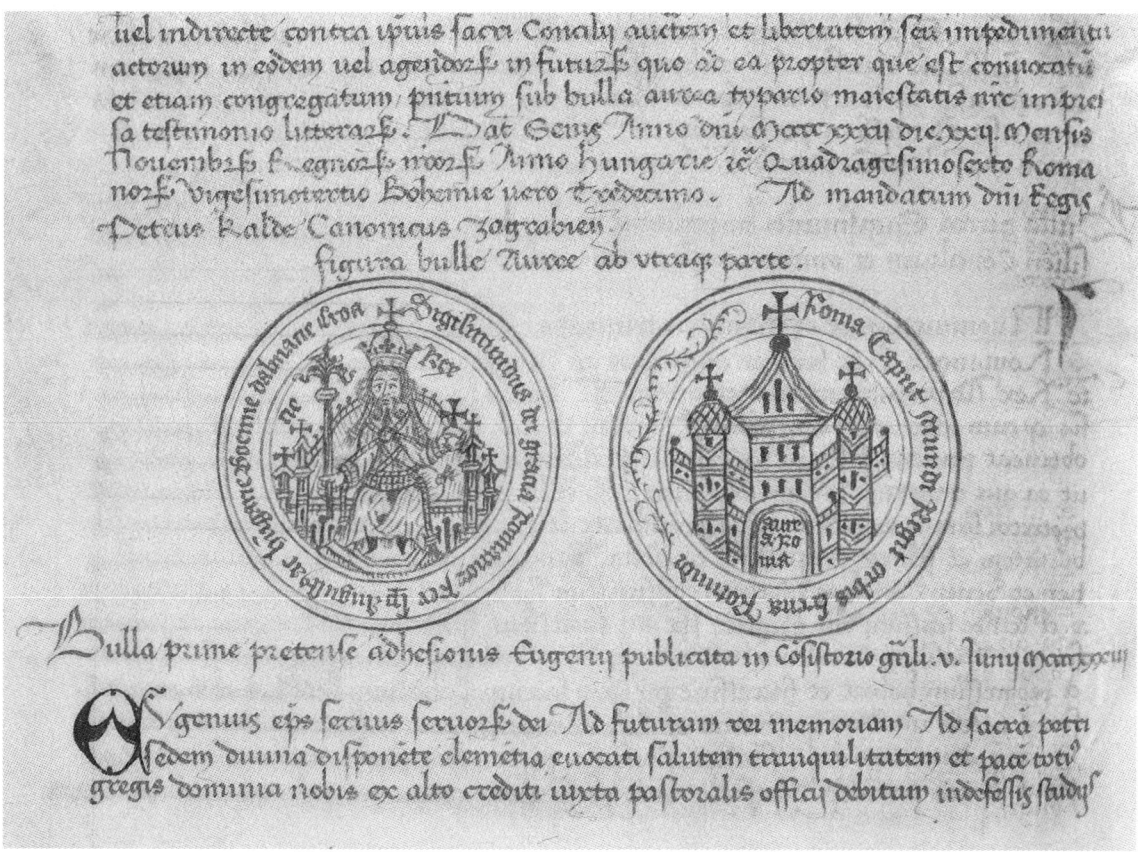

SCRIBA SAVOIARDO, «*Recto* e *verso* del sigillo imperiale», 1437-1439. Torino, Biblioteca Nazionale Universitaria, ms. I.III.39,
Acta Patrum Concilii Basilensis contra Eugenium IV Pontificum Maximum, f. 234*v*.

I Messali della Biblioteca Reale (ms. Varia 168) e dell'Archivio di Stato di Torino (ms. J.b.II.6)

La presenza, più volte ripetuta all'interno dei due manoscritti, dello stemma sabaudo sormontato dalle chiavi incrociate e dal triregno ha permesso di ricondurre per tempo il *Messale* della Reale e quello dell'Archivio di Stato alla committenza di Felice V (tavv. XXVI-XXIX e figg. 67-72 e 74-78)[26]. Dapprima analizzati separatamente[27] e a volte confusi[28], i due codici ricevettero solo all'inizio degli anni sessanta del secolo scorso un primo, approfondito, e ancor oggi valido inquadramento storico-artistico, parallelamente all'avanzare degli studi sulla miniatura savoiarda e sulle arti figurative al tempo di Amedeo VIII[29]. Fu Sheila Edmunds a notare per prima l'unità stilistica dei due *Messali* e ad avanzare per essi il nome di Péronet Lamy, in base alle coincidenze tra le miniature dei due manoscritti e quelle spettanti al collaboratore di Bapteur nell'*Apocalisse* dell'Escorial[30]. Le conclusioni della studiosa americana furono sviluppate negli anni immediatamente successivi da Andreina Griseri, mentre nella mostra su «Giacomo Jaquerio e il gotico internazionale» del 1979, i *Messali* di Felice V furono esposti insieme e accompagnati ciascuno in catalogo da una ricca e dettagliata scheda di Silvana Pettenati[31]. Un documento importante, pubblicato non molti anni or sono da Elisa Mongiano, ha permesso di fare nuova luce sulla datazione dei due volumi[32]. Vari interventi si sono infine soffermati su aspetti specifici dei due manoscritti, migliorandone la nostra conoscenza da un punto di vista iconografico e liturgico[33].

I due *Messali* di Felice V sono entrambi descritti dettagliatamente nell'inventario degli oggetti della Sainte-Chapelle di Chambéry del 6 giugno 1483:

Item *aliud missale* minus non completum sed dumtaxat habens missas sollempnes cuius prima columpna incipit «In nativitate Domini» et ultima linea secunde columpne «Pie vivamus»; ultima autem missa dicti missalis est «de Conceptione beate Marie Virginis», cum quatuor fermaliis quorum duo maiores sunt ad arma domini Felicis, minores autem sunt simplices et omnes de argento deaurato (*Messale* della Biblioteca Reale).

Item *aliud missale* non completum, sine kalendario, incipiens in prima columpna «Dominica prima», in penultima autem linea secunde columpne scribitur «Sancta Maria» de rubeo. In ultima autem margine eiusdem libri est missa «pro cuius anima dubitatur»; cum duobus fermaliis argenteis deauratis habentibus ystoriam Annunciationis (*Messale* dell'Archivio di Stato)[34].

I due manoscritti compaiono ancora insieme nella cappella del castello di Torino, il 20 dicembre del 1498: «Item *ung autre messal* en parchemin a grosses letres dor et dazur couvert de postz et de peau tannèe a clouf de lecton et fermaulx dargent doré armoyé aux armes de pape Felix» (così il manoscritto della Reale); «Item *ung missal* en parchemin illuminé dor et dazur armoyé au premier feulliet des armes de pape Felix couvert de postz et de peau rouge a deux fermaux dargent doré ou est lannunciacion desmaillure» (così quello dell'Archivio di Stato)[35]. Dopo quest'ultima segnalazione, dei due *Messali* di Felice V non si ha più notizia per lungo tempo. A una data ancora da precisare, ma verosimilmente nella seconda metà del XVII secolo, ossia poco dopo l'incendio che devastò nel 1656 la libreria palatina, furono trasferiti con il resto delle raccolte librarie ducali nell'Archivio di Corte, dove il 10 gennaio del 1819 l'esemplare della Reale fu presentato al re Vittorio Emanuele I, entrando così a far parte della biblioteca privata dei Savoia fino al secondo dopoguerra, quando il volume passò allo Stato italiano[36].

Il ms. Varia 168 della Biblioteca Reale e il ms. J.b.II.6 dell'Archivio di Stato sono strettamente legati non solo da un punto di vista stilistico, per essere stati confezionati entrambi nella bottega di Péronet Lamy, ma anche da un punto di vista liturgico, essendo l'uno il complemento dell'altro. Il *Messale* dell'Archivio di Stato non comprende, infatti, le formule della messa relative alle solennità maggiori del Proprio del Tempo (Natale, Circoncisione, Epifania, Giovedì Santo, Venerdì Santo, Sabato Santo, Pasqua, Ascensione, Pentecoste, Santa Trinità, Corpus Domini) e del Proprio dei Santi (Purificazione, Annunciazione, San Giovanni Battista, Santi Pietro e Paolo, Assunzione e Natività della Vergine, Ognissanti, Immacolata Concezione), che costituiscono invece il contenuto specifico del *Messale* della Reale[37]. La complementarietà dei due manoscritti induce a ritenere che essi siano stati eseguiti a brevissima distanza l'uno dall'altro. Sappiamo che, il 16 marzo del 1445, Guillermo Pinocti fu pagato 10 fiorini «parvi ponderis» per «illuminacio missalis sanctissimi domini nostri pape»[38]. Non è da escludere che il pagamento sia riferibile a uno dei due *Messali* di Felice V ancora esistenti, anche se non bisogna dimenticare che nell'inventario del 1483 era menzionato un terzo messale proveniente anch'esso dalla biblioteca del papa sabaudo[39]. Il nome di Pinocti torna bene per dare un'identità all'artista che collaborò a fianco di Lamy sia nel *Messale* della Reale sia in quello dell'Archivio di Stato, sia, come vedremo più dettagliatamente nell'ultimo capitolo di questa ricerca, in altri manoscritti usciti dalla sua bottega[40]. Si tratta di un artista specializzato nella composizione dei fregi marginali, che si distinguono nettamente dalle miniature di Péronet per i colori più chiari e il tratto leggero e delicato. Su un motivo di base a tralci dorati, bacche, *vignettes*, foglie e piccoli fiori colorati, si sovrappongono pavoni, uccelli variopinti, draghi, figure grottesche, angeli e fiori di ogni specie (figg. 69-70 e 75-76). Allo stesso miniatore si possono riferire anche i motivi derivati dalle incisioni del Maestro delle Carte da Gioco, presenti com'è noto in altri manoscritti prodotti in Savoia tra il 1440 e il 1465, e particolarmente numerosi nel *Messale* dell'Archivio di Stato di Torino dove si riconoscono: il cervo accosciato (f. 4v; fig. 75), i ciclamini (ff. 57v, 60v, 64 e 75), gli uccelli (ff. 70, 73v, 75 e 80; fig. 76), le aquilegie (124v), l'*homo selvaticus* (ff. 140 e 143v), il leone (f. 162v)[41]. Le citazioni dal Maestro delle Carte da Gioco sono «un punto importante per chi studia l'aggiornamento sulla «ars nova» della corte di Felice V»[42] e più in generale dei Savoia e della Savoia verso la metà del Quattrocento, e costituiscono un primo passo per ricostruire la fisionomia e i contatti tra botteghe dirette da personalità artistiche distinte e di qualità differente, operanti per membri diversi dello stesso casato o per personaggi strettamente legati a esso. Basti ricordare che motivi tratti dalle carte da gioco si trovano anche nel *Libro d'Ore* del duca Ludovico (Parigi, Bibliothèque nationale, ms. Lat. 9473), iniziato intorno al 1445-1450, ossia in anni non lontani dall'intervento di Guillermo Pinocti nel *Messale* di Felice V, e dove l'adeguamento alle novità dell'arte fiamminga è ben più evidente nelle miniature che nei margini[43], e nelle *Ore* di Clermont Ferrand (Bibliothèque municipale, ms. 84), attribuito di recente al Maître du prince de Piémont, così chiamato per aver eseguito un *Libro d'Ore* per l'erede di Ludovico, Amedeo IX, che portò questo titolo dal 1439 al 1465[44]. Che il documento attestante il pagamento a Guillermo Pinocti possa riferirsi a uno dei due *Messali* di Felice V ancora esistenti non è da escludere anche per ragioni stilistiche, poiché la data 1445 non contraddice quella già proposta per l'esemplare conservato all'Archivio di Stato di Torino, ossia 1443-1445[45]. Il ritrovamento del documento del 1445 comporta semmai la posticipazione della datazione generalmente accettata per il *Messale* della Reale (1440 circa)[46], il quale, essendo complementare da un punto di vista liturgico al codice dell'Archivio di Stato, non poté che essere confezionato a breve distanza dal suo compagno. L'esecuzione dei due manoscritti verrebbe quindi a collocarsi poco dopo il rientro di Felice V negli Stati sabaudi, avvenuto come si è detto nel novembre del 1442, e coinciderebbe con la necessità dell'antipapa di dotarsi di una biblioteca appropriata, tramite prestiti e nuove commissioni.

L'iconografia del *Messale* della Reale è del tutto tradizionale e Lamy usa formule e schemi che ritroveremo con poche varianti in altri suoi manoscritti (figg. 67-72). L'iniziale «N» al f. 22, con un pontefice inginocchiato davanti alla croce e ai simboli della Passione, e la miniatura a piena pagina del f. 113, che rappresenta un papa in atto di celebrare la messa (fig. 70), sono state generalmente interpretate come un omaggio esplicito a Felice V, se non addirittura come un suo ritratto[47]. Le raffigurazioni di pontefici abbondano anche nel *Messale* dell'Archivio di Stato (ff. 62*v*, 67, 75, 83*v*, 89*v* e 181*v*; tav. XXVIII e fig. 76), ma ciò che qui colpisce è la scelta di iconografie rare e insolite per le iniziali istoriate che accompagnano il testo e che si ispirano ai brani meno consueti della messa, con una sorprendente attenzione per i dettagli più minuti dei passi biblici ed evangelici[48]. Per fare solo alcuni esempi, oltre a quelli già elencati da Sheila Edmunds: l'iniziale al f. 6 (tav. XXVI) segue l'introito della IIII Domenica d'Avvento e raffigura il passo di Isaia (45, 8), «Rorate celi de super et nubes pluant iustum: aperiatur terra et germinet Salvatorem»: nella miniatura, una fitta pioggia bagna un campo di fiori, con al centro il Salvatore che innalza verso il cielo la croce e il globo; l'iniziale istoriata al f. 16*v* (tav. XXVII), con due giovani agoni di fronte a una ghirlanda, non è altro che l'interpretazione letterale del brano tratto dalla *Prima Epistola* di san Paolo ai Corinzi (I, 9, 24-27 e 10, 1-4), «Fratres: Nescitis quod hii qui in stadio currunt, omnes quidem currunt, sed unus accipit premium? Sic currite, ut comprehendatis....»; l'iniziale al f. 18*v* (tav. XXIX), con un omino che ara un campo, rappresenta la parabola della semente tratta dal Vangelo di Luca (8, 4-15); nell'iniziale al f. 60*v* è raffigurato l'interno di una chiesa con un gruppo di uomini oranti di fronte all'altare e un leone di lato: la scena rappresenta alla lettera un brano tratto dalla *Prima Epistola* del beato Pietro apostolo (I, 5, 6-11), «Carissimi: Humiliamini sub potenti manu Dei, ut vos exaltet in tempore visitationis: omnem sollicitudinem vestram projicientes in eum, quoniam ipsi cura est de vobis. Sobrii estote et vigilate: quia adversarius vester diabolus tamquam leo rugiens circuit, quaerens quem devoret: cui resistite fortes in fide...» È necessario infine contraddire l'opinione corrente secondo cui il *Messale* dell'Archivio di Stato di Torino sarebbe un manoscritto eseguito frettolosamente, meno curato e rifinito, più sciatto e modesto rispetto all'esemplare della Biblioteca Reale[49]. Semmai, è vero il contrario. L'impianto del tutto tradizionale del volume della Reale e l'uso di formule e schemi che torneranno con poche varianti in altri manoscritti usciti dalla bottega di Lamy fanno di questo messale un prodotto ben più *routinier* del suo compagno dell'Archivio di Stato. Questo, invece, risulta assai più raffinato per ricchezza compositiva, ricercatezza iconografica e, a mio avviso, per la miglior qualità sia delle miniature sia delle decorazioni marginali (tavv. XXVI-XXIX e figg. 74-78). Non è inoltre da escludere che l'inserzione di miniature tardoduecentesche ai ff. 96*v*, 115*v*, 116 e 116*v* del manoscritto sia da attribuire alla volontà di Amedeo VIII[50]. Se così fosse saremmo di fronte a una precisa scelta di gusto dell'ex duca sabaudo, che volle abbellire e arricchire un volume già ricercato e prezioso di per sé, e il riutilizzo di miniature del XIII secolo, forse ritagliate da un codice della biblioteca di famiglia in cattivo stato di conservazione[51], testimonierebbe ancora una volta la predilezione di Amedeo per i prodotti del gotico oltrealpino, come dimostrano la scelta di un manoscritto inglese del Duecento quale modello iconografico per l'*Apocalisse* commissionata a Bapteur o la costruzione della Sainte-Chapelle di Chambéry sulla falsariga di quella parigina[52].

L'ultima commissione di Amedeo VIII e gli acquisti di Ludovico di Savoia e Anna di Lusignano

Il 7 aprile del 1449, dopo una serie di negoziazioni avvenute con l'intercessione del re di Francia, Felice V abdicò in favore di Niccolò V ottenendo in cambio il titolo di cardinale vescovo di Sabina, decano del Sacro Collegio e vicario apostolico nei territori sottomessi alla sua obbedienza, ossia negli Stati sabaudi[53]. Nel breve periodo in cui rivestì questa carica, Amedeo commissionò un ultimo manoscritto: il *Pontificale romano*, ms. Varia 136, della Biblioteca Reale di Torino che, ai ff. 1 e 37*v*, reca lo stemma sabaudo sormontato dal cappello cardinalizio (figg. 80-81)[54]. Ancora una volta, quindi, Amedeo si preoccupò di dotarsi di libri liturgici pertinenti ai suoi nuovi compiti. Il codice in questione è ornato da eleganti fregi vegetali nei margini e da iniziali decorate su fondo oro lungo tutto il testo. Al f. 9 troviamo la firma preziosa, anche se purtroppo di difficile lettura, dell'artista a cui spetta la decorazione del manoscritto: Remy (o Henri) Messiet (o Meffiet). Lo stile dell'ornamentazione è di gusto francese, verosimilmente savoiardo, essendo assai probabile una confezione *in loco* del manoscritto[55]. A una data sconosciuta, ma almeno fin dal 1580, come indica un'iscrizione sul foglio di guardia, il *Pontificale* di Amedeo arrivò in Val d'Aosta, dove si trovava ancora nel 1832 quando fu offerto al re Carlo Alberto dai sindaci del capoluogo.

L'ultima commissione di Amedeo VIII, che si spense improvvisamente a Ginevra il 7 gennaio del 1451, indica che l'amore per i libri belli e preziosi lo accompagnò lungo tutto l'arco della sua vita, una predilezione testimoniata ampiamente dai documenti e dai dieci manoscritti sopravvissuti della sua biblioteca. Amedeo espresse al meglio il suo mecenatismo, e non solo in campo librario, come conte, poi duca di Savoia. I capolavori che si legano al suo nome, ossia l'*Apocalisse* dell'Escorial, ma oggi possiamo dire anche il *Breviario* di Besançon, sono di questo periodo. Una volta eletto al soglio pontificio, Amedeo da una parte attinse alle collezioni di famiglia per costituirsi una biblioteca degna del suo nuovo *status*, dall'altra, per i libri liturgici necessari alle cerimonie pontificali, si rivolse a Lamy, un artista prolifico ma di cultura arcaizzante e di tutt'altra tempra rispetto a Bapteur[56]. Il duca Ludovico ereditò non solo il titolo ducale, ma anche il compito di proseguire la grande stagione della miniatura savoiarda iniziata dal padre, compito che egli portò avanti con successo anche grazie al supporto della moglie Anna di Lusignano. Fu così che, negli stessi anni in cui furono eseguiti i due *Messali* di Felice V, venne iniziato il bellissimo *Libro d'Ore del duca Ludovico*, che nella decorazione marginale presenta notevoli affinità con il *Messale* dell'Archivio di Stato di Torino[57] e il cui maestro principale sembra aver completato il *Breviario* di Amedeo VIII ora a Besançon[58]. Le *Ore* parigine sono l'unico codice riconducibile alla committenza di Ludovico di Savoia ad avere suscitato la giusta attenzione degli studiosi, ma altri, e non meno interessanti, furono gli incrementi apportati dal nuovo duca alle collezioni librarie del suo casato. Un meraviglioso manoscritto, sfuggito quasi del tutto all'attenzione di coloro che si sono occupati della ricostruzione della biblioteca sabauda in età medioevale, è il *Breviario* ms. Lat. 760 della Bibliothèque nationale di Parigi, che è un imponente volume di 641 fogli, ornato da più di 150 medaglioni, iniziali e riquadri istoriati e da altrettante decorazioni marginali, raffiguranti uccelli, putti, angeli, draghi, figure grottesche e motivi floreali (fig. 111)[59]. Da un punto di vista liturgico, l'intitolazione del manoscritto all'inizio del Temporale (f. 7) e i santi presenti nel Calendario, nelle Litanie e nel Santorale indicano che si tratta di un *Breviario ad uso dei frati minori di Milano*. Le miniature, ricondotte a suo tempo da Toesca al Maestro delle Vitae Imperatorum, sono oggi considerate opera di una personalità vicina a questo artista[60]. Molteplici sono le affinità codicologiche, liturgiche e stilistiche tra il ms. Lat. 760 della Bibliothèque nationale di Parigi e il più famoso *Breviario* ms. 4 della Bibliothèque municipale di Chambéry, che fu eseguito per la figlia di Amedeo VIII, Maria di Savoia, poco dopo il suo matrimonio con Filippo Maria Visconti, duca di Milano (1428)[61]. L'unione dei due casati è sottolineata in più punti del manoscritto di Chambéry dalla presenza dello stemma sabaudo e di quello visconteo uniti in uno stesso scudo, o associati nella stessa pagina (ff. 9, 53, 427, 430*v*, 549 e 571*v*). Nel *Breviario* della Nationale di Parigi compaiono tre stemmi distinti: lo scudo sabaudo pieno, ancora ben leggibile ai ff. 300, 386*v*, 402 e 493; quello della famiglia Montchenu ai ff. 310, 382*v*, 483 e 529*v*; e infine quello dei Tournon, ai ff. 7, 28 e 318. Secondo l'abate Leroquais i tre stemmi corrisponderebbero ai tre proprietari successivi del manoscritto, vale a dire un membro non identificato di casa Savoia; Jean de Montchenu, che tra le altre cose fu vescovo di Viviers dal 1478 al 1497; e Claude de Tournon, vescovo di Viviers dal 1498 al 1542. Secondo François Avril (comunicazione orale), invece, lo scudo sabaudo e quello di Montchenu sono coevi e non indicano quindi un passaggio di proprietà. Il problema è complicato dal fatto che molti stemmi sono stati raschiati (ff. 28, 35*v*, 45*v*, 83*v*, 87*v*, 131*v*, 145, 183*v*, 189*v*, 310, 318, 382*v*, 477*v*, 483 e 581*v*) e non è così chiaro se si tratti di quello dei Savoia o di quello dei Montchenu, a eccezione del f. 483 dove, nel margine, un putto regge uno scudo con le insegne dei Montchenu e contemporaneamente soffia in una tromba da cui pende un vessillo che recava le armi sabaude chiaramente ritoccate. In ogni caso, anche se a un esame più attento i due scudi dovessero risultare inequivocabilmente contemporanei, non è da escludere che il *Breviario* di Parigi sia stato comunque commissionato da un Savoia che ne fece poi dono a un membro della famiglia Montchenu. Lo stemma sabaudo, retto da una graziosa figura femminile, ha una posizione di particolare rilievo al f. 493 del manoscritto, ossia nella parte del Santorale dedicata alla festa di san Ludovico d'Angiò (fig. 111). È quindi assai probabile che sia stato il duca Ludovico il personaggio di casa Savoia a essere coinvolto direttamente (come committente del codice) o indirettamente (come destinatario di un omaggio da parte di un fedele della corte sabauda) nella confezione del ms. Lat. 760 di Parigi. Il tramite con la bottega del Maestro delle Vitae Imperatorum dovette essere la sorella del duca, Maria duchessa di Milano, che in anni non lontani proprio a quella bottega si era affidata per l'esecuzione del *Breviario* ora a Chambéry[62].

Un manoscritto da ricondurre invece con certezza alla biblioteca di Ludovico è il ms. Pal. 56 della Biblioteca Palatina di Parma (figg. 112-117). Si tratta di un *Libro d'Ore*, iniziato verso il 1380 verosimilmente per Beatrice Regina della Scala di Verona, moglie di Bernabò Visconti[63]. Il codice, rimasto incompiuto per la morte della prima proprietaria (1384), giunse per vie ancora da indagare in Savoia e qui fu terminato intorno al quinto decennio del Quattrocento. Il secondo intervento interessò le pagine del calendario e i margini laterali alle due colonne di scrittura dell'intero manoscritto, che furono arricchiti con tralci vegetali ospitanti animali, ibridi, giullari, angeli, profeti, figure di santi e scene sacre il più delle volte direttamente collegate al testo. Lo stemma sabaudo raffigurato ai ff. 29, 191 e 210 (fig. 112) non lascia dubbi sull'origine della seconda campagna decorativa del *Libro d'Ore* di Parma, che va però collegata alla figura di Ludovico e non a quella di Anna di Lusignano, come proposto di recente da Edith K. Kirsch[64]: lo scudo di Savoia è infatti pieno e non bipartito come dovrebbe essere in base alle convenzioni dell'araldica medioevale se si trattasse di uno stemma femminile[65]. Come mi ha fatto gentilmente osservare François Avril, neanche l'attribuzione delle miniature al secondo Maestro delle Ore del duca Ludovico, come sostenuto dalla stessa Kirsch e ribadito in seguito da Giuseppa Zanichelli, risulta convincente[66]. L'autore della seconda campagna decorativa delle *Ore* di Parma non si mostra altrettanto prepotentemente aggiornato sulle novità dell'arte fiamminga, né rivela una complessità di cultura o una finezza esecutiva pari a quelle dell'artista sopracitato. Il linguaggio dell'anonimo miniatore di Parma, stilisticamente e cronologicamente, si colloca in una fase precedente della miniatura savoiarda (e la raffigurazione di un papa ai ff. 77 e 84 è un indizio non trascurabile per la datazione del manoscritto; fig. 113), risultando ancora strettamente legato ai modi di Lamy[67]. È vero però che gli stilemi e il repertorio iconografico di Péronet nelle *Ore* parmensi sono interpretati con sensibilità e intelligenza e quindi superati, grazie soprattutto alla delicatezza del disegno, alla raffinata stesura cromatica e alla cura nei dettagli naturalistici (dall'attenzione per la consistenza delle stoffe, alle lumeggiature sugli incarnati, alla resa dei volumi e della profondità spaziali). I modi più evoluti dell'autore della seconda campagna decorativa del ms. Pal. 56 della Biblioteca Palatina di Parma, verosimilmente eseguita ancora al tempo del pontificato di Felice V, costituiscono quindi un interessante *trait-d'union* tra le vecchie tendenze della miniatura savoiarda, ormai sul viale del tramonto, e le nuove sollecitazioni formali che si stavano diffondendo nel ducato a partire dagli anni quaranta del Quattrocento, e mostrano ancora una volta quanto ricca e variegata fosse l'attività degli *ateliers* di miniatori legati alla corte sabauda al tempo del duca Amedeo e di suo figlio Ludovico.

Anna di Lusignano, figlia di Giano, re di Cipro, Gerusalemme e Armenia, e moglie di Ludovico dal 1434, contribuì anch'essa all'arricchimento dei fondi librari di casa Savoia, con manoscritti prodotti *ex novo*[68] o provenienti dalle collezioni della sua famiglia. Oltre all'*Histoire ancienne jusqu'à César*, ms. 10175 della Bibliothèque royale di Bruxelles[69], e alla *Pharsalia* di Lucano, ms. Lat. 8044 della Bibliothèque nationale di Parigi[70], entrambi appartenuti alla dinastia di Cipro, sono da segnalare due codici non citati da Sheila Edmunds nel suo catalogo dei fondi librari medioevali di casa Savoia. Si tratta dei mss. L.IV.1 e J.II.9 della Biblioteca Nazionale di Torino[71]. Il primo contiene il romanzo intitolato *Le livre du gentil Chevalier Philippe de Mandien*, che fu scritto e dedicato ad Anna di Lusignano tra il 1447 e il 1448 da Perrinet Dupin, originario di La Rochelle, cronista di casa Savoia (fu autore tra l'altro di una biografia su Amedeo VII) e, dal 1476, segretario del duca Filiberto I[72]. Si tratta di un codice interessante per il suo contenuto - l'opera si ispira al *Florimont* di Aimon de Varennes e si incentra sulle leggende relative agli antenati di Alessandro il Grande - ma di fattura modesta, essendo arricchito unicamente da semplici iniziali e rubriche in rosso[73]. Di ben altra qualità è invece il ms. J.II.9, una delle più importanti raccolte di musica polifonica tardomedioevale, che comprende composizioni sacre e profane databili stilisticamente tra la fine del Trecento e l'inizio del secolo successivo[74]. Un repertorio musicale amplissimo che sembra essere stato composto appositamente per la corte reale di Cipro. La tradizione vuole che il prezioso codice sia giunto in Savoia al seguito della principessa Anna in occasione del suo matrimonio con il duca Ludovico nel 1434, ipotesi che parrebbe confermata dall'aggiunta di una messa ciclica ai ff. 139*v*-141*v*, le cui caratteristiche grafiche rimandano alla regione savoiarda e a una data intorno agli anni trenta del Quattrocento. È assai probabile, inoltre, che il manoscritto fosse nelle collezioni del castello di Chambéry nel 1498[75]. Tuttavia solo un'analisi stilistica approfondita della decorazione del ms. J.II.9 della Biblioteca Nazionale di Torino potrà far piena luce sulla provenienza e sulla storia del volume. Esso è infatti ornato da due splendide iniziali istoriate e da numerose iniziali decorate (figg. 118-119), che si possono datare entro la prima metà del Quattrocento ma che non sono sicuramente di area savoiarda. Inoltre il frontespizio reca nei margini uno stemma («bandato doppio merlato d'oro e di rosso»), forse riconducibile alla famiglia Beggiamo di Savigliano[76].

[1] W. STIEBER, *Amédée VIII-Félix V et le concile de Bâle*; E. MONGIANO, *Da Ripaille a Losanna: papa del concilio o duca di Savoia?*, in B. ANDENMATTEN e A. PARAVICINI BAGLIANI (a cura di), *Amédée VIII-Félix V, premier duc de Savoie et pape (1383-1451)*, Actes du Colloque International (Ripaille-Losanna, 23-26 ottobre 1990), Losanna 1992 (Bibliothèque historique vaudoise 103), pp. 339-362 (la citazione è tratta da p. 348) e 363-373. L'ingerenza di Amedeo negli affari dello Stato sabaudo si rafforzò ulteriormente nel 1447, quando Ludovico, duca di Savoia dal 6 gennaio del 1440 in seguito all'abdicazione paterna, trasferitosi in Piemonte per fronteggiare i problemi del Milanese, creò un consiglio preposto all'amministrazione dei territori transalpini ponendolo sotto la direzione dello stesso Felice V.
[2] M. BRUCHET, *Le château de Ripaille*, Parigi 1907, pp. 524-526. Poco prima dell'elezione al pontificato di Amedeo VIII, i documenti segnalano un pagamento al suo segretario Martin Le Franc «pro nonnullis libris et istoriis de latino in gallicum et de gallico in latinum trasferendis» (M. R. JUNG, *Situation de Martin Le Franc*, in M. ORNATO e N. PONS [a cura di], *Pratiques de la culture écrite en France au XVe siècle*, Actes du Colloque International du CNRS [Parigi, 16-18 maggio 1992], Lovanio 1995, p. 16), e l'acquisto di «certis libris iuris canonicis» il 25 febbraio 1439 (AST, Sezioni Riunite, Camerale Savoia, inv. 16, reg. 84, f. 451).
[3] S. EDMUNDS, *New Light on Bapteur and Lamy*, in «Atti della Accademia delle Scienze di Torino. Classe di scienze morali, storiche e filologiche», vol. 102, 1967-1968, pp. 525-526, nn. 42-43.
[4] Tra il luglio del 1433 e il marzo del 1436 l'assemblea conciliare emanò una serie di decreti che portarono all'abrogazione del diritto pa-

pale di riserva dei benefici ecclesiastici, fino a quel momento una delle fonti di maggiori entrate per la curia romana. Dopo ripetuti tentativi, il 19 gennaio del 1442 Felice V riuscì a ottenere dal concilio (con il decreto «Etsi inscrutabili») il diritto di amministrare e percepire le rendite di un vescovado, un'abbazia e un priorato posti «in dominiis et sub ditione... ducis Sabaudie et comitis Gebennarum»; con il decreto «Rerum dispensatione» del 28 gennaio del 1446, il diritto papale di riserva fu esteso a tutti i territori soggetti al duca di Savoia (STIEBER 1992, pp. 354 e 358-362; MONGIANO 1992, p. 364).
[5] Felice V fu incoronato solennemente papa il 24 luglio del 1440 a Basilea. Qui rimase fino al novembre del 1442 quando, in seguito ai contrasti insorti con l'assemblea conciliare, il papa tornò negli Stati sabaudi.
[6] V. PROMIS, *Inventaire fait au XVe siècle des meubles, ornements religieux, vaisselles, tapisseries, etc., empruntés par le pape Félix V à l'hôtel de la Maison de Savoie*, in «Mémoires et Documents publiés par la Société Savoisienne d'Histoire et d'Archéologie», tomo XV, 1876, pp. 297-323.
[7] Queste si dividevano a loro volta in: «camere»; «magne tapisserie»; «tapisseria nemorum venacionum et vollayrie»; «bancheria [panni per coprire i banchi]»; «carrelli [cuscini di dimensioni ridotte e forma quadrata]»; «lecti»; «tapisseria capelle»; «capitre [sorta di copricapi]».
[8] Questa categoria prevedeva le seguenti voci: «caduli [specie di vasi] et naves [oggetti di oreficeria che si mettevano al centro della tavola imbandita e che potevano avere la forma di una galera]; «phitalphi [contenitori per il vino]»; «platelli e scutelle»; «ciphi e gobelleti [coppe e bicchieri]»; «eiguerie [acquamanili], sallerie [saliere] et drageria [confettiere] ac cissoria [taglieri]»; «coclearia [vasi ecclesiastici] et alia ioialia».

[9] PROMIS 1876, pp. 305, 310, 312, 319 e 321.

[10] Si ricordi però che l'*Apocalisse* dell'Escorial, eseguita dopo la morte di Maria, reca ancora lo stemma di Borgogna (f. 9), nonché una raffigurazione al completo della famiglia ducale (f. 14*v*): A. VADON, *Amédée VIII-Félix V dans l'iconographie*, in ANDENMATTEN e PARAVICINI BAGLIANI (a cura di) 1992, pp. 105-119, in particolare p. 108.

[11] PROMIS 1876, pp. 304, 307, 310 e 312-313. Un altro oggetto che si data entro la fine del secondo decennio del Quattrocento è il «dragerium veriatum ad arma principis Achaye» (*Ibid.*, p. 321). È possibile, inoltre, che il «tapissium vetus de papagalis» sia quel che rimane della «chambre à papegaux», acquistata a Parigi nel 1378 per conto di Amedeo VI (M. VIALE FERRERO, *Gli acquisti di arazzi del Conte Verde e Nicolas Bataille*, in *Studi di Storia dell'Arte in onore di Vittorio Viale*, Torino 1967, pp. 63-70, in particolare p. 68).

[12] P. VAYRA, *Le lettere e le arti alla corte di Savoia nel secolo XV. Inventari dei castelli di Ciamberì, di Torino e di Ponte d'Ain - 1497-98*, in «Miscellanea di storia italiana», tomo XXII, 1884, p. 101, n. 529. Nello stesso inventario è citato un «grant drap de vellours verd brodé, dessus la vie sainct Jehan Baptiste à grans personnages d'or et soye, armoyés aux dessus et aux coustés tout au long de petites croix blanches et des armes de Bourgongne my parties et doublé de toyle noire» e soprattutto una «grant chappe de drap d'or sus cramoysi, vellours sur vellours, l'orfrey en broderie à appostres et prophètes, au chapperon les trois Roys et la billette aux armes de notre sainct Père, pape Felix» (*Ibid.*, p. 86, n. 338 e p. 134, n. 904). Nella Sainte-Chapelle di Chambéry, il 26 gennaio del 1498 è invece segnalata la presenza di «une sarge rouge brodée à croix blanches et armes de Bourgongne» (*Ibid.*, p. 123, n. 787).

[13] G. ROMANO, *Tra la Francia e l'Italia: note su Giacomo Jaquerio e una proposta per Enguerrand Quarton*, in *Hommage à Michel Laclotte. Etudes sur la peinture du Moyen Age et de la Renaissance*, Milano-Parigi 1994, pp. 180 e 187, nota 41.

[14] *Ibid.*, p. 180 e 187, nota 40.

[15] L'elenco è stato pubblicato anche da S. EDMUNDS, *The Medieval Library of Savoy*, in «Scriptorium», XXV, 1971, pp. 272-273, n. 117. Per quanto riguarda il messale scritto in «litera parisiense», la studiosa americana si chiedeva se non potesse essere identificato con quello eseguito a Parigi da Nicolas Breton nel 1316 su commissione di Amedeo V. Due messali della cappella ducale furono riparati e dotati di una nuova rilegatura nel 1432 da «Aymoni Rosey religatori librorum». Un graduale mancante del primo quaderno, come sembra quello citato nell'inventario del 1440, è segnalato nell'inventario dei libri di Amedeo, principe di Piemonte, stilato dopo la sua morte, il 3 settembre del 1431, e forse compare nel 1498 nella cappella del castello di Torino (*Ibid.*, pp. 255, 268-269 e 276, nn. 6, 95 [u], 99 e 163 [1066]).

[16] Il 6 settembre del 1442 il tesoriere del duca Ludovico registra un pagamento a favore del «nobili viro Girardo de Gebennis scuttiferie domini pro suis et sui equi eius famuli ac unius diei expensis eundo a Gebennis Thononium ibidem mandatum [...] pro hemendo *certos libros* parte sanctissimi domini nostri pape» (*Ibid.*, p. 273, n. 123).

[17] Felice V alternò la sua residenza tra Losanna e Ginevra, di cui assunse l'amministrazione dell'episcopato a partire dal 1444, riservandosi di conseguenza le rendite della diocesi. Numerose furono le donazioni che il papa elargì alle chiese del Vaud, durante la sua permanenza in quei territori: alla cattedrale di Losanna, strettamente legata alla devozione sabauda, offrì una pace in argento dorato raffigurante l'Annunciazione; a quella di Basilea, una campana in bronzo con il suo stemma; mentre alla chiesa di Saint-Maurice d'Agaune, un turibolo, due candelabri e una mitra, provenienti dalla sua cappella privata. Nell'abbazia di Saint-Maurice d'Agaune, Felice V fece anche edificare una cappella, «destinée peut-être à l'exposition des reliques de Saint Maurice, dont on voit aujourd'hui 4 voûtes d'ogives simples aux clefs armoiriées» (B. ANDENMATTEN e D. DE RAEMY [a cura di], *La Maison de Savoie en Pays de Vaud*, catalogo della mostra, Losanna 1990, pp. 93-97 e 107-108, schede VI 18-20). Una cappella con lo stemma sabaudo, sormontato dai simboli pontificali si trovava, inoltre, nella chiesa del San Sepolcro di Annecy, distrutta nel 1966: *Sculpture gothique dans les Etats de Savoie 1200-1500*, catalogo della mostra, Chambéry 2003, pp. 58-61 (scheda di S. Piretta).

[18] E. MONGIANO, *Le missel de Félix V (Amédée VIII de Savoie)*, in A. PARAVICINI BAGLIANI (a cura di), *Les manuscrits enluminés des comtes et ducs de Savoie*, Torino 1990, pp. 105-108, in particolare pp. 106-107, nota 20. L'invio dei sovracitati manoscritti fu sollecitato l'11 febbraio del 1444: *Ibid.*, p. 108, nota 23.

[19] EDMUNDS 1971, p. 274, n. 130.

[20] MONGIANO 1990, p. 106.

[21] VAYRA 1884, pp. 29, 60 e 63, nn. 10, 175 e 188.

[22] Il dottor Angelo Giaccaria, responsabile del settore tutela, conservazione e restauro della Biblioteca Nazionale di Torino, mi ha gentilmente informata che l'attuale ms. I.III.39 ha una collocazione sbagliata; esso va forse identificato con il ms. K.II.3 citato nell'*Appendice al Pasini*, p. 68 (*Acta Patrum Concilii Basilensis contra Eugenium IV Pontificum Maximum*).

[23] P. LACROIX e A. RENON, *A propos des stalles de Saint-Claude: quelques notes «savoisiennes»*, in ANDENMATTEN e PARAVICINI BAGLIANI (a cura di) 1992, p. 437; G. ROMANO, *Da Giacomo Pitterio ad Antoine de Lonhy*, in G. ROMANO (a cura di), *Primitivi piemontesi nei musei di Torino*, Torino 1996, p. 179, nota 47 e p. 185, nota 52. Tra il 6 marzo del 1440 e il 6 marzo del 1441 Jean de Vitry era stato pagato dalla città di Ginevra per scolpire due pannelli di pino, su cui il pittore Janin Loysel avrebbe poi dipinto lo stemma del pontefice, mentre il 2 luglio del 1446 l'artista ricevette un pagamento per una statua raffigurante san Maurizio che gli era stata commissionata il 22 dicembre dell'anno precedente. Com'è noto, la collaborazione tra pittori e scultori nel tardo Medioevo fu assai frequente: per quanto riguarda gli artisti attivi alla corte sabauda si ricordi il possibile contatto tra Jaquerio e Jean de Prindall e la collaborazione certa tra Bapteur e un «Mermeto tailliatori Ymagiarum», mentre sappiamo che Gregorio Bono dipinse il volto di un reliquiario raffigurante san Vittore, forse eseguito dall'orefice di corte Gosvino di Bomel, probabilmente originario delle Fiandre (A. BAUDI DI VESME, *Schede Vesme. L'arte in Piemonte dal XVI al XVIII secolo*, vol. IV, Torino 1982, pp. 1.187 e 1.493 [1963-1982]; ROMANO 1994, p. 178).

[24] VAYRA 1884, p. 137.

[25] *Ibid.*, p. 70, n. 237.

[26] L. CIBRARIO, *Della economia politica del Medioevo*, Torino 1861, vol. I, p. 476, nota 1; P. VAYRA, *Il Museo storico della Casa di Savoia nello Archivio di Stato di Torino*, Torino 1880, pp. 88-93.

[27] F. MUGNIER, *Les manuscrits à miniatures de la Maison de Savoie*, Moutiers-Tarentaise 1894 (che si sofferma solo sul *Messale* dell'Archivio di Stato di Torino); V. VIALE, *Arte alla Corte Sabauda e in Piemonte nel XIV e XV secolo*, in J. DE BLASI (a cura di), *I Savoia dalle origini al 1900*, Firenze 1940, p. 50 (che segnala unicamente il *Messale* della Reale).

[28] L. MALLÉ, *Le arti figurative in Piemonte dalle origini al periodo romantico*, Torino s.d. [1961], p. 120 (errore ripetuto nell'edizione del 1974).

[29] Toesca pare aver intuito precocemente la connessione tra i due *Messali* di Felice V, accostando questi ad altri manoscritti di origine savoiarda, quali l'*Apocalisse* dell'Escorial, il *Libro d'Ore* del duca Ludovico (Parigi, Bibliothèque nationale, ms. Lat. 9473) e le cosiddette *Ore di Saluzzo* (Londra, British Library, ms. Add. 27697): P. TOESCA, *Antichi affreschi piemontesi*, in «Atti della società piemontese di Archeologia e Belle Arti», vol. VIII, 1910, p. 61, nota 1. Prima degli interventi degli anni sessanta i due volumi, da un punto di vista stilistico, erano stati genericamente ricondotti dai più ad ambito francese (MUGNIER 1894, pp. 19-20; D. DIRINGER, *The Illuminated Book - its History and Production*, Londra 1958, p. 407) e il *Messale* dell'Archivio di Stato di Torino aveva suscitato l'interesse della critica più per gli inserti duecenteschi in esso contenuti che per le miniature quattrocentesche (CIBRARIO 1861, vol. I, p. 476, nota 1; VAYRA 1880, p. 89; V. VIALE [a cura di], *Gotico e Rinascimento in Piemonte*, catalogo della mostra, Torino 1939, p. 204, n. 11).

[30] S. EDMUNDS, *The Missals of Felix V and Early Savoyard Illumination*, in «The Art Bulletin», vol. XLVI, n. 2, giugno 1964, pp. 127-141 (1964a).

[31] A. GRISERI, *Jaquerio e il realismo gotico in Piemonte*, Torino s.d. [1965], p. 100; E. CASTELNUOVO e G. ROMANO (a cura di), *Giacomo Jaquerio e il gotico internazionale*, catalogo della mostra, Torino 1979, pp. 222-228, nn. 25-26. Non ha trovato seguito la proposta di Clément Gardet di riconoscere nel *Messale* della Biblioteca Reale di Torino la mano di Bapteur accanto a quella di Lamy: C. GARDET, *De la peinture du Moyen Age en Savoie*, vol. I, *Du XIe au XVe siècle*, Annecy 1965, p. 100.

[32] MONGIANO 1990, pp. 105-108; I. MASSABÒ RICCI, M. CARASSI e L. C. GENTILE (a cura di), *Blu, Rosso e Oro. Segni e colori dell'araldi-

ca in carte, codici e oggetti d'arte, catalogo della mostra, Torino 1998, pp. 252-253, n. 271 (scheda di E. Mongiano).

[33] H. LEHMANN HAUPT, Gutenberg and the Master of the Playings Cards, New Haven (Conn.) - Londra 1966, p. 37; A. H. VAN BUREN e S. EDMUNDS, Playing Cards and Manuscripts: Some Widely Disseminated Fifteenth-Century Model Sheets, in «The Art Bulletin», LVI, n. I, marzo 1974, pp. 12-30, in particolare pp. 12, 18-20, 22 e 25-27; R. AMIET, Catalogue des livres liturgiques manuscrits et imprimés dans les bibliothèques et les archives de Turin, in «Bollettino storico-bibliografico subalpino», LXXVII, 1979, pp. 666-667 e 695-696; VADON 1992, pp. 111-114.

[34] A. DE JUSSIEU, La Sainte-Chapelle du Château de Chambéry, in «Mémoires de l'Académie impériale des Sciences, Belles-Lettres et Arts de Savoie», ser. II, X, 1869, pp. 271-272, nn. 211-212; A. FABRE, Trésor de la Sainte Chapelle des Ducs de Savoie au Chateau de Chambéry D'après des inventaires inédits des XVe & XVIe siècles, Lione 1875, pp. 126-128, nn. 211-212; EDMUNDS 1971, p. 281, nn. 211-212. Nello stesso inventario era segnalato un altro messale appartenuto a Felice V: «Primo *missale* maius incipiens in penultima linea prime columpne post kalendarium "In animam meam" et in ultima columpna eiusdem marginis in ultima linea "Deus qui de beate Marie". In quinta autem riga secunde columpne in margine canonis scribitur "Cultoribus"; cum duobus fermaliis ad arma domini Felicis pape de argento deauratо». Questo manoscritto, di cui oggi si è perduta traccia, non compare nell'inventario della cappella del castello di Torino del 1498, a meno che non lo si voglia identificare (ma l'indicazione è troppo generica) con il «*missal* en parchemin illuminé et istorié dor et dasur couvert de peau rouge a fermaulx dargent doré».

[35] VAYRA 1884, pp. 150-151, nn. 1.064 e 1.072; S. EDMUNDS, The Medieval Library of Savoy, in «Scriptorium», XXVI, 1972, p. 276, nn. 1.064 e 1.072. Le originarie legature dei due manoscritti, con fermagli di argento dorato recanti lo stemma di Felice V (*Messale* della Reale) e con la raffigurazione in smalto dell'«Annunciazione» (*Messale* dell'Archivio di Stato), sono andate purtroppo perdute.

[36] VAYRA 1880, pp. 88-93.

[37] AMIET 1979, pp. 666-667 e 695-696.

[38] MONGIANO 1990, pp. 105 e 107, nota I. La studiosa ha fatto notare come «le montant relativement modeste de la somme et la qualification d'*illuminator* réservée à Pinoci montrent bien [...] qu'il s'agit du paiement d'une partie seulement, probablement marginale, d'une entreprise de décoration sans doute plus onéreuse et confiée à un artiste plus considérable» (*Ibid.*, p. 106).

[39] Si veda sopra alla nota 34.

[40] Già Delaissé, in un appunto all'inventario di Promis sui manoscritti della Biblioteca Reale di Torino, aveva notato che il *Messale* di Felice V qui conservato presentava gli stessi margini del ms. 9466 della Bibliothèque royale di Bruxelles, contenente una copia del *Champion des Dames* di Martin Le Franc. Sheila Edmunds, partendo proprio da questa osservazione, allargò il confronto al *Messale* dell'Archivio di Stato, attribuendo i tre manoscritti a un solo artista, ossia Péronet Lamy (EDMUNDS 1964a, p. 131). Fu Silvana Pettenati a sottolineare per prima la differenza di mano tra le miniature e i margini decorati nei due *Messali* di Felice V, differenza ribadita più tardi da François Avril a proposito del *Champion des Dames* di Bruxelles: CASTELNUOVO e ROMANO (a cura di) 1979, p. 225; F. AVRIL e N. REYNAUD, *Les Manuscrits à peintures en France 1440-1520*, catalogo della mostra, Parigi 1993, p. 205, n. 112. Un altro manoscritto uscito dalla bottega di Lamy, nei cui margini compare il presunto Pinoci, è il *Messale*, ms. b.I.3, della Real Biblioteca del Monasterio de San Lorenzo de El Escorial, per il quale si rimanda all'ultimo capitolo di questa ricerca.

[41] LEHMANN HAUPT 1966, pp. 36-39; VAN BUREN e EDMUNDS 1974, pp. 18, 20, 25 e 27; S. EDMUNDS, Catalogue des manuscrits savoyards, in A. PARAVICINI BAGLIANI (a cura di), *Les manuscrits enluminés des comtes et ducs de Savoie*, Torino 1990, p. 200, n. 39 e p. 216, n. 8 (1990b). Gli altri manoscritti savoiardi in cui compaiono i motivi tratti dal Maestro delle Carte da Gioco sono: il già citato *Messale*, ms. b.I.3, dell'Escorial; il *Libro d'Ore*, ms. 977.I.I, del Musée Savoisien di Chambéry; le *Ore di Saluzzo* di Londra, British Library, ms. Add. 27697; il *Libro d'Ore* del duca Ludovico, ms. Lat. 9473 della Bibliothèque nationale di Parigi; il *Libro d'Ore*, ms. 84, della Bibliothèque municipale di Clermond-Ferrand. I primi due manoscritti uscirono entrambi dalla bottega di Lamy (e nel primo la decorazione dei margini si deve ancora a Guillermo Pinoci), mentre le

Ore di Saluzzo furono iniziate da Péronet e dal primo Maestro delle Ore del duca Ludovico, e terminate in un secondo tempo da Antoine de Lonhy.

[42] ROMANO 1996, p. 176, nota 44. Alcuni dei motivi utilizzati dal Maestro delle Carte da Gioco erano già diffusi nella tradizione miniatoria precedente, in particolare nei manoscritti usciti dalla bottega del Maestro del duca di Bedford a partire dal secondo decennio del Quattrocento. È probabile quindi che esistessero e circolassero già libri di modelli per uso decorativo da cui il Maestro delle Carte da Gioco, artista di origine altorenana con una possibile formazione da orefice alle spalle, partì per le sue incisioni: M. WOLFF, *Some Manuscript Sources for the Playing-Cards Master's Number Cards*, in «The Art Bulletin», LXIV, n. 4, dicembre 1982, pp. 587-600; ID., voce *Master of the Playing Cards*, in J. TURNER (a cura di), *The Dictionary of Art*, Londra/New York (N.Y.) 1996, vol. 20, pp. 745-746. La tecnica dell'incisione su rame, dal canto suo, inventata anch'essa con ogni verosimiglianza nella zona dell'Alto Reno, accrebbe notevolmente, a partire dal 1430 circa, la disponibilità e la circolazione di nuovi e vecchi motivi figurativi: H. M. SCHMIDT, *La committenza e le forme del gotico*, in G. BOTT (a cura di), *La pittura tedesca*, vol. I, Milano 1996, p. 110.

[43] AVRIL e REYNAUD 1993, pp. 208-209, n. 114 (scheda di F. Avril); M. NATALE (a cura di), *El Renacimiento Mediterráneo. Viajes de artistas e itinerarios de obras entre Italia, Francia y España en el siglo XV*, catalogo della mostra di Madrid e Valenza, Madrid 2001, pp. 305-308, n. 41 (scheda di F. Elsig). Abbiamo già ricordato che Avril ha individuato all'interno del manoscritto due personalità distinte, forse di origine geografica diversa, e operanti rispettivamente tra il 1445-1450 e il 1460. Al primo dei due maestri Frédéric Elsig ha accostato la «Natività», inv. 203, del Kelvingrove Art Gallery and Museum di Glasgow, situata a suo tempo da Sterling nella Savoia di Felice V e da lui collegata alla figura di Domenico Capranica: CH. STERLING, *Etudes savoyardes I: Au temps du duc Amédée*, in «L'Oeil», n. 178, 1969, pp. 9-12; ID., *Etudes savoyardes I. Supplément*, in «L'Oeil», nn. 195-196, 1971, pp. 14-15 (l'ultimo intervento sulla tavola è in T. H. BORCHERT [a cura di], *The Age of Van Eyck. The Mediterranean World and Early Netherlandish Painting, 1430-1530*, catalogo della mostra, Bruges 2002, p. 248, n. 63). Nelle *Ore* di Ludovico di Savoia, la raffigurazione più volte ripetuta della tiara papale (ff. 64v, 76v e 164) allude verosimilmente al pontificato di Felice V (CH. STERLING, *L'influence de Konrad Witz en Savoie*, in «Revue de l'Art», 71, 1986, p. 17).

[44] AVRIL e REYNAUD 1993, pp. 209-210 (testo di N. Reynaud). Il codice che ha dato il nome a questo artista è il ms. HB I 175 della Württembergische Landesbibliothek di Stoccarda, per il quale si rimanda anche a C. GARDET, *Un Livre d'Heures du comte de Piémont, futur Duc Amédée IX de Savoie*, in PARAVICINI BAGLIANI (a cura di) 1990, pp. 109-120.

[45] CASTELNUOVO e ROMANO (a cura di) 1979, pp. 225-228, n. 26; MONGIANO 1990.

[46] CASTELNUOVO e ROMANO (a cura di) 1979, pp. 222-225, n. 25.

[47] VAYRA 1880, p. 89; EDMUNDS 1964, p. 129; GRISERI [1965], p. 100; EDMUNDS 1972, p. 290; CASTELNUOVO e ROMANO (a cura di) 1979, p. 222; VADON 1990, pp. 111-114. L'iniziale istoriata del f. 22 precede la messa solenne del Giovedì Santo *In Cena Domini*, che si apre con un inno alla Santa Croce. La miniatura al f. 113 precede il canone della messa (fig. 70). Il pontefice raffigurato ha la tonsura ed è senza barba. Al momento della sua elezione al soglio pontificio, Amedeo aveva chiesto senza successo di poter conservare il suo nome di battesimo e di poter continuare a portare la barba: STIEBER 1990, p. 359 (e l'episodio è rivelatore di come Amedeo avesse accettato la dignità papale «plutôt par amour-propre et ambition dynastique que par attachement personnel à l'oeuvre réformatrice du concile de Bâle»). Enea Silvio Piccolomini così descrive Amedeo una volta eletto papa: «Felix electus, veneranda canicie, decorus aspectu, et facie tota prudentiam prae se ferens singularem. Statura hominis communis forma egregia quantum seni datur, pilus albus cutisque, sermo paucus et morosus» (la citazione è tratta da VADON 1990, p. 114).

[48] Sulla particolarità iconografica del *Messale* dell'Archivio di Stato di Torino, già rilevata da F. CARTA, C. CIPOLLA e C. FRATI (a cura di), *Monumenta Paleographica Sacra. Atlante paleografico artistico compilato sui manoscritti esposti a Torino alla mostra d'arte sacra del 1898*, Torino 1899, pp. 42-43, è tornata, con dovizia di esempi, EDMUNDS 1964a, pp. 129-130. Per un elenco dei soggetti delle 112 iniziali che illustrano il manoscritto si rimanda alla scheda relativa in appendice al testo.

Vale la pena di ricordare, come tratto distintivo delle scelte figurative della corte sabauda al tempo di Amedeo VIII e di suo figlio Ludovico, e come indizio di un probabile scambio tra artisti e committenti, che il gusto per le iconografie ricercate contraddistingue anche il bellissimo *Breviario* di Besançon, di cui ci siamo occupati nel capitolo precedente (tavv. VII-VIII e figg. 14, 25 e 33).

[49] VAYRA 1880, p. 89; MUGNIER 1894, p. 20; EDMUNDS 1964, p. 129; CASTELNUOVO e ROMANO (a cura di) 1979, p. 226; MONGIANO 1990, pp. 106-107, nota 15. Qualche foglia non rifinita e un errore nell'iniziale al f. 137v non mi sembrano un indizio sufficiente per dimostrare l'esecuzione affrettata del *Messale* dell'Archivio che si compone di 223 fogli e 112 iniziali istoriate.

[50] Per le inserzioni duecentesche del *Messale* dell'Archivio di Stato di Torino, un tempo ritenute di cultura inglese e oggi ricondotte ad ambito geografico franco-settentrionale o fiammingo, si rimanda a S. CASTRONOVO, *La biblioteca dei conti di Savoia e la pittura in area savoiarda (1285-1343)*, Torino 2002, pp. 48-52 (2002a); F. AVRIL, *Prefazione*, in CASTRONOVO 2002a, p. 12. I ff. 96v e 115v del manoscritto, su cui sono stati incollati rispettivamente un «Cristo Giudice» e una «Crocifissione» provenienti da un codice duecentesco, erano stati lasciati volutamente bianchi dal copista quattrocentesco. Il f. 116, invece, che reca su entrambi i lati un *pastiche* di frammenti del XIII e del XV secolo, risulta inserito, ossia non faceva parte della fascicolazione originale del *Messale* di Felice V. Ciò non comporta che l'inserzione sia stata necessariamente posteriore alla confezione del manoscritto.

[51] CASTRONOVO 2002a, p. 50.

[52] Su questo punto si rimanda al paragrafo relativo all'*Apocalisse di Savoia* nel capitolo precedente e, più in generale, a S. EDMUNDS, *Le patronage artistique de la Maison de Savoie à l'époque d'Amédée VIII*, in ANDENMATTEN e PARAVICINI BAGLIANI (a cura di) 1992, p. 403.

[53] La rinuncia alla tiara pontificia fu ben orchestrata da Felice V, che cercò di ottenere il massimo dei vantaggi per sé e per la dinastia sabauda: «Les efforts séculaires des Savoie pour s'implanter à Genève et contrôler les institutions ecclésiastiques de leurs Etats étaient ainsi couronnés de succès grâce à l'épisode pontifical» (ANDENMATTEN e DE RAEMY [a cura di] 1990, p. 106).

[54] W. IRTENKAUF, *Zum Studenbuch des Herzogs Amadeus VIII von Savoyen*, in «Codices manuscripti», 2, 1976, pp. 44-50; AMIET 1979, p. 666; F. VARALLO, *I manoscritti figurati*, in G. C. SCIOLLA (a cura di), *Le collezioni d'arte della Biblioteca Reale di Torino. Disegni, incisioni, manoscritti figurati*, Torino 1985, p. 183; EDMUNDS 1990b, p. 205, n. 78. Lo stemma al f. 1, dipinto su fondo oro, è molto consunto; quello al f. 37v (fig. 80), su fondo blu decorato, è invece ben conservato e risulta di ottima fattura. Se lo stemma cardinalizio di Amedeo differisce da quello pontificale solo per la sostituzione della tiara e delle chiavi incrociate con il cappello da cardinale, più complesso appare il sigillo che egli scelse in concomitanza all'assunzione del nuovo titolo: un sigillo ogivale di 122 x 78 millimetri, raffigurante un'edicola architettonica a tre piani riccamente ornata, che ospita, nel registro inferiore, il prelato inginocchiato e orante; in quello centrale, san Paolo, san Pietro e san Maurizio, e due angeli ai lati; in alto, la Vergine con il Bambino tra due angeli a mezzo busto; su un nastro, che corre lungo tutto il perimetro del sigillo, si legge la scritta: «S. domini . amedei . episcopi sabinensis Sancte Romane ecclesie . cardinalis in cuncttis. Italie. galliarum et . germanie. partibus legati . vicarii in . perpetuum» (M. PASTOUREAU, *De la croix à la tiare. Amédée VIII et l'emblématique de la Maison de Savoie*, in ANDENMATTEN e PARAVICINI BAGLIANI [a cura di] 1992, p. 104 e, per una riproduzione e descrizione dettagliata del sigillo, D. L. GALBREATH, *Inventaire des sceaux vaudois*, Losanna 1937, p. 62, n. 1). Secondo Galbreath, il manufatto uscì dallo stesso *atelier* che produsse il sigillo della Camera del cardinale, per il quale si veda L. CIBRARIO e D. C. PROMIS, *Sigilli de' principi di Savoia*, Torino 1837, n. 97.

[55] Da un punto di vista liturgico, Amiet ci informa che «le texte de Guillaume Durand a été expurgé de tout localisme, et c'est ainsi que les interrogatoires du futur évêque (fol. 161r) et de l'abbé (fol. 177v) sont tout à fait généraux et ne nomment aucun diocèse particulier» (AMIET 1979, p. 666).

[56] Sulle scelte figurative di Felice V: ROMANO 1994, p. 180.

[57] Si confrontino i seguenti fogli dei due manoscritti: *Ore*, f. 17 - *Messale*, f. 1 o f. 124v; *Ore*, f. 190 - *Messale*, f. 4v e f. 174v. Per gli acquisti di libri al tempo del duca Ludovico: EDMUNDS 1971, pp. 272-276, nn. 111-114, 116, 118, 120-122, 124, 126-131, 133-135, 137-139

e 141-142; ID. 1990b, pp. 197 e 205, nn. 16 e 76; C. HEID-GUILLAUME e A. RITZ, *Manuscrits médiévaux de Chambéry. Textes et enluminures*, Parigi 1998, pp. 79-88.

[58] Si veda il paragrafo relativo nel capitolo precedente. Come abbiamo già ricordato, il Maestro principale delle *Ore* di Ludovico di Savoia intervenne anche nelle *Ore di Saluzzo*, dove è riconoscibile la mano di Lamy: AVRIL e REYNAUD 1993, pp. 213-216, n. 117 (scheda di F. Avril).

[59] L'abate Leroquais, nella sua scheda dettagliata sul *Breviario* della Bibliothèque nationale di Parigi, riconobbe in un membro di casa Savoia il primo proprietario del manoscritto: V. LEROQUAIS, *Les Bréviaires manuscrits des Bibliothèques publiques de France*, Parigi 1934, vol. II, pp. 438-443, n. 460. L'indicazione non è sfuggita a A. MELOGRANI, *Appunti di miniatura lombarda. Ricerche sul «Maestro delle Vitae Imperatorum»*, in «Storia dell'Arte», 70, 1990, pp. 291-293 e 298. Tra coloro che si sono occupati di ricostruire il patrimonio librario di casa Savoia alla fine del Medioevo, solo Porcher ha citato velocemente il ms. Lat. 760 di Parigi, collegandolo però erroneamente alla figura di Jean Louis de Savoie, vescovo di Ginevra: J. PORCHER, *Les enlumineurs des Ducs de Savoie*, in «Revue de Savoie», luglio-agosto-settembre 1955, p. 241.

[60] Sul ms. Lat. 760 della Bibliothèque nationale di Parigi è in corso una tesi di dottorato da parte di Anne Ritz, allieva di Michel Pastoureau all'Ecole Pratique des Hautes Etudes di Parigi.

[61] Sul ms. 4 della Bibliothèque municipale di Chambéry, eseguito dal Maestro delle Vitae Imperatorum e dalla sua bottega, con interventi contemporanei o di poco posteriori di Belbello di Pavia e collaboratori: F. AVRIL (a cura di), *Dix siècles d'enluminure italienne (VIe-XVIe siècles)*, catalogo della mostra, Parigi 1984, pp. 148-149, n. 129; MELOGRANI 1990, pp. 291-293; HEID-GUILLAUME e RITZ 1998, pp. 30-43 (anche per l'elenco della ricca bibliografia sul codice). Il ms. 19 della stessa biblioteca contiene una miscellanea di testi, composta tra il XIV e il XV secolo e accompagnata da semplici iniziali a filigrana, che fu acquistata nel 1440 a Vienna da un ufficiale della corte del duca Ludovico (*Ibid.*, pp. 79-88).

[62] Lo scambio di codici tra la corte dei Savoia e quella milanese è testimoniato più tardi da una lettera del 17 settembre 1461, in cui Ludovico ringrazia Francesco Sforza di alcuni libri ricevuti (una *Bibbia* e un testo di Alberto Magno) e coglie l'occasione per chiedergli in prestito una copia, o lo stesso originale, di un manoscritto conservato nell'albergo del Pozzo di Milano, di cui era proprietario Cristoforo Cassano. Il volume era intitolato «de provinciis et mundi mirabilibus», ossia verosimilmente il *Dittamondo* di Fazio degli Uberti (Parigi, Bibliothèque nationale, ms. It. 81), opera di un artista della cerchia del Maestro delle Vitae Imperatorum: MELOGRANI 1990, p. 305, nota 80.

[63] La fortuna critica del codice è legata soprattutto alla prima campagna decorativa, attribuita quasi unanimemente al Maestro del Libro d'Ore di Modena. Già Radaelli nel 1964 aveva identificato una seconda mano, forse francese, che avrebbe decorato i margini del manoscritto tra il XV e il XVI secolo: A. RADAELLI, *Di uno sconosciuto codice lombardo nella Palatina di Parma e del suo miniatore*, in «Aurea Parma», XLVIII, 1964, pp. 245-259. Zambrelli ha ricondotto l'intervento alla Savoia, datandolo al 1470-1480 e attribuendolo a maestranza franco-fiamminga: C. ZAMBRELLI, *Il Libro d'Ore di Beatrice Visconti: le miniature*, in «Bollettino del Museo Bodoniano di Parma», 7, 1993 (scritti in onore di Angelo Ciavarella pubblicati a cura di A. Gatti), pp. 431-448. Kirsch ha avvicinato la decorazione al secondo miniatore delle *Ore di Ludovico di Savoia* e l'attribuzione è stata confermata di recente da Zanichelli: E. W. KIRSCH, *European Ramifications of a Book of Hours of Beatrice della Scala and Anne de Lusignan*, in M. SEIDEL (a cura di), *L'Europa e l'arte italiana*, Convegno Internazionale (Firenze, 22-27 settembre 1997), Venezia 2000, pp. 109-127; L. FARINELLI (a cura di), *Cum picturis ystoriatum. Codici devozionali e liturgici della Biblioteca Palatina*, catalogo della mostra, Parma 2001, pp. 94-101, n. 6 (scheda di S. Scipioni e G. Z. Zanichelli).

[64] KIRSCH 2000, pp. 120-125. Gli indizi forniti da Kirsch a sostegno della sua ipotesi, ossia la probabile raffigurazione di Anna di Lusignano al f. 29 e al f. 81v, e il presunto rilievo dato alla Madre della Vergine nella Litania dei santi, non sono a mio avviso sufficienti per ricondurre alla duchessa di Savoia la seconda campagna decorativa del manoscritto parmense. Al f. 29 (fig. 112) noi deduciamo che la figura femminile ritratta sia Anna di Lusignano solo perché essa

accompagna il duca di Savoia, questo sì riconoscibile per lo stemma che orna la sua mantella da parata; nessuna indicazione araldica accompagna invece la dama in preghiera al f. 81*v*, ma si tenga conto che non sarebbe l'unico caso di figura per così dire anonima dipinta nei margini del manoscritto (si veda per esempio l'omino orante al f. 31); infine sant'Anna (f. 76) non è l'unica santa raffigurata nelle Litanie, dove compaiono, per esempio, santo Stefano (sempre al f. 76), un angelo e un papa (f. 77; fig. 113), un drago e una sirena (f. 75).

[65] M. Pastoureau, *Traité d'héraldique*, Parigi 1997, pp. 47-49. Le considerazioni di Kirsch sono state contraddette di recente da Zanichelli (in Farinelli [a cura di] 2001, pp. 94-101, n. 6), la quale ha proposto di identificare la committente della seconda campagna decorativa delle *Ore di Parma* con Beatrice, figlia di Giovanni Francesco Amedeo di Savoia, signore di Pancalieri e di Cavour, questo perché «nonostante le numerose correzioni e modifiche apportate al testo durante il secondo intervento», il nome della prima committente non fu mai cancellato e la raffigurazione della seconda appare «proprio a fianco della menzione "Beatricinam" a c. 81*v*». L'ipotesi si scontra nuovamente con le regole dell'araldica medioevale e non solo per i motivi sopra elencati: lo stemma pieno «di rosso alla croce d'argento», così come appare ai ff. 29, 191 e 210 del manoscritto parmense, spetta infatti solo al ramo principale del casato sabaudo, i rami collaterali distinguendosi sempre dal primo tramite la brisura (M. Pastoureau, *L'emblématique princière à la fin du Moyen Age. Essai de lexique et de typologie*, in B. Andenmatten, A. Paravicini Bagliani e A. Vadon [a cura di], *Héraldique et emblématique de la Maison de Savoie [XIe-XVIe s.]*, Losanna 1994, pp. 13-15). Le insegne del ramo di Savoia-Pancalieri erano «di rosso alla croce d'argento con un bastone di nero attraversante in banda». Lo stemma di Beatrice partito con quello, bandeggiato d'argento e di rosso, di Carlo Manfredi di Luserna, suo sposo dal 1458, compare nel ms. Varia 381 della Biblioteca Reale di Torino, un *Libro d'Ore* contenente litanie della diocesi di Tournai, che risulta gravemente danneggiato per la perdita di numerose pagine (almeno 25) verosimilmente miniate (Edmunds 1990b, p. 213, n. 63). Anche le *Ore di Parma*, come il *Breviario* di Besançon e il *Messale* di Felice V dell'Archivio di Stato di Torino, contengono alcune miniature dall'iconografia poco diffusa, in quanto trasposizione letterale del testo che accompagnano (si vedano, per esempio, i ff. 76*v*, 115, 165, 168, 186, 195, 196 e 197).

[66] Per il secondo miniatore delle *Ore* del duca Ludovico, che completò il manoscritto intorno al 1460: Avril e Reynaud 1993, pp. 208-209, n. 114 (scheda di F. Avril). Elsig ha proposto di identificare questo artista con Jean Galliot di Bruxelles, documentato a Thonon nel 1444 sotto la direzione di Jean Bapteur, nel 1450 come «familiaris et verrerius» del duca Ludovico e nel 1460 come maestro-vetraio a Chambéry: Natale [a cura di] 2001, pp. 305-308, n. 41.

[67] Già Catia Zambrelli, pur attribuendo il ciclo ad *atelier* franco-fiammingo e datandolo al 1470-1480, aveva ben visto quando notava che «la matrice stilistica e iconografica delle miniature [...] risale alla produzione savoiarda della prima metà del XV secolo, fiorita sotto Amedeo VIII» (Zambrelli 1993, p. 442).

[68] Nel 1434 sono segnalati una serie di pagamenti relativi alla decorazione e alla rilegatura di un *Libro d'Ore* per la neosposa di Ludovico di Savoia. Uno di questi era a favore di Lamy, che nel manoscritto aveva eseguito «centum litteras auri» (Edmunds 1971, p. 269, n. 101).

[69] Id. 1990b, p. 196, n. 7. Il codice fu oggetto di due campagne decorative: la prima, risalente al 1270-1280 circa, fu realizzata nello *scriptorium* di Acri; verso la fine del Quattrocento, invece, fu miniato il frontespizio, che raffigura il paradiso terrestre e che è una copia fedele ma di minor qualità del frontespizio del primo libro della *Bouquechardière* di Jean de Courcy, eseguito per Loys du Perier (Ginevra, Bibliothèque publique et universitaire, ms. Fr. 70). Nel primo terzo del XV secolo, il manoscritto di Bruxelles era senz'altro nelle collezioni dei Lusignano, come attesta, al fondo del volume, la nota di possesso di Phébus, figlio naturale del re Giano di Cipro, ma non è certo che esso sia giunto in Savoia al seguito di Anna, poiché il frontespizio reca lo stemma dei Perier d'Aix-en-Provence e la seconda campagna decorativa che interessò il volume sembra essere stata

eseguita nella stessa bottega che miniò la *Bouquechardière* di Jean de Courcy per conto di Loys du Perier. Comunque sia, il codice arrivò (o ritornò) in Savoia prima del 1498, poiché compare nell'inventario del castello di Chambéry di quell'anno; fece poi parte del lotto di manoscritti della biblioteca sabauda che Margherita d'Austria portò con sé nei Paesi Bassi e lo troviamo segnalato nel castello di Malines nel 1516 e nel 1523 (M. Debae [a cura di], *La Bibliothèque de Marguerite d'Autriche. Essai de reconstitution d'après l'inventaire de 1523-1524*, Lovanio-Parigi 1995, pp. 40-42, n. 23).

[70] Edmunds 1990b, p. 200, n. 38, tav. XXXVI. Il manoscritto, che reca aggiunto al f. 1 lo stemma di Cipro e Lusignano e che era sicuramente nel castello di Chambéry nel 1498, fu miniato intorno al 1370-1380 da Niccolò di Giacomo di Bologna, a cui si deve la decorazione di un'altra *Pharsalia* ora alla Biblioteca Trivulziana di Milano, ms. 691: Avril [a cura di] 1984, p. 84, n. 69. Un pontificale, scritto in «litera antiqua» e dalla rilegatura color cremisi chiusa da due fermagli con lo stemma dello zio della duchessa Anna, il cardinale Ugo di Lusignano, è segnalato nell'inventario della Sainte-Chapelle di Chambéry del 1483: Edmunds 1971, p. 281, n. 154 (213).

[71] I. Data, *La biblioteca di Anna di Cipro e Ludovico di Savoia*, in F. De Caria e D. Taverna (a cura di), *Anna di Cipro e Ludovico di Savoia e i rapporti con l'oriente latino in età medioevale e tardomedioevale*, Atti del Convegno Internazionale (Château de Ripaille - Thonon-les-Bains, 15-17 giugno 1995), Torino 1997, pp. 25-34.

[72] D. Chaubet, *Amédée VIII et l'historiographie savoyarde des XVe et XVIe siècles*, in Andenmatten e Paravicini Bagliani (a cura di) 1992, p. 66. Perrinet, che nella sua opera sul Conte Rosso si ispirò alla *Chronique de Savoie* di Jean Cabaret, è anche autore di una supplica in forma di questionario (*Questionnaire en cinquante-six items*), rivolta alla duchessa Jolanda di Savoia, vedova di Amedeo IX, allo scopo di ottenere informazioni da utilizzare in una biografia su Amedeo VIII.

[73] G. Pasini, *Codices manuscripti Bibliothecae Regii Taurinensis Athenaei per linguas digesti, et binas in partes distributi, in quarum prima Hebraei et Graeci, in altera Latini, Italici et Gallici*, Torino 1749, p. 467 (che descrive il manoscritto prima dell'incendio del 1904 e riporta la dedica dell'autore ad Anna di Lusignano); A. Giaccaria (a cura di), *Manoscritti danneggiati nell'incendio del 1904. Mostra di recuperi e restauri*, catalogo della mostra, Torino 1986, pp. 56-57, n. 44.

[74] Per gli interventi più recenti sul manoscritto: A. Giaccaria, *Il codice franco-cipriota J.II.9 e le vicende del fondo manoscritto della Biblioteca Nazionale Universitaria di Torino*, in I. Data (a cura di), *Miscellanea di studi in onore di Alberto Basso*, Torino 1996, pp. 7-12; K. Kügle, *Manoscritti di musica medievale in Piemonte*, in C. Bianco (a cura di), *Musica Peregrina. Presenze della Musica Medievale in Piemonte*, catalogo della mostra, Torino 1996, pp. 19-20, tavv. VII-VIII; I. Data e K. Kügle (a cura di), *Il Codice J.II.9 - Torino, Biblioteca Nazionale Universitaria - Edizione in facsimile*, Lucca 1999.

[75] Il codice era in origine preceduto da una pergamena con la copia della lettera dell'antipapa Giovanni XXIII, riguardante l'approvazione dell'Officio di sant'Ilarione su richiesta di Giano II di Cipro (1414). Il foglio, andato perduto nell'incendio del 1904, è stato ritrovato recentemente dal dottor Angelo Giaccaria della Biblioteca Nazionale di Torino. L'intestazione della lettera, «Johannes episcopus servus servorum Dei», corrisponde all'*incipit* di un codice registrato al n. 32 dell'inventario del castello di Chambéry del 1498 (Giaccaria 1996).

[76] Comunicazione orale di Luisa Gentile. Le due iniziali istoriate sono poste ad apertura degli Offici di sant'Ilarione e sant'Anna, rispettivamente ai ff. 1 e 14, e raffigurano i due santi (figg. 118-119). Al f. 1 si trova lo stemma sovracitato, retto da un angelo e ripetuto nei quattro margini laterali della pagina. Il manoscritto è impreziosito anche da numerose iniziali decorate di varia grandezza. Da un punto di vista stilistico, le miniature e l'ornamentazione di J.II.9 sono di qualità sorprendente ma di non semplice collocazione. A prima vista sembrano rimandare, come cortesemente mi informa il professor Miklós Boskovits, alla cultura figurativa lombarda o emiliana intorno al quarto decennio del Quattrocento.

Jean Bapteur

Le numerose fonti documentarie della cancelleria sabauda concernenti l'attività di Jean Bapteur, in parte pubblicate nel 1870 da Dufour e Rabut e, nella prima metà del secolo successivo, da Vesme e Carta, Bruchet, Zurich e Cornaz, furono riunite, ordinate e integrate con nuove scoperte da Sheila Edmunds alla fine degli anni sessanta: il risultato fu un repertorio imprescindibile per la ricostruzione della figura del nostro artista, attivo alla corte di Savoia per oltre 25 anni[1]. Sono dati noti, più volte utilizzati da chi si è occupato di storia dell'arte savoiarda, ma vale la pena riprenderli ancora una volta in mano. Non conosciamo la data di nascita di Bapteur, chiamato anche Batheur, Batiour, Batioux o Baptitor, né quale fu la sua formazione, né a che età entrò a servizio dei duchi sabaudi. Quel che è certo è che questo pittore, verosimilmente originario di Friburgo in Svizzera[2], riuscì a ottenere all'interno della corte una posizione di prestigio per sé e la sua famiglia[3], e il legame con i duchi ⁄ Amedeo prima, Ludovico poi[4] ⁄ sembra essere stato interrotto solo dalla morte dell'artista, avvenuta tra il 1454 e il 1457. La prima apparizione di Bapteur nei documenti della Tesoreria sabauda risale al 1427, quando l'artista accompagnò il maresciallo di Savoia, Manfredi di Saluzzo, in ambasciata in Italia, per negoziare la pace tra Amedeo VIII e il duca di Milano, Filippo Maria Visconti[5]. Considerando quali furono le tappe di questa lunga spedizione[6] non si può non pensare a un calcolo preciso da parte del duca Amedeo, che approfittò della missione diplomatica per avere informazioni di prima mano su quanto accadeva in alcuni tra i più importanti e raffinati centri artistici e culturali del momento: dunque un viaggio di formazione per il neoeletto pittore di corte, che, come è stato notato a più riprese, non mancò di avere i suoi riflessi nella celebre *Apocalisse* dell'Escorial[7]. L'importanza di quest'opera, iniziata nel 1428 e portata avanti fino al 1434, è testimoniata dalle numerose citazioni documentarie che la riguardano[8], ma non fu l'unica impresa di Bapteur in questi anni, al punto che più di una volta l'artista friburghese, affiancato da Péronet Lamy a partire dal 1432, per accelerare i tempi di esecuzione del prezioso manoscritto fu costretto a lavorare di notte al lume di candela[9]. Accanto ai molteplici impegni relativi alla confezione e decorazione di stendardi, bandiere e pennoni, scudi, cimieri, cotte d'armi, gualdrappe, costumi e apparati effimeri per le più importanti cerimonie e parate di corte ⁄ dai funerali del primogenito del duca (1432), alle feste per l'arrivo di Anna di Lusignano (1434), promessa sposa dell'erede al titolo Ludovico, alle nozze tra Margherita di Savoia e Luigi III d'Angiò (1434)[10] ⁄ in questi anni Bapteur dipinse una statua di sant'Andrea scolpita da «Mermeto tailliatori ymagiarum» (1428) e gli venne affidata la campagna decorativa della «sala nova» e della «chapella nova» del castello di Thonon (1432): 80 falconi, uno degli emblemi di casa Savoia, da restaurare («se asauver changier lez chappeletz et toutes les autres choses rompues comme les ales et plumes»), 140 nodi d'amore e 140 «FERT» «dargent bruny ponsonnez», da eseguire *ex novo*, e «600 especes dor cliquety et 67 pour semer parmy le[s] ditz laz et fert[s]»[11]. Il cantiere diretto dal pittore per questa impresa contava tra i suoi membri nove artisti di provenienza eterogenea: Jean Lache di Losanna, Jean de Maître Jacques (forse figlio di Jaquerio)[12], Guillaume Coppet, Hénoncin «le neveu de Jenin le verrier» (forse Janin Loysel di Ginevra, che compare in altri documenti al fianco di Bapteur)[13], i lorenesi Jean de la Roche e Jean de Metz, Pierre de Genève, Domenico di Venezia (la cui identificazione con Domenico Veneziano, per quanto suggestiva, è difficile da sostenere)[14], e Péronet Lamy «et son compagnion». Questa non è l'unica circostanza in cui Bapteur fu affiancato da un'*équipe* di artigiani e artisti specializzati: un'altra importante occasione di lavoro di gruppo fu costituita, nel 1442, dai preparativi «pour la venue et entremes» di Carlo I di Borbone[15], quando accanto al pittore di Friburgo, oltre a Maître Guillaume Coquin di Ginevra e Bartholomieu «verrier de Chambéry», che collaborarono altre volte con Bapteur[16], sono menzionati i «mestres» Pierre de Val, Guillaume Descoce di Lione e, soprattutto, Hanse de Chambéry, ossia Hans Witz, originario di Eichstätt in Baviera e documentato per la prima volta in Savoia nel 1440, quando a Chambéry stipulò un contratto di associazione con il pittore di corte Gregorio Bono[17]. Non molto tempo dopo la collaborazione con Bapteur, Hans lavorò con Lamy a un *Libro d'Ore*, oggi conservato a Grenoble: e sono tutti dati fondamentali questi per capire quali nuovi stimoli culturali interessarono la pittura e la miniatura in Savoia, negli anni in cui il ducato sabaudo passò dalla reggenza di Amedeo VIII a quella di Ludovico I. Le possibilità di contatti e scambi con artisti di nazionalità diversa continuarono per Bapteur negli anni successivi, sia in occasione delle grandi imprese di corte, per esempio nel 1443, nel 1445 o nel 1453[18], quando il pittore di Friburgo fu affiancato, tra gli altri, da Galliot de Bruxelles «pientre de prince d'Oringe»[19] e «da Thiebault lalement pintre»[20], sia durante i numerosi viaggi che Jean intraprese o al seguito della corte o allo scopo di reperire il materiale necessario al suo lavoro e che lo portarono a Morges, Ginevra, Chambéry, Seyssel, Torino, Ripaille, Chieri, Châlon e forse a Bruges[21]. Tra il 1453 e il 1454, infine, Bapteur soggiornò nella sua città natale, annessa nel frattempo al ducato di Savoia, per dipingere, insieme ai pittori Degenscher e Hugo Guillerin, le armi sabaude sulle porte e su alcuni edifici cittadini, come la Tour de l'Horloge, o di Jacquemart[22]. Questo è l'ultimo lavoro documentato di Bapteur: il 13 luglio del 1457 l'artista risulta già deceduto, e toccò al figlio Ludovico pagare un debito di 110 fiorini che il padre aveva contratto con Yanninus d'Avrié, «hospes crucis albe burgensis Friburgi», al tempo del suo soggiorno in quella città[23].

FORTUNA CRITICA

L'avvio per gli studi critici su Jean Bapteur fu determinato dal collegamento del suo nome, più volte citato nei documenti della Tesoreria sabauda, con l'*Apocalisse* dell'Escorial e, dato l'altissimo livello qualitativo delle miniature spettantigli nel manoscritto in questione, ne venne decretata unanimemente la grandezza[24]. Di più difficile risoluzione si rivelò invece fin dagli inizi la definizione dei caratteri propriamente stilistici e del retroterra culturale dell'artista friburghese. Già Durrieu, che non conosceva ancora i documenti, aveva notato il carattere ibrido delle miniature illustranti la prima parte dell'*Apocalisse di Savoia*, citando come loro possibile antecedente «l'école flamande-parisienne» del primo terzo del XV secolo, con riferimento particolare a Hesdin e ai Limbourg[25]. Poco dopo Petit-Delchet definì la maniera di Bapteur come «franco-italienne et quelquefois un peu dans le genre d'André Beauneveu»[26]. Sul carattere ibrido della miniatura savoiarda in generale e del manoscritto dell'Escorial in particolare, torneranno Jean Porcher nel 1955 e Sheila Edmunds nel 1964[27], mentre Andreina Griseri, negli articoli che precedettero la monografia su Jaquerio del 1965, e ancor più in questo volume, cercò di approfondire lo spinoso problema della formazione e della cultura di Bapteur, anche per chiarire il rapporto di scambio tra l'artista svizzero e quello piemontese[28]. La studiosa riconobbe un'iniziale educazione di Bapteur sulla produzione franco-fiamminga di inizio secolo, sottolineando al contempo la straordinaria apertura del pittore nei confronti delle molteplici correnti circolanti in Savoia nella prima metà del Quattrocento e l'importanza del viaggio in Italia nel 1427, le cui suggestioni vennero puntualmente annotate dall'artista nell'*Apocalisse* richiestagli da Amedeo VIII. Secondo Griseri, che nel codice escorialense indivi-duava richiami padani del Trecento (Giotto e Giusto dei Menabuoi), influssi lombardi e veneti del secolo successivo (il Maestro delle Vitae Imperatorum e Pisanello), nonché un'attenzione partico-lare per le «novità vaneyckiane» e «del paesaggio di Fiandra», con Jean Bapteur si giunse alla perfet-ta «fusione di una civiltà franco-borgognona con quella italiana», particolare questo che avvicinava il pittore friburghese al cosiddetto Maître du Roman de la Rose de Vienne, all'epoca considerato er-roneamente di origine nordica[29]. Infine, per la studiosa torinese, condizionata dalla datazione degli affreschi di Ranverso intorno al 1430, il rapporto tra Jaquerio e Bapteur, «nutrito da una cultura [...] più aggiornata», non poteva che risolversi in un debito del primo nei confronti del secondo.

A cavallo degli anni settanta del secolo scorso si collocano da un lato la pubblicazione del facsi-mile dell'*Apocalisse* dell'Escorial a opera di Clément Gardet, dall'altra i fondamentali contributi di Charles Sterling sulla pittura in Savoia al tempo di Amedeo VIII[30]. Due furono le considera-zioni di Sterling che più pesarono sui successivi giudizi relativi alla cultura e allo stile di Jean Bapteur: la distinzione, all'interno del panorama figurativo savoiardo, tra le opere ancora legate al-le fantasie e alle eleganze del gotico internazionale e quelle aperte invece alle novità del realismo fiammingo, e il collegamento dell'arrivo del nuovo linguaggio con il possibile passaggio in Savoia di Robert Campin tra il 1429 e il 1430, così come ipotizzato nel 1966 e nel 1967 da Georg Troescher[31]. Lo studioso francese riconduceva l'*Apocalisse* di Bapteur alla prima delle due catego-rie. Dalla fine degli anni settanta a oggi le occasioni più importanti per un approfondimento criti-co sulla figura dell'artista friburghese e per una revisione del suo catalogo sono state determinate dalla mostra torinese del 1979 su «Giacomo Jaquerio e il gotico internazionale», da quella orga-nizzata nel 1993 alla Bibliothèque nationale di Parigi su «Les manuscrits à peintures en France, 1440-1520», da quella spagnola del 2001 intitolata suggestivamente «El Renacimiento Mediterráneo» e da quella sul «Gotico nelle Alpi», organizzata a Trento nel 2002[32]. Il merito fon-damentale delle mostre suddette, oltre alle nuove proposte attributive, su cui torneremo nel para-grafo successivo, e oltre alle considerazioni specifiche sul pittore, è stato quello di preparare il ter-reno agli studi a venire ricostruendo mirabilmente il contesto stilistico e il circuito culturale di am-pio respiro in cui si trovò a operare Jean Bapteur tra il 1427 e il 1457 circa. Andreina Griseri nel 1979, a quattordici anni dalla sua monografia jaqueriana, tornò sul problema dei contatti e degli scambi tra l'artista friburghese e quello torinese, concludendo che il cantiere di Bapteur fu «paral-lelo e diverso rispetto a Jaquerio»[33]. François Avril, nella sezione del catalogo del 1993 dedicato al-la Savoia, citò l'*Apocalisse* di Amedeo VIII come esempio supremo degli influssi diversi a cui fu soggetta la produzione figurativa della regione intorno al 1430, e sottolineò ancora una volta la po-liedricità stilistica di Bapteur, individuando nelle pagine a lui spettanti nel codice escorialense tre componenti: una italianeggiante, forse determinata dal periplo del 1427, una tardogotica e una aper-ta al realismo della pittura fiamminga. Lo stesso tipo di cultura, con un *penchant* per la componen-te italiana, ravvisabile, secondo lo studioso francese, negli affreschi jaqueriani di Ranverso[34]. In oc-casione della mostra del 2001, fu ancora Avril a soffermarsi sulla Savoia e su Bapteur nell'ambito della discussione sulla miniatura francese e il mondo mediterraneo nel XV secolo, dove vennero ri-prese nella sostanza le tesi del 1993[35]. Nello stesso catalogo Frédéric Elsig cercò di andare oltre, in-dividuando alla base dello stile del pittore di Friburgo non solo l'influsso della miniatura franco-fiamminga, ma anche quello della cultura provenzale, attribuendogli in via ipotetica nuove opere e accostando la sua figura a quella di altri artisti «alpini», quali Guglielmetto Fantini e Peter Maggenberg[36]. Infine, un'ultima lucida riflessione sulla cultura figurativa promossa dalla corte dei duchi di Savoia, e sugli artisti gravitanti intorno a essa, tra cui Jean Bapteur, «il più enigmatico», è stata quella offerta da Enrico Castelnuovo nel catalogo della mostra di Trento[37]. Accanto ai progressi apportati da queste quattro mostre fondamentali, non bisogna poi dimenticare alcuni interventi paralleli dell'ultimo trentennio, non meno importanti per il dibattito critico sul pittore friburghese. Alla fine degli anni ottanta, Riccardo Passoni, nella sua panoramica sull'arte figurativa in Piemonte nel Quattrocento, si soffermò velocemente sull'*Apocalisse di Savoia*, di cui, al contrario di Sterling, sottolineò con forza il ruolo capitale nel favorire l'apertura della cultura pittorica savoiarda alle novità dell'arte fiamminga, essendo alcune miniature del manoscritto chiaramente debitrici del viaggio di Robert Campin nella Francia sud-orientale[38]. Poco dopo, Giovanni Romano riconobbe in Bapteur sicuri legami con i miniatori della corte di Jean de Berry e, discostandosi dall'opinione corrente, propose di attribuire non a lui bensì a Péronet Lamy gli interventi più moderni, ossia campiniani, della prima parte del codice escorialense[39]. Nel 1990 Sheila Edmunds, nel volume curato da Agostino Paravicini Bagliani su *Les manuscrits enluminés des comtes et ducs de Savoie*, dedicò il suo intervento all'*Apocalisse* dell'Escorial incentrando l'analisi sui modelli iconografici utilizzati da Bapteur e sul suo modo di procedere rispetto alla tradizione precedente[40]. Infine, di Campin e del suo impatto sull'artista friburghese è tornata a parlare non molti anni or sono Andreina Griseri, in un saggio che riassume quasi quarant'anni di studi sull'argomento a lei caro delle arti al tempo di Amedeo VIII, e dove riemergono problemi cruciali ancora in parte da risolvere: il rapporto tra Bapteur e Jaquerio, per esempio, tra cui ci furono «scambi e intrecci», «anche se continueranno a essere chiare le linee della loro personalità», o le differenze di linguaggio e cultura tra Péronet Lamy e l'artista friburghese, differenze tali da far individuare alla studiosa torinese due componenti nell'*Apocalisse di Savoia*, «più savoiarda con Lamy e con punte sublimi più borgognone nel caso di Bapteur»[41].

LE OPERE

L'unica opera documentata di Jean Bapteur è il codice escorialense (tavv. XI-XVII; figg. 35, 39, 41, 45, 49 e 51), un manoscritto soltanto, a fronte di una variegata e intensa attività durata per più di 25 anni, ma all'artista friburghese sono state avvicinate nel corso del tempo opere della più diversa provenienza, tra cui alcuni dei più belli ed enigmatici esemplari della cultura figurativa savoiardo-piemontese del secondo quarto del XV secolo. Secondo Jean Porcher, Bapteur poté essere coinvolto in un altro importante manoscritto sabaudo, ossia le più volte citate *Ore di Ludovico di Savoia* (Parigi, Bibliothèque nationale, ms. Lat. 9473), ipotesi ripresa in parte da Clément Gardet e smentita in seguito dagli studi di François Avril, che ha individuato nel codice parigino una tappa successiva e «decisiva» rispetto all'*Apocalisse* dell'Escorial nell'assimilazione delle novità fiamminghe in area savoiarda[42]. Delle numerose attribuzioni avanzate tra il 1963 e il 1979 da Andreina Griseri, che ricondusse all'artista di Friburgo o alla sua cerchia il frontespizio dell'*Albertano da Brescia* di Bruxelles, la «Crocifissione» del Museo Civico d'Arte Antica di Torino (figg. 36A e B), il «Profeta», inv. 368, dello stesso museo, la parete con la Fontana della Giovinezza nella sala baronale del castello della Manta (e in seguito anche quella con i Prodi e le Eroine), l'affresco con lo stemma del cardinale d'Estouteville sulla parete esterna di San Giusto a Susa e il ms. Fr. 1 della Bibliothèque publique et universitaire di Ginevra, l'unica unanimemente accettata è stata quella del codice di Bruxelles, su cui ci siamo soffermati in precedenza (tav. X)[43]. Non ha trovato parimenti seguito la proposta di Clément Gardet di avvicinare a Bapteur la pala con la «Natività», l'«Annuncio ai pastori» e la «Processione dei tre Magi» nella collegiale di Valère a Sion-en-Valais, «uno degli esemplari più curiosi e svianti di "primitivo alpino"», opera probabile di un pittore ori-

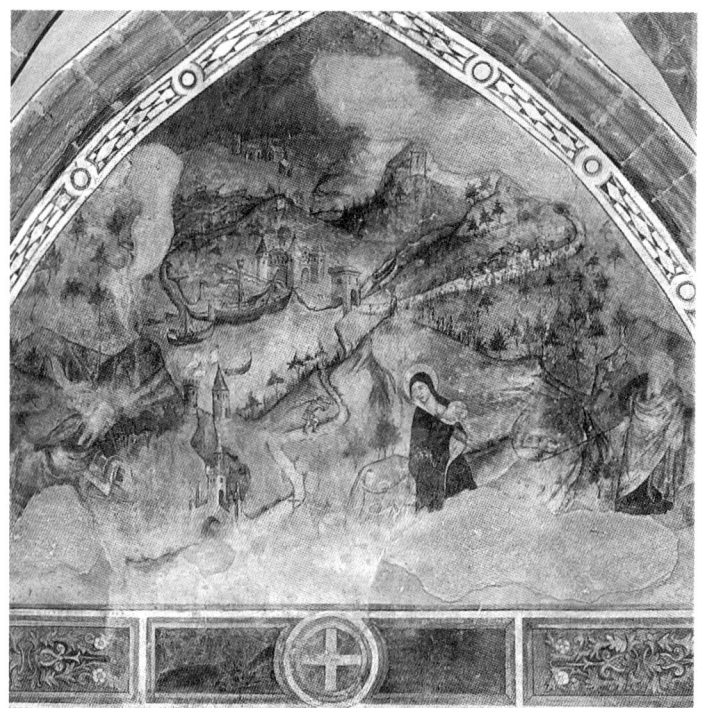

PITTORE SAVOIARDO, «La Fuga in Egitto», 1430 circa.
Abondance, chiostro dell'abbazia di Notre-Dame.

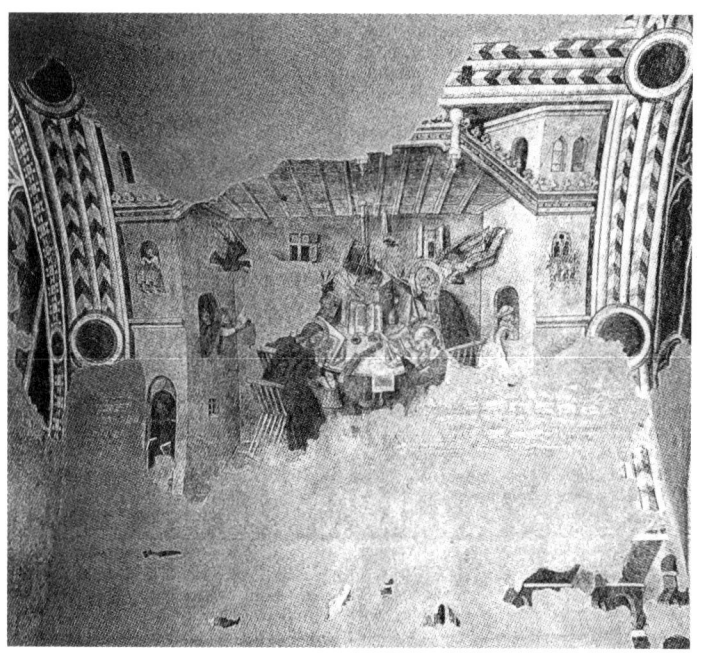

PITTORE SAVOIARDO, «I quattro Evangelisti», 1442-1444 circa.
Ginevra, chiesa di Saint-Gervais.

ginario della regione dell'Alto Reno, e l'affresco funerario di Philibert de Monthouz nella chiesa di Saint-Maurice di Annecy, oggi ricondotto a Hans Witz[44]. L'accostamento al nome di Bapteur delle «Storie di santo Stefano» già in collezione Gualino (figg. 54-55), così come ipotizzato da Giovanni Romano nel 1979 e ribadito dallo studioso nel 1988 e nel 1996, non è stato smentito dalla critica successiva[45], mentre la proposta di François Avril di riconoscere la mano dell'artista friburghese nella miniatura-frontespizio di un volume oggi conservato nella Biblioteca dell'Università di Halle (ms. I/D a/6; fig. 53) è stata confermata di recente da Frédéric Elsig, il quale a sua volta ha avvicinato al pittore gli affreschi del chiostro di Abondance e i «Quattro Evangelisti» della chiesa di Saint-Gervais a Ginevra[46].

Riguardo a queste ultime attribuzioni, la sola che mi sento di condividere è quella del frontespizio della *Vie de Saint Antoine* di Halle, con il sant'Antonio benedicente e un principe in preghiera (fig. 53), i cui legami con l'*Apocalisse di Savoia* e l'*Albertano da Brescia* di Bruxelles sono già stati messi in rilievo, con confronti puntuali, da Frédéric Elsig. Anche la datazione avanzata per il manoscritto dallo studioso svizzero, e cioè il 1427 circa, in occasione del viaggio in Italia di Bapteur, mi trova concorde: questo spiegherebbe la decorazione marginale della pagina d'apertura, che presenta caratteri non savoiardi, ma padani. Meno convincente risulta invece l'identificazione che Elsig propone per il nobile committente del volume: lo studioso pensa a un membro di casa Savoia, data la sorprendente coincidenza tra le vesti del principe in preghiera, costituite da un mantello e un copricapo scarlatti foderati di ermellino, e quelle indossate da Amedeo VIII al f. 14 dell'*Apocalisse* dell'Escorial e nel frontespizio del *Doctrina dicendi et tacendi* di Bruxelles (tav. X) e, vista la presenza di sant'Antonio nel codice di Halle, ipotizza che il committente debba avere avuto lo stesso nome del santo eremita, avanzando quindi quello di Antonio di Savoia, figlio naturale del principe Giacomo d'Acaia e capostipite del ramo dei signori di Busca, conti di Genda. La coincidenza iconografica tra il principe della *Vie de Saint Antoine* oggi a Halle e le raffigurazioni a noi note di Amedeo VIII è, in effetti, innegabile (si aggiunga ai due manoscritti citati da Elsig, il ducato d'oro coniato poco dopo l'elezione di Amedeo a duca di Savoia: il *recto* della moneta, con il principe savoiardo inginocchiato di fronte a san Maurizio, è quasi sovrapponibile al frontespizio di Halle)[47]. Perché quindi pensare al membro di un ramo collaterale di casa Savoia come committente di questo manoscritto, e non al duca in persona? Alla coincidenza iconografica si aggiunge poi una considerazione di ordine pratico: alla corte sabauda solo il duca aveva il privilegio di utilizzare per le sue vesti la pelliccia di ermellino e le stoffe scarlatte, entrambe simbolo di potere e sovranità[48]. È noto, infine, quanto sant'Antonio fosse caro ad Amedeo VIII, che nel 1409 a lui aveva intitolato una cappella e il suo relativo altare in Santa Maria di Chieri[49]. Se il volume con la *Vie de Saint Antoine* oggi a Halle fu voluto dal duca Amedeo, possiamo immaginare che esso sia stato scritto in Savoia, come indicano la grafia e le iniziali decorate del manoscritto, e miniato da Bapteur poco prima della missione diplomatica in Italia. Qui il codice poté essere donato da Manfredi di Saluzzo a una delle corti settentrionali che ospitarono l'ambasciata sabauda, e ricevere quindi *in loco* la decorazione marginale del frontespizio[50]. Un chiarimento decisivo non potrà che venire dall'identificazione dello stemma («partito al primo d'argento alla banda composta di verde e di rosso a 6 pezzi, al secondo d'oro all'aquila di nero membrata di rosso») che campeggia nel margine inferiore della pagina: uno stemma apparentemente coevo al resto della decorazione e che, dalle ricerche condotte fino a ora, non sembra essere di origine savoiarda[51]. Non mi dilungo sulla proposta di Frédéric Elsig di ricondurre a Jean Bapteur gli affreschi del chiostro di Abondance (1430 circa) e i «Quattro Evangelisti» della chiesa di Saint-Gervais a Ginevra (1442-1444 circa): essa è stata recentemente oggetto di riflessione da parte di Enrico Castelnuovo, che avanza qualche perplessità nei confronti dell'attribuzione, pur riconoscendo la prossimità tra i dipinti suddetti e le miniature dell'artista friburghese[52]. È la qualità del ciclo di Abondance, secondo lo studioso, a non reggere pienamente il confronto con un'opera spettacolare, qual è l'*Apocalisse di Savoia*. Aggiungerei che le corrispondenze tra le due opere, seppure molteplici ed evidenti, sembrano in realtà di superficie e verosimilmente dovute non a un'identità di mano, ma al riferimento a modelli comuni diffusi nel secondo quarto del Quattrocento su entrambi i versanti delle Alpi, nonché a un possibile contatto, come già indicato a suo tempo dallo stesso Castelnuovo, tra il cantiere di Abondance e quello diretto da Bapteur a Thonon nel 1432[53]. Un altro esempio importante dei possibili scambi intervenuti tra botteghe e artisti di cultura diversa è proprio quello della cappella di Ognissanti di Ginevra, dove, accanto a una maestranza di stretta ascendenza jaqueriana, è rilevabile, sulla parete occidentale, la mano di un autore più vicino al linguaggio degli affreschi di Abondance, soprattutto per l'impianto della scena e la struttura architettonica che ospita le figure degli Evangelisti[54]. Per quanto riguarda le «Storie di santo Stefano» già Gualino il discorso è più complesso (figg. 54-55). È stato probabilmente il capovolgimento dei ruoli di Bapteur e Lamy all'interno dell'*Apocalisse di Savoia* che ha portato Giovanni Romano ad attribuire le tavole all'artista di Friburgo (e viceversa, a ricondurre all'ambito di Péronet la «Crocifissione» del Museo Civico di Torino; figg. 36A e B), perché è al secondo e non al primo che lo studioso riconosce le spinte innovatrici ravvisabili nel manoscritto escorialense. Personalmente non riesco a vedere un cambiamento netto di stile ai ff. 13*v*-14 del codice, come proposto da Romano, e continuo a ritenere che la grossa cesura intervenga dal f. 24*v* in poi (tav. XVIII)[55]. Ossia, penso che le miniature più belle dell'*Apocalisse* voluta da Amedeo VIII spettino solo ed esclusivamente a Jean Bapteur, e ciò non comporta «la riduzione a un personaggio evanescente»[56] di Péronet Lamy, il quale partecipò alla magnificenza del volume provvedendo alla decorazione marginale, un compito questo nient'affatto secondario nella composizione di un manoscritto tardomedioevale, e spesso affidato ad artisti di chiara fama (penso al cosiddetto Egerton Master). Questo fu il maggior contributo di Péronet e della sua bottega all'*Apocalisse di Savoia*: quando i tempi della consegna incalzarono e

Lamy dovette intervenire sulle miniature lasciate incompiute da Bapteur, il suo stile non fu all'altezza di quello del suo predecessore e le pagine del manoscritto subirono una sensibile caduta di tono (tav. XVIII e fig. 52), che neanche Jean Colombe seppe più tardi risollevare. In quest'ottica, le «Storie di santo Stefano», con il loro stile secco, a tratti sgraziato, la semplificazione delle forme architettoniche, le figure con teste dolicocefaliche e corpi tarchiati non si addicono al linguaggio decisamente più elevato di Bapteur. Le tavole però sono senza dubbio savoiarde e non lontane, cronologicamente, dal codice di Capodilista e dalle opere del chierese Guglielmetto Fantini, con cui le «Storie di santo Stefano» già Gualino condividono certi tipi fisici dalla pelle raggrinzita (figg. 54-55)[57]. Quanto alla «Crocifissione» del Museo Civico di Torino (figg. 36A e B), essa non può essere di Péronet Lamy, o di un artista a lui vicino, per motivi diametralmente opposti a quelli che portano a escludere le tavole di santo Stefano dal *corpus* di Bapteur: i toni drammatici e appassionati del racconto, la libertà inventiva nell'impianto della scena e il naturalismo epidermico del dipinto rivelano una complessità di cultura sconosciuta a Lamy. I rimandi ad alcune pagine di Bapteur nella tavola torinese sono innegabili: la «sorprendente piallatura dei volti in scorcio verso l'alto» è già nel *Breviario di Santa Coletta* di Besançon (ff. 245v e 266; figg. 33-34), così come il particolare delle perle e pietre preziose sui bordi della veste del san Giovanni della «Crocifissione» trovano un precedente nell'*Apocalisse* dell'Escorial (ff. 6v, 18v e 19v; tav. XV e fig. 35)[58]. È vero però che l'aggiornamento sulle novità fiamminghe riscontrabile nella tavola del Museo Civico, come sottolineato con forza già da Charles Sterling e ribadito in seguito da Luciano Bellosi e Giovanni Romano, è assai più marcato rispetto a quanto si riscontra nelle opere di Bapteur[59]: per limitarci a un esempio, la forza drammatica della «Crocifissione» di Torino supera in realismo e intensità anche le pagine più inquietanti dell'*Apocalisse di Savoia*. Mi sembra, quindi, che la soluzione più convincente al problema della difficile collocazione del dipinto resti per ora considerarlo non opera di Bapteur, secondo quanto ipotizzato anche di recente da Andreina Griseri[60], ma di un pittore più moderno che dall'artista friburghese però non prescinde, forse perché formatosi in uno dei suoi cantieri, così come proposto ultimamente da Frédéric Elsig[61].

Questo, quindi, per quel che riguarda la fortuna critica di Bapteur e il *corpus* di opere a lui attribuito. Ma, per capire quali furono i debiti culturali del pittore friburghese, torniamo all'inizio, e cioè al *Breviario di Santa Coletta* di Besançon che, come anticipato, a me sembra possa essere considerato uno dei primi lavori che l'artista eseguì per il duca di Savoia (tavv. III-VI; fig. 13-18, 21-22, 25-26, 29-30 e 33-34). La più antica campagna decorativa del manoscritto rivela una netta dipendenza dai modelli franco-fiamminghi di fine Trecento inizio Quattrocento, a partire dai motivi ornamentali: si confronti la decorazione a racemi corposi presente sullo sfondo di numerose iniziali istoriate del *Breviario* di Besançon (ff. 285, 289, 291v e 305; tavv. III-VI), con il motivo analogo in alcuni dei più bei manoscritti voluti dal duca di Berry, quali il *Salterio*, ms. Fr. 13091 della Bibliothèque nationale di Parigi (ff. 10, 18, 20 e 24), le *Très Belles Heures de Notre Dame* o le *Grandes Heures*, mss. Nouv. Acq. Lat. 3093 (pp. 162, 173 e 176) e Lat. 919 (f. 94) della stessa biblioteca[62]. Le coincidenze tra il codice sabaudo e le opere legate alla committenza di Jean de Berry non finiscono qui: si è già detto dell'affinità tra i volti dell'«Isacco» e del «San Clemente» di Besançon e la testa di apostolo proveniente dal castello di Méhun-sur-Yèvre, oggi al Louvre (figg. 21-22 e 24); l'uomo barbuto che semina il grano al f. 6 del *Breviario di Santa Coletta*, così come il volto del Sagittario della stessa pagina si possono accostare ad alcune delle vetrate un tempo decoranti la Sainte-Chapelle di Bourges; mentre le figure femminili rappresentanti la Vergine e la Bilancia del calendario di Besançon (ff. 4v e 5) ricordano la Virgo dell'uomo astrologico nelle *Très Riches Heures* di Chantilly (Musée Condé, ms. 65, f. 14v). L'analogia più sorprendente è però quella intercorrente tra alcune figure intente al lavoro nei campi, sempre nel calendario del *Breviario* (ff. 3v e 4), e le miniature raffiguranti scene analoghe sia nel manoscritto di Chantilly (f. 7v), sia nelle *Belles Heures* di New York (The Metropolitan Museum of Art, Cloisters Collection, ms. 54.1.1, f. 8): le prime costituendo quasi una citazione delle seconde (figg. 17-20). Ciò che distingue la più antica campagna decorativa di Besançon dalle opere di André Beauneveu, dei fratelli Limbourg e degli altri artisti ingaggiati dalle grandi corti oltrealpine a cavallo tra Tre e Quattrocento, è un maggior impeto espressivo, una sorta di irrequietezza, di animosità febbrile, alla base del racconto. Questa caratteristica avvicina le miniature del *Breviario* alle opere di un altro artista attivo alla corte sabauda, ossia Giacomo Jaquerio, anche lui partito da modelli figurativi simili a quelli rintracciabili a monte del manoscritto di Besançon. Già in questo codice, e più ancora nell'*Apocalisse* dell'Escorial, troviamo alcuni particolari confrontabili con i dipinti jaqueriani: sarà la coincidenza tra i copricapi, ma uno dei due aguzzini di sant'Andrea nel *Breviario di Santa Coletta* (f. 337; fig. 15) sembra essere stato pescato tra i fedeli che ascoltano la predica di sant'Antonio a Ranverso; le figure di Isacco e di san Clemente di Besançon (ff. 168 e 445), che ricordano nei tratti l'apostolo del Louvre proveniente dal castello di Méhun-sur-Yèvre, si avvicinano ai profeti della parete settentrionale del coro di Ranverso, accostati da Romano proprio alle opere attribuite a Beauneveu (figg. 21-24)[63], mentre il san Pietro dipinto nella sacrestia dell'abbazia antoniana mostra una stretta parentela, oltre che con il san Clemente, con la figura dell'apostolo omonimo al f. 248v del *Breviario* (figg. 21, 25 e 27). La cronologia degli affreschi di Ranverso non è ancora oggi del tutto chiara[64], e quindi risulta difficile parlare di precedenti o di esiti paralleli alle miniature di Besançon. Forse, qualche indizio in più può venire dalle due tavolette con «Storie di san Pietro» del Museo Civico di Torino, la cui datazione sembra essersi assestata entro il primo decennio del Quattrocento (figg. 31 e 50)[65], o dagli affreschi che Jaquerio eseguì intorno al 1410-1415 sulle pareti della cappella dei Maccabei nella cattedrale di Ginevra (fig. 28)[66]. L'angelo «che sa il fatto suo» nella «Liberazione di san Pietro» è assai vicino all'intrepido arcangelo Michele di Besançon (f. 409v; figg. 29 e 31), mentre lo stesso santo raffigurato nell'atto di pesare le anime al f. 319v del manoscritto è prossimo, per il movimento flessuoso e la dolcezza dei tratti, agli angeli musicanti di Ginevra (figg. 26 e 28); e ancora, le poche architetture presenti sullo sfondo delle iniziali del *Breviario di Santa Coletta* (per esempio f. 246) ricordano il «castelluccio rosato» della sovracitata tavoletta torinese[67]. Reminescenze jaqueriane sembrano ravvisabili anche nell'*Apocalisse di Savoia*, dove il Redentore raffigurato ai ff. 4 e 6, o il «San Giovanni» del f. 5v (come già rilevato da Carlo Bertelli)[68] hanno un precedente nel Cristo della «Vocazione di san Pietro» del Museo Civico, con il suo volto affilato, i capelli spartiti al centro e l'aria grave e altera (figg. 49-50). Resta comunque difficile stabilire quanto la lezione di Jaquerio abbia pesato su Bapteur al suo arrivo in Savoia: i documenti a nostra disposizione ci permettono di seguire con una certa approssimazione l'attività di Giacomo Jaquerio al di qua e al di là delle Alpi, tra il 1403 e il 1453, anno della sua morte, mentre nulla sappiamo di Jean Bapteur prima del suo ingresso alla corte sabauda[69]. I due artisti muoiono in anni non lontani, ma al contrario di Jaquerio non è emersa per ora nessuna opera di Bapteur anteriore al terzo decennio del Quattrocento. Allo stato attuale delle conoscenze, possiamo quindi considerare l'aria jaqueriana di alcune miniature dell'artista di Friburgo come un debito stilistico di questi nei confronti del pittore torinese, ma forse è più prudente pensare, data la grandezza di entrambe le personalità artistiche, a una sorta di comunità di intenti e a una matrice culturale analoga (un poco più aggiornata nel caso di Bapteur, che a differenza di Jaquerio guarda anche ai Limbourg). Il contatto tra i due pittori è comunque certo, visto che iniziarono a lavorare per il duca Amedeo all'incirca negli stessi anni[70]. Jaquerio, più autonomo e irrequieto del collega friburghese, sembra essersi svincolato presto dalla corte sabauda, che invece ospitò Bapteur fino alla morte, e il percorso dei due artisti dovette differenziarsi anche da un punto di vista stilistico, come paiono preannunciare alcune delle pagine più belle dell'*Apocalisse*. Ma prima di analizzare questo manoscritto straordinario, vorrei soffermarmi ancora un momento sul *Breviario di Santa Coletta*, proponendo un confronto che forse può dare un nome a un altro capolavoro del gotico alpino. Si tratta della custodia della spada di san Maurizio, proveniente dall'abbazia di Saint-Maurice d'Agaune nel Vallese e oggi conservata all'Armeria Reale di Torino (fig. 32). Com'è noto, la teca, costruita per contenere la spada venerata come reliquia del santo martire, è legata alla committenza di Pierre Fornéry, consigliere ducale di Amedeo VIII prima e di suo figlio Ludovico poi, abate di Agaune dal 1434 al 1438. È un importante esempio di lavorazione in cuoio, sbalzato, inciso, dorato e dipinto con colori a smalto, che reca, oltre a varie iscrizioni (tra cui quella con il nome del committente) e a un motivo ornamentale a foglie e fiori, l'immagine di san Maurizio a cavallo. Claudio Bertolotto ha rilevato per tempo la possibile connessione tra la commissione della custodia-reliquiario da parte di un fedelissimo di casa Savoia e la fondazione dell'Ordine cavalleresco e religioso di san Maurizio, istituito da Amedeo VIII in coincidenza con il suo ritiro nell'eremo di Ripaille[71]. Visti i documentati legami intercorrenti tra l'abate Fornéry e i duchi sabaudi, lo stesso Bertolotto, supportato anche dall'analisi stilistica e iconografica del manufatto, proponeva già nel 1979 di cercare l'autore della preziosa teca tra gli artisti attivi per la corte. Questa brillante intuizione è oggi confermata da quanto emerso in seguito all'esame della prima campagna decorativa del manoscritto di Besançon: sullo sfondo di numerose iniziali istoriate del *Breviario* compare lo stesso motivo «a girali di foglie arricciate e frastagliate» che decora il *recto* e il *verso* del reliquiario torinese, mentre il «San Giorgio che uccide il drago» del f. 312 del codice coincide sorprendentemente con la raffigurazione del san Maurizio voluta dall'abate di Agaune (figg. 30 e 32). L'affinità tra le due opere non è solo tipologica (i moduli decorativi) e iconografica (si confrontino la bardatura dei cavalli e l'armatura dei due santi cavalieri)[72], ma anche stilistica, per il disegno fluido e armonioso, le forme eleganti e sinuose, e il fare espressivo e vivace. Se si accetta l'inserimento nel *corpus* bapteuriano del codice di Besançon, e quindi anche del reliquiario torinese, l'esecuzione di un lavoro su cuoio (classificato dallo stesso Bertolotto come opera d'arte franco-svizzera!) ben si addice a quanto sappiamo della multiforme attività dell'artista friburghese, che ebbe modo di sperimentarsi con i materiali più diversi, e spiegherebbe tra l'altro l'alta qualità del prodotto[73]. Comunque sia, la coincidenza tra il reliquiario di san Maurizio, che non può che essere stato eseguito al tempo in cui Fornéry fu abate di Agaune (1434-1438), e il *Breviario di Santa Coletta*, iniziato prima dell'*Apocalisse* dell'Escorial (1428-1434), e sicuramente prima del ritiro definitivo di Amedeo a Ripaille nel 1434 (il duca e la duchessa di Savoia sono raffigurati al f. 361 del manoscritto), lascia ipotizzare che per la decorazione della custodia oggi all'Armeria Reale di Torino sia stato usato un disegno preparatorio ricalcato su modelli figurativi preesistenti. Vale la pena di sottolineare, infine, un ulteriore legame tra il reliquiario e le opere d'arte connesse alla committenza di Amedeo VIII: accanto alla figura di san Maurizio è disegnato sulla teca un grande giglio azzurro, che abbiamo già ricordato essere forse stato uno degli emblemi del duca di Savoia. Ed è proprio con questo fiore in mano che Amedeo appare raffigurato nella miniatura posta ad apertura dell'*Albertano da Brescia* di Bruxelles, eseguita da Bapteur verosimilmente a ridosso del trasferimento del duca nell'eremo di Ripaille (tav. x)[74]. Qui, e quindi non lontano da Saint-Maurice d'Agaune, l'artista è ancora documentato nel 1436 quando viene pagato «pro picturis per ipsum factis supram portam Rippaillie»[75].

La propensione per la cultura franco-fiamminga di inizio secolo, che abbiamo visto essere molto forte nel *Breviario di Santa Coletta*, perdura ancora nell'*Apocalisse* che il duca Amedeo commissionò a Bapteur non molto tempo dopo il suo ritorno dall'Italia. I possibili tramiti per la diffusione di quella cultura entro i confini dei domini sabaudi sono stati più volte evidenziati da chi ha considerato il problema della formazione di Jaquerio[76]: da un lato i legami di parentela che univano Amedeo VIII alle corti di Parigi, di Berry e di Borgogna, e dall'altro l'arrivo in territorio sabaudo di prodotti (per esempio codici miniati, oreficerie e arazzi) e di artisti (come il fiammingo Jean de Prindall), provenienti dai grandi cantieri promossi proprio da quelle corti[77]. Sicuramente c'è un filo che lega i *sedilia* della Sainte-Chapelle di Bourges, il trono della Vergine nel coro di Sant'Antonio di Ranverso e quello su cui campeggia il Signore con le sette stelle e la spada al f. 3 dell'*Apocalisse*[78]. In questo manoscritto i rimandi alla pittura, miniatura e scultura franco-borgognona sono fin più vari che nel *Breviario* di Besançon: da André Beauneveu (per il Cristo imponente e scultoreo del f. 3 da confrontare con i profeti e gli apostoli del *Salterio* di Jean de Berry), ai fratelli Limbourg e alla loro cerchia (penso alla quinta architettonica del frontespizio del ms. Fr. 166 della Nationale di Parigi come precedente per alcuni edifici *flamboyants* dell'*Apocalisse*)[79], agli intagli di Jacques de Baerze (per il particolare degli angeli sui timpani delle sette chiese raffigurate al f. 2v del codice escorialense) e ai dipinti di Melchior Broederlam (i partiti decorativi dell'architettura al f. 8v sono quasi una citazione dall'«Annunciazione» eseguita per la certosa di Champmol; tav. XII). Forse c'è addirittura Sluter, e gli angeli del «Pozzo di Mosè», dietro alla varietà dei moti d'animo (dolore, sgomento, incredulità, esaltazione) con cui il san Giovanni reagisce di fronte agli eventi apocalittici di cui è spettatore, ma la potenza epica del grande scultore fiammingo di fatto sembra toccare solo superficialmente il raffinato lirismo di Bapteur[80]. Gli stretti legami dell'*Apocalisse di Savoia* con la cultura promossa dalle corti di Berry e di Borgogna fanno sospettare che questa possa essere stata il tramite indiretto anche per alcuni dei molteplici italianismi presenti nel codice escorialense. Mi chiedo cioè se i cieli blu, i castelli e i campi coltivati sullo sfondo delle miniature di Bapteur (ff. 9, 12v, 19v e 21v; fig. 51), così marcatamente martiniani e lorenzettiani, non derivino dai medesimi dettagli presenti nelle pagine di Jacquemart de Hesdin e dei fratelli Limbourg più che dalla conoscenza diretta degli affreschi senesi[81]. Tanto più che richiami altrettanto espliciti alla pittura toscana del XIV secolo sono ravvisabili in altre opere prodotte nel ducato sabaudo e nelle regioni limitrofe in anni non lontani da quelli in cui fu eseguito il codice di Amedeo VIII: basti pensare alle miniature del lionese Maître du Roman de la Rose de Vienne, o al ciclo del chiostro di Abondance, e per altri versi ai bellissimi affreschi di Meillonnas nell'Ain, scoperti non molti anni or sono e invocati da Frédéric Elsig come esempio della diffusione in area alpina della cultura avignonese[82]. Gli italianismi sono pure evidenti, ma in minor misura rispetto all'*Apocalisse*, nel manoscritto di Besançon, dove il gusto per gli scorci anatomici (figg. 33-34) è comune a quello del miniatore lionese appena citato. Voglio dire che, nonostante la formazione iniziale di Bapteur resti ancora oscura, e anche se non si condivide l'inserimento nel *corpus* delle sue opere del *Breviario di Santa Coletta*, è assai verosimile che il pittore friburghese sia partito per l'Italia con già ben chiaro in mente ciò che avrebbe potuto vedere (e, ripeto, alcuni riferimenti alla cultura italiana nel codice dell'Escorial restano a mio avviso il riflesso di un'assimilazione indiretta di quella cultura), ovvero che il periplo non fece che ravvivare una componente già presente nel suo linguaggio. Oltre agli scorci che si fanno ancora più arditi, come nei meravigliosi cavalli dei ff. 6v-7 e 7v-8 (tavv. XIII-XIV e fig. 35), a metà strada tra i Limbourg e Pisanello, i ricordi del viaggio e la ripresa di motivi decorativi e iconografici dell'arte italiana, in particolare toscana, sono stati più volte indicati dalla critica: come la panoramica, sullo sfondo del f. 1v dell'*Apocalisse*, di alcuni dei monumenti più importanti di Roma, o la derivazione della raffigurazione dell'orbe terrestre al f. 9v del codice escorialense da una delle tarsie degli stalli di Domenico di Niccolò dei Cori nella cappella del Palazzo Pubblico di Siena e, soprattutto, la sorprendente citazione di un perduto modello senese della prima metà del Trecento, verosimilmente di Ambrogio Lorenzetti, per il «San Michele che combatte contro il drago» al f. 21 (tav. XVI)[83].

Abbiamo anticipato che ciò che differenzia la più antica campagna decorativa del *Breviario di Santa Coletta* e le miniature della prima parte dell'*Apocalisse di Savoia* è la maggior modernità di queste ultime, dovuta da un lato a un'evoluzione del linguaggio di Bapteur, che abbandona la pennellata morbida e franta, per una stesura più compatta e un tocco più lucente, dall'altro all'apertura che alcune pagine del codice escorialense denunciano nei confronti delle novità dell'arte fiamminga. L'*Apocalisse* è un'opera di transizione che preannuncia gli sviluppi della pittura e soprattutto della miniatura savoiarda di lì a venire. C'è per esempio una sorta di legame-evoluzione tra le architetture dell'*Apocalisse di Savoia* e quelle delle *Ore del duca Ludovico*, e tra queste e quelle presenti nei manoscritti attribuibili ad Antoine de Lonhy. È stato poi notato che i panneggi ampi, avvolgenti e frastagliati di alcuni personaggi del manoscritto dell'Escorial, prima fra tutti la «Donna rivestita di sole» del f. 20 (tav. XVII), il volto tondo e pieno della stessa figura, l'atmosfera limpida e luminosa di questa e altre scene del codice (ff. 22-22*v*), sembrano indicare un tempestivo aggiornamento di Bapteur sulle seducenti proposte del naturalismo nordico, giunte per tempo in Savoia tramite i concili cosmopoliti di Costanza e Basilea, e/o in seguito al possibile passaggio di Campin nel Sud-est della Francia[84]. Di origine campiniana sembra anche il particolare delle gemme incastonate sulla corona del cavaliere al f. 6*v* (fig. 35), sull'arca dell'Alleanza al f. 19*v* e sulla ricca cornice che circonda la miniatura del f. 18*v* (tav. XV). Lo stesso dettaglio prezioso sarà ripreso e reso ancora più raffinato nella «Crocifissione» del Museo Civico di Torino (fig. 36A), nelle *Ore del duca Ludovico* (per esempio f. 17; fig. 38) e nella miniatura attribuita a Hans Witz nel *Libro d'Ore di Grenoble* (f. 93; fig. 98). La pronta accoglienza delle novità dell'arte fiamminga nell'*Apocalisse di Savoia*, che conserva però fino all'ultimo una visione più ornamentale che naturalistica della realtà, rimanendo quindi nel complesso un prodotto ancora profondamente tardogotico, fa rimpiangere la perdita delle opere posteriori di Bapteur. Il frontespizio del *De doctrina dicendi et tacendi* di Bruxelles (tav. X), essendo stato eseguito all'incirca negli stessi anni del codice ora all'Escorial, non riserva grandi sorprese, mentre il bel particolare del velo trasparente che cinge il mento della «Veronica» di Besançon (tav. IX), una miniatura risalente verosimilmente a un momento successivo, è un ulteriore indizio della riflessione dell'artista friburghese sulle opere dei grandi maestri fiamminghi. Una riflessione sconosciuta a Giacomo Jaquerio, che pur mostra, come Bapteur, di essere stato estremamente reattivo nei confronti delle molteplici correnti culturali circolanti nei domini sabaudi nella prima metà del Quattrocento, anche su spinta dei cantieri promossi da Amedeo VIII, occasione d'incontro e scambio tra artisti di provenienza diversa. Sarà proprio la fedeltà alla tradizione figurativa jaqueriana a rallentare, almeno nell'ambito della pittura murale e su tavola, l'assimilazione dell'*ars nova* al di qua e al di là dello spartiacque alpino.

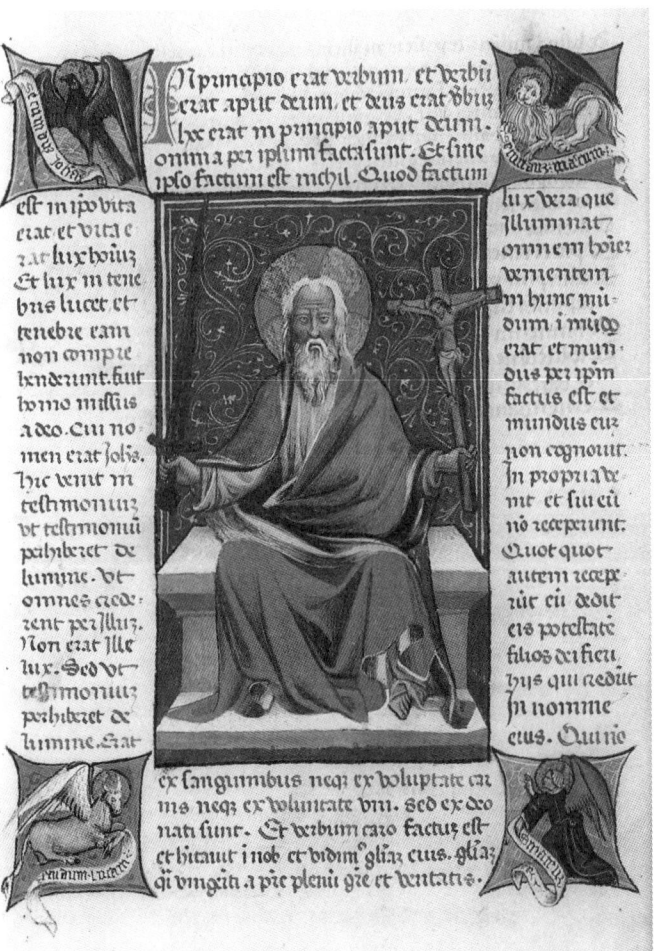

MINIATORE PIEMONTESE, «Dio padre circondato dai simboli degli Evangelisti», 1442. Torino, Biblioteca Reale, ms. Storia Patria 841, *Statuti di Leyni*, f. 3*v*.

Se l'anonimo frescante di Abondance, nonostante le tangenze che egli rivela con lo stile di Jean Bapteur, pare sordo alle pagine più innovative dell'*Apocalisse di Savoia*, una maggior modernità è ravvisabile nell'affresco con i «Quattro Evangelisti» della chiesa di Saint-Gervais di Ginevra; ma solo l'autore della «Crocifissione» del Museo Civico di Torino (figg. 36A e B), verosimilmente formatosi a diretto contatto con l'artista di Friburgo, seguirà fino in fondo la strada aperta dal codice escorialense. In territorio piemontese, la ricezione del linguaggio di Bapteur pare essere stata ancora più modesta e tardiva: qualche traccia della sua lezione è forse riscontrabile nella «Lapidazione di santo Stefano» in San Giusto a Susa o negli astanti della «Crocifissione» del Maestro di San Vito a Piossasco[85], ma di fatto solo il frontespizio del codice contenente gli *Statuti di Leynì*, promulgati nel 1442 per volere di Ludovico di Savoia, mostra una sorprendente familiarità con i modi bapteuriani, e non è da escludere che l'autore della miniatura, la cui qualità in effetti stupisce dato il contesto, provenga dalla cerchia di pittori-miniatori attivi per la corte[86].

[1] A. DUFOUR e F. RABUT, *Les peintres et les peintures en Savoie du XIIIe au XIXe siècle*, in «Mémoires et Documents publiés par la Société Savoisienne d'Histoire et d'Archéologie», tomo XII, 1870, pp. 60-73; M. BRUCHET, *Le château de Ripaille*, Parigi 1907, *passim*; P. DE ZURICH, *Le peintre Jean Batheur à Fribourg, en 1453-1454*, in «Annales fribourgeoises», XI, 1923, pp. 68-75; E. CORNAZ, *Le mariage palatin de Marguerite de Savoie*, in «Mémoires et documents publiés par la Société d'histoire de la Suisse romande», XV, 1932; S. EDMUNDS, *New Light on Bapteur and Lamy*, in «Atti della Accademia delle Scienze di Torino. Classe di scienze morali, storiche e filologiche», vol. 102, 1967-1968, pp. 501-554; A. BAUDI DI VESME, *Schede Vesme. L'arte in Piemonte dal XVI al XVIII secolo*, vol. IV, Torino 1982, pp. 1.161-1.167 (1963-1982). Il repertorio documentario di Edmunds fu in parte ripreso e commentato da C. GARDET, *Jean Bapteur. Peintre héraldiste et miniaturiste fribourgeois à la cour de Savoie*, in «Archives héraldiques suisses», 1975, pp. 2-12. Per alcune aggiunte e correzioni al suddetto repertorio (anche per quanto riguarda i documenti relativi a Péronet Lamy): G. ROMANO, *Da Giacomo Pitterio ad Antoine de Lonhy*, in G. ROMANO (a cura di), *Primitivi piemontesi nei musei di Torino*, Torino 1996, p. 185, nota 52; G. CASTELNUOVO e M. A. DERAGNE, *Peintres et ménétriers à la cour de Savoie sous Amédée VIII (1391-1451). Salaires, statuts et entregent*, in N. GUIDOBALDI (a cura di), *Régards croisés. Musiques, musiciens, artistes et voyageurs entre France et Italie au XVe siècle*, Actes du Colloque International (Tours 1999), Parigi 2002, pp. 31-59. Si vedano inoltre R. PASSONI, voce *Bapteur, Jean*, in F. ZERI (a cura di), *La pittura in Italia. Il Quattrocento*, vol. II, Milano 1987, pp. 570-571; S. EDMUNDS, voce *Bapteur [Baptitore; Batheur], Jean*, in J. TURNER (a cura di), *The Dictionary of Art*, Londra-New York (N.Y.) 1996, vol. 3, pp. 188-189.

[2] «Johannes Batheur de Friburgo»: così l'artista è menzionato in un documento della cancelleria sabauda, il secondo che lo riguarda, del 19 agosto del 1427 (EDMUNDS 1967-1968, p. 508, n. 2).

[3] Bapteur è più volte menzionato nei conti ducali in qualità di «chambrier», ossia di «valet de chambre», un titolo assai ambito dagli artisti operanti presso le corti francesi del tempo: *Ibid.*, pp. 520 e 527, nn. 27 e 48; F. ROBIN, *L'artiste de cour en France. Le jeu des recommandations et des liens familiaux (XIVe-XVe siècles)*, in X. BARRAL I ALTET (a cura di), *Artistes, artisans et production artistique au Moyen Age*, Colloque International du CNRS (Université de Rennes II, 2-6 maggio 1983), vol. I, *Les hommes*, Parigi 1986, pp. 537-556. La moglie di Bapteur, di cui non conosciamo il nome e che è anch'essa citata nei documenti come «cameraria» di casa Savoia, almeno in due occasioni collaborò con il marito (EDMUNDS 1967-1968, pp. 512, 515-517 e 538-541, nn. 13, 19 e 61). La frequente menzione di Bapteur e consorte tra i beneficiari di livree, strenne e doni di varia natura attesta la posizione di rilievo da loro raggiunta in seno alla corte: *Ibid.*, pp. 509, 514, 517, 520-522, 527-528, 537 e 542-543, nn. 5, 8, 15, 21, 27-28, 32-36, 39, 46-48, 51, 58-59, 63 e 66. Oltre alla moglie, i conti sabaudi menzionano la madre di Bapteur, che nel 1436 ricevette dal principe Ludovico «4 aulnes de drap viollet escur [...] pour une robe», e due figli dell'artista:

Umberto, che nel 1451, per volere di Anna di Lusignano, fu nominato rettore della cappella di Santa Maria e dell'ospedale di San Giorgio nei pressi di Ginevra, e Ludovico, che nel 1457, morto il padre da qualche tempo, pagò un suo debito di tre anni prima (*Ibid.*, pp. 520, 544 e 548-549, nn. 29, 67 e 77).

[4] Ereditare dal padre, oltre ai titoli, anche gli artisti e parte del personale era pratica assai comune nelle corti medioevali: ROBIN 1986, pp. 537-556.

[5] EDMUNDS 1967-1968, p. 507, n. 1; C. GARDET, *Le maréchal de Savoie Manfred de Saluces, chef militaire et ambassadeur, fidèle ami du duc Amédée VIII de Savoie*, in B. ANDENMATTEN e A. PARAVICINI BAGLIANI (a cura di), *Amédée VIII-Félix V, premier duc de Savoie et pape (1383-1451)*, Actes du Colloque International (Ripaille-Losanna, 23-26 ottobre 1990), Losanna 1992 (Bibliothèque historique vaudoise 103), pp. 259-261, in particolare pp. 259-260. La pace fu ratificata il 2 dicembre del 1427 e sancita dagli accordi per il matrimonio tra la figlia di Amedeo, Maria di Savoia, e il duca di Milano.

[6] Il viaggio durò 108 giorni e toccò le seguenti città: 29 aprile: Torino; 2 maggio: Vercelli e Novara; 4-7 maggio: Milano; 7 maggio: Lodi; 11 maggio: Crema e Cremona; 12 maggio: Mantova; 16 maggio: Padova; 18-19 maggio: Venezia; 22 maggio: Ferrara; 23-25 maggio: Bologna; 29-30 maggio: Firenze; primo giugno: Siena; 8-26 giugno: Roma; 15 luglio: Bologna; 17-18 luglio: Reggio; 18-19 luglio: Parma; 23 luglio: Pavia; 26 luglio: Pontestura. I conti segnalano accanto a Bapteur uno dei più importanti musicisti della corte di Amedeo VIII: Etienne de Ferrières (CASTELNUOVO e DERAGNE 2002, pp. 32 e 54).

[7] A. GRISERI, *Le arti alla corte di Amedeo VIII*, in R. COMBA (a cura di), *Storia di Torino*, vol. II, *Il basso Medioevo e la prima età moderna (1280-1536)*, Torino 1997, p. 671 (1997a); E. CASTELNUOVO, *Alla corte dei duchi di Savoia*, in E. CASTELNUOVO e F. DE GRAMATICA (a cura di), *Il Gotico nelle Alpi 1350-1450*, catalogo della mostra, Trento 2002, p. 216 (2002a).

[8] EDMUNDS 1967-1968, pp. 508-510, 514 e 517-518, nn. 3, 6-7, 9-11, 16, 22 e 24.

[9] *Ibid.*, pp. 510, 514 e 517-518, nn. 10, 16, 22 e 24; S. EDMUNDS, *Jean Bapteur et l'Apocalypse de l'Escorial*, in A. PARAVICINI BAGLIANI (a cura di), *Les manuscrits enluminés des comtes et ducs de Savoie*, Torino 1990, pp. 92-104, in particolare pp. 97-98 (1990a).

[10] EDMUNDS 1967-1968, pp. 508 e 510-518, nn. 2, 12, 14, 19, 20 e 23; GRISERI 1997a, pp. 673-674. In occasione dei preparativi per le nozze di Margherita di Savoia, che consistettero in particolare nella decorazione delle navi che avrebbero condotto la figlia di Amedeo a incontrare il suo futuro sposo, Jean fu affiancato da altri otto pittori, di cui non rimane il nome. La poliedricità di Bapteur, che fu pittore, miniatore e scenografo, decorò navi e carrozze e disegnò arazzi, maschere («faulx visages») e costumi, era cosa comune tra gli artisti medioevali e rinascimentali: basti pensare a Leonardo che alla corte degli Sforza attese anche ai progetti decorativi per feste, nozze e spettacoli teatrali (M. KEMP, *«Your humble servant and painter»: Towards a History of Leonardo da Vinci in his Contexts of Employment*, in «Gazette des

Beaux-Arts», CXL, ottobre 2002, pp. 181-194, in particolare pp. 188-189). Alla corte sabauda la polivalenza era una caratteristica richiesta anche ai musicisti, che dovevano sapersi destreggiare con più di uno strumento, e a volte prestar servizio anche come corrieri (CASTELNUOVO e DERAGNE 2002, pp. 50 e 56-57).

[11] EDMUNDS 1967-1968, pp. 508-512, nn. 3-4 e 12; ROMANO 1996, p. 185, nota 52. È possibile che l'intervento di Bapteur a Thonon sia consistito nel ripristino e nell'ultimazione dei lavori precedentemente intrapresi da Giacomo Jaquerio, pagato nel 1426 per la decorazione della «cappellam domini» del castello ducale (*Schede Vesme* 1982, p. 1.380).

[12] ROMANO 1996, p. 185, nota 52; GRISERI 1997a, p. 674.

[13] EDMUNDS 1967-1968, p. 512, nota 1. Per Janin Loysel e più in generale per gli artisti originari di Ginevra o attivi in questa città nel periodo che ci interessa, si rimanda a C. LAPAIRE, *La situation artistique à Genève à l'époque de Jean de Vitry*, in *Pensée, image et communication en Europe médiévale. A propos des stalles de Saint-Claude*, Actes du Colloque de Saint-Claude et Lons-le-Saunier (24-26 settembre 1990), Besançon 1993, pp. 63-72 (che contiene alcune imprecisioni); C. CHARLES, *Stalles sculptées du XVe siècle. Genève et le duché de Savoie*, Parigi 1999, pp. 247-254. Quanto a Hénoncin, non sembra potersi identificare, come proposto a suo tempo da Sheila Edmunds, con Ennotin Nenon de Jouli che lavorò a fianco di Bapteur nel 1443 (EDMUNDS 1967-1968, pp. 535-537, n. 57; CASTELNUOVO e DERAGNE 2002, p. 49).

[14] GARDET 1975, p. 5; EDMUNDS 1996, p. 188.

[15] ID. 1967-1968, pp. 529-534, nn. 54-55; CASTELNUOVO e DERAGNE 2002, pp. 48-49. Oltre alla doratura della «ricorne [licorne] qui est sur le buffet de la grant sale», i pagamenti riguardarono, tra le altre cose, la confezione e decorazione di 24 bandiere «faictes de bature dor parti et dargent pour mettre sur les entremes», di 12 diademi e 12 veli «faictes a mode de Biscaie», di 12 «manteaux pour les seigneurs de pers fait a mode du drap dor de foille doree et dor cliquent et semet de mochet[s] pendans tout entercolie[s]», di 12 «huques pour les dames faites comme les manteaux des seigneurs dessusdit[s]», nonché l'acquisto di 6 dozzine di piume «pour mettre sur les chappelet[s] con pourte sur les testes des seigneurs et des dames» e di tutti gli accessori necessari per preparare la bardatura del cammello che avrebbe accompagnato la parata. Tra i collaboratori di Bapteur erano citati anche Petrement Dessone e Robin de Rouen, che non erano accompagnati dall'appellativo «mestre» ed erano quindi verosimilmente semplici «compaignons», e tre donne, Margherite Binote (o Vinote), la Jacote e la Jenette «filla de Jaquemet mason», che avevano il compito di cucire le decorazioni e le piume sugli abiti e sui cappelli. Comparivano, infine, i nomi dei fornitori: Hugonin le fustannier, Colin le mercier de Genève, Mathieu d'Espagne, Jean Couste de Milan, Lauren le gantier...

[16] EDMUNDS 1967-1968, p. 532, nota 1 e pp. 538-541 e 545, nn. 61 e 69.

[17] CH. STERLING, *L'influence de Konrad Witz en Savoie*, in «Revue de l'art», 71, 1986, pp. 17-32; F. ELSIG, *Notes sur la peinture en Savoie autour de 1450*, in «Nuovi Studi», 5, 1998, pp. 25-28; M. NATALE (a cura di), *El Renacimiento Mediterráneo. Viajes de artistas e itinerarios de obras entre Italia, Francia y España en el siglo XV*, catalogo della mostra di Madrid e Valenza, Madrid 2001, pp. 309-318 (testo e schede di F. Elsig).

[18] EDMUNDS 1967-1968, pp. 535-541 e 545, nn. 57, 61 e 69. Nel 1443 Bapteur e collaboratori furono pagati per i lavori eseguiti in vista del funerale di Amedeo, uno dei figli del duca Ludovico, per la fattura delle lance «de la guerre de Breisse [Bresse]» e di alcuni «boucliers» da portare a Berna. Bapteur, ebbe inoltre il compito precipuo di dipingere con «9 onces de vermellion» e «demy livre de seruse» una lettiga per il duca. Nel 1445 i pagamenti riguardarono un'altra cerimonia funebre, quella celebrata a Hautecombe in onore di Filippo di Savoia, conte di Ginevra, il terzogenito di Amedeo VIII morto nel 1444. Oltre agli artisti, furono impegnati in quest'impresa diversi artigiani e operai, come Annequin le cousturier, Etienne de Zast le brodeur o Janin le chapuis [charpentier], il quale «fist toutes les fenestres dung grand peyle auquel furent faictes par Jehan le pintre et ses compagnions les ouvrages de bature et de pinture».

[19] Per i documenti relativi a Galliot di Bruxelles, che nel 1450 succedette a Bartolomeo Christophori in qualità di «familiaris et verrerius» della corte sabauda: DUFOUR e RABUT 1870, pp. 96 e 275. Frédéric Elsig ha proposto di identificare Galliot inizialmente con il primo Maestro delle Ore del duca Ludovico, e recentemente con l'autore del secondo ciclo di miniature di questo manoscritto: ELSIG 1998, p. 26; ID., in NATALE (a cura di) 2001, pp. 305-308, n. 41. Lo scambio di personalità artitistiche fu pratica diffusa tra le corti europee del tardo Medioevo: tra i molti esempi che si potrebbero fare, si ricordi quello celebre di Guillaume Dufay, compositore dei duchi di Borgogna, che fu attivo alla corte sabauda tra il 1434-1435 e il 1448-1450.

[20] Gli altri artisti citati nei documenti del 1443 e del 1445 sono il già ricordato Ennotin Nenon de Jouli, Jean Destuce de Bourg [Bourg-en-Bresse], Pétremaud Despère valet de Guillaume Coquin le verrier (1443); Maistre Pierre de Choyset e Maistre Bartholome verrier de Chambéry (1445). Thiebault Lalement, forse il pittore Thibaud Vuysel o Vinsel (CHARLES 1999, p. 250), compare ancora nel 1453 accanto a Johannin Chissello pintor, Guiglermo Quoquino pintor e Anser vererius. Che quest'ultimo sia ancora da identificare con Hans Witz?

[21] EDMUNDS 1967-1968, pp. 508, 515-521, 528-529, 537-538 e 542-543, nn. 3, 18-19, 23, 25, 30-31, 52-53, 60 e 63-65; P. LACROIX e A. RENON, *A propos des stalles de Saint-Claude: quelques notes «savoisiennes»*, in ANDENMATTEN e PARAVICINI BAGLIANI (a cura di) 1992, p. 437. Nel 1428 Bapteur si spostò da Morges a Ginevra «pro certis coloris emendis» da utilizzare per dipingere la statua di sant'Andrea scolpita da Mermeto; nel 1434 fu inviato a Ginevra e Chambéry per l'acquisto dei materiali necessari ai preparativi per l'arrivo di Anna di Lusignano; lo stesso anno fu prima a Seyssel a decorare le navi per il viaggio di Margherita di Savoia, poi a Torino, dove eseguì uno stendardo per il principe Ludovico; nel 1436 era a Ripaille «pour la pointure du protal»; nel 1442 è menzionato tra il personale che accompagnò Ludovico di Savoia a Châlon in Borgogna e nel 1445 andò ancora una volta a Ginevra per dipingere la statua lignea di san Felice scolpita da Jean de Vitry; a Chieri, infine, Jean è citato due volte: nel 1435, con il compito di fare diversi acquisti, tra cui «3 grans peaul[x] de parchemen» e stoffe di vario tipo per coprire le «pergamines de ma dame», e nel 1450, quando per la decorazione di «deux charrietz branlans» ossia due carrozze sospese per i duchi, lavorò con «meistre Guillaume le peyntre de Quier», che si è tentati di identificare con Guglielmetto Fantini (G. ROMANO, *Momenti del Quattrocento chierese*, in M. DI MACCO e G. ROMANO [a cura di], *Arte del Quattrocento a Chieri. Per i restauri nel Battistero*, Torino 1988, p. 17). Non possiamo purtroppo affermare con certezza che Bapteur sia stato anche a Bruges: in un documento del 1444, relativo a un'ambasciata sabauda in quella città, si dice solo che a «Johanni pictori in Bruges commorans» fu affidato l'incarico di dipingere una lettiga costruita da «magistro Henrico carpentario» per Annabella di Scozia, promessa sposa del cadetto Ludovico.

[22] EDMUNDS 1967-1968, pp. 545-548, nn. 70-75. È assai probabile che durante il suo soggiorno Bapteur abbia incontrato Peter Maggenberg, attivo a Friburgo negli stessi anni (DE ZURICH 1923, pp. 69-70). L'intervento più recente su questo importante artista della Svizzera romanda è quello di F. ELSIG, *De Pierre Maggenberg à Hans Fries: la peinture à Fribourg au XVe siècle*, in «Kunstchronik», 11, 2001, pp. 531-533, a cui si rimanda anche per la bibliografia precedente.

[23] EDMUNDS 1967-1968, pp. 548-549, n. 77.

[24] A. VESME e F. CARTA, *I miniatori dell'Apocalisse dell'Escuriale*, in «L'Arte», anno IV, 1901, pp. 35-42; J. GUIFFREY, *Alcune note sulle miniature dell'Apocalisse dell'Escuriale*, in «L'Arte», anno IV, 1901, pp. 196-198; F. WINKLER, *Reisefrüchte. II: Die Apokalypse des Jean Bapteur und Perronet Lami im Escorial*, in «Zeitschrift für bildende Kunst», n.s., 31, 1919-1920, pp. 225-232; C. PEMÁN, *Las miniaturas del «Apocalipsis de Saboya» de El Escorial y sus autores*, in «Boletin de la Sociedad española de Excursiones», 34, 1926, pp. 24-32.

[25] P. DURRIEU, *Manuscrits d'Espagne remarquables par leurs peintures*, in «Bibliothèque de l'Ecole des Chartes», 54, 1893, pp. 270-274 (con datazione delle miniature alla metà del XV secolo).

[26] M. PETIT-DELCHET, *Les visions de Saint Jean dans trois Apocalypses manuscrites à figures du XVe siècle*, in «Le Moyen Age», 18, 1905, pp. 65-73.

[27] J. PORCHER, *Les enlumineurs des Ducs de Savoie*, in «Revue de Savoie», luglio-agosto-settembre 1955, pp. 235-242; S. EDMUNDS, *The Missals of Felix V and Early Savoyard Illumination*, in «The Art Bulletin», vol. XLVI, n. 2, giugno 1964, pp. 133-137 (1964a), secondo cui nell'*Apocalisse di Savoia* si mescolavano «italian, french, flemish and english elements».

[28] A. GRISERI, *Nuovi riferimenti per Giacomo Jaquerio*, in «Paragone»,

anno IX, n. 115, luglio 1959, pp. 23-26; ID., *Nell'area di Jaquerio e di Bapteur*, in «Paragone», anno XIV, n. 161, maggio 1963, pp. 8-12; ID., *Jaquerio e il realismo gotico in Piemonte*, Torino s.d. [1965], pp. 32-40 e 71.

[29] Per questo artista, ora ricondotto ad ambito lionese, si veda F. AVRIL e N. REYNAUD, *Les manuscrits à peintures en France, 1440-1520*, catalogo della mostra, Parigi 1993, pp. 199-201 (testo e schede di F. Avril).

[30] C. GARDET, *De la peinture du Moyen Age en Savoie*, vol. III, *L'Apocalypse figurée des ducs de Savoie (Ms. Escurial E.Vitr.V)*, Annecy 1969; CH. STERLING, *Etudes savoyardes I: Au temps du duc Amédée*, in «L'Oeil», n. 178, 1969, pp. 2-13; ID., *Etudes savoyardes I. Supplément*, in «L'Oeil», nn. 195-196, 1971, pp. 14-19 e 36.

[31] G. TROESCHER, *Burgundische Malerei. Maler und Malwerke um 1400 in Burgund, dem Berry mit der Auvergne und in Savoyen mit ihren Quellen Austrahlungen*, Berlino 1966, pp. 347-349; ID., *Die Pilgerfahrt des Robert Campin. Altniederländische und südwestdeutsche Maler in Südostfrankreich*, in «Jahrbuch der Berliner Museen», 9, 1967, pp. 100-134.

[32] E. CASTELNUOVO e G. ROMANO (a cura di), *Giacomo Jaquerio e il gotico internazionale*, catalogo della mostra, Torino 1979; AVRIL e REYNAUD 1993; NATALE (a cura di) 2001; CASTELNUOVO e DE GRAMATICA (a cura di) 2002.

[33] A. GRISERI, *Ritorno a Jaquerio*, in CASTELNUOVO e ROMANO (a cura di) 1979, pp. 3-29, in particolare p. 8. Di «due mondi diversi, a servizio, a tratti, d'uno stesso principe» aveva parlato anche L. MALLÉ, *Le arti figurative in Piemonte*, vol. I, *Dalla Preistoria al Cinquecento*, Torino s.d. [1973], p. 93, che riconosceva la complessità culturale di Bapteur e ne individuava «una componente flémalliana».

[34] AVRIL e REYNAUD 1993, pp. 203-204.

[35] F. AVRIL, *La iluminación francesa del siglo XV y el mundo mediterráneo*, in NATALE (a cura di) 2001, pp. 71-72 (2001a).

[36] NATALE (a cura di) 2001, pp. 298-301, n. 39.

[37] CASTELNUOVO 2002a, pp. 204-223, in particolare pp. 216-221.

[38] R. PASSONI, *La pittura in Piemonte e Valle d'Aosta nel Quattrocento*, in ZERI (a cura di) 1987, vol. I, pp. 34-35.

[39] ROMANO 1988, pp. 17-20.

[40] EDMUNDS 1990a, pp. 92-104.

[41] GRISERI 1997a, pp. 670-674.

[42] PORCHER 1955, pp. 239-240; C. GARDET, *Le Livre d'Heures du duc Louis de Savoie*, Annecy 1959, passim; ID., *De la peinture du Moyen Age en Savoie*, vol. I, *Du XIe au XVe siècle*, Annecy 1965, pp. 95-102; AVRIL e REYNAUD 1993, pp. 208-209, n. 114; AVRIL 2001, p. 71.

[43] GRISERI 1963, pp. 11-12; ID. [1965], pp. 36-40, 71 e 122-123, nota 58; ID. 1979, pp. 28-29 e, nello stesso catalogo, pp. 177-180, n. 8. Sulla «Crocifissione» del Museo Civico di Torino la bibliografia più recente è costituita da NATALE (a cura di) 2001, pp. 302-304, n. 40; CASTELNUOVO e DE GRAMATICA (a cura di) 2002, pp. 494-495, n. 37 (schede di F. Elsig in entrambi i cataloghi). Per la sala baronale del castello della Manta, la revisione cronologica degli affreschi e le proposte interpretative, il volume di riferimento rimane G. ROMANO (a cura di), *La sala baronale del castello della Manta*, Milano 1992, a cui si aggiunga, per un'interessante ipotesi attributiva, A. BAVA, G. DARDANELLO e G. ROMANO, *Fossano sul finire del Cinquecento*, in G. ROMANO (a cura di), *La cattedrale di Fossano*, Fossano 1993, p. 49 (testo di G. Dardanello). Per una riproduzione del «Profeta» del Museo Civico: L. MALLÉ, *I dipinti del museo d'arte antica*, Torino 1963, p. 147, tav. 8. Il ms. Fr. 1 della Bibliothèque publique et universitaire di Ginevra, contenente la *Bible Historiale* di Petrus Comestor nella traduzione francese di Guyart des Moulins, è opera tarda della bottega del Maestro del duca di Bedford: B. GAGNEBIN, *L'enluminure de Charlemagne à François Ier. Les manuscrits à peintures de la Bibliothèque publique et universitaire de Genève*, Ginevra 1976, pp. 94-96, n. 37. Per l'affresco del duomo di Susa, eseguito tra il 1457 e il 1483, ossia nel periodo in cui Guillaume d'Estouteville fu amministratore di San Giusto (e quindi dopo la morte di Bapteur): E. ROSSETTI BREZZI, *La pittura in Valle di Susa tra la fine del Quattrocento e i primi anni del Cinquecento*, in G. ROMANO (a cura di), *Valle di Susa. Arte e storia dall'XI al XVIII secolo*, catalogo della mostra, Torino 1977, p. 192, nota 26. La lettura del dipinto è gravemente compromessa dal cattivo stato di conservazione in cui esso versa. Rimandano in effetti a Bapteur la cornice decorata con motivi geometrici e *phalerae*, e alcuni particolari, quali le pieghe dritte e tubolari delle vesti degli angeli e il disegno delle loro ali. Potrebbe quindi trattarsi di una traduzione locale dei modi dell'artista friburghese.

[44] GARDET 1969, pp. XXXIV-XXXV; ID. 1975, p. 10. A titolo di cro-

naca, si ricordi che lo stesso Gardet, parlando di uno «style Jaquerio-Bapteur» all'interno del panorama figurativo savoiardo della prima metà del XV secolo, propose di attribuire all'uno o all'altro dei due artisti o a qualche loro seguace sia la «Crocifissione» dell'ospedale di Moncalieri che quella dell'abbazia di Hautecombe: ID., *Giacomo Jaquerio: Sant'Antonio di Ranverso, Pianezza et Avigliana, Fenis, La Manta, une «Crucifixion» du Museo Civico de Turin, une «Crucifixion» de l'Abbaye d'Hautecombe*, in *Congrès archéologique du Piémont, 129e session - 1971*, Parigi 1977, pp. 541-543. Sulle due tavole in questione si vedano CASTELNUOVO e ROMANO (a cura di) 1979, pp. 176 e 181-182, nn. 7 e 9 (schede di E. Rossetti Brezzi); M. NATALE, *Una scheda piemontese: 1435*, in *Scritti di storia dell'arte in onore di Federico Zeri*, Milano 1984, vol. I, pp. 81-92; G. ROMANO, voce *Fantini, Guglielmetto*, in *Dizionario biografico degli italiani*, vol. 44, Roma 1994, p. 643; CASTELNUOVO e DE GRAMATICA (a cura di) 2002, pp. 492-493, n. 36 (scheda di G. Saroni). Per la pala di Sion-en-Valais: E. CASTELNUOVO, *Le Alpi, crocevia e punto d'incontro delle tendenze artistiche nel XV secolo*, in «Ricerche di Storia dell'Arte», 9, 1978-1979, pp. 5-12, in particolare p. 7 (oggi ripubblicato in ID., *La cattedrale tascabile. Scritti di storia dell'arte*, Livorno 2000, pp. 35-45); E. CASTELNUOVO e T. A. HERMANES, *La peinture*, in A. PARAVICINI BAGLIANI, J. P. FELBER, J. D. MOREROD e V. PASCHE (a cura di), *Les Pays romands au Moyen Age*, Losanna 1997, pp. 542-544. Il collegamento tra Bapteur e l'affresco funerario di Annecy, datato 1458, era stato fatto da Gardet non tanto per ragioni stilistiche quanto per i documentati contatti che intercorsero tra l'artista di Friburgo e Philibert de Monthouz, scudiero di Amedeo VIII, consigliere di Ludovico di Savoia e committente del dipinto (EDMUNDS 1967-1968, pp. 515, 518, 521 e 546, nn. 18-19, 23, 33 e 71). Sulla scia di Charles Sterling, che ricondusse il dipinto alla cerchia degli allievi di Konrad Witz, Frédéric Elsig ha proposto di individuare il suo autore in Hans Witz: STERLING 1986, p. 29; ELSIG 1998, p. 25; NATALE (a cura di) 2001, p. 309; F. ELSIG, *Pour une géographie de l'art médiéval en Suisse*, in «Zeitschrift für Schweizerische Archäologie und Kunstgeschichte», 60, 2003, pp. 94-95.

[45] CASTELNUOVO e ROMANO (a cura di) 1979, pp. 165 e 371; *Dagli ori antichi agli anni Venti. Le collezioni di Riccardo Gualino*, catalogo della mostra di Torino, Milano 1982, p. 57, nn. 34-36; ROMANO 1988, p. 19; W. ANGELELLI e A. G. DE MARCHI, *Pittura dal Duecento al primo Cinquecento nelle fotografie di Girolamo Bombelli*, Milano 1991, p. 81, n. 139; ROMANO 1996, pp. 126 e 185. Negli anni ottanta almeno due delle sei tavole che componevano le «Storie Gualino» si trovavano in una collezione privata di Bergamo, rimasta anonima: *Collezioni private bergamasche*, Bergamo 1982 (Monumenta Bergomensia, LX/***), tavv. 171-172 (fig. 55).

[46] AVRIL e REYNAUD 1993, p. 203; NATALE (a cura di) 2001, pp. 298-301, n. 39 (scheda di F. Elsig); ELSIG 2001, p. 532. Una conferma della proposta attributiva di Avril si trova anche in EDMUNDS 1996, p. 188.

[47] L. SIMONETTI, *Monete italiane medioevali e moderne*, I, *Casa Savoia*, parte I, Firenze 1967, pp. 122-123, n. 33; si veda, inoltre, la raffigurazione di Amedeo in un sigillo della Camera dei conti: L. CIBRARIO e D. C. PROMIS, *Sigilli de' principi di Savoia*, Torino 1834, pp. 175-176, tav. XVII, n. 95.

[48] La consuetudine sarà sancita dagli *Statuta Sabaudiae*, promulgati da Amedeo nel 1430: A. VADON, *Amédée VIII-Félix V dans l'iconographie*, in ANDENMATTEN e PARAVICINI BAGLIANI (a cura di) 1992, pp. 106-110; A. PAGE, *Vêtir le Prince. Tissus et couleurs à la Cour de Savoie (1427-1447)*, Losanna 1993 (Cahiers lausannois d'histoire médiévale, 8), passim; A. VADON, *Les Heures du duc Louis de Savoie (1413-1465). Héraldique, emblématique et datation*, in B. ANDENMATTEN, A. PARAVICINI BAGLIANI e A. VADON, *Héraldique et emblématique de la Maison de Savoie (XIe-XVIe s.)*, Losanna 1994 (Cahiers lausannois d'histoire médiévale, 10), p. 139. Sui segni della dignità ducale sabauda si veda inoltre: L. GENTILE, *Processi di rappresentazione del potere principesco in area subalpina, XIII-XVI secoli: riti ed emblemi*, tesi di dottorato in Storia medievale in cotutela tra l'Università degli Studi di Torino e l'Université de Savoie di Chambéry, relatori R. Bordone e C. Guilleré, a.a. 2000-2003, vol. I, pp. 130-150.

[49] ROMANO 1996, p. 124, nota 23; NATALE (a cura di) 2001, p. 298 (scheda di F. Elsig). Per quanto riguarda i codici miniati di casa Savoia, sant'Antonio, oltre a comparire nel Santorale del *Breviario di Santa Coletta* di Besançon e in quello del *Messale di Felice V* dell'Archivio di Stato di Torino, ha una posizione di rilievo nelle più

volte citate *Ore del duca Ludovico* (Parigi, Bibliothèque nationale, ms. Lat. 9473, f. 168*v*) e nelle cosiddette *Ore di Saluzzo* (Londra, British Library, ms. Add. 27697, f. 95); nelle *Ore di Clermont-Ferrand* (Bibliothèque municipale, ms. 84), infine, troviamo raffigurato due volte un monaco in preghiera davanti al santo eremita e a quest'ultimo sono dedicate un'antifona e una preghiera speciali del manoscritto.

[50] Si sarebbe quasi tentati di mettere il manoscritto in relazione con il matrimonio di Maria di Savoia e Filippo Maria Visconti (1428) e di considerarlo un dono di Amedeo VIII al futuro genero o alla figlia.

[51] Ringrazio Luisa Gentile che, con la sua solita generosità, anche in questa circostanza mi ha dato utili indicazioni e ha svolto per me parte della ricerca. Lo stemma sovracitato, che data la sua partizione e la sua forma a losanga fu probabilmente di una donna, non ha nulla a che vedere con quello dei Signori di Busca («di rosso alla croce ancorata d'oro al bastone di nero attraversante in sbarra») e non compare nei tradizionali repertori di araldica savoiarda: Torino, Biblioteca Reale, ms. Varia 153, *Livres de Blasonnerie*; F. A. DELLA CHIESA, *Fiori di Blasoneria per ornar la Corona di Savoia con i freggi della Nobiltà*, Torino 1655; A. DE FORAS, *Armorial et nobiliaire de l'ancien duché de Savoie*, Grenoble 1863-1938 (già consultato da F. Elsig). Non lo si trova neppure in Torino, Biblioteca Reale, ms. Storia Italiana 138, Archintus (comes Octavius), *Insignia familiarum* (copia dello *Stemmario Trivulziano* del terzo quarto del 1400, con stemmi di famiglie lombarde e padane); né in G. F. BERNABÒ DI NEGRO, *L'araldica di Genova*, Genova 1983 (con gli stemmi delle famiglie genovesi medioevali). La storia successiva del manoscritto I/D a/6 della Biblioteca Universitaria di Halle-Wittenberg è sconosciuta; sappiamo solo che verso la metà del XVIII secolo appartenne a Johann Christoph von Dreyhaupt (1699-1768), che forse acquisì il codice in Francia (NATALE [a cura di] 2001, p. 298).

[52] CASTELNUOVO 2002a, p. 220.

[53] ID. *Les fresques du cloître d'Abondance*, in ANDENMATTEN e PARAVICINI BAGLIANI (a cura di) 1992, pp. 405-418. Lo studioso fece notare, in quell'occasione, l'affinità intercorrente tra il paesaggio sullo sfondo della «Fuga in Egitto» del chiostro di Abondance e le panoramiche «a volo d'uccello» ai ff. 9*v*, 11*v*, 12*v* e 13*v* dell'*Apocalisse* di Bapteur (fig. 51), dove in effetti troviamo lo stesso modo di descrivere il paesaggio pullulante di case, cose, figure e particolari della vita quotidiana. Si noti poi il cagnolino accucciato nell'episodio dell'«Annuncio ai pastori» sullo sfondo della «Natività» di Abondance, che sembrerebbe quasi una citazione di quello ai piedi di Domiziano al f. 1 del manoscritto dell'Escorial (tav. XI); o ancora la somiglianza di alcune figure delle «Nozze di Cana» (come il servitore sull'estrema destra di chi guarda) con certi personaggi bapteuriani, anche per le fogge delle vesti (f. 1 dell'*Apocalisse*; tav. XI); infine, la coincidenza tra l'edificio che ospita l'«Annunciazione» di Abondance con le architetture *flamboyantes* del codice dell'Escorial (f. 8*v*; tav. XII). Rispetto alle pagine dell'*Apocalisse*, gli affreschi, anche per la totale assenza di riferimenti alle novità dell'arte fiamminga, rivelano una cultura più arcaizzante. Sulla fortuna critica del ciclo di Abondance è intervenuta di recente D. RECROSIO, *Les peintures murales du cloître d'Abondance: histoire d'un succès précoce*, in «Zeitschrift für Schweizerische Archäologie und Kunstgeschichte», 60, 3, 2003, pp. 257-275.

[54] CASTELNUOVO e ROMANO (a cura di) 1979, pp. 407-410 (scheda di E. Deuber-Pauli e Th. A. Hermanès); CASTELNUOVO e HERMANÈS 1997, pp. 538-539; P. BROILLET e N. SCHÄTTI, *La reconstruction de l'église paroissiale (après 1431 - après 1449)*, in *Les monuments d'art et d'histoire du canton de Genève*, vol. II, Genève, Saint-Gervais: du bourg au quartier, Berna 2001, pp. 123-130.

[55] ROMANO 1988, pp. 17-19: le testine in scorcio nella cornice del f. 13*v*, che Romano attribuisce a Péronet Lamy, e che costituirebbero uno dei segni del rinnovamento intervenuto all'interno dell'*Apocalisse* con il suo arrivo, sono in realtà già presenti al f. 6*v* (fig. 35).

[56] *Ibid.*, p. 19.

[57] Per la fortuna critica delle «Storie di santo Stefano», attribuite inizialmente a Nicolas Frances: CASTELNUOVO e ROMANO (a cura di) 1979, p. 165. Alla Spagna sembra rimandare anche il più recente collegamento dei pannelli con il nome di Dello Delli: *Collezioni private bergamasche*, 1982, tavv. 171-172. Per il *De viris illustribus familiae Transelgardorum, Forzaté et Capitis Listae* di Giovanni Francesco Capodilista (Padova, Biblioteca Civica, ms. B.P.954), si rimanda alla scheda di Tiziana Franco in G. BALDISSIN MOLLI, G. CANOVA MARIANI e F. TONIOLO (a cura di), *La miniatura a Padova dal Medioevo*

al Settecento, catalogo della mostra di Padova, Modena 1999, pp. 219-221, n. 83. L'accostamento alle «Storie di santo Stefano» già Gualino, ancora ulteriormente il codice di Capodilista alla cultura oltrealpina e attesta una volta di più il fertile intreccio di linguaggi figurativi di provenienza diversa negli anni del concilio di Basilea, dove il volume fu scritto e miniato insieme al *Diploma di Manfredo dal Cortivo*: CASTELNUOVO e DE GRAMATICA (a cura di) 2002, pp. 540-543, n. 54 (scheda di G. P. Mantovani). Per Guglielmetto Fantini, oltre al già citato volume sul restauro degli affreschi del battistero di Chieri (DI MACCO e ROMANO [a cura di] 1988), il testo di riferimento, per la ricostruzione storica della figura dell'artista e del *corpus* di opere a lui attribuibili, è ROMANO 1996, pp. 161-172, mentre la bibliografia recente è costituita da L. AVEZZA, *Appunti su Guglielmetto Fantini*, in «Arte Cristiana», LXXXV, 778, 1997, pp. 11-26; F. ZERI e A. G. DE MARCHI (a cura di), *La Spezia. Museo Civico Amedeo Lia-Dipinti*, Milano 1997, pp. 120-123, nn. 47-49 (schede di A. G. de Marchi).

[58] ROMANO 1996, pp. 186 (da cui è tratta la citazione) e 192 (per il particolare delle gemme sui bordi delle vesti che torneranno, più tardi, nella «Trinità» di Antoine de Lonhy ora al Museo Civico di Torino).

[59] STERLING 1969, pp. 5-9; ID. 1971, pp. 15-17; L. BELLOSI, *Giacomo Jaquerio e il gotico internazionale* (recensione alla mostra), in «Prospettiva», n. 20, gennaio 1980, p. 90; ROMANO 1988, pp. 17-19; ID. 1996, pp. 184-185.

[60] CASTELNUOVO e ROMANO (a cura di) 1979, pp. 177-180, n. 8; GRISERI 1997a, pp. 672-673.

[61] NATALE (a cura di) 2001, pp. 302-304, n. 40; CASTELNUOVO e DE GRAMATICA (a cura di) 2002, p. 494, n. 37. Si veda, inoltre, CASTELNUOVO 2002a, pp. 220-221: lo studioso riconosce nella «Crocifissione» di Torino una modernità estranea alle pagine dell'*Apocalisse di Savoia*; fa però notare che della lunga attività di Bapteur posteriore al manoscritto, pur ampiamente documentata nei conti della Tesoreria ducale, non è ancora emerso nulla e «che è giocoforza immaginare che un tale genio non sia rimasto immobile ma abbia conosciuto un'evoluzione che ci rimane per ora ignota».

[62] Nel famoso taccuino della Pierpont Morgan Library di New York attribuito in parte a Jacquemart de Hesdin appare lo stesso motivo decorativo isolato dal suo contesto: R. W. SCHELLER, *Exemplum. Model-Book Drawings and the Practice of Artistic Transmission in the Middle Ages (ca. 900 - ca. 1470)*, Amsterdam 1995, pp. 218-225, n. 19.

[63] ROMANO 1996, p. 122.

[64] CASTELNUOVO 2002a, p. 214.

[65] Per le due tavole del Museo Civico, la bibliografia più recente è costituita da ROMANO 1996, pp. 117-127; CASTELNUOVO e DE GRAMATICA (a cura di) 2002, pp. 490-491, n. 35 (scheda di S. Baiocco. Nello stesso catalogo Enrico Castelnuovo sembra propendere per una datazione dei due dipinti intorno al secondo decennio del XV secolo: *Ibid.*, p. 214).

[66] CASTELNUOVO e ROMANO (a cura di) 1979, pp. 167-172 (scheda di E. Deuber-Pauli e Th. A. Hermanés); CASTELNUOVO e DE GRAMATICA (a cura di) 2002, pp. 484-485, n. 32 (scheda di F. Elsig).

[67] Le citazioni sono tratte da ROMANO 1996, p. 119, che ritiene «l'angelo che libera San Pietro concepito all'unisono con l'Annunciazione di Jacquemart de Hesdin nelle Ore di Bruxelles» e legge la quinta architettonica della tavola torinese «in parallelo alle architetture opaline dei manoscritti per Jean de Berry». Per i problemi attributivi delle *Très Belles Heures di Jean de Berry*, ms. 11060-61 della Bibliothèque royale di Bruxelles, si veda da ultimo: E. TABURET-DELAHAYE e F. AVRIL (a cura di), *Paris 1400. Les arts sous Charles VI*, catalogo della mostra, Parigi 2004, pp. 109-111, n. 45 (scheda di F. Avril).

[68] C. BERTELLI, *Amédée VIII et la symbolique pontificale*, in ANDENMATTEN e PARAVICINI BAGLIANI (a cura di) 1992, p. 388.

[69] Per una rilettura recente dei documenti concernenti la carriera artistica di Jaquerio: G. ROMANO, *Tra la Francia e l'Italia: note su Giacomo Jaquerio e una proposta per Enguerrand Quarton*, in *Hommage à Michel Laclotte. Etudes sur le peinture du Moyen Age et de la Renaissance*, Milano 1994, pp. 173-180; ID. 1996, pp. 117-127; S. BAIOCCO, *Il procedere degli studi sulla cultura jaqueriana*, in W. CANAVESIO (a cura di), *Jaquerio e le arti del suo tempo*, Beinasco 2000, pp. 2-17; CASTELNUOVO 2002a, pp. 211-216. Rimane qualche incertezza se attribuire a Giacomo o al padre Giovanni il pagamento del 1403 in favore di «magistro Jaquerio» per lavori nel castello di Torino: S. BAIOCCO, S. CASTRONOVO e E. PAGELLA (a cura di), *Arte in Piemonte*, vol. II, *Il Gotico*, Torino 2003, pp. 104-114.

[70] Jaquerio era già stato contattato da Amedeo VIII tra il 1411 e il 1413, ma per collaborazioni estemporanee, e fino al 1418 sembra aver avuto un rapporto privilegiato più con la corte degli Acaia che con quella sabauda. È solo nel 1426 che, nel già citato documento riguardante i lavori di decorazione nella cappella del castello ducale di Thonon, l'artista torinese è accompagnato dalla qualifica ufficiale di «pictor domini»: BAIOCCO 2000, pp. 16-17; CASTELNUOVO 2002a, pp. 212-213. Il 19 agosto del 1427 Jean Bapteur, da poco rientrato dal viaggio in Italia, è citato in relazione a un lavoro eseguito per il primogenito del duca di Savoia, Amedeo principe di Piemonte, come «pictor et servitor illustrissimi principis et domini domini nostri Amedei Sabaudiae ducis»; è qualificato come «pictor domini» in un documento del 19 febbraio del 1429: EDMUNDS 1967-1968, pp. 508-509, nn. 2 e 4. Un indizio del contatto tra Bapteur e la pittura in area jaqueriana è evidente nelle cornici dell'*Apocalisse* oggi all'Escorial, dove vengono sviluppate con estro e fantasia soluzioni figurative già sperimentate per esempio nell'abbazia di Ranverso, nella chiesa di Saint-Barnard a Romans o nel castello di Fénis: qui, in particolare, è da notare il motivo trecentesco dei busti entro clipei, ripreso da Bapteur ai ff. 6*v*, 13*v* e 24 del codice escorialense (fig. 35) e risolto con stupende descrizioni in scorcio (l'analogia era già stata rilevata da ROMANO 1988, pp. 15-16, che vedeva però nell'*Apocalisse* un precedente per il ciclo valdostano e non viceversa). Oggi si tende a collocare la datazione degli affreschi di Fénis intorno al 1420: E. ROSSETTI BREZZI, *La pittura in Valle d'Aosta tra la fine del 1300 e il primo quarto del 1500*, Firenze-Torino 1989, pp. 14-16.

[71] Gli interventi recenti più significativi sulla custodia della spada di san Maurizio sono tutti di Claudio Bertolotto: CASTELNUOVO e ROMANO (a cura di) 1979, pp. 301-305, n. 65 (con bibliografia precedente); I. MASSABÒ RICCI, M. CARASSI e L. C. GENTILE (a cura di), *Blu, Rosso e Oro. Segni e colori dell'araldica in carte, codici e oggetti d'arte*, catalogo della mostra di Torino, Milano 1998, pp. 82-83, n. 55; CASTELNUOVO e DE GRAMATICA (a cura di) 2002, pp. 448-449, n. 19. Abbiamo già ricordato che una volta eletto papa, Amedeo VIII fece costruire nell'abbazia di San Maurizio una cappella in onore del santo, dotandola di numerosi arredi liturgici (*Ibid.*, pp. 758-759, n. 140, scheda di F. Elsig). E fu probabilmente ancora Amedeo a offrire all'abbazia il busto reliquiario di San Vittore recentemente attribuito a orafo ginevrino e datato al 1445-1450 (*Ibid.*)

[72] La dettagliata descrizione che Bertolotto fornisce dell'armatura del santo raffigurato sulla custodia dell'Armeria Reale di Torino si adatta perfettamente a quella del san Giorgio di Besançon, che presenta gli stessi «ginocchielli molto vistosi e grandi stelle agli sproni [...] come pure il bacinetto flamboyant (col coppo a forma di goccia)», o ancora l'identico dettaglio della «scarpa articolata *à la demi poulaine* ben salda nella staffa». L'unica differenza tra le due raffigurazioni è costituita dalla visiera del bacinetto, che nella custodia è «a muso di porco». Questo particolare - è sempre Bertolotto a sottolinearlo - avvicina la teca alle miniature del codice di Capodolista e alle pale d'altare di Witz, conservate a Basilea e Ginevra: CASTELNUOVO e ROMANO (a cura di) 1979, pp. 303-305. Un'ulteriore coincidenza, invece, tra il manoscritto di Besançon e il reliquiario torinese è il colore azzurro-gnolo (a imitazione dell'acciaio) dell'armatura dei due santi cavalieri, che nella teca è purtroppo caduto in più punti. La lancia con il vessillo e lo scudo del san Maurizio, decorati dalla croce gigliata bianca in campo rosso, sono infine uguali a quelli che accompagnano la raffigurazione del santo omonimo al f. 406 del *Breviario*.

[73] Ci siamo già dilungati sulle diverse mansioni svolte da Bapteur all'interno della corte sabauda, comprendenti in più di un'occasione la decorazione e la doratura di lance, scudi, bandiere da parata e cotte d'armi, mentre numerosi sono i documenti in cui si specifica che il motivo da raffigurare dovesse essere proprio la figura o la croce di san Maurizio, il santo patrono di casa Savoia, verso cui Amedeo VIII mostrò una devozione particolare: EDMUNDS 1967-1968, pp. 510-512, 529-532 e 535-541, nn. 12, 54, 57 e 61. In linea generale va comunque ricordato che in base alle rigide leggi che regolavano il sistema corporativo la decorazione di sculture e prodotti artigianali spettava di norma ai soli pittori: A. DELLA LATTA, *A propos d'un coffret en cuir. Les scènes de la Passion de Lucques: arts décoratifs et arts majeurs en Flandre vers 1400*, in «Revue de l'Art», 134, 2001, pp. 61-74.

[74] Ravvisando il potenziale significato simbolico del giglio dipinto sul reliquiario della spada di san Maurizio, Bertolotto, su indicazione di Andreina Griseri, proponeva di vedervi un'allusione alla Madre di Dio, ricordando che il priorato di Ripaille aveva la doppia intitolazione alla Vergine e al san Maurizio: CASTELNUOVO e ROMANO (a cura di) 1979, p. 303. Una tale interpretazione non è contraddetta dal frontespizio dell'*Albertano da Brescia* di Bruxelles, dove l'omaggio all'eremo fondato da Amedeo VIII è ancora più esplicito, essendo raffigurato, oltre al giglio, anche un membro dell'Ordine cavalleresco di san Maurizio.

[75] EDMUNDS 1967-1968, pp. 520-521, nn. 30-31.

[76] GRISERI [1965]; E. CASTELNUOVO, *Giacomo Jaquerio e l'arte nel ducato di Amedeo VIII*, in CASTELNUOVO e ROMANO (a cura di) 1979, pp. 30-57; ROMANO 1994, pp. 173-180; ID. 1996, pp. 117-127.

[77] Gli interventi più recenti su Jean de Prindall, a cui rimando anche per la bibliografia precedente, sono i seguenti: G. ROMANO, *Il Piemonte occidentale e l'oltralpe, 1300-1450. Frammenti di un profilo critico*, in E. PAGELLA (a cura di), *Tra Gotico e Rinascimento. Scultura in Piemonte*, catalogo della mostra, Torino 2001, pp. 62-63, nota 18 e, nello stesso catalogo, pp. 72-75, nn. 21-22; L. CAVAZZINI e A. GALLI, *Scultura in Piemonte tra Gotico e Rinascimento. Appunti in margine a una mostra e nuove proposte per il possibile Jean Prindalle*, in «Prospettiva», nn. 103-104, luglio-ottobre 2001, pp. 113-132; CASTELNUOVO 2002a, pp. 208-209; L. CAVAZZINI, *Tra Fiandre, Francia e Valle Padana. Percorsi internazionali della scultura fra Tre e Quattrocento*, in CASTELNUOVO e DE GRAMATICA (a cura di) 2002, in particolare pp. 196-199; sempre nel catalogo della mostra di Trento si vedano, inoltre, le schede di F. Elsig, S. Piretta e ancora di L. Cavazzini (*Ibid.*, pp. 486-489 e 556-561, nn. 33-34 e 58-59). Già Troescher aveva individuato nel misterioso pittore Boso, citato dal 1389 al 1414 nei conti della cancelleria sabauda, un possibile legame tra la Savoia e la cultura figurativa delle corti oltrealpine, visto che un pittore con lo stesso nome nel 1401 lavorò a Bourges per il duca di Berry (TROESCHER 1966, pp. 138 e 261; CASTELNUOVO 1979, pp. 32 e 43; ROMANO 1994, pp. 177-178; CASTELNUOVO 2002a, pp. 209-210). Le ricerche documentarie recenti sembrano tuttavia escludere che possa trattarsi dello stesso personaggio (E. ROSSETTI BREZZI, *La pittura gotica in Valle d'Aosta*, in E. ROSSETTI BREZZI [a cura di], *Fragmenta picta. Testimonianze pittoriche dal castello di Quart - Secoli XIII-XVI*, catalogo della mostra al castello di Sarriod de La Tour, Aosta 2003, pp. 18-19).

[78] Il confronto tra Bourges e Jaquerio era stato proposto da E. CASTELNUOVO, *Postlogium Jaquerianum*, in «Revue de l'Art», LII, 1981, p. 45.

[79] Per i problemi attributivi del frontespizio della *Bible moralisée*, ms. Fr. 166 della Bibliothèque nationale di Parigi, si rimanda ad AVRIL 2001, p. 64; TABURET-DELAHAYE e AVRIL (a cura di) 2004, pp. 297-298, nn. 184-185 (schede di Ph. Lorentz e F. Avril).

[80] Si ricordi, inoltre, che la partecipazione emotiva di san Giovanni agli spettacoli celesti è una caratteristica precipua delle *Apocalissi* inglesi duecentesche appartenenti alla cosiddetta III famiglia, da cui abbiamo detto derivare il prototipo utilizzato da Bapteur: G. HENDERSON, *Studies in English Manuscript Illumination. Part III: the English Apocalypse; II*, in «Journal of the Warburg and Courtauld Institutes», XXXI, 1968, pp. 106-108.

[81] Per gli influssi della pittura italiana sulla miniatura francese di inizio Quattrocento: AVRIL 2001, pp. 63-67.

[82] Per il Maître du Roman de la Rose de Vienne: AVRIL e REYNAUD (a cura di) 1993, pp. 199-201 (testo e schede di F. Avril). Per gli affreschi della chiesa di Saint-Oyen a Meillonnas: P. CATTIN (a cura di), *Peintures murales médiévales des églises de Rhône-Alpes*, Lione 1998 (Cahiers René de Lucinges, 7), pp. 23-25 (per la descrizione e tre riproduzioni del ciclo); NATALE (a cura di) 2001, p. 298; CASTELNUOVO e DE GRAMATICA (a cura di) 2002, p. 494. Com'è noto, è merito di Enrico Castelnuovo l'aver sottolineato per primo l'importanza, per la cultura di Jaquerio ma non solo, gravitante intorno ai contatti tra Avignone e la Savoia nei decenni a cavallo del Quattrocento, e ha indicato nella città papale uno dei veicoli possibili per l'arrivo dei modelli toscani in zona alpina: CASTELNUOVO 1979, pp. 42-46; ID., *L'Autunno del Medioevo nelle Alpi*, in CASTELNUOVO e DE GRAMATICA (a cura di) 2002, pp. 23-25 (2002b). François Avril ha parlato di un «singulier courrant italo-gotique» che interessò i due versanti delle Alpi e che fu favorito dall'ambiente internazionale gravitante intorno ai concili di Costanza e Basilea: AVRIL e REYNAUD (a cura di) 1993, p. 200. Un altro mezzo di trasmissione è stato più volte indicato nei libri di modelli: CASTELNUOVO 1992, p. 412; AVRIL 2001, p. 64.

[83] S. EDMUNDS, *Jean Bapteur and the Marvels of Rome*, in «The Art

Quarterly», vol. XXVII, n. 2, 1964, pp. 169-175 (1964b); ROMANO 1988, p. 17; EDMUNDS 1990a, pp. 96-97 e 99-100; L. BELLOSI, *La tavoletta di Gabella del 1444, il «Maestro dei monocromi di Monticiano» e un probabile modello perduto di Ambrogio Lorenzetti*, in «Prospettiva», n. 100, ottobre 2000, pp. 36-40; CASTELNUOVO 2002a, p. 216. Sul problema del pannello con il «San Michele», laterale perduto della «Presentazione al Tempio» di Ambrogio Lorenzetti già nel duomo di Siena e oggi agli Uffizi, che fu ripreso dallo stesso Ambrogio al centro del polittico ora nel museo di Asciano, ci siamo già soffermati nella nota 104 del primo capitolo di questa ricerca. Per la pratica, assai diffusa nel Quattrocento, di far riprodurre nei manoscritti tavole dipinte spesso presenti nelle collezioni stesse dei committenti, oltre al celebre caso della Vergine miniata da Barthélemy d'Eyck per conto di Renato d'Angiò, su modello di un pannello votivo di inizio Quattrocento, a sua volta verosimilmente derivato da un'icona bizantina (AVRIL e REYNAUD [a cura di] 1993, pp. 233-234, n. 126, scheda di F. Avril; NATALE [a cura di] 2001, pp. 377-379, n. 57, scheda di D. Thiébaut), si ricordi l'intervento di Colombe nell'*Apocalisse di Savoia* e si vedano altri esempi in S. NASH, *A Fifteenth Century French Manuscript and an Unknown Painting*, in S. FOISTER e S. NASH (a cura di), *Robert Campin. New directions in scholarship*, s.l. 1996, pp. 105-113.

[84] PASSONI 1987, p. 35; ROMANO 1988, p. 17. Non tutta la critica crede che Campin, dopo la condanna del processo del 1429, abbia effettivamente lasciato Tournai per il pellegrinaggio a Saint-Gilles-du-Gard, e che sia quindi passato in Savoia di ritorno nei Paesi Bassi (si vedano, per esempio, A. CHÂTELET, *Robert Campin - Le Mâitre de Flémalle. La fascination du quotidien*, Anversa 1996, pp. 29 e 354; F.

THÜRLEMANN, *Robert Campin. A monographic critical catalogue*, Monaco-Berlino-Londra-New York [N.Y.] 2002, pp. 12 e 217, nota 8 e, per la bibliografia sull'argomento, T. H. BORCHERT, *The Mobility of Artists. Aspects of Cultural Transfer in Renaissance Europe*, in T. H. BORCHERT [a cura di], *The Age of Van Eyck. The Mediterranean World and Early Netherlandish Painting, 1430-1530*, catalogo della mostra, Bruges 2002, pp. 38 e 45, nota 31). Comunque sia, di fronte a opere quali la «Natività», inv. 203, del Kelvingrove Art Gallery and Museum di Glasgow non si può non pensare quantomeno alla circolazione precoce in territorio sabaudo di opere d'arte campiniane (*Ibid.*, p. 248, n. 63).

[85] Per l'affresco di San Giusto di Susa, la cui datazione è forse posteriore rispetto a quella proposta fino a oggi: ROMANO 1996, p. 124, nota 23; per il ciclo di Piossasco (1440-1445), uno dei primi esempi di pittura murale in Piemonte aggiornato sui modelli fiamminghi: CASTELNUOVO 1979, p. 57; ROMANO 1988, p. 16, anche per la bibliografia precedente; ID. 1996, p. 172. Qualche coincidenza con le pagine dell'*Apocalisse* è stata ravvisata negli affreschi del Maestro di Lusernetta: E. ROMANELLO, *Il Maestro di Lusernetta e alcune considerazioni sulla pittura tardogotica pinerolese*, in «Bollettino della Società piemontese di Archeologia e Belle Arti», n.s., LI, 1999, pp. 285-286 e 288.

[86] Per il ms. Storia Patria 841 della Biblioteca Reale di Torino: G. GIACOBELLO BERNARD (a cura di), *Biblioteca Reale-Torino*, Firenze 1990, p. 78 (scheda di C. Montanari). È stato Romano a porre l'attenzione sui frontespizi dei codici degli Statuti conservati alla Reale per lo studio della miniatura savoiarda del Quattrocento: ROMANO 1996, pp. 168-169, nota 32.

Péronet Lamy

I DOCUMENTI

I documenti della Tesoreria sabauda, così prodighi di notizie su Jean Bapteur, non lo sono altrettanto su Péronet Lamy, il cui rapporto con i duchi di Savoia non fu esclusivo ma occasionale[1].
Ossia, se Bapteur incarna la figura tipica dell'artista di corte quattrocentesco, totalmente integrato
nel *milieu* principesco, che sembra essere stato l'unico beneficiario dei suoi servigi e presso cui il pittore friburghese godette di una posizione di prestigio, Lamy, originario di Saint-Claude nello Jura
e attivo in Savoia dal 1432 al 1453, fu a capo di una fiorente bottega esterna alla corte e attiva per
una clientela eterogenea. Ciò non impedì ai duchi sabaudi di considerare Péronet un loro uomo
di fiducia e di rivolgersi con regolarità al suo *atelier* per i lavori di decorazione e rilegatura di manoscritti. È questa un'altra differenza tra Bapteur e Lamy: alla poliedrica versatilità del primo, artista *factotum* della corte sabauda, corrisponde un'iperspecializzazione del secondo, che, se si esclude la sua partecipazione al grande cantiere cosmopolita di Thonon, dove peraltro non sappiamo
che ruolo rivestì, sembra essersi dedicato esclusivamente alla produzione di codici miniati. La prima menzione di Péronet nei conti ducali risale all'aprile del 1432, quando l'artista fu chiamato ad
affiancare Bapteur nella decorazione dell'*Apocalisse* voluta da Amedeo VIII[2]. Poco dopo, il pittore friburghese lo volle con sé a Thonon, dove Lamy soggiornò per una ventina di giorni insieme a
un «compagnion», partecipando alla campagna decorativa della «sale nove» e della «chapelle nove» del castello sabaudo[3]. Nel marzo del 1434 Péronet ricevette un pagamento per aver dipinto «centum litteras auri» in un *Libro d'Ore* di Anna di Lusignano, neosposa del principe Ludovico[4]. Alla
fine dello stesso anno, in concomitanza al trasferimento di Amedeo a Ripaille e quindi all'interruzione dell'*Apocalisse* e della collaborazione con Bapteur, Lamy eseguì «certa illuminatura» per
il duca[5]. Negli anni successivi i rapporti con i Savoia sono attestati dalla menzione dell'artista tra i
beneficiari di livree e doni segnalati nei conti della Tesoreria e da un trasferimento al seguito della
corte nel 1439[6]. Nel 1440 dipinse, decorò e rilegò un *Libro d'Ore* per Jolanda di Francia, giovanissima promessa sposa del primogenito di Ludovico di Savoia e Anna di Lusignano, il futuro
Amedeo IX, e confezionò un *Salterio* per un membro non identificato della corte, mentre nel 1441
e nel 1443 fu pagato per delle «illumineures» eseguite per conto del principe Ludovico[7]. L'ultimo
documento della Tesoreria sabauda riguardante Lamy è del 1453: l'artista è ormai morto e
Ludovico, divenuto duca nel 1451, salda al fratello Giovanni il compenso per un *Breviario* decorato da Péronet qualche tempo prima[8]. A eccezione dell'*Apocalisse* oggi all'Escorial, nessuna delle
opere attribuite a Lamy può essere fatta risalire con certezza a quelle segnalate nei conti ducali. I 13
manoscritti ricondotti sotto il nome di Péronet, d'altro canto, ci danno informazioni fondamentali, oltre che sullo stile dell'artista, sulla sua carriera e sui suoi spostamenti. I due *Messali* di Felice V,
per esempio, databili come abbiamo visto intorno al 1443-1445, dimostrano che il legame con il
duca sabaudo non si interruppe con il trasferimento di questi a Ripaille nel 1434. Non solo: è assai
probabile che fu per il tramite di Amedeo VIII che Péronet giunse a Basilea intorno al 1436.
L'artista riscosse un certo successo tra i dotti riunitisi in occasione del concilio, eseguendo tra il 1436

e il 1442 cinque codici miniati, di cui due per il vescovo di Padova Pietro Donato e uno per Martin Le Franc, dal 1439 segretario del duca sabaudo. Ritornato in Savoia nel 1442 al seguito di quest'ultimo, che nel frattempo era stato eletto papa, Lamy, stando ai conti della Tesoreria, sembra aver allentato i legami con la corte[9]. A ricostruire gli ultimi anni di attività dell'artista ci soccorrono ancora una volta i documenti figurativi: cinque manoscritti, un *Messale* e quattro *Libri d'Ore*, che testimoniano la costante fortuna di cui godette Péronet nel corso della sua carriera e che, essendo per lo più opere di collaborazione, ci forniscono preziose informazioni sulla composizione della sua bottega e sugli artisti con cui il nostro entrò in contatto. Non si conoscono per ora i destinatari delle ultime opere di Lamy, ma forse due di esse possono essere ancora ricondotte alla committenza sabauda.

FORTUNA CRITICA

La fortuna critica di Péronet Lamy iniziò parallelamente a quella di Jean Bapteur: anch'essa fu cioè connessa al ritrovamento dei documenti relativi ai pagamenti per l'*Apocalisse* di Amedeo VIII e al collegamento tra questi e il manoscritto conservato alla biblioteca dell'Escorial. A differenza di quanto accadde per Bapteur, però, i primi giudizi su Péronet, da un punto di vista sia quantitativo sia qualitativo, furono meno generosi, da un lato per il ruolo di minor rilevanza svolto da questo artista all'interno del codice escorialense, dall'altro perché forse pesavano ancora le parole di Durrieu che, senza conoscere le fonti, aveva individuato ai ff. 24, 25 e 26 dell'*Apocalisse di Savoia* l'intervento di una mano «più secca»[10]. Fin da subito, inoltre, vennero rilevate le differenze culturali tra i due miniatori, la maniera di Lamy risultando «più francese» o «franco-flamande», rispetto a quella «franco-italienne» di Bapteur[11]. Come già ricordato, una svolta decisiva si ebbe all'inizio degli anni sessanta con Sheila Edmunds che non solo allargò in modo considerevole il *corpus* di opere attribuibili all'artista di Saint-Claude, ma cercò parimenti di giungere a un'analisi più approfondita del suo stile, nel quale la studiosa americana ravvisava elementi francesi e fiamminghi, derivanti rispettivamente dal Maître du Maréchal de Boucicaut e dal Maestro di Flémalle[12]. Le nuove attribuzioni non mutarono nell'immediato la sostanza dei giudizi sulle doti artistiche di Lamy che, nei confronti di Bapteur, continuò a essere considerato da Andreina Griseri il suo «partner meno alato (e di cultura tanto più arcaizzante)», mentre per Luigi Mallé, Péronet, pittore di «qualità piacevole ma appena media», si avvicinava nei modi al suo collega friburghese «senza averne la fantasia e l'eleganza»[13]. Un'occasione importante per le riflessioni critiche sulla figura di Lamy fu la mostra jaqueriana del 1979, dove furono esposti i due *Messali* di Felice V. Secondo Silvana Pettenati, autrice delle schede sui due manoscritti in catalogo, il linguaggio dell'artista, aggiornato sulle novità fiamminghe giunte in Savoia verosimilmente per il tramite di Robert Campin, mostrava «soluzioni affini a quelle raggiunte nell'*atelier* del Maestro del duca di Bedford»[14]. Nel 1988 Giovanni Romano andò ancora più avanti in questa rivalutazione di Lamy, ritenendolo responsabile, come abbiamo visto, delle pagine più moderne della prima parte dell'*Apocalisse* dell'Escorial, e accostandogli tentativamente la «Crocifissione» del Museo Civico di Torino[15]. Successivamente lo studioso ha mostrato però maggior cautela nei suoi giudizi sull'artista («un professionista che non ignora l'avvento di una nuova maniera figurativa, ma tra alti e bassi qualitativi non indifferenti») e ha modificato la sua attribuzione della tavola torinese, continuando comunque a considerare Lamy come «il testimone più vicino alla cultura figurativa che si esprime così intensamente nella Crocifissione»[16]. Un contributo autorevole al dibattito critico è giunto dalla mostra sulla miniatura francese tra 1440 e 1520, curata da François Avril e Nicole Reynaud nel 1993, che fu l'occasione per rivedere il *corpus* di Lamy, confermare alcune recenti attribuzioni e soffermarsi sul suo stile. Secondo Avril, il linguaggio dell'artista risultava «encore très ancré dans celui des manuscrits français du début du siècle», tanto da dare l'impressione nell'*Apocalisse* dell'Escorial di «un retour en arrière après les avancées réalistes» di Bapteur; uno stile però nel complesso gradevole e coincidente per alcuni tratti con quello del miniatore lionese, noto come Maître du Roman de la Rose de Vienne[17].

Alcune caratteristiche di questo artista, quali il disegno di contorno spesso e marcato, le forme semplificate, il modo di rendere il chiaroscuro, o i personaggi dai corpi tozzi e dalle fronti ampie e bombate, lo accomunano in effetti a Lamy, ma il miniatore lionese mostra un'attenzione per la cultura figurativa italiana non riscontrabile nell'opera di Péronet. Il Maître du Roman de la Rose è cioè una curiosa via di mezzo tra l'artista di Saint-Claude e Jean Bapteur, con cui condivide il gusto per gli scorci anatomici e il modo di descrivere i paesaggi ma da cui si distanzia per lo stile conciso e sobrio, quasi minimalista, il che rende davvero auspicabile, come già sottolineato da Avril, un approfondimento dell'indagine sulla miniatura lionese e sui suoi rapporti con quella borgognona, provenzale e savoiarda[18].

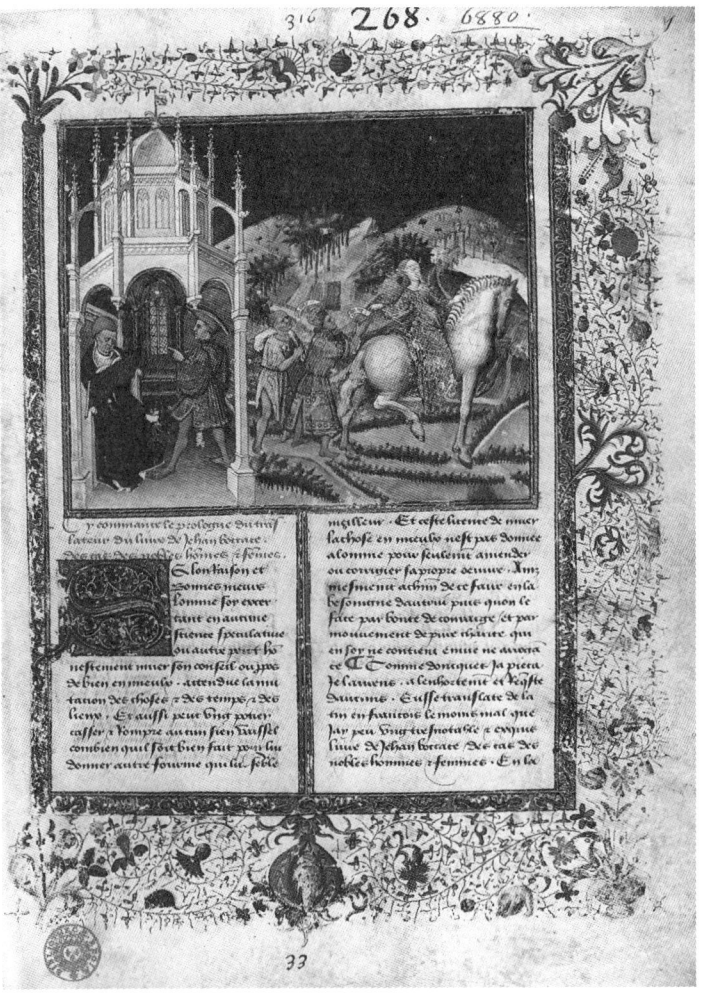

MAÎTRE DU ROMAN DE LA ROSE DE VIENNE, «Boccaccio, Mainardo Cavalcanti, e la Fortuna bendata che distribuisce favori e disgrazie», 1435-1440 circa. Parigi, Bibliothèque nationale de France, ms. Fr. 229, Boccaccio, *De casibus virorum illustrium* (traduzione francese di Laurent de Premierfait), f. 1.

Distante miglia e miglia dalla vorace curiosità intellettuale e dall'estro creativo di Jean Bapteur, Lamy non si mostra altrettanto sensibile e ricettivo nei confronti delle molteplici correnti culturali circolanti al di qua e al di là delle Alpi nel secondo quarto del Quattrocento. I suoi principali modelli di riferimento sono in effetti da ricercare nella miniatura francese di inizio secolo, a cui l'artista rimase fedele nel corso di tutta la sua produzione. Il linguaggio figurativo che sembra aver più pesato nella formazione di Péronet è quello del Maître de Boucicaut e degli artisti a lui vicini, come il Maître de la Mazarine: da essi Lamy deriva schemi iconografici, moduli figurativi e motivi decorativi. Per esempio la «Pentecoste» delle *Ore* del Maresciallo di Boucicaut (Parigi, Musée Jacquemart-André, ms. 2, f. 112*v*; fig. 86), o la «Discesa di Cristo nel Limbo» del ms. Lat. 919 della Bibliothèque nationale di Parigi (f. 84; fig. 99) presentano un'impostazione della scena sorprendentemente simile alle raffigurazioni di soggetto analogo rispettivamente nel *Messale* dell'Escorial (f. 180*v*; fig. 85) e nel *Libro d'Ore* di Grenoble (f. 76; fig. 100). Le stoffe a pallini, così ricorrenti nei manoscritti della bottega del Maître de Boucicaut, si ritrovano tali e quali nei codici attribuibili a Péronet (si veda il f. 7 nel *Messale* della Biblioteca Reale di Torino; fig. 67) e anche il motivo dell'arco diaframma nel frontespizio del *Champion des Dames* di Bruxelles (tav. XXIV) sembra discendere dal Maître de Boucicaut e dalla sua cerchia più immediata (Parigi, Bibliothèque nationale, ms. Fr. 2810, f. 171*v*). Viene da chiedersi, inoltre, se il naturalismo e la cura nella descrizione degli interni riscontrabili in alcune miniature di Lamy non derivino ancora da questo artista, considerato per alcuni aspetti un precursore di Van Eyck, più che da una pronta assimilazione della moderna visione fiamminga da parte di Péronet: la bacinella in primo piano nella «Natività di Maria» nel *Messale* della Reale (f. 141*v*; fig. 72), la descrizione della pala d'altare al f. 113 dello stesso manoscritto (fig. 70), o le acque trasparenti del mare che lasciano intravedere un banco di pesci nella scena raffigurante Gesù che domina la tempesta al f. 13*v* del *Messale* di Felice V (fig. 77) trovano tutti un precedente nei codici usciti dall'*atelier* del Maître de Boucicaut (figg. 73 e 79)[19]. Un altro artista che indica quanto Lamy sia stato profondamente in debito nei confronti della miniatura parigina di inizio Quattrocento è il Maître de la Cité des Dames, che lavorò in più occasioni con il Maître de Boucicaut di cui subì l'influenza: Péronet sembra aver ereditato da lui il piglio narrativo e aneddotico, le architetture color pastello e il gusto per la piastrellatura degli interni[20]. Ritroviamo lo stile Boucicaut-Mazarine alla base del linguaggio figurativo di alcuni miniatori della generazione successiva che, proprio per questa matrice comune, rivelano qualche affinità di superficie con l'opera di Péronet Lamy: penso al Maestro del duca di Bedford, al Maestro dell'Hannibal di Harvard, o al Maestro delle Ore Collins. Questi mostrano un'apertura verso le novità dell'arte fiamminga assai maggiore di quella ravvisabile nei manoscritti di Péronet, ma è vero che alcuni particolari qui presenti, quali i panneggi ampi e frastagliati di certe figure, indicano un aggiornamento, per quanto timido, nella stessa direzione. Risulta in questo senso ancora oggi valido l'accostamento proposto a suo tempo da Sterling tra l'«Adorazione dei Magi» della Galleria Sabauda di Torino, dono Harcourt, e le miniature di Lamy («artistiquement bien inférieures»)[21]: il confronto con questo bel dipinto, prodotto verosimilmente in Savoia poco dopo il presunto passaggio di Campin nella Francia sud-orientale, è pertinente soprattutto per ciò che concerne il volto tondo, pieno e morbido di Maria, da avvicinare ad alcune tipologie femminili di Péronet, come la «Vergine della Natività» raffigurata rispettivamente nell'*Evangelistario* di New York e nelle *Ore* di Chambéry (quest'ultima anche per il panneggio a pieghe spezzate della veste e per l'acconciatura; tav. XIX e figg. 108 e 110)[22].

La collaborazione di Lamy a fianco di Bapteur e più tardi del primo Maestro delle Ore di Ludovico di Savoia (nel *Libro d'Ore* della British Library di Londra), la sua partecipazione ad almeno uno dei grandi cantieri cosmopoliti promossi da Amedeo VIII, e la sua presenza sicura a Basilea proprio nei fervidi anni del concilio, che fu un importante richiamo per intellettuali e artisti dell'epoca, non sembrano aver lasciato un segno profondo sul nostro pittore, che poco evolve nel corso della sua attività. Eppure lo stile di Péronet, ingenuo ma vivace, monotono ma efficace, deve avere avuto i suoi estimatori, a giudicare dal cospicuo numero di manoscritti a lui riconducibili. E fu verosimilmente la necessità di soddisfare le richieste della sua ricca e variegata clientela a determinare la qualità altalenante della produzione lamyana, che come vedremo si basa sulla frequente reiterazione di schemi e dettagli iconografici già sperimentati. Questo è un indizio importante anche per capire il funzionamento della bottega di Péronet, che appare formata da artisti diversi e di qualità diversa, alcuni dei quali, come il raffinato autore della pagina con la Veronica nelle *Ore* di Chambéry (fig. 102) o il modesto miniatore del ciclo della «Passione» nello stesso manoscritto (fig. 103), mostrano di essere variamente in debito nei confronti del linguaggio figurativo del loro maestro. A indicare la fortuna di cui dovettero godere i modi piani e immediati di Lamy c'è poi il *Salterio*, ms. 129, della Biblioteca Capitolare di Ivrea, prodotto tra il 1425 e il 1447 per Antonio Solario, canonico del capitolo eporediese: un manoscritto di qualità assai mediocre ma per noi prezioso, perché costituisce un esempio della diffusione in Piemonte di moduli figurativi e decorativi elaborati negli *ateliers* di miniatori gravitanti intorno alla corte dei duchi di Savoia (fig. 109)[23].

I manoscritti per Pietro Donato e la Notitia Dignitatum *di Parigi*

Il nobile veneziano Pietro Donato, dopo gli studi universitari padovani, fu avviato a una brillante carriera ecclesiastica, iniziata intorno al 1411 con la nomina a protonotario apostolico e giunta al suo apice con l'elezione all'episcopato di Padova, che Pietro resse dal 1428 al 1447, anno della sua morte, in concomitanza con importanti missioni diplomatiche su incarico della curia romana[24]. «Molto dotto così in ragione civile come in ragione canonica», «buon teologo» e «istudiosissimo»[25], amante dell'arte e delle cose belle[26], amico e protettore di letterati e scrittori[27], fin da giovane fu mosso da una sfrenata bibliofilia a cercare manoscritti da acquistare o trascrivere, formando così una biblioteca che fu tra le più ricche e importanti di tutto l'umanesimo e che, alla metà del Quattrocento, contava più di 350 codici (vale la pena ricordare che i fondi librari di casa Savoia alla fine del secolo, tra manoscritti e libri a stampa, comprenderanno 298 volumi in tutto)[28]. Tra il 1433 e il 1436 Donato fu inviato, a nome di papa Eugenio IV, a presiedere il concilio di Basilea. L'ambiente di dotti e intellettuali che qui lo accolse fu particolarmente propizio per la passione bibliofila e gli interessi antiquari del vescovo di Padova che, parallelamente agli impegni conciliari, da un lato si preoccupò di incrementare le sue collezioni, commissionando alcuni dei suoi manoscritti più importanti, dall'altro, viaggiando nelle province imperiali, si rivelò egli stesso abile scopritore di codici[29]. Tra i membri della «familia» che accompagnarono Pietro nella sua missione a Basilea, vi era con ogni probabilità il toscano Giovanni di Baldo da Monterchi, mansionario e custode della cattedrale di Padova, nonché fedele cappellano del vescovo e «scriptor»[30]. A questi Donato commissionò nel 1436 un *Evangelistario*, ora a New York (Pierpont Morgan Library, ms. 180), citato verosimilmente più tardi nell'inventario della biblioteca del vescovo[31]. Al f. 1*v* del codice, il colophon, incorniciato da una preziosa decorazione a filigrana, recita:

> Hunc evangeliorum codicem deo amabilis Petrus donatus Episcopus Paduanus dum pro Beatissimo Eugenio papa quarto Basiliensi concilio presideret per manus mei Iohannis de monterchio Sancte paduane ecclesie mansionarii scribi fecit. Anno domini millesimoquadrigentesimotricesimosexto.

L'esecuzione del manoscritto a Basilea è confermata dal frontespizio (f. 11*v*), dove si staglia a piena pagina una «Natività», attribuita in un primo momento a un «Rhenish miniaturist»[32], ma che è invece opera di Péronet Lamy[33]: uno dei suoi primi lavori noti dopo l'intervento accanto a Bapteur nell'*Apocalisse* dell'Escorial (tavv. XVIII-XIX e fig. 52). Qui, la dipendenza da un disegno preparatorio (o dalle rigide direttive del pittore friburghese) rendeva meno evidenti le caratteristiche stilistiche di Lamy, che invece emergono pienamente nell'*Evangelistario* di New York: i volti tondeggianti delle figure, la mancanza di profondità nella rappresentazione della scena (con l'episodio dell'«Annuncio ai pastori», posto non «dietro» ma «sopra» il tetto della capanna della «Natività»), le architetture sullo sfondo, più scenografiche che reali, o i particolari naturalistici vivaci e a volte umoristici (come il cane che, invece di controllare il gregge di pecore, è attratto da un cervo in lontananza). Caratteristiche queste che, insieme ai dettagli minuti (le aureole ovali, gli ampi panneggi e così via), troveremo con poche varianti in tutta la produzione successiva di Péronet. Quel che differenzia la «Natività» eseguita per Pietro Donato dalle altre opere dell'artista sono la tavolozza dei colori poco contrastata, con una netta predominanza di tonalità blu e verdi, la delicatezza del tratto, che rende il disegno soffice e morbido (si veda in particolare il volto della Vergine) e una certa cura nel dare plasticità alle forme.

La «Natività» del frontespizio è l'unica miniatura dell'*Evangelistario* di New York attribuibile a Péronet: il resto della decorazione, consistente in 53 piccoli riquadri, posti ad apertura delle singole festività, con scene cristologiche e storie di santi e di martiri su fondo oro si deve a un maestro padovano, di cui sono stati riconosciuti da tempo le doti inventive e l'alto livello qualitativo[34]. I dati di stile indicano per questa seconda campagna decorativa una data non lontana dal 1436: non siamo quindi per ora in grado di stabilire se il manoscritto fu decorato da Lamy e dal miniatore padovano in contemporanea, o se fu iniziato e lasciato interrotto dal primo a Basilea, e terminato poco dopo dal secondo a Padova, dove Donato fu di ritorno già nell'aprile del 1436[35]. Quel che è certo è che a Basilea, sempre nel 1436 e sempre per il presule padovano, Lamy eseguì un'altra opera per noi di estrema importanza, trattandosi dell'illustrazione della copia di un manoscritto tardo-carolingio, oggi perduto ma all'epoca conservato nella cattedrale di Spira. Fu lo stesso Pietro a scoprire il volume, che era a sua volta la riproduzione di un manoscritto tardoantico e che conteneva una dozzina di opuscoli, per lo più di carattere geografico, topografico e antiquario, tra cui: la *Cosmographia pseudo-Aethici*, l'*Itinerarium Antonini*, i *Septem montes urbis Romae*, il *Liber de mensura orbis terrae* di Dicuilus Scottus[36], la *Notitia Galliarum*, il *Laterculus Polemii Silvii*, il *De montibus, portis et viis urbis Romae*, il *De rebus bellicis* e la *Notitia Dignitatum utriusque imperii*[37]. Il vescovo di Padova chiese in prestito alla cattedrale di Spira il prezioso manoscritto, lo portò con sé a Basilea e qui decise di farlo riprodurre. Per l'illustrazione Donato si affidò ancora a Lamy, mentre il testo, vergato in minuscola umanistica italiana e le belle iniziali che decorano il volume non spettano a Giovanni di Monterchio, ma a un altro scriba della cerchia del presule, su cui torneremo più avanti. Una volta completato il codice, che oggi si trova alla Bodleian Library di Oxford (ms. Canon. Misc. 378), fu forse lo stesso Donato a scrivere al f. 170 la seguente nota di possesso:

> Exemplata est hec cosmographia, que Scoti dicitur, cum picturis ex vetustissimo codice, quem habui ex Spirensi bibliotheca a.D. M.CCCC.XXXVI. mense Ianuario; dum ego Petrus Donatus, Dei paciencia episcopus Paduanus, vice sanctissimi domini Eugenii pape IIII, generali Basiliensi concilio praesiderem[38].

Nella copia del *Codex Spirensis* appartenuta al presule padovano vi sono due testi in più rispetto a quelli che componevano il manoscritto carolingio: ai ff. 170v-172, troviamo infatti la «Desmensuratio provinciarum que non erat in precedenti codice sed de antiquissimo libro excerpta», che presenta la stessa grafia di chi vergò il resto del volume; mentre, ai ff. 172v-173, Ciriaco d'Ancona scrisse e dedicò al vescovo Donato il testo greco e la versione in latino dei *Sette spettacoli del mondo*: «Γρηγόριος ὁ Θεολόγος περί ζ Θεαμάτων Ex gregorio Nazianzeno theologo de VII mundi spectaculis Kyriaci Anconitani brevissima in Latinum expositio ad R.P.d.p. donatum optimum patavinae urbis ἐπίσκοπον»[39]. Donato portò con sé, di ritorno in patria e insieme all'*Evangelistario* scritto da Giovanni di Baldo, l'apografo del codice di Spira che, nel già citato inventario della biblioteca del vescovo, è segnalato al n. 209 come «Cosmographie Scoti». La storia successiva del manoscritto resta ancora in gran parte da chiarire: sappiamo solo che, nel XVI secolo, si trovava probabilmente nella collezione romana dei Maffei; nel XVIII secolo passò in quella del gesuita Matteo Luigi Canonici di Venezia (1725-1805); nel 1817, infine, fu acquistato dalla Bodleian Library di Oxford[40].

La copia del *Codex Spirensis* dipinta da Lamy per volere del vescovo di Padova contiene 107 miniature: le prime due fungono da frontespizio al volume (ff. 1v-2); 12 riquadri rettangolari di varia misura decorano il *De rebus bellicis* (ff. 68v-76; figg. 56-57); quattro miniature sono poste rispettivamente all'inizio dell'*Altercatio Hadriani Augusti et Epicteti philosophi*, della *Notitia urbis Romae*, della *Notitia urbis Constantinopolitanae* e del *De gradibus cognationum* (ff. 78, 80v, 84 e 88; tav. XX e figg. 58-59); infine, le restanti 89 illustrazioni accompagnano la *Notitia Dignitatum* (ff. 90-169v; tavv. XX-

XXIII e figg. 60-61). Uno degli aspetti più interessanti di questo ciclo figurativo è il fatto che esso riproduce, nel modo più fedele possibile (almeno da un punto di vista iconografico e a parte alcune eccezioni), le illustrazioni del codice di Spira, che a loro volte imitavano un esemplare del tardo Impero romano[41]. Quest'ultimo fu eseguito in Occidente, verosimilmente in Italia, nei primi decenni del V secolo, per le affinità di alcune miniature - specie quelle che accompagnano il testo della *Notitia* - con opere quali il *Virgilio Vaticano* o i mosaici della navata di Santa Maria Maggiore, ed è stato identificato come un prodotto di lusso confezionato per un ambiente aulico e conservatore, lo stesso ambiente che favorì un ritorno al classicismo dell'età augustea e che produsse capolavori quali il dittico dei Simmachi e dei Nicomachi[42]. Le bellissime miniature del ms. Canon. Misc. 378 della Bodleian di Oxford ci mostrano, con i colori sgargianti dell'acquerello, le armi, gli equipaggiamenti e i marchingegni da guerra dell'esercito romano, le insegne e i simboli di potere relativi alle cariche civili e militari dello Stato nella *pars occidentis* e nella *pars orientis* dell'Impero, gli emblemi dei reggimenti sottoposti alle cariche stesse, la personificazione di città e province e le aree geografiche sotto la giurisdizione di magistrati e ufficiali. Un repertorio iconografico quindi imprescindibile per la ricostruzione degli apparati amministrativi, burocratici e militari del tardo Impero e che, nonostante questo e a differenza dei testi che accompagna, non è stato ancora indagato a sufficienza. Oltre all'esame delle singole miniature, andrebbero approfondite le conclusioni a cui giunse Alexander nel 1976 circa la fedeltà delle copie quattrocentesche rispetto al *Codex Spirensis* e il rapporto intercorrente tra quest'ultimo e il modello tardoantico[43]. In particolare, sarebbe utile indagare ulteriormente i legami iconografici e stilistici tra le miniature e i monumenti tardoantichi giunti fino a noi. Sappiamo già che la personificazione di Roma (f. 80v; tav. XX) procede da una lunga tradizione, di cui i dipinti Barberini sono solo uno degli esempi più famosi; lo stesso vale per le province, rappresentate come figure femminili recanti offerte o cornucopie (ff. 90v, 108v-112v, 128v, 132 e 148-149v; fig. 60), che troviamo con una certa frequenza su monete, rilievi e avori del tardo Impero; molti degli oggetti che compaiono nelle miniature della *Notitia Dignitatum*, in particolare gli attributi delle alte cariche dello Stato, come i calamai da cerimonia, i candelabri, i carri trionfali (ff. 90, 106v-112v, 131v e 133) presentano numerosi parallelismi con i dittici consolari del V secolo; così come alcune insegne dei reggimenti dell'Impero raffigurate nella *Notitia* (ff. 91v-96v, 99v-100 e 133-141; tavv. XXII-XXIII) ritornano identiche in capolavori quali l'Arco di Costantino o il *Missorium* di Valentiniano I. Risulta poi molto interessante per la storia del passaggio dal rotolo al codice, l'osservazione di Alexander, secondo cui le miniature del *De rebus bellicis*, scritto intorno al 353-360 d.C. (figg. 56-57)[44], sembrano conservare la forma allungata propria delle illustrazioni su papiro: è quindi probabile che alla base del manoscritto del V secolo, limitatamente a questo trattato, vi sia stato come modello un rotolo di papiro del secolo precedente[45].

Ma veniamo alle miniature quattrocentesche e alle innovazioni di Lamy rispetto all'esemplare tardocarolingio. Che il ms. Canon. Misc. 378 di Oxford sia da attribuire a questo artista, come proposto da Sheila Edmunds su indicazione di Otto Pächt, è un dato assolutamente innegabile[46]. Nonostante la ripetizione di formule, schemi e iconografie del tardo Impero romano, il *ductus* di Péronet appare inconfondibile nei particolari, come le fisionomie delle figure o la descrizione degli animali: si vedano, per esempio, i volti paffuti e sorridenti, tipici di Lamy, nelle province personificate al f. 132 (fig. 60), o i buoi ammassati nel brigantino al f. 75v, che ricordano quelli che compaiono in molte delle «Natività» dipinte dall'artista. Da notare poi è il leggero scarto stilistico tra la miniatura-frontespizio dell'*Altercatio Hadriani Augusti et Epicteti philosophi* (f. 78; fig. 58) e il resto delle illustrazioni: i tratti dell'imperatore e del filosofo, e soprattutto quelli di quest'ultimo, che ha il volto circondato da barba e capelli vaporosi, sono decisamente più morbidi e delicati rispetto a quelli delle altre figure del manoscritto, il più delle volte rappresentate in maniera schematica ed essenziale. Questo potrebbe confermare l'ipotesi di Alexander, secondo cui non è da escludere che l'illustrazione del trattato sovracitato sia un'invenzione tardocarolingia e che quindi già nel *Codex Spirensis* si presentasse con uno stile diverso rispetto alle altre miniature, più fedeli all'esemplare tardoantico[47], oppure potrebbe essere una di quelle scene in cui Lamy si è preso, per così dire, delle libertà rispetto al suo modello: il trono gotico su cui siede l'imperatore Adriano sembra essere un indizio in tal senso. L'immissione di elementi quattrocenteschi sullo schema tardoantico è evidente anche nelle illustrazioni concernenti le aree geografiche di pertinenza dei vari funzionari dell'Impero (ff. 113v-127v, 129, 150v-165v e 168v-169v). Qui gli edifici e gli agglomerati urbani, raffiguranti i singoli *castella*, presentano architetture che non hanno alcun carattere tardoantico, ma che sono perfettamente sovrapponibili alle costruzioni che fanno da scenario alle miniature dei manoscritti attribuibili a Lamy. Per avere un'idea di come dovessero apparire le costruzioni del manoscritto del v secolo, si confronti la raffigurazione della «Britannia» del codice della Bodleian (f. 150v; fig. 61), con quella del ms. Clm. 10291 della Bayerische Staatsbibliothek di Monaco (f. 212), che, come sopra ricordato, tra le copie superstiti del *Codex Spirensis*, sembra essere quella più vicina all'originale[48]. Si noti, invece, la coincidenza delle architetture di Oxford con quelle raffigurate al f. 4 del *Champion des Dames* di Bruxelles («Le truppe di Malebouche assaltano il "château d'Amour"»; tavv. XXV), al f. 146v del *Messale* dell'Escorial («Crocifissione»; fig. 82) o al f. 59v del *Libro d'Ore* di Grenoble (l'«Annuncio ai pastori»): in tutti questi casi si tratta di costruzioni massicce e squadrate, di forma estremamente semplice, con le mura color pastello (rosa, grigio-azzurro, verde-acqua, albicocca), su cui si staglia il rosso mattone delle torri, dei tetti e dei campanili appuntiti. Troviamo un altro dettaglio moderno nella *Notitia* dipinta da Lamy al f. 167v, dove una leggiadra e altera figura femminile simboleggiante la Campania siede all'interno di una costruzione cubica

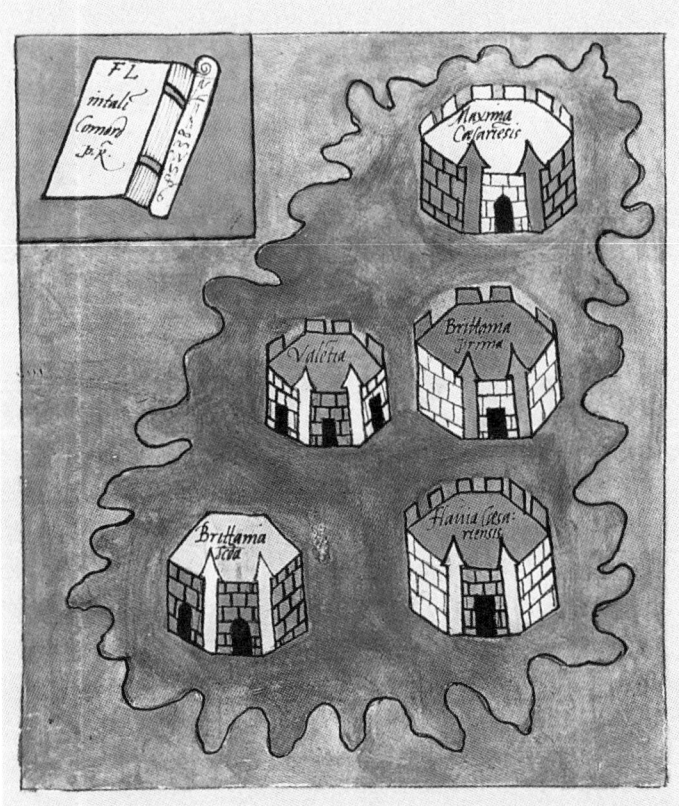

MINIATORE TEDESCO, «Area di giurisdizione dei *vicarii Britaniarum*», 1550. Monaco, Bayerische Staatsbibliothek, ms. Clm. 10291, *Notitia Dignitatum & C*, f. 212.

descritta in prospettiva (tav. XXI). Un particolare questo che non compare nelle altre copie del *Codex Spirensis*, neanche nel ms. Lat. 9661 della Bibliothèque nationale di Parigi, illustrato dallo stesso Péronet. L'aggiunta di questa quinta architettonica si riallaccia al gusto dell'artista per la descrizione degli interni, così come vedremo più tardi nel frontespizio del *Cicerone* di Ginevra (fig. 65), nella scena di dedica al f. 1 del già citato *Champion des Dames* (tav. XXIV) e, a un livello più elaborato, nella celebrazione della messa al f. 113 del *Messale* della Biblioteca Reale di Torino (fig. 70). Gli scorci dei pavimenti e dei soffitti e il gusto per i rivestimenti a piastrelle e a cassettoni che troviamo in queste miniature sono già *in fieri* nella costruzione geometrica, semplice ed essenziale ma prospetticamente esatta, del f. 167v della *Notitia* di Oxford[49].

Fin qui le *mises à jour* di Lamy rispetto al *Codex Spirensis*: si tratta nella sostanza di un procedimento assai comune all'artista tardomedioevale (abbiamo visto, nel primo capitolo di questa ricerca, gli aggiornamenti dei cicli apocalittici tre e quattrocenteschi nei confronti dei modelli inglesi del XIII secolo: architetture, abbigliamento e armature sono i primi elementi a essere ritoccati, anche nei prodotti meno eccelsi). Vi sono però alcune aggiunte nella *Notitia* della Bodleian che non si possono attribuire alla fantasia dell'artista, o catalogare come semplici aggiornamenti ai canoni dell'epoca: sono inequivocabilmente il frutto di indicazioni ben precise da parte del committente e la dicono lunga sugli interessi e sulla cultura di quest'ultimo. L'inserzione più significativa, che non trova riscontro in nessuna delle copie superstiti del codice di Spira, è quella di una miniatura all'inizio della *Notitia urbis Constantinopolitanae* (f. 84; fig. 59), raffigurante la «Nova Roma», circondata dal Bosforo e caratterizzata dai suoi monumenti più importanti: la chiesa di Santa Sofia, con la sua cupola grandiosa e le sue vetrate, e la statua equestre in bronzo che Giustiniano fece collocare nell'Augusteum in cima a un'alta colonna, in ricordo della battaglia contro i Persiani[50]. La cosa interessante per noi è che il monumento equestre fu senz'altro visto e riprodotto da Ciriaco d'Ancona, mercante e umanista di chiara fama, intimamente legato a Mehmed II e alla corte di Costantinopoli, dove risiedette nel 1418 e nel 1425. Abbiamo già ricordato che al fondo del ms. Canon. Misc. 378 di Oxford vi è un inserto di mano dello stesso Ciriaco con dedica a Donato, di cui l'umanista fu grande amico: è quindi assai probabile che, per la raffigurazione di Costantinopoli, il vescovo di Padova si sia valso delle descrizioni di Pizzicolli e che, in particolare, abbia fornito a Lamy un disegno della statua equestre del *basileus*, eseguito per o dallo stesso Ciriaco[51]. Quest'ipotesi trova sostegno nel ritrovamento recente della copia seicentesca di un codice epigrafico di Pizzicolli, contenente, tra le altre cose, una descrizione dettagliata del monumento eretto da Giustiniano («In Constantinopoli est fusum de aere quoddam symulacrum equestre Theodosii imp...»), di cui sono riportati, oltre alle misure complessive, le parole del motto latino «in quo equo erant sculpta» e l'iscrizione «πατροφιλοσ πλαστησ εποιησε»[52]. Altre quattro illustrazioni della *Notitia* di Oxford sono rivelatrici della personalità del loro colto e versatile committente: si tratta della coppia di miniature decoranti il frontespizio (ff. 1v-2) e delle due immagini iniziali del *De rebus bellicis* (ff. 68v-70; fig. 56). Nel primo caso abbiamo due miniature affrontate, raffiguranti, da un lato, la scritta «SPQR» in lettere oro su fondo color porpora; dall'altro, preceduta dalla rubrica «Divus Augustus Pater», un'aquila nera ad ali spiegate, ritta sul globo terrestre, ai lati del quale campeggiano le lettere «SC». Lo stesso frontespizio compare nella *Notitia* di Parigi, dove le due immagini descritte sono concentrate su un'unica pagina, e in alcuni codici derivati da quello di Oxford. Non è ancora del tutto chiaro quale fu il modello classico o tardoantico utilizzato o a cui si intendeva far riferimento per queste illustrazioni: forse un vessillo in seta marezzata per il f. 1v e una moneta commemorativa per il f. 2[53]. Comunque sia, è chiaro il gusto antiquario che portò a una tale scelta e che è ulteriormente confermato dalle prime due miniature del *De rebus bellicis*. Siamo nella parte del trattato in cui si elencano i provvedimenti necessari per una corretta riforma monetaria dell'Impero e le due illustrazioni che accompagnano il testo, in tutte le copie sopravvissute del *Codex Spirensis*, rappresentano una serie di monete. Un particolare iconografico contraddistingue il volume appartenuto al vescovo Donato e il codice della Bibliothèque nationale di Parigi, strettamente legato al primo: le monete raffigurate in questi due manoscritti sono chiaramente riconoscibili; non mostrano legami con il testo, perché risalgono all'epoca classica, ma presuppongono un modello reale (fig. 56)[54]. Si profila così l'ipotesi di un Pietro Donato importante collezionista non solo di manoscritti ma anche di monete[55], che insieme a medaglie e placchette saranno ricercatissime per le raccolte di principi, umanisti e intenditori del primo Rinascimento (e non è questa la sede per ricordare l'importanza di Padova, soprattutto dopo la venuta di lì a poco di Donatello, per la diffusione dei bronzetti spesso direttamente copiati sui modelli antichi e quindi veicolo imprescindibile per la diffusione di iconografie classiche in epoca rinascimentale).

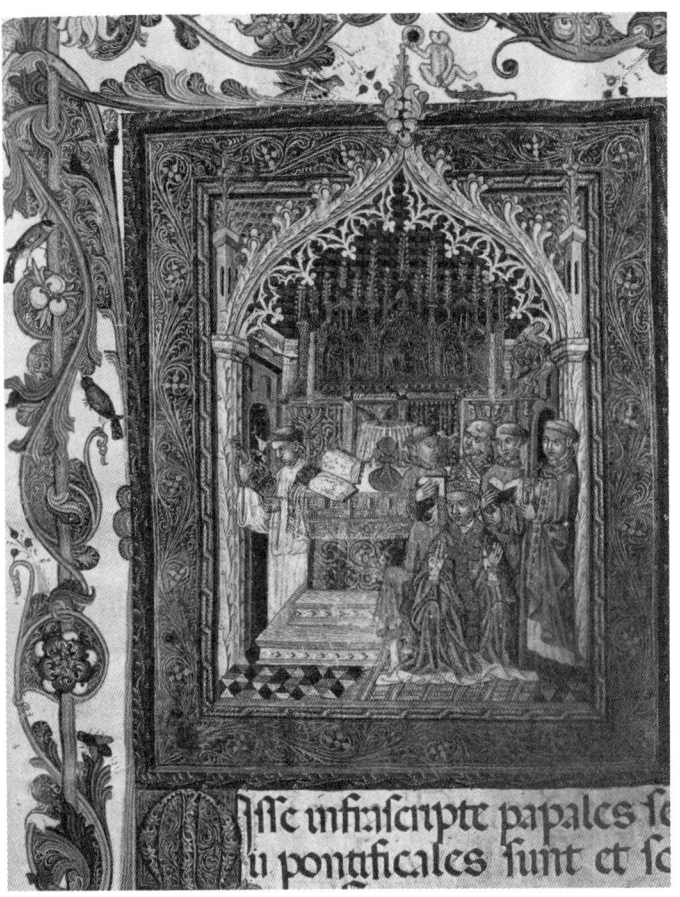

MINIATORE BOEMO, «Vescovo benedicente in procinto di celebrare la messa», 1433-1440. Roma, Biblioteca Apostolica Vaticana, ms. Vat. Lat. 8700, *Messale pontificale*, f. 3.

Il concilio di Basilea fu dunque, per gli intellettuali dell'epoca e per gli artisti al loro servizio, un luogo di incontri determinanti e un'occasione di scoperte e scambi fecondi[56]. Fu probabilmente durante il concilio che Donato ebbe modo di conoscere il miniatore boemo che illustrò e decorò un *Messale* pontificale, citato in seguito al n. 330 dell'inventario della biblioteca del vescovo («missale [...] in quo continentur misse ponfificales») e oggi conservato alla Biblioteca Apostolica Vaticana (ms. Vat. Lat. 8700)[57]. Forse fu ancora il fedele Giovanni di Baldo da Monterchi a scrivere per il vescovo di Padova questo codice, che presenta iniziali filigranate molto simili all'*Evangelistario* di New York[58], ed è interessante ritrovare più tardi il miniatore del *Messale* di Pietro Donato in due manoscritti appartenuti a Enea Silvio Piccolomini, altra importante figura di umanista, che prima di diventare cardinale e poi papa, con il nome di Pio II, era stato figura di punta al concilio di Basilea e aveva prestato a lungo servizio per Felice V e Federico III[59]. La decorazione del *Messale* della Vaticana, che nei *bas-de-page* presentava in origine lo stemma del presule padovano («fasciato di rosso e d'argento di quattro pezzi e al capo d'argento caricato di tre rose di rosso») incorniciato dai tralci vegetali, è vivace e rigogliosa, e denota un carattere chiaramente transalpino. L'origine boema per il miniatore di Pietro Donato è stata indicata da Alexander nel 1992 e confermata negli anni successivi[60]. Non è da escludere che questo artista abbia accompagnato il vescovo di ritorno a Padova e che qui abbia portato a termine l'illustrazione del codice, iniziata a Basilea: questo spiegherebbe, da un lato, gli accenti nordici di cui fanno mostra alcuni artisti veneti degli anni trenta del Quattrocento, primo tra tutti Cristoforo Cortese; dall'altro, certi «italianismi» presenti nel *Messale* della Vaticana[61]. In ogni caso è chiaro che, favorendo i contatti tra i due versanti delle Alpi, fu lo stesso concilio di Basilea a determinare casi di contaminazione stilistica fra artefici di provenienza diversa.

Abbiamo sopra ricordato che per la copia del *Codex Spirensis*, il vescovo di Padova si valse non del suo cappellano ma di un altro scriba della sua cerchia. Alla stessa mano è stato attribuito il ms. Ottoboni Lat. 1368 della Vaticana[62], che contiene le *Comoediae* di Terenzio illustrate e che reca al f. 128*v* la seguente annotazione: «Scriptum in concilio basilensi anno MIIIICXXXVIto»[63]. Qualunque ne sia stato l'originario possessore (è stato grattato lo stemma in cima al f. 3), il *Terenzio* della Vaticana è un'ulteriore e importante testimonianza del vivace clima culturale che animò gli anni del concilio. C'è un leggero divario tra la grafia elegante del testo e la decorazione che lo accompagna, affrettata, sommaria e di qualità mediocre. Essa è limitata ai ff. 3, 24, 47*v*, 70, 91 e 108, che corrispondono alle pagine incipitarie delle sei commedie di Terenzio contenute nel manoscritto (fig. 66). Tre lati del foglio presentano margini decorati con un motivo vegetale, a cui si sovrappongono foglie d'acanto, animali fantastici e figurine mostruose, mentre, nel *bas-de-page*, un riquadro miniato illustra episodi tratti rispettivamente dall'*Andria* (ff. 3-24), dall'*Eunuchus* (ff. 24-47*v*), dall'*Heautontimorumenos* (ff. 47*v*-70), dall'*Adelphoe* (ff. 70-91), dall'*Hecyra* (ff. 91-108) e dal *Phormio* (ff. 108-128*v*). L'attribuzione del *Terenzio* della Vaticana a Péronet Lamy (che è passata quasi inosservata) ha le sue ragioni, ma non è condivisibile[64]. Lo stile fortemente lineare delle miniature, le forme piatte e alcuni particolari, come il cielo striato all'orizzonte, possono in effetti ricordare i modi dell'artista originario di Saint-Claude, o meglio un suo modestissimo seguace, visto il livello scadente delle illustrazioni che tra l'altro risultano di difficile lettura, poiché il colore steso grossolanamente è sbavato in più punti. Tuttavia, le decorazioni marginali e i costumi delle figure sembrano italiani più che transalpini e allontanano questo modesto manoscritto dalla regione savoiarda.

Per quanto riguarda poi il prezioso volume che Pietro Donato fece arrivare dalla cattedrale di Spira, esso dovette senz'altro circolare e suscitare l'entusiasmo dei suoi dotti colleghi[65]. Purtroppo, rimane oscuro chi fu il primo possessore della seconda copia del *Codex Spirensis*, eseguita dalla bottega di Lamy all'epoca del concilio (Parigi, Bibliothèque nationale, ms. Lat. 9661; figg. 62-64)[66]. Lo scriba della *Notitia* di Parigi non è quello del codice di Oxford[67] ed è stato identificato con l'autore di tre manoscritti eseguiti per Francesco Pizolpasso, arcivescovo di Milano dal 1435 e presente a Basilea dal 1432 al 1439[68]. Pizolpasso fu un altro accanito lettore e raccoglitore di libri, ed ebbe modo di manifestare pienamente la sua «operosità investigatrice» proprio nei giorni del concilio[69]. Sappiamo che negli ultimi anni della sua vita, l'arcivescovo di Milano si fece insegnare il greco da Pier Candido Decembrio, umanista e uomo politico, nonché esperto traduttore dal greco al latino (sua è una traduzione della *Repubblica* di Platone con dedica al duca Humphrey di Gloucester)[70]. È stato ipotizzato[71] che la *Notitia* di Parigi appartenne a Decembrio per due motivi: si è conservato un autografo dell'umanista milanese (Milano, Biblioteca Ambrosiana, ms. R. 88 sup., ff. 174-185) che è un estratto del *Codex Spirensis* e che mostra numerose affinità testuali con il ms. Lat. 9661 della Nationale[72]; intorno al 1451 il duca di Gloucester scrisse a Decembrio richiedendogli una serie di libri, tra cui il «librum illum *de totius imperii romani dignitatibus et insignibus*»[73]. Con questi pochi dati a nostra disposizione non possiamo in realtà affermare con sicurezza né che la copia del *Codex Spirensis* ora a Parigi si sia trovata per un certo periodo nella biblioteca di Pier Candido Decembrio, né che sia stato questo, e non l'estratto dell'Ambrosiana di Milano, il manoscritto richiesto dal duca Humphrey intorno alla metà del XV secolo[74]. Quel che è certo è che, verso la fine del XV secolo, il volume appartenne ai Celestini di Parigi, come indica la grafia dell'*ex libris* parzialmente cancellato nel margine del f. 1 del codice: «Iste liber est Celestinorum Beate Marie de Parisius; signatus per IJcIIJ». Alla fine del XVIII secolo passò nella collezione di Chrétien François de Lamoignon, guardasigilli di Francia: oltre all'*ex libris* (Biblioteca Lamoniana, K 11), incollato sul *verso* del primo foglio di guardia, sul *recto* del f. 2 è impresso il suo timbro ovale. Lamoignon morì nel 1789: il 19 aprile del 1794 il manoscritto fu comprato dalla Bibliothèque nationale di Parigi, dove si trova tuttora[75]. È stato giustamente notato più volte che esiste uno scarto qualitativo tra la copia del *Codex Spirensis*, eseguita per il vescovo Donato, e quella ora a Parigi[76]. Da un punto di vista editoriale, il manoscritto parigino è più modesto rispetto a quello oxoniano: oltre al fatto che, come si è detto, manca la miniatura raffigurante Costantinopoli, le illustrazioni sono di formato più piccolo - perché il volume è di dimensioni minori e perché si compone di 146 fogli, contro i 173 del codice della Bodleian - e i colori usati sono più scadenti. È vero poi che alcune miniature della *Notitia* di Parigi sono di qualità nettamente inferiore. Si confrontino, in particolar modo, i frontespizi dei due manoscritti: l'illustrazione su due pagine di Oxford è ridotta a una nel codice parigino; qui, inoltre, il disegno è rozzo e grossolano, soprattutto nel modo di rendere l'aquila, che è molto lontana dall'animale imponente e maestoso raffigurato nella copia della Bodleian. Altre due miniature significative per il confronto tra i due manoscritti sono quelle raffiguranti l'*Altercatio Hadriani Augusti et*

Epicteti philosophi (f. 63) e la carica del *consularis Campaniae* (f. 143*v*). Lo scarto risulta evidente nel disegno dei volti delle figure, in particolare nella rappresentazione della personificazione della Campania: la leggiadra fanciulla della *Notitia* oxoniana, nella copia parigina è diventata una matrona imbolsita; in questo secondo manoscritto manca, inoltre, il fondale prospettico presente nel primo e la figura della Campania è dipinta su un fondo verdastro, privo di profondità (tav. XXI e fig. 63). Ma non tutte le miniature del codice di Parigi sono una brutta copia di quelle illustranti il volume appartenuto al vescovo Donato: molte sono assolutamente paragonabili come livello esecutivo (si confrontino, per esempio, i ff. 59*v*, 86*v*, 94*v* e 109 con le miniature corrispondenti nel manoscritto della Bodleian) e almeno due sono qualitativamente superiori. Si tratta dei ff. 110 e 123*v*, che rappresentano rispettivamente le insegne del *praefectus urbis Romae* (fig. 62) e del *proconsul Africae* e che, se accostate alle analoghe illustrazioni nel volume di Oxford, mostrano un disegno più elegante e rifinito. La qualità altalenante del ms. Lat. 9661 della Bibliothèque nationale di Parigi indica un probabile intervento della bottega accanto al maestro nella realizzazione del manoscritto. Da un punto di vista iconografico, vi è una coincidenza pressoché totale tra questo codice e quello di Oxford: le uniche differenze sostanziali del primo rispetto al secondo sono la riduzione a una pagina del frontespizio a dittico e la mancanza della raffigurazione di Costantinopoli. Per il resto, tutto combacia e cambiano solo alcuni dettagli di second'ordine, come l'inchiostro usato per le rubriche, che nel manoscritto di Oxford è blu, in quello parigino rosso, o i colori dei fondali e delle architetture. Non c'è alcuna differenza nella disposizione delle figure e degli oggetti all'interno delle miniature, nella raffigurazione degli scudi dei reggimenti dipendenti dalle varie cariche (a parte qualche variante grafica nei nomi dei vari reparti), o nella rappresentazione dei particolari, come la descrizione degli agglomerati architettonici rappresentanti le diverse aree geografiche dell'Impero (fig. 64). Non solo: tornano gli stessi errori, quali la raffigurazione della Palestina personificata (f. 105*v*) non in veste di donna ma di uomo barbuto e, soprattutto, nel manoscritto di Parigi come in quello di Oxford, la rappresentazione delle monete nel *De rebus bellicis* (ff. 54*v* e 56) è realistica e sembra sottendere la conoscenza di un gabinetto di medaglie, forse quello dello stesso Donato.

Quindi, ricapitolando, le due copie del *Codex Spirensis* attualmente a Oxford e a Parigi furono eseguite direttamente dal modello da due calligrafi diversi (di qui le differenze testuali tra i due manoscritti), ma verosimilmente nello stesso periodo e nello stesso luogo[77], ossia nel 1436 a Basilea, dove ⁄ come ci informa il colophon di Oxford ⁄ il vescovo Donato aveva portato il prezioso manoscritto tardocarolingio chiesto in prestito alla cattedrale di Spira, con l'intento di riprodurlo e di mostrarlo al circolo di intellettuali gravitante intorno al concilio. Il volume di Oxford fu illustrato da Péronet Lamy, per conto e su indicazione del presule padovano, che richiese alcune varianti iconografiche rispetto al modello, in modo da dare un'impronta personale alla propria copia del manoscritto di Spira. Il ciclo illustrativo del codice di Parigi è strettamente legato a quello di Oxford: le coincidenze iconografiche fanno pensare a una copia diretta dal volume eseguito per il vescovo di Padova e lo stile più dozzinale porta ad attribuire il manoscritto parigino in gran parte alla bottega di Lamy, più che al maestro in persona. Non conosciamo il nome del committente di questa seconda versione del *Codex Spirensis*: forse si trattò di qualche altro illustre rappresentante del concilio, il quale «took advantage of the exemplar, scribes and artist(s) brought together by Donato to procure his own copy of the *collectio Spirensis*», come pensava Maier[78]; o forse fu lo stesso presule padovano che, contemporaneamente alla sua copia personale del codice di Spira, chiese a Lamy e ai suoi aiutanti una versione, per così dire, più economica dello stesso, da regalare a qualcuno dei suoi colleghi[79].

Il ms. Lat. 101 della Bibliothèque publique et universitaire di Ginevra, contenente le *Orationes* di Cicerone[80], reca sul *verso* della rilegatura la firma di Martin Le Franc. Le vicende di questa interessante figura di umanista francese, che fu giurista, uomo di chiesa, intellettuale e poeta, si intrecciano a quelle di casa Savoia a partire dal 1439, quando Martin fu assunto da Amedeo VIII in qualità di segretario. Nel 1440 era a Basilea, per assistere alla nomina di Amedeo al soglio pontificio e per partecipare ai dibattiti del concilio, all'interno del quale rivestì la carica di protonotario apostolico. Prevosto di Losanna dal 1443, canonico di Torino nel 1444, legato apostolico presso Filippo il Buono nel 1447, fu nominato lo stesso anno rettore della chiesa di Saint-Gervais a Ginevra. L'abdicazione (1449) e la morte dell'antipapa sabaudo (1451) non compromisero i suoi rapporti con il nuovo pontefice, Niccolò V, e non recisero i suoi legami con la corte di Savoia, presso la quale Le Franc continuò a prestare servizio fino al 1461, anno della sua morte, svolgendo compiti diversi: nel 1451 i documenti lo citano come «maître des requêtes» del duca Ludovico, mentre nel 1459 fu nominato amministratore del priorato benedettino di Novalesa[81]. A memoria dell'attività letteraria di Martin restano numerosi scritti, di cui *Le Champion des Dames* (1440-1442 circa) e *L'Estrif de Fortune et de Vertu* (1447-1448) sono le opere più famose[82]. Con ogni probabilità fu durante il soggiorno a Basilea che il segretario di Felice V entrò in possesso del volume di Cicerone. Questo fu scritto e decorato in Italia, ma l'illustrazione del frontespizio è opera di Péronet Lamy (fig. 65). Possiamo quindi immaginare per il codice di Ginevra vicende analoghe a quelle dei manoscritti analizzati nel paragrafo precedente e non è da escludere che esso sia giunto in Svizzera tramite il vescovo Donato, o sia stato prodotto *in loco* da un calligrafo della sua cerchia, come l'*Evangelistario* di New York e la *Notitia Dignitatum* di Oxford. Sappiamo che il presule, al tempo del suo arcivescovado a Creta (1415-1425), possedeva «orationes Ciceronis plurimae» che aveva prestato, insieme con altri libri, ad Ambrogio Traversari[83]. Un'analisi paleografica dettagliata potrebbe forse fornire qualche informazione in più sulla datazione del *Cicerone* di Ginevra. È difficile invece stabilire, in mancanza di prove documentarie, se l'illustrazione del frontespizio fu aggiunta da Lamy per conto del primo proprietario del volume o dello stesso Martin Le Franc, per il quale l'artista savoiardo decorò all'inizio degli anni quaranta il *Champion des Dames* oggi a Bruxelles. La storia successiva del codice è nota solo a partire dal XVI secolo, quando esso apparteneva a Germain Colladon, che per aderire alla causa dell'amico Calvino nel 1550 si trasferì a Ginevra, dove per più di trent'anni rivestì importanti incarichi politici. Nel 1615-1616 la vedova di Esaïe Colladon, figlio di Germain, vendette parte della sua collezione libraria, comprese le *Orationes* di Cicerone, alla biblioteca di Ginevra. È a quell'epoca che risale la rilegatura attuale del manoscritto.

La miniatura del frontespizio, che raffigura Cicerone orante in mezzo a un gruppo di uditori, fu aggiunta al *corpus* di Péronet Lamy da Bernard Gagnebin nel 1976[84]. I modi vivaci dell'artista rendono efficacemente la partecipazione alla discussione dei diversi personaggi, che gesticolano in maniera animata e si consultano mentre ascoltano l'orazione di Cicerone. Il verde acqua usato per le murature dell'edificio che ospita la scena è un colore molto amato da Lamy per le sue quinte architettoniche e lo ritroveremo soprattutto nelle scene di «Pentecoste» dipinte dall'artista: si vedano, per esempio, le iniziali istoriate raffiguranti questo soggetto nel *Messale* di Felice V, conservato alla Biblioteca Reale di Torino (f. 126*v*; fig. 71), e in quello della Biblioteca Laurentina dell'Escorial (f. 180*v*; fig. 85). Del gusto di Lamy per i pavimenti piastrellati e i soffitti a cassettoni si è già parlato: esso risale, in ultima analisi, alla miniatura parigina di inizio secolo e tornerà, di lì a poco, nel manoscritto che l'artista illustrò per conto e sotto il controllo di Martin Le Franc.

La stesura del *Champion des Dames* si colloca tra il 1440 e l'inizio del 1442. È un romanzo allegorico diviso in cinque libri di lunghezza diseguale (24.384 versi in tutto), dove l'autore, le cui tesi sono sostenute dal cavaliere Franc Vouloir, difende accanitamente il genere femminile dalle accuse dei suoi denigratori, primo fra tutti Malebouche, dietro a cui si cela la figura di Jean de Meun[85]. Il dibattito è supportato dall'elenco delle gesta, dei pregi e delle virtù delle più celebri rappresentanti del gentil sesso, tratte dalla mitologia, dalla storia e dalla *Bibbia*. Non mancano digressioni sugli avvenimenti contemporanei, sia politici sia religiosi: sono riportati e commentati, per esempio, alcuni dei temi dibattuti durante il concilio di Basilea, come quelli concernenti l'Immacolata Concezione. A questo problema e alla figura della Vergine Maria, la rappresentante per antonomasia del genere femminile, è dedicato l'ultimo libro del romanzo, che si conclude con la vittoria di Franc Vouloir. Martin Le Franc dedicò la sua opera a Filippo il Buono, ma non ottenne il successo sperato presso il duca e la sua corte, al punto da vedersi costretto a scrivere, poco dopo, la *Complainte du livre du Champion des Dames a maistre Martin Le Franc son acteur*[86]. Restano solo nove manoscritti e due edizioni a stampa contenenti il romanzo di Le Franc. Delle due copie ricevute dal duca di Borgogna, il volume di Bruxelles è l'esemplare più antico, e non solo per ragioni stilistiche: nel prologo (ff. 1-3), l'autore termina la dedica a Filippo con la formula «vostre tres obeissant serviteur»[87], mentre nella copia prodotta ad Arras nel 1451 e contenente la *Complainte* citata (Parigi, Bibliothèque nationale, ms. Fr. 12476), si definisce «l'indigne prevost de leglise de Lausane», titolo che Martin assunse nel 1443[88]. Il manoscritto di Bruxelles sembra quindi essere stato confezionato pochissimo tempo dopo l'esecuzione del romanzo, verosimilmente sotto il controllo del suo stesso autore[89]. Il codice, che reca lo stemma dei duchi di Borgogna al f. 4 (tav. XXV), è segnalato nell'inventario stilato dopo la morte di Filippo il Buono (1467-1469): «Ung autre livre en parchemin couvert de velours bleu et par dessus de toile, a cloans dorez, intitulé au dehors: *C'est le livre du Champion des Dames*; comançant au second feuillet, *La victoire et le triomphe*, et au dernier, *oultre plus amours*»; e in quello del 1485-1487: «Ung autre grant volume couvert de satyn figuré bleu, et par dessoubs une cofve de toile, a deux cloans de leton doré, armoyez des armes de monseigneur le duc Philippe, histoiré et intitulé: *Le Livre du Champion des Dames*; quemanchant ou second feuillet, *La victoire et triumphe d'amours* et finissant ou derrenier, *La Royne de paradiz*». Nel 1501 fu donato da Filippo il Bello alla sorella, Margherita d'Austria, e nel 1516 compare nel castello di Malines: «Autre livre en parchemin, escript a la main de moyenne letre, illuminé et historyé couvert de velours bleu figuré et fermaulx dorez et sans clos, intitulé: *Le Champion des Dames*». Tra questa data e il 1523-1524 Margherita fece aggiungere il suo stemma sui fermagli della rilegatura, come si evince dall'inventario redatto in quegli anni: «Item, ung aultre grant, couvers de velours bleu, a clos dorez, qui se nomme *Le Champion des dames*; sur les fermiletz sont les armes de Madame»[90]. Nel 1530 il volume passò nelle collezioni di Maria d'Ungheria[91] e nel 1559 entrò nella biblioteca di Borgogna. Fu prelevato dalle truppe francesi nel 1794 e restituito nel 1815[92].

Il *Champion des Dames* di Bruxelles è illustrato da due miniature tabellari, raffiguranti Martin Le Franc in atto di offrire il suo romanzo a Filippo il Buono (f. 1; tav. XXIV) e l'assalto delle truppe di Malebouche al «château d'Amour» (f. 4; tav. XXV)[93], mentre ricchi fregi marginali accompagnano il frontespizio e le pagine incipitarie dei cinque libri del poema (ff. 1, 4, 35v, 83v, 109v e 151). Illustrazione e decorazione furono ricondotte inizialmente ad ambito fiammingo e giudicate di mediocre qualità[94]. Fu Delaissé, in un appunto manoscritto all'inventario di Promis sui codici della Biblioteca Reale di Torino, a rilevare la coincidenza tra i margini del *Messale* di Felice V, qui conservato, e quelli del *Champion* di Bruxelles. Sheila Edmunds allargò il confronto al *Messale* dell'Archivio di Stato di Torino, di cui Delaissé non sembrava essere a conoscenza, e assegnò i tre volumi a Péronet Lamy[95]. L'attribuzione fu generalmente accettata, ma Silvana Pettenati, più tardi seguita da François Avril, distinse giustamente la mano dell'artista savoiardo da quella di chi eseguì i margini dei manoscritti citati[96]. Si tratta di quel Guillermo Pinocti, citato in un documento del 1445[97], sui cui modi ci siamo soffermati analizzando i codici prodotti per il papa sabaudo e che ritroveremo nel *Messale* della Biblioteca Laurentina dell'Escorial. Nel *Champion* di Bruxelles il collaboratore di Lamy, che non è riconoscibile nelle decorazioni marginali dell'*Apocalisse di Savoia*, fa la sua prima apparizione: il codice, infatti, si colloca poco dopo il *Cicerone* di Ginevra e poco prima dei *Messali* eseguiti per Felice V, e risale con ogni probabilità al periodo di intensa attività di Péronet in occasione del concilio di Basilea. Le due miniature del manoscritto, per complessità, movimento e ricchezza di dettagli, sono tra le più elaborate della produzione dell'artista. I richiami alla miniatura francese di inizio Quattrocento sono qui evidenti in particolari quali le due arcate divise da una colonna centrale che incorniciano la scena di dedica al f. 1 (tav. XXIV), o le costruzioni massicce color pastello che fanno da sfondo alla battaglia raffigurata al f. 4 (tav. XXV): penso, per esempio, ad alcune vedute d'interno del Maître de la Cité des Dames, dove, oltre alla doppia arcata, troviamo i soffitti a cassettoni e i pavimenti piastrellati, così spesso utilizzati da Lamy per la scenografia delle sue miniature[98]; mentre le architetture un po' fiabesche di Péronet trovano un precedente sempre nel Maître de la Cité des Dames, o nei codici usciti dalla bottega del Maître de Boucicaut[99]. Sono caratteristici di Lamy, oltre al tono colorito del racconto e alle tinte fredde e opache, il disegno un po' greve con la linea di contorno marcata e i corpi squadrati delle figure che hanno teste piccole e sproporzionate, rispetto agli ampi copricapi che indossano. Nella miniatura del frontespizio la cura dei dettagli si avverte nella descrizione della foggia e delle stoffe delle vesti indossate dai cortigiani che circondano Filippo il Buono. Questi porta un vistoso collare da cui pendono le insegne della Toison d'Or, l'ordine cavalleresco da lui fondato nel 1429, mentre il codice che Martin gli porge sembra avere una rilegatura «de velours bleu [...] a cloans dorez», come quella descritta negli antichi inventari menzionanti la copia del *Champion des Dames* oggi a Bruxelles[100]. Si noti infine la vivacità di alcuni particolari, come la movimentata scena di battaglia raffigurata al f. 4: una truppa eterogenea, composta da laici, soldati ed ecclesiastici, è accalcata con armi di vario tipo (lance, frecce e cannoni, ma anche libri e rotoli) davanti alle mura del «château d'Amour». Dalle torri e dalle finestre dell'edificio fanno capolino principesse e regine, laiche e religiose, che assistono all'assedio, chi coprendosi il viso con le mani, chi proteggendosi con uno scudo. Nel giardino recintato ai piedi del castello, Martin Le Franc scrive indifferente il suo romanzo, mentre nel chiostro alle sue spalle è la «Vergine Maria con il Bambin Gesù e due sante».

Il Messale *dell'Escorial e il problema della sua provenienza*

A differenza dei due *Messali* di Felice V, il *Messale* b. I. 3 della Real Biblioteca del Monasterio de San Lorenzo dell'Escorial non ha suscitato grande interesse da parte della critica. La decorazione del manoscritto consta di 14 iniziali istoriate e di una miniatura a piena pagina con il Cristo crocifisso tra i due dolenti (figg. 82-85 e 87-88). Al f. 1 e al f. 13, nel margine inferiore, c'è uno stemma raschiato, purtroppo illeggibile, che è stato aggiunto in un momento successivo rispetto al resto della decorazione[101]. Al f. 1, tra i fregi marginali, sono raffigurate due aquilegie e un uccello che si pulisce le penne: si tratta di due motivi derivati dalle incisioni del Maestro delle Carte da Gioco[102]. Sheila Edmunds ha avvicinato le prime nove iniziali e la miniatura del canone con la «Crocifissione» del codice escorialense (figg. 82-85) ai due *Messali* di Felice V, senza fare esplicitamente il nome di Lamy[103], tanto che il ms. b. I. 3 della Biblioteca Laurentina non compare mai tra i manoscritti attribuiti all'artista savoiardo[104] o è citato come opera di bottega[105]. L'*atelier* ha sicuramente contribuito all'esecuzione del volume, dal momento che i fregi marginali, compresi le aquilegie e l'uccello del f. 1, spettano ancora una volta al Guillermo Pinocti citato nei documenti.

Tuttavia il resto della decorazione, a eccezione delle ultime cinque iniziali (figg. 87-88), è da attribuire senza esitazione al maestro più che ai suoi collaboratori. È vero, peraltro, che il codice escorialense rivela strette affinità con i *Messali* eseguiti per il papa sabaudo: anzi, i punti di contatto sono tali da immaginare per i tre manoscritti un'esecuzione ravvicinata nel tempo, e questo comporta l'anticipazione di almeno cinque anni per la datazione proposta da Sheila Edmunds, che collocava il *Messale* della Biblioteca Laurentina intorno al 1450[106]. A differenza dei due *Messali* di Torino, che da un punto di vista liturgico costituiscono l'uno il complemento dell'altro, il manoscritto dell'Escorial è un messale completo[107]. La scelta iconografica per le iniziali istoriate che decorano questo codice è molto simile a quella che troviamo nel *Messale* della Biblioteca Reale di Torino. A parte la «Natività», che nel *Messale* dell'Escorial, per la forma della capanna, la presenza del bue e dell'asinello, e la posizione di Giuseppe rispetto alla Vergine, ricorda da vicino quella illustrante altri manoscritti attribuibili a Lamy[108], le scene di soggetto analogo nei due *Messali* coincidono per impianto e struttura: si confrontino, per esempio, la «Risurrezione», l'«Ascensione», o l'«Eucarestia» (figg. 68 e 83-84). Abbiamo detto che la decorazione secondaria del *Messale* dell'Escorial spetta allo stesso artista che affiancò Lamy, oltre che nei due *Messali* di Felice V, nel *Champion des Dames* dipinto per Martin Le Franc: la sua mano si riconosce con evidenza al f. 146*v* del codice escorialense, dove un piccolo crocifisso e quattro angeli con i simboli della Passione circondano il Calvario, raffigurato da Péronet nel riquadro centrale (fig. 82). Questo è l'ultimo intervento di Guillermo Pinocti accanto a Lamy: l'artista non compare nei manoscritti successivi del miniatore savoiardo, per quanto questi diventino sempre più opera di collaborazione. Ciò costituisce un elemento ulteriore in favore di una retrocessione cronologica del *Messale* dell'Escorial. I quattro codici a cui partecipa Guillermo fanno parte di un momento preciso e circoscritto dell'attività di Lamy: in seguito cambiano gli aiutanti all'interno della bottega, e in parte cambiano anche le modalità di lavoro di questa. A confronto con i due *Messali* di Felice V (tavv. XXVI-XXIX e figg. 67-72 e 74-78), quello escorialense è leggermente più modesto da un punto di vista editoriale, perché ha meno miniature e una decorazione marginale meno varia e rigogliosa, ma stilisticamente risulta dello stesso livello qualitativo, anzi forse lo scarto è ravvisabile tra il codice della Reale e gli altri due manoscritti, risultando questi più curati e rifiniti. Nel primo il segno è veloce, a volte sommario e greve, e il colore un po' smunto, mentre negli altri due *Messali* la pennellata è pulita e compatta e, soprattutto in quello dell'Archivio, che dei tre volumi è il più ricercato, vi è una maggiore varietà di dettagli.

La prima campagna decorativa del *Messale* dell'Escorial non fu portata a termine. Le ultime cinque iniziali furono aggiunte in un secondo tempo[109]: la scrittura è omogenea in tutto il manoscritto e le nuove miniature, che si integrano perfettamente nella struttura del testo, occuparono lo spazio lasciato vuoto dal copista (figg. 87-88). Anche le iniziali a filigrana dell'ultima parte del volume risalgono con ogni probabilità a questa seconda fase dell'illustrazione, perché, rispetto a quelle coeve all'intervento di Lamy e bottega, presentano dei motivi ornamentali diversi e assai più complessi (fig. 88). Ed è proprio dall'analisi di questi motivi che si ricava qualche informazione circa la datazione e la localizzazione del secondo intervento che interessò il *Messale* dell'Escorial. Su questo punto torneremo più avanti; per ora è necessario rilevare che i due stemmi aggiunti non sembrano risalire alla seconda campagna decorativa del manoscritto. L'ornamentazione che circonda i due scudi raschiati è molto grossolana rispetto a quella raffinata che rifinisce le iniziali istoriate nell'ultima parte del volume e presenta inoltre colori diversi. Benché sia difficile stabilire a quando far risalire l'intervento, non è da escludere che le armi siano state sovrapposte ad altre sottostanti. Va a favore di questa ipotesi la posizione, rispetto all'impianto della pagina, dello stemma dipinto al f. 1 del codice escorialense, che è uguale a quella occupata dallo stemma di Felice V nelle pagine incipitarie dei *Messali* di Torino (fig. 74). Accanto a questi, nell'elenco dei libri conservati alla Sainte-Chapelle di Chambéry il 6 giugno del 1483, è citato un terzo *Messale* proveniente dalla biblioteca di Felice V, ma la descrizione inventariale non coincide con il *Messale* della Biblioteca Laurentina. Mancano inoltre, in questo manoscritto, allusioni al pontificato di Felice V, che sono invece assai frequenti nei *Messali* di Torino. Data l'origine savoiarda del codice e la sua attuale ubicazione alla Biblioteca dell'Escorial accanto all'*Apocalisse di Savoia*, si è pensato, per il *Messale* b. I. 3, a passaggi ereditari analoghi a quelli che interessarono il manoscritto voluto da Amedeo VIII: si è quindi ipotizzato che il volume fosse quel «missel couvert de velours noir», presente nella cappella del castello di Malines nel 1523-1524[110]. Nell'inventario, accanto alla voce, si legge l'annotazione «delivré a la Royne de Hongrie». Quindi il *Messale*, come l'*Apocalisse*, alla morte di Margherita d'Austria sarebbe stato ereditato da Maria d'Ungheria, che nel 1556 lo avrebbe portato con sé in Spagna e qui, una decina d'anni più tardi, sarebbe entrato all'Escorial, insieme alla biblioteca di Filippo II. L'ipotesi è plausibile ma non certa: l'indicazione inventariale del 1523-1524 è molto generica e nessun indizio interno al codice ci dà la sicurezza che esso sia effettivamente passato per Malines[111]. Comunque sia, rimane un punto oscuro: per quali vie il *Messale* giunse nelle collezioni di Margherita? Era uno di quei manoscritti della biblioteca sabauda che la vedova di Filiberto II ereditò e portò con sé di ritorno nei Paesi Bassi, o era un codice che Margherita possedeva già prima del suo arrivo in Savoia per il matrimonio con il duca? La risposta a questo interrogativo può far luce anche sull'origine del volume. Se il *Messale* si trovava nelle collezioni dei duchi di Savoia, è assai probabile che fosse stato confezionato negli anni quaranta del Quattrocento per un membro della corte. Se invece Margherita entrò in possesso del volume prima del suo matrimonio con Filiberto II, si deve immaginare che esso facesse parte dei fondi librari dei duchi di Borgogna, e che qui vi giunse in origine come acquisto o come dono da parte di o per qualche personaggio del casato. E se si trattò di un regalo, non è da escludere che sia stato un membro di casa Savoia a ordinare a Lamy il manoscritto. Le occasioni per il dono possono essere state molteplici, visti i rapporti di parentela e i legami diplomatici che legavano le due corti: vale la pena di ricordare, per esempio, che Felice V nel 1447 inviò presso il duca di Borgogna, in qualità di legato apostolico, Martin Le Franc, che non molti anni prima aveva offerto a Filippo il Buono una copia del suo romanzo illustrata da Lamy, la quale copia fu donata a Margherita d'Austria da suo fratello Filippo il Bello il 7 luglio 1501[112]. In questo groviglio di congetture i dati di stile possono venirci in aiuto. Abbiamo già accennato al fatto che le iniziali a filigrana dell'ultima parte del *Messale* dell'Escorial presentano una decorazione diversa rispetto a quelle risalenti all'intervento di Lamy. Come mi ha gentilmente fatto notare François Avril, i delicati arabeschi che si diramano da queste iniziali e si estendono nei margini (o con lunghi filamenti intersecantisi tra loro, o formando un ricco e compatto tappeto ornamentale), le decorazioni a spirale intorno alle lettere e la forma stessa di alcune di queste, come la «b» e la «d» (fig. 88), trovano confronti puntuali con le iniziali a filigrana decoranti manoscritti prodotti in Spagna nella seconda metà del Quattrocento[113]. Per quanto riguarda le cinque iniziali istoriate che accompagnano l'ultima parte del codice escorialense, esse rivelano, come ha giustamente indicato Marguerite Debae, i tratti tipici della cosiddetta scuola «ganto-brugeoise»[114]: si notino, in particolare, le foglie d'acanto accartocciate che formano il corpo delle lettere, il motivo delle fragoline di bosco nelle decorazioni marginali e la *verve* narrativa delle scene rappresentate (figg. 87-88). Tali iniziali non furono però prodotte tra il 1507 e il 1523, come riteneva la suddetta studiosa, ossia al ritorno di Margherita nei Paesi Bassi, bensì alla fine del secolo precedente, al tempo del matrimonio di Margherita e di suo fratello Filippo, rispettivamente con Don Juan e con l'infanta Giovanna, figli di Ferdinando d'Aragona e di Isabella di Castiglia. È nota la diffusione dello stile «ganto-brugeois» nella Spagna dell'ultimo quarto del Quattrocento e il ruolo giocato in questo senso da Isabella, che aveva una ricca collezione di arazzi fiamminghi, che si avvalse di artisti del calibro di Juan de Flandes, e per la quale Francisco de Rojas, conoscendo l'amore per i codici miniati della sua sovrana, proprio in occasione della doppia unione matrimoniale che avrebbe sancito l'alleanza politica tra Massimiliano d'Austria e Ferdinando il Cattolico, fece eseguire a Bruges il bellissimo *Breviario*, oggi conservato alla British Library di Londra (ms. Add. 18851). Il matrimonio dei figli di Isabella con Margherita d'Austria e Filippo il Bello non fece che incrementare l'arrivo in Spagna di manoscritti dell'«école ganto-brugeoise», determinando tra l'altro una forte corrente di imitazione fiamminga[115].

Quindi, riassumendo, il *Messale* oggi all'Escorial, fu iniziato in Savoia al principio degli anni quaranta del Quattrocento ed entrò poco dopo nelle collezioni dei duchi di Borgogna; alla fine del secolo, tramite Filippo il Bello o sua sorella Margherita, arrivò in Spagna; qui fu portata a termine l'ultima parte del manoscritto: un miniatore spagnolo disegnò le bellissime iniziali a filigrana, mentre per le iniziali istoriate ci si avvalse di un artista fiammingo attivo per la corte o di un epigono locale dello stile «ganto-brugeois». La storia successiva del codice non è chiara: esso forse accompagnò Margherita d'Austria prima in Savoia, poi nei Paesi Bassi[116], oppure non si mosse dalla Spagna (e furono aggiunti qui gli stemmi ai ff. 1 e 13); in entrambi casi, il *Messale* giunse per vie ereditarie a Filippo II che lo depositò nel 1566 all'Escorial.

I Libri d'Ore *di Yale, Grenoble e Chambéry e le cosiddette* Ore di Saluzzo

Il *Libro d'Ore*, ms. 577, della Beinecke Rare Book and Manuscript Library di Yale è stato inserito nel catalogo di Lamy non molti anni or sono, grazie a una segnalazione di Nicole Reynaud, e a quanto mi risulta viene qui pubblicato per la prima volta[117]. Il calendario del manoscritto segue l'uso liturgico di Besançon, e le 12 miniature che accompagnano il testo presentano un'iconografia tradizionale (figg. 89-94). La successione delle scene rivela invece qualche anomalia, la «Crocifissione» e la «Pentecoste» trovandosi inserite tra l'«Annunciazione» e la «Visitazione», da un lato, la «Natività», l' «Annuncio ai pastori», l'«Adorazione dei Magi», la «Fuga in Egitto», e l'«Incoronazione della Vergine», dall'altro: sembra cioè che la sequenza delle Ore della Vergine sia spezzata da due episodi che di solito illustrano l'inizio delle Ore della Croce e delle Ore dello Spirito Santo[118]. Solo un esame diretto del codice potrà quindi stabilire se ci sono eventuali errori nella fascicolazione e quindi nella disposizione degli Uffici che compongono le Ore di Yale[119].
Le miniature presentano schemi compositivi e dettagli iconografici ricorrenti nella produzione di Péronet: si confrontino, in particolare, l'«Annunciazione» (fig. 89), l'«Adorazione dei Magi» e la «Pentecoste» (fig. 92) del *Libro d'Ore* della Beinecke Library con le scene di soggetto analogo nel *Messale* della Biblioteca Reale di Torino (fig. 71); l'«Annuncio ai pastori» di Yale con lo stesso episodio nel *Libro d'Ore* di Grenoble; o la «Natività»(fig. 91) e la «Fuga in Egitto» con le miniature dei ff. 70 (fig. 108) e 94 nel *Libro d'Ore* di Chambéry. In alcuni casi, i dettagli sono quasi sovrapponibili come la *silhouette* del Cristo e i gesti e la postura dei due dolenti nella «Crocifissione» della Beinecke Library e in quella del *Messale* della Reale, dipinte entrambe su un fondale decorato (figg. 69 e 93). Le coincidenze iconografiche citate ancorano con certezza le Ore di Yale alla bottega di Lamy, ma vi è uno scarto qualitativo netto tra questo manoscritto e gli altri codici attribuibili all'artista savoiardo. Nel *Libro d'Ore* della Beinecke Library, le scene sono spoglie e ridotte all'essenziale, il *ductus* corsivo e pesante, e alcune delle caratteristiche più negative di Péronet, quali la scarsa importanza data alla definizione dei volumi, il prevalere della linea e la mancanza di profondità nella raffigurazione degli sfondi paesaggistici, sono qui esasperati. Ora, visti gli alti e bassi qualitativi nella produzione di Lamy e la ripetizione di formule iconografiche anche in manoscritti

distanti cronologicamente l'uno dall'altro, è difficile dire se le *Ore di Yale* siano un prodotto di bottega, o un autografo del maestro[120]. Certo è che l'impronta di Péronet è molto forte nelle miniature e non sembra riconoscibile l'intervento di una mano strettamente dipendente da quella del maestro, ma al tempo stesso chiaramente distinguibile da essa, come accadrà nel *Libro d'Ore* di Chambéry. Un discorso a parte va fatto poi per le decorazioni marginali del manoscritto che, come in tutti i codici usciti dall'*atelier* dell'artista savoiardo, sono un caso a sé stante. Qui a colpire non è tanto il motivo ornamentale di base che, con il suo intreccio di foglie spinose, *boulles*, *vignettes* e fiori dorati, è del tutto tradizionale, quanto gli oggetti e le figure di animali, reali o fantastici, che si sovrappongono a esso. Si tratta di disegni piuttosto rozzi, in linea con la qualità andante del manoscritto. La mano non è quella del solito Guillermo Pinocti e non compare in nessun altro codice prodotto nella bottega di Lamy. Al f. 13 (fig. 89), nel margine inferiore, vi sono due stemmi non più leggibili perché raschiati, ma altri indizi all'interno del manoscritto sembrano rimandare al primo proprietario del volume. Al f. 76 (fig. 90) la cornice che circonda la figura di san Giovanni Evangelista e l'*incipit* del suo Vangelo è decorata da gigli di Francia e da una corona, e al motivo si è voluto dare un certo rilievo visto che è l'unica parte del manoscritto in cui l'oro è lavorato e decorato a punzone. Inoltre, nel margine esterno della pagina, spicca tra le fiamme una fenice ad ali spiegate, probabile emblema del committente o del destinatario del volume, e a questo sembrano far riferimento anche la corona dipinta tra le decorazioni marginali del f. 25 e il cervo alato con corona al collo al f. 50[121]. Questi ultimi due motivi, insieme ai gigli, rimandano con pochi margini di dubbio alla casa reale francese[122]. Ora, sappiamo che nel 1436 Ludovico di Savoia e Carlo VII re di Francia stipularono l'unione matrimoniale tra i figli Amedeo e Jolanda, le cui nozze, data la giovanissima età dei due principi, furono celebrate di fatto solo nel 1452[123]. Ma Jolanda arrivò in Savoia ben prima di questa data e al 4 gennaio del 1440 risale il già citato documento della cancelleria ducale che così recita nella sua interezza:

> ...Livre a Legier lescripvant de forme pour lescripture dune heures en quoy ma dame Yoland doit apprendre I ducat. Item livre a Perenet lenlumineur pour une ystoire de Nostre Dame et la vignette entour au commencement des dictes heures et pour 440 lettres dor et dasur; avec la facon de les relier 4 fl. 3 den. gr.[124].

La descrizione del manoscritto non combacia con il *Libro d'Ore* della Beinecke Library, dove il livello qualitativo delle miniature è mediocre ma omogeneo, ossia non c'è scarto tra la prima «ystoire» e le altre. Nulla vieta però di legare direttamente o indirettamente questo volume alla figura di Jolanda, che divenuta adulta sarà un'appassionata collezionista di codici e incunaboli[125]: penso cioè che il codice di Yale possa essere considerato un dono personale del duca di Savoia o della giovane principessa a un membro della corte francese come omaggio all'unione dei due casati verbalizzata nel 1436 e formalmente sancita con le nozze del 1452. È assai probabile quindi che i due scudi dipinti nel *bas-de-page* del f. 13 (fig. 89) contenessero in origine le armi sabaude e quelle del destinatario, sulla cui identità potrà essere fatta piena luce con l'individuazione dei numerosi emblemi sparsi nel codice. Quanto alla datazione stilistica del *Libro d'Ore* di Yale, il confronto con manoscritti in cui la mano di Lamy è maggiormente definibile e di conseguenza circoscrivibile cronologicamente induce a collocare il nostro volume intorno alla prima metà degli anni quaranta del Quattrocento.

Fu François Avril, nel 1989, ad avvicinare il *Libro d'Ore* della Bibliothèque municipale di Grenoble, ms. 650.8, a Lamy[126]. Il manoscritto fu esposto alla mostra parigina del 1993, accompagnato in catalogo da una dettagliata scheda, dove lo stesso Avril meglio precisava i diversi interventi all'interno del volume, che è opera di collaborazione (figg. 95-98 e 100-101)[127]. Il calendario segue l'uso liturgico romano e il ciclo iconografico che accompagna il codice non mostra particolarità di rilievo, a eccezione della miniatura al f. 76, che chiude le Ore della Vergine. Essa rappresenta la «Discesa di Cristo nel Limbo» (fig. 100), mentre solitamente questa parte del testo è illustrata dall'«Incoronazione della Vergine» (come nelle Ore di Yale; fig. 94) o dall'«Assunzione»[128]. Da un punto di vista stilistico, si distinguono quattro mani all'interno del manoscritto. Le prime quattro miniature con gli Evangelisti (ff. 7v, 9v, 12v e 13v; fig. 95) sono riconducibili all'ambito del cosiddetto Maestro dei Tralci Dorati, un *atelier*, più che una singola personalità, attivo a Bruges dal 1420 al 1450 circa e così chiamato per i suoi caratteristici fondali a tinta unita (generalmente color vinaccia) percorsi da una fitta trama di racemi dorati[129]. È interessante notare che questo prolifico gruppo di miniatori, che lavorava in serie facendo largo uso di modelli, sembra essere stato specializzato proprio nella illustrazione di *Libri d'Ore*, confezionati sia per il mercato locale sia per l'esportazione (l'area fiamminga fu la seconda produttrice dopo la Francia di questo tipo di testi)[130]. Le quattro illustrazioni successive (ff. 16, 20, 22 e 23v), raffiguranti rispettivamente i santi Giovanni Battista (fig. 96), Andrea, Veronica e Gerolamo, si ricollegano all'*atelier* olandese detto di Otto di Moerdrecht. Anche in questo caso più che di un singolo artista è meglio parlare di una scuola, di uno stile: uno stile che conobbe una larga diffusione nei Paesi Bassi settentrionali rimanendo sostanzialmente invariato dal 1420 al 1450 circa. Nel *Libro d'Ore* di Grenoble ritornano alcune caratteristiche tipiche del «Moerdrecht style», come il disegno spigoloso, i panneggi rigidi e senza rilievo, le aureole ovali, le teste stereotipate con la barbetta a due punte, i volti poco espressivi e gli incarnati percorsi da ombre verdastre[131]. Queste prime otto miniature sono circondate da margini tipicamente francesi, omogenei a quelli che decorano il resto del manoscritto. Si tratta cioè di miniature provenienti da *ateliers* fiamminghi e inserite in un secondo momento in un codice confezionato in Francia: in particolare, le miniature del Maestro dei Tralci Dorati furono dipinte su un fascicolo vergine (testo, iniziali e margini decorati furono eseguiti a posteriori nella bottega che confezionò il codice), mentre quelle in stile Moerdrecht sono state ritagliate e incollate in uno spazio appositamente a loro riservato nei fogli di pergamena del manoscritto[132]. Le miniature dei ff. 59v, 64, 68 e 76, che rappresentano l'«Annuncio ai pastori», l'«Adorazione dei Magi» (fig. 101), la «Presentazione al Tempio» e la «Discesa di Cristo nel Limbo» (fig. 100), sono di Lamy e, da un punto di vista cronologico, sembrano collocarsi verso la metà degli anni quaranta, a metà strada tra i *Messali* di Felice V e il *Libro d'Ore* di Chambéry. Esse rivelano lo stile inconfondibile dell'artista savoiardo e la ripetizione un po' monotona di formule iconografiche già presenti in altri suoi manoscritti, a eccezione dell'ultima miniatura, dove Péronet raffigura un soggetto nuovo rispetto al suo repertorio (fig. 100). Stilisticamente essa risulta la più riuscita delle quattro illustrazioni spettanti a Lamy in questo volume: particolarmente efficace è la scelta della gamma cromatica, come il fucsia del mantello del Signore che si staglia sul verde del terreno e il blu elettrico del fondale, o il rosso mattone della porta da cui escono le anime ignude (nelle altre miniature l'accostamento dei colori è più stridente). Quanto ai dettagli iconografici, è molto grazioso il particolare del diavolo che assiste inerme all'*Anastasis*, guardando in cagnesco verso il Cristo Salvatore. L'autore della «Visitazione», della «Natività», della «Crocifissione» e della «Pentecoste» (ff. 44, 55v, 87 e 90v; fig. 97) è un artista dal linguaggio arcaico ancora legato, come Lamy, allo stile della miniatura parigina di inizio secolo (Avril lo definisce «un médiocre plagiaire local du Maître de Boucicaut»), che riprende però pedissequamente, senza la *verve,* ingenua ma accattivante, che troviamo nelle miniature di Péronet e senza alcuna apertura verso le novità dell'arte fiamminga, presente invece, seppure ancora in nuce, nel pittore savoiardo (si confronti il modo di rendere i panneggi nei due artisti). È difficile stabilire se l'anonimo autore delle scene sovracitate fosse un membro della bottega di Lamy o un artista da lui indipendente (le tangenze tra i due derivano, come si è detto, da un retroterra culturale comune). L'unico dato certo è che la sua mano non compare in nessuno degli altri manoscritti riuniti intorno alla figura del pittore savoiardo. François Avril ha sottolineato la qualità altissima della pagina con il «David penitente» (f. 93; fig. 98), che si distingue nettamente dalle altre miniature del codice per la resa naturalistica, la limpidezza di luci e colori, la finezza del tocco e la cura dei dettagli[133]. Colpiscono soprattutto il cielo crepuscolare all'orizzonte, la costruzione «in profondità» dello spazio, l'attenzione lenticolare nella rappresentazione del paesaggio lacustre sullo sfondo (con il bel particolare delle ombre riflesse sull'acqua dalle piccole imbarcazioni che la percorrono), le pieghe frastagliate dei panneggi che seguono la *silhouette* del David inginocchiato, e la ricercatezza nella descrizione dei suoi abiti, come il copricapo in primo piano, decorato da perle e gemme preziose. Questo amore per il vero, indagato con curiosità e acume, ha fatto avanzare allo studioso francese il nome di Hans Witz, per la miniatura dipinta al f. 93 delle *Ore* di Grenoble. L'attribuzione è stata confermata da Frédéric Elsig, a cui si deve una recente revisione del catalogo del pittore bavarese[134]. Il «David penitente» del *Libro d'Ore* dovrebbe collocarsi tra la «Pietà» della Frick Collection di New York (1440 circa) e la «Crocifissione» dello Staatliche Museen di Berlino (1445-1450). A mio avviso, all'autore del David, o tutt'al più a un suo stretto collaboratore, spetta anche la miniatura del f. 109*v*, raffigurante una sepoltura e la celebrazione della messa relativa, che Avril, pur riconoscendone la qualità, attribuiva a una mano distinta. Sicuramente l'esecuzione di questa illustrazione è più frettolosa rispetto alla calibrata compostezza della pagina con il «David penitente», ma la tavolozza, le descrizioni naturalistiche, la delicatezza del disegno (si vedano i volti dei chierici celebranti messa) mi sembrano le stesse. Comunque sia, le *Ore* di Grenoble sono un'importante testimonianza della molteplicità di componenti culturali circolanti in Savoia verso la metà del XV secolo e, come rilevato da Avril, costituiscono un precedente imprescindibile per gli sviluppi successivi della miniatura savoiarda, a cominciare dalle *Ore* del duca Ludovico.

Non si conoscono il destinatario e le vicende iniziali del manoscritto e i dati testuali, codicologici e iconografici non danno alcun indizio in tal senso. Sul *recto* del secondo foglio di guardia, un'iscrizione dell'inizio del XVII secolo recita: «Marguerite de Mionnax, prieuresse de Bethon - J'honore la vertu qui guide ma fortune». Marguerite de Mionnas era figlia di Pierre de Mionnas (signore della *maison-forte* di Fey nel Genevese) e di Jeanne Nicoline de Menthon (figlia di Pierre de Menthon, signore di Lornay); dal 1568 al 1573 Marguerite fu religiosa nell'abbazia cistercense di Bethon in Moriana divenendo priora della stessa il 25 giugno 1605[135]. Può essere interessante ricordare che tra gli antenati di Marguerite, Pierre de Menthon e suo figlio Nicod furono fedelissimi di Amedeo VIII e Ludovico di Savoia. In particolare il nome di Nicod è citato continuamente tra i consiglieri della corte sabauda e numerosissime risultano essere state le mansioni e le missioni affidategli dai duchi: fu tra le altre cose a Basilea negli anni del concilio, quando nel 1437 fu messo a capo di una spedizione diretta a Costantinopoli con lo scopo di portare in Occidente l'imperatore e i patriarchi per tentare la riconciliazione tra la chiesa greca e quella latina[136].

La decorazione del *Libro d'Ore* del Musée Savoisien di Chambéry (ms. 977.1.1) si compone di 23 miniature, 17 iniziali istoriate e ricchi fregi marginali (figg. 102-108). È un prodotto della maturità di Lamy e, come il *Libro d'Ore* della Bibliothèque municipale di Grenoble, è un'interessante opera di collaborazione[137]. A Péronet spetta l'intervento più cospicuo, ossia le miniature con la «Vergine e il Bambino» (f. 25), i «Quattro Evangelisti» (ff. 31, 41, 43 e 45; figg. 106-107), il ciclo dell'infanzia di Cristo nelle Ore della Vergine (ff. 47, 58, 70, 75, 79, 83, 87 e 94; fig. 108), la «Risurrezione dei morti» (f. 119; fig. 105) e la scena dei funerali all'inizio dell'Ufficio dei Defunti (f. 135). A un modesto aiutante, che riprende da vicino i modi del maestro semplificandoli e irrigidendoli, si devono le sette scene illustranti il ciclo della Passione nelle Ore della Croce (ff. 33, 34*v*,

35*v*, 36*v*, 37*v*, 38*v* e 39*v*; fig. 103): le sue figure, secche e spigolose, hanno volti triangolari e appuntiti, lineamenti grevi e pose ingessate[138]. La «Santa Veronica» del f. 21 è, invece, opera di un artista di ben altra levatura (fig. 102). Anche lui proviene dalla cerchia di Lamy e ne segue lo stile, che però addolcisce e impreziosisce grazie a una maggior sensibilità per luci e colori, alla delicatezza del tratto e alla cura nella definizione dei particolari: si veda, per esempio, il paesaggio alle spalle della santa, costruito per piani successivi, che dà ampio respiro alla scena. Infine sembra spettare a un terzo collaboratore, dallo stile incisivo e dirompente, la decorazione di alcuni margini e iniziali con esseri ibridi, fiori, figure nude e scene di caccia (si vedano, per esempio, i ff. 31, 65*v*, 70, 95*v*, 99 e 107*v*; figg. 104 e 108). È a questo artista, dissacrante e irriverente, che si devono i motivi tratti dalle incisioni del Maestro delle Carte da Gioco: il leone al f. 25 e le rose ai ff. 97*v*, 107*v*, 108*v*, 123*v*, 138*v*, 158*v* e 161*v*[139]. Nelle miniature attribuibili a Lamy ritornano, ancora una volta e con poche varianti, schemi iconografici presenti in altri manoscritti usciti dalla sua bottega: l'«Annunciazione» del f. 47 ha un impianto simile a quella del f. 19*v* del *Messale* della Biblioteca Reale di Torino; l'«Adorazione dei Magi» del f. 79 ricorda quella del f. 11*v* dello stesso *Messale*, quella del f. 21 del *Messale* dell'Escorial e quella del f. 50 del *Libro d'Ore* di Yale; e ancora, la «Risurrezione dei morti» del f. 119 è molto vicina all'iniziale istoriata al f. 94 del *Messale* dell'Archivio di Stato di Torino (figg. 78 e 105). Riguardo alla datazione, l'esecuzione del *Libro d'Ore* di Chambéry sembra collocarsi in una fase successiva ma non lontana da quella in cui fu eseguito quest'ultimo manoscritto, a cui rimandano il disegno netto e definito, le forme compatte delle figure e la scelta di una gamma cromatica luminosa e sgargiante. Le *Ore* di Chambéry sono nel complesso un codice di ottima qualità e alcune delle miniature attribuibili a Lamy, per vivacità dei colori e cura nella definizione dell'impianto, sono felicemente risolte: penso, per esempio, al «San Luca» del f. 41 o alla «Risurrezione dei morti» del f. 119 (figg. 105 e 106). A dimostrazione della ricca e fiorente bottega di cui dovette essere a capo Péronet, è interessante notare che, nel *Libro d'Ore* di Chambéry, non intervengono né il presunto Guillermo Pinocti, che decorò i margini di ben quattro manoscritti eseguiti da Lamy tra il 1440 e il 1445 circa, né gli artisti che accanto al miniatore savoiardo illustrarono i *Libri d'Ore* di Yale e di Grenoble. In quest'ultimo manoscritto, come abbiamo visto, Péronet lavora con dei comprimari più che con degli aiutanti, mentre nel codice di Chambéry è chiaro il rapporto tra maestro e collaboratori, anche in base alla ripartizione dei compiti all'interno del volume. Al contrario di Pinocti a cui è possibile oggi ricondurre un numero discreto di opere, gli artisti che con Lamy parteciparono all'illustrazione delle *Ore* di Chambéry per ora sono noti solo attraverso questa testimonianza pittorica.

Non si conoscono il committente e le vicende iniziali delle *Ore* di Chambéry, che apparvero sul mercato londinese nel 1964 e furono comprate prima da un collezionista privato di Bonneville (Haute-Savoie), poi, nel 1967, dal Musée Savoisien di Chambéry. Qualche indizio sembra venire dall'analisi liturgica e testuale del codice che, nel calendario, rivela la presenza di santi venerati nelle diocesi dell'Impero (come sant'Aureo, vescovo leggendario di Magonza, e sua sorella Giustina), mentre nella Messa della Vergine compaiono delle preghiere che coincidono con quelle contenute nel *Missale Moguntinum*, stampato da Michel Wenssler nel 1486[140]. Vale la pena di ricordare che diversi furono, nella prima metà del secolo, gli avvenimenti che legarono la corte sabauda ai principi dell'Impero, come il matrimonio, celebrato a Magonza nel 1444-1445, tra Margherita, figlia di Amedeo VIII, e Ludovico IV, duca di Baviera e conte palatino del Reno[141]. Un altro elemento da tenere in considerazione per arrivare a svelare un giorno l'identità del destinatario delle *Ore* di Chambéry è la posizione di preminenza che, all'interno del manoscritto, riveste la Veronica con il Volto Santo: l'immagine e la preghiera relativa aprono il volume e costituiscono un'entità codicologica a sé stante (fig. 102)[142]. Abbiamo già fatto notare che alla Veronica e alla reliquia del Volto

Santo è dato un rilievo particolare anche nel *Breviario di Santa Coletta* del convento delle clarisse di Besançon, e come in questo manoscritto, anche nel *Libro d'Ore* di Chambéry, l'immagine potrebbe essere stata aggiunta in un secondo momento[143]. Non è da escludere cioè che le *Ore* del Musée Savoisien siano state concluse dopo la morte di Lamy. Nel volume la raffigurazione del Volto Santo compare anche nelle iniziali istoriate dei ff. 47 e 58. Esse accompagnano le miniature dell'«Annunciazione» e della «Visitazione» dipinte da Lamy, ma la mano che decorò le iniziali non pare la sua: sembra piuttosto quella dell'artista a cui si devono le decorazioni marginali e le iniziali più belle e fantasiose del manoscritto. Anche questo intervento potrebbe essere posteriore alla morte di Péronet, e una data più avanzata per parte delle decorazioni secondarie delle *Ore* di Chambéry spiegherebbe la loro modernità rispetto al resto del manoscritto.

Attribuito da principio in modo generico alla Francia e datato alla metà del Quattrocento[144], il *Libro d'Ore*, ms. Add. 27697 della British Library di Londra, fu ricondotto all'area piemontese-savoiarda da Warner che, all'inizio del secolo scorso, riconobbe lo stemma dei Saluzzo («d'argento al capo d'azzurro») ripetuto più volte nei margini del manoscritto e propose di identificare la donatrice raffigurata al f. 19 con Amata, figlia di Manfredi di Saluzzo e moglie di Guillaume de Polignac. Il codice, che in due pagine reca le armi vistosamente ridipinte dei D'Urfé («vaiato al capo di rosso»), sarebbe poi stato ereditato dall'ottava figlia di Amata e Guillaume, Caterina, che nel 1489 sposò in seconde nozze Pierre d'Urfé, «grand écuyer» di Francia e consigliere del re Carlo VIII[145]. L'ipotesi fu ripresa negli anni successivi da Millar e Backhouse[146], e approfondita, con alcune precisazioni, da Gardet nella sua monografia sul manoscritto londinese[147]. Secondo lo studioso francese, le cosiddette *Ore di Saluzzo*, dove è data particolare importanza a santa Caterina, che appare raffigurata due volte all'interno del volume (ff. 100*v* e 200*v*), e il cui Ufficio non compare nel Suffragio dei santi ma in posizione di rilievo tra le feste dello Spirito Santo e l'Ufficio del Corpo di Cristo (ff. 200*v*-205*v*), sarebbero state commissionate verso il 1462 da Amata di Saluzzo e Guillaume de Polignac, per commemorare la nascita della figlia Caterina, la quale nascita verrebbe dunque a costituire un termine *post quem* per la datazione del manoscritto[148]. Fu François Avril a rilevare la forzatura di queste conclusioni, notando, tra le altre cose, che «les armes de Saluces d'après lesquelles le manuscrit est désigné ne sont nullement d'origine et ne permettent donc pas d'identifier la dame en prière devant la Vierge, représentée au f. 19»[149]. Il merito di Gardet fu semmai quello di far notare le coincidenze codicologiche, paleografiche e testuali tra le *Ore di Saluzzo* e le *Ore del duca Ludovico di Savoia* (Parigi, Bibliothèque nationale, ms. Lat. 9473), nonché le affinità iconografiche e stilistiche tra alcune miniature decoranti i due manoscritti[150]. Queste osservazioni furono riprese e precisate da Avril, che ha individuato la mano del Maestro principale delle *Ore di Ludovico* nelle miniature tabellari e nelle iniziali istoriate dei ff. 39, 49, 52*v*, 60, 83*v*, 88*v*, 118*v* e 155*v* del codice londinese[151]. Come notato già nel 1974 da Sheila Edmunds e ribadito in seguito dallo stesso Avril, contemporaneamente o poco prima di questo intervento lavorò all'illustrazione del manoscritto Péronet Lamy, la cui mano si distingue chiaramente nella miniatura centrale, nell'iniziale istoriata e nei tre riquadri dipinti nei margini del f. 13 (tav. XXX)[152]. È possibile che anche le decorazioni marginali di questa pagina siano da ricondurre all'artista di Saint-Claude, per le affinità che esse mostrano con quelle che incorniciano alcuni fogli dell'*Apocalisse* dell'Escorial[153], e quindi a lui spetterebbe l'esecuzione del cervo accucciato e dei due uomini, derivati dalle incisioni del Maestro delle Carte da Gioco[154]. È soprattutto nell'iniziale istoriata e nei riquadri secondari che gli stilemi di Lamy emergono inconfondibili: il «San Giovanni con la coppa di veleno» e il «Martirio del santo» a Porta Latina sono quasi sovrapponibili alle scene di soggetto analogo raffigurate ai ff. 132*v* e 162*v* del *Messale* di Felice V ora all'Archivio di Stato di Torino, mentre i due giovani uomini del «Miracolo delle verghe mutate in oro e dei sassi mutati in pietre preziose» ricordano nella postura l'omino che semina il grano al f. 18*v* dello stesso manoscritto (tav. XXIX). Di lettura più difficoltosa risulta la miniatura centrale del f. 13 delle *Ore di Saluzzo*, che raffigura «San Giovanni sull'isola di Patmos», con un paesaggio lacustre sullo sfondo e, in alto, la Trinità: essa ha un impianto sorprendentemente simile alla scena rappresentante lo stesso soggetto al f. 190 delle *Ore del duca Ludovico*, attribuibile al primo dei due artisti che illustrarono questo manoscritto, ossia quello riconoscibile anche nel codice londinese[155]. Ora, diversi indizi rendono incontestabile l'intervento di Lamy nel «San Giovanni a Patmos» delle *Ore di Saluzzo*: le costruzioni cubiche con i tetti a punta che incorniciano il lago sullo sfondo sono quelle tipiche dell'artista savoiardo; il diavolo che affianca il santo sull'isolotto in primo piano ha fattezze simili a quello raffigurato al f. 24*v* dell'*Apocalisse* dell'Escorial (tav. XVIII); il particolare degli angeli a tinta monocroma in campo rosso che circondano la Trinità, così diverso dalle quattro schiere di angeli multicolori affiancanti l'Eterno al f. 190 delle *Ore di Ludovico*, ricorda la raffigurazione del Dio padre in mandorla del f. 112 del *Messale* della Reale, mentre il Cristo crocifisso del codice londinese non è lontano da quello che campeggia al f. 111*v* del *Messale* citato (fig. 69). È vero che l'insieme della pagina e questa miniatura in particolare delle *Ore di Saluzzo* non presentano lo stile di Lamy allo stato puro (si veda soprattutto la figura del san Giovanni nel riquadro centrale), ma sappiamo, grazie alle attente osservazioni di François Avril, quanto il terzo e ultimo artista intervenuto in questo manoscritto per completarlo, ossia Antoine de Lonhy, abbia cercato di dare omogeneità stilistica all'insieme del codice, ritoccando e rimaneggiando i fogli illustrati e decorati dai due miniatori a lui precedenti[156]. La novità della scena centrale del f. 13 delle *Ore* di Londra, rispetto a quanto conosciamo della produzione di Lamy, è la descrizione minuziosa del paesaggio lacustre in secondo piano, con il particolare delle montagne innevate in lontananza e delle ombre riportate dalle imbarcazioni sulle acque rilucenti del lago. Questa attenzione naturalistica è ravvisabile anche al f. 190 delle *Ore del duca Ludovico*, dove il Cristo drappeggiato di rosso sulla riva del lago, come ha fatto giustamente notare Gardet, sembra una citazione della «Pesca miracolosa» di Konrad Witz[157]. Nel caso della miniatura di Lamy, ci troviamo quindi di fronte a due possibilità: o l'artista lavorò su un disegno preparatorio del primo Maestro delle Ore di Ludovico, oppure si ispirò a questo manoscritto per la composizione della scena centrale del codice londinese. Personalmente propendo più per la prima delle due ipotesi: dai documenti analizzati in questa ricerca mi sembra che emerga abbastanza chiaramente una sorta di impermeabilità di Lamy rispetto a ciò che lo circondava. Nel corso della sua carriera Péronet rimase fedele a se stesso, anche perché sapeva di poter contare su una vasta cerchia di estimatori che lo amava per ciò che era. La miniatura del f. 13 delle *Ore di Saluzzo* costituirebbe l'unico esempio di ricezione da parte dell'artista delle novità che stavano giungendo in Savoia per il tramite di Konrad Witz. Inoltre le coincidenze tra questa miniatura e quella del f. 190 delle *Ore di Ludovico* sono tali che ci troveremmo di fronte a un caso di copia più che di cosciente e intelligente assimilazione. Quindi, a mio avviso, è più probabile che Lamy abbia affiancato e non preceduto il primo Maestro delle Ore di Ludovico. Questo è un dato importante per la ricostruzione della figura di Péronet, che al principio e alla fine della sua carriera si trovò a collaborare con i due più grandi protagonisti della miniatura savoiarda della prima metà del Quattrocento (e vale la pena di ricordare che il primo Maestro delle Ore di Ludovico sembra aver portato a termine il *Breviario* di Besançon, iniziato da Bapteur alla fine degli anni venti del secolo). Comunque sia, mi pare che non sia stato dato giusto rilievo al fatto che la miniatura con il «San Giovanni a Patmos» del f. 13 delle *Ore di Saluzzo* costituisce un importante elemento di datazione per il manoscritto. Sia che la scena ricalchi un disegno preparatorio del primo Maestro delle Ore di Ludovico, sia che riprenda una miniatura specifica di questo manoscritto, il paesaggio lacustre alle spalle del santo sembra presupporre la conoscenza di Konrad Witz e del suo epigono Hans, e dovrebbe collocarsi quindi non prima della metà degli anni quaranta del Quattrocento.

Da chi furono commissionate le *Ore* della British Library, appurato che la famiglia dei Saluzzo non fu la prima proprietaria del manoscritto? Purtroppo non è dato sapere con certezza. Sappiamo solo che il volume fu iniziato nella bottega in cui, all'incirca negli stessi anni, si confezionò il sontuoso *Libro d'Ore* del duca Ludovico: qui i riferimenti al casato sabaudo, al pontificato di Felice V, ad Anna di Lusignano e alla dinastia di Cipro, non lasciano dubbi sull'origine del manoscritto. Niente di così esplicito nelle *Ore* londinesi, ma nessuno ha mai notato un particolare rivelatore nella *drôlerie* che orna il margine inferiore del f. 88*v* del codice: il cane, che affronta con la lancia il suo avversario, regge uno scudo recante lo stemma di Francia, mentre il volpino alle sue spalle suona una tromba che forma un nodo di Savoia. Il foglio è uno di quelli spettanti al primo Maestro delle Ore del duca Ludovico, ma la decorazione marginale sembra essere posteriore a questo intervento, e risalire alla campagna illustrativa di Antoine de Lonhy[158]: la *drôlerie* è quindi un indizio di fondamentale importanza per dare un'identità all'elegante e raffinata donatrice del f. 19, che altri non sarebbe

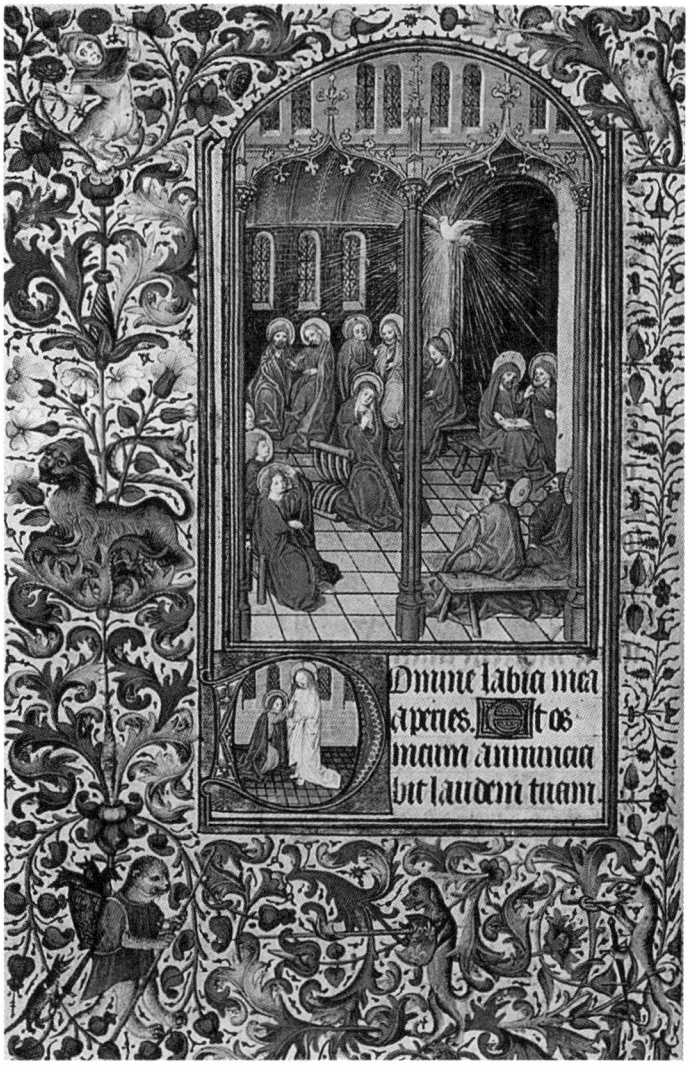

se non Jolanda di Francia, moglie di Amedeo IX di Savoia[159]. Per la duchessa di Savoia, Lonhy eseguì nel 1477 l'illustrazione del *Breve dicendorum compendium*, oggi alla Nazionale di Torino (ms. D.VI.2)[160]. Qui Jolanda, raffigurata insieme al duca Filiberto e ai suoi fratelli, porta i colori scuri del lutto, ma la fattura del suo abito (un «surcot», cinto sotto il seno, con il *décolleté* e i polsini impreziositi dalla pelliccia) e del copricapo (un «hennin» rivestito da un velo trasparente) ricorda in modo sorprendente quello indossato dalla giovane dama in preghiera del codice londinese: e sono dati di costume questi che rimandano all'area franco-borgognona più che all'Italia. La morte di Amedeo IX (1472) è quindi un termine *ante quem* per l'esecuzione della seconda campagna decorativa che interessò il *Libro d'Ore*, ms. Add. 27697 della British Library di Londra. Resta ignoto il nome del primo proprietario del volume, anche se è probabile, date le coincidenze codicologiche, iconografiche e stilistiche con le *Ore del duca Ludovico*, che esso sia stato iniziato su commissione di qualche membro di casa Savoia alla metà degli anni quaranta del Quattrocento: per qualche motivo a noi ignoto il codice non fu terminato e giacque nelle collezioni della famiglia, finché Jolanda se ne appropriò e decise di farlo completare (e aggiornare) dalla più grande personalità artistica presente all'epoca nel ducato sabaudo: e con Antoine de Lonhy, la cui figura apre un nuovo appassionante capitolo della miniatura savoiarda ancora in parte da esplorare[161], si chiude la nostra ricerca.

¹ S. EDMUNDS, *New Light on Bapteur and Lamy*, in «Atti della Accademia delle Scienze di Torino. Classe di scienze morali, storiche e filologiche», vol. 102, 1967-1968, pp. 550-554; A. BAUDI DI VESME, *Schede Vesme. L'arte in Piemonte dal XVI al XVIII secolo*, Torino 1963-1982, vol. IV, 1982, pp. 1.388-1.389 (1963-1982). Si vedano, inoltre, R. PASSONI, voce *Lamy, Peronet*, in F. ZERI (a cura di), *La pittura in Italia. Il Quattrocento*, vol. II, Milano 1987, p. 660; S. EDMUNDS, voce *Lamy, Peronet [Paronet]*, in J. TURNER (a cura di), *The Dictionnary of Art*, Londra-New York (N.Y.) 1996, vol. 18, pp. 684-685.

² EDMUNDS 1967-1968, pp. 550-551, nn. 1, 3-4, 6-7 e 9. Assoldato inizialmente per la decorazione secondaria («pro illuminatura»), in un momento successivo l'artista interverrà anche sulle miniature del manoscritto («pro certis ymaginibus»).

³ *Ibid.*, pp. 510-512, n. 12.

⁴ *Ibid.*, p. 550, n. 5.

⁵ *Ibid.*, p. 551, n. 8.

⁶ *Ibid.*, pp. 551-552, nn. 10-11 e 13-14. È assai probabile che il «Perrineto religatori librorum», pagato nel 1437 dal principe Ludovico, sia lo stesso Lamy, che sappiamo essersi occupato personalmente della rilegatura dei suoi manoscritti (*Ibid.*, p. 552, n. 12).

⁷ *Ibid.*, pp. 552-553, nn. 15-18. Nel documento del 1440 Lamy è detto «demourant a Thonon» e in quello del 1441 è definito «le illumineur de mondit seigneur».

⁸ *Ibid.*, p. 554, n. 20. Essendo Giovanni Lamy detto nel documento «de Santo Glaudio», si è dedotto che fosse questa la località d'origine di Péronet.

⁹ Dopo la primavera del 1444, quando Lamy riceve in dono un «chapiron» in occasione dei funerali del conte di Ginevra, non si hanno più notizie dell'artista fino al 1453, ossia fin dopo la sua morte (*Ibid.*, p. 537, n. 59).

¹⁰ P. DURRIEU, *Manuscrits d'Espagne remarquables par leurs peintures*, in «Bibliothèque de l'Ecole des Chartes», 54, 1893, p. 271, nota 2; A. VESME e F. CARTA, *I miniatori dell'Apocalisse dell'Escuriale*, in «L'Arte», anno IV, 1901, p. 40; M. PETIT-DELCHET, *Les visions de Saint Jean dans trois Apocalypses manuscrites à figures du XVe siècle*, in «Le Moyen Age», 18, 1905, pp. 67 e 70.

¹¹ J. GUIFFREY, *Alcune note sulle miniature dell'Apocalisse dell'Escuriale*, in «L'Arte», anno IV, 1901, p. 197; PETIT-DELCHET 1905, p. 67; A. BAYOT, *Les manuscrits de provenance savoyenne dans la Bibliothèque de Bourgogne*, in «Mémoires et Documents publiés par la Société Savoisienne d'Histoire et d'Archéologie», tomo XLVII, 1909, pp. 381-383.

¹² S. EDMUNDS, *The Missals of Felix V and Early Savoyard Illumination*, in «The Art Bulletin», vol. XLVI, n. 2, giugno 1964, pp. 127-141, in particolare pp. 132 e 136 (1964a).

¹³ A. GRISERI, *Nell'area di Jaquerio e di Bapteur*, in «Paragone», anno XIV, n. 161, maggio 1963, pp. 12-13; ID., *Jaquerio e il realismo gotico in Piemonte*, Torino s.d. [1965], p. 100 (dove la studiosa sosteneva che lo stile di Lamy non mancò di avere dei riflessi sulla pittura piemontese, e in particolar modo cuneese, del secondo Quattrocento); L. MALLÉ, *Le arti figurative in Piemonte*, vol. I, *Dalla Preistoria al Cinquecento*, Torino s.d. [1973], pp. 102-103. Qualche giudizio stilistico su Lamy si trova anche in C. GARDET, *De la peinture du Moyen Age en Savoie*, vol. III, *L'Apocalypse figurée des ducs de Savoie (Ms. Escurial E.Vitr.V)*, Annecy 1969, pp. XXIII-XXV, che propose di riconoscere nell'artista uno dei principali autori delle *Ore di Ludovico di Savoia*.

¹⁴ E. CASTELNUOVO e G. ROMANO (a cura di), *Giacomo Jaquerio e il gotico internazionale*, catalogo della mostra, Torino 1979, pp. 222-228, nn. 25-26. Il giudizio di Silvana Pettenati fu ripreso da PASSONI 1987, p. 660 e Andreina Griseri ha recentemente rivisto le sue posizioni ritenendo Lamy «aggiornato sulle novità della cultura franco-fiamminga, tradotta con una robusta modellazione che lo distingue da Bapteur» (A. GRISERI, *Le arti alla corte di Amedeo VIII*, in R. COMBA [a cura di], *Storia di Torino*, vol. II, *Il basso Medioevo e la prima età moderna [1280-1536]*, Torino 1997, p. 670, nota 197 [1997a]).

¹⁵ G. ROMANO, *Momenti del Quattrocento chierese*, in M. DI MACCO e G. ROMANO (a cura di), *Arte del Quattrocento a Chieri. Per i restauri nel Battistero*, Torino 1988, pp. 17-19. Lo studioso individuava gli inizi di Lamy nell'ambiente dei Limbourg, rinviando per i confronti ai codici riuniti intorno alle *Horae* Seilern, e riconosceva la validità della proposta di Sterling di accostare all'artista l'«Adorazione dei Magi» della Galleria Sabauda di Torino, dono Harcourt (*Ibid.*, p. 19, note 18 e 19; fig. 110).

¹⁶ ID., *Tra la Francia e l'Italia: note su Giacomo Jaquerio e una proposta per Enguerrand Quarton*, in *Hommage à Michel Laclotte. Etudes sur la peinture du Moyen Age et de la Renaissance*, Milano-Parigi 1994, p. 180; S. PETTENATI e G. ROMANO (a cura di), *Il Tesoro della città. Opere d'arte e oggetti preziosi da Palazzo madama*, catalogo della mostra, Torino 1996, p. 14, n. 13; G. ROMANO, *Da Giacomo Pitterio ad Antoine de Lonhy*, in G. ROMANO (a cura di), *Primitivi piemontesi nei musei di Torino*, Torino 1996, pp. 185-186. La «Pietà» ad affresco della cattedrale di Saint-Jean-de-Maurienne, che Romano avvicinava già nel 1988 alla «Crocifissione» del Museo Civico di Torino, è stata in seguito attribuita ad Antoine de Lonhy: ID. 1988, p. 19; F. ELSIG, *Notes sur la peinture en Savoie autour de 1450*, in «Nuovi Studi», 5, 1998, pp. 25-28, in particolare p. 26.

¹⁷ F. AVRIL e N. REYNAUD, *Les manuscrits à peintures en France, 1440-1520*, catalogo della mostra, Parigi 1993, pp. 203-208 (testo e schede di F. Avril). Un giudizio vicino a quello dello studioso francese è stato espresso di recente da E. CASTELNUOVO, *Alla corte dei duchi di Savoia*, in E. CASTELNUOVO e F. DE GRAMATICA (a cura di), *Il Gotico nelle Alpi 1350-1450*, catalogo della mostra, Trento 2002, pp. 221-222 (2002a).

¹⁸ AVRIL e REYNAUD 1993, pp. 198-201 (testo di F. Avril). Abbiamo visto che è stata Andreina Griseri la prima ad accostare a Jean Bapteur il Maître du Roman de la Rose de Vienne, che all'epoca era però considerato a torto di origine borgognona: GRISERI 1963, pp. 8-9. Come indicato da ROMANO 1996, p. 187, nota 54, una via di mezzo tra Bapteur e Lamy è anche il san Pietro della vetrata oggi conservata al Musée du Château di Annecy (*Corpus Vitrearum. Inventaire général des monuments et richesses artistiques de la France*, vol. III, *Les vitraux de Bourgogne, Franche-Comté et Rhônes Alpes*, Parigi 1986, p. 325, fig. 287).

¹⁹ Si vedano rispettivamente: Milano, Biblioteca Ambrosiana, ms. S.P. 56, f. 28 (fig. 73); Parigi, Bibliothèque nationale, ms. Lat. 10538, f. 31 e ms. Fr. 9141, ff. 43 e 197 (fig. 79). Una stretta dipendenza dai modi del Maître du Maréchal de Boucicaut si riscontra anche tra i collaboratori di Lamy, come vedremo analizzando il *Libro d'Ore* di Grenoble.

²⁰ Si veda, per esempio, Parigi, Bibliothèque nationale, ms. Fr. 12559, ff. 118v e 125-125v.

²¹ CH. STERLING, *L'influence de Konrad Witz en Savoie*, in «Revue de l'Art», 71, 1986, p. 32, nota 59.

²² Un confronto tra le miniature di Lamy e quelle dell'autore delle *Ore di Raoul d'Ailly* che, intorno al 1435 circa, si mostra direttamente aggiornato sui modelli campiniani, è indicativo di quanta strada restava ancora da percorrere a Lamy per giungere a un'assimilazione altrettanto intelligente e cosciente dei capisaldi della pittura fiamminga: S. NASH, *A Fifteenth Century French Manuscript and an Unknown Painting*, in S. FOISTER e S. NASH (a cura di), *Robert Campin. New Directions in Scholarship*, s.l. 1996, pp. 105-113.

²³ O. VALLINO, *Codici di primo Quattrocento nella Biblioteca Capitolare di Ivrea*, in *Ricerche sulla pittura del Quattrocento in Piemonte*, Torino 1985, pp. 64-65; ROMANO 1996, p. 169, nota 32; C. SEGRE MONTEL, F. CRIVELLO e A. QUAZZA, *I manoscritti miniati della Capitolare: produzione locale, committenze e acquisizioni*, in G. CRACCO (a cura di), *Storia della chiesa di Ivrea dalle origini al XV secolo*, Roma 1998, pp. 655-656 (testo di A. Quazza). È già stato rilevato che la decorazione dei margini del *Salterio di Antonio Solario* è molto vicina a quella dei codici prodotti in area savoiarda nel secondo quarto del Quattrocento; i fondali quadrettati delle iniziali istoriate del manoscritto derivano in ultima analisi dalla miniatura franco-fiamminga di fine Trecento-inizio Quattrocento, ma si ritrovano tali e quali nelle *Ore del duca Ludovico* (ff. 174v, 175v e 188v), eseguite in anni non lontani dal *Salterio* di Ivrea; infine, lo stile lineare delle miniature e la gestualità vivace delle figure possono essere letti come una traduzione locale dei modi di Lamy. Qualche affinità con il linguaggio di Péronet, soprattutto nella descrizione del pavimento piastrellato in prospettiva, presenta la vetrata con il san Giovanni Evangelista della chiesa di Notre-Dame di Beaune (ROMANO 1996, p. 187, nota 54; *Corpus Vitrearum...* 1986, p. 26, fig. 12).

²⁴ P. SAMBIN, *La biblioteca di Pietro Donato (1380-1447)*, in «Bollettino del Museo Civico di Padova», XLVIII, 1959, pp. 53-99, in particolare pp. 53-56; M. L. KING, *Umanesimo e patriziato a Venezia nel Quattrocento*, vol. II, *Il circolo umanistico veneziano - Profili*, Roma 1989, pp. 539-541; A. MENNITI IPPOLITO, voce *Donà Pietro*, in *Dizionario biografico degli italiani*, vol. 40, Roma 1991, pp. 789-794.

²⁵ VESPASIANO DA BISTICCI, *Vite di uomini illustri del secolo XV*, edizio-

ne a cura di L. Frati, vol. I, Bologna 1892, pp. 204-206.

[26] Quando fu governatore papale di Perugia (1425-1430), Pietro «pensò all'ingrandimento della Chiesa Cattedrale»; una volta divenuto vescovo di Padova, «ristaurò il vescovile palagio» e, al duomo della città, «lasciò in testamento una preziosa sua mitra»; ordinò anche che «si fabbricasse in Venezia la Cappella maggiore della chiesa dei Servi, ove non si sotterrassero che i maschi legittimi della nobile sua famiglia Donato; ma tale ordinazione non ebbe effetto» (G. DEGLI AGOSTINI, *Notizie istorico-critiche intorno la vita e le opere degli scrittori viniziani*, vol. II, Venezia 1754, pp. 140-141 e 149). Sempre a Padova, Pietro si premurò di attrezzare e abbellire la sua villa personale («la casa del boscheto»), dove lavorarono diversi artisti, tra cui il pittore squarcionesco Cecco da Roma (M. SAVONAROLA, *Libellus de Magnificis Ornamentis Regie Civitatis Padue*, edizione a cura di A. Segarizzi, Città di Castello 1902, pp. 46-47; SAMBIN 1959, pp. 67-68). Tra i pittori che entrarono in contatto con il vescovo Donato, è poi da segnalare quel Giovanni da Ulm (forse identificabile con Giovanni d'Alemagna, socio di Antonio Vivarini dal 1441), che nel 1437-1438, su richiesta di Pietro, decorò nel palazzo vescovile di Padova la cappella da poco edificata in onore di san Massimo: E. RIGONI, *Giovanni da Ulma è il pittore Giovanni di Alemagna?*, in «Atti e memorie della R. Accademia di Scienze, Lettere ed Arti in Padova», n.s., LIV (Memorie della classe di scienze morali), 1937-1938, pp. 131-136. Viene da chiedersi quanto poté contare, per le scelte artistiche del presule nell'ultimo periodo padovano, l'amicizia con l'esule fiorentino Palla Strozzi: SAMBIN 1959, pp. 69-70.

[27] DEGLI AGOSTINI 1754, pp. 151-153.

[28] Per l'inventario dei libri di Pietro Donato, stilato personalmente dal vescovo tra il 1443 e il 1445: SAMBIN 1959, pp. 79-98.

[29] R. SABBADINI, *Le scoperte dei codici latini e greci nei secoli XIV e XV*, Firenze 1914, pp. 114-124 e, in particolare, pp. 119-120.

[30] V. DAL SANTO, *Miniatori e «scriptores» presenti a Padova. Notizie d'archivio edite ed inedite (secoli XII-XVI)*, in G. BALDISSIN MOLLI, G. CANOVA MARIANI e F. TONIOLO (a cura di), *La miniatura a Padova dal Medioevo al Settecento*, catalogo della mostra di Padova, Modena 1999, p. 586. Un chiaro indizio dello stretto legame intercorrente tra il vescovo e il suo cappellano ce lo rivela il testamento del 1445, in cui Pietro lasciava in eredità a Giovanni una somma di 15 ducati e il *Breviario* con cui solevano recitare insieme l'ufficio divino: SAMBIN 1959, pp. 59-60 e 64-65.

[31] Sambin aveva proposto di identificare il manoscritto con il n. 341 del suddetto inventario (*Evangelistarium completum*); secondo Mariani Canova, invece, il codice ora a New York, che è un evangelistario pontificale, come si evince dall'*incipit* (f. 11v), meglio coinciderebbe con l'*Evangelistarium* segnato al n. 340, e forse in origine faceva coppia con l'*Epistularium pontificale corespondens evangelistario*, menzionato al n. 343: *Ibid.*, pp. 75 e 98; G. MARIANI CANOVA, *Per la storia della chiesa e della cultura a Padova: manoscritti e incunaboli miniati dal vescovo Pietro Donato ai canonici lateranensi di San Giovanni di Verdara*, in F. G. B. TROLESE (a cura di), *Studi di storia religiosa padovana dal Medioevo ai nostri giorni. Miscellanea in onore di mons. Ireneo Daniele*, Padova 1997, p. 167. Il calendario del manoscritto è quello della chiesa padovana: sono evidenziate in rosso le feste di santi locali, come san Daniele, san Prosdocimo, santa Giustina, san Bellino e sant'Antonio da Padova, ed è ricordata, al 25 aprile, la «Dedicatio Ecclesiae cathedralis Patavinae» (*Ibid.*, pp. 168-169).

[32] M. HARRSEN e G. K. BOYCE (a cura di), *Italian Manuscripts in the Pierpont Morgan Library*, New York (N.Y.) 1953, p. 35, n. 61 («Its conventional style is in marked contrast to the expressive realism of the Paduan series»). Anche Otto Pächt, in un primo tempo, aveva parlato di una «Upper Renish School» per l'*Evangelistario* di New York, avvicinando questo manoscritto alla *Notitia Dignitatum* di Oxford, su cui torneremo più avanti: O. PÄCHT (a cura di), *Italian Illuminated Manuscripts from 1400 to 1500*, catalogo della mostra, Oxford 1948, p. 16, n. 45.

[33] Fu Sheila Edmunds, su indicazione di Otto Pächt, a ricondurre a Lamy l'*Evangelistario* di New York, la *Notitia Dignitatum* di Oxford e quella di Parigi: EDMUNDS 1964a, pp. 138-139; J. PLUMMER (a cura di), *The Last Flowering. French Painting in Manuscripts 1420-1530*, catalogo della mostra, New York (N.Y.) 1982, pp. 27-28, n. 38; S. EDMUNDS, *Catalogue des manuscrits savoyards*, in A. PARAVICINI BAGLIANI (a cura di), *Les manuscrits enluminés des comtes et ducs de Savoie*, Torino 1990, p. 217, n. 17 (1990b).

[34] HARRSEN e BOYCE (a cura di) 1953, p. 35, n. 61; G. MARIANI CANOVA, *Miniatura e pittura in età tardogotica (1400-1440)*, in M. LUCCO (a cura di), *La pittura nel Veneto. Il Quattrocento*, vol. I, Milano 1989, p. 218; MARIANI CANOVA 1997, pp. 167-173; BALDISSIN MOLLI, CANOVA MARIANI e TONIOLO (a cura di) 1999, pp. 224-226, n. 85 (scheda di A. de Marchi).

[35] MARIANI CANOVA 1997, pp. 167-168.

[36] Questo testo è il più recente tra quelli contenuti nel *Codex Spirensis*; risale all'825 circa ed è forse a questa data che la raccolta fu messa insieme: L. BIELER, *The Text Tradition of Dicuil's Liber de mensura orbis terrae*, in «Proceedings of the Royal Irish Academy», vol. 64, sezione C, n. 1, 1965, pp. 1-31; G. CLEMENTE, *La Notitia Dignitatum*, in *Passaggio dal Mondo Antico al Medio Evo: da Teodosio a San Gregorio Magno*, Atti del Convegno Internazionale (Roma, 25-28 maggio 1977), Roma 1980, pp. 39-49, in particolare p. 41.

[37] Gli ultimi tre trattati, insieme con la *Altercatio (vel Disputatio) Hadriani Augusti et Epicteti philosophi*, la *Notitia urbis Romae*, la *Notitia urbis Constantinopolitanae* e il *De gradibus cognationum*, sono noti solo tramite il *Codex Spirensis*: I. G. MAIER, *The Giessen, Parma and Piacenza codices of the Notitia Dignitatum with some related texts*, in «Latomus», XXVII, fasc. 1, gennaio-marzo 1968, pp. 96-141, in particolare pp. 96-97 (anche per l'elenco completo delle opere contenute nel codice di Spira). Nel 1550 la cattedrale di Spira donò una copia del *Codex Spirensis* al conte palatino Ottheinrich, il quale, non soddisfatto delle miniature in essa riprodotte, perché poco fedeli da un punto di vista stilistico all'originale, fece eseguire un nuovo ciclo di illustrazioni che fu aggiunto alla fine del volume (ora Monaco, Bayerische Staatsbibliothek, ms. Clm. 10291). L'ultima segnalazione del codice di Spira risale al 1566, quando si trovava, insieme alla sua copia, nella biblioteca dell'erede di Ottheinrich, Wolfgang, a Neuburg. Forse già agli inizi del XVII secolo, il volume fu smembrato e utilizzato per rilegare materiale d'archivio. Un frammento del manoscritto, contenente parte dell'*Itinerarium Antonini*, privo di illustrazioni e databile tra la fine del IX e l'inizio del X secolo, venne alla luce nel 1906 e fu identificato come proveniente dal *Codex Spirensis* nel 1927 (*Ibid.*, pp. 96-141; ID., *The Barberinus and Munich Codices of the Notitia Dignitatum omnium*, in «Latomus», XXVIII, fasc. 4, ottobre-dicembre 1969, pp. 960-1.035, anche per le copie superstiti del codice di Spira).

[38] La scrittura del colophon è di un'altra mano rispetto a quella cui spetta il resto del manoscritto. È un autografo del vescovo di Padova secondo B. PAGNIN, *Della scrittura padovana nel periodo umanistico*, in «Archivio Veneto», XV, 1934, pp. 182-183. Comunque sia, l'area sottostante la nota di possesso al f. 170 mostra evidenti segni di abrasione e chi scrisse il colophon fu autore anche delle note marginali presenti in numerose pagine del codice: MAIER 1969, p. 1.018, nota 1.

[39] G. B. DE ROSSI, *Inscriptiones christianae urbis Romae septimo saeculo antiquiores*, vol. II, Roma 1988, p. 353 (Ciriaco fu ospite di Donato a Padova nel 1437). Come si evince dalla dedica, D'Ancona attribuisce i *Septem mundi spectacula* a Gregorio Nazianzeno, ma in realtà l'*excerptum* risale agli «scolî di Niceta di Serre o di Eraclea, un commentatore di Gregorio di poco posteriore a Michele Psello che, chiosando l'orazione di Nazianzeno, aveva fornito il materiale necessario attingendo agli scoliasti precedenti, in particolare allo pseudo-Nonno»: M. CORTESI e E. V. MALTESE, *Ciriaco traduttore dal greco*, in G. PACI e S. SCONOCCHIA (a cura di), *Ciriaco d'Ancona e la cultura antiquaria dell'Umanesimo*, Atti del Convegno Internazionale (Ancona, 6-9 febbraio 1992), Reggio Emilia 1998, p. 202. Un'ulteriore testimonianza del rapporto di amicizia e stima reciproca, intercorso tra Ciriaco d'Ancona e Pietro Donato, si trova nel ms. Hamilton 254 della Deutsche Staatsbibliothek di Berlino: una raccolta di sillogi epigrafiche appartenuta a Pietro Donato dove, ai ff. 81v-90, vi è un inserto autografo di Ciriaco (con disegni a penna, tra cui il fronte occidentale del Partenone e l'acquedotto di Adriano), che questi donò e dedicò al vescovo di Padova: I. FAVARETTO, *Arte antica e cultura antiquaria nelle collezioni venete al tempo della Serenissima*, Roma 1990, pp. 45-49; L. BESCHI, *I disegni ateniesi di Ciriaco: analisi di una tradizione*, in PACI e SCONOCCHIA (a cura di) 1998, pp. 83-102; M. LANDOLFI, *Ciriaco e il collezionismo di antichità greche nel piceno*, in PACI e SCONOCCHIA (a cura di) 1998, p. 445.

[40] W. D. MACRAY, *Annals of the Bodleian Library*, Oxford 1890, pp. 299-302; RUYSSCHAERT 1958, p. 336, n. 74; EDMUNDS 1990b, p. 217, n. 20. Sembrano non concordare con questa versione dei fatti O. PÄCHT e J. J. G. ALEXANDER, *Illuminated Manuscripts in the Bodleian*

Library, Oxford, vol. II, *Italian School*, Oxford 1970, p. 60, n. 599, che non specificano però le loro fonti.

[41] La copia più fedele del codice di Spira, «in which additions and distortions are consciously avoided and which aims at being a facsimile», è il secondo ciclo di illustrazioni del già citato ms. Clm. 10291 di Monaco: J. J. G. ALEXANDER, *The Illustrated Manuscripts of the Notitia Dignitatum*, in R. GOODBURN e P. BARTHOLOMEW (a cura di), *Aspects of the Notitia Dignitatum ⁄ Papers Presented to the Conference in Oxford (December 13 to 15, 1974)*, Oxford 1976 (British Archeological Reports, Supplementary series, 15), pp. 11⁄25 (anche per l'approccio antiquario di Lamy nei confronti del suo modello, su cui torneremo più avanti). È interessante ricordare, per l'analogia della vicenda con quella del vescovo Donato, che la prima copia quattrocentesca della *Notitia Dignitatum* giunta fino a noi è: Cambridge, Fitzwilliam Museum, ms. 86.1972, un codice oggi frammentario, datato 1427, che sembra essere l'apografo di un manoscritto appartenuto al cardinale Giordano Orsini, arcivescovo di Napoli e legato papale in Germania nel 1426. Fu probabilmente in questa occasione che Orsini, bibliofilo, appassionato di antichità classica e amico di eruditi che saranno più tardi in contatto con il vescovo di Padova, trovò il volume contenente la *Notitia* e ne ordinò una copia (*Ibid.*, pp. 12⁄13; J. J. G. ALEXANDER, *I miniatori medievali e il loro metodo di lavoro*, Modena 2003, pp. 187⁄191).

[42] ID. 1976, pp. 17⁄19; CLEMENTE 1980.

[43] ALEXANDER 1976, pp. 11⁄25. Si vedano, inoltre, A. W. BYVANCK, *Antike Buchmalerei*, in «Mnemosyne», serie III, vol. VIII, fasc. III, 1940, pp. 186⁄198; G. SENA CHIESA (a cura di), *Milano capitale dell'Impero Romano (286⁄402 d.C.)*, catalogo della mostra, Milano 1990, pp. 38⁄40 e 53⁄54 (testo e schede di M. Sannazaro). Per l'elenco e la descrizione succinta delle singole miniature che compongono la *Notitia Dignitatum* della Bodleian si rimanda alla scheda relativa in appendice.

[44] E. A. THOMPSON, *A Roman Reformer and Inventor*, Oxford 1952; ALEXANDER 1976, pp. 18⁄19; A. GIARDINA (a cura di), *Anonimo, Le cose della guerra*, Milano 1996.

[45] ALEXANDER 1976, p. 18.

[46] EDMUNDS 1964a, p. 139; O. PÄCHT e J. J. G. ALEXANDER, *Illuminated Manuscripts in the Bodleian Library, Oxford*, vol. I, *German, Dutch, Flemish, French and Spanish Schools*, Oxford 1966, p. 52, n. 666; EDMUNDS 1990b, p. 217, n. 20.

[47] ALEXANDER 1976, pp. 18 e 24, nota 52.

[48] Per il manoscritto di Monaco, si rimanda alla nota 41; per considerazioni circa il rapporto tra questo codice e quello oxoniano: *Ibid.*, p. 22, nota 28, tav. XIX.

[49] Ritengo che questa sia la spiegazione più plausibile per capire l'innovazione di Lamy rispetto al modello, piuttosto che pensare alla ripresa di formule tardo antiche (*Ibid.*, pp. 16⁄17, tav. XVII). Al f. 128v della *Notitia* di Oxford, la provincia di Palestina è stata erroneamente raffigurata come un uomo barbuto; questa svista si trova anche nel ms. Lat. 9661 di Parigi (f. 105v) e nel già citato ms. 86.1972 del Fitzwilliam Museum di Cambridge (f. 1): *Ibid.*, p. 14.

[50] C. BARSANTI, *Costantinopoli e l'Egeo nei primi decenni del XV secolo: la testimonianza di Cristoforo Buondelmonti*; A. PARIBENI, *Iconografia, committenza, topografia di Costantinopoli: sul cassone di Apollonio di Giovanni con la «Conquista di Trebisonda»*, in «Rivista dell'Istituto nazionale d'Archeologia e Storia dell'arte», anno XXIV, III serie, 56, 2001, pp. 178⁄179 e 282.

[51] ALEXANDER 1976, p. 15, e per la statua di Giustiniano e un disegno della Biblioteca Universitaria di Budapest, ms. 35, connesso anch'esso con Ciriaco d'Ancona: P. W. LEHMANN, *Theodosius or Justinian? A Renaissance Drawing of a Byzantine Rider*, in «The Art Bulletin», vol. XLI, n. 1, marzo 1959, pp. 39⁄57; C. MANGO, in «The Art Bulletin», vol. XLI, n. 4, dicembre 1959, pp. 351⁄356. Secondo Cyril Mango la statua equestre dell'Augusteum fu forse rimossa da Mehmed II; se così fosse, «there was an excellent opportunity for Cyriac of Ancona, who enjoyed Mehmed's confidence, to have a picture of the statue made» (*Ibid.*, p. 355).

[52] F. DI BENEDETTO, *Un codice epigrafico di Ciriaco ritrovato*, in PACI e SCONOCCHIA (a cura di) 1998, pp. 147⁄167, in particolare pp. 152⁄154 (il codice di Pizzicolli, noto come *Codice Bracceschi*, dal nome del poligrafo seicentesco che lo copiò, è un opuscolo di 12 fogli conservato nel ms. Conv. Sopp. I. IX. 30 della Biblioteca Centrale Nazionale di Firenze).

[53] MAIER 1969, pp. I.020⁄I.021, nota I; ALEXANDER 1976, pp. 15⁄16 e 23, nota 36.

[54] *Ibid.*, p. 16; ID. 2003, pp. 187⁄191.

[55] Vespasiano da Bisticci ci informa solo che il presule aveva «moltissimi arienti»: VESPASIANO DA BISTICCI 1892, p. 205.

[56] Durante il soggiorno a Basilea, il vescovo Donato ordinò almeno un terzo manoscritto, come si evince dal n. 57 dell'inventario della sua biblioteca: «Aliud volumen *epistularum Sancti Iheronimi* diversarum a prioribus, quod scriptum est Basilea». I nn. 107⁄109 e 126⁄127 («*Summa Augustini de Anchona* de potestate pape et imperatoris et concilii»; «Multi tractatus de potestate pape. Primus est *Petrus de Palude*»...) sembrano libri legati ai temi dibattuti nel concilio (SAMBIN 1959, pp. 83 e 86⁄88). I volumi citati ai nn. 109 e 120 dello stesso inventario («*Iohannes Hus de potestate ecclesie*, opus non habens sanam doctrinam»; «*Tria volumina unius doctoris Anglici* contra errores Usistarum») vertono sullo scottante problema dell'eresia hussita: *Ibid.*, pp. 86⁄87 e, per le guerre hussite (1420⁄1436) e i loro possibili riflessi sull'iconografia di opere prodotte in quegli anni, quali la «Crocifissione» del Museo Civico di Torino: CH. STERLING, *Etudes savoyardes I. Supplément*, in «L'Oeil», nn. 195⁄196, 1971, pp. 15⁄18; C. BERTELLI, *Amédée VIII et la symbolique pontificale*, in B. ANDENMATTEN e A. PARAVICINI BAGLIANI (a cura di), *Amédée VIII⁄Félix V, premier duc de Savoie et pape (1383⁄1451)*, Actes du Colloque International (Ripaille⁄Losanna, 23⁄26 ottobre 1990), Losanna 1992 (Bibliothèque historique vaudoise 103), pp. 381⁄382.

[57] La bibliografia più recente sul ms. Vat. Lat. 8700 della Vaticana è costituita da: *Biblioteca Apostolica Vaticana. Liturgie und Andacht im Mittelalter*, catalogo della mostra di Colonia, Monaco 1992, pp. 318⁄319, n. 65 (scheda di J. J. G. Alexander); G. MORELLO e S. MADDALO (a cura di), *Liturgia in figura. Codici liturgici rinascimentali della Biblioteca Apostolica Vaticana*, catalogo della mostra, Roma 1995, pp. 112⁄116, n. 11 (scheda di F. Manzari); MARIANI CANOVA 1997, pp. 166⁄167; BALDISSIN MOLLI, CANOVA MARIANI e TONIOLO (a cura di) 1999, pp. 222⁄223, n. 84 (scheda di A. de Marchi); CASTELNUOVO e DE GRAMATICA (a cura di) 2002, pp. 536⁄539, n. 53 (scheda di A. de Marchi).

[58] La menzione più volte ripetuta di papa Martino V, morto nel 1431, dovrebbe essere un termine *ante quem* per la stesura del testo del *Messale*, che sarebbe quindi anteriore all'*Evangelistario* di New York; è vero che nel codice è citato anche l'imperatore Sigismondo, la cui incoronazione avvenne solo nel 1433; tuttavia proprio nel 1431 il sovrano, incoronato re dei Romani a Milano, era atteso a Roma per l'incoronazione imperiale (M. DYKMANS, *Le missel du cardinal Dominique de la Rovere pour la chapelle Sixtine*, in «Scriptorium», 37, 2, 1983, pp. 223⁄224, nota 74; MARIANI CANOVA 1997, p. 166). Come l'*Evangelistario*, anche il *Messale* presenta un calendario padovano e il riferimento alla città è qui ulteriormente sottolineato dalla raffigurazione di san Prosdocimo e san Daniele nella decorazione marginale del frontespizio (f. 3), e di sant'Antonio da Padova al f. 172.

[59] Si tratta dell'*Evangelistario* già di Henry Yates Thompson, e ora nella collezione Spencer della Public Library di New York (ms. 29) e dei *Commentarii* di Giulio Cesare della Biblioteca Apostolica Vaticana (ms. Chigi H.VII 214). L'attribuzione dei due codici al miniatore del *Messale* di Pietro Donato si deve a François Avril: MORELLO e MADDALO (a cura di) 1995, p. 116 (scheda di F. Manzari). In entrambi i casi, lo stemma di Enea Silvio Piccolomini fu aggiunto in un secondo momento rispetto all'esecuzione dei codici. Esso è sormontato dal cappello cardinalizio e quindi l'inserzione si colloca tra il 1456 e il 1458, ossia negli anni immediatamente precedenti l'elezione al papato del Piccolomini.

[60] I fondali delle scene percorsi da fitti racemi dorati, i motivi decorativi delle elaborate cornici che circondano le miniature ai ff. 3 e 122v, le foglie d'acanto che ornano il corpo di alcune delle numerose iniziali istoriate del manoscritto, i tralci vegetali a girali che arricchiscono i margini, la tavoletta cromatica variegata e luminosa e l'espressività delle figure, procedono dalla tradizione miniatoria boema di fine Trecento⁄inizio Quattrocento e trovano un precedente nei codici usciti dalle botteghe di corte al tempo di Venceslao IV (si vedano le schede di A. de Marchi del 1999 e del 2002).

[61] MARIANI CANOVA 1997, pp. 166⁄167, e le schede di A. de Marchi del 1999 e del 2002.

[62] PÄCHT e ALEXANDER 1970, p. 60, n. 599.

[63] E. PELLEGRIN (a cura di), *Les manuscrits classiques latins de la Bibliothèque Vaticane*, tomo I, *Fonds Archivio San Pietro à Ottoboni*, Parigi 1975, pp. 536⁄537; M. BUONOCORE (a cura di), *Vedere i Classici.*

L'illustrazione libraria dei testi antichi dall'età romana al tardo medioevo, catalogo della mostra, Roma 1996, pp. 363-365, n. 88 (scheda di C. Santini). Secondo Ruysschaert, la sottoscrizione è del vescovo Donato, ma il manoscritto non sembra comparire nell'inventario della sua biblioteca: J. RUYSSCHAERT, *Recherche des deux bibliothèques romaines Maffei des XVe et XVIe siècles*, in «La Bibliofilia», LX, 1958, pp. 306-355. Il volume appartenne più tardi al cardinale Bernardino Maffei e al cardinale Pietro Ottoboni.

[64] PÄCHT e ALEXANDER 1970, p. 60, n. 599.

[65] Conclusosi il concilio di Basilea, la copia del *Codex Spirensis* appartenuta al vescovo Donato continuò a destare l'attenzione degli umanisti, se è vero che Flavio Biondo, nella sua *Roma instaurata* (1444-1446), mostra di conoscere il ms. Canon. Misc. 378 di Oxford: G. SCAGLIA, *The Origin of an Archaeological Plan of Rome by Alessandro Strozzi*, in «Journal of the Warburg and Courtauld Institutes», XXVII, 1964, pp. 137-163.

[66] H. OMONT, *Notitia Dignitatum Imperii Romani: reproduction réduite des 105 miniatures du manuscrit latin 9661 de la Bibliothèque Nationale*, Parigi 1911.

[67] Da un punto di vista testuale, i manoscritti di Oxford e Parigi sono indipendenti: «...there can be no doubt that the *texts* (including the internal *insignia* inscriptions) of O, P, were derived directly and independently from their common exemplar» (MAIER 1969, pp. 1.017-1.018).

[68] ALEXANDER 1976, pp. 14 e 22, nota 25.

[69] SABBADINI 1914, pp. 120-122 (anche per alcune notizie sulla biblioteca dell'arcivescovo, di cui restano 65 manoscritti ora all'Ambrosiana). Per capire lo spirito che muoveva questi «esploratori conciliari», come li chiama Sabbadini, vale la pena riportare gli appunti autografi che Pizolpasso, durante il suo soggiorno a Basilea, lasciò su un codice del XII secolo, contenente opere di sant'Ambrogio (Milano, Biblioteca Ambrosiana, ms. B 54 inf., f. 178): «In terra Crovarie sunt in partem libri gloriosissimi Ambrosii. Et in terra sancti Claudii in Sabaudia est alia pars sicut habuimus per notitiam. Alias sic et apertius. In monasterio sancti Claudii diocesis**** ordinis sancti Benedicti in confinibus Burgundie et Sabaudie, quod distat a Gebennis per tres dietas vel circa, sunt plura volumina beati Ambrosii, ut dicitur. Religiosi autem illi ex consueto horis canonicis officium celebrant Ambrosianum. Item in civitate Crovarie prope montaneam de Seth dicitur quod sunt plura volumina ipsius beati Ambrosii» (*Ibid.*, p. 122).

[70] *Ibid.*, p. 121; per Pier Candido Decembrio: P. VITI, *ad vocem*, in *Dizionario biografico degli italiani*, vol. 33, Roma 1987, pp. 488-498.

[71] BIELER 1965, pp. 6-7; ALEXANDER 1976, p. 14, seguiti da EDMUNDS 1990b, p. 217, n. 21.

[72] R. SABBADINI, *Spogli ambrosiani latini: di un nuovo codice della «Notitia Dignitatum»*, in «Studi italiani di filologia classica», vol. XI, 1903, pp. 257-263 (il manoscritto dell'Ambrosiana, che reca la data 1437 su diversi fogli, è uno zibaldone che contiene passi tratti da scrittori classici e cristiani).

[73] M. BORSA, *Correspondence of Humphrey Duke of Gloucester and Pier Candido Decembrio*, in «The English Historical Review», XIX, n. 75, luglio 1904, p. 524.

[74] Sulla questione si veda anche MAIER 1969, p. 978, nota 1.

[75] OMONT 1911, pp. 1-5; M. P. LAFFITTE e O. GANTIER (a cura di), *1789. Le Patrimoine libéré: 200 trésors entrés à la Bibliothèque Nationale de 1789 à 1799*, catalogo della mostra, Parigi 1989, pp. 95-96, n. 59 (scheda di M. P. Laffitte).

[76] EDMUNDS 1964a, p. 139; ALEXANDER 1976, p. 22, nota 25.

[77] Per le affinità codicologiche tra i due manoscritti: MAIER 1969, p. 1.017, nota 2.

[78] *Ibid.*, p. 1.024. Maier riteneva che le differenze stilistiche tra O e P fossero da attribuire a due personalità nettamente distinte (*Ibid.*, pp. 1.022-1.024), ma già ALEXANDER 1976, p. 22, nota 25, aveva sottolineato come, al di là delle divergenze, vi fosse una chiara unità direttiva alla base dei due manoscritti. Personalmente non riesco a vedere nella *Notitia* di Parigi la mano di uno degli artisti che collaborò con Lamy all'esecuzione del *Libro d'Ore*, ms. 977.I.1, del Musée Savoisien di Chambéry, come proposto da C. HEID-GUILLAUME e A. RITZ, *Manuscrits médiévaux de Chambéry. Textes et enluminures*, Parigi 1998, p. 140, nota 13.

[79] Casi del genere, di committenti cioè che di uno stesso manoscritto chiedevano più copie, con veste editoriale diversa a seconda del diverso uso che in seguito ne avrebbero fatto, non erano infrequenti nel tardo Medioevo: basti ricordare, in un'area geografica non lontana dalla nostra, il caso di Tommaso III di Saluzzo che, durante un soggiorno a Parigi agli inizi del Quattrocento, commissionò due copie del *Chevalier errant*, il romanzo allegorico scritto dallo stesso marchese tra il 1394 e il 1405: un esemplare per sé (Parigi, Bibliothèque nationale, ms. Fr. 12559), con lo stemma di famiglia e un apparato illustrativo estremamente ricco e curato, e una copia più economica (Torino, Biblioteca Nazionale, ms. L.V.6), destinata a un membro esterno al casato, che contiene una versione abbreviata del romanzo (e significativamente le parti omesse del testo riguardano gli antenati reali o immaginari dei marchesi di Saluzzo) e ha un ciclo illustrativo ridotto (25 miniature invece di 94): CASTELNUOVO e ROMANO (a cura di) 1979, pp. 212-215, n. 22 (scheda di A. Quazza); G. SARONI, *Les manuscrits enluminés d'origine française du début du XVe siècle, provenant des collections des comtes et ducs de Savoie: Le Livre du Roy Modus et de la Reine Ratio et Le Chevalier errant de Thomas III de Saluces*, Parigi, mémoire de DEA (Histoire de l'Art), directeur de recherche M. Pastoureau, Ecole des hautes études en sciences sociales, Parigi 1999, pp. 46-67.

[80] Ff. 11-15v: *Oratio pro Ligario*; ff. 15v-30: *Oratio pro Milone*; ff. 30-43: *Oratio pro Sulla*; ff. 43-46v: *Oratio pro Marcello*; ff. 46v-65: *Oratio pro Roscio Amerino*; ff. 65-81v: *Oratio pro Plancio*; ff. 81v-85: *Oratio ad Romanos pridie quam iret in exilium*; ff. 85-98: *Oratio pro Sestio*; ff. 98-103v: *Oratio cum Senatui gratias egit*; ff. 103v-114v: *Oratio pro Caelio*; ff. 114v-123: *Oratio pro Balbo*; ff. 123-127: *Oratio in Vatinium*; ff. 127-137v: *Oratio de haruspicum responsis*; ff. 137v-145: *Oratio de provinciis consularibus*; ff. 145-148v: *Oratio cum populo gratias egit*; ff. 149-163: *Oratio pro Flacco*; ff. 163-168v: *Oratio pro rege Deistaro*; ff. 169-181: *Oratio pro Quinto*; ff. 181-203: *Oratio de domo sua*; ff. 203-229v: *Oratio pro Cluentio*; ff. 229v-242v: *Oratio pro Caecina*; ff. 242v-248: *Oratio pro Rabirio Postumo*; ff. 248-253v: *Oratio pro Rabirio perduellionis reo*; ff. 253v-259v: *Oratio pro Roscio Comoedo*; ff. 267-280v: *Oratio pro Murena*; ff. 281-285: *Oratio pro Licinio Archia poeta*.

[81] Il codice I.II.13 della Biblioteca Nazionale di Torino, risalente alla metà dell'XI secolo e contenente il *De institutis coenobiorum* e le *Collationes* di Cassiano, al f. 102v reca lo stemma di Le Franc e la seguente nota di possesso: «Martinus Le Franc prepositus ecclesie Lausanensis, Sedis Apostolice prothonotarius, olim Felicis Pape quinti notarius, incliti huius cenobii Novalicensis administrator perpetuus anno 1459». Nel manoscritto vi sono numerose note marginali di commento al testo, affini per inchiostro e grafia a quelle presenti nel ms. I.II.2 della stessa biblioteca, che contiene i *Moralia in Iob* di Gregorio Magno. Non è da escludere che in entrambi i casi le scritte siano della mano di Martin Le Franc. A questi appartiene anche il ms. E.V.47 della Nazionale di Torino, un codice del XV secolo contenente le *Meditationes Vitae Christi*, dove Martin si firma con il solo titolo di prevosto di Losanna: G. PARIS, *Un poème inédit de Martin Le Franc*, in «Romania», 16, 1887, p. 399; C. SEGRE MONTEL, *I manoscritti miniati della Biblioteca di Torino*, vol. I, *I manoscritti latini dal VII alla metà del XIII secolo*, Torino 1980, pp. 37-40, nn. 30 e 32, p. 156, nota 361.

[82] M. OSTORERO, A. PARAVICINI BAGLIANI e K. UTZ TREMP (a cura di), *L'imaginaire du sabbat. Edition critique des textes les plus anciens (1430 c. - 1440 c.)*, Losanna 1999 (Cahiers lausannois d'histoire médiévale, 26), pp. 441-446 (testo di R. Deschaux). L'ipotesi, sostenuta in passato, di un coinvolgimento di Le Franc nella decorazione della cappella funeraria di Ognissanti nell'antica chiesa parrocchiale di Saint-Gervais, attribuita a bottega jaqueriana, non è stata più ripresa in anni recenti: A. LANGE, *Martin le Franc, recteur de Saint-Gervais à Genève et les fresques de cette église*, in «Publication 9 du Centre Européen d'Etudes Burgondo-Médianes», tomo IX, 1967, pp. 98-102 (consultato in estratto); CASTELNUOVO e ROMANO (a cura di) 1979, pp. 407-410 (testo di E. Deuber-Pauli e Th. A. Hermanès); P. BROILLET e N. SCHÄTTI, *La reconstruction de l'église paroissiale (après 1431 - après 1449)*, in *Les monuments d'art et d'histoire du canton de Genève*, vol. II, *Genève, Saint-Gervais: du bourg au quartier*, Berna 2001, pp. 123-130. Felice V, raffigurato in primo piano sotto il manto della Vergine della Misericordia sulla parete orientale della cappella, si interessò in prima persona del rinnovamento della chiesa di Saint-Gervais, chiedendo un contributo ai parrocchiani nel 1441.

[83] «Archiepiscopus Cretensis quosdam libros suos ad me servandos, misit idque mihi suis literis significat: nihilque aliud literis suis inseruit praeter librorum titulos, qui, quoniam ab auribus, et consuetudine tua abhorrent, indigni visi sunt praeter duos, vel tres, quos scribam ad te. Sunt ibi *Orationes Ciceronis plurimae*, et *Commentaria Caesaris* et *Evangelia*»: A. TRAVERSARI, *Latinae epistolae*, Firenze 1759, vol. II, coll. 365-366; SAMBIN 1959, p. 58.

[84] B. GAGNEBIN, *L'enluminure de Charlemagne à François Ier. Les manu-*

scrits à peintures de la Bibliothèque publique et universitaire de Genève, Ginevra 1976, pp. 96-99, n. 38.

[85] La letteratura medioevale è costellata di scritti volti alla condanna o alla difesa delle donne: nel *Roman de la Rose* gli attacchi misogini sono particolarmente violenti, mentre il *Champion des Dames* di Martin Le Franc nasce sulla scia di opere come il *De claris mulieribus* di Boccaccio e la *Cité des Dames* di Christine de Pisan (PARIS 1887, pp. 389 e 391; OSTORERO, PARAVICINI BAGLIANI e UTZ TREMP [a cura di] 1999, p. 446).

[86] B. BUETTNER, *Past Presents: New Year's Gifts at the Valois Courts, ca. 1400*, in «The Art Bulletin», vol. LXXXIII, n. 4, dicembre 2001, pp. 616-617.

[87] «A tres puissant et tres excellent prince, Philippe, duc de Bourgongne, de Lotrich, de Brabant et de Lembourc, conte de Flandre, d'Artois, de Bourgongne, palatin de Hainau, de Hollande, de Zellande et de Namur, marquis du Saint Empire, seigneur de Frise, de Salins et de Malines, Martin Le Franc, vostre tres obeissant serviteur, tres humble recommendation» (A. BAYOT, *Martin Le Franc, L'Estrif de Fortune et de Vertu. Etude du manuscrit 9510 de la Bibliothèque royale de Belgique provenant de l'ancienne «librairie» des Croy de Chimay*, Parigi-Bruxelles-New York [N.Y.] 1928, p. 9; B. BOUSMANNE, F. JOHAN e C. VAN HOOREBEECK [a cura di], *La Librairie des ducs de Bourgogne. Manuscrits conservés à la Bibliothèque royale de Belgique*, vol. II, *Textes didactiques*, Turnhout 2003, p. 101).

[88] AVRIL e REYNAUD 1993, pp. 101-102, n. 50 (scheda di F. Avril); OSTORERO, PARAVICINI BAGLIANI e UTZ TREMP (a cura di) 1999, p. 442, nota 4.

[89] AVRIL e REYNAUD 1993, pp. 205-206, n. 112 (scheda di F. Avril). L'intervento diretto degli scrittori durante l'illustrazione delle loro opere era pratica assai comune alla fine del Medioevo: si vedano i casi di Guillaume de Machaut e di Christine de Pisan (F. AVRIL, *Les manuscrits enluminés de Guillaume de Machaut*, in *Guillaume de Machaut*, Actes du Colloque-Table ronde organisé par l'Université de Reims [Reims, 19-22 aprile 1978], Parigi 1982, pp. 117-132; CH. STERLING, *La peinture médiévale à Paris, 1300-1500*, vol. I, Parigi 1987, pp. 21 e 321) o quello di Laurent de Premierfait, a cui si deve verosimilmente l'ideazione dei cicli iconografici di accompagnamento alle sue traduzioni in francese delle opere latine di Boccaccio (per il problema e la bibliografia relativa si rimanda al paragrafo sul ms. K.IV.11 della Biblioteca Nazionale di Torino nel primo capitolo di questa ricerca).

[90] Sul *verso* del primo foglio di guardia è segnata la collocazione: «du [-premier] quatriesme pepitre le xje». Per tutte le informazioni relative alle vicende del *Champion des dames* di Bruxelles: M. DEBAE, *La bibliothèque de Marguerite d'Autriche, duchesse de Savoie*, in PARAVICINI BAGLIANI (a cura di) 1990, pp. 151-152; ID. (a cura di), *La Bibliothèque de Marguerite d'Autriche. Essai de reconstitution d'après l'inventaire de 1523-1524*, Lovanio-Parigi 1995, pp. 251-254, n. 145.

[91] L'*ex libris* di Maria è incollato sul *verso* del primo foglio di guardia.

[92] Sui ff. 1 e 180 troviamo il timbro della Bibliothèque nationale di Parigi.

[93] Al f. 109*v* non manca una miniatura, come si è sostenuto in più occasioni (C. GASPAR e F. LYNA, *Les principaux manuscrits à peintures de la Bibliothèque Royale de Belgique*, Parigi 1945, pp. 130-133, n. 243; AVRIL e REYNAUD 1993, p. 205, n. 112; DEBAE 1995, p. 252): lo spazio bianco indica la fine di un libro e l'inizio di un altro come avviene al f. 35 e al f. 150.

[94] GASPAR e LYNA 1945, pp. 130-133, n. 243; *La miniature flamande. Le mécénat de Philippe le Bon*, catalogo della mostra di Bruxelles, Amsterdam e Parigi, Bruxelles 1959, pp. 38-39, n. 33.

[95] EDMUNDS 1964a (la studiosa riteneva che il *Messale* della Reale fosse il più antico dei tre manoscritti, quello dell'Archivio di Stato il più recente e che il *Champion* si collocasse a metà strada tra i due).

[96] CASTELNUOVO e ROMANO (a cura di) 1979, pp. 222-228, nn. 25-26 (schede di S. Pettenati); AVRIL e REYNAUD 1993, p. 205, n. 112.

[97] E. MONGIANO, *Le missel de Félix V (Amédée VIII de Savoie)*, in PARAVICINI BAGLIANI (a cura di) 1990, pp. 105-108.

[98] Roma, Biblioteca Vaticana, ms. Palat. Lat. 1989, f. 268*v*; Parigi, Bibliothèque nationale, ms. Fr. 12559, ff. 125-125*v* (ricordo per curiosità che questo manoscritto, contenente il *Chevalier errant* di Tommaso III di Saluzzo, arrivò in Piemonte nel 1405: si veda sopra la nota 79, per la bibliografia).

[99] Parigi, Bibliothèque nationale, ms. Fr. 12559, f. 118*v*; ms. Fr. 2810, ff. 88 e 91.

[100] DEBAE 1995, p. 252. Dal catalogo della mostra sulle collezioni li-

brarie di Filippo il Buono del 1967, sembra che a quella data il codice di Martin Le Franc avesse ancora la rilegatura originale: G. DOGAER e M. DEBAE (a cura di), *La librairie de Philippe le Bon*, catalogo della mostra, Bruxelles 1967, pp. 89-90, n. 129 (si veda anche *La Bibliothèque de Marguerite d'Autriche*, catalogo della mostra, Bruxelles 1940, p. 46, n. 91).

[101] Lo stemma, sicuramente bipartito, mostra tracce di colore rosso nella metà destra, mentre, nella metà sinistra, s'intravede la sagoma di un animale dipinto su fondo verde.

[102] A. H. VAN BUREN e S. EDMUNDS, *Playing Cards and Manuscripts. Some widely Disseminated Fifteenth-Century Model Sheets*, in «The Art Bulletin», LVI, n. 1, marzo 1974, pp. 12-30. Disegni di aquilegie e di uccelli (con posture diverse) si trovano anche nel *Messale* dell'Archivio di Stato di Torino (ff. 70, 73*v*, 75, 80 e 124*v*). Ai ff. 264, 267 e 273 del codice escorialense, tra i fregi della decorazione marginale c'è un piccolo riquadro rettangolare, con cornice dorata e fondo *réservé* della pergamena all'interno, che forse in origine era stato previsto per contenere qualche illustrazione.

[103] S. EDMUNDS, *The Medieval Library of Savoy*, in «Scriptorium», XXVI, 1972, p. 281; ID. 1990b, p. 216, n. 10.

[104] PASSONI 1987, p. 660; AVRIL e REYNAUD 1993, pp. 204-205.

[105] VAN BUREN e EDMUNDS 1974, p. 27; DEBAE 1990a, pp. 150-151; ID. 1995, pp. 2-3, n. 1; EDMUNDS 1996, pp. 684-685.

[106] Secondo Marguerite Debae, «dans le calendrier, la fête de Pâques est indiquée au 27 mars, ce qui situe la copie du missel en 1440, seule année du deuxième tiers du XVe siècle où Pâques tombe à cette date» (DEBAE 1995, p. 2). Una datazione al 1440 per l'illustrazione del *Messale* dell'Escorial sembra un po' precoce: non è da escludere quindi che testo e miniature siano stati eseguiti in due momenti differenti.

[107] Il *Messale* dell'Escorial è più grande di qualche centimetro rispetto ai *Messali* di Felice V e contiene un numero di pagine superiore a quelle degli altri due manoscritti messi insieme.

[108] Si vedano il frontespizio dell'*Evangelistario* di New York (tav. XIX), il f. 70 del *Libro d'Ore* di Chambéry (fig. 108) e il f. 41 del *Libro d'Ore* di Yale (fig. 91).

[109] Esse non occupano, come ritenevano EDMUNDS 1990b, p. 216, n. 10, e DEBAE 1995, p. 2, l'ultimo fascicolo del codice, ma gli ultimi due fogli del penultimo fascicolo e i primi due dell'ultimo.

[110] L'ipotesi fu avanzata da EDMUNDS 1972, p. 276, nota 86 e p. 281, e ripresa poi da DEBAE 1990, pp. 150-151 e ID. 1995, pp. 2-3, ma non da EDMUNDS 1990b, p. 216, n. 10.

[111] I manoscritti appartenuti a Margherita d'Austria recano solitamente l'indicazione della loro collocazione all'interno della biblioteca (questo è il caso del *Champion des Dames* e dell'*Apocalisse di Savoia*); ma i cinque codici conservati nella cappella del castello non sembrano aver ricevuto lo stesso trattamento (DEBAE 1995, pp. 2-8).

[112] Oltre al *Champion*, Filippo il Bello offrì a sua sorella una *Histoire du bon roi Alixandre* e un *Breviario* di Maria di Borgogna in francese, eseguito ad Angers intorno al 1330-1340 (oggi ms. 5513-17 della Bibliothèque royale di Bruxelles): *Ibid.*, pp. XI e 460-462, n. 333. Margherita ricevette manoscritti anche da altri membri del casato di Borgogna, come un volume contenente le *Basses Danses* (Bruxelles, Bibliothèque royale, ms. 9085), che le fu donato da Anna di Borgogna alla fine del Quattrocento: *Ibid.*, pp. 457-460, n. 330.

[113] F. AVRIL, J. P. ANIEL, M. MENTRÉ, A. SAULNIER e Y. ZALUSKA, *Manuscrits enluminés de la péninsule ibérique*, Parigi 1983, pp. 141-142, n. 155, tav. CXVI; p. 171, n. 225, tav. CXV; e, soprattutto, p. 173, n. 235, tav. CXIV.

[114] DEBAE 1995, pp. 2-3.

[115] M. SMEYERS, *L'Art de la Miniature flamande du VIIIe au XVIe siècle*, Tournai 1998, pp. 434-441 e 476-478.

[116] Margherita soggiornò in Spagna dal 1497 al 1499. Quando lasciò la Castiglia, Ferdinando d'Aragona «lui permit d'emporter ses bijoux et ses cadeaux de mariage». Nell'inventario dei suoi beni stilato a Granada il 28 settembre del 1499, che comprendeva, tra le altre cose, dieci manoscritti e nove incunaboli, non si fa menzione di un codice contenente un *Messale*, ma l'elenco non è esaustivo, visto che negli inventari successivi della biblioteca di Margherita compaiono diversi volumi sicuramente provenienti dalla Spagna ma non segnalati nel 1499 (DEBAE 1995, p. X).

[117] AVRIL e REYNAUD 1993, p. 205. Sul foglio di guardia si legge la seguente iscrizione: «J'apartiens a M. Deboiville, officier du Regiment de Neustrie demeurant a sa terre du Bouchirot pres de Lisieux». I ff. 1-3 recano annotazioni marginali in francese riguardanti battesimi,

matrimoni e decessi. La grafia sembra del XVIII secolo. Il manoscritto entrò alla Beinecke Library il 1° ottobre del 1974, come lascito di Charles J. Rosenbloom (S. RUTTER e D. GALLUP, *A Checklist of the Bequest [of Charles J.Rosenbloom]*, in «The Yale University Library Gazette», vol. 49, n. 4, aprile 1975, p. 341, n. 171).

[118] La scheda dettagliata del ms. 577 della Beinecke Library si trova in appendice a questo saggio; per una descrizione del contenuto dei *Libri d'Ore* e dei cicli iconografici in essi più frequenti, si rimanda invece a R. S. WIECK (a cura di), *The Book of Hours in Medieval Art and Life*, Londra 1988.

[119] La dottoressa Ellen Cordes della Beinecke Rare Book and Manuscript Library di Yale mi informa gentilmente che il ms. 577 «is composed of signatures of 8, with some irregularities» e che «the binding is too tight to permit accurate collation».

[120] Si ricordi che non è così semplice ricostruire la struttura e il funzionamento di una bottega di miniatori tardomedioevale e che le differenze qualitative tra i manoscritti possono dipendere «da maggiore o minore fretta, da maggiore o minore attenzione, da più o meno denaro messo a disposizione dal committente per pagare i materiali e il tempo di lavoro» (ALEXANDER 2003, pp. 184-185).

[121] Alla fine del Medioevo, la personalizzazione dei manoscritti tramite stemmi, emblemi, motti, monogrammi, particolari iconografici più o meno espliciti oppure interventi specifici nel testo (principalmente nel calendario e nella redazione di alcune preghiere) è cosa affatto comune. Un'interessante analisi in questo senso è in I. VILLELA-PETIT, *Devises de Charles VI dans les Heures Mazarines, la personnalisation d'un manuscrit*, in «Scriptorium», LV, fascicolo 1, 2001, pp. 80-92. La fenice, che brucia se stessa per risorgere dalle proprie ceneri, simboleggiava per i cristiani la Risurrezione di Cristo. Nel Medioevo era associata alla Crocifissione, e poteva figurare come attributo della castità: J. HALL, *Dizionario dei soggetti e dei simboli nell'arte*, Milano 2002, p. 173. Emblemi del committente nel manoscritto di Yale sembrano anche essere il pavone e il cane (un levriero?) ai ff. 13 (fig. 89), 25, 41 (fig. 91), 65 (fig. 94), 78 e 99.

[122] *Ibid.*, p. 100; E. TABURET-DELAHAYE e F. AVRIL (a cura di), *Paris 1400. Les arts sous Charles VI*, catalogo della mostra, Parigi 2004, p. 220.

[123] L. MENABREA, *Chroniques de Yolande de France duchesse de Savoie, soeur de Louis XI*, Parigi 1859.

[124] EDMUNDS 1967-1968, pp. 552-553, n. 15. Il documento parla di una sola «ystoire», ma è difficile trovare *Libri d'Ore* contenenti un'unica miniatura. Essendo libri di preghiera concepiti per i laici, in questo tipo di testi l'illustrazione rivestiva un ruolo primario: il devoto si avvicinava a Dio tramite l'immagine, molto più che attraverso la lettura del testo che essa accompagnava. E furono proprio i ricchi cicli pittorici dei *Libri d'Ore* a renderli così popolari alla fine del Medioevo (WIECK [a cura di] 1988). Il pagamento di una sola «ystoire» a Lamy può indicare due cose: o si sottintendeva l'intervento della bottega dell'artista per il resto delle illustrazioni, o si intendeva affidare queste a un altro miniatore.

[125] EDMUNDS 1971, pp. 324-325; ID. 1972, pp. 277-280, n. 148 (per l'inventario della biblioteca del castello di Moncalieri, stilato poco dopo la morte di Jolanda); ID. 1990b, p. 221; N. BLANCARDI, *Les petits princes. Enfance noble à la cour de Savoie (XVe siècle)*, Losanna 2001 (Cahiers lausannois d'histoire médiévale, 28), pp. 30 e 36. Tra i codici riconducibili alla committenza della duchessa sono la *Rethorica* di Guillaume Fichet, ms. 176 della Bodmeriana di Cologny, datato 1471 e recante una scena di dedica al f. 1, e il *Breve dicendorum compendium*, ms. D.VI.2 della Biblioteca Nazionale di Torino, su cui torneremo più avanti. Vale la pena di ricordare che tra il 1474 e il 1475 Nicolas Robert per conto di Jolanda dipinse «son petit retrait a Montcallier touchant la painture que jay paint de pers tout le mur le soulier les tramegens avec la cheminee, le tout seme de fleurs de lys dor e de lectres de la devise de ma dicte dame [ossia le lettere AY]» (*Schede Vesme* 1982, pp. 1.569 e 1.571).

[126] F. AVRIL, *Le Maître des Heures de Saluces: Antoine de Lonhy*, in «Revue de l'Art», n. 85, luglio-settembre 1989, p. 10, fig. 3 e p. 30, nota 11.

[127] AVRIL e REYNAUD 1993, pp. 206-208, n. 113 (per le individuazioni delle mani all'interno delle *Ore di Grenoble* si fa riferimento alle conclusioni dello studioso). Un'attenta descrizione codicologica del manoscritto si trova in V. PODIO, *Feuillets enluminés insérés dans un livre d'heures de la Bibliothèque municipale de Grenoble (ms. 650.8)*, in «Scriptorium», LIV, fasc. 2, 2000, pp. 289-297.

[128] Altri soggetti ricorrenti possono essere la «Fuga in Egitto» (come

nelle *Ore* di Chambéry), la «Strage degli Innocenti» o la «Morte della Vergine», e in generale la «Discesa di Cristo nel Limbo» è un soggetto raramente rappresentato in un *Libro d'Ore*: WIECK 1988, in particolare pp. 60-72; V. PODIO, *Le Livre d'heures à l'usage de Rome (650 8) de la Bibliothèque municipale de Grenoble: revelateur d'échanges et d'influences artistiques internationaux au XVème siècle (Savoie-Pays Bas-Italie)*, mémoire de DEA (Histoire médiévale), directeur de recherche M. Paravy, UFR Sciences humaines, Grenoble 1992, pp. 5-6. Sono state tagliate due pagine, verosimilmente miniate, tra i ff. 24 e 25 e i ff. 70 e 71. Siamo nelle Ore della Vergine e, in base ai cicli iconografici tradizionali, le illustrazioni mancanti potrebbero essere l'«Annunciazione» e la «Fuga in Egitto» (o la «Strage degli Innocenti»). Ai ff. 163-169 vi sono tre preghiere scritte da due mani diverse rispetto a quella a cui si deve la stesura del manoscritto: si tratta dei «Sette versi di San Bernardo» e di una preghiera alla Vergine («Salve regina mater»), entrambi in latino, e di una preghiera di sant'Agostino, in francese (*Ibid.*, pp. 2, 4, 9, 58-61 e 65-66). I «Sette versi di San Bernardo» sono presenti anche nelle cosiddette *Ore di Saluzzo* (ff. 113-114).

[129] G. DOGAER, *Flemish Miniature Painting in the 15th and 16th centuries*, Amsterdam 1987, pp. 27-31; SMEYERS 1998, pp. 234-240.

[130] WIECK 1988, pp. 30 e 211-213, nn. 87-92, tavv. 21 e 29, figg. 10-11, 45, 64, 76-77, 82, 86, 92 e 110.

[131] J. H. MARROW (a cura di), *The Golden Age of Dutch Painting*, catalogo della mostra, New York (N.Y.) 1990, pp. 75-88.

[132] PODIO 2000, pp. 291-292 e 295-296. Sul commercio delle miniature nel XV secolo: ALEXANDER 2003, p. 180.

[133] Il fascicolo (ff. 93-100) contenente il David penitente è un quaternione che non presenta irregolarità alcuna. All'autore della miniatura spetta anche la decorazione marginale del foglio. Visto il carattere non savoiardo dell'intera pagina, Podio ha ipotizzato che il bifolio 93/100, «déjà rédigé, l'emplacement de la miniature étant préalablement déterminé», sia stato inviato fuori dalla regione per essere dipinto e decorato, e quindi inserito nel fascicolo in un secondo momento (PODIO 2000, pp. 294 e 296). Le considerazioni stilistiche di Avril suggeriscono piuttosto l'intervento di un artista straniero *in loco* (AVRIL e REYNAUD 1993, pp. 206-208). D'altra parte, la stessa Podio aveva precedentemente notato che «le miniaturiste en question semble être un peintre étranger certes, mais familier de la Savoie et acclimaté au milieu savoyard» (PODIO 1992, p. 39).

[134] M. NATALE (a cura di), *El Renacimiento Mediterráneo. Viajes de artistas e itinerarios de obras entre Italia, Francia y España en el siglo XV*, catalogo della mostra di Madrid e Valenza, Madrid 2001, pp. 309-318.

[135] Dalle ricerche d'archivio sulla famiglia Mionnas, condotte nel 1992 da Véronique Podio per il suo *mémoire* di DEA, non sono emerse notizie interessanti circa le vicende iniziali del *Libro d'Ore* di Grenoble. La studiosa si proponeva di approfondire la ricerca sui Menthon, senz'altro più proficua dati i legami che nel XV secolo, come vedremo, unirono questa famiglia alla corte sabauda, ma non so se ciò abbia poi avuto un seguito: PODIO 1992, pp. 13-16. Restano oscure anche le vicende successive del manoscritto: sappiamo solo che il ricco fondo di *Libri d'Ore* della Bibliothèque municipale di Grenoble proviene in gran parte dalla collezione di Jean de Caulet, vescovo di Grenoble dal 1726 al 1750. Appassionato bibliofilo, Caulet si formò un'importante raccolta libraria comprando manoscritti e incunaboli direttamente sul mercato o scoprendoli lui stesso nei conventi cittadini. Alla sua morte, la collezione fu acquistata presso gli eredi dalla Bibliothèque publique (poi municipale) di Grenoble: Y. JOCTEUR MONTROZIER (a cura di), *Mille ans d'écrits. Trésors de la bibliothèque municipale de Grenoble*, catalogo della mostra, Grenoble 2000, pp. 20 e 44.

[136] F. MUGNIER, *Nicod de Menthon et l'Expédition du Concile de Bâle en 1437*, Parigi 1893. Un *Libro d'Ore* prodotto nella bottega del Maître de Boucicaut è segnalato *ab antiquo* nel castello di Menthon-Saint-Bernard: CASTELNUOVO e DE GRAMATICA (a cura di) 2002, pp. 784-785, n. 153 (scheda di F. Elsig).

[137] EDMUNDS 1990b, pp. 215-216, n. 7; HEID-GUILLAUME e RITZ 1998, pp. 133-140.

[138] È da rilevare la coincidenza tra le miniature di questo mediocre artista, anche per la tavolozza cromatica più spenta, e alcune delle iniziali istoriate del *Messale* di Felice V, ora alla Biblioteca Reale di Torino, che dei tre *Messali* usciti dalla bottega di Lamy abbiamo detto essere il più scadente: si confrontino, per esempio, le forme allungate e semplificate delle figure femminili ai ff. 37v e 38v delle *Ore di Chambéry* con quelle raffigurate nelle iniziali ai ff. 10 e 17v del *Messale* della Reale.

[139] VAN BUREN e EDMUNDS 1974, p. 27. Le decorazioni marginali delle *Ore* di Chambéry sono eterogenee. Il miniatore della «Santa Veronica» (fig. 102), oltre a dipingere il riquadro centrale, decorò la pagina nel suo insieme: troviamo gli stessi colori luminosi e acquerellati (che sono diversi da quelli utilizzati da Lamy) e, nell'iniziale, l'oro è lavorato e decorato con motivi impressi come nel nimbo della Veronica e nella cornice che inquadra la miniatura (particolare questo che non compare in nessuna altra parte del manoscritto). All'autore delle miniature del ciclo della Passione si deve la decorazione secondaria dei ff. 33-40v (fig. 103): i modi impacciati di questo miniatore sono ben riconoscibili nelle figure di giullari dei margini e nei volti maschili, variamente descritti e atteggiati, che decorano le iniziali istoriate. Infine, nei fregi marginali e nelle iniziali delle pagine miniate da Lamy, si individuano più mani: in alcuni fogli, sembra intervenire lo stesso Péronet, per esempio nell'iniziale con figurina nuda sotto il riquadro con la «Risurrezione dei morti» al f. 119 (fig. 105); in altri, margini e iniziali si distinguono nettamente, per originalità e modernità, dagli altri interventi e, come abbiamo detto, si devono verosimilmente a un artista diverso, che non è da escludere sia intervenuto in un momento successivo rispetto al resto della decorazione.

[140] HEID-GUILLAUME e RITZ 1998, pp. 133-134 e 139. Oltre ai santi Aureo e Giustina (16 giugno), nel calendario sono citati altri quattro santi il cui culto era particolarmente diffuso nelle diocesi dell'Impero: Bonifacio (5 giugno), evangelizzatore della Germania e arcivescovo di Magonza nel 745; Albano (21 giugno), patrono di Magonza e Namur; Pantaleone (27 luglio), che diede il nome a una delle più importanti abbazie di Colonia; Orsola (21 ottobre), anch'essa venerata in particolar modo in questa città; Gallo (17 ottobre), il cui culto dalla Svizzera si diffuse in Germania, Boemia e Ungheria.

[141] S. GUICHENON, *Histoire généalogique de la Royale Maison de Savoie, iustifiée par titres, fondations de Monastères, Manuscripts, anciens Monuments, Histoires et autres preuves autentiques, enrichie de plusieurs Portraits, Seaux, Monnoyes, Sepultures et Armoiries*, Lione 1660, vol. I, pp. 500-502 e vol. II, pp. 347-349; E. CORNAZ, *Le mariage palatin de Margherite de Savoie*, in «Mémoires et documents publiés par la Société d'histoire de la Suisse romande», XV, 1932; HEID-GUILLAUME e RITZ 1998, p. 139. Margherita, che era già al suo secondo matrimonio, avendo sposato nel 1432 Luigi III d'Angiò, re di Sicilia e di Gerusalemme, in terze nozze sposò Ulrico IV, conte del Württemberg, e morì a Stoccarda nel 1468. Alla Württembergische Landesbibliothek di questa città è conservato un *Libro d'Ore*, ms. HB I 175, che fu eseguito per l'erede al trono di Ludovico di Savoia, Amedeo IX, principe di Piemonte dal 1439 al 1465. Le illustrazioni si devono a un cosiddetto Maître du Prince de Piémont, che ha preso il suo nome proprio dal codice di Stoccarda, e il cui catalogo è stato ricostruito non molti anni or sono da Nicole Reynaud: AVRIL e REYNAUD 1993, pp. 209-210 e, per il *Libro d'Ore* di Stoccarda, anche C. GARDET, *Un Livre d'Heures du comte de Piémont, futur Duc Amédée IX de Savoie*, in PARAVICINI BAGLIANI (a cura di) 1990, pp. 109-120.

[142] HEID-GUILLAUME e RITZ 1998, pp. 138-139. Per il potere salvifico attribuito all'immagine della Veronica e del Volto Santo all'interno dei *Libri d'Ore* si rimanda a WIECK 1988, pp. 44 e 105.

[143] La proposta di Robert Amiet di vedere nella miniatura d'apertura del codice di Chambéry un'allusione all'acquisto della Sacra Sindone da parte dei duchi di Savoia nel 1453 è suggestiva ma difficile da dimostrare: HEID-GUILLAUME e RITZ 1998, p. 138.

[144] *Catalogue of Additions to the Manuscripts in the British Museum in the Years MDCCCLIV-MDCCCLXXV*, Londra 1877, p. 522.

[145] G. F. WARNER, *Illuminated Manuscripts in the British Museum*, Londra 1899-1903, pp. non numerate. Già Warner notò la presenza di più mani nelle miniature del manoscritto, rilevando la qualità della maggior parte di esse.

[146] E. G. MILLAR, *Souvenir de l'exposition de manuscrits français à peintures organisée à la Grenville Library (British Museum) en janvier-mars 1932*, Parigi 1933, p. 37, n. 53; J. BACKHOUSE, *Book of Hours*, Londra 1985, pp. 9-10.

[147] C. GARDET, *De la peinture du Moyen Age en Savoie*, vol. V, *Les Heures d'Aimée de Saluces, vicomtesse de Polignac et de Catherine d'Urfé. Aspects internationaux et évolution dans la peinture des Etats de Savoie au XVe siècle*, Annecy 1985.

[148] *Ibid.*, pp. 15-16. Un *post quem* certo per la datazione della miniatura del f. 19, è la presenza di san Bernardino, canonizzato nel 1450 (*Ibid.*, p. 21).

[149] AVRIL 1989; AVRIL e REYNAUD 1993, pp. 213-216, n. 117.

[150] I due codici, di formato «majestueux et inhabituel», hanno dimensioni quasi coincidenti (280 x 196 e 283 x 196 millimetri), presentano una impaginazione simile e sono scritti in una «gothique très moulée», forse attribuibile allo stesso scriba; il testo (in francese) delle «Quinze joyes Notre Dame» e delle «Sept requestes» è quasi identico nei due volumi, così come la lunga rubrica che introduce la preghiera dello «Obsecro te»: GARDET 1985, *passim*; AVRIL 1989, pp. 11 e 30, nota 15 (da cui sono tratte le citazioni).

[151] *Ibid.*, pp. 11 e 29-30, nota 6; AVRIL e REYNAUD 1993, pp. 213-216.

[152] VAN BUREN e EDMUNDS 1974, p. 27; AVRIL 1989, p. 10; AVRIL e REYNAUD 1993, pp. 213-216. L'osservazione di Edmunds sfuggì a GARDET 1985.

[153] Per questo problema si rimanda al paragrafo sull'*Apocalisse di Savoia*, nel primo capitolo della presente ricerca.

[154] VAN BUREN e EDMUNDS 1974, p. 27, nota 6. Forse sono ancora di Lamy i «playing-card men» e le aquilegie dei ff. 14v, 16 e 19, mentre è più difficile stabilire se sia da attribuire a Péronet anche la *mise en page* dei ff. 29 e 210, dove, come al f. 13, la scena principale è accompagnata da riquadri istoriati nei margini (AVRIL 1989, pp. 10 e 30, nota 8).

[155] GARDET 1985, p. 17; AVRIL e REYNAUD 1993, p. 216.

[156] AVRIL 1989, in particolare pp. 10 e 30, nota 10; AVRIL e REYNAUD 1993, pp. 213 e 216. Com'è noto, la ricostruzione della figura e del *corpus* di opere attribuibili a Lonhy iniziata alla fine degli anni ottanta del secolo scorso con gli imprescindibili contributi di François Avril e Giovanni Romano, ha continuato a dare i suoi importanti frutti anche negli anni successivi: AVRIL 1989, pp. 9-34; G. ROMANO, *Sur Antoine de Lonhy en Piémont*, in «Revue de l'Art», n. 85, luglio-settembre 1989, pp. 35-44 e, per l'elenco della bibliografia più recente, F. ELSIG, *La peinture en Savoie et en Franche-Comté durant la première moitié du XVIe siècle*, in M. NATALE e F. ELSIG (a cura di), *La Renaissance en Savoie. Les arts au temps du duc Charles II (1504-1553)*, catalogo della mostra, Ginevra 2002, p. 77, a cui si aggiunga G. GIACOBELLO BERNARD e E. PAGELLA (a cura di), *Van Eyck, Antonello, Leonardo. Tre capolavori del Rinascimento*, catalogo della mostra, Torino 2003, pp. 38-41, n. 9 (scheda di E. Pagella).

[157] GARDET 1985, p. 17. Per il debito del primo Maestro delle Ore di Ludovico nei confronti del linguaggio witziano e le citazioni dalla pala ginevrina del 1444: C. STERLING, *L'influence de Konrad Witz en Savoie*, in «Revue de l'Art», 71, 1986, pp. 17-19; AVRIL e REYNAUD 1993, pp. 208-209, n. 114 (scheda di F. Avril); NATALE (a cura di) 2001, pp. 305-308, n. 41 (scheda di F. Elsig).

[158] Secondo Avril, a Lonhy si deve attribuire la maggior parte delle decorazioni marginali del codice londinese: AVRIL e REYNAUD 1993, p. 118.

[159] Vale la pena di ricordare le preziose indicazioni di François Avril, il quale nel 1989 aveva avanzato l'ipotesi di un possibile cambio di destinatario durante le fasi di esecuzione del codice, per i seguenti motivi: la preghiera dell'«Obsecro te» è scritta al maschile, un particolare questo che stona con la figura della donatrice dipinta al f. 19 delle *Ore di Saluzzo*; inoltre, Lonhy non solo ritoccò le miniature già eseguite per uniformare il suo intervento con quello dei suoi predecessori, ma sembra aver rimaneggiato alcune pagine del manoscritto (ff. 29, 36 e 92): AVRIL 1989, p. 30, note 10 e 15. Anche Avril aveva proposto di identificare la donatrice del codice londinese con la duchessa di Savoia: lo studioso però rimandava ad altra sede l'approfondimento delle sue considerazioni (*Ibid.*, p. 30, nota 14); probabilmente a causa della brevità di spazio a disposizione, l'ipotesi non fu ripresa nel 1993 (AVRIL e REYNAUD 1993, pp. 213-216). Forse rimandano parimenti a Jolanda le corone disegnate nei margini dei ff. 29, 93 e 105v (un ricordo delle origini regali della duchessa) e la presenza di san Fiacrio e san Mauro, il cui culto era particolarmente diffuso nella Francia del nord, nella miniatura dipinta da Lonhy al f. 98 del manoscritto. Alcune delle scene e alcuni dei santi raffigurati nelle *Ore di Londra* (come il martirio di santa Caterina, e i santi Bernardino, Claudio, Chiara, Barbara e Margherita) compaiono nell'oratorio di Ivrea dipinto da Nicolas Robert nel 1474 per conto della duchessa di Savoia (*Schede Vesme* 1982, pp. 1.569-1.570). Il documento del 1440 citato più sopra per le *Ore di Yale* non può corrispondere alle *Ore di Saluzzo*: l'intervento di Lamy in questo manoscritto è sicuramente posteriore al 1440, per le ragioni sopraelencate; inoltre, nel documento si parla di una «ystoire de Nostre Dame», mentre la miniatura dipinta da Péronet nel codice londinese, è posta all'inizio del Vangelo di san Giovanni. La descrizione dei *Libri d'Ore* di Jolanda, presenti nel castello di Moncalieri nel 1479, alla morte della duchessa, è troppo ge-

nerica per essere associata alle *Ore di Saluzzo*: EDMUNDS 1971, p. 278, n. 148 (9-10 e 12).

[160] AVRIL 1989, pp. 9-34; ROMANO 1989, p. 42, nota 6; ID. 1996, pp. 195 e 209, nota 87; F. QUASIMODO, *Una segnalazione per Antoine de Lonhy: il Libro d'Ore della biblioteca del seminario di Cuneo*, in R. COMBA e G. COMINO (a cura di), *Dal manoscritto al libro a stampa nel Piemonte sud-occidentale (secoli XIII-XVII)*, Atti del Convegno di Mondovì (16 febbraio 2002), Cuneo 2002 (Bollettino della Società per gli studi storici, archeologici ed artistici della provincia di Cuneo, n. 127), pp. 34-37. Penso debba invece riferirsi alla committenza di Amedeo IX, più che a quella di Jolanda, come è stato ipotizzato da Christopher de Hamel, l'intervento di Antoine de Lonhy in un *Libro d'Ore* apparso sul mercato londinese non molti anni or sono e oggi in collezione privata a New York (*Book of Hours Illuminated by the Master of the Breviary of Jean sans Peur*, catalogo della vendita Sotheby's del 7 dicembre, Londra 1999). L'iniziale «A» del duca su sfondo alternativamente rosso e bianco (i colori dello stemma sabaudo) compare più volte nella scena di funerali raffigurata da Lonhy al f. 156v del manoscritto: siamo nell'Ufficio dei Defunti, una sezione dei libri d'ore, che veniva spesso personalizzata «pour l'expression de la pitié individuelle et des espoirs de salut du destinataire», come si può notare per esempio in alcuni dei più bei codici eseguiti per il duca di Berry (VILLELA-PETIT 2001, p. 91). François Avril pur datando l'intervento di Lonhy nel *Libro d'Ore* di New York intorno al 1460 e rilevandone le affinità stilistiche con le *Ore* della British Library, non esclude che esso sia da collocarsi in Borgogna: NATALE (a cura di) 2001, pp. 198-204, n. 13; TABURET-DELAHAYE e AVRIL (a cura di) 2004, pp. 271-272, n. 167. A mio avviso, la presenza dell'iniziale «A» al f. 156v del manoscritto di fattura assolutamente analoga a quella che compare sullo stemma in terracotta di Amedeo IX e Jolanda di Francia, conservato presso il Museo Civico d'Arte Antica di Torino, inv. 3499/C, non dovrebbe lasciar dubbi sulla collocazione geografica dell'intervento (per lo stemma: E. PAGELLA [a cura di], *Gotico sulle vie di Francia*, catalogo della mostra, Siena 2002, pp. 110-111, n. 20, scheda di E. Romanello).

[161] Per quanto riguarda il versante al di qua della catena alpina la situazione non è molto cambiata da quando Romano nel 1996 lamentava che «le ricerche sui miniatori piemontesi del secondo Quattrocento sono molto in ritardo» e notava che «un limite pesante al progresso delle ricerche è l'impossibilità di identificare con certezza una sola opera di Amedeo Albini, sicuramente anche miniatore» (ROMANO 1996, p. 195).

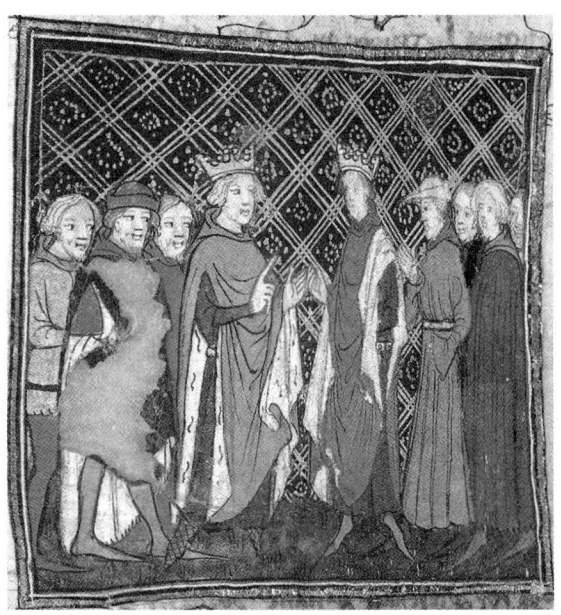

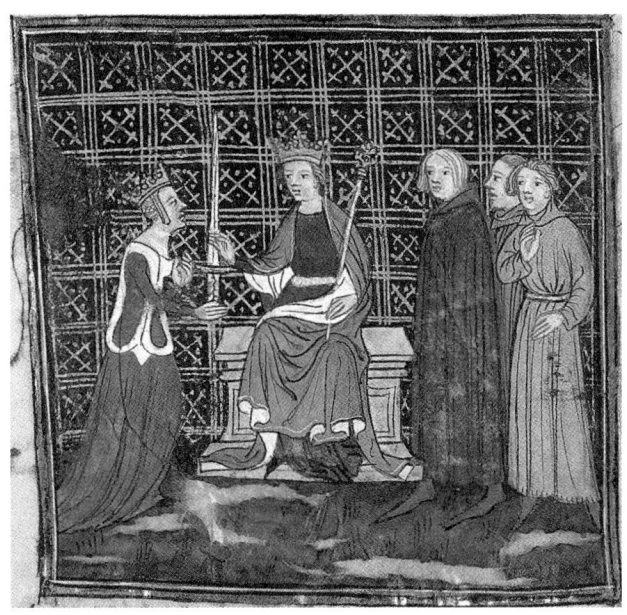

1. MINIATORE PARIGINO, «Gontrano nomina come suo
successore il nipote Childeberto», 1400 circa.
Torino, Biblioteca Nazionale Universitaria, ms. L.II.8,
Grandes Chroniques de France, f. 67v.

2. MINIATORE PARIGINO, «Ludovico II il Balbo riceve le insegne
regali dall'imperatrice Richilda, vedova di Carlo il Calvo», 1400 circa.
Torino, Biblioteca Nazionale Universitaria, ms. L.II.8,
Grandes Chroniques de France, f. 208.

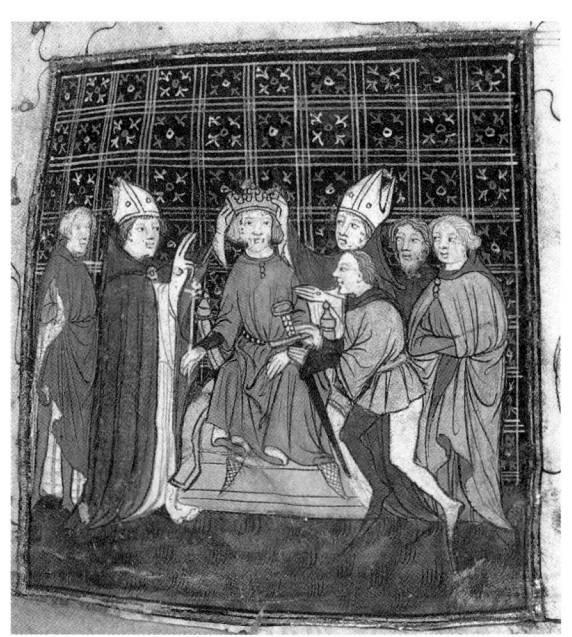

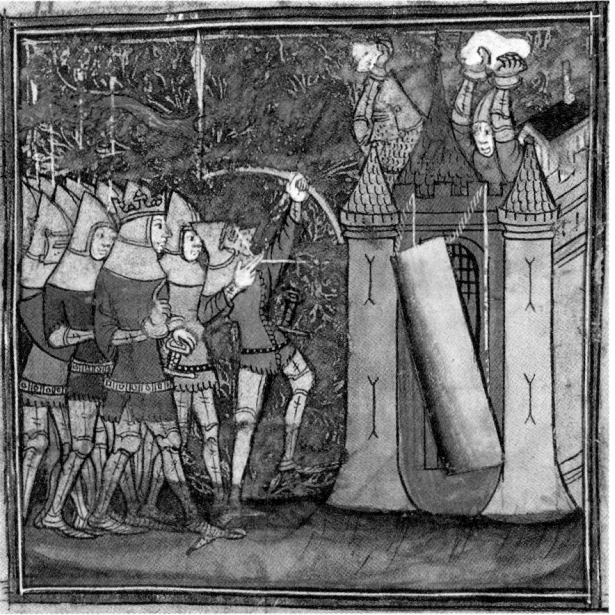

3. MINIATORE PARIGINO, «Incoronazione di Luigi VI»,
1400 circa. Torino, Biblioteca Nazionale Universitaria,
ms. L.II.8, *Grandes Chroniques de France*, f. 239.

4. MINIATORE PARIGINO, «Luigi VIII assedia Avignone», 1400 circa.
Torino, Biblioteca Nazionale Universitaria, ms. L.II.8,
Grandes Chroniques de France, f. 326.

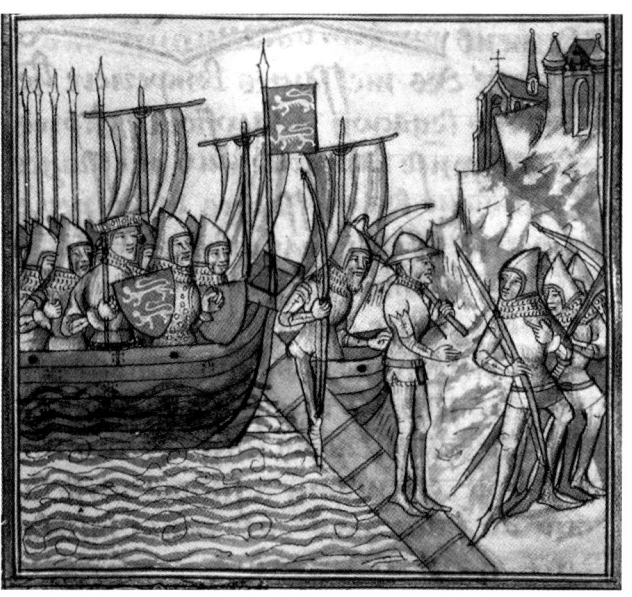

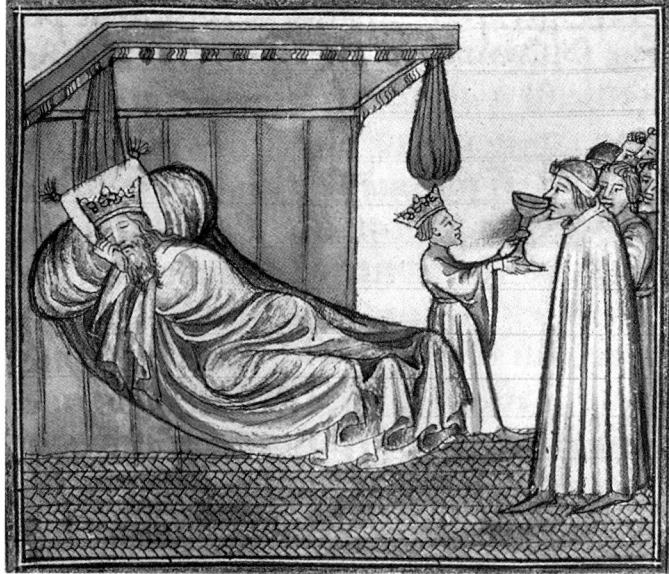

5. Miniatore parigino, «Guglielmo il Conquistatore sbarca in Inghilterra», 1400 circa. Parigi, Bibliothèque nationale de France, ms. Fr. 2606, *Grandes Chroniques de France*, f. 196v.

6. Miniatore parigino, «Visione di Luigi VII, padre di Filippo Augusto», 1400 circa. Parigi, Bibliothèque nationale de France, ms. Fr. 2606, *Grandes Chroniques de France*, f. 241.

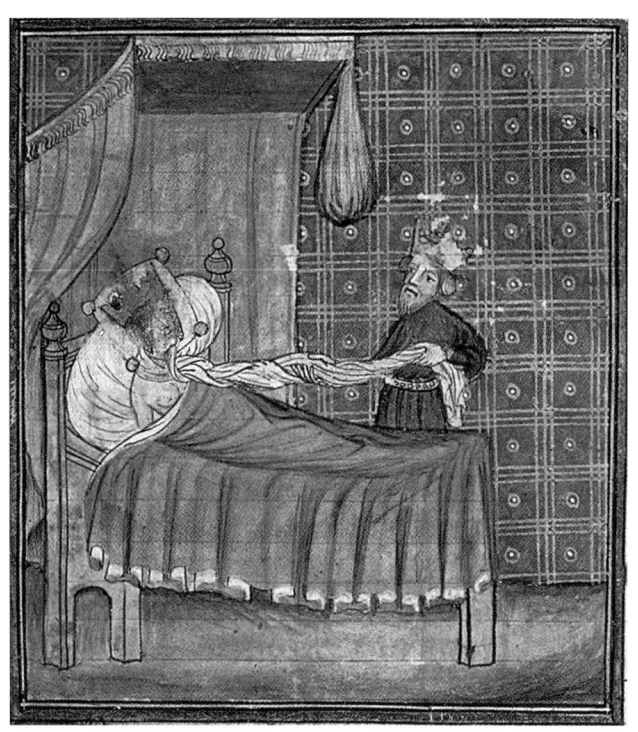

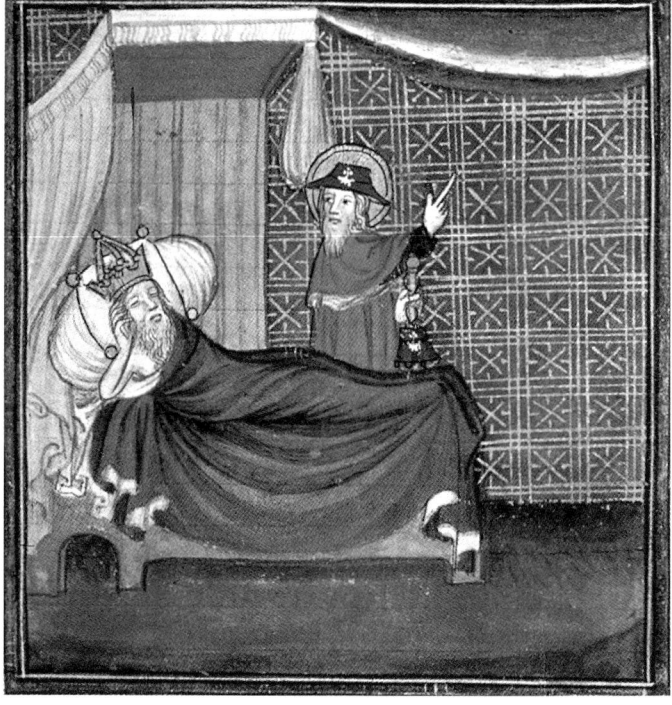

7. Miniatore parigino, «Chilperico, istigato da Fredegonda, strangola sua moglie Galsuinta mentre dorme», 1400 circa. Parigi, Bibliothèque nationale de France, ms. Fr. 2616, *Grandes Chroniques de France*, f. 31.

8. Miniatore parigino, «San Giacomo appare in sogno a Carlomagno per chiedergli di liberare dai Saraceni il suo sepolcro in Galizia», 1400 circa. Parigi, Bibliothèque nationale de France, ms. Fr. 2617, *Grandes Chroniques de France*, f. 118.

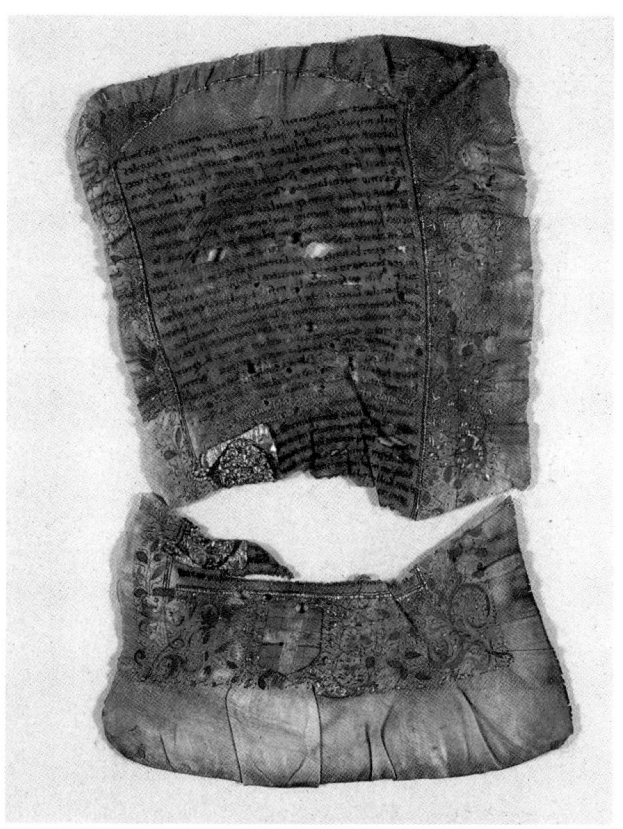

9. MINIATORE PARIGINO (?), «Frontespizio con margini decorati e stemma sabaudo», 1400-1410. Torino, Biblioteca Nazionale Universitaria, ms. K.IV.11, Giovanni Boccaccio, *De casibus virorum illustrium*.

10. MINIATORE PARIGINO (?), «Due riquadri miniati di iconografia sconosciuta», 1400-1410. Torino, Biblioteca Nazionale Universitaria, ms. K.IV.11, Giovanni Boccaccio, *De casibus virorum illustrium*.

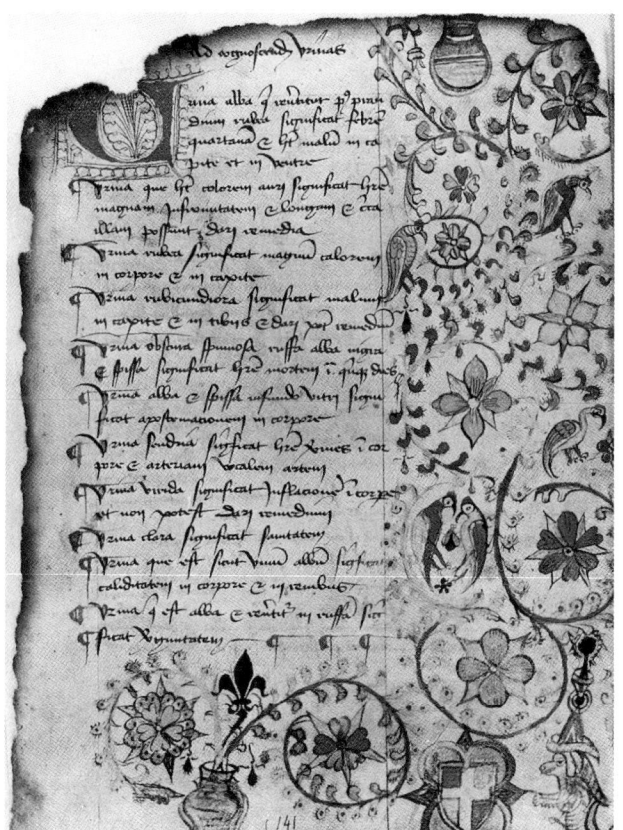

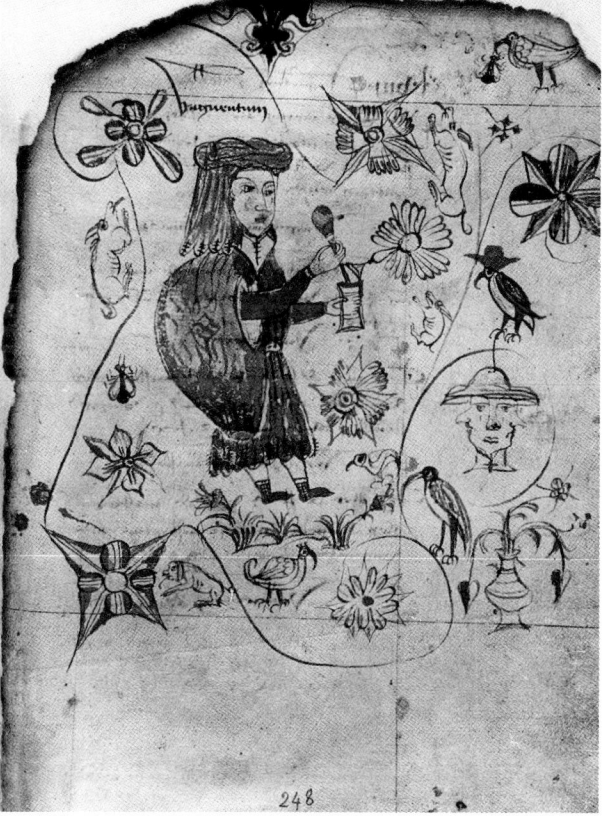

11. MINIATORE SAVOIARDO, «Fregi con stemma sabaudo», 1420-1430 circa. Torino, Biblioteca Nazionale Universitaria, ms. F.V.25, Miscellanea di testi di medicina, f. CXXXXII.

12. MINIATORE SAVOIARDO, «La preparazione dell'unguento», 1420-1430 circa. Torino, Biblioteca Nazionale Universitaria, ms. F.V.25, Miscellanea di testi di medicina, f. CCXLVI.

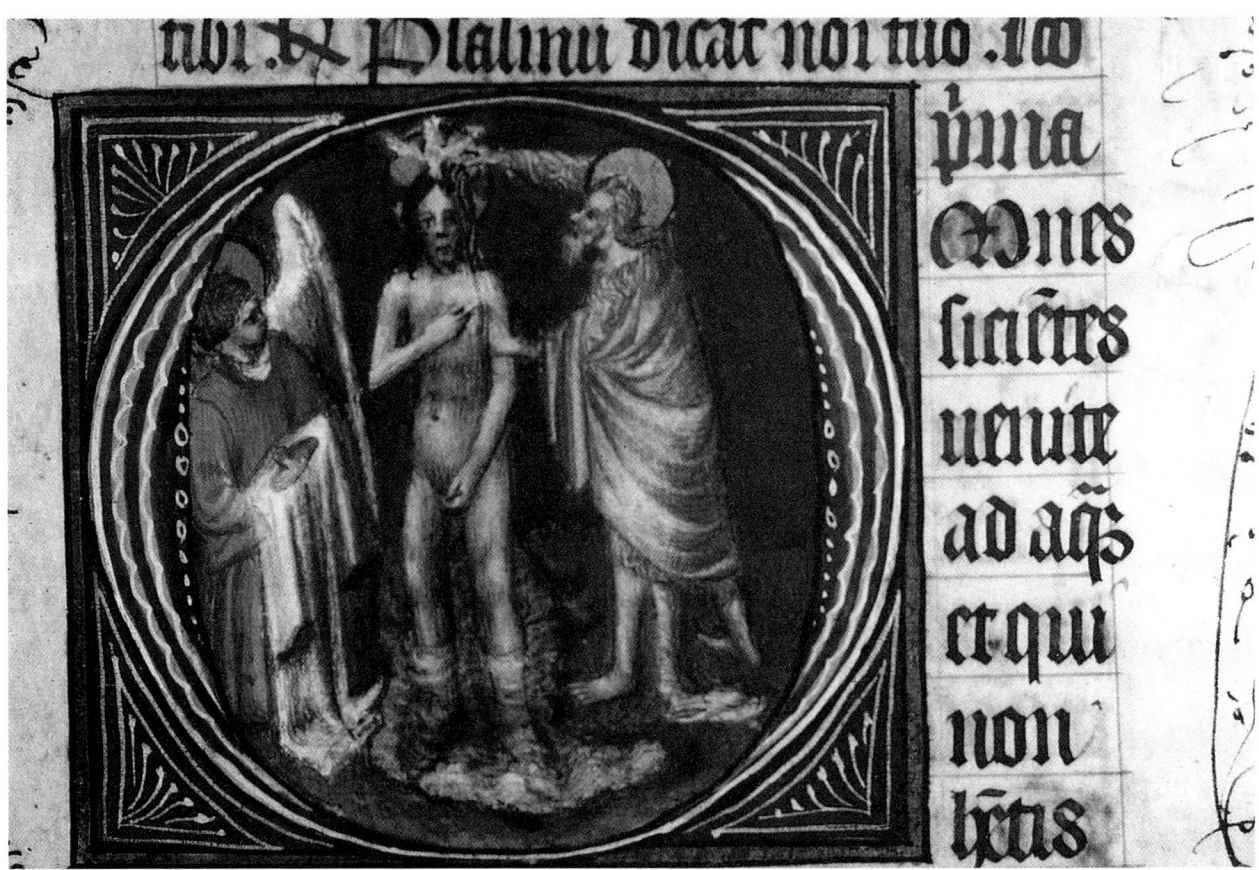

13. JEAN BAPTEUR (?), «Il battesimo di Cristo», 1425-1430. Besançon, convento delle clarisse, ms. 3, *Breviario francescano detto «di Santa Coletta»*, f. 120.

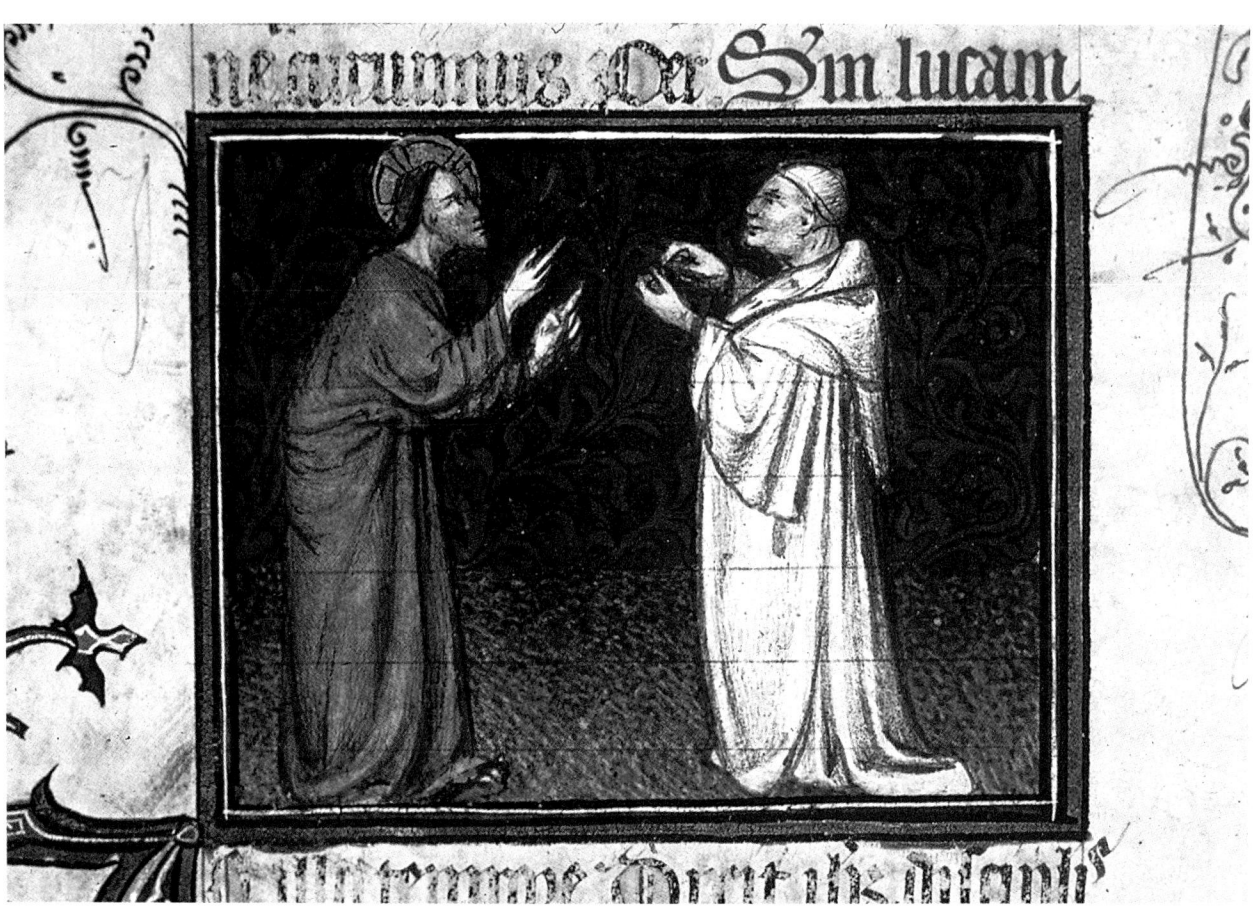

14. JEAN BAPTEUR (?), «La parabola del buon samaritano», 1425-1430. Besançon, convento delle clarisse, ms. 3, *Breviario francescano detto «di Santa Coletta»*, f. 247v.

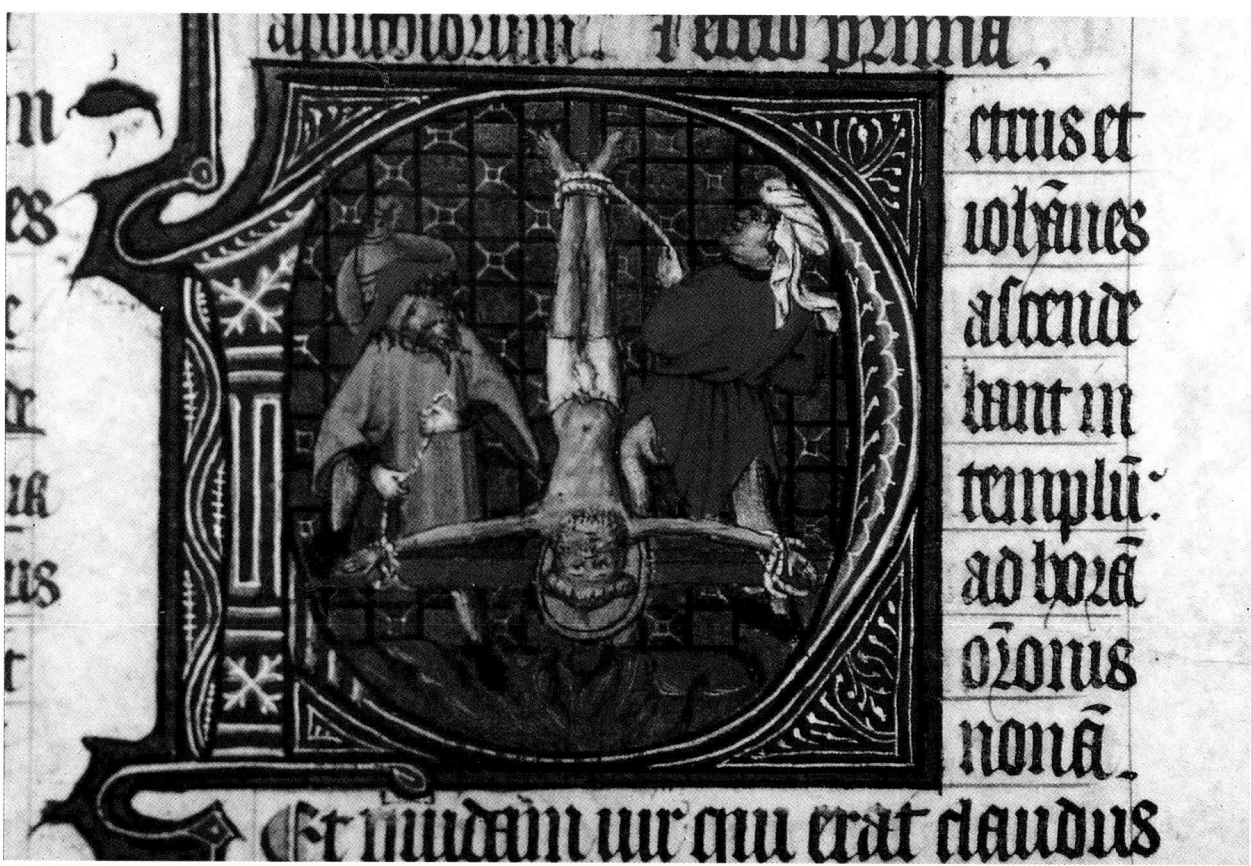

15. Jean Bapteur (?), «Martirio di san Pietro», 1425-1430. Besançon, convento delle clarisse, ms. 3, *Breviario francescano detto «di Santa Coletta»*, f. 337.

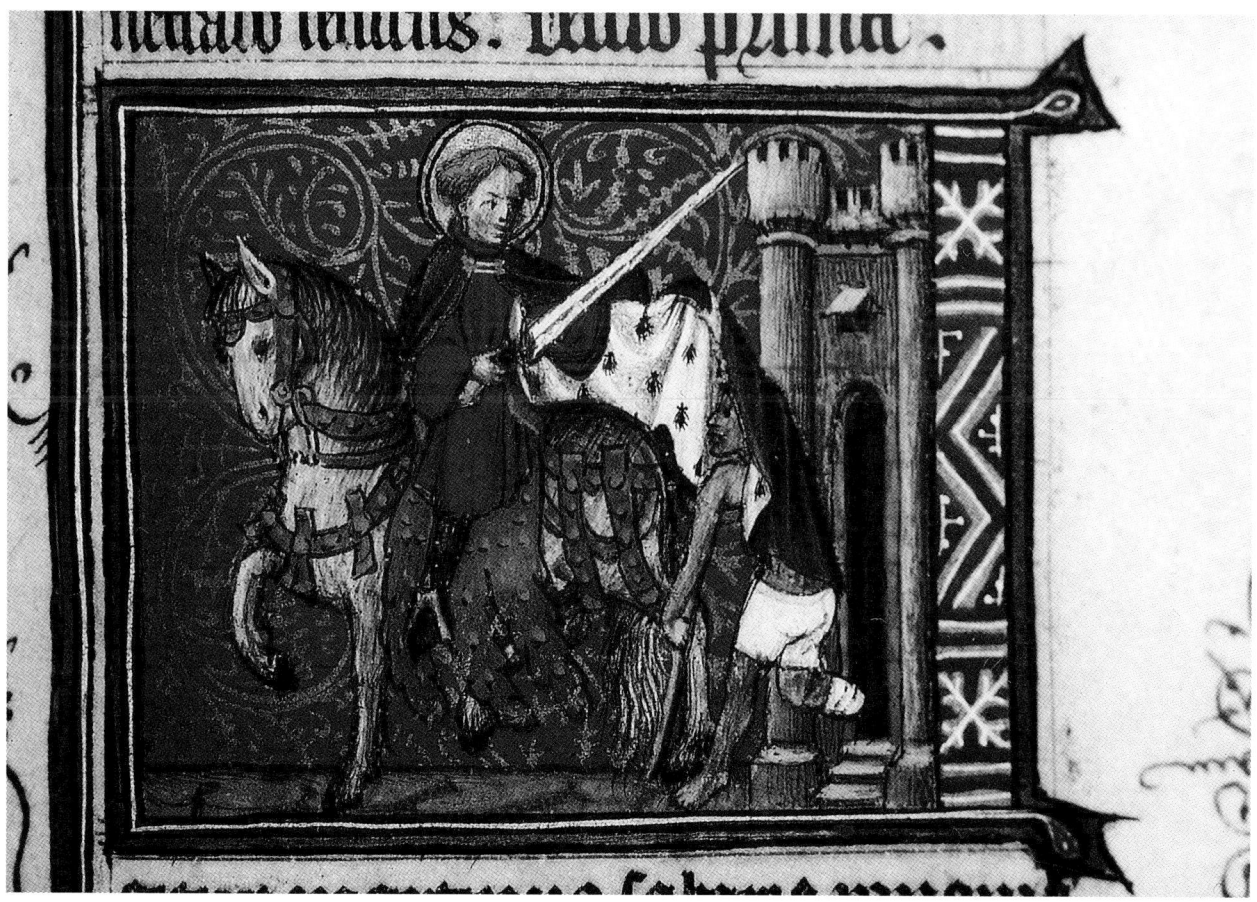

16. Jean Bapteur (?), «San Martino», 1425-1430. Besançon, convento delle clarisse, ms. 3, *Breviario francescano detto «di Santa Coletta»*, f. 436.

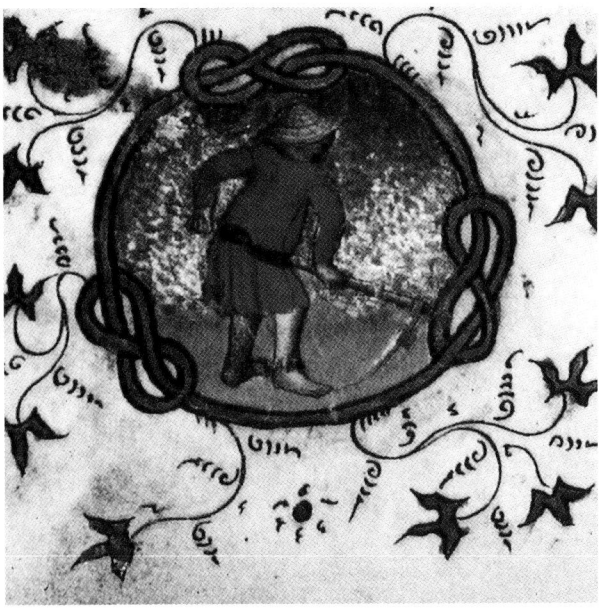 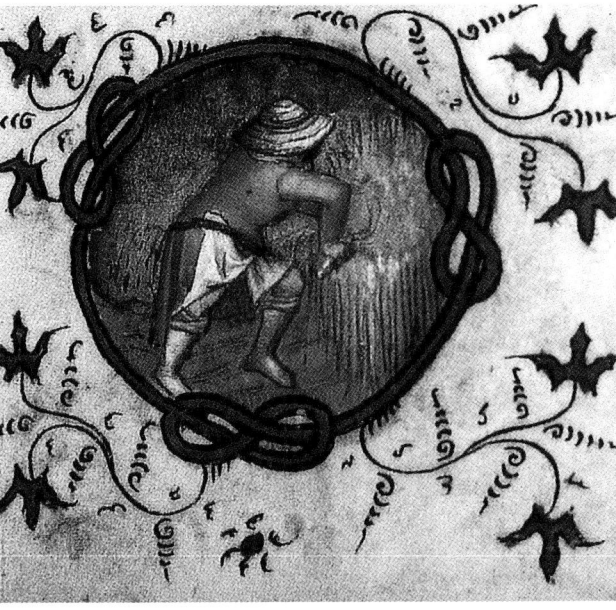

17. JEAN BAPTEUR (?), «Giugno (particolare)», 1425-1430. Besançon, convento delle clarisse, ms. 3, *Breviario francescano detto «di Santa Coletta»*, f. 3v.

18. JEAN BAPTEUR (?), «Luglio (particolare)», 1425-1430. Besançon, convento delle clarisse, ms. 3, *Breviario francescano detto «di Santa Coletta»*, f. 4.

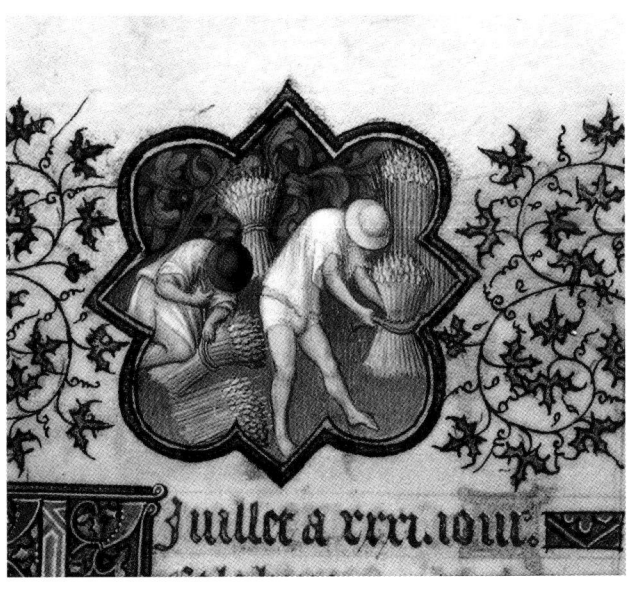

19. FRATELLI LIMBOURG, «Luglio», 1411-1413/1416 circa. Chantilly, Musée Condé, ms. 65, *Très Riches Heures di Jean de Berry*, f. 7v.

20. FRATELLI LIMBOURG, «Luglio», 1406-1409 circa. New York, The Metropolitan Museum of Art, Cloisters Collection, ms. 54.1.1, *Belles Heures di Jean de Berry*, f. 8.

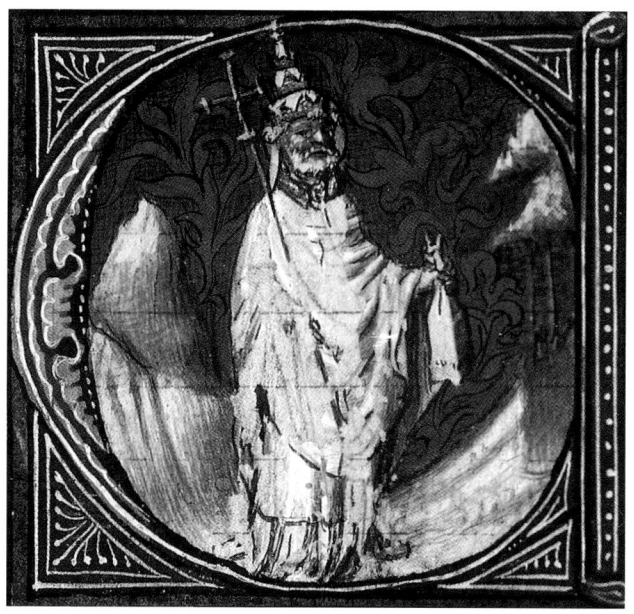

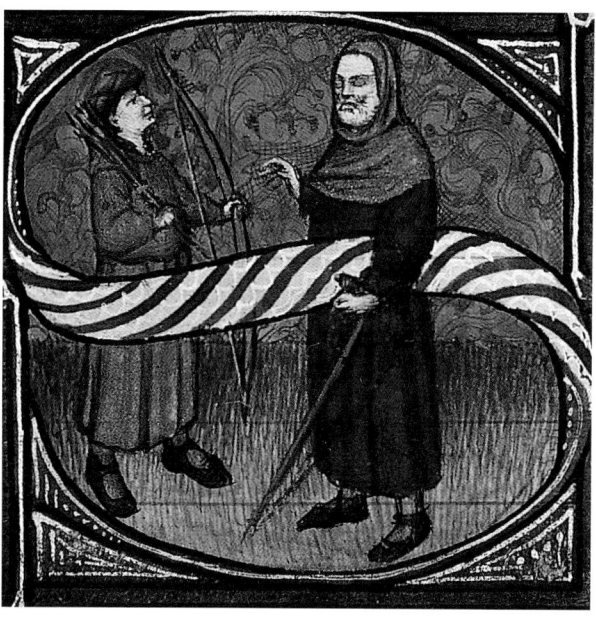

21. Jean Bapteur (?), «San Clemente», 1425-1430. Besançon, convento delle clarisse, ms. 3, *Breviario francescano detto «di Santa Coletta»*, f. 445.

22. Jean Bapteur (?), «Isacco ed Esaù», 1425-1430. Besançon, convento delle clarisse, ms. 3, *Breviario francescano detto «di Santa Coletta»*, f. 168.

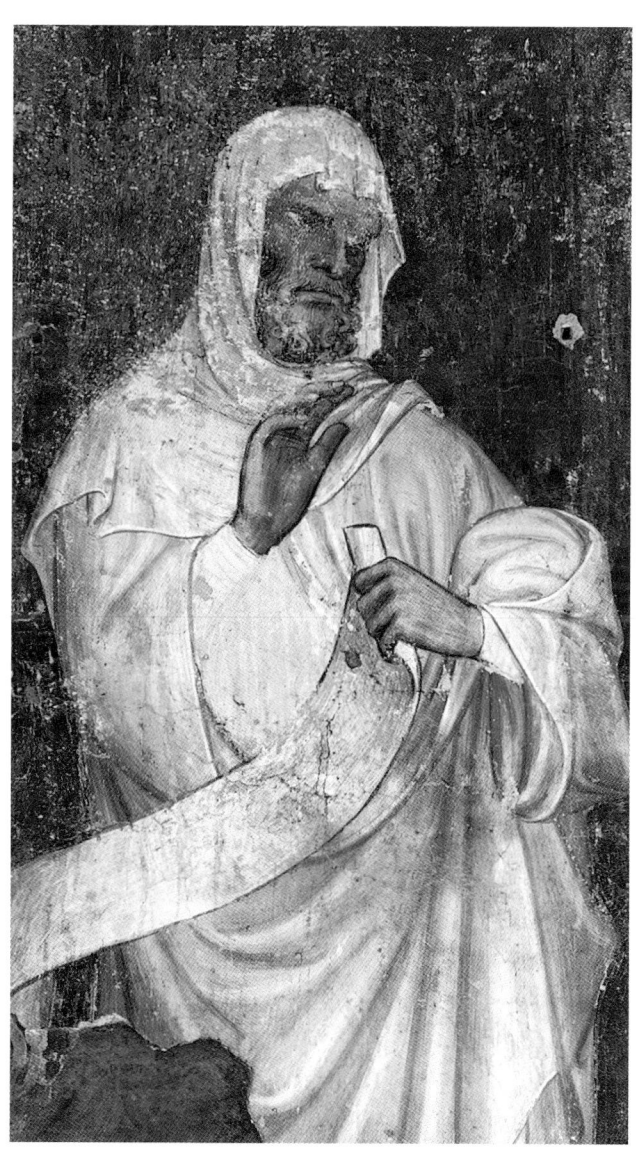

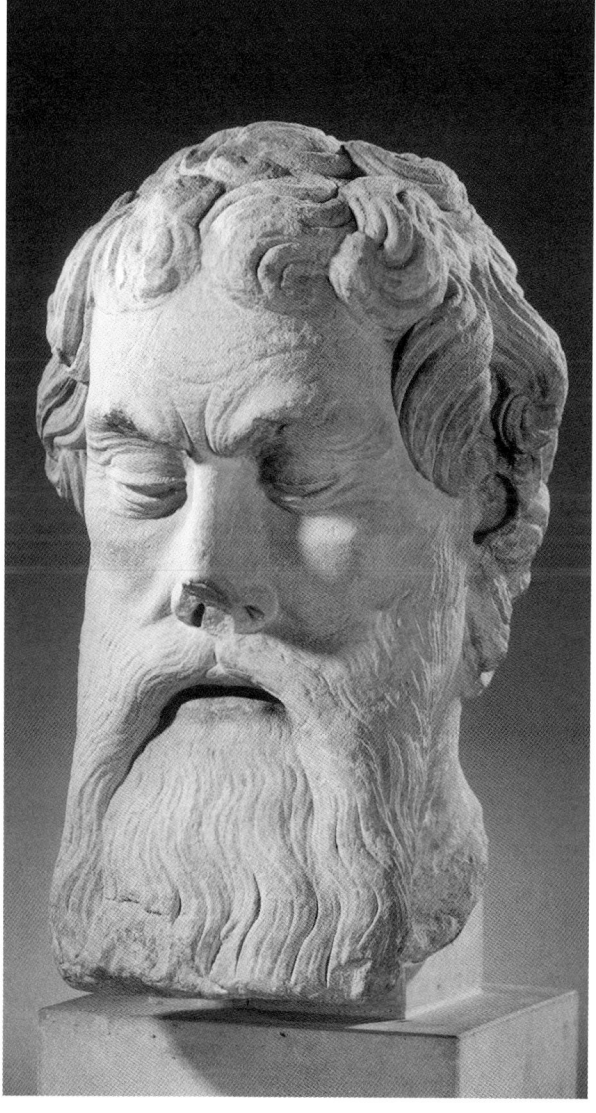

23. Giacomo Jaquerio, «Testa di profeta», 1410-1415. Buttigliera Alta, Sant'Antonio di Ranverso (presbiterio).

24. André Beauneveu (attribuito a), «Testa di apostolo», 1390 circa. Parigi, Louvre, RF 1979. Già nel castello di Méhun-sur-Yèvre.

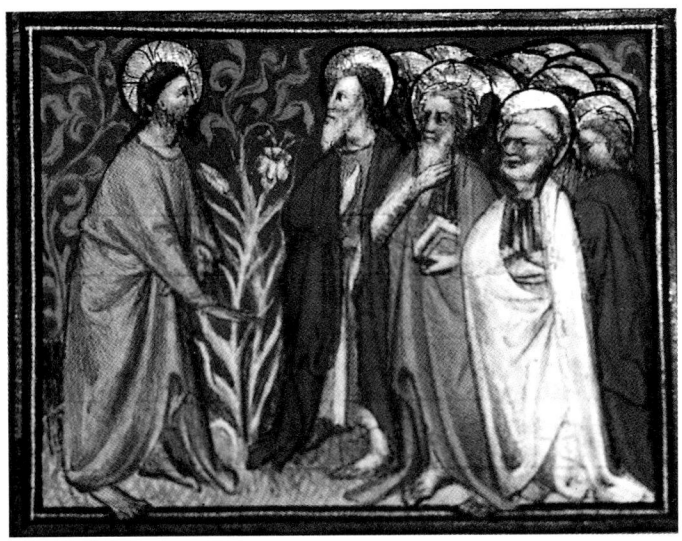

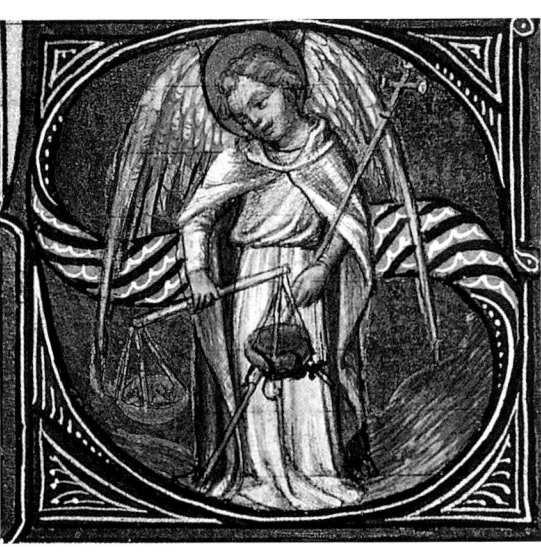

25. JEAN BAPTEUR (?), «Dio veste i gigli del campo», 1425-1430.
Besançon, convento delle clarisse, ms. 3, *Breviario francescano
detto «di Santa Coletta»*, f. 248v.

26. JEAN BAPTEUR (?), «San Michele arcangelo pesa le anime»,
1425-1430. Besançon, convento delle clarisse, ms. 3,
Breviario francescano detto «di Santa Coletta», f. 319v.

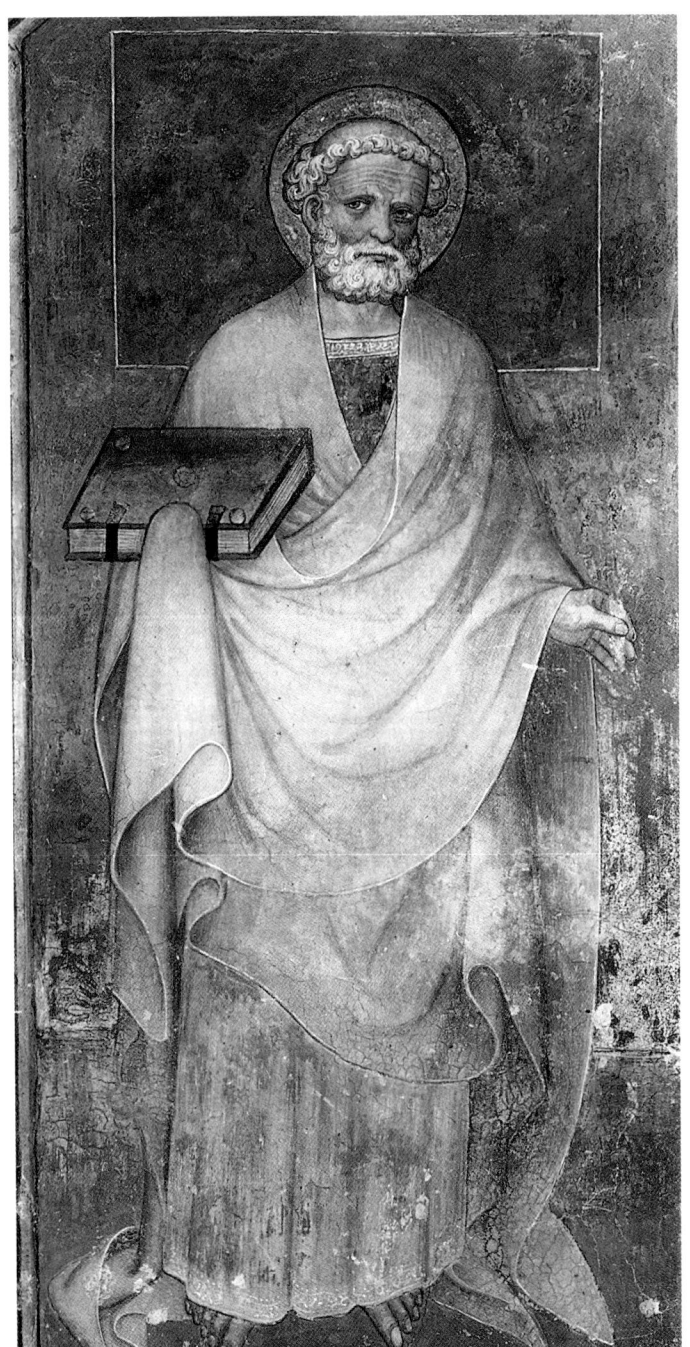

28. GIACOMO JAQUERIO, «Angelo musicante», 1410-1415.
Ginevra, Musée d'Art et d'Histoire, inv. F. 233.

27. GIACOMO JAQUERIO, «San Pietro», 1425 circa.
Buttigliera Alta, Sant'Antonio di Ranverso (sacrestia).

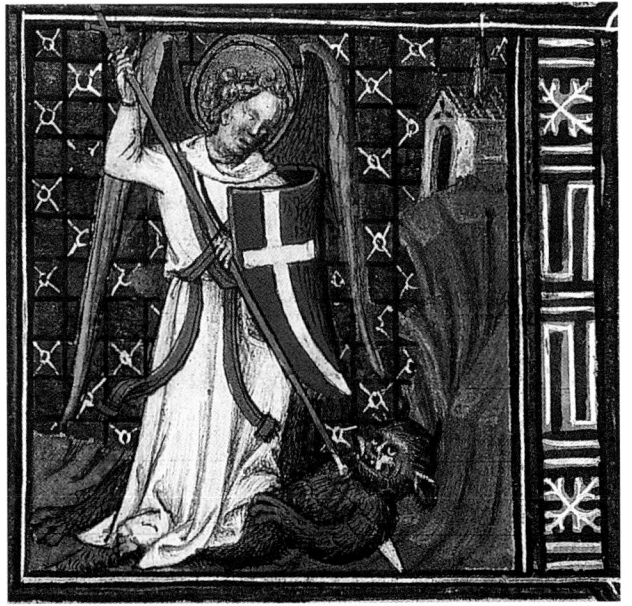

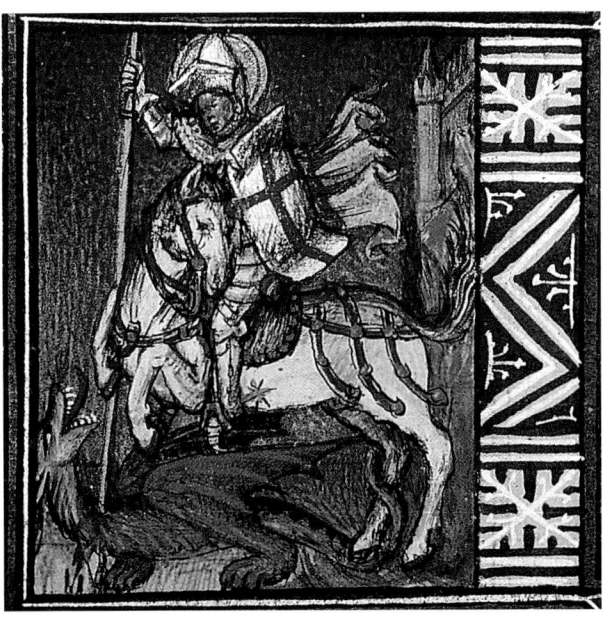

29. JEAN BAPTEUR (?), «San Michele arcangelo sconfigge il drago», 1425-1430. Besançon, convento delle clarisse, ms. 3, *Breviario francescano detto «di Santa Coletta»*, f. 409v.

30. JEAN BAPTEUR (?), «San Giorgio e il drago», 1425-1430. Besançon, convento delle clarisse, ms. 3, *Breviario francescano detto «di Santa Coletta»*, f. 312.

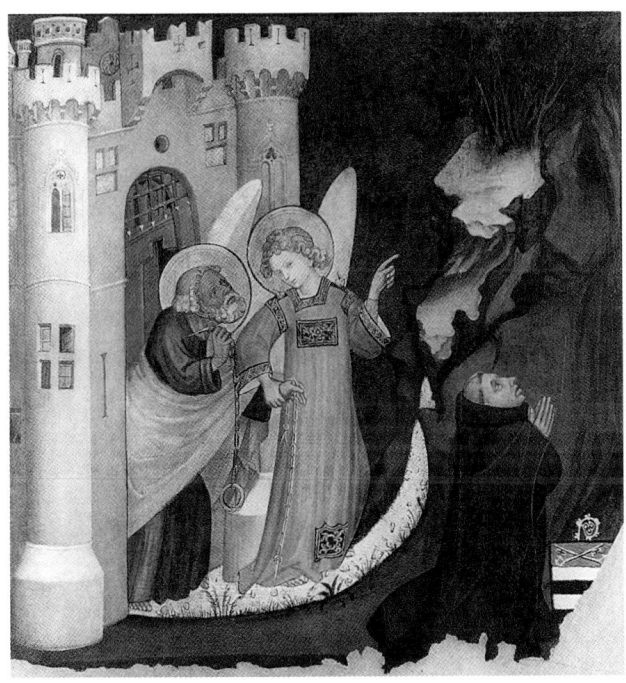

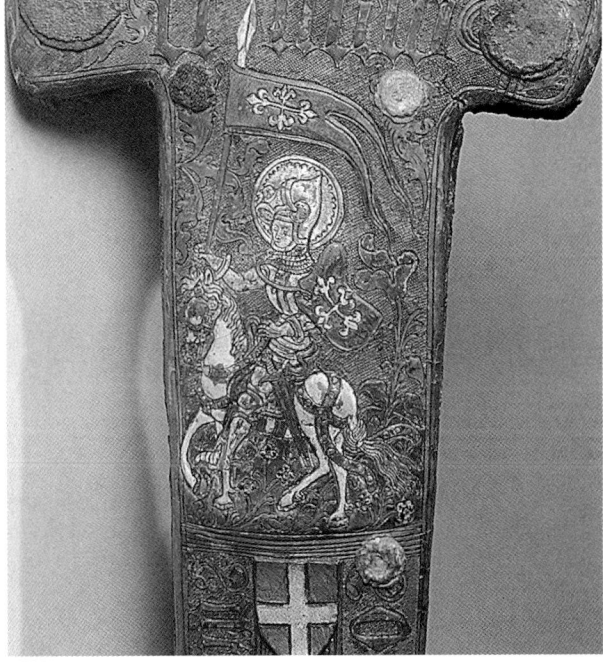

31. GIACOMO JAQUERIO, «Liberazione di san Pietro», 1405-1410. Torino, Museo Civico d'Arte Antica e Palazzo Madama, inv. 608, 472/D.

32. JEAN BAPTEUR (?), «San Maurizio e stemma sabaudo», 1434-1438. Custodia della spada di san Maurizio in cuoio sbalzato, inciso e dipinto, Torino, Armeria Reale, inv. n.Q 12.

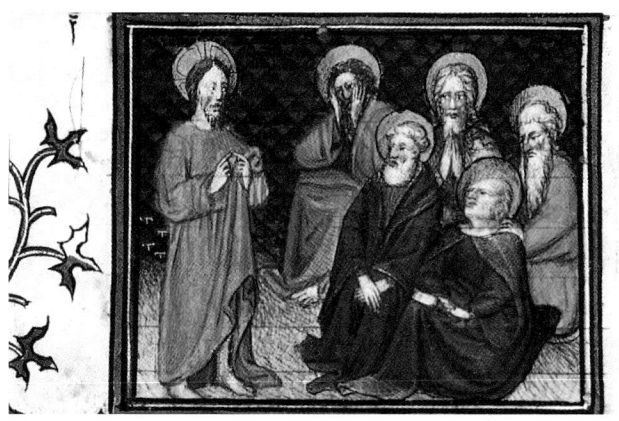

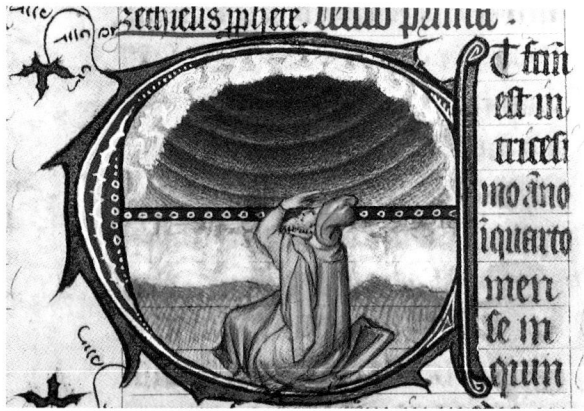

33. JEAN BAPTEUR (?), «Gesù mette in guardia i suoi discepoli dai falsi profeti», 1425-1430. Besançon, convento delle clarisse, ms. 3, *Breviario francescano detto «di Santa Coletta»*, f. 245v.

34. JEAN BAPTEUR (?), «Visione di Ezechiele», 1425-1430. Besançon, convento delle clarisse, ms. 3, *Breviario francescano detto «di Santa Coletta»*, f. 266.

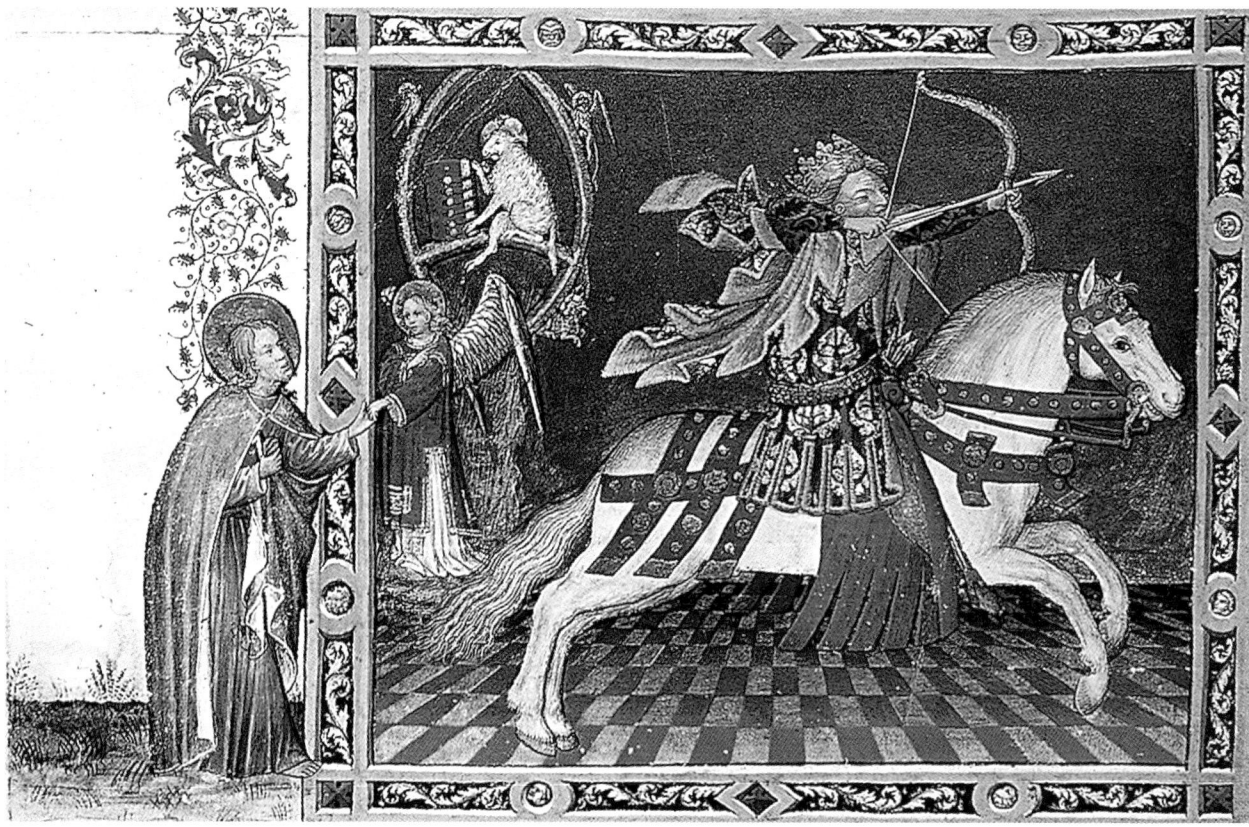

35. JEAN BAPTEUR, «Apertura del primo sigillo: il cavaliere sul cavallo bianco», 1428-1434. El Escorial, Real Biblioteca del Monasterio de San Lorenzo, ms. E.Vit. 5, *Apocalisse di Savoia*, f. 6v.

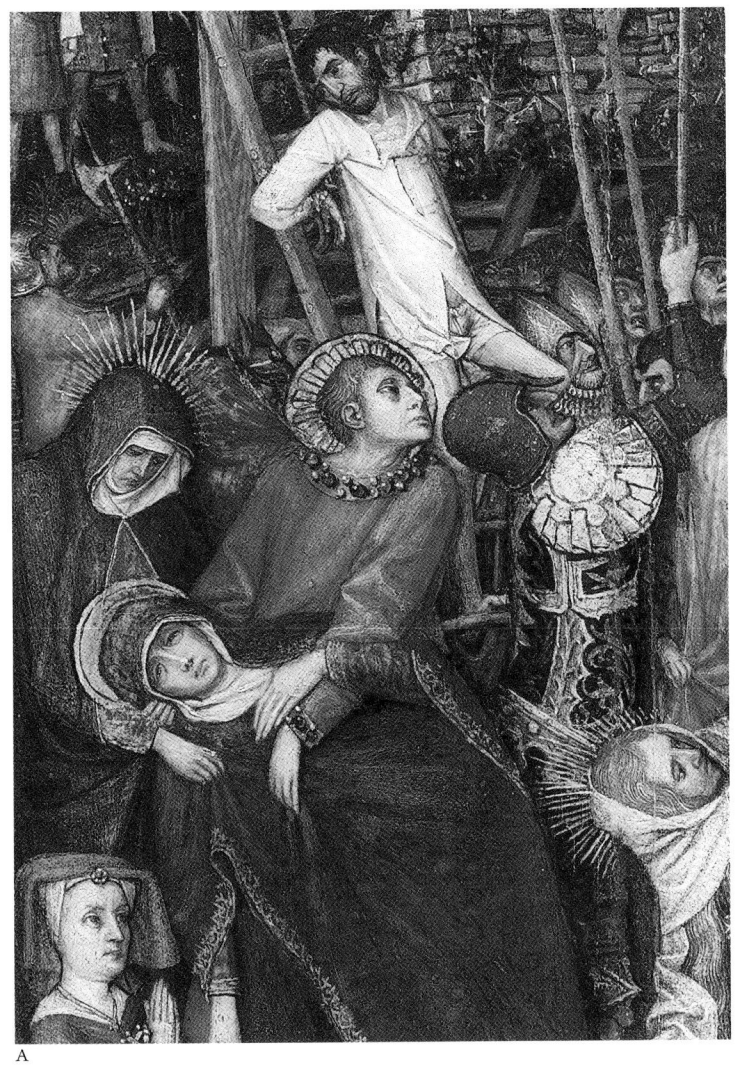

A

36A e B. COLLABORATORE DI JEAN BAPTEUR,
«Crocifissione» (particolari), 1440 circa.
Torino, Museo Civico d'Arte Antica e Palazzo Madama,
inv. 484, 432/D.

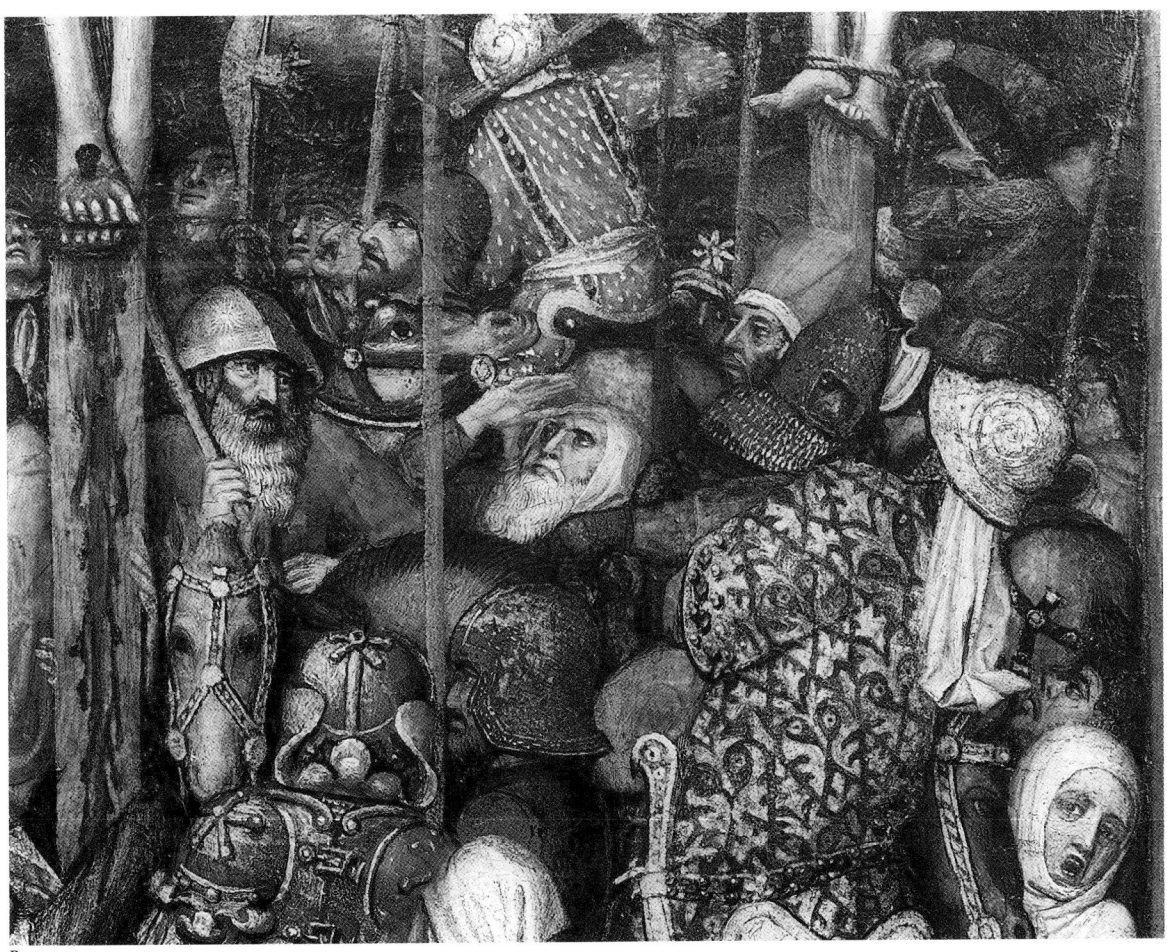

B

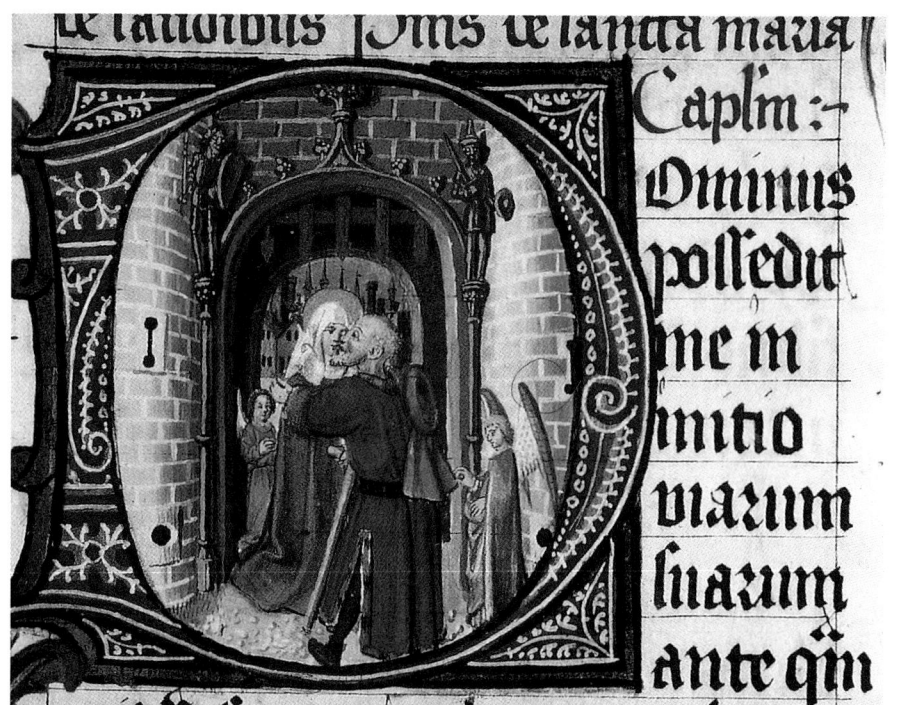

37. Primo Maestro
delle Ore di Ludovico di Savoia (?),
«Incontro alla Porta Aurea»,
1445-1450 circa. Besançon,
convento delle clarisse, ms. 3,
Breviario francescano detto «di Santa Coletta»,
f. 488.

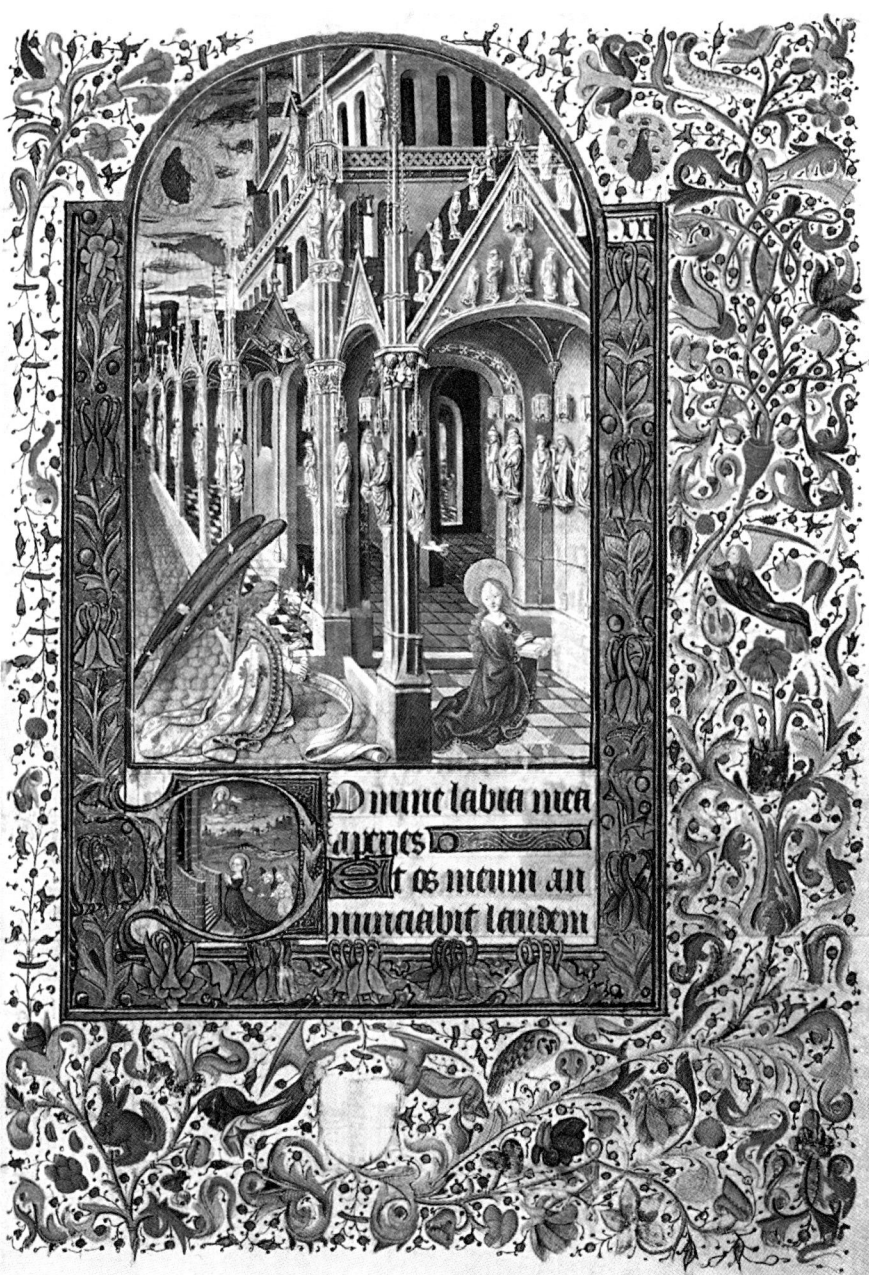

38. Primo Maestro
delle Ore di Ludovico
di Savoia, «Annunciazione», 1445-1450.
Parigi, Bibliothèque nationale de France,
ms. Lat. 9473, *Libro d'Ore* noto come
Ore di Ludovico di Savoia, f. 17.

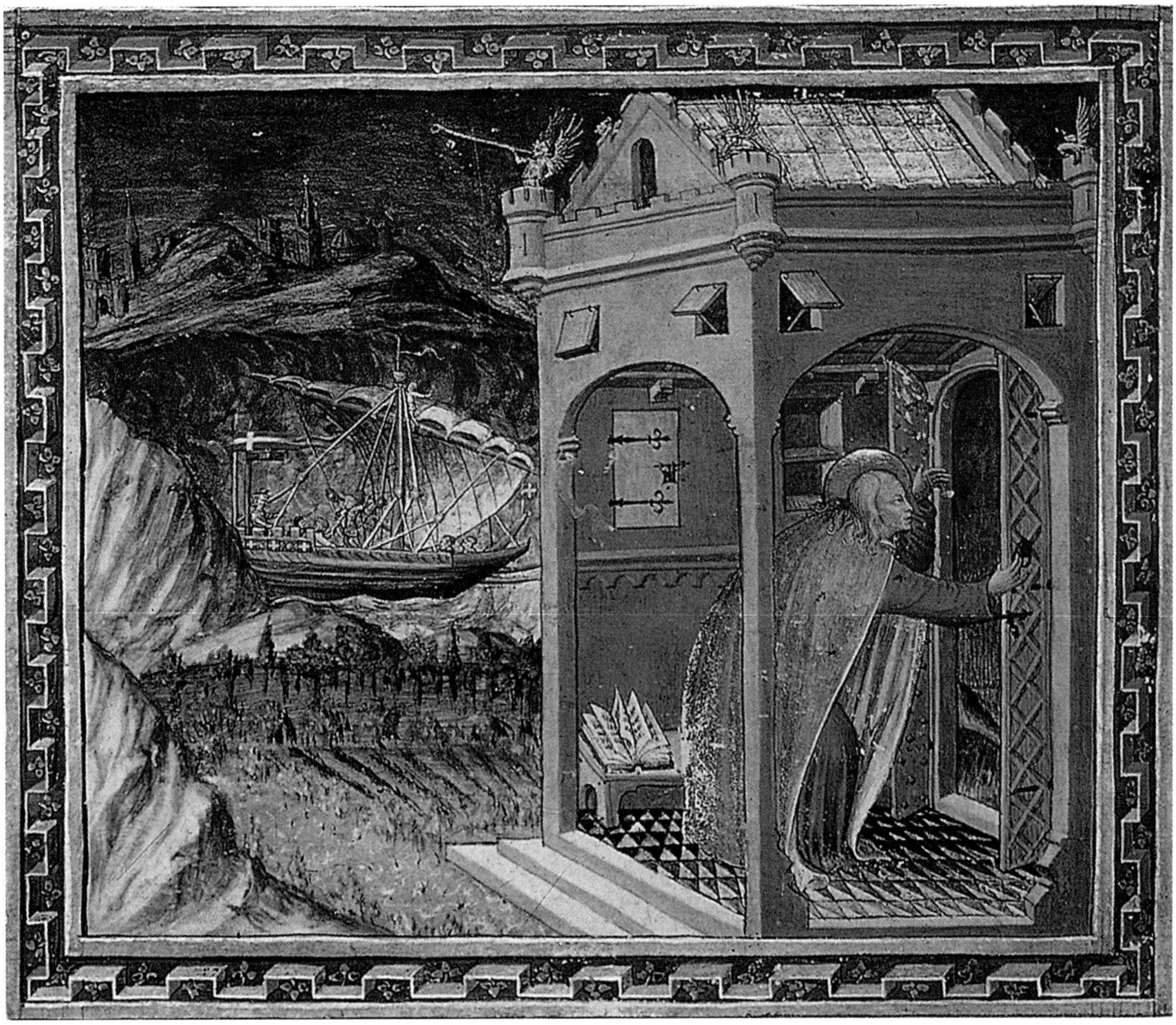

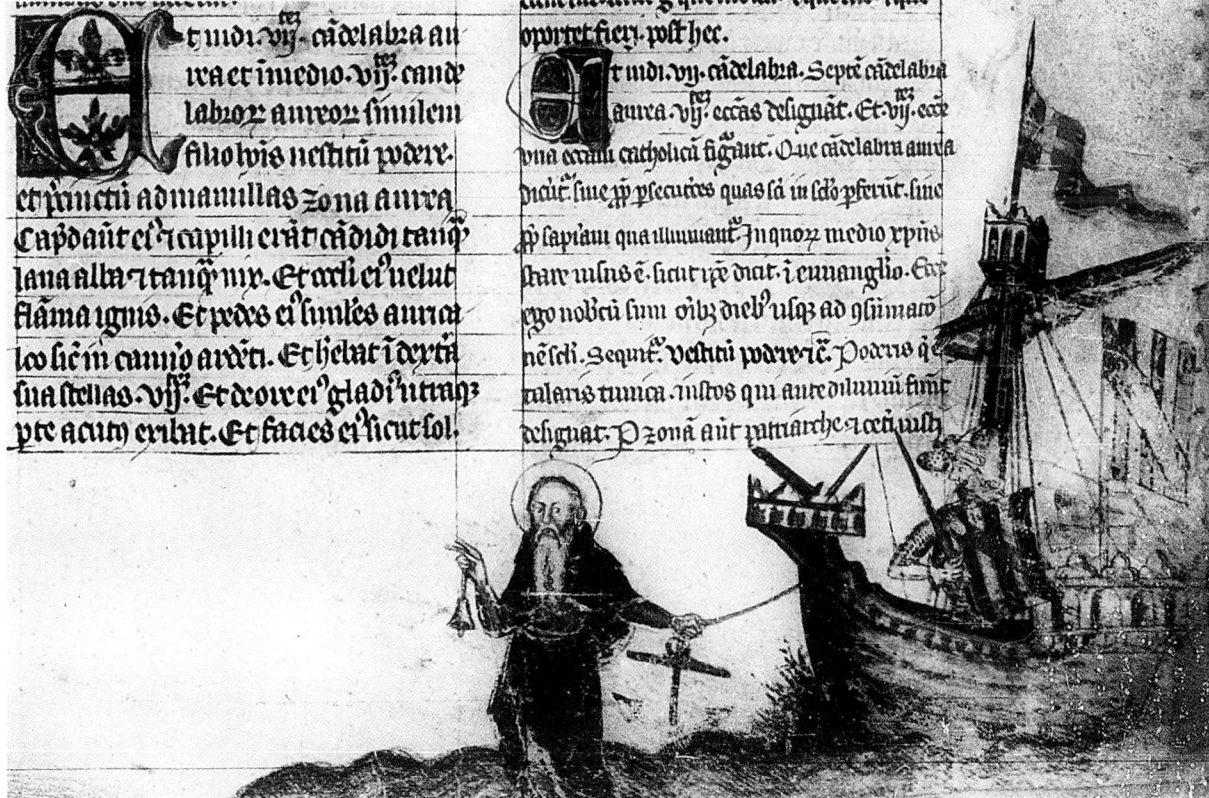

39. JEAN BAPTEUR, «San Giovanni apre la porta sul cielo», 1428-1434. El Escorial, Real Biblioteca del Monasterio de San Lorenzo, ms. E. Vit. 5, *Apocalisse di Savoia*, f. 3v.

40. MINIATORE SAVOIARDO, «Sant'Antonio abate tira a riva una delle galee di Amedeo VI», 1367-1370. Parigi, Bibliothèque nationale de France, ms. Lat. 688, *Apocalisse Viry*, f. 3.

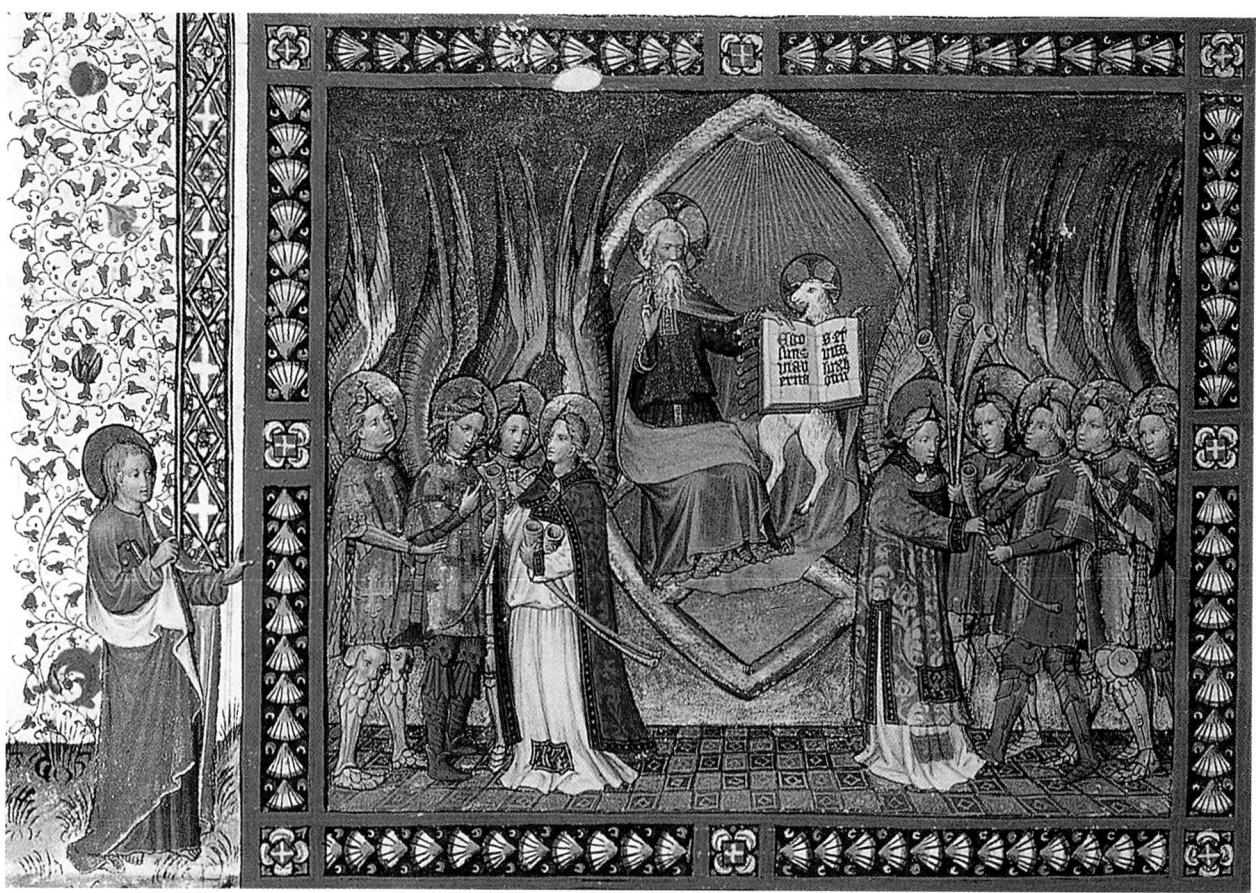

41. JEAN BAPTEUR, «Apertura del settimo sigillo: sette angeli ricevono sette trombe», 1428-1434. El Escorial, Real Biblioteca del Monasterio de San Lorenzo, ms. E. Vit. 5, *Apocalisse di Savoia*, f. 10v.

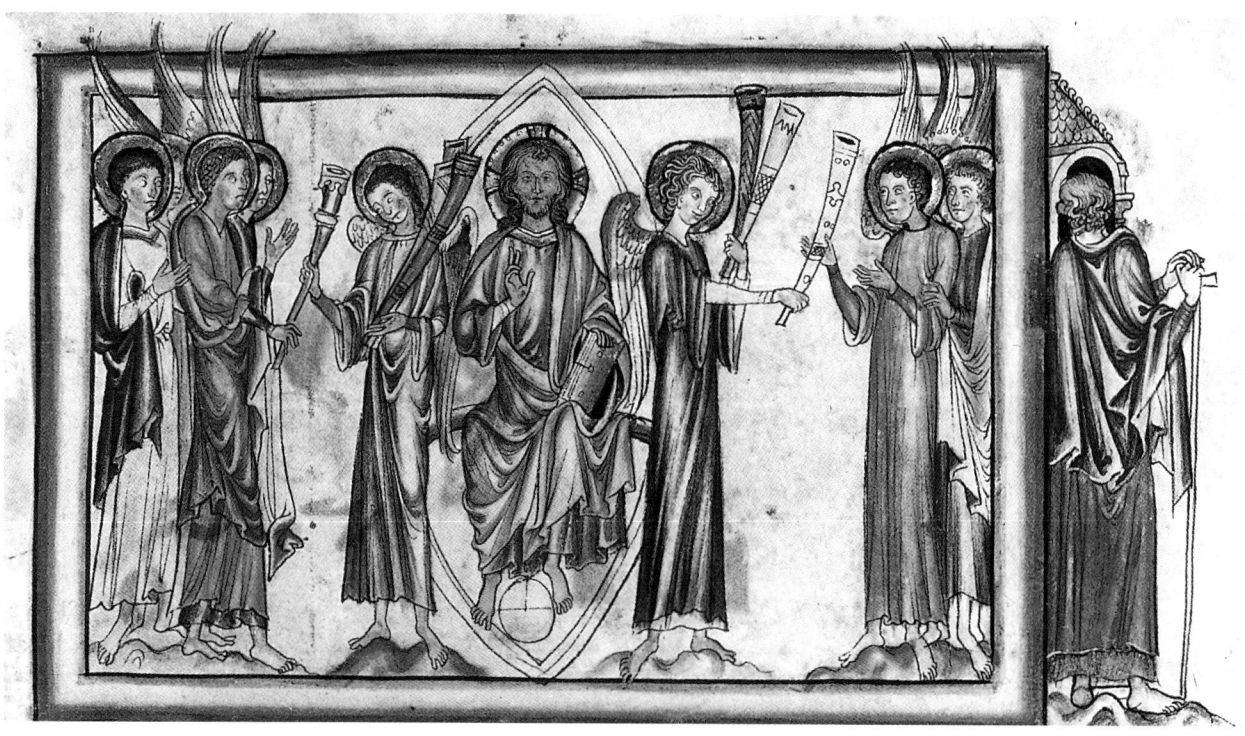

42. MINIATORE INGLESE, «Apertura del settimo sigillo: sette angeli ricevono sette trombe», 1255-1260 circa.
Los Angeles, The John Paul Getty Museum, ms. Ludwig III 1, *Apocalisse Dyson Perrins*, f. 10.

A fianco
44. MINIATORE INGLESE, «Apertura del settimo sigillo:
sette angeli ricevono sette trombe», 1272 circa. Oxford, Bodleian Library,
ms. Douce 180, *Apocalisse*, p. 21.

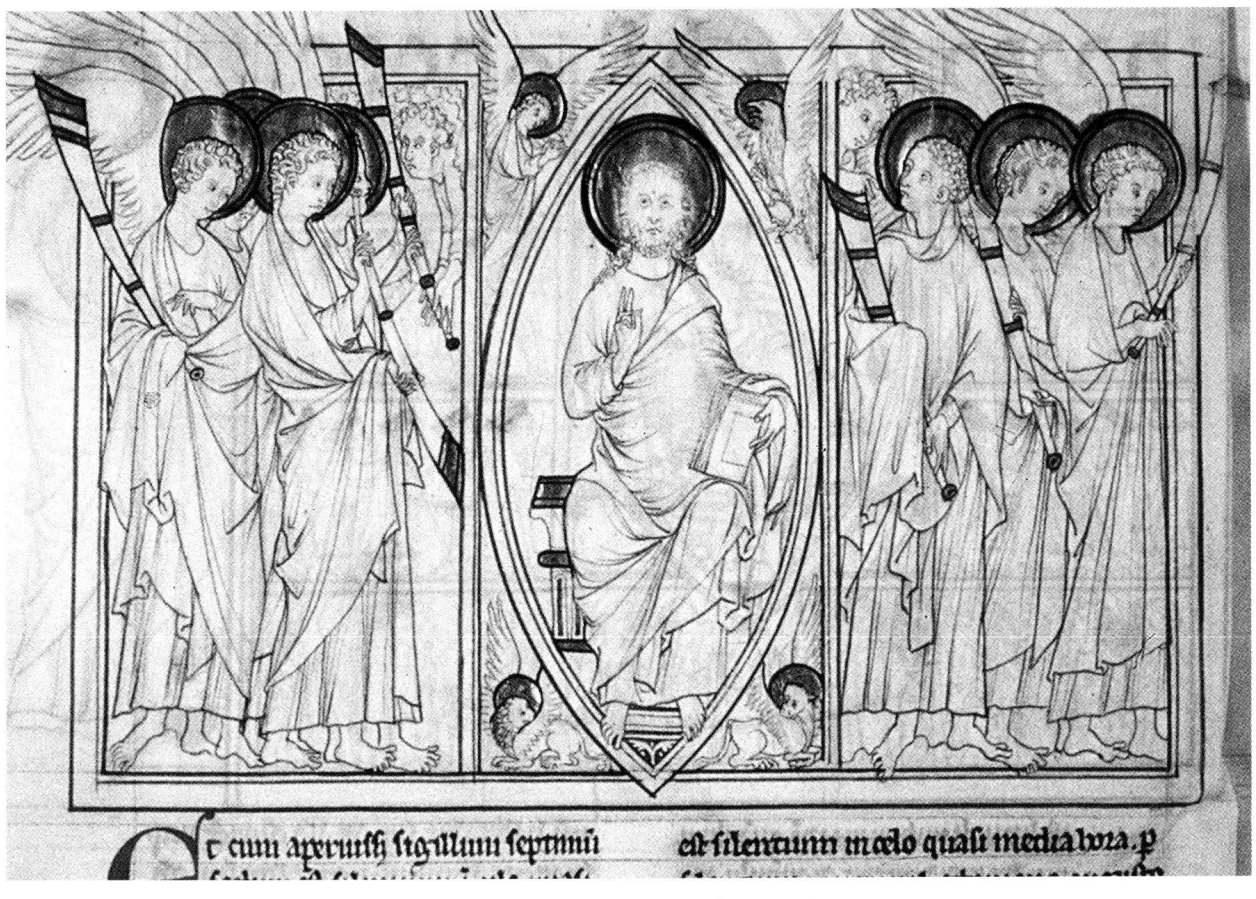

43. MINIATORE INGLESE, «Apertura del settimo sigillo: sette angeli ricevono sette trombe», 1270 circa.
Parigi, Bibliothèque nationale de France, ms. Lat. 10474, *Apocalisse*, f. 11*v*.

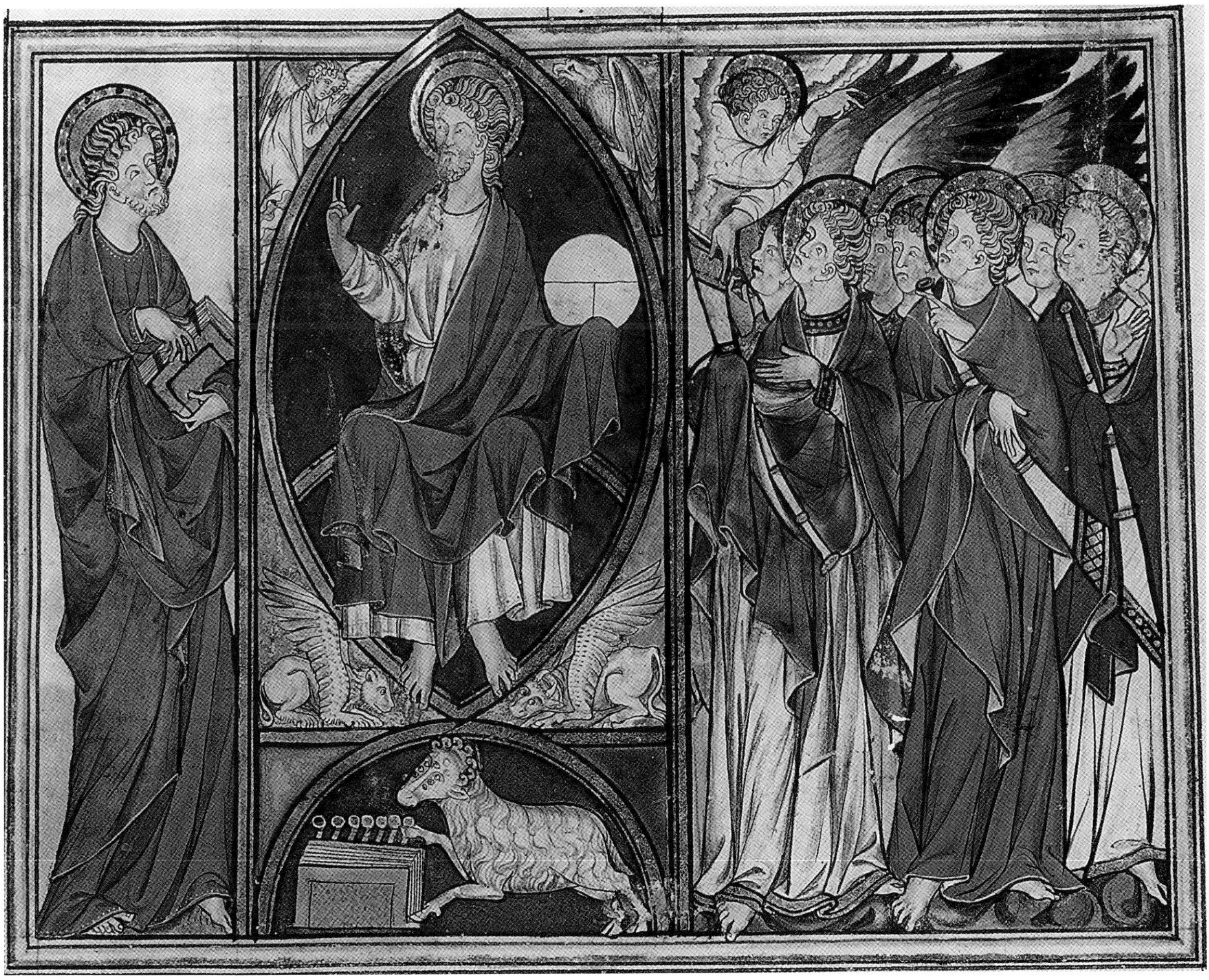

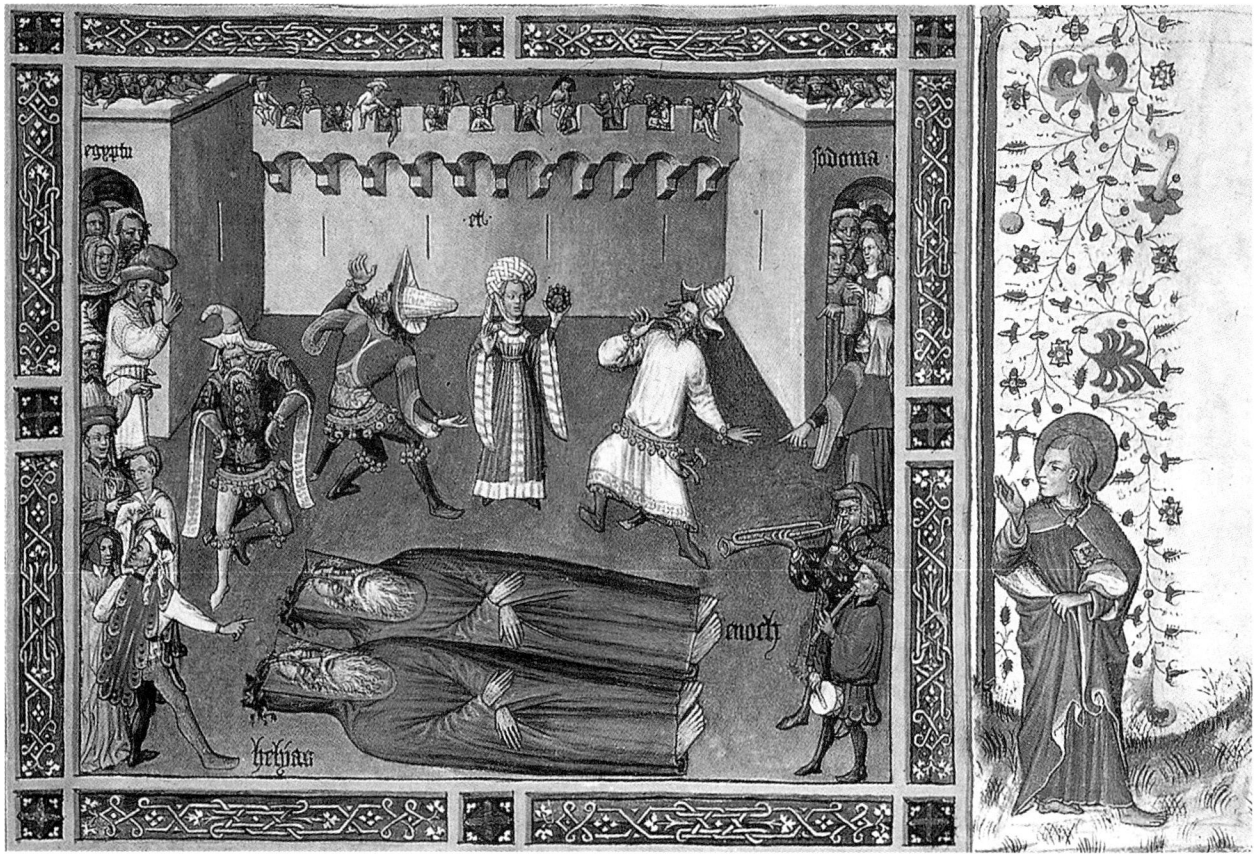

45. Jean Bapteur, «Il popolo in festa davanti ai due cadaveri di Enoch ed Elia», 1428-1434. El Escorial, Real Biblioteca del Monasterio de San Lorenzo, ms. E. Vit. 5, *Apocalisse di Savoia*, f. 18.

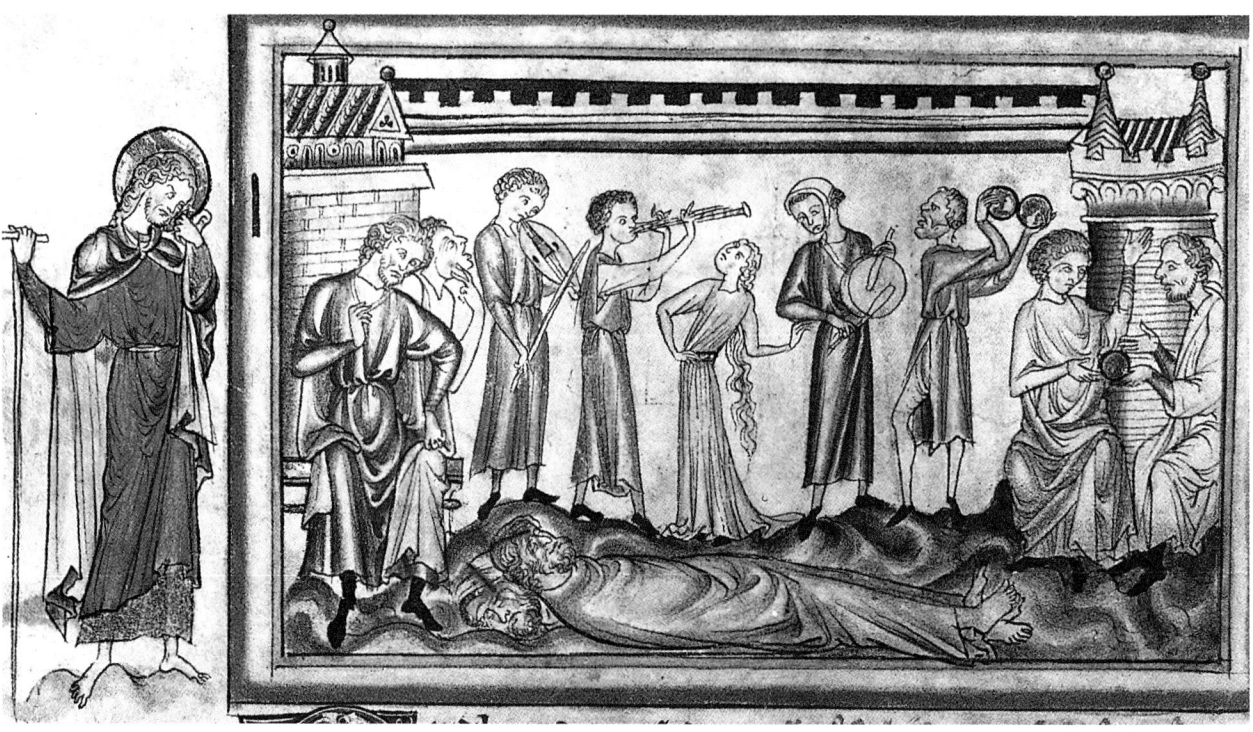

46. Miniatore inglese, «Il popolo in festa davanti ai due cadaveri di Enoch ed Elia», 1255-1260 circa.
Los Angeles, The John Paul Getty Museum, ms. Ludwig III 1, *Apocalisse Dyson Perrins*, f. 17v.

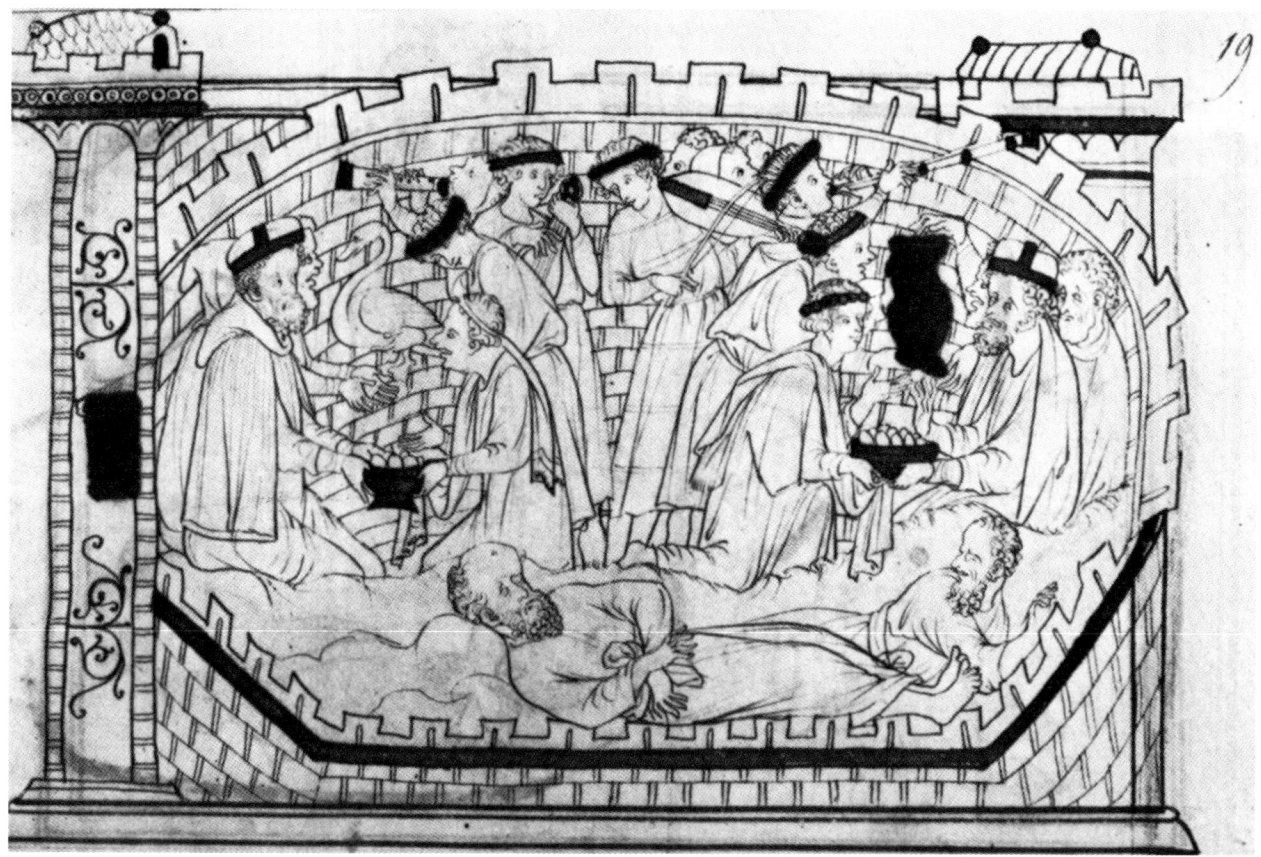

47. MINIATORE INGLESE, «Il popolo in festa davanti ai due cadaveri di Enoch ed Elia», 1270 circa. Parigi, Bibliothèque nationale de France, ms. Lat. 10474, *Apocalisse*, f. 19.

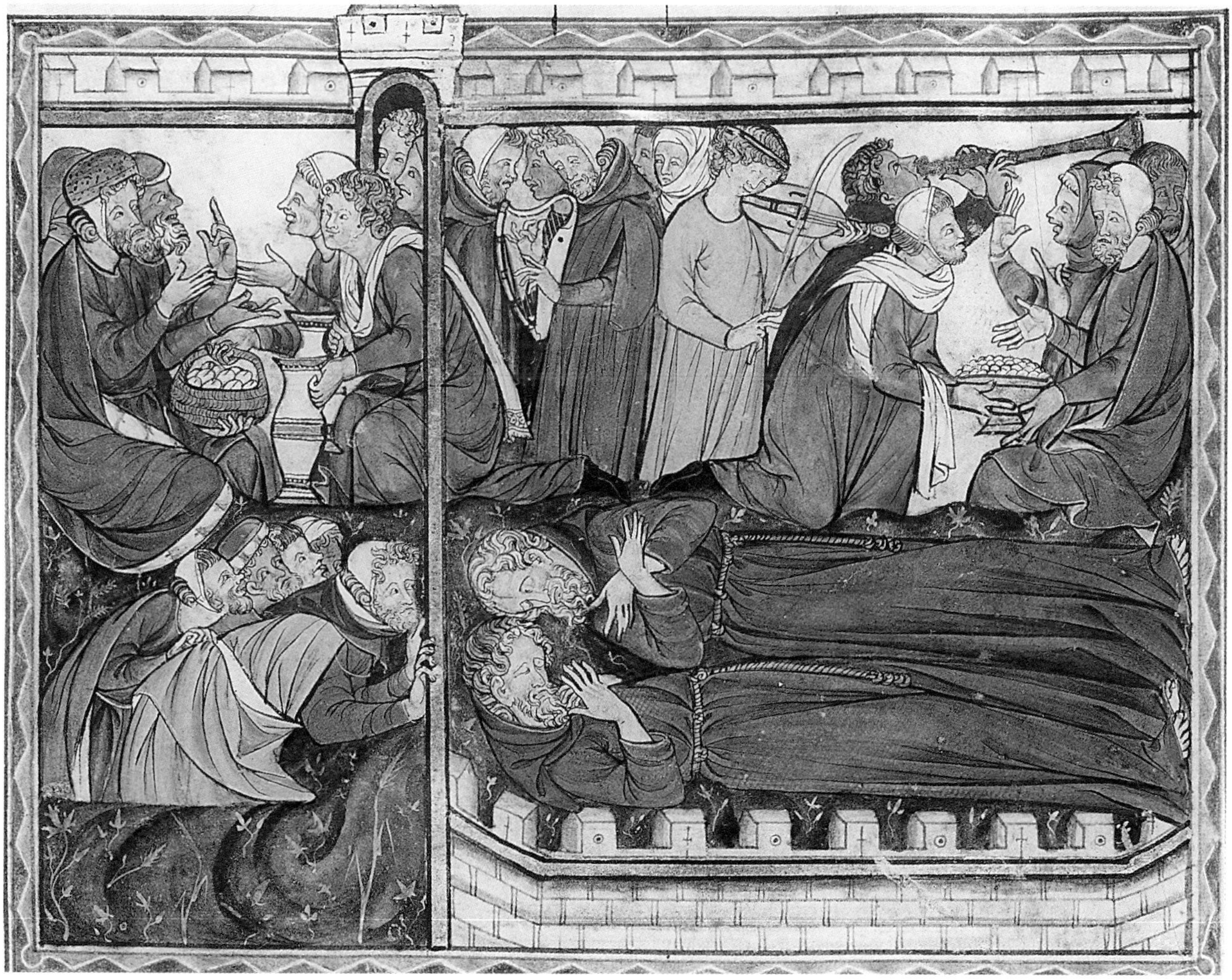

48. MINIATORE INGLESE, «Il popolo in festa davanti ai due cadaveri di Enoch ed Elia», 1272 circa.
Oxford, Bodleian Library, ms. Douce 180, *Apocalisse*, p. 37.

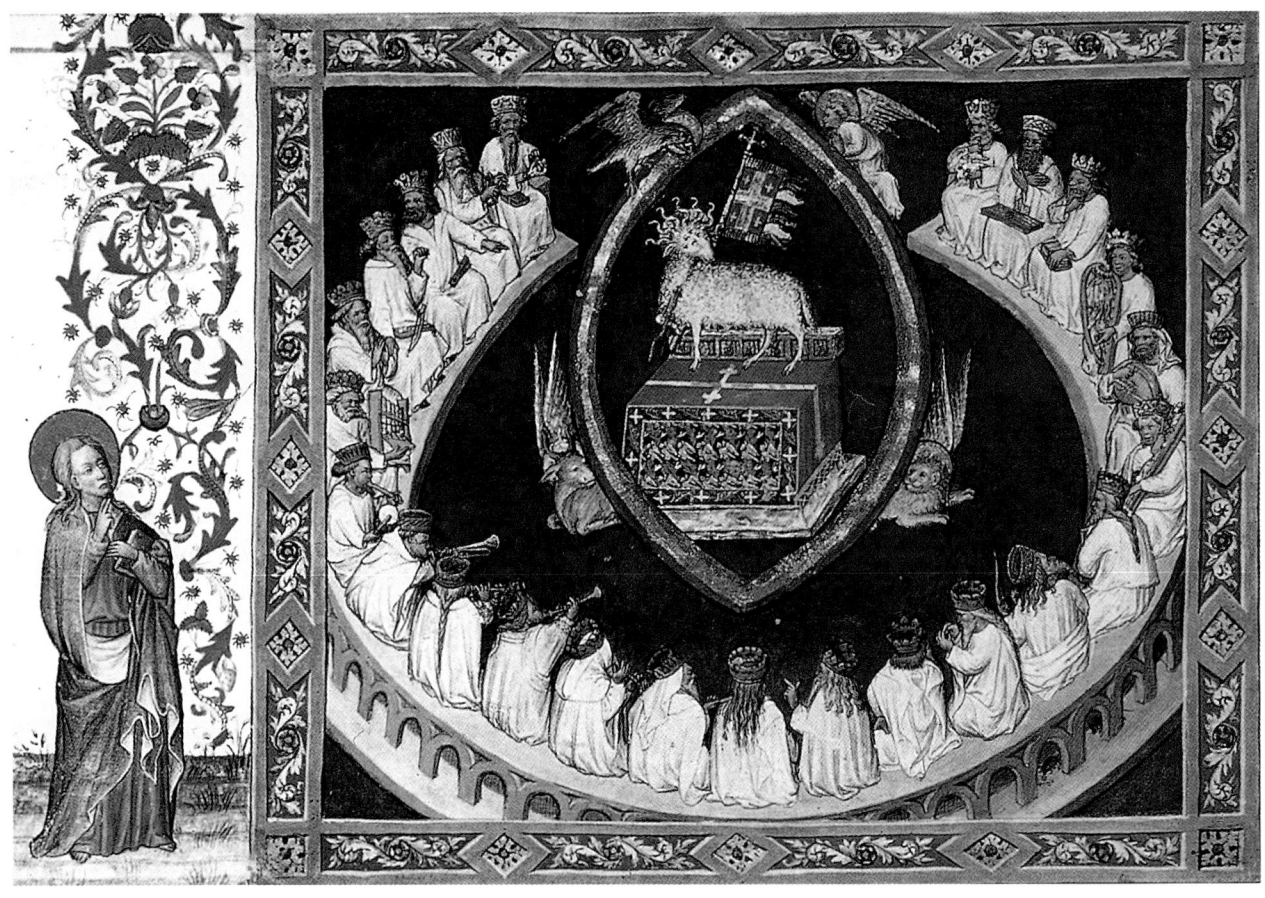

49. Jean Bapteur,
«L'Agnello sul trono»,
1428-1434.
El Escorial, Real Biblioteca
del Monasterio
de San Lorenzo, ms. E. Vit. 5,
Apocalisse di Savoia, f. 5v.

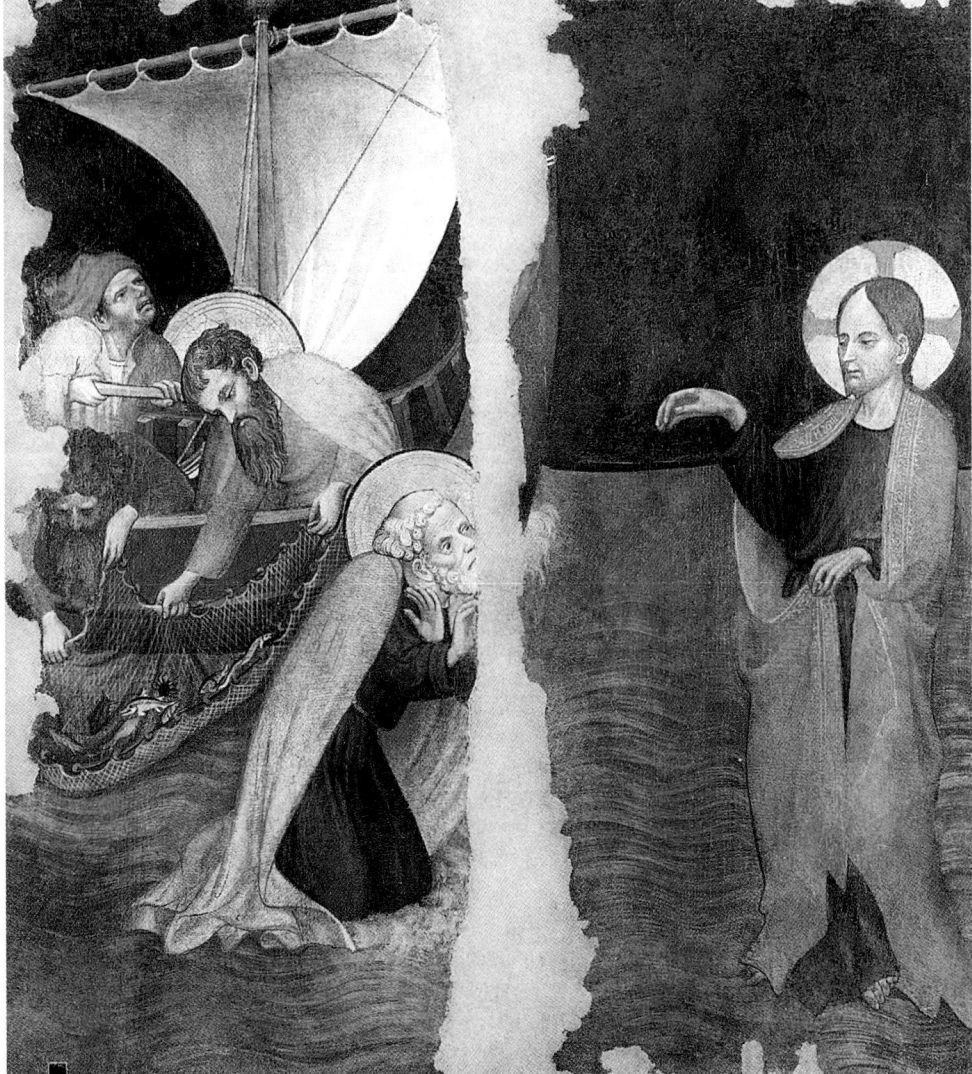

50. Giacomo Jaquerio,
«Vocazione di san Pietro»,
1405-1410.
Torino, Museo Civico d'Arte
Antica e Palazzo Madama,
inv. 608, 471/D.

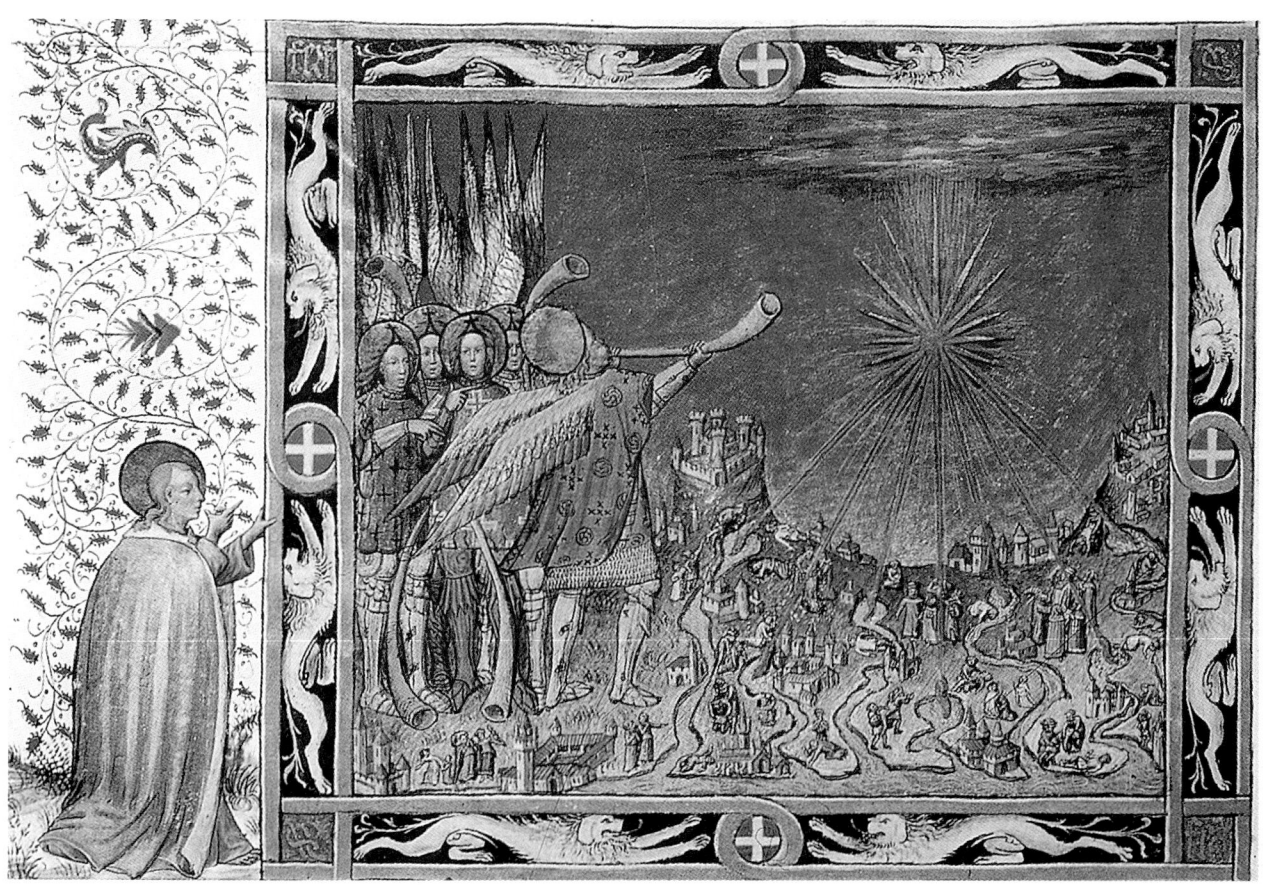

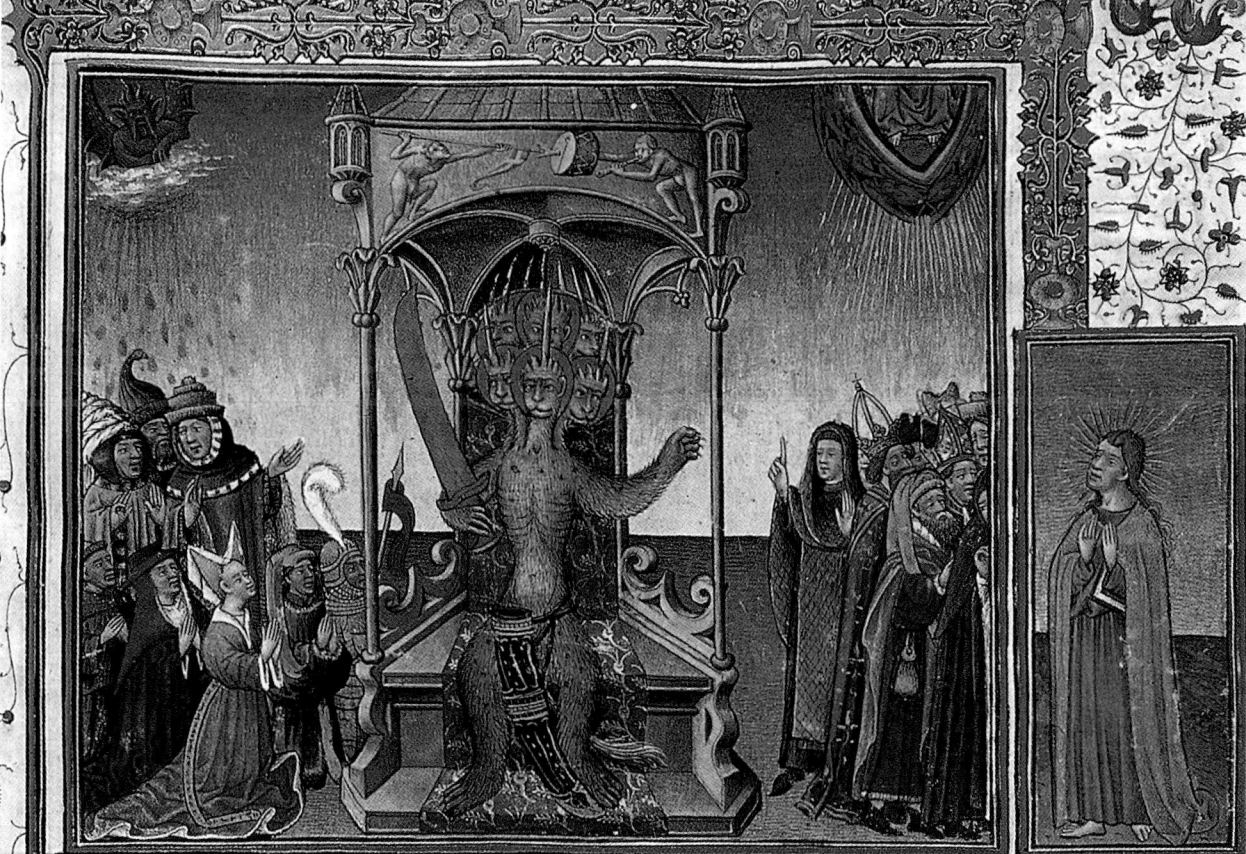

52. Péronet Lamy, «Adorazione della bestia a sette teste», 1432-1434. El Escorial, Real Biblioteca del Monasterio de San Lorenzo, ms. E. Vit. 5, *Apocalisse di Savoia*, f. 25.

In alto
51. Jean Bapteur, «Il terzo angelo suona la tromba, dal cielo cade una grande stella ardente», 1428-1434. El Escorial, Real Biblioteca del Monasterio de San Lorenzo, ms. E. Vit. 5, *Apocalisse di Savoia*, f. 12v.

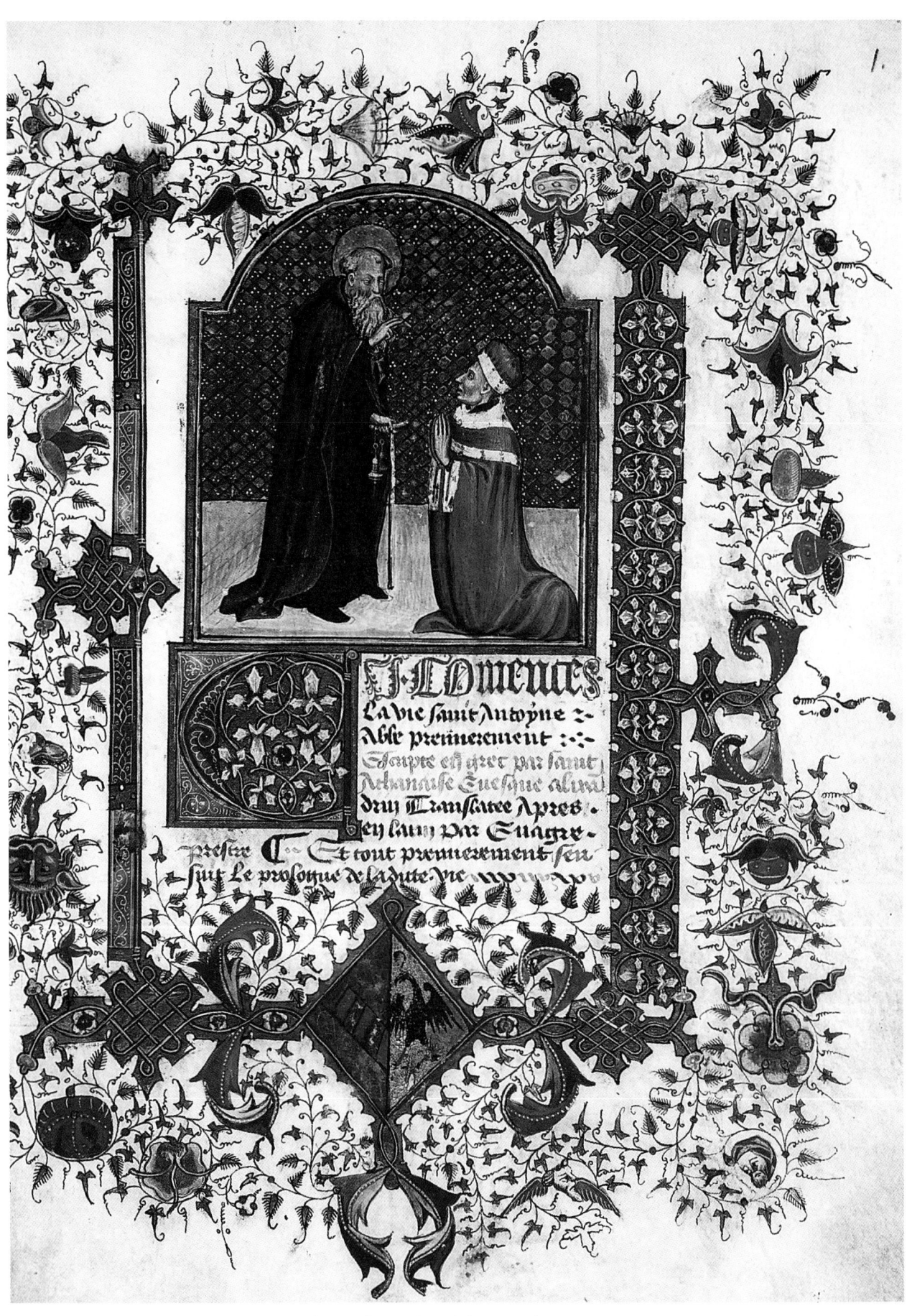

53. JEAN BAPTEUR, «Un principe (Amedeo VIII di Savoia?) in preghiera di fronte a sant'Antonio», 1427 circa.
Halle-Wittenberg, Universitäts und Landesbibliothek Sachsen-Anhalt, ms. 1/D a/6, *Vie de Saint Antoine*, frontespizio.

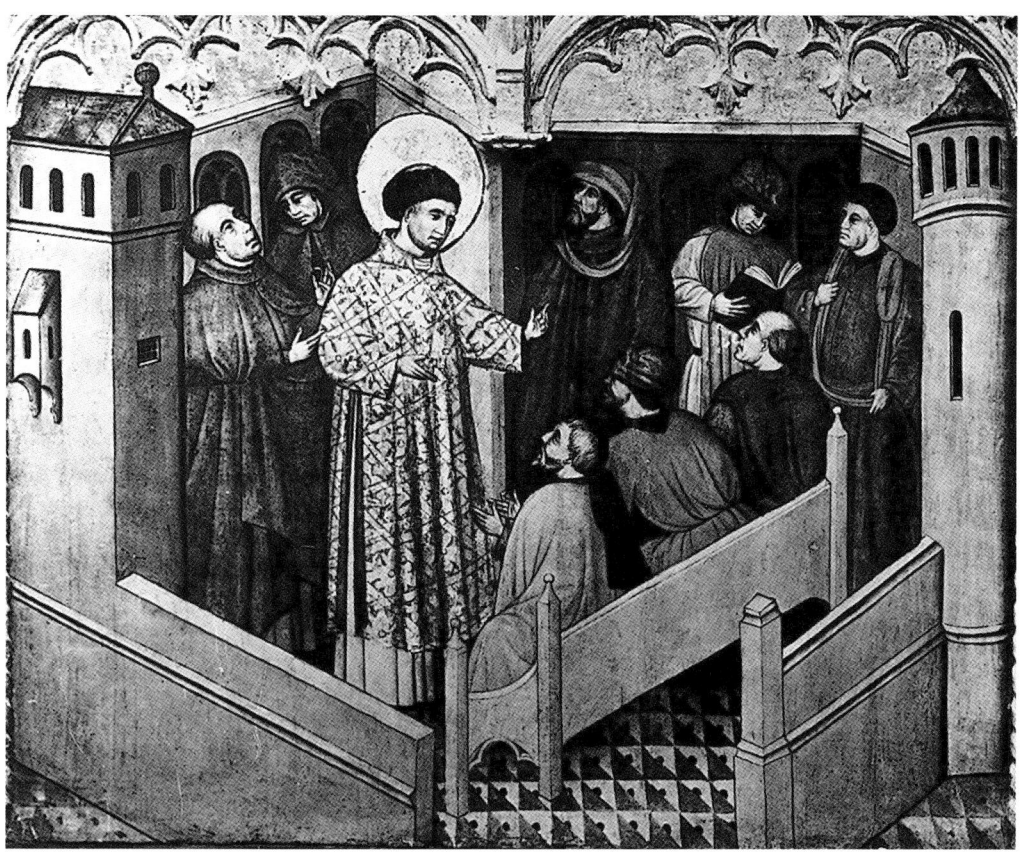

54. PITTORE FRANCO-PIEMONTESE, «Disputa di santo Stefano con i Giudei», 1435-1440 circa. Ubicazione sconosciuta. Già nella collezione Gualino.

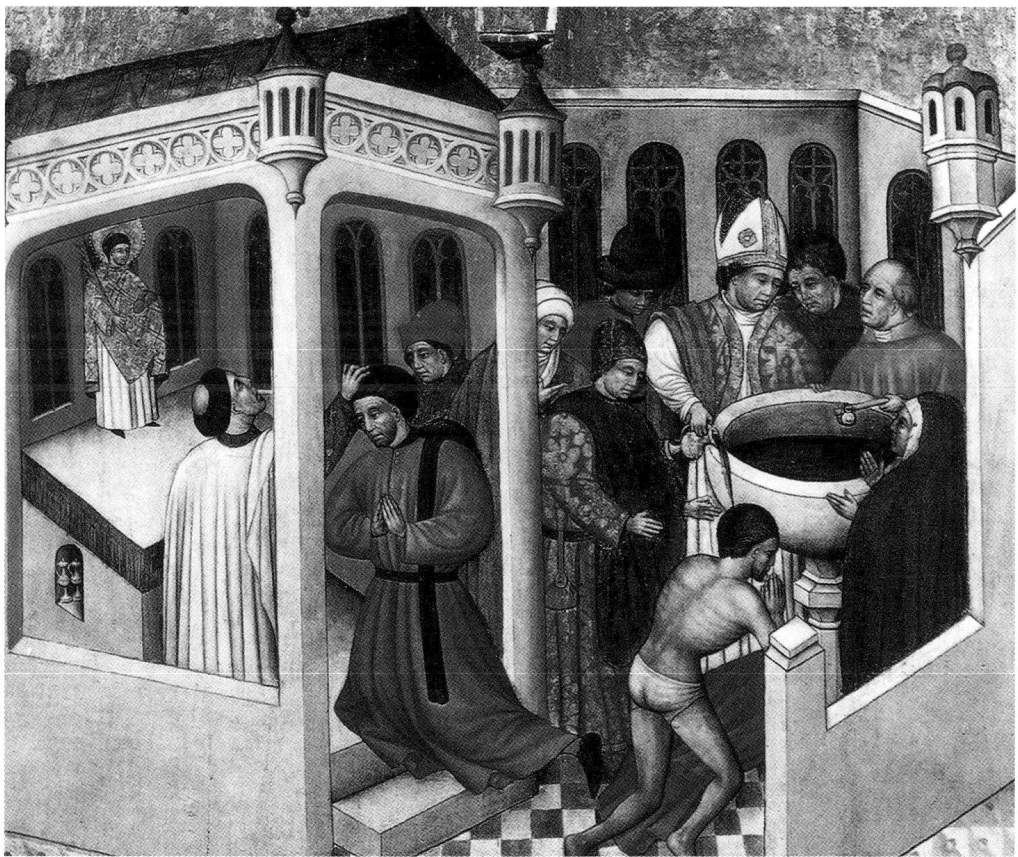

55. PITTORE FRANCO-PIEMONTESE, «Conversione del pagano Marziale (miracolo *post mortem* di santo Stefano)», 1435-1440 circa. Ubicazione sconosciuta. Già nella collezione Gualino.

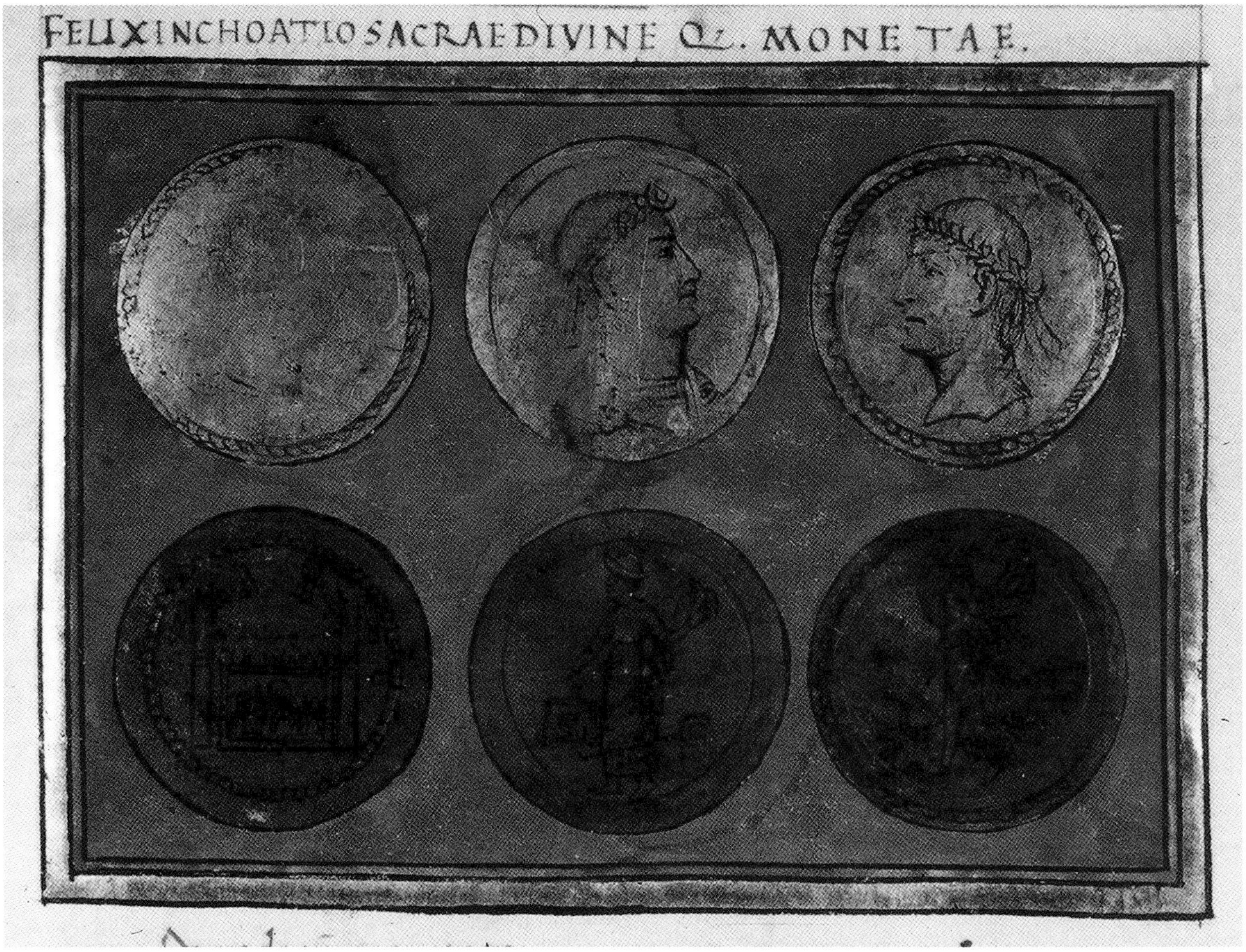

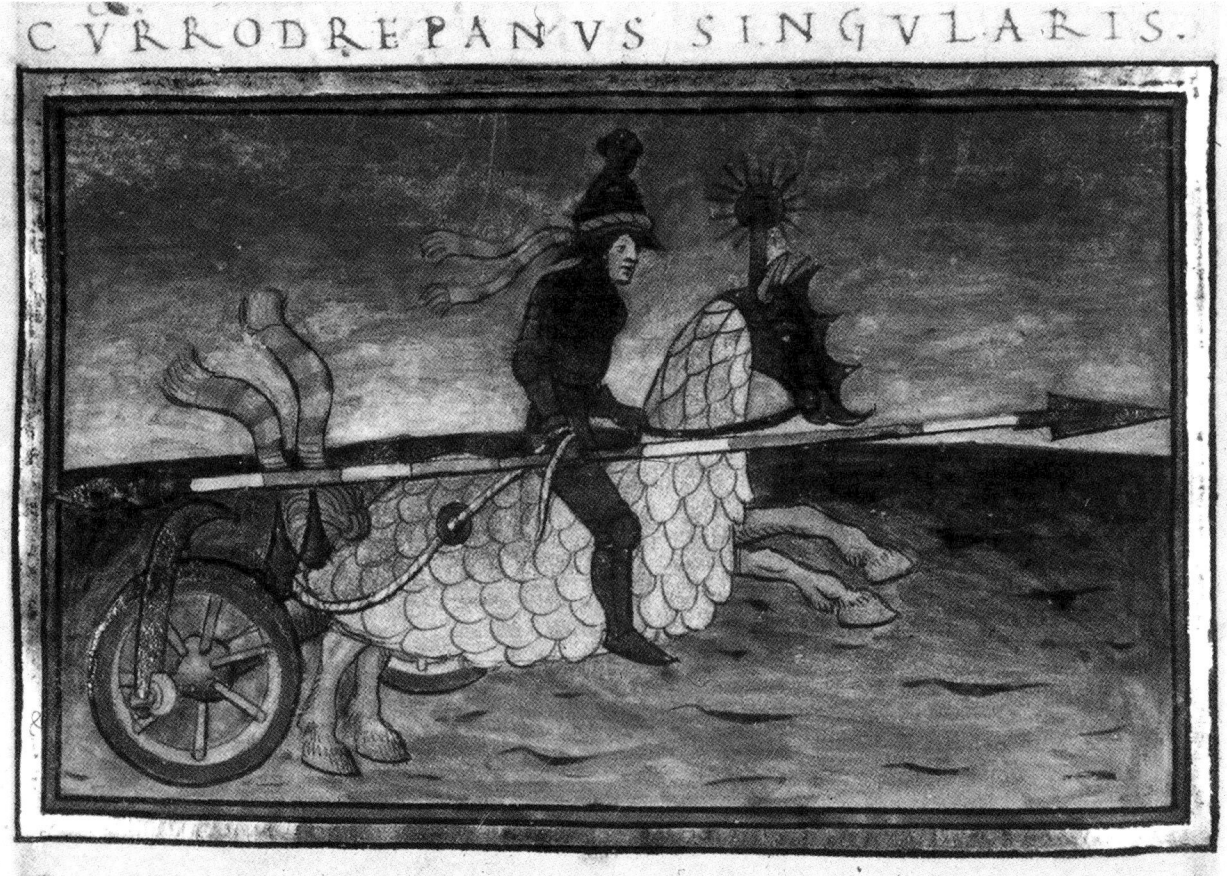

56. PÉRONET LAMY, «Serie di monete», 1436. Oxford, Bodleian Library, ms. Canon Misc. 378, *Notitia Dignitatum & C*, f. 70.

57. PÉRONET LAMY, «Marchingegno da guerra», 1436. Oxford, Bodleian Library, ms. Canon Misc. 378, *Notitia Dignitatum & C*, f. 73*v*.

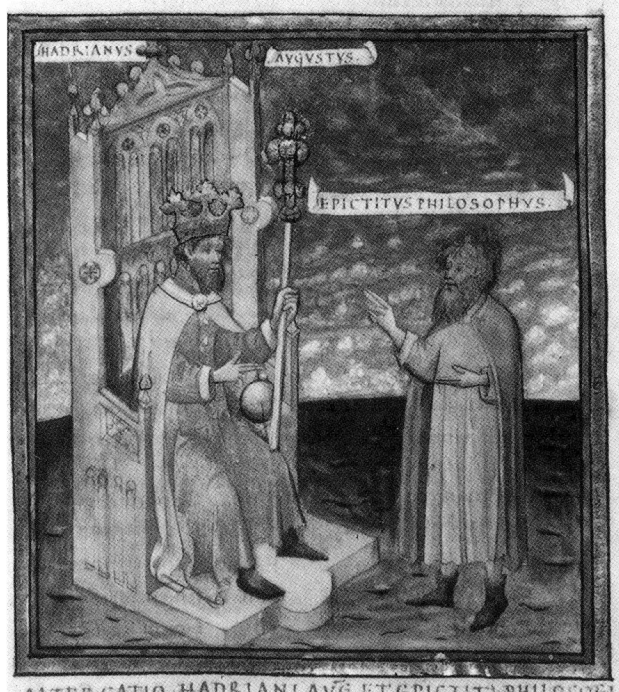

58. PÉRONET LAMY, «Disquisizione tra l'imperatore Adriano
e il filosofo Epictetus», 1436. Oxford, Bodleian Library,
ms. Canon Misc. 378, *Notitia Dignitatum & C*, f. 78.

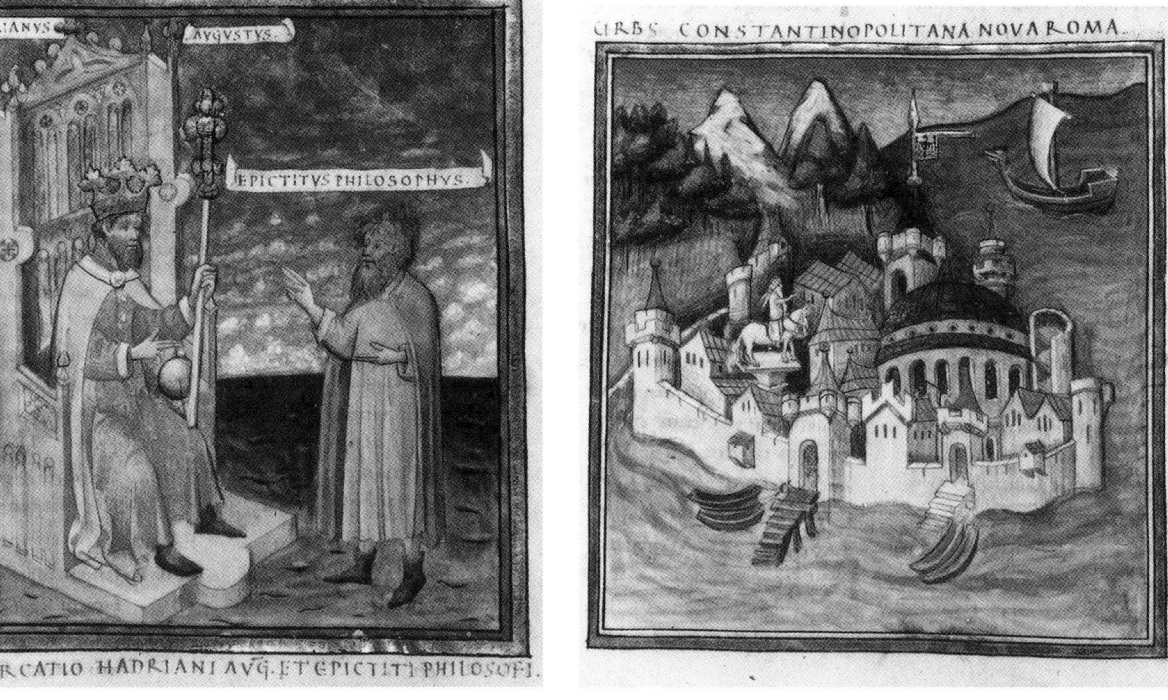

59. PÉRONET LAMY, «La città di Costantinopoli», 1436.
Oxford, Bodleian Library, ms. Canon Misc. 378,
Notitia Dignitatum & C, f. 84.

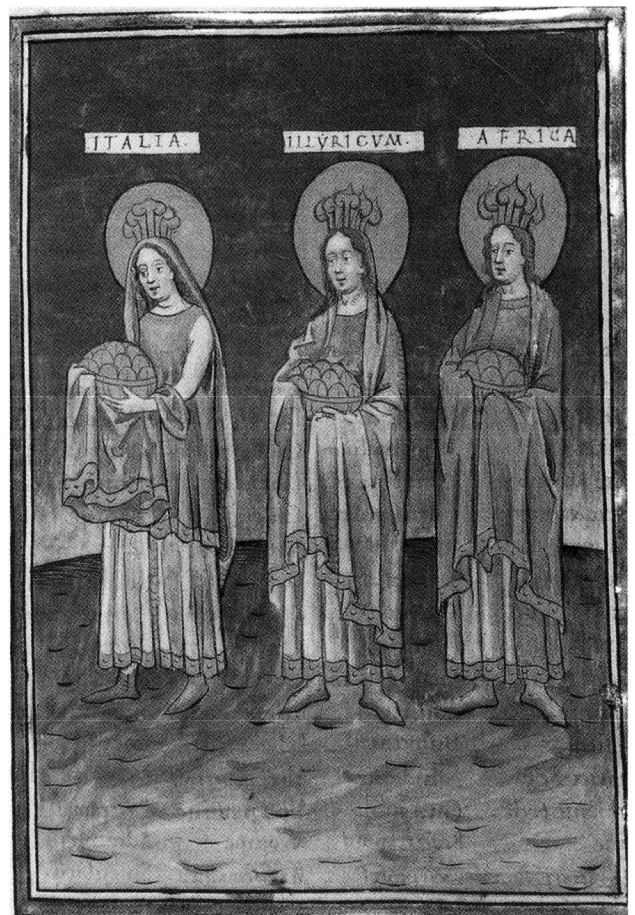

60. PÉRONET LAMY, «Personificazione dell'Italia, dell'Illirico
e dell'Africa», 1436. Oxford, Bodleian Library, ms. Canon Misc. 378,
Notitia Dignitatum & C, f. 132.

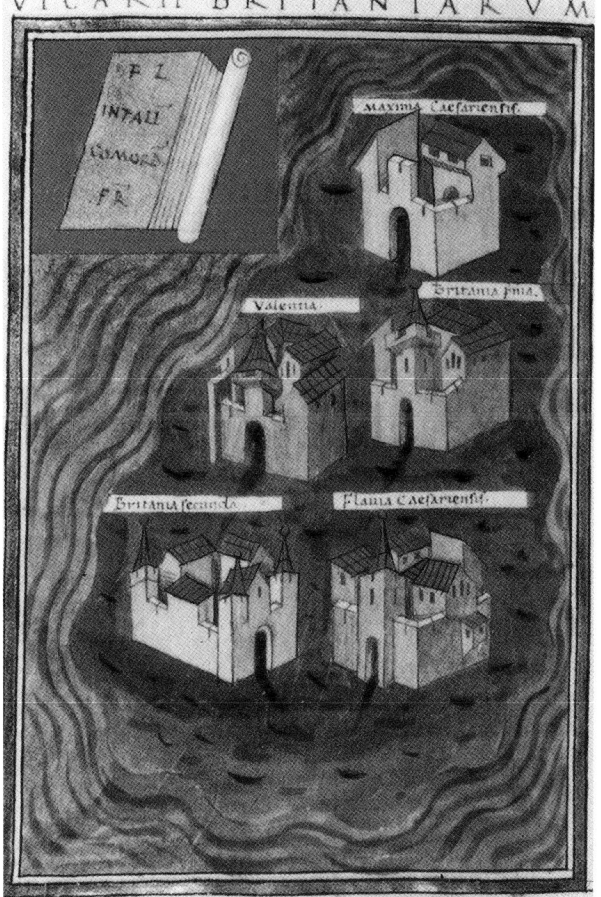

61. PÉRONET LAMY, «Area di giurisdizione dei *vicarii Britaniarum*»,
1436. Oxford, Bodleian Library, ms. Canon Misc. 378,
Notitia Dignitatum & C, f. 150v.

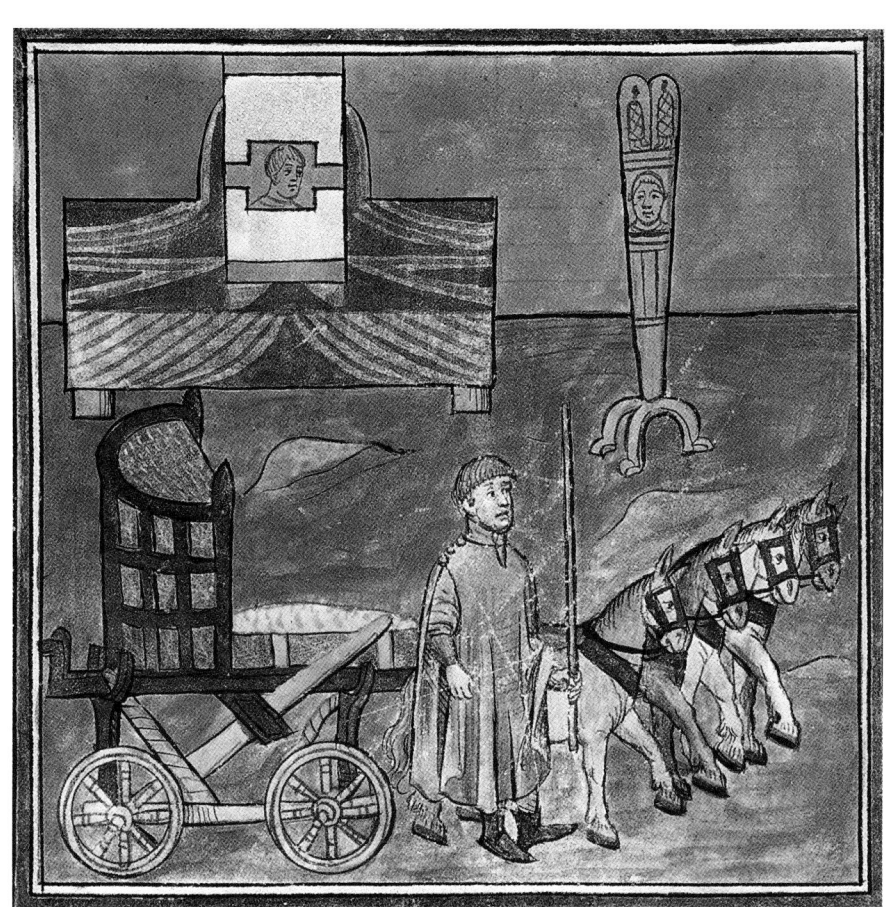

62. PÉRONET LAMY E BOTTEGA, «Insegne del *praefectus urbis Romae*», 1436 circa. Parigi, Bibliothèque nationale de France, ms. Lat. 9661, *Notitia Dignitatum & C*, f. 110.

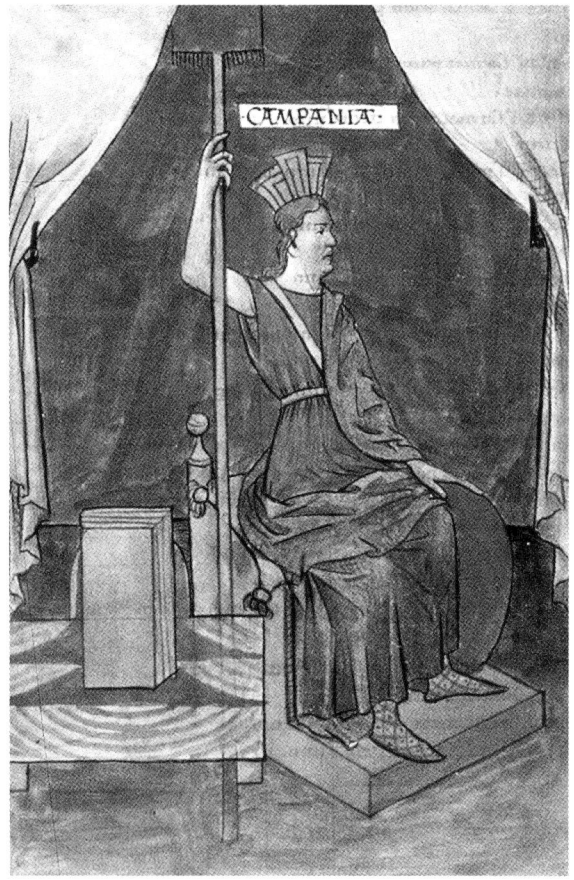

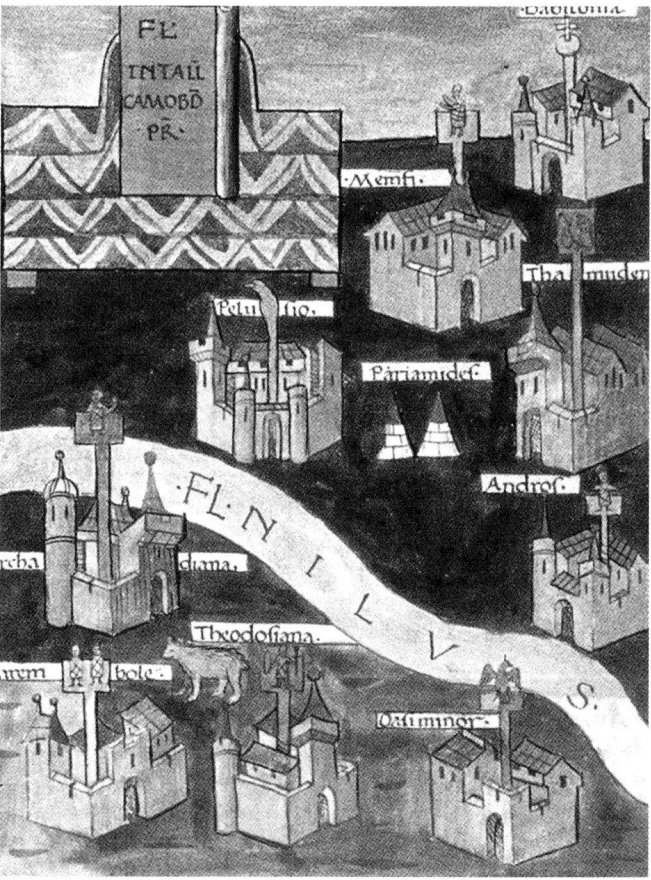

63. PÉRONET LAMY E BOTTEGA, «Personificazione della Campania», 1436 circa. Parigi, Bibliothèque nationale de France, ms. Lat. 9661, *Notitia Dignitatum & C*, f. 143*v*.

64. PÉRONET LAMY, «Area di giurisdizione del *comes limitis Aegypti*», 1436 circa. Parigi, Bibliothèque nationale de France, ms. Lat. 9661, *Notitia Dignitatum & C*, f. 91*v*.

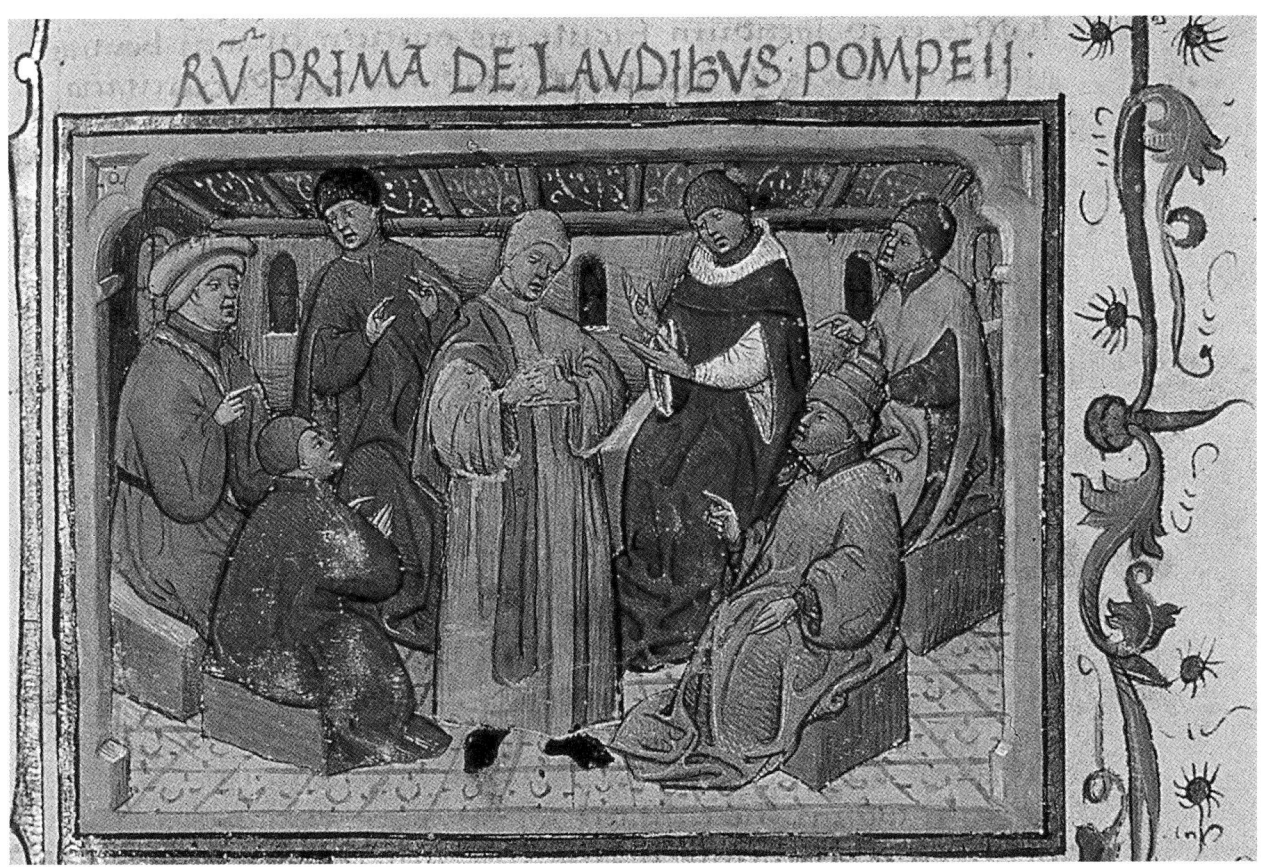

65. Péronet Lamy, «Cicerone tra sei uditori», 1436-1440. Ginevra, Bibliothèque publique et universitaire, ms. Lat. 101, Cicerone, *Orationes*, f. 1.

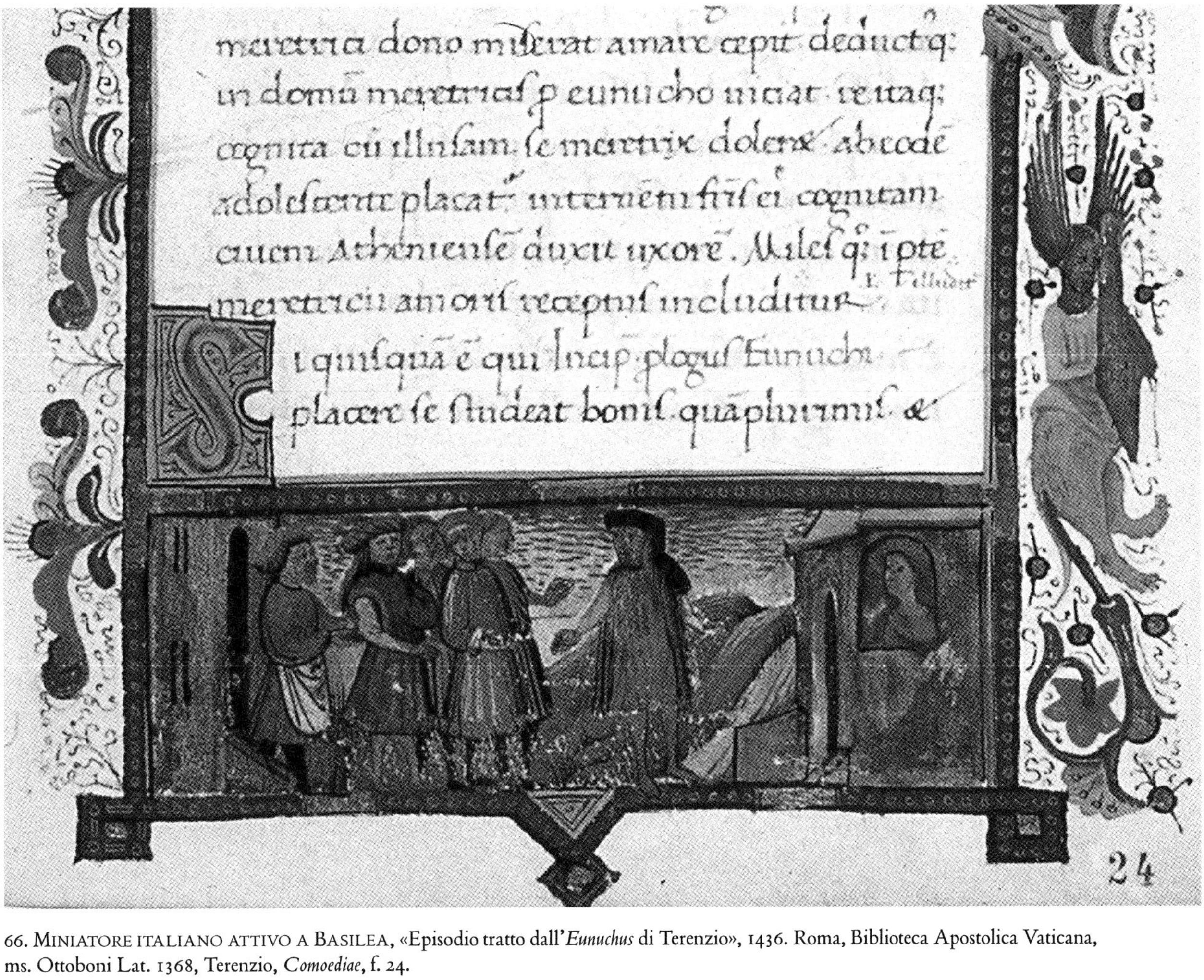

meretrix dono miserat amare cepit deductq́;
in domū meretriaſ p eunucho miciat· re itaq;
cognita cū illuſam· ſe metrix dolens· ab eode͂
adoleſcente placat· interi metu fr̄ſ ei cognitam
aucm Athenienſe͂ duxit uxore͂· Miles q̃ i pte͂
meretricis amoriſ recepuſ includitur   E. Palladius
t quiſquā ē qui Incip· plogus Eunuchi·
placere ſe ſtudeat boniſ qua plurimiſ· &

66. Miniatore italiano attivo a Basilea, «Episodio tratto dall'*Eunuchus* di Terenzio», 1436. Roma, Biblioteca Apostolica Vaticana, ms. Ottoboni Lat. 1368, Terenzio, *Comoediae*, f. 24.

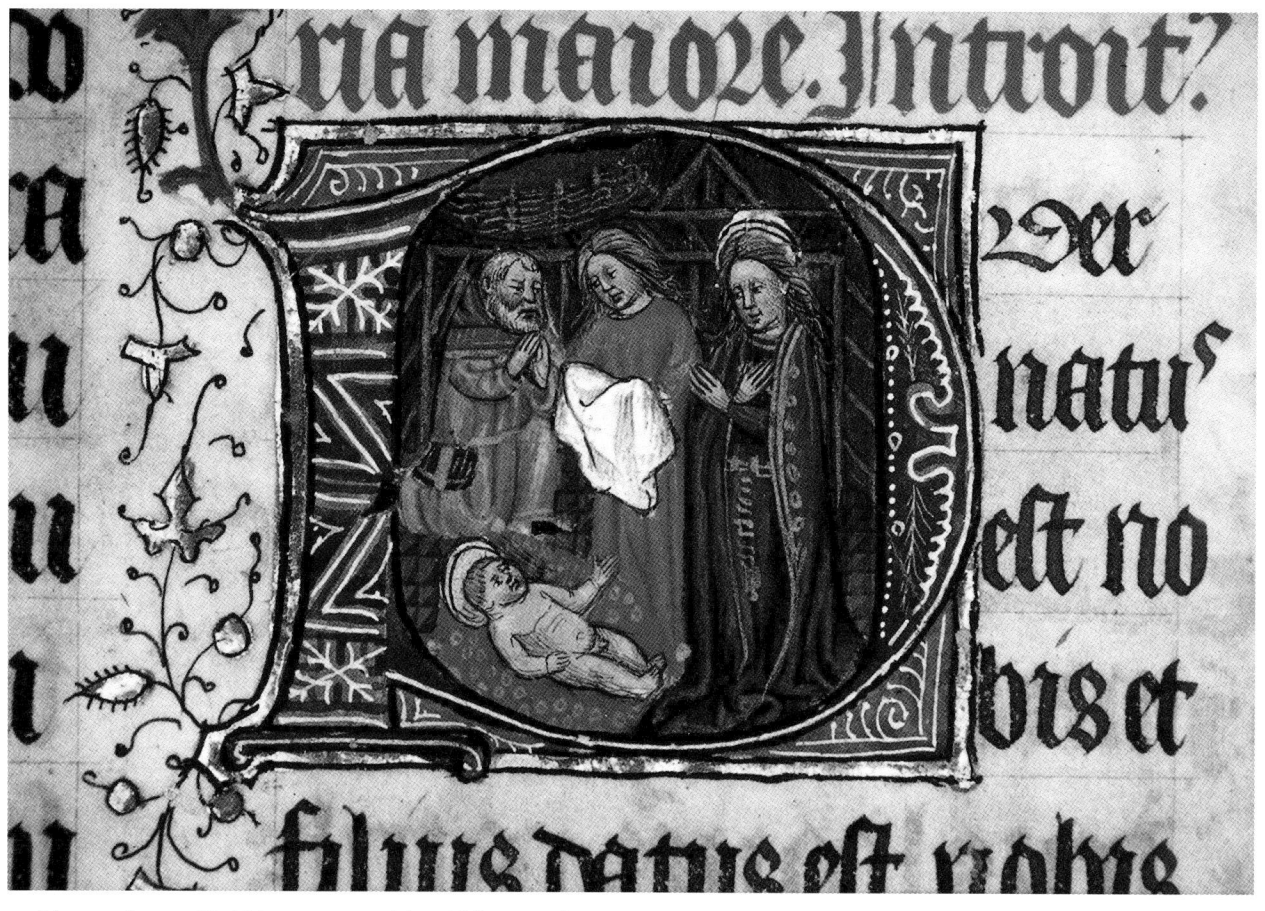

67. PÉRONET LAMY, «Natività», 1443-1445. Torino, Biblioteca Reale, ms. Varia 168, *Messale di Felice V*, f. 7.

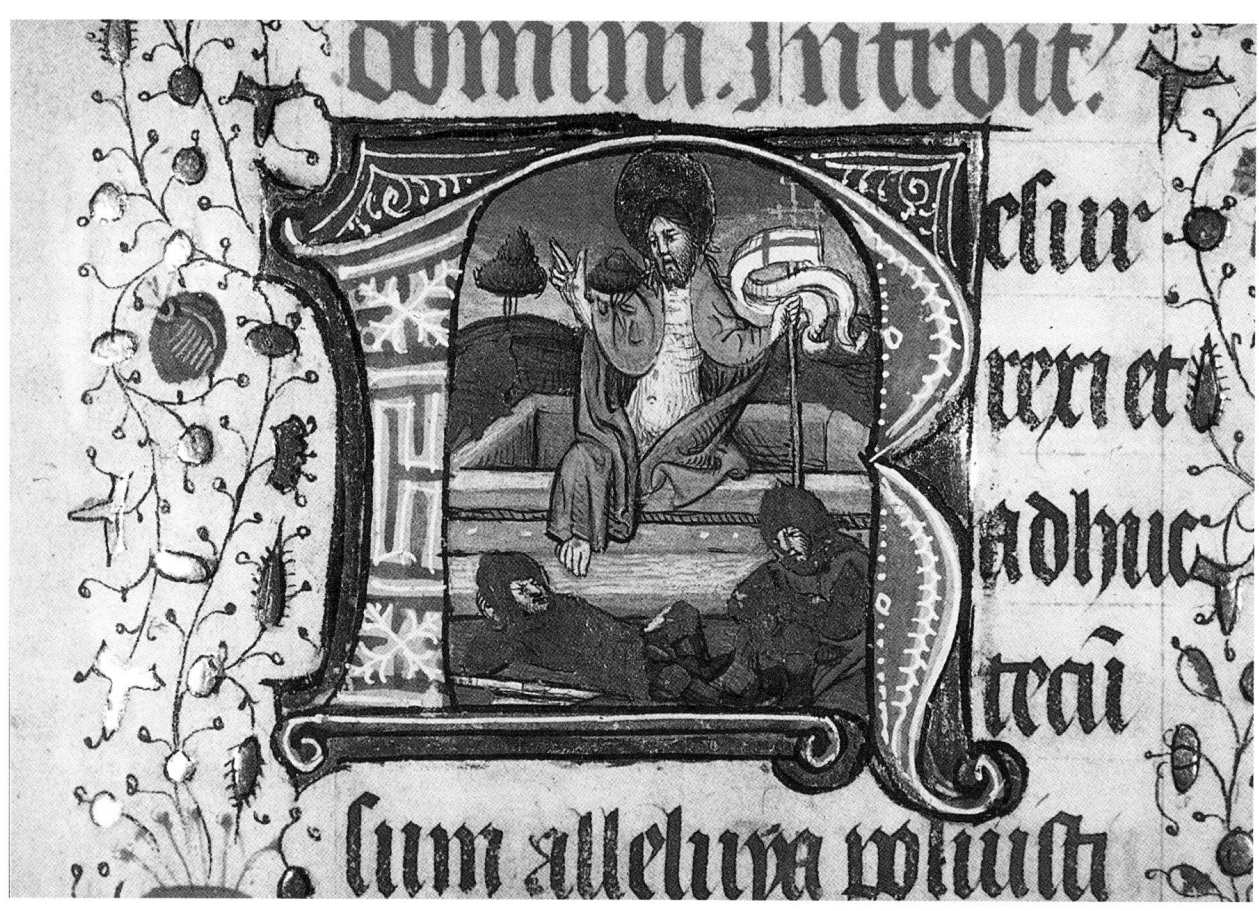

68. PÉRONET LAMY, «Risurrezione», 1443-1445. Torino, Biblioteca Reale, ms. Varia 168, *Messale di Felice V*, f. 122.

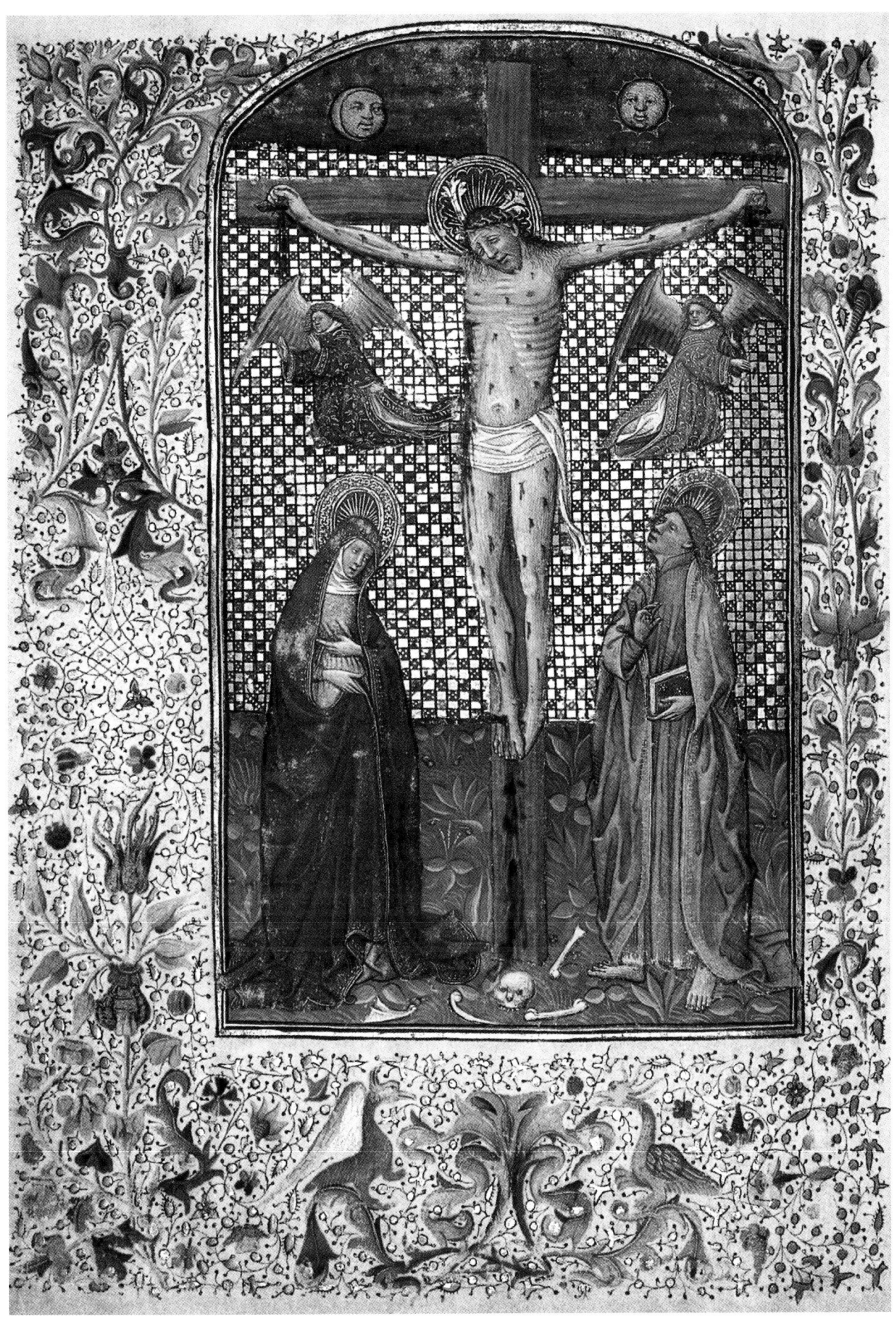

69. PÉRONET LAMY, «Cristo crocifisso con la Madonna, san Giovanni e due angeli», 1443-1445. Torino, Biblioteca Reale, ms. Varia 168, *Messale di Felice V*, f. 111*v*.

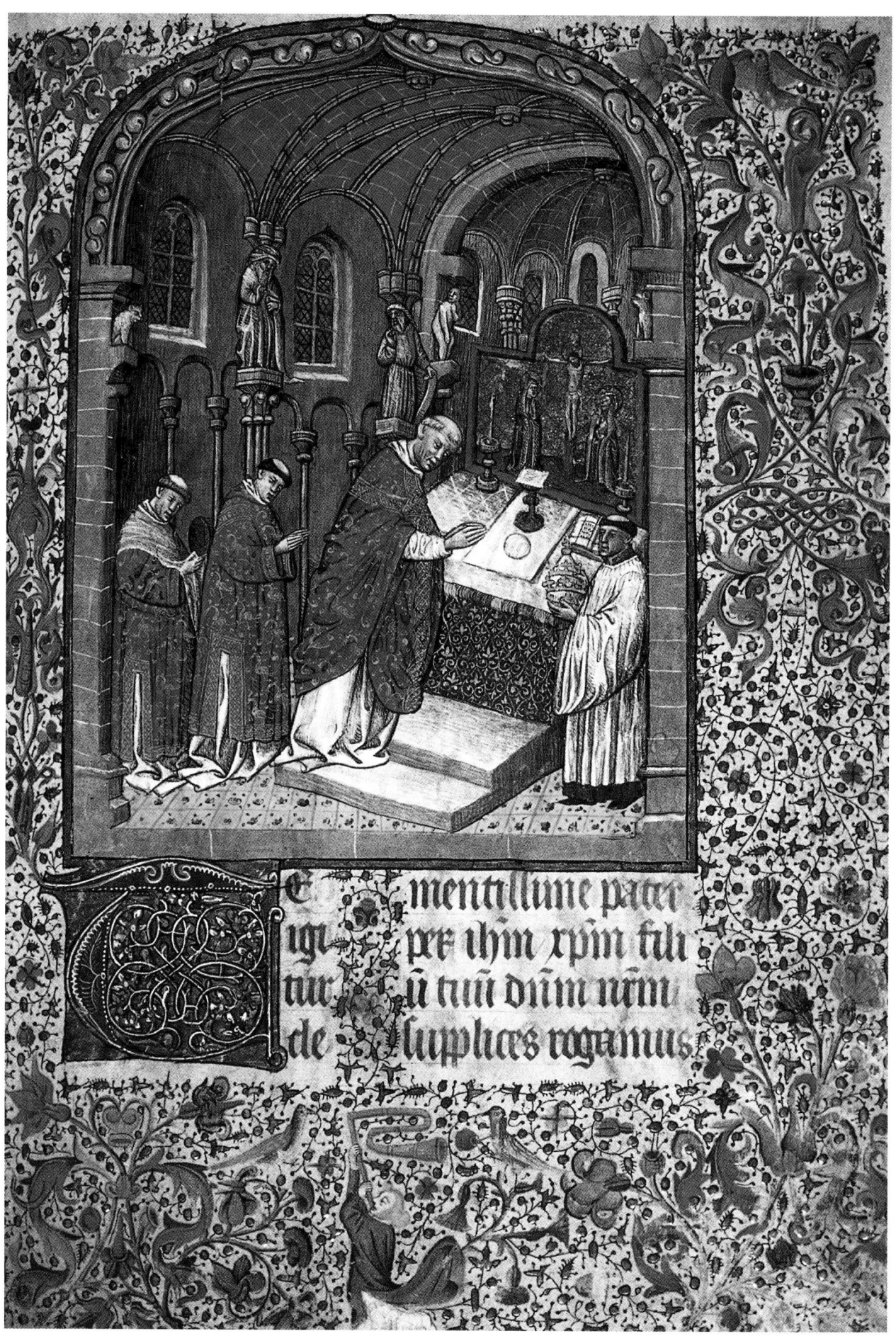

70. PÉRONET LAMY, «Un pontefice (Felice V?) celebra la messa», 1443-1445. Torino, Biblioteca Reale, ms. Varia 168, *Messale di Felice V*, f. 113.

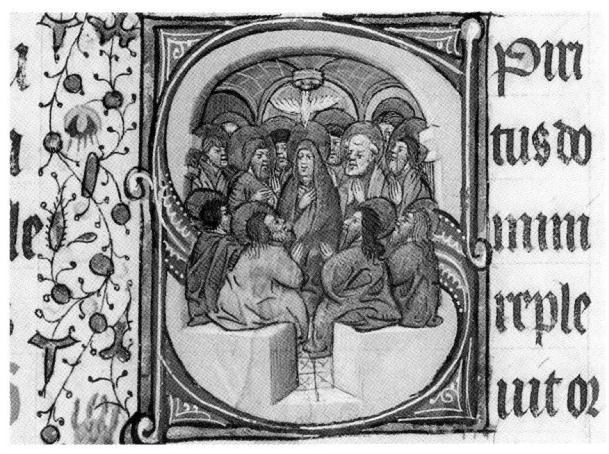

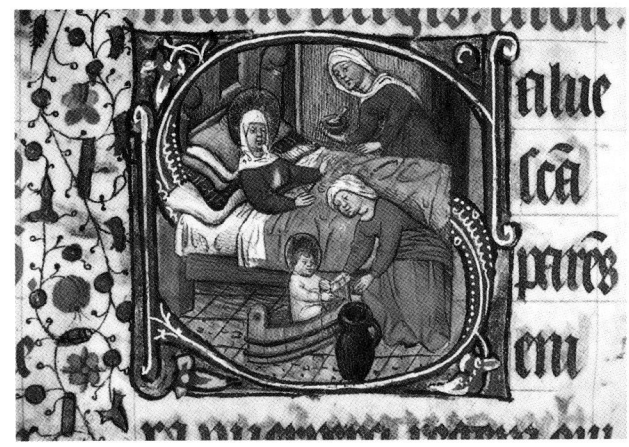

71. PÉRONET LAMY,
«Pentecoste»,
1443-1445.
Torino, Biblioteca Reale,
ms. Varia 168,
Messale di Felice V,
f. 126v.

72. PÉRONET LAMY,
«Natività
della Vergine»,
1443-1445.
Torino, Biblioteca Reale,
ms. Varia 168,
Messale di Felice V,
f. 141v.

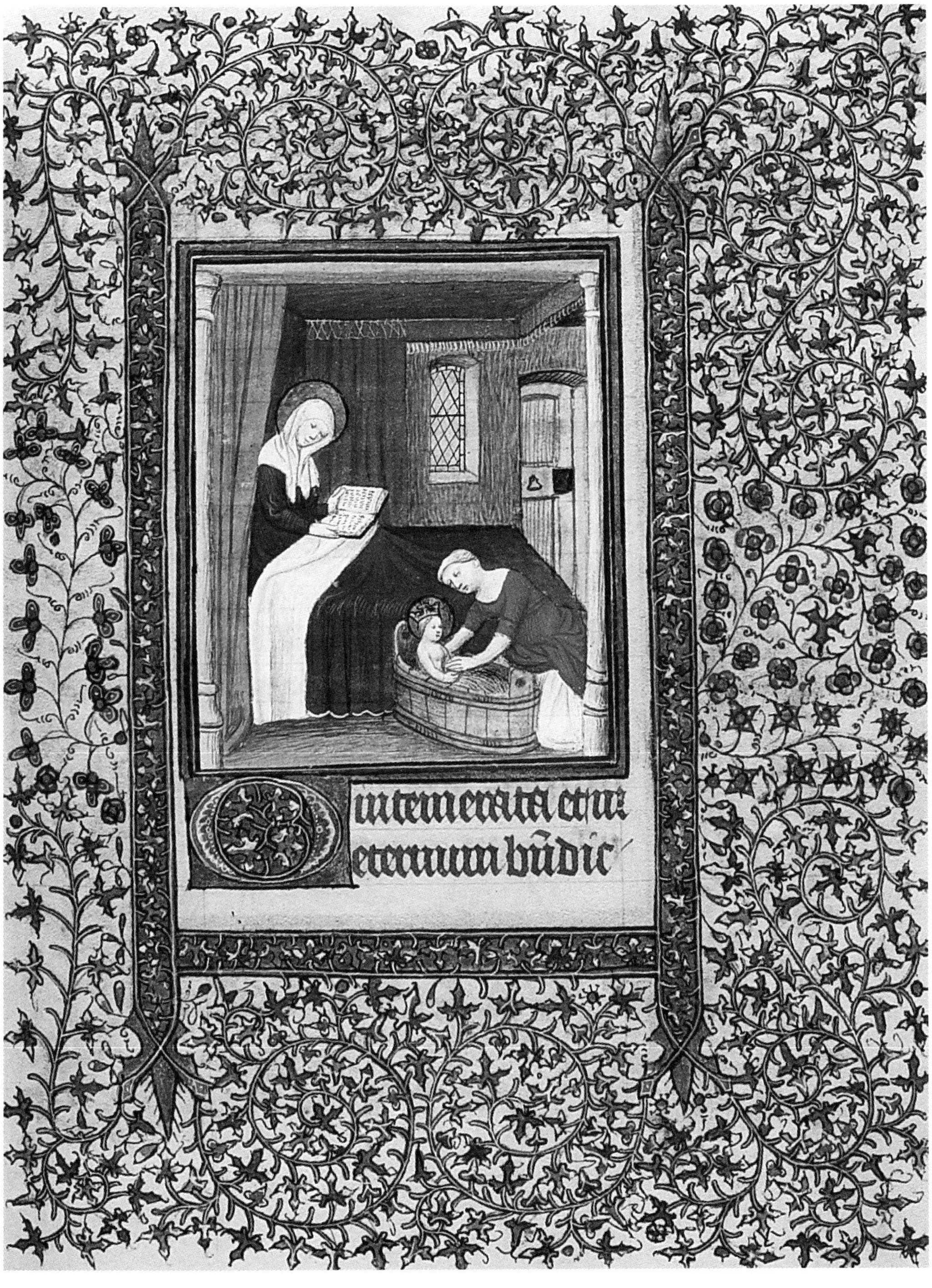

73. MAÎTRE
DE LA MAZARINE,
«Natività
della Vergine», 1405-1410.
Milano, Biblioteca
Ambrosiana, ms. S.P. 56,
Libro d'Ore, f. 28.

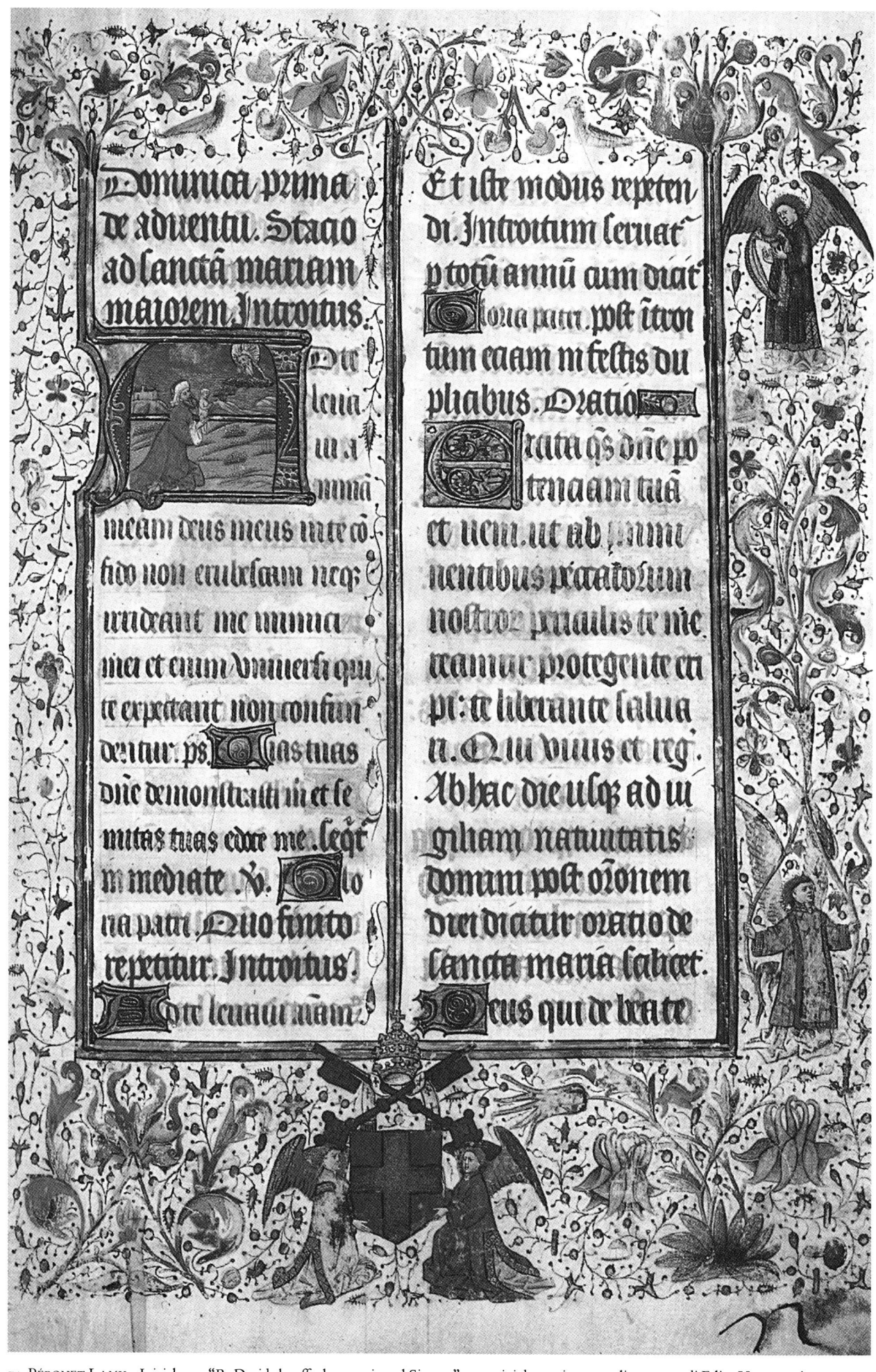

74. Péronet Lamy, «Iniziale con "Re David che offre la sua anima al Signore" e margini decorati con angeli e stemma di Felice V», 1445 circa. Torino, Archivio di Stato, ms. J.b.II.6, *Messale di Felice V*, f. 1.

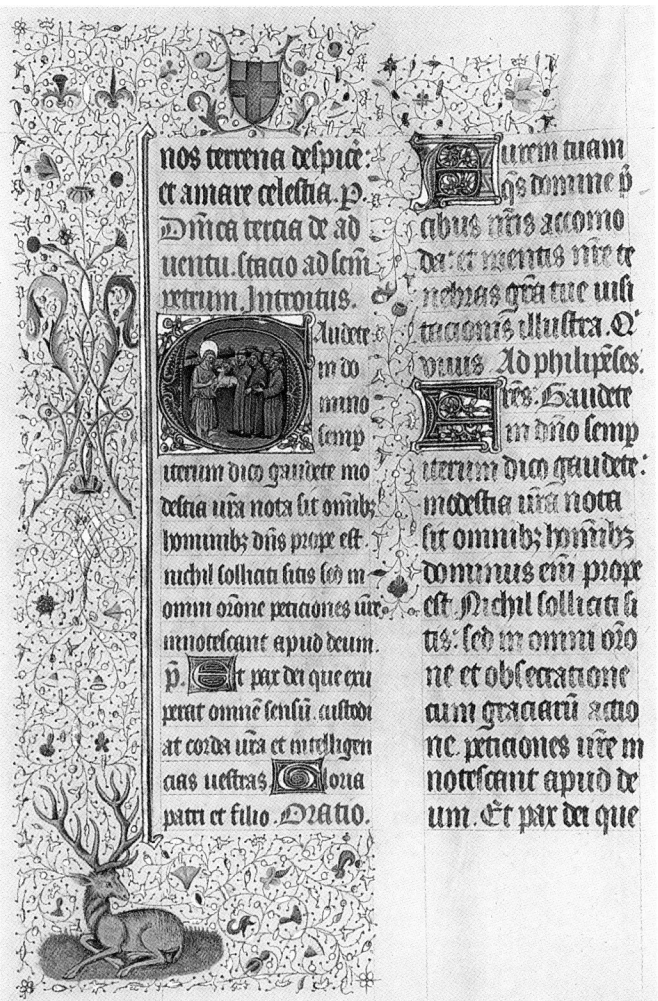

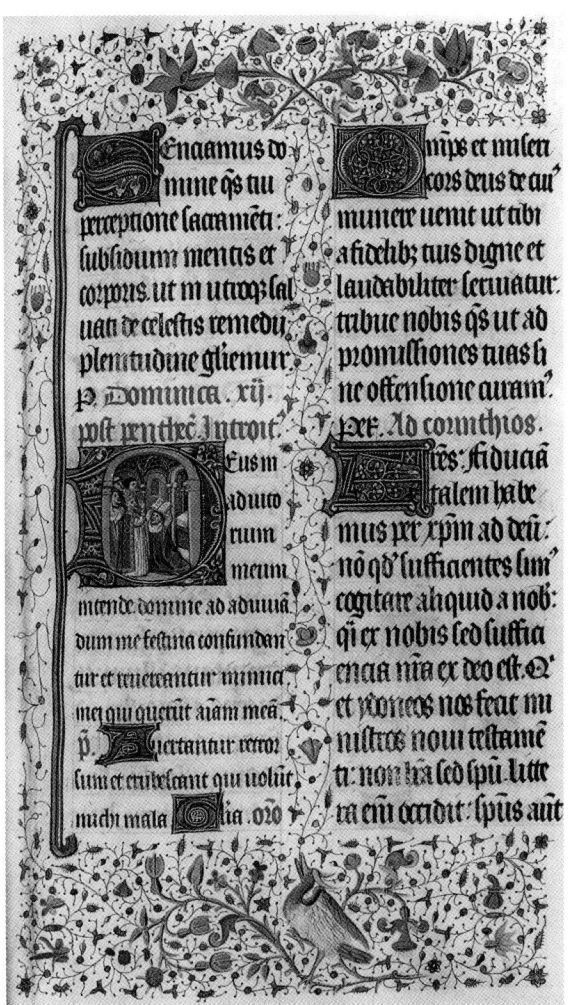

75. PÉRONET LAMY, «Giovanni Battista spiega ai Giudei di non essere
il Messia ma il precursore che lo annuncia», 1445 circa.
Torino, Archivio di Stato, ms. J.b.II.6, *Messale di Felice V*, f. 4*v*.

76. PÉRONET LAMY, «Iniziale per la XII Domenica
dopo Pentecoste (*Salmo 69, 2-3*)», 1445 circa.
Torino, Archivio di Stato, ms. J.b.II.6, *Messale di Felice V*, f. 75.

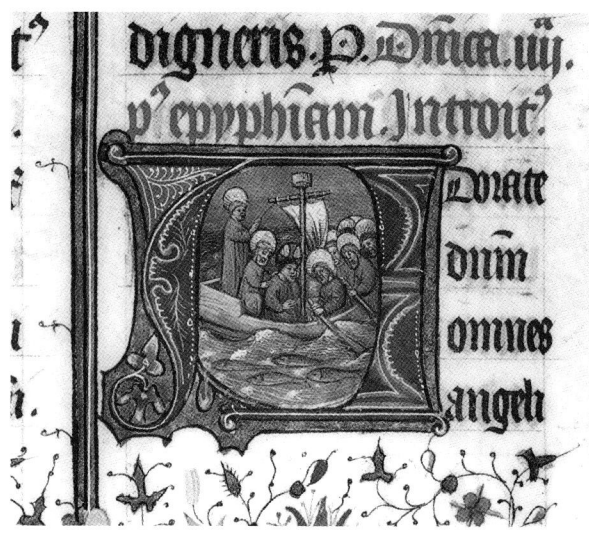

digneris. p. Dina. iij.
p epyphiam Introit.
orate
dnm
omnes
angeli

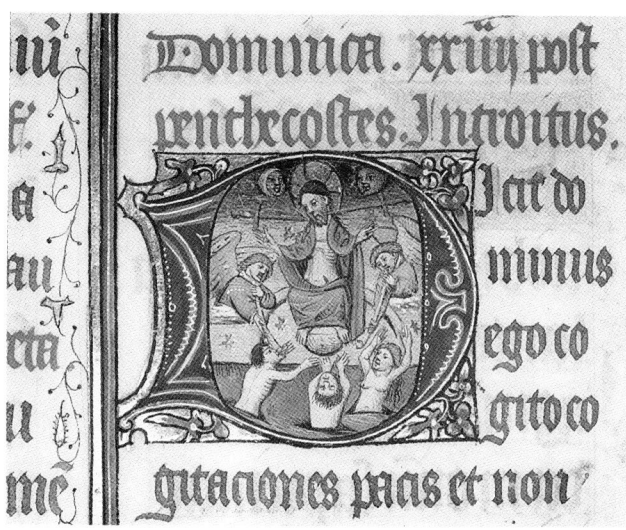

nu Dominica. xxiiij post
pentecostes. Introitus.
at do
minus
ego co
gito co
gitaciones paas et non

77. PÉRONET LAMY,
«Gesù domina la tempesta», 1445 circa.
Torino, Archivio di Stato,
ms. J.b.II.6, *Messale di Felice V*,
f. 13*v*.

78. PÉRONET LAMY,
«Il Giudizio Universale», 1445 circa.
Torino, Archivio di Stato,
ms. J.b.II.6, *Messale di Felice V*, f. 94.

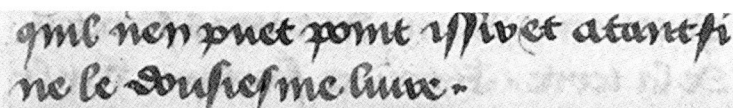

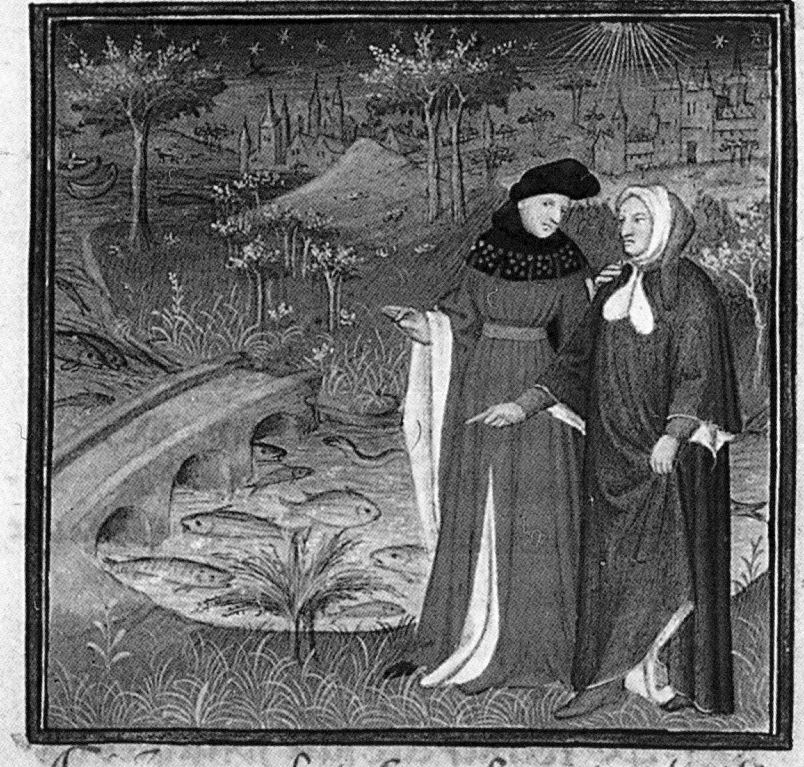

79. MAÎTRE DE BOUCICAUT,
«Discussione sull'acqua e i pesci»,
1415 circa. Parigi, Bibliothèque nationale
de France, ms. Fr. 9141, Bartholomeus
Anglicus, *Livre des propriétés des choses*
(traduzione francese
di Jean Corbechon), f. 197.

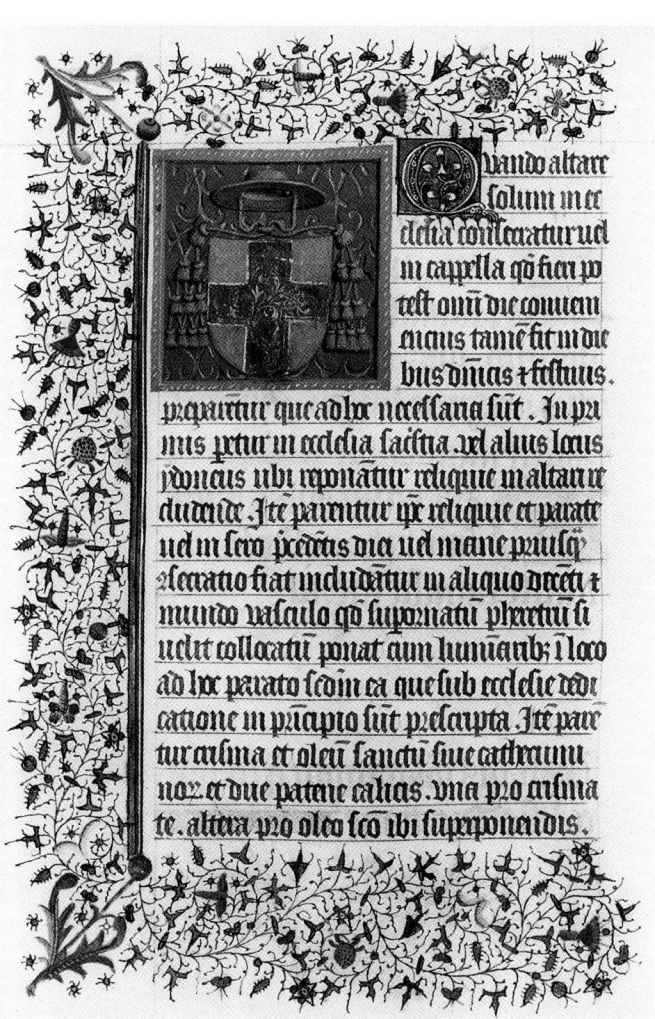

80. MINIATORE SAVOIARDO (?),
«Pagina con margini e iniziale decorati», 1449-1451.
Torino, Biblioteca Reale, ms. Varia 136,
Pontificale romano, f. 37v.

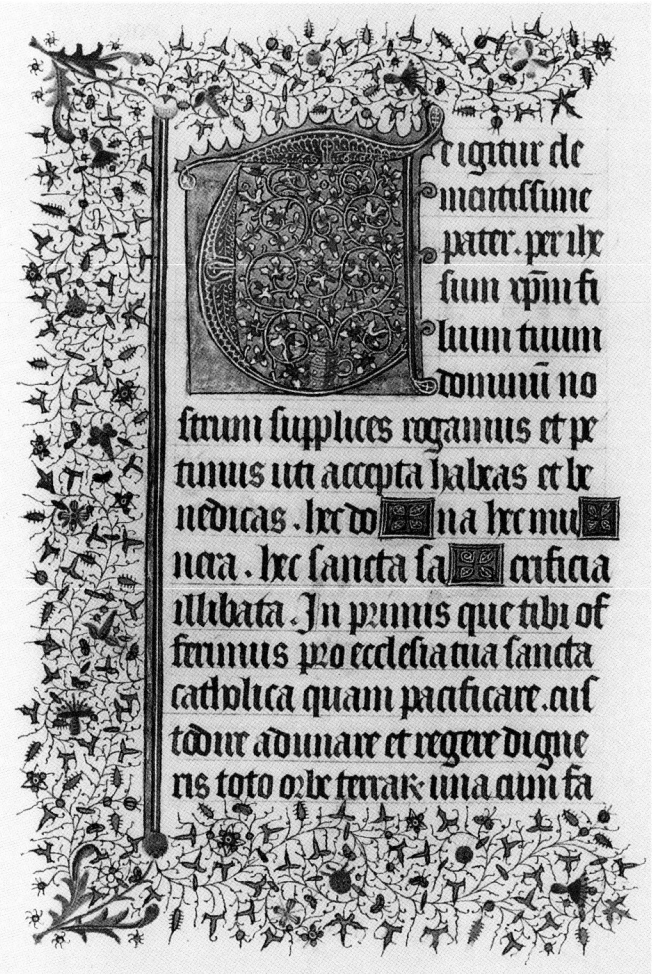

81. MINIATORE SAVOIARDO (?),
«Pagina con margini e iniziale decorati», 1449-1451.
Torino, Biblioteca Reale, ms. Varia 136,
Pontificale romano, f. 23v.

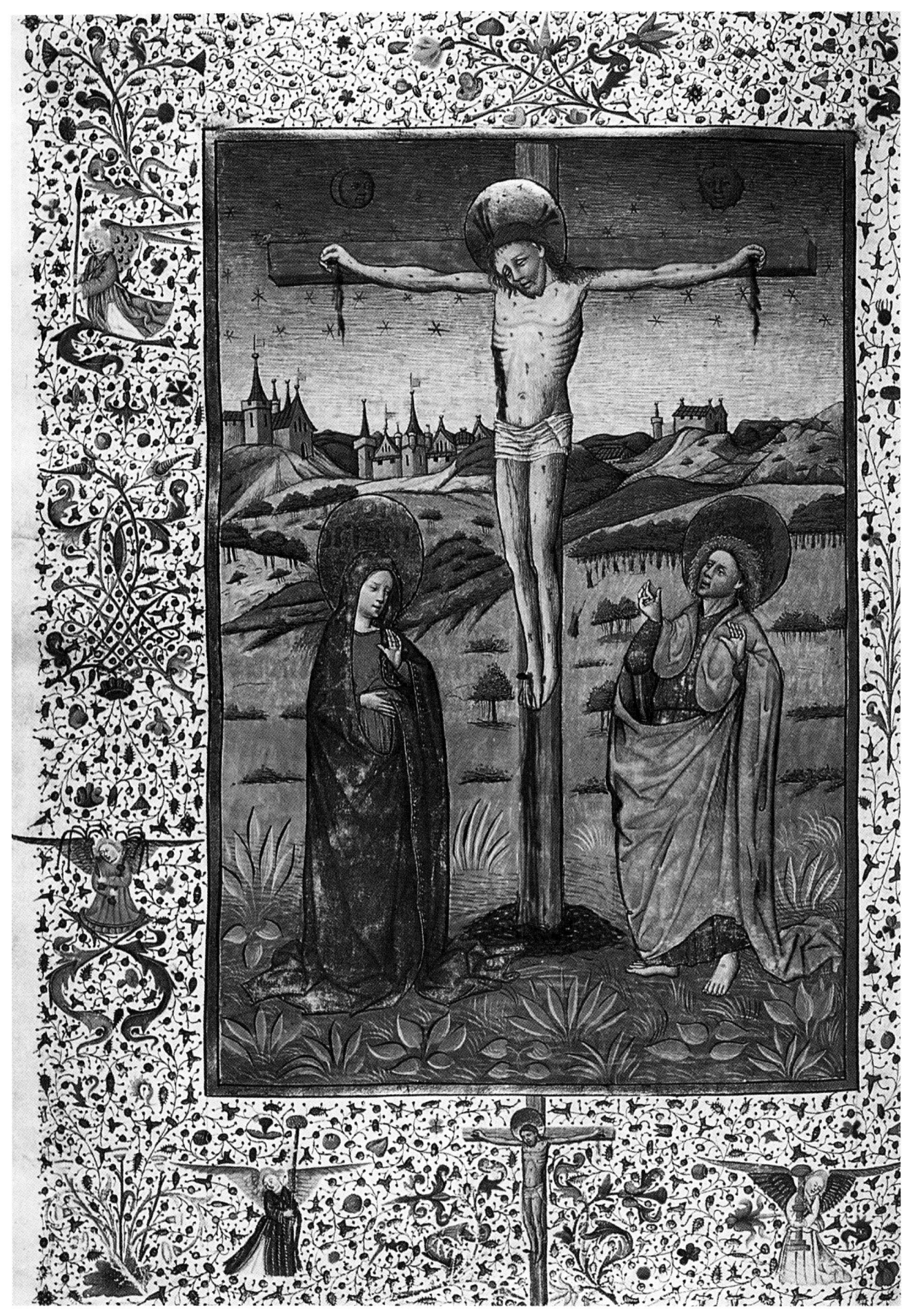

82. Péronet Lamy, «Crocifissione», 1440-1445. El Escorial, Real Biblioteca del Monasterio de San Lorenzo, ms. b. I.3, *Messale romano*, f. 146v.

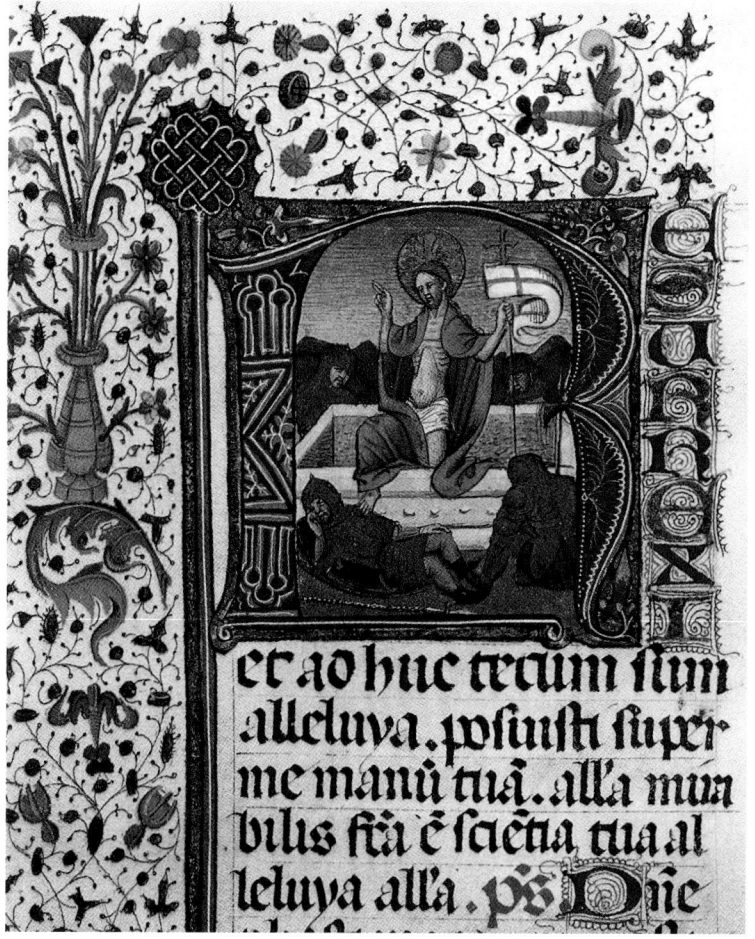

et ao huc tecum sum
alleluya.posuisti super
me manu tua.alla mira
bilis ffa e scietia tua al
leluya alla.ps Die

83. PÉRONET LAMY, «Risurrezione», 1440-1445.
El Escorial, Real Biblioteca del Monasterio
de San Lorenzo, ms. b. I.3, *Messale romano*, f. 163v.

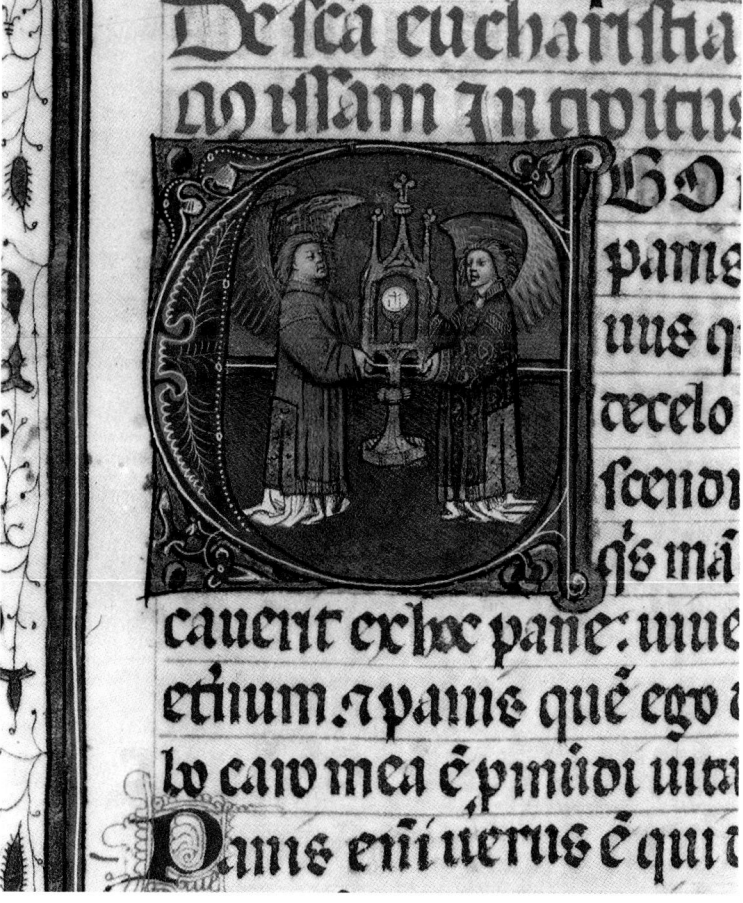

De sca eucharistia
ad issam Incipitur

84. PÉRONET LAMY, «Eucarestia», 1440-1445.
El Escorial, Real Biblioteca del Monasterio
de San Lorenzo, ms. b. I.3, *Messale romano*, f. 188v.

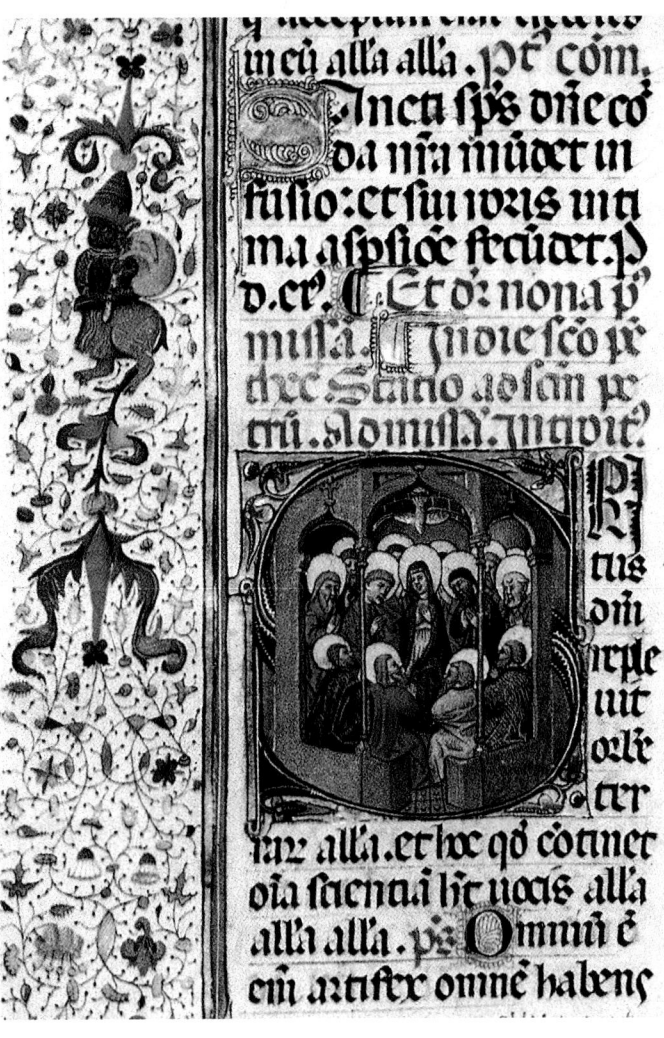

85. Péronet Lamy, «Pentecoste», 1440-1445.
El Escorial, Real Biblioteca del Monasterio de San Lorenzo,
ms. b. I.3, *Messale romano*, f. 180v.

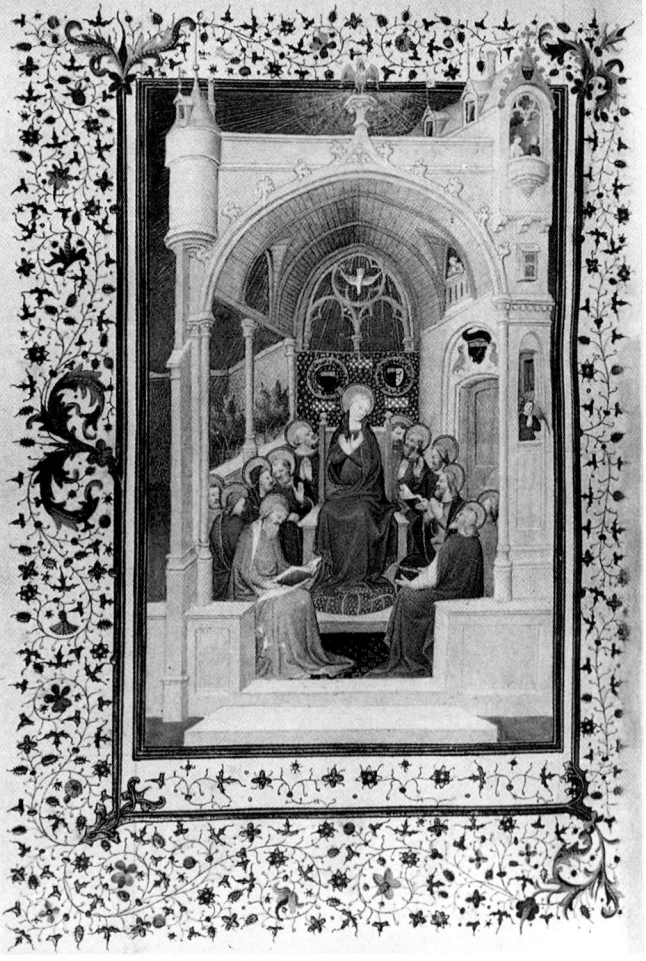

86. Maître de Boucicaut,
«Pentecoste», 1408 circa. Parigi, Institut de France,
Musée Jacquemart-André, ms. 2,
Libro d'Ore del Maresciallo di Boucicaut, f. 112v.

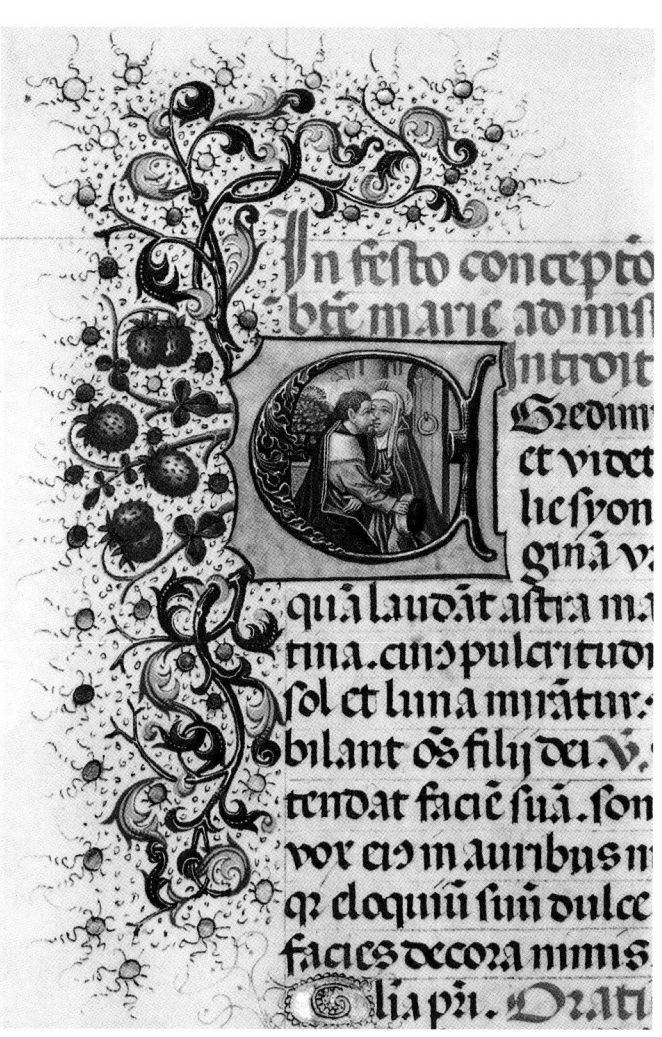

87. MINIATORE FIAMMINGO (?),
«Incontro alla Porta Aurea», 1490-1500 circa.
El Escorial, Real Biblioteca del Monasterio de San Lorenzo,
ms. b. I.3, *Messale romano*, f. 339*v*.

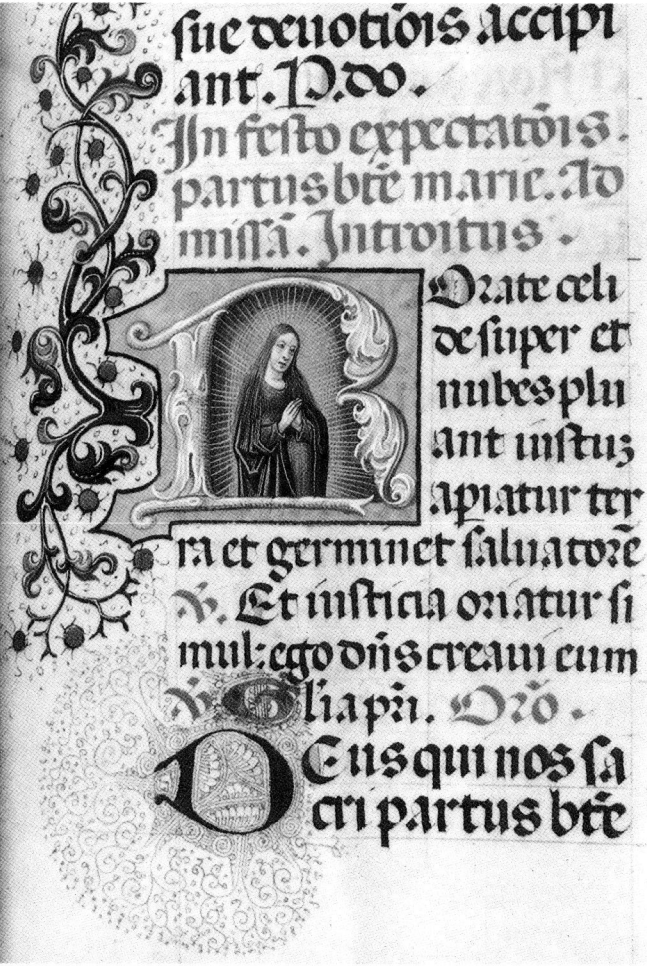

88. MINIATORE FIAMMINGO (?),
«Trasfigurazione», 1490-1500 circa.
El Escorial, Real Biblioteca del Monasterio de San Lorenzo,
ms. b. I.3, *Messale romano*, f. 341.

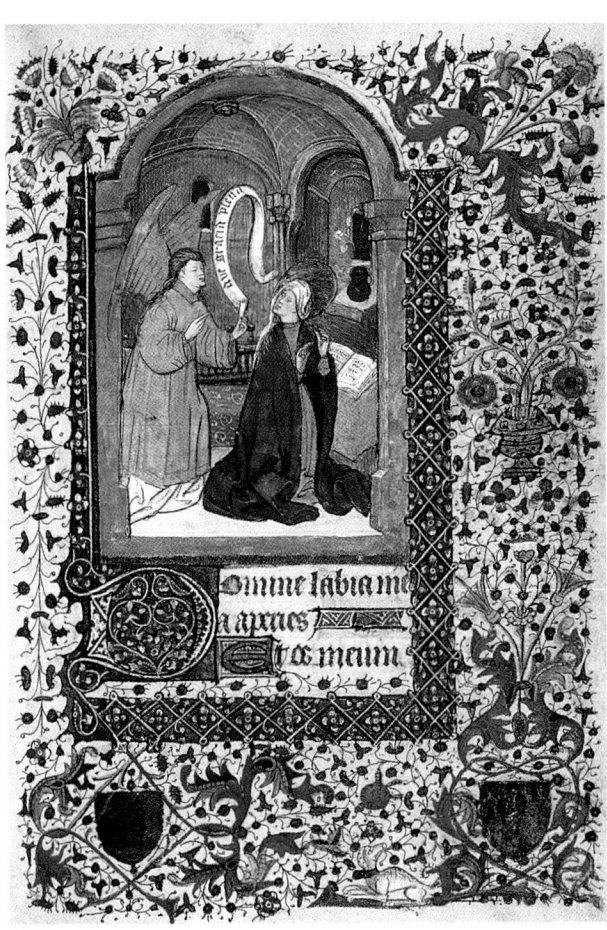

89. Péronet Lamy e bottega, «Annunciazione», 1440-1445 circa.
New Haven, Beinecke Rare Book and Manuscript Library,
Yale University, ms. 577, *Libro d'Ore*, f. 13.

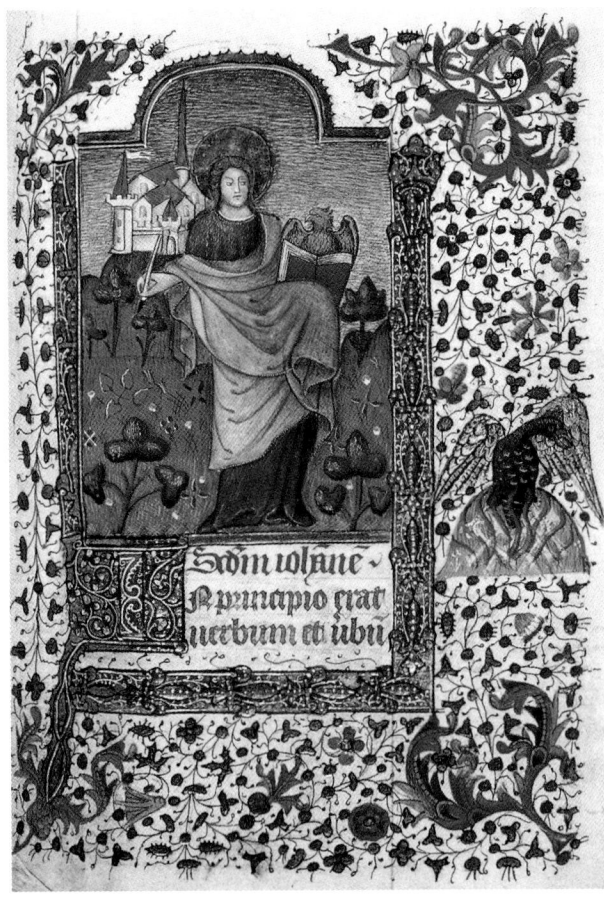

90. Péronet Lamy e bottega, «San Giovanni Evangelista»,
1440-1445 circa. New Haven, Beinecke Rare Book
and Manuscript Library, Yale University, ms. 577, *Libro d'Ore*, f. 76.

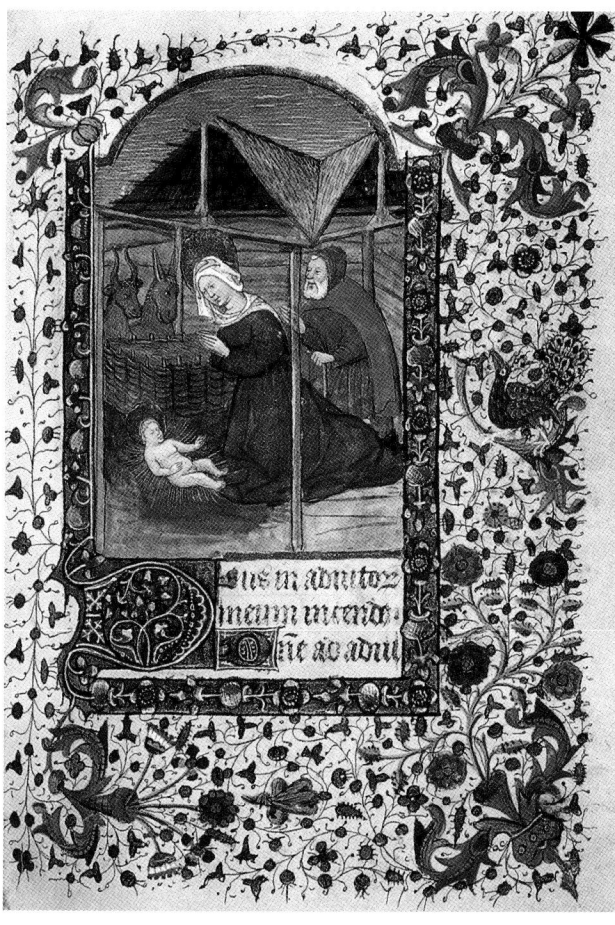

91. Péronet Lamy e bottega, «Natività», 1440-1445 circa.
New Haven, Beinecke Rare Book and Manuscript Library,
Yale University, ms. 577, *Libro d'Ore*, f. 41.

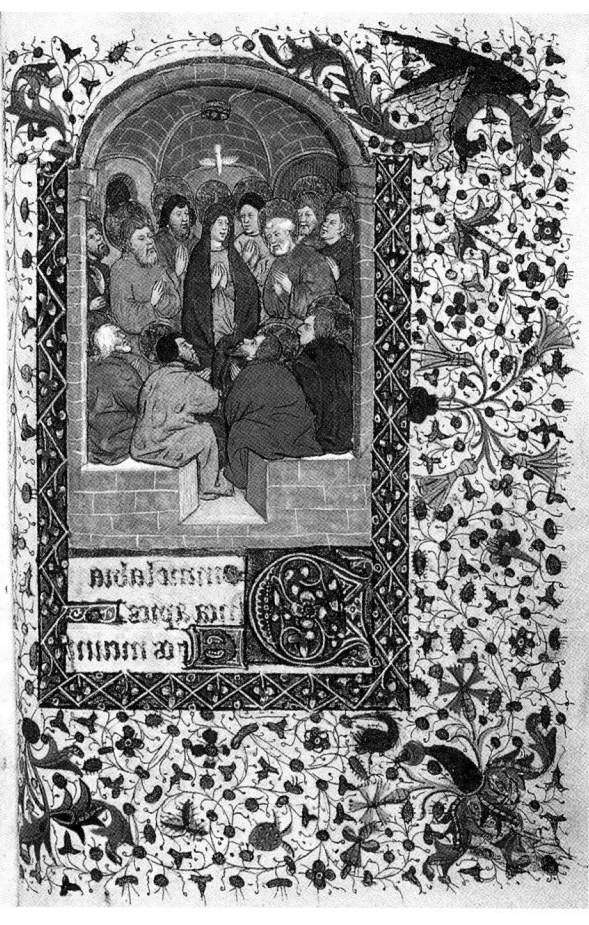

92. Péronet Lamy e bottega, «Pentecoste», 1440-1445 circa.
New Haven, Beinecke Rare Book and Manuscript Library,
Yale University, ms. 577, *Libro d'Ore*, f. 39v.

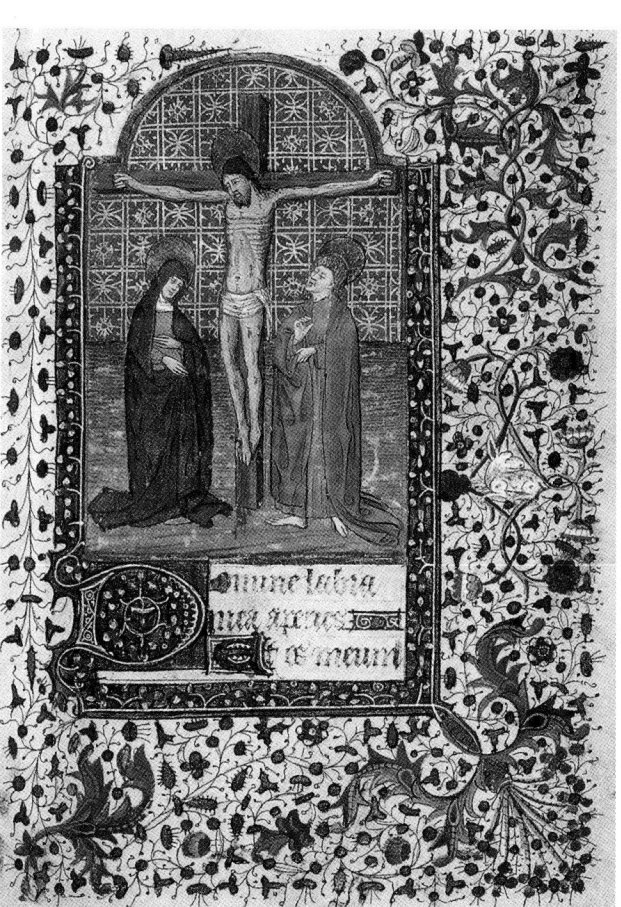

93. Péronet Lamy e bottega, «Crocifissione», 1440-1445 circa.
New Haven, Beinecke Rare Book and Manuscript Library,
Yale University, ms. 577, *Libro d'Ore*, f. 38.

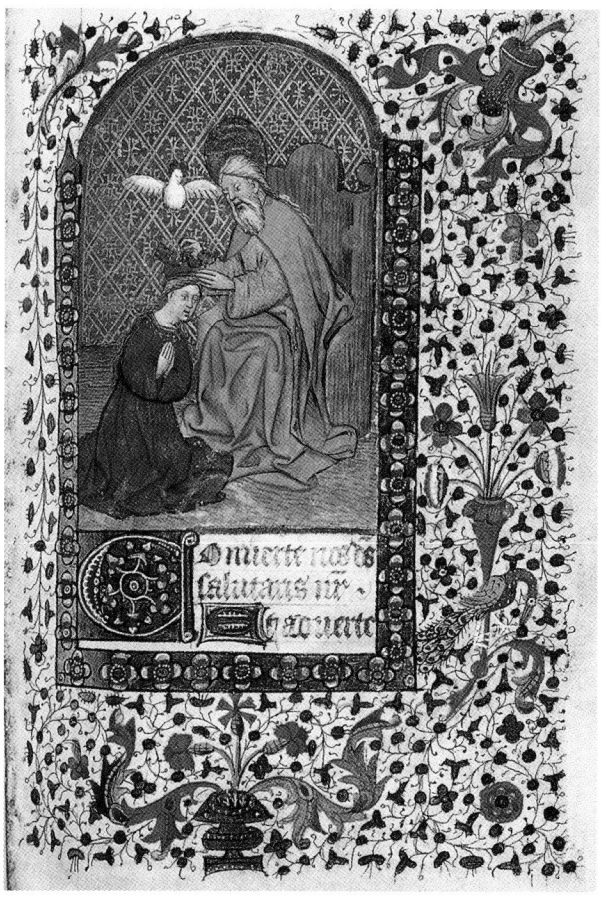

94. Péronet Lamy e bottega, «Incoronazione della Vergine»,
1440-1445 circa. New Haven, Beinecke Rare Book and Manuscript
Library, Yale University, ms. 577, *Libro d'Ore*, f. 65.

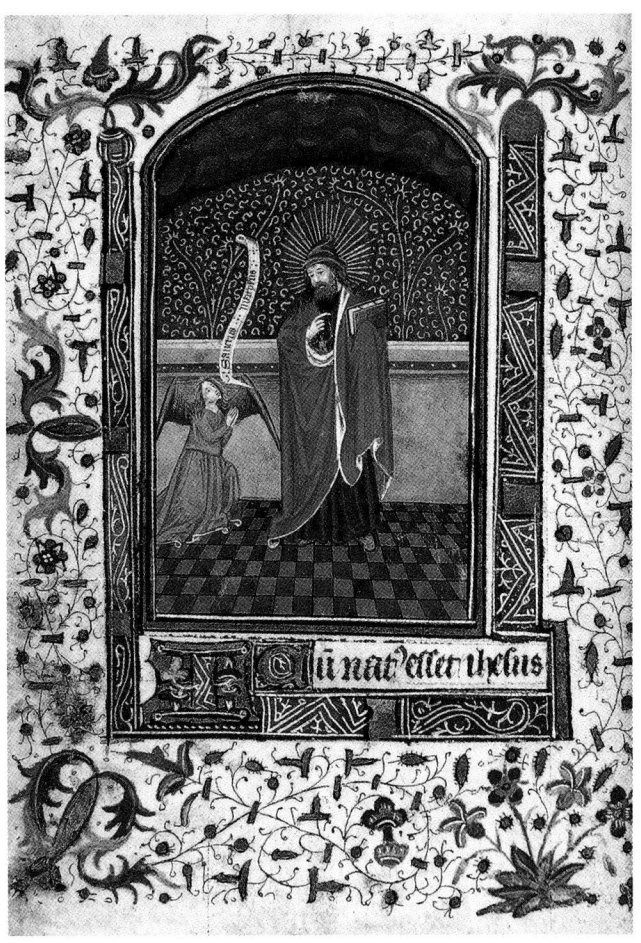

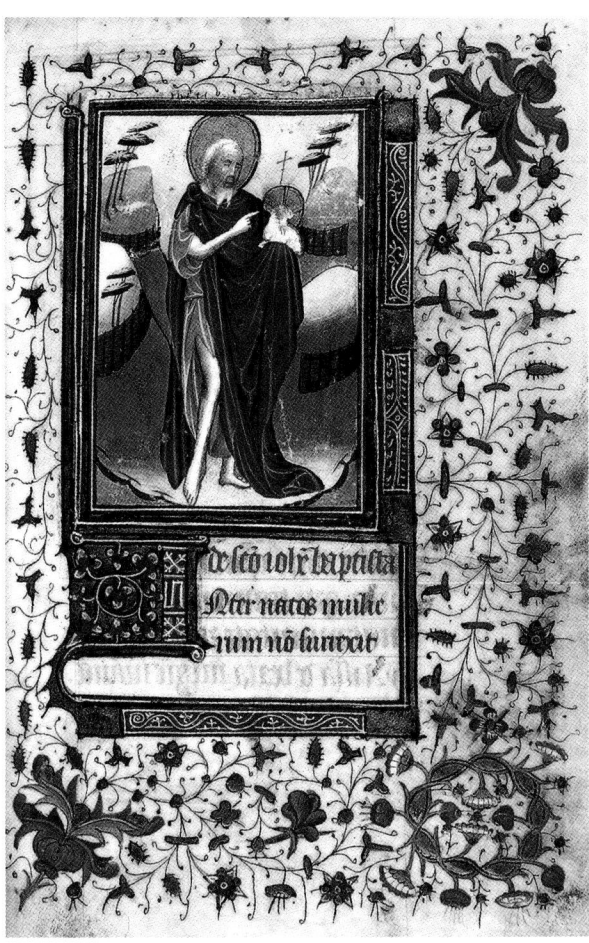

95. Bottega del Maestro dei Tralci Dorati, «San Matteo», 1445 circa. Grenoble, Bibliothèque municipale, ms. 650.8, *Libro d'Ore*, f. 12*v*.

96. Bottega di Otto di Moerdrecht, «San Giovanni Battista», 1445 circa. Grenoble, Bibliothèque municipale, ms. 650.8, *Libro d'Ore*, f. 16.

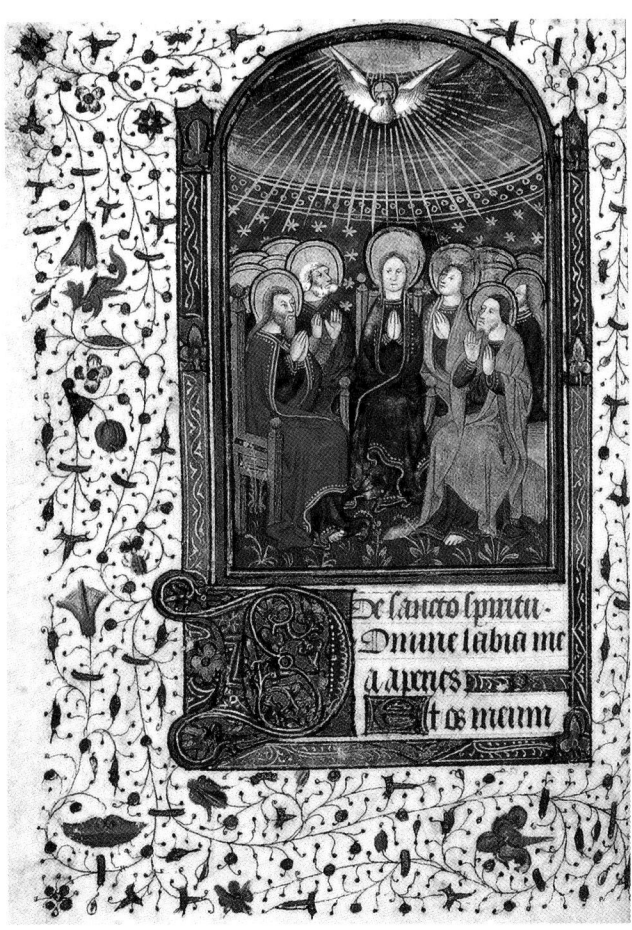

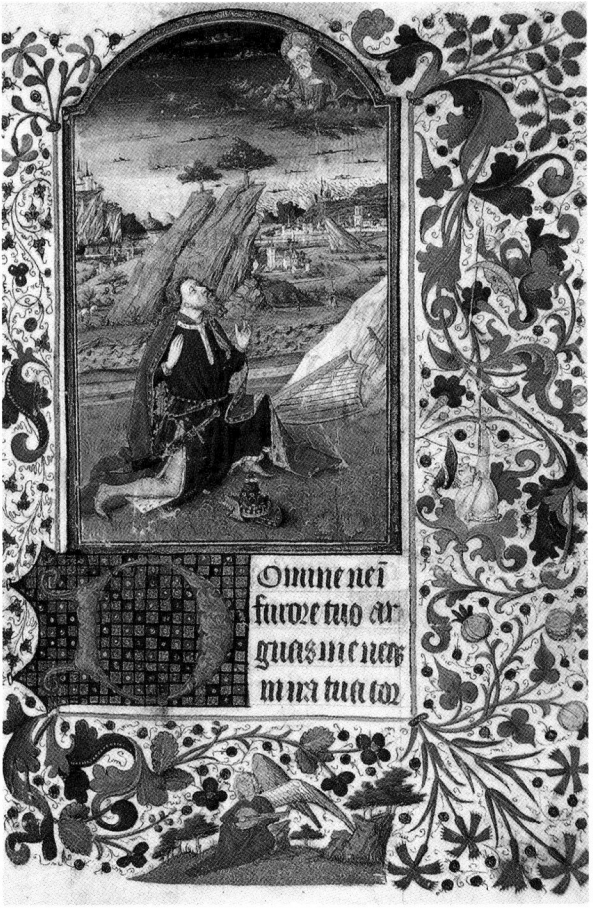

97. Miniatore savoiardo (?), «Pentecoste», 1445 circa. Grenoble, Bibliothèque municipale, ms. 650.8, *Libro d'Ore*, f. 90*v*.

98. Hans Witz, «Re David penitente», 1445 circa. Grenoble, Bibliothèque municipale, ms. 650.8, *Libro d'Ore*, f. 93.

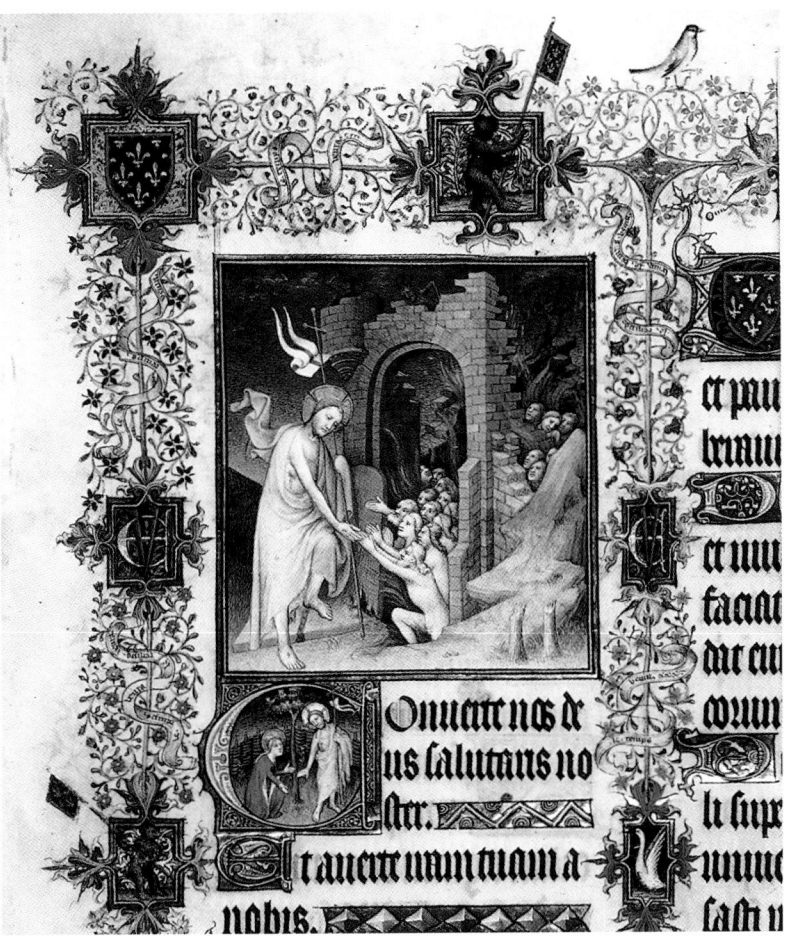

99. MAÎTRE DE LA MAZARINE, «Discesa di Cristo nel Limbo», 1409.
Parigi, Bibliothèque nationale de France, ms. Lat. 919, *Grandes Heures di Jean de Berry*, f. 84.

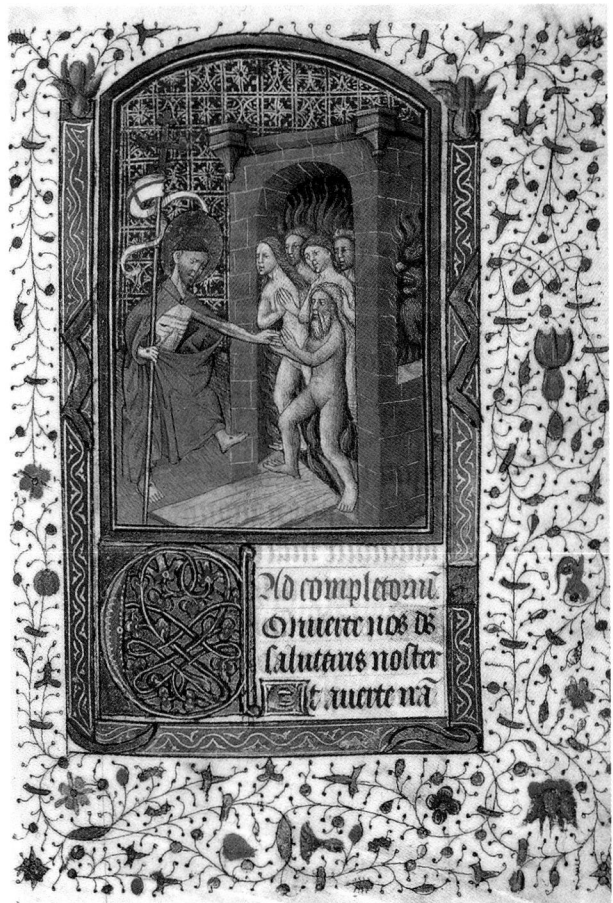

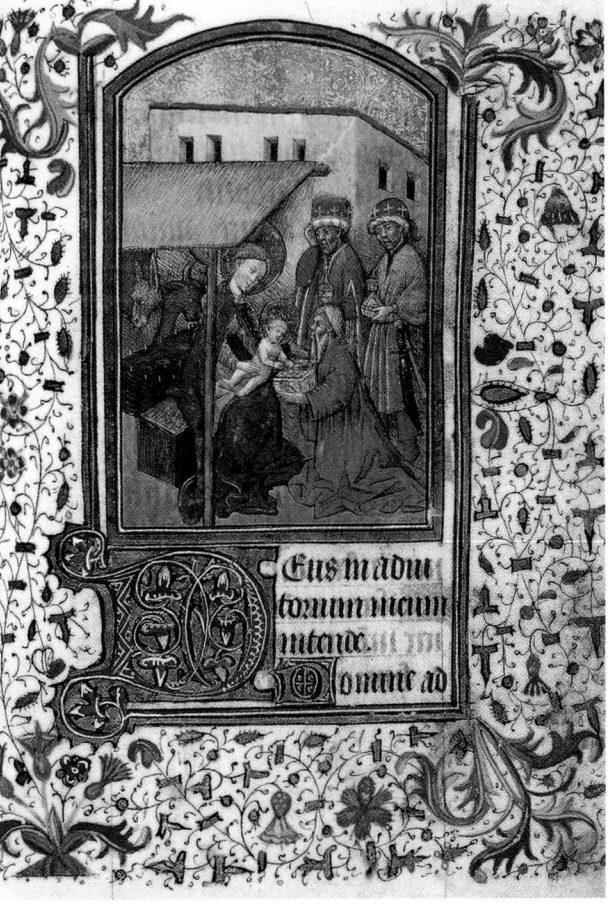

100. PÉRONET LAMY, «Discesa di Cristo nel Limbo», 1445 circa.
Grenoble, Bibliothèque municipale, ms. 650.8, *Libro d'Ore*, f. 76.

101. PÉRONET LAMY, «Adorazione dei Magi», 1445 circa.
Grenoble, Bibliothèque municipale, ms. 650.8, *Libro d'Ore*, f. 64.

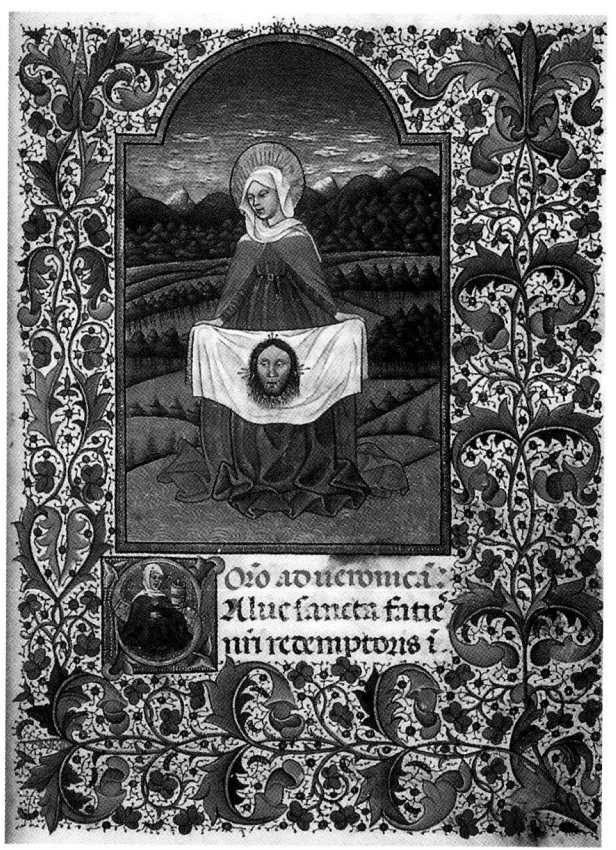

102. MINIATORE SAVOIARDO, «Santa Veronica», 1445⁄1450 circa.
Chambéry, Musée Savoisien, ms. 977.1.1, *Libro d'Ore*, f. 21.

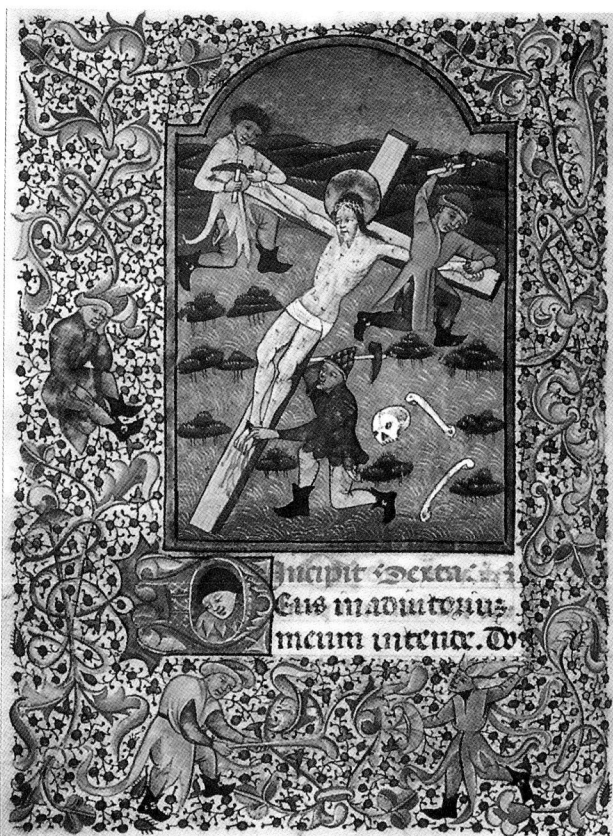

103. MINIATORE SAVOIARDO, «Il Calvario», 1445⁄1450 circa.
Chambéry, Musée Savoisien, ms. 977.1.1, *Libro d'Ore*, f. 37*v*.

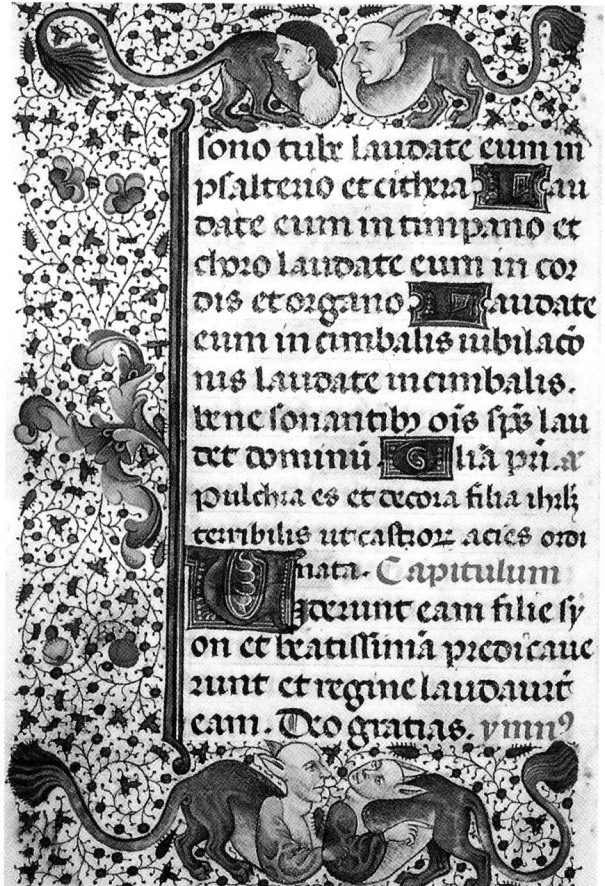

104. MINIATORE SAVOIARDO (?), «Figure grottesche», 1445⁄1450 circa.
Chambéry, Musée Savoisien, ms. 977.1.1, *Libro d'Ore*, f. 96.

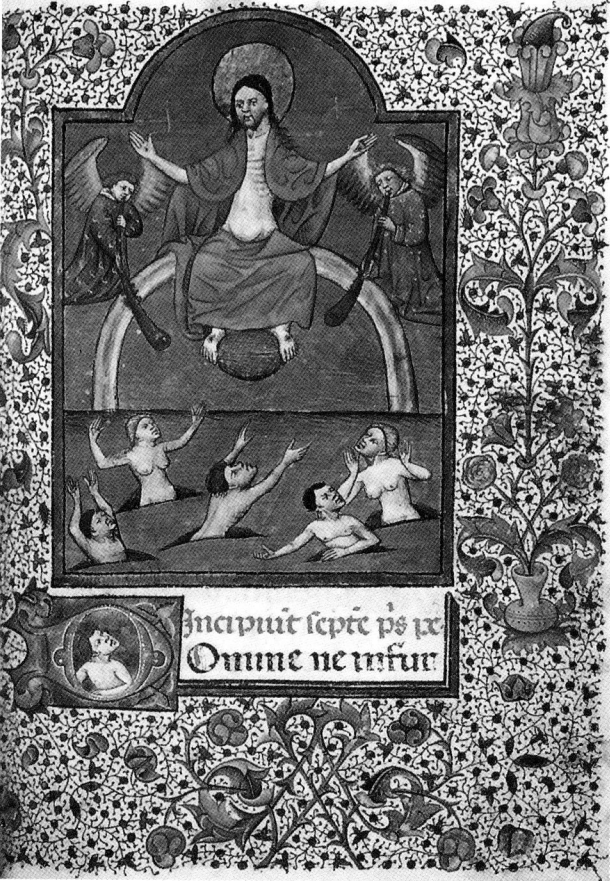

105. PÉRONET LAMY, «Il Giudizio Universale», 1445⁄1450 circa.
Chambéry, Musée Savoisien, ms. 977.1.1, *Libro d'Ore*, f. 119.

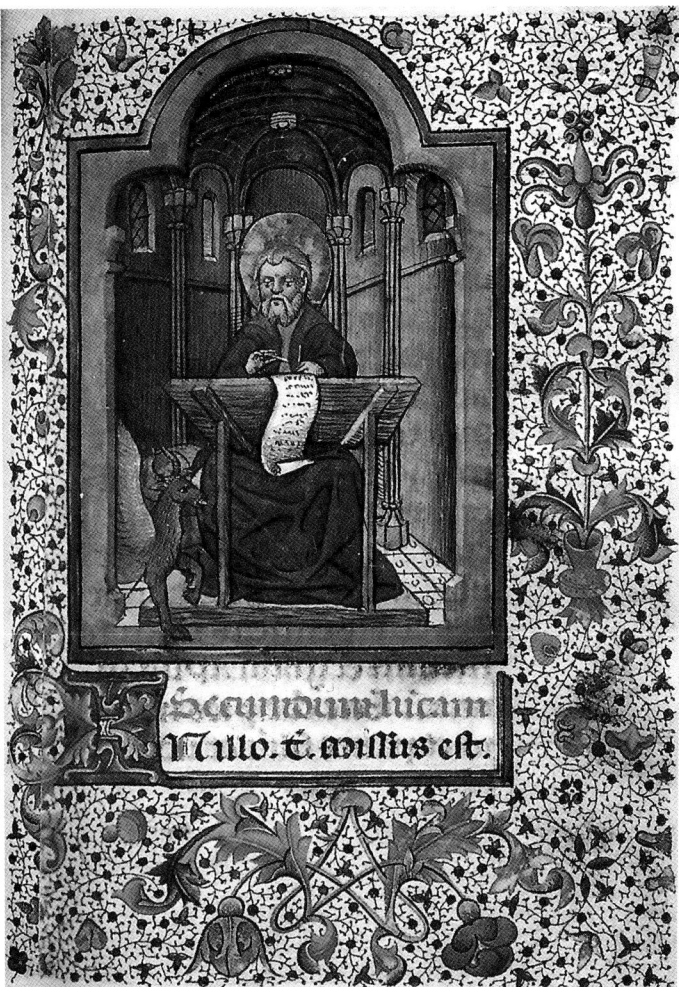

106. Péronet Lamy, «San Luca», 1445-1450 circa.
Chambéry, Musée Savoisien, ms. 977.1.1, *Libro d'Ore*, f. 41.

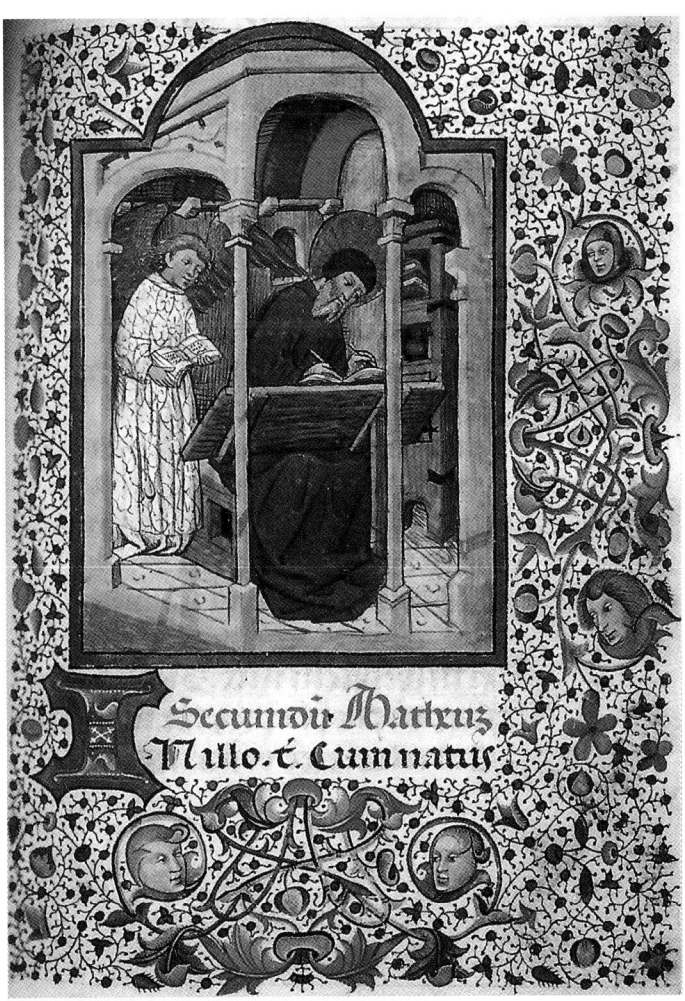

107. Péronet Lamy, «San Matteo», 1445-1450 circa.
Chambéry, Musée Savoisien, ms. 977.1.1, *Libro d'Ore*, f. 43.

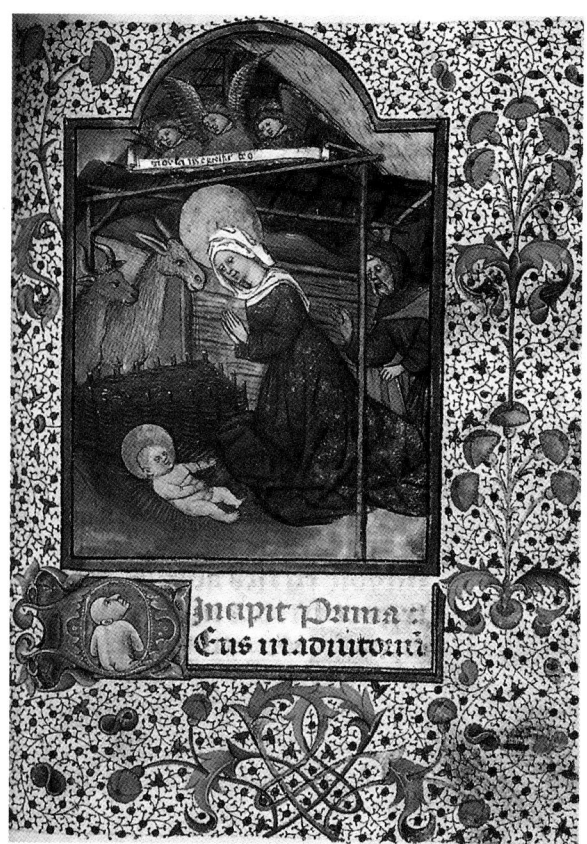

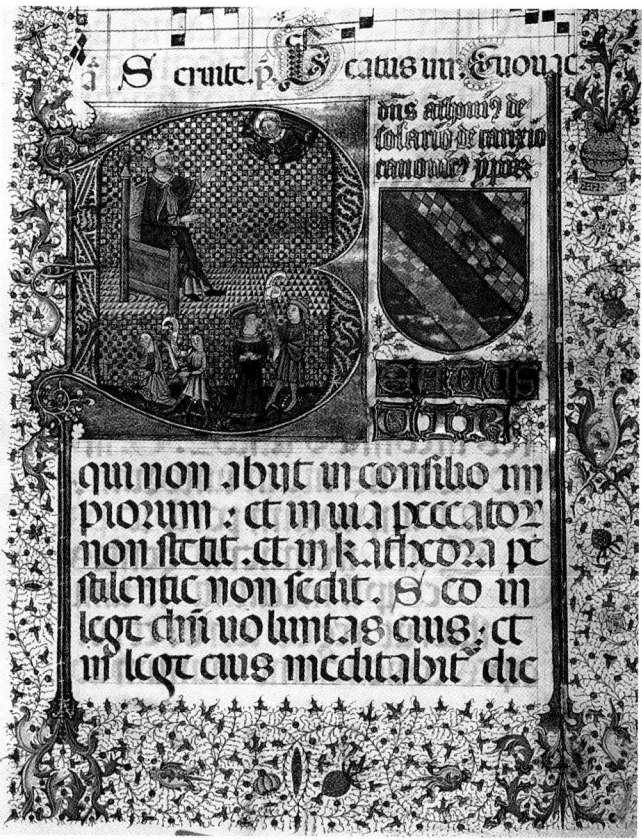

108. PÉRONET LAMY, «Natività», 1445-1450 circa.
Chambéry, Musée Savoisien, ms. 977.1.1, *Libro d'Ore*, f. 70.

109. MAESTRO DI ANTONIO SOLARIO, «Re David», 1440-1445.
Ivrea, Biblioteca Capitolare, ms. 129, *Salterio di Antonio Solario*, f. 2.

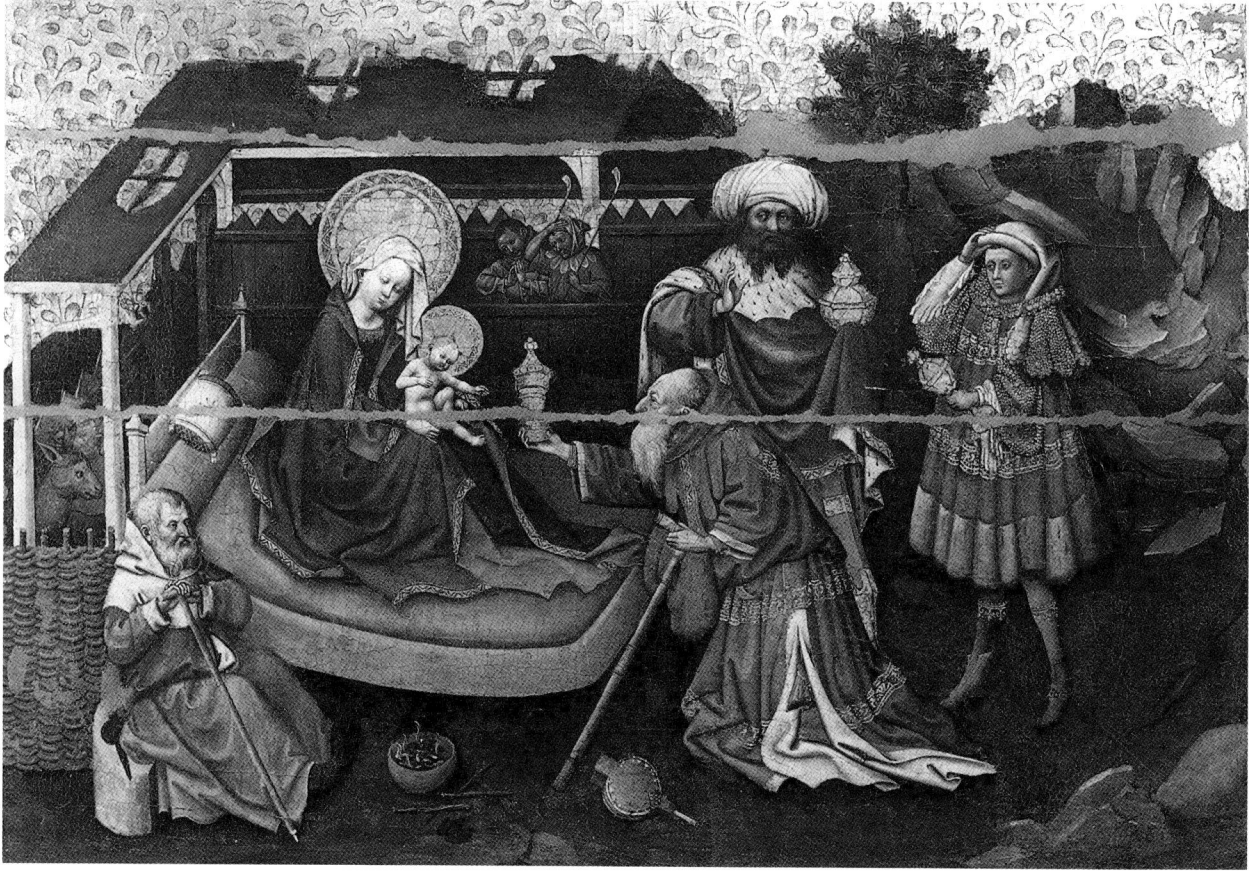

110. PITTORE SAVOIARDO, «Adorazione dei Magi», 1430-1440. Torino, Galleria Sabauda, inv. 156 bis (dono Harcourt).

Nella pagina a fianco
111. MINIATORE VICINO AL MAESTRO DELLE VITAE IMPERATORUM, «San Ludovico d'Angiò», 1440 circa.
Parigi, Bibliothèque nationale de France, ms. Lat. 760, *Breviario ad uso dei frati minori di Milano*, f. 493.

signis cum munita cum felice sine
ludouice xps te perfecit. Oratio.

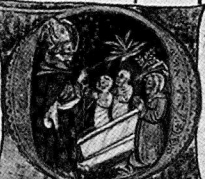

Eus qui eccle-
siam tuam dis-
pensatione mi-
rabili nouis sep
illustras sancto-
rum splendoribus tribue quesu-
mus. ut qui beati ludouici co-
fessoris tui atqp pontificis so-
lempnia ueneramur. ad eius
consortium feliciter peruenire
mereamur. P. Ad matutinu
inuitatoriu. Regem qui regit omia
chorus laudat sacratus. Cum quo
regnat igloria ludouicus beatus.ps.
Uenite exul. Hymnus.

Dum medium silentiu.
mine tenent omia. cetus
cantet fideliu. ludouici preconia.
In nocte nempe seculi. plenus
fulsit uirtutibus clarus director
populi. uelut celum syderibus.
Hic splendet sapientia. nitescit
et uirginitas. rorat misericordia. rubetqp feruens caritas.
Hic regulat religio. motuzp fir-
mat tranquilitas. extollit co-
templatio. purificat huilitas.
Hic patet abinitio. uirtutum
uniuersitas. quas miro magi-
sterio. scripsit beata trinitas.
Tu qui plenus uirtutibus fui-
sti sine numero. tuis sacris in-
fluxibus. nos iuua cursu proprio.
Et qui minor habituz por-
tasti minor ceteris. post uite

uirgas transitum tibi deuotos
superis. Corde ore nouo mo-
re congaudeat marsilia. que
preclara noui sci experitur ma-
gnalia. Trino deo et simplici.
digna laudum preambula. sint
et tanto pontifici. per infinita
secula. Amen. In primo noct-
no ant. Ludouicus equitatis dum
sedet in solio. celi madens fluuia dedit
fructus sanctitatis.ps. Beatus uir q
non. ant. Super syon predicauit pre-
ceptum diuicum. que deus ut unicu
filiu adoptauit.ps. Quare fre. ant.
Uoce supplicationis exclamauit ad
dnm. et optatu terminu sumpsit exa-
uditionis.ps. Dne qp multi ℟. Ama-
uit eu dns et ornauit eu ℟. Stolam
glorie induit eum. Lectio prima.

Ergente mundi uespere
lux orta e iusto. erectis
corde letitia. cui beatus ludouicus xps confessor et episcopus.
uelut stella noue claritatis e
xemplo uite mundum illuminas
signis et prodigiis coruscans.
cepit ante oculos fideliu mira-
biliter radiare. Hic siquidem
regis cicilie filius. regnum mu-
di pompam et omes ornatum
seculi contempsit. ipi regno cuius
erat heres legiptimus. sponte
et libere renuntians. ordinem
fratru minor ingrediens. xpi
sequi uestigia. tanqp uerus ei
discipulus preelegit. ℟. Regis
suim potentia de stirpe dedit regia.

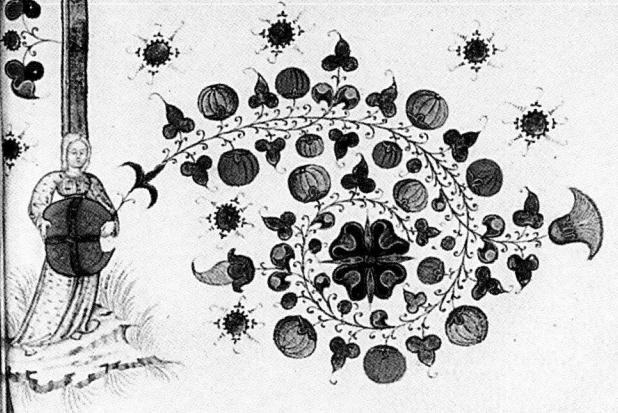

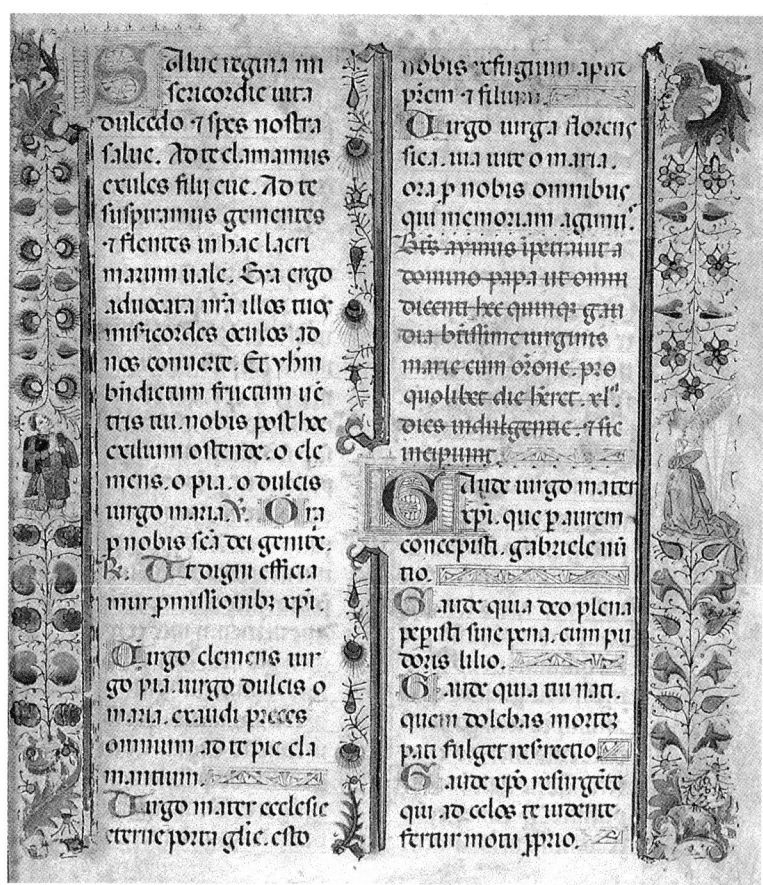

112. MINIATORE SAVOIARDO, «Ludovico di Savoia e Anna di Lusignano in preghiera», 1440-1450. Parma, Biblioteca Palatina, ms. Pal. 56, *Libro d'Ore*, f. 29.

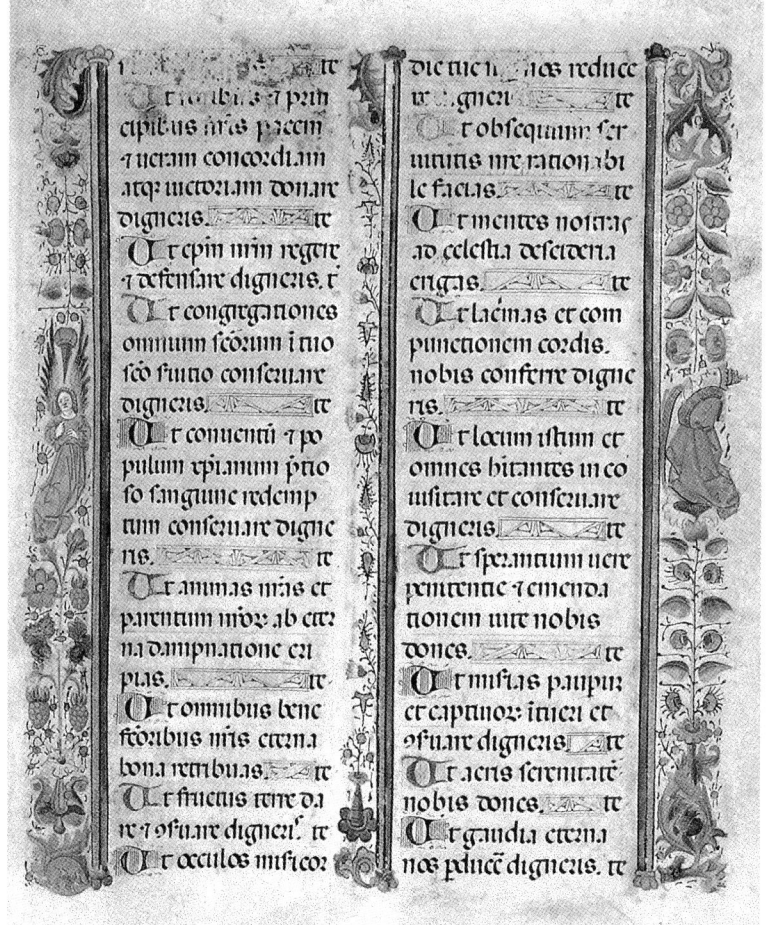

113. MINIATORE SAVOIARDO, «Un angelo e un papa», 1440-1450.
Parma, Biblioteca Palatina, ms. Pal. 56, *Libro d'Ore*, f. 77.

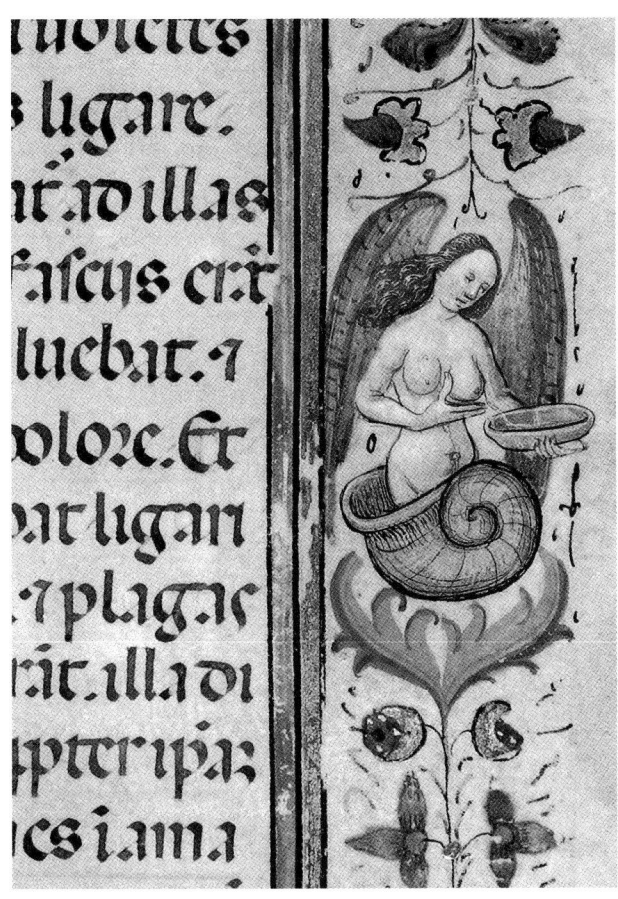

114. MINIATORE SAVOIARDO, «Figura grottesca», 1440-1450.
Parma, Biblioteca Palatina, ms. Pal. 56, *Libro d'Ore*, f. 141.

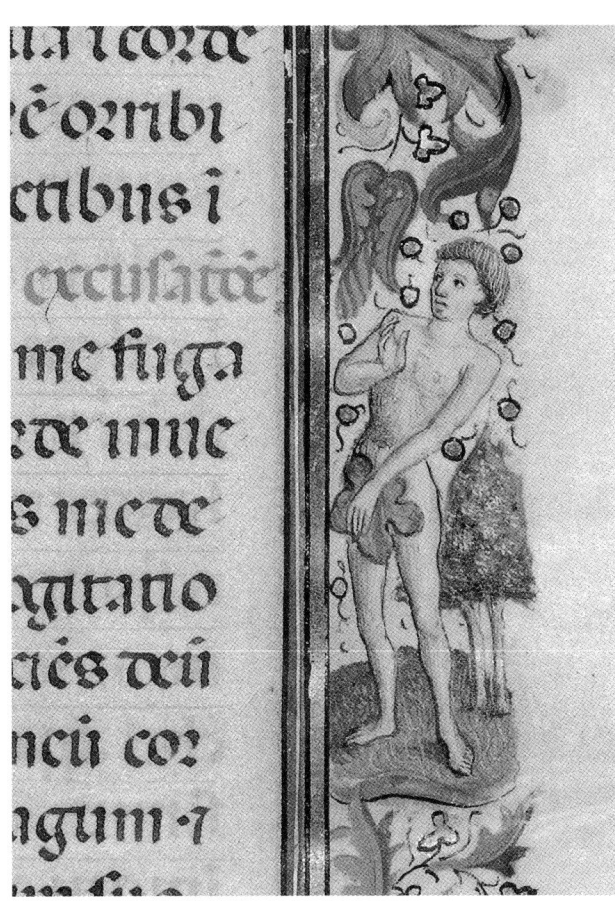

115. MINIATORE SAVOIARDO, «Adamo», 1440-1450.
Parma, Biblioteca Palatina, ms. Pal. 56, *Libro d'Ore*, f. 175.

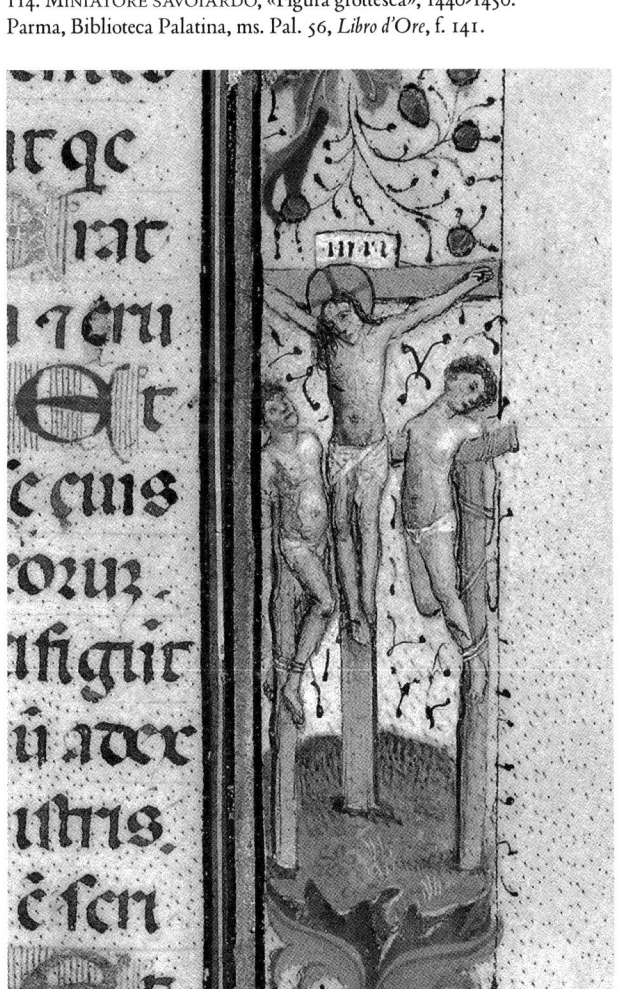

116. MINIATORE SAVOIARDO, «Crocifissione», 1440-1450.
Parma, Biblioteca Palatina, ms. Pal. 56, *Libro d'Ore*, f. 94.

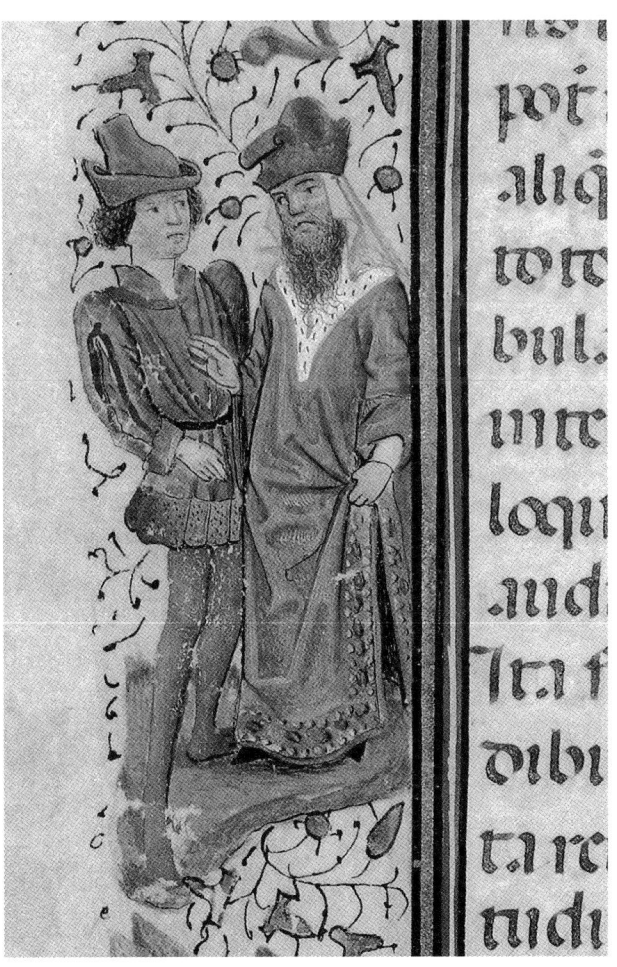

117. MINIATORE SAVOIARDO, «Due figure maschili», 1440-1450. Parma,
Biblioteca Palatina, ms. Pal. 56, *Libro d'Ore*, f. 171v.

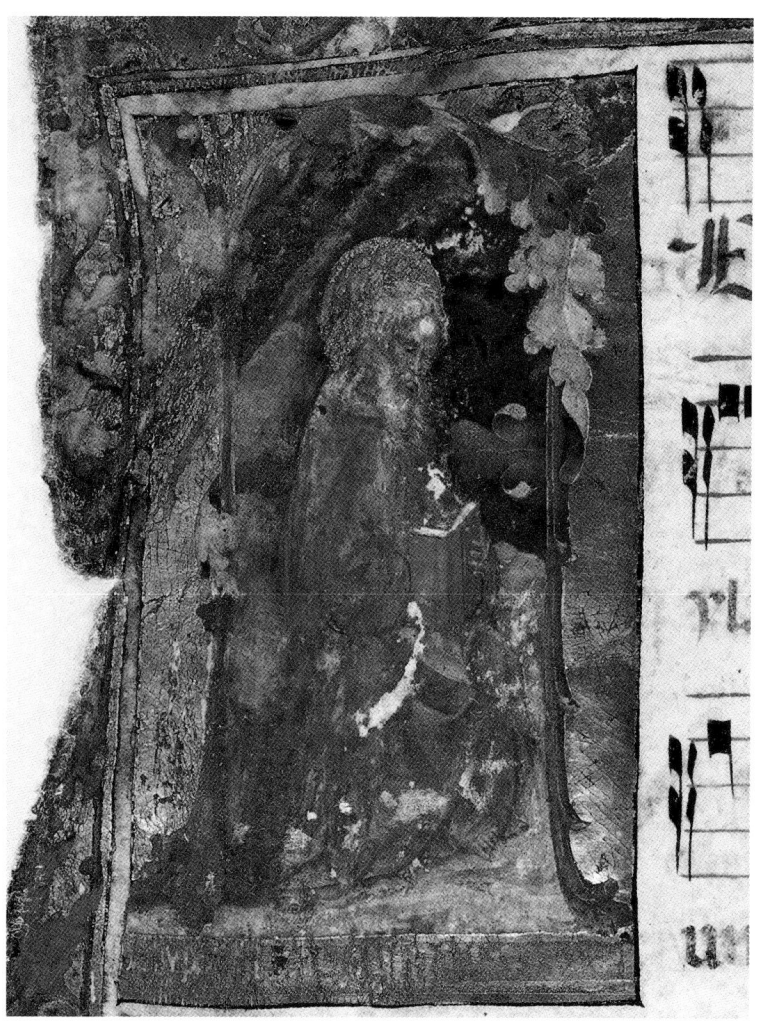

118. MINIATORE DELL'ITALIA SETTENTRIONALE (?),
«Sant'Ilarione», 1440-1445. Torino,
Biblioteca Nazionale Universitaria, ms. J.II.9,
Officium et Missa S. Hilarionis; Officium S. Annae;
Kyriale; Hymni; Ballades; Virelais; Rondeaux, f. 1.

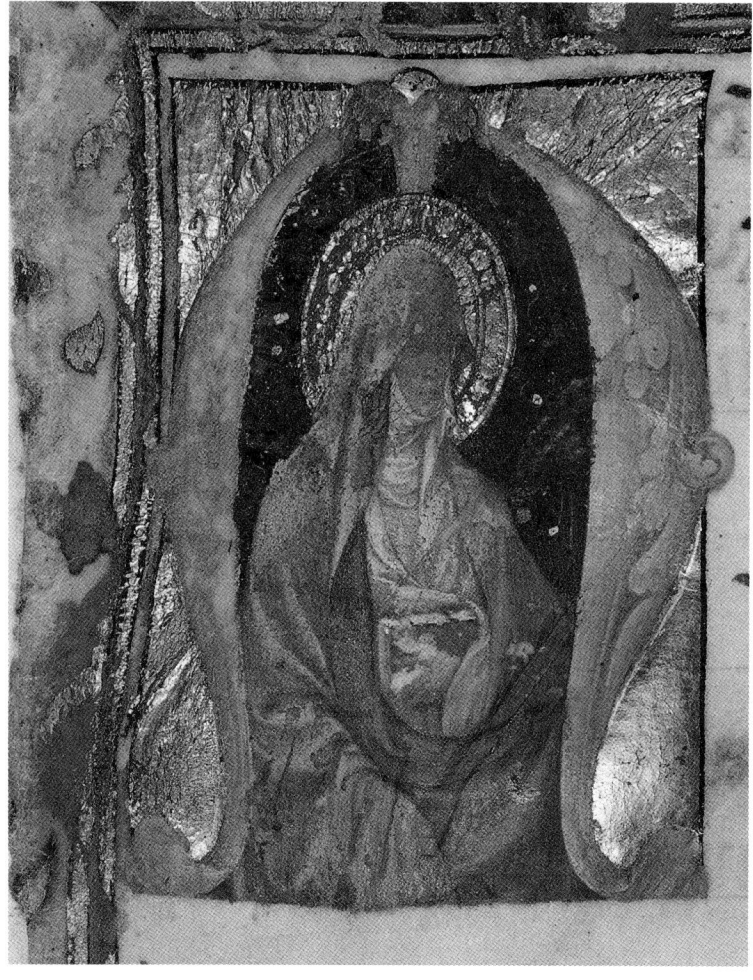

119. MINIATORE DELL'ITALIA SETTENTRIONALE (?),
«Sant'Anna», 1440-1445. Torino, Biblioteca Nazionale
Universitaria, ms. J.II.9, *Officium et Missa S. Hilarionis;*
Officium S. Annae; Kyriale; Hymni; Ballades; Virelais;
Rondeaux, f. 14.

Repertorio dei codici miniati

I.

Grandes Chroniques de France
Torino, Biblioteca Nazionale Universitaria, ms. L.II.8
Parigi, 1400 circa

Manoscritto membranaceo; prima dell'incendio del 1904: ff. 587 (Pasini 1749, p. 481); oggi: ff. 461 (ma alcuni fogli del codice sono stati rilegati a parte con segnatura L.V.47); misure originali sconosciute, misure attuali dei fogli superstiti da 240 x 185 a 350 x 270 millimetri; numerazione originale in cifre romane e in inchiostro color seppia nel margine superiore, al centro; numerazione recente in cifre arabe e a matita nel margine esterno; numerazione in caratteri tipografici in basso a destra; scrittura gotica francese della fine del XIV ⁄ inizio del XV secolo su due colonne di 39⁄50 righe l'una; rubriche; 17 miniature; piccole iniziali oro su fondo blu o vinaccia con decorazioni a rameggi; segni di paragrafo.

Legatura originale perduta. Il codice è attualmente conservato in carte sciolte protette ciascuna da due fogli o da carta assorbente e cartoncini e raggruppate in fascicoli in tre scatole distinte (recupero effettuato dal laboratorio Erminia Caudana di Torino nel 1969⁄1977).

Stato di conservazione: Il manoscritto è stato gravemente danneggiato dall'incendio del 1904. Le carte di apertura e chiusura del codice sembrano essere andate irrimediabilmente perdute. Alcuni fogli sono stati rilegati a parte con segnatura L.V.47. Svariate pagine si presentano quasi allo stato di lacerto e risultano di difficile lettura. Il restauro ha provveduto a stirare i fogli sopravvissuti. Si notano rozzi interventi di integrazione dove manca la pergamena. Molte miniature si presentano deformate dal fuoco e dal successivo stiramento dei fogli e mostrano cadute di colore e/o particolari evanescenti. A volte, parte del colore della miniatura è aderita al foglio immediatamente precedente o seguente.

Provenienza e storia del manoscritto: Dalla biblioteca di Amedeo VIII (stemma e nota di possesso sul verso del f. 264); verosimilmente a Ripaille nel 1434; forse nella Galleria Grande del Castello Ducale di Torino nel 1659; nel 1720 alla Biblioteca Universitaria di Torino (Pasini 1749, gall. LXXIII); gravemente danneggiato nell'incendio del 1904.

Iconografia delle miniature:

f. 39: *Libro III, capitolo I*: Chilperico, istigato da Fredegonda, strangola sua moglie Galsuinta mentre dorme[1];

f. 67v: *Libro IV, capitolo I*: Gontrano nomina come suo successore il nipote Childeberto (fig. 1)[2];

f. 148: *Carlomagno, Libro IV, capitolo I*: San Giacomo appare in sogno a Carlomagno per chiedergli di liberare dai Saraceni il suo sepolcro in Galizia[3];

f. 158v: *Carlomagno, Libro V, capitolo I*: Battaglia di Roncisvalle[4];

f. 167: *Ludovico I il Pio, capitolo I*: Carlomagno e il papa incoronano Ludovico il Pio re di Aquitania[5];

f. 193: *Carlo il Calvo, capitolo I*: Battaglia di Fontenoy⁄en⁄Puisaye[6];

f. 208: *Ludovico II il Balbo, capitolo I*: Ludovico II il Balbo riceve le insegne regali dall'imperatrice Richilda, vedova di Carlo il Calvo (fig. 2)[7];

f. 212v: *Ludovico II il Balbo, capitolo V*: Incoronazione di Carlomanno e Ludovico III[8];

f. 239: *Luigi VI il Grosso, capitolo I*: Incoronazione di Luigi VI (fig. 3)[9];

f. 278: *Filippo II Augusto, capitolo I*: Visione di Luigi VII, padre di Filippo Augusto[10];

f. 326: *Luigi IX il Santo, capitolo I*: Luigi VIII assedia Avignone (fig. 4)[11];

f. 369: *Filippo III l'Ardito, capitolo I*: Morte di san Luigi[12];

f. 391: *Filippo IV il Bello, capitolo I*: Edoardo I, figlio di Enrico III re d'Inghilterra, rende omaggio a Filippo il Bello, re di Francia (tav. I)[13];

f. 422: *Luigi X, capitolo I*: Incoronazione di Luigi X (tav. II)[14];

f. 442: *Filippo VI di Valois, capitolo I*: L'assemblea dei nobili confida la reggenza del regno a Filippo di Valois, cugino di Carlo IV il Bello, nonostante le pretese di Edoardo III, nipote di Carlo[15];

f. 486: *Giovanni il Buono, capitolo I*: Incoronazione di Giovanni il Buono[16];

f. 492: *Giovanni il Buono, capitolo IX*: Battaglia di Poitiers[17].

Bibliografia: Machet 1713, p. 209, col. XI; Bencini 1732, vol. IV, f. 581v; Pasini 1749, p. 481; Gazzera 1844⁄1859, ms. 1379, f. 102; Peyron s.d., p. 27; Durrieu 1904, p. 57; Cosentini 1922, p. 162, n. 1633; Wahlgren 1934, p. 42; Bassi 1980, p. XX; Hedeman 1991, p. 264; Rouse e Rouse 2000, vol. I, p. 402, nota 63.

[1] «Le premier chappitre comment le roy Chilperich estrangla sa famme et comment il lessa la seconde par la malice Fredegonde et puis comment les Sesnes envairent France» (J. VIARD, *Les Grandes Chroniques de France*, vol. I, Parigi 1920, pp. 206 sgg.) «Les Sesnes» sono i Sassoni.

[2] «Ci parle des fais le roy Gonctian qui estoit roy d'Orleans qui tenoit France pour son nepueu Clothaire et coment le roy Gonctian donna au roy Chilleric son nepueu le royame apres sa mort» (*Ibid.*, vol. II, 1922, pp. 3 sgg.) Per un dettagliato resoconto degli avvenimenti relativi alle scene raffigurate ai ff. 67v, 148, 167, 193, 208, 239, 326, 369, 391, 422 e 442: F. AVRIL, M. T. GOUSSET e B. GUENÉE, *Les Grandes Chroniques de France. Reproduction intégrale en fac⁄similé des miniature de Fouquet. Manuscrit français 6465 de la Bibliothèque nationale de Paris*, Parigi 1987, pp. 26, 59, 69, 84, 87, 127, 157, 164, 177, 187 e 207.

[3] «Le premier chappitre parle de la vision et du signe que il vit ou ciel, et comment monseigneur Saint Jaques s'apparut a luy et lui dist que il delivrast la voye iusques ou le corps [...], et comment Pampelune fut prise et toute la terre iusques au perron Saint Jaques, et comment il fist baptizier les Galiciens et occire ceulx qui baptesme ne vouloient recevoir» (VIARD, vol. III, Parigi 1923, pp. 202 sgg.)

[4] «Cy commence la bataille de Roncevaux et de la mort le duc Roullant. Le premier chappitre parle du message Ganelon et de la trayson qu'il fist avec le roy Mayssiellion et des presens que les Sarrasins firent au roy et aux combattans par malice et puis de la bataille comment les crestiens furent destouffis et occis» (*Ibid.*, pp. 261 sgg.) Nella miniatura i Franchi sono armati di spade, i Saraceni di sciabole.

[5] «Le premier chappitre parrle qui sa mere fu et comment il fu nes, et comment son pere lui occtoya le royaume d'Aquitaine pour ce qu'il y avoie este ne, et establi hommes pour l'enffant gouverner; apres, comment le pere ala a Romme et fist l'enffant porter avec luy, et au retour li livra le royaume (*Ibid.*, vol. IV, 1927, pp. 1 sgg.)

[6] «Cy faillent les gestes de l'emperiere Loys le Debonaire, fils Charlemaine le Grant. Cy apres commence de Charles le Chauf, fils Loys Debonaire» (*Ibid.*, pp. 161 sgg.) Della battaglia di Fontenoy si parla un po' più avanti nel testo: f. 193*v*: «Apres la mort a l'emperiere Loys, qui par son nom fu appelle Loys le Debonnaire, qui fu fils Charlemaigne le Grant, deux de ses fils, Lothaire et Loys, assemblerent grans osts de toutes pars de leurs royaumes contre Charle le Chauf leur frere qui estoit roy de France...»

[7] «Cy commencent les fais du roy Loys le Barbe, qui fu fils Charles le Chauf. Le premier chapitre parle comment Loys, qui fu appelle le Barbe, donna aux barons ce qu'il leur plaisoit pour acquerir leur grace, et comment l'empereis Richent lui apporta l'espe et le ceptre son pere, et comment il fu couronnez et comment il passa en Berry contre les Normans et de l'apostole qui vint en France et fist conseil des prelas de Sainte Esglise» (*Ibid.*, pp. 262 sgg.)

[8] «Cy fault l'istoire du roy Loys, le fils Charles le Chauf. Cy commance l'ystoire du roy qui fu fils Loys le Barbe, qui at nom Charlemainne. Le 6e chapitre parle comment les barons de France firent couronner les deux fils Loys le Barbe, a Ferrieres en Gastinois, et comment Boson se fist couronner a roy d'Acquitaine par aucuns evesques; et puis comment Charles, le fils le roy de Germanie, saisi le royaume de Lombardie et comment les deux freres partirent le royaume et comment il assiegerent Vienne» (*Ibid.*, 1927, pp. 285 sgg.)

[9] «Cy comencent les fais au bon roy Loys le Gros, qui fut fils au premier roy qui at nom Philippe» (*Ibid.*, vol. V, 1928, pp. 141 sgg.)

[10] «Le premier chappitre parle comment le roy Philippe Dieudonné fut nez pour la vision son pere» (*Ibid.*, vol. VI, 1930, pp. 89 sgg.)

[11] «Cy commence la vie et le premier chapitre Saint Loys et comment le pere Saint Loys ala Avignon et le conquist» (*Ibid.*, vol. VII, 1932, pp. 32 sgg.)

[12] «Comment Charles, le roy de Secil le frere de monseigneur Saint Loys [ossia Carlo d'Angiò], arriva devant [...] ou les crestiens renovent le siege et comme il trouva Saint Lois trespasse» (*Ibid.*, vol. VII, 1934, pp. 4 sgg.)

[13] «Le premier chappitre comment Edouart roy d'Angleterre fist homage au roy Philippe le Bel de la duchie d'Aquittaine» (*Ibid.*, pp. 127 sgg.)

[14] «Cy fine l'istoire et les fais du roy Philippe le Bel. Cy commence l'istoire du roy Loys de France et de Navarre qui regna apres son pere Philippe le Bel, roy de France, si comme l'istoire le devise cy apres» (*Ibid.*, pp. 318 sgg.)

[15] «Cy commencent les fais du roy Philippe de Valois et parle le premier chapitre des grans questions au quel devoit estre conus le gouvernement du royaume de France» (*Ibid.*, vol. IX, 1937, pp. 71 sgg.)

[16] «Cy apres commencent les fais du bon roy Jehan de France et parle le premier chapitre de son couronnemnent et des ses chevaliers que il fist, et de la mort monseigneur Raoul, conte de Eeu et de Guynes, connestable de France» (R. DELACHENAL, *Chronique des règnes de Jean II et de Charles V*, vol. I, Parigi 1910, pp. 25 sgg.)

[17] «Ce chapitre parle de la bataille qui fut devant Poitiers ou [...] et de la promise (?) du roy de France qui plus vaillamment se porta en celui jour que nul autre» (*Ibid.*, pp. 71 sgg.)

2.
Grandes Chroniques de France
Torino, Biblioteca Nazionale Universitaria, ms. L.V.47
Parigi, 1400 circa

Manoscritto membranaceo; ff. 12; misure originali sconosciute, misure attuali dei fogli superstiti da 215 x 177 a 270 x 195 millimetri; numerazione originale perduta (sono numerati i fogli di carta che integrano i lacerti di pergamena dopo il restauro); scrittura gotica francese della fine del XIV - inizio del XV secolo su due colonne; rubriche; una miniatura; piccole iniziali oro su fondo blu o vinaccia con decorazioni a rameggi. Legatura di restauro (recupero effettuato dal laboratorio Erminia Caudana di Torino nel 1946-1947).

Stato di conservazione: Trattasi di alcuni dei fogli iniziali del ms. L.II.8 (per cui si rimanda alla relativa scheda) stirati e incollati su fogli di carta. La numerazione attuale non rispetta l'ordine del testo. La numerazione corretta dovrebbe essere la seguente: ff. 1, 2, 3, 4, 6, 7, 5, 10, 12, 9, 8, 11.

Provenienza e storia del manoscritto: Dalla biblioteca di Amedeo VIII; verosimilmente a Ripaille nel 1434; forse nella Galleria Grande del Castello Ducale di Torino nel 1659; nel 1720 alla Biblioteca Universitaria di Torino (Pasini 1749, gall. LXXIII); gravemente danneggiato nell'incendio del 1904.

Iconografia dell'unica miniatura superstite:
f. 2*v*: *Libro II, capitolo I*: Clodoveo e Clotilde dividono il regno tra i loro quattro figli[1].

Bibliografia: Cosentini 1922, p. 168, n. 1691; Wahlgren 1934, p. 46; Bassi 1980, p. XX.

[1] «Ci devise coment le roy Clovis et sa famme Crotilde sont en son palais et coment ses IIII fils sont devant eulx et coment le roy devisa le royaume en IIII parties sique chascun soit assigner [...] royaume si com il voult» (J. VIARD, *Les Grandes Chroniques de France*, vol. I, Parigi 1920, pp. 95 sgg.)

3.
GIOVANNI BOCCACCIO, *De casibus virorum illustrium*
Torino, Biblioteca Nazionale Universitaria, ms. K.IV.11
Parigi, 1400-1410

Manoscritto membranaceo; prima dell'incendio del 1904: ff. 229 (Pasini 1749, p. 113); oggi: ff. 71; misure originali sconosciute, misure attuali dei fogli superstiti da 140 x 115 a 200 x 150 millimetri; numerazione di restauro in inchiostro nero, nel margine inferiore a destra; scrittura gotica francese della fine del XIV - inizio del XV secolo su una colonna di 30 righe per pagina; rubriche; iniziali decorate con un motivo a *vignettes* su fondo oro; piccole iniziali oro su fondo blu o vinaccia; iniziali rosse e blu a filigrana.
Legatura originale perduta.

Stato di conservazione: Il codice è stato gravemente danneggiato nell'incendio del 1904 ed è attualmente conservato in carte sciolte in una scatola di cartone. La pagina incipitaria recante

lo stemma sabaudo è protetta sotto vetro, insieme a due miniature che appartenevano in origine a un manoscritto diverso e
che furono inserite nel nostro volume a una data ancora da definire (figg. 9-10). Il restauro, eseguito nel 1953 dal laboratorio Erminia Caudana di Torino, ha provveduto a separare i
singoli fogli di pergamena del codice. Essi si presentano però
ancora molto accartocciati e necessitano di ulteriori interventi
conservativi. La numerazione di restauro non rispetta l'originaria successione delle pagine.

Provenienza e storia del manoscritto: Dalla biblioteca dei duchi di
Savoia; probabilmente nella Galleria Grande del Castello
Ducale di Torino nel 1659; nel 1720 alla Biblioteca
Universitaria di Torino (Pasini 1749, lat. CDXC); grave-
mente danneggiato nell'incendio del 1904.

Bibliografia: Machet 1713, p. 636, col. XXXIII, n. 110; Bencini
1732, vol. IV, f. 575; Pasini 1749, p. 113; Gazzera 1844-1859,
ms. 1379, ff. 100r-v; Vinay 1947, p. 222, n. 70; Bassi 1980, p.
XX.

4.
Miscellanea di scritti di medicina
Torino, Biblioteca Nazionale Universitaria, ms. F.V.25
Piemonte o Savoia, 1373 e 1420-1430 circa

Manoscritto cartaceo; prima dell'incendio del 1904: ff. 285
(Pasini 1749, p. 120); oggi: ff. 285; misure originali 273 x 204
millimetri, misure attuali 270 x 190 millimetri circa; numerazione originale in cifre romane in alto a sinistra del verso di ogni
foglio (la numerazione corre regolarmente dal f. I al f.
CLXXIX, dopo di che ricomincia da I a XXXXVI, e riprende al f. CCI per continuare fino alla fine); numerazione
moderna in cifre romane al centro del margine inferiore del *recto* di ogni foglio; scrittura gotica corsiva su una colonna di 18/26
righe (dal f. 217v al f. 235v il testo è su due colonne); un disegno a piena pagina (fig. 12); margini decorati con fregi vegetali, fiori e animali di specie diverse; iniziali rosse di varia grandezza, alcune con decorazione a filigrana in inchiostro color
seppia.
Legatura di restauro (recupero effettuato dal laboratorio interno della Biblioteca Nazionale di Torino nel 1987-1988. Il
codice aveva subito un primo intervento conservativo nel 1913
a opera di Carlo Marré).

Provenienza e storia del manoscritto: Dalla biblioteca dei duchi di
Savoia (stemma su due fogli del manoscritto; fig. 11); nel 1720
alla Biblioteca Universitaria di Torino (Pasini 1749, lat.
DXXVIII); danneggiato nell'incendio del 1904.

Bibliografia: Bencini 1732, vol. IV, ff. 590-590v; Pasini 1749, p.
120; Giacosa 1901, pp. 442-446; Cosentini 1922, p. 96, n. 927;
Lupo 1978, p. 48, nota 44, p. 220, nota 24 e p. 37, fig. 48 (erroneamente riferita a Torino, Biblioteca Nazionale, ms.
F.IV.28); Bertini 1980, p. XI; De Martino 1987, p. 59; Quazza
e Segre Montel 2004, pp. 297 e 299, fig. 29, tav. XVI.

5.
Breviario francescano detto «di Santa Coletta»
Besançon, convento delle clarisse, ms. 3
Savoia, 1425-1430 + 1445-1450 circa

Manoscritto membranaceo; ff. I + III + 1-502 (252 x 180 millimetri) + 503-511 (provenienti da un altro manoscritto: 239 x
171 millimetri) + I; numerazione a matita in cifre arabe in alto a destra e nel margine inferiore al centro (nella parte aggiunta, numerazione in cifre romane e in inchiostro rosso nel
margine superiore al centro: XIV-XXII); scrittura gotica libraria su due colonne di 34 righe l'una (nella parte aggiunta,
scrittura su due colonne di 31 righe l'una); rubriche; 24 medaglioni nel calendario, 159 iniziali o riquadri istoriati; una miniatura nel margine esterno (f. 196); iniziali decorate a rami di
vite con prolungamenti ad asta e motivi decorativi analoghi nei
margini; iniziali a filigrana rosse e blu; segni di paragrafo (nella parte aggiunta: rubriche; una iniziale istoriata; iniziali a filigrana rosse e blu; segni di paragrafo).
Legatura in pelle impressa con motivi geometrici e floreali
(piatti del XVII secolo [?], dorso recente). Nella parte anteriore
restano tracce di fermagli, che si sono conservati invece integri
nella parte posteriore.

Provenienza del manoscritto: Dalla biblioteca dei duchi di Savoia.

Iconografia delle miniature:
ff. 1-7: Calendario
> f. 1: Gennaio-acquario;
> f. 1v: Febbraio-pesci;
> f. 2: Marzo-ariete;
> f. 2v: Aprile-toro;
> f. 3: Maggio-gemelli;
> f. 3v: Giugno-cancro (fig. 17);
> f. 4: Luglio-leone (fig. 18);
> f. 4v: Agosto-vergine;
> f. 5: Settembre-bilancia;
> f. 5v: Ottobre-scorpione;
> f. 6: Novembre-sagittario;
> f. 6v: Dicembre-capricorno[1]
ff. 8-65: Salterio
> f. 8: Re David[2]
ff. 78-270v: Temporale
> f. 78: Re David[3];
> f. 99v: La Natività;
> f. 110: San Tommaso;
> f. 114v: Papa Silvestro e Costantino;
> f. 115v: Papa Leone;
> f. 120: Il battesimo di Cristo (fig. 13);
> f. 129v: San Paolo dà l'epistola ai Romani;
> f. 149: La creazione di Eva dalla costola di Adamo;
> f. 152v: Noè costruisce l'arca;
> f. 156v: Il sacrificio di Isacco;
> f. 163: Cristo tentato dal diavolo;
> f. 168: *Genesi* XXVII, 1-4: Isacco vecchio e quasi cieco or-
> dina a Esaù di andare in campagna a prendere un po' di
> selvaggina per farne una pietanza saporita (fig. 22);
> f. 172v: *Genesi* XXXVII, 17-34: Giuseppe venduto dai
> suoi fratelli agli Ismaeliti;
> f. 177v: *Esodo* III, 1-20: Il roveto ardente o la vocazione di
> Mosè;

f. 182: *Geremia* I, 1-19: La vocazione profetica di Geremia;

f. 187v: L'entrata di Cristo in Gerusalemme;

f. 192: Gesù lava i piedi ai suoi discepoli;

f. 194v: La Crocifissione;

f. 196: Santa Veronica mostra il Santo Volto (nel margine esterno della pagina; tav. IX);

f. 198v: La Risurrezione;

f. 199v: *Luca* 24, 13-35: La via di Emmaus;

f. 200v: *Giovanni* 21, 1-14: L'apparizione di Cristo sul lago di Tiberiade;

f. 201v: *Giovanni* 20, 11-18: La Maddalena davanti al sepolcro vuoto del Cristo;

f. 202: Sermone di sant'Ambrogio (?);

f. 202v: *Giovanni* 20, 1-10: Il mistero del sepolcro vuoto ma non manomesso[4];

f. 203v: *Atti degli Apostoli* I, 1-11: Cristo dà istruzioni e benedice gli apostoli;

f. 208: L'angelo visita san Giovanni esiliato a Patmos;

f. 211v: L'aquila del tetramorfo;

f. 214: San Giacomo con la sua epistola;

f. 216v: San Giovanni con la sua epistola;

f. 218v: L'Ascensione;

f. 224: La Pentecoste;

f. 228: La Santa Trinità;

f. 230v: L'Ultima Cena;

f. 236: *Samuele* I, 1-2: Re Elcana, padre del profeta Samuele;

f. 243: *Luca* 14, 16-22: La parabola degli invitati sostituiti dai poveri (tav. VII);

f. 243v: *Luca* 15, 1-3: Gesù riceve i peccatori;

f. 244: *Luca* 5, 1-11: La pesca miracolosa;

f. 244v: *Matteo* 5, 20-25: Il conflitto con il proprio fratello[5];

f. 245: *Marco* 7, 1-10: Gesù dà il pane ai pagani;

f. 245v:
1. *Matteo* 7, 15-21: Gesù mette in guardia i suoi discepoli dai falsi profeti (fig. 33)[6];
2. *Luca* 16, 1-8: La parabola dell'amministratore disonesto[7];

f. 246: *Luca* 19, 41-44: Gesù piange su Gerusalemme[8];

f. 246v: *Luca* 18, 9-14: La parabola del fariseo e del pubblicano[9];

f. 247: *Marco* 7, 31-36: Guarigione di un sordomuto (tav. VIII);

f. 247v: *Luca* 10, 23-37: Un dottore in legge chiede a Gesù che cosa deve fare per guadagnarsi la vita eterna: la parabola del buon samaritano (fig. 14)[10];

f. 248: *Luca* 17, 11-19: La parabola dello straniero riconoscente[11];

f. 248v: *Matteo* 6, 24-33: Dio veste i gigli del campo (fig. 25)[12];

f. 249:
1. *Luca* 7, 11-16: Gesù risuscita il figlio di una vedova;
2. *Luca* 14, 1-6: Gesù guarisce un idropico[13];

f. 249v: *Matteo* 22, 34-40: Gesù spiega ai farisei qual è il comandamento più grande;

f. 250: *Matteo* 9, 1-8: Gesù guarisce un paralitico[14];

f. 250v: *Matteo* 22, 1-14: La parabola degli invitati a nozze[15];

f. 251: *Giovanni* 4, 46-53: Gesù guarisce il figlio di un funzionario del re a Cafarnao[16];

f. 251v: *Matteo* 18, 23-35: La parabola del servo senza pietà[17];

f. 252: *Matteo* 22, 15-22: I farisei chiedono a Gesù se è lecito o meno pagare il tributo all'imperatore di Roma[18];

f. 252v:
1. *Matteo* 9, 18-26: Gesù resuscita una fanciulla;
2. *Matteo* 24, 15-31: «La grande prova»[19];

f. 253: *Proverbi o Parabole di Salomone* I, 1 sgg.: Re Salomone in trono si rivolge a un astante;

f. 254v: *Ecclesiaste* I, 1 sgg.: La miniatura, che raffigura un re, con una mano sul petto e una sulla pancia, davanti a un altare con sopra brocche e bicchieri d'oro e d'argento, vuole verosimilmente rappresentare la sentenza che percorre tutto il libro: «Vanità delle vanità, tutto è vanità!»;

f. 255: *Sapienza* I, 1 sgg.: Re Salomone si rivolge a due astanti. Il testo recita: «Diligite iusticiam qui iudicatis terram; Sentite de domino in bonitate et in simplicitate cordis querite illum...»;

f. 255v: *Ecclesiaste* I, 1 sgg.: Nella miniatura è raffigurato un re inginocchiato e orante verso il cielo dove da una nuvola spunta il Cristo a mezzobusto. Il testo recita: «Omnis sapiencia a Domino Deo est, et cum illo fuit semper, et est ante aevum. Arenam maris et pluvie guttas et dies seculi quis dinumeravit?»;

f. 256: *Giobbe* I, 1 sgg.: Giobbe nel letamaio si pulisce le piaghe purulente;

f. 258: *Tobia* I, 1 sgg.: Tobia e l'arcangelo Raffaele davanti a Tobit;

f. 259v: *Giuditta* I, 1 sgg.: Giuditta decapita Oleferne;

f. 261: *Ester* I, 1 sgg.: Ester chiede al re Assuero di impedire lo sterminio dei Giudei dell'Impero;

f. 262v: *Maccabei* I, 1 sgg.: I Maccabei combattono contro i nemici di Israele;

f. 265: *Maccabei* II, 1 sgg.: Lettera dei Giudei di Gerusalemme ai Giudei d'Egitto per raccomandare loro di celebrare la festa della Dedicazione;

f. 266: *Ezechiele* I, 1 sgg.: Visione di Ezechiele (fig. 34);

f. 268: *Daniele* I, 1-3: Nabucodonosor, re di Babilonia, conduce Jojaqim, re di Giude, nel paese di Shinar;

f. 268v:
1. Il profeta Osea;
2. Il profeta Gioele;

f. 269:
1. Il profeta Amos;
2. Il profeta Abdia;
3. Il profeta Giona;

f. 269v:
1. Il profeta Michea;
2. Il profeta Nahum;
3. Il profeta Abacuc;

f. 270:
1. Il profeta Sofonia;
2. Il profeta Aggeo;
3. Il profeta Zaccaria;

f. 270v: Il profeta Malachia

ff. 272-454: Santorale

f. 273: San Saturnino[20];

f. 273v: Sant'Andrea;

f. 276v: San Nicola;

f. 279: Sant'Ambrogio;

f. 280v: Santa Lucia;

f. 282v: San Tommaso;

f. 285: Sant'Antonio abate (tav. III);

Bibliografia: Edmunds 1990b, p. 195, n. 2; Gaffiot e Rigaux (a cura di) 1994, pp. 74-76, n. 26 (scheda di M. H. Simon e V. Klukaszewski); Lopez 1994, p. 61; Castelnuovo e De Gramatica (a cura di) 2002, pp. 497 e 503 (nelle schede nn. 38 e 40 di G. Saroni).

[1] Il bordo di tutti i medaglioni contenenti i mesi e i segni zodiacali è decorato con nodi di Savoia.

[2] Nella cornice che circonda il testo è più volte ripetuto il nodo di Savoia.

[3] Nella cornice che circonda il testo sono raffigurati il motto «FERT» e il nodo di Savoia. Nel margine inferiore c'è uno stemma raschiato che presenta ancora deboli tracce di rosso: si trattava verosimilmente dello stemma sabaudo.

[4] Nell'iniziale sono raffigurati gli apostoli increduli di fronte al sepolcro vuoto.

[5] La miniatura rappresenta alla lettera il passo seguente: «Se dunque presenti la tua offerta sull'altare e lì ti ricordi che tuo fratello ha qualche cosa contro di te, lascia lì il tuo dono davanti all'altare e va' prima a riconciliarti con il tuo fratello e poi torna ad offrire il tuo dono». Nella miniatura un uomo lascia un obolo su un altare.

[6] Nell'iniziale Gesù computa gli argomenti del suo discorso sulle dita di fronte agli apostoli che lo ascoltano attenti.

[7] Nella miniatura il padrone interroga l'amministratore disonesto inginocchiato di fronte a lui.

[8] Nel riquadro Gesù guarda sconsolato la città di Gerusalemme.

[9] Nella miniatura, di fronte a un altare su cui è posta un'icona di Cristo, sono raffigurati il fariseo, in piedi con abiti eleganti e copricapo, e il pubblicano, inginocchiato e a mani giunte, con vesti modeste e senza copricapo.

[10] Nel riquadro Gesù e il dottore in legge discutono enumerando sulle dita le argomentazioni del discorso.

[11] Nella miniatura Gesù guarisce un gruppo di lebbrosi («uno di loro, vedendosi guarito, tornò indietro lodando Dio a gran voce; e si gettò ai piedi di Gesù per ringraziarlo. Era un samaritano»).

[12] La miniatura rappresenta alla lettera il passo seguente: «E perché vi affannate per il vestito? Osservate come crescono i gigli del campo: non lavorano e non filano. Eppure io vi dico che neanche Salomone con tutta la sua gloria, vestiva come uno di loro». Nel riquadro Gesù si rivolge agli apostoli mostrando loro un giglio.

¹³ L'idropico è rappresentato con il ventre gonfio al punto tale da non riuscire a chiudere la veste sul davanti.

¹⁴ Il paralitico è steso su un giaciglio. Ha le ossa deformate e la muscolatura atrofizzata.

¹⁵ La miniatura raffigura il passo seguente della parabola: «Il re entrò per vedere i commensali e, scorto un tale che non indossava l'abito nuziale, gli disse: "Amico, come hai potuto entrare qui senz'abito nuziale?" Ed egli ammutolì. Allora il re ordinò ai servi: "Legatelo mani e piedi e gettatelo fuori nelle tenebre; là sarà pianto e stridore di denti"».

¹⁶ Nella miniatura il funzionario implora l'aiuto di Gesù.

¹⁷ La parabola narra di un padrone che, per pietà, condonò un debito a un suo servo. Questi non usò la stessa premura nei confronti di un suo simile che gli doveva dei soldi e lo fece arrestare (questa è la scena rappresentata nella miniatura). Il padrone, venuto a sapere dell'accaduto, indignatosi, chiamò il servo, lo sgridò e lo diede in mano agli aguzzini, finché non gli avesse restituito quel che gli doveva.

¹⁸ Nella miniatura i farisei mostrano a Gesù la moneta del tributo, su cui è ben evidente il ritratto dell'imperatore: «Egli domandò loro: "Di chi è questa immagine e l'iscrizione?" Gli risposero: "Di Cesare". Allora disse loro: "Rendete dunque a Cesare quello che è di Cesare e a Dio quello che è di Dio"».

¹⁹ «Quando dunque vedrete l'abomìnio della desolazione di cui parlò il profeta Daniele, stare nel luogo santo [...] allora quelli che sono in Giudea fuggano ai monti, chi si trova sulla terrazza non scenda a prendere la roba di casa, e chi si trova nel campo non torni indietro a prendersi il mantello...» «L'abomìnio della desolazione» è l'insediamento di un idolo pagano nel tempio di Gerusalemme. Il passo descrive la rovina di Gerusalemme perché possa servire da lezione per il futuro. Nella miniatura Gesù preannuncia l'evento a due apostoli, indicando loro la luna e il sole nel cielo.

²⁰ Nella miniatura il santo è legato a una croce a «X» e percosso da due sgherri. In realtà san Saturnino fu fatto legare a un toro che lo trascinò giù a precipizio dal Campidoglio a Tolosa (l'attributo più comune del santo è appunto un toro): L. RÉAU, *Iconographie de l'Art Chrétien*, tomo III***, Parigi 1959, pp. 1.203-1.205 (1955-1959). È anomala anche la rappresentazione di sant'Andrea nel *verso* del foglio: due aguzzini stanno legando il santo su una normale croce latina e non decussata come vorrebbe l'iconografia tradizionale.

²¹ Il santo raffigurato nella miniatura non può essere sant'Anastasio, monaco persiano strangolato e decapitato nel 628, ma è san Vincenzo, diacono di Saragozza, martirizzato a Valenza al tempo delle persecuzioni di Diocleziano. In base ai repertori da me consultati, il cuore non risulta essere un attributo di questo santo che fu torturato in vari modi e alla fine annegato con una pietra legata al collo: *Ibid.*, pp. 1.324-1.329; T. MORAL, voce *Vincenzo*, in *Bibliotheca Sanctorum*, vol. XII, Roma 1969, coll. 1.149-1.155.

²² Il santo è accompagnato dallo strumento del suo martirio: un pettine di ferro utilizzato normalmente per cardare la canapa (L. RÉAU, tomo III*, 1958, p. 227).

²³ La santa che assiste alla scena è santa Elena (madre di Costantino), a cui la tradizione attribuisce il ritrovamento della Vera Croce: A. BUGNINI, voce *Croce*, in *Enciclopedia cattolica*, vol. IV, Firenze 1950, col. 963; A. AMORE e E. CROCE, voce *Elena*, in *Bibliotheca Sanctorum*, vol. IV, Roma 1964, coll. 988-995.

²⁴ C'è di nuovo un'anomalia nell'iconografia: nella miniatura un santo tiene in mano delle pietre, l'altro una verga. Secondo Réau, Gervasio e Protasio furono «flagellés avec des lanières plombées et enfin décapités». I loro attributi tradizionali, sempre secondo Réau, sarebbero «un fouet plombé (flagrum) et l'épée de leur decollation» (L. RÉAU, tomo III***, 1959, p. 1.122).

²⁵ *Ibid.*, p. 1.122. Nell'iniziale san Pietro battezza i due soldati romani che lo avevano custodito durante la sua prigionia.

²⁶ L. RÉAU, tomo III*, 1958, pp. 284-285 (san Celso); tomo III**, 1958, pp. 968-969 (san Nazzaro); V. MONACHINO e C. MOCCHEGIANI CARPANO, voce *Vittore I*, in *Bibliotheca Sanctorum*, vol. XII, Roma 1969, coll. 1.281-1.285; G. B. PROIA e C. MOCCHEGIANI CARPANO, voce *Innocenzo I*, in *Bibliotheca Sanctorum*, vol. VII, Roma 1966, coll. 840-844. Nella miniatura, oltre ai martiri Nazzaro e Celso, è raffigurato solo uno dei due papi.

²⁷ Nella miniatura in realtà sono rappresentati i due committenti inginocchiati di fronte a un altare su cui è posta l'immagine della Vergine con il Bambino.

²⁸ La miniatura raffigura il martirio di Ippolito, soldato romano incaricato di fare da guardia a san Lorenzo in prigione: fu fatto legare alla coda di un cavallo indomito. «C'est un exemple de légende étymologique née de son nom qui est celui du fils de Thésée et qui signifie en grec, trainé par des chevaux» (L. RÉAU, tomo III**, 1958, pp. 651-653).

²⁹ L'oggetto che il santo tiene in mano dovrebbe essere l'ancora che gli fu legata al collo per farlo annegare (*Ibid.*, tomo III*, 1958, pp. 321-323).

³⁰ Per la cerimonia della benedizione delle Vergini: P. SIFFRIN e E. JOSI, *ad vocem*, in *Enciclopedia Cattolica*, vol. XII, Firenze 1954, coll. 1.264-1.267.

³¹ I ff. 503-511 provengono da un codice smembrato e furono aggiunti al *Breviario* di Besançon in un secondo momento. La miniatura al f. 506v è piuttosto rozza e di difficile collocazione.

6.

ALBERTANO DA BRESCIA, *De doctrina dicendi et tacendi; De amore et dilectione Dei et proximi et aliarum rerum et de forma vitae* (traduzione francese anonima)
Bruxelles, Bibliothèque royale, ms. 10317-18
Savoia, 1430-1435

Manoscritto membranaceo; 290 x 205 millimetri; I perg. + III carte + 79 perg. (manca un quaternione tra i ff. 8 e 9) + I perg. + III carte; numerazione a matita in cifre arabe in alto a destra, posteriore alla mutilazione del manoscritto; scrittura su una colonna di 39 righe per pagina; rubriche; una miniatura; fregi a racemi nei margini (ff. 1r/v; 17, 47 e 65v); iniziali decorate con motivi vegetali su fondo oro; iniziali più piccole oro su fondo granata e blu; segni di paragrafo. Legatura in marocchino rosso del XVIII secolo, con lo stemma di Luigi XV.

Provenienza e storia del manoscritto: Fu eseguito per Amedeo VIII (cfr. prologo, ff. 1-1v); nel 1479 è segnalato nel castello di Vigone tra i libri appartenuti alla duchessa Jolanda; fece parte dei volumi che Margherita d'Austria, lasciata la Savoia, portò con sé nei Paesi Bassi (inventario di Malines del 1523); nel 1530 fu ereditato da Maria d'Ungheria e, nel 1559, entrò nella Biblioteca di Borgogna. Nel 1748 fu prelevato dai Francesi e deposto nella Biblioteca Reale a Parigi. Fu restituito nel 1770. Fu prelevato una seconda volta dai Francesi nel 1794 e restituito definitivamente nel 1815.

Iconografia della miniatura del f. 1 (frontespizio):
Amedeo VIII in trono, tra gli alti dignitari di corte e un cavaliere dell'Ordine di san Maurizio, riceve dalle mani dell'autore la traduzione dell'opera di Albertano da Brescia (tav. X).

Bibliografia: Marchal, vol. I, 1842, p. 207; Van den Gheyn, vol. III, 1903, p. 276, n. 2066; Bayot 1909, pp. 317-324; *La Bibliothèque de Marguerite d'Autriche* 1940, p. 22, n. 3; Gaspar e Lyna, vol. II, 1945, pp. 95-97, n. 228; Griseri [1965], p. 71; Edmunds 1972, pp. 279-280; Vailati Schoenburg Waldenburg 1980, p. 81; Debae 1987, pp. 16-18, n. 5; Id. 1990, pp. 149-150; Edmunds 1990b, p. 196, n. 9; Andenmatten e De Raemy (a cura di) 1990, pp. 186-187, n. X 2 (scheda di M. Debae); Vadon 1992, pp. 109-110; Avril e Reynaud 1993, p. 203; Debae 1995, pp. 311-313, n. 184; Griseri 1997a, p. 673; Natale (a cura di) 2001, pp. 298 e 300 (scheda di F. Elsig); Castelnuovo e De Gramatica (a cura di) 2002, pp. 496-497, n. 38 (scheda di G. Saroni); Castelnuovo 2002, p. 205.

7.

Apocalisse
El Escorial, Real Biblioteca del Monasterio
de San Lorenzo, ms. E. Vitr. 5
Savoia, 1428-1434; 1490

Manoscritto membranaceo; 410 x 265 millimetri; II + 49 + II; numerazione moderna in cifre arabe in alto a destra; scrittura gotica libraria su due colonne di 22 righe l'una (copista: Cardino di Parigi, 1428-1432); rubriche; 97 riquadri miniati (120 x 150 millimetri); iniziali blu o granata di diversa grandezza, decorate con motivi vegetali e floreali su fondo oro; iniziali più piccole oro su fondo blu e/o granata; margini decorati con fregi vegetali, fiori, animali e *drôleries*.
Legatura in pelle rossa del XVIII secolo, con stemma dell'Escorial su entrambi i piatti e fermagli in ottone.

Provenienza e storia del manoscritto: Fu commissionato da Amedeo VIII a Jean Bapteur, affiancato prima dal copista Cardino poi dal miniatore Péronet Lamy (1428-1434); nel novembre del 1434 è documentato nella biblioteca di Amedeo VIII a Ripaille; nel 1490 fu completato da Jean Colombe per volere del duca Carlo I di Savoia; fu tra i codici che Margherita d'Austria portò con sé di ritorno nei Paesi Bassi (inventari di Malines del 1516 e del 1523). Nel 1550 il codice fu ereditato dalla nipote di Margherita, Maria d'Ungheria. Passò poi al nipote di Maria, Filippo II di Spagna, e nel novembre del 1566 entrò nella Biblioteca dell'Escorial. Il codice scomparve durante la guerra civile di Spagna, ma fu ritrovato nel 1963.

Iconografia delle miniature[1]:
f. 1: Condanna di san Giovanni e suo martirio (tav. XI);
f. 1v: Deportazione di san Giovanni a Patmos;
f. 2: *Apocalisse* I, 9-10: San Giovanni visitato dall'angelo;
f. 2v: *Apocalisse* I, 11: Le sette chiese;
f. 3: *Apocalisse* I, 12-15: La visione dei sette candelabri d'oro e del Signore con le sette stelle e la spada;
f. 3v: *Apocalisse* IV, 1: San Giovanni apre la porta sul cielo (fig. 39);
f. 4: *Apocalisse* IV, 2 - V, 1: La visione della corte celeste: Dio padre seduto in trono con il libro chiuso da sette sigilli, i quattro Viventi e i ventiquattro Vegliardi[2];
f. 4v: *Apocalisse* V, 5: Un Vegliardo, il leone di Giuda e l'angelo;
f. 5: *Apocalisse* IV, 9-11: La corte celeste: i ventiquattro Vegliardi si prostrano a Dio e gettano le corone ai suoi piedi;
f. 5v: *Apocalisse* V, 6: L'Agnello sul trono (fig. 49);
f. 6: *Apocalisse* V, 7: Il Signore consegna il libro all'Agnello;
f. 6v: *Apocalisse* VI, 1-2: Apertura del primo sigillo: il cavaliere sul cavallo bianco (fig. 35);
f. 7: *Apocalisse* VI, 2-4: Apertura del secondo sigillo: il cavaliere sul cavallo rosso fuoco (tav. XIV);
f. 7v: *Apocalisse* VI, 5-6: Apertura del terzo sigillo: il cavaliere sul cavallo nero (tav. XIII);

f. 8: *Apocalisse* VI, 7-8: Apertura del quarto sigillo: la Morte sul cavallo verdastro;
f. 8v: *Apocalisse* VI, 9-11: Apertura del quinto sigillo: le anime in attesa del giudizio (tav. XII);
f. 9: *Apocalisse* VI, 12-15: Apertura del sesto sigillo: un terremoto scuote la terra, il sole si oscura, la luna diventa color sangue, le stelle cadono e il cielo si ritira;
f. 9v: *Apocalisse* VII, 1: I quattro venti trattenuti dagli angeli;
f. 10: *Apocalisse* VII, 9-17: Alcuni eletti adorano il Signore e l'Agnello;
f. 10v: *Apocalisse* VIII, 1-2: Apertura del settimo sigillo: sette angeli ricevono sette trombe (fig. 41);
f. 11: *Apocalisse* VIII, 1-5: Un angelo dopo aver riempito un turibolo del fuoco dell'altare lo getta sulla terra: scoppiano lampi, tuoni e terremoti;
f. 11v: *Apocalisse* VIII, 7: Il primo angelo suona la tromba: una pioggia di grandine e fuoco misto a sangue cade sulla terra;
f. 12: *Apocalisse* VIII, 8-9: Il secondo angelo suona la tromba: una montagna di fuoco cade sul mare;
f. 12v: *Apocalisse* VIII, 10-11: Il terzo angelo suona la tromba: dal cielo cade una grande stella ardente («Assenzio») (fig. 51);
f. 13: *Apocalisse* VIII, 12: Il quarto angelo suona la tromba: oscuramento degli astri;
f. 13v: *Apocalisse* VIII, 13: L'aquila annuncia nuove sventure;
f. 14: *Apocalisse* IX, 1-11: Il quinto angelo suona la tromba: un astro cade sulla terra e apre il pozzo dell'abisso da cui escono le cavallette guidate da Abaddon;
f. 14v: *Apocalisse* IX, 13-15: Il sesto angelo libera i quattro angeli incatenati presso il fiume Eufrate;
f. 15: *Apocalisse* IX, 16-19: Massacro di un terzo degli uomini;
f. 15v: *Apocalisse* X, 1-4: All'urlo dell'angelo sceso dal cielo rispondono i sette tuoni;
f. 16: *Apocalisse* X, 8-10: San Giovanni prende il libro dall'angelo e lo divora;
f. 16v: *Apocalisse* XI, 1-2: San Giovanni riceve un bastone per misurare il tempio di Dio;
f. 17: *Apocalisse* XI, 3-6: Predica dei due testimoni Enoch ed Elia;
f. 17v: *Apocalisse* XI, 7: Morte di Enoch ed Elia;
f. 18: *Apocalisse* XI, 8-10: Il popolo in festa davanti ai due cadaveri di Enoch ed Elia (fig. 45);
f. 18v: *Apocalisse* XI, 11-13: Risurrezione e ascensione di Enoch ed Elia; crolla la città di Sodoma (tav. XV);
f. 19: *Apocalisse* XI, 15-18: Il settimo angelo suona la tromba e proclama il regno di Dio;
f. 19v: *Apocalisse* XI, 19: In cielo appaiono il santuario di Dio e l'Arca dell'Alleanza;
f. 20: *Apocalisse* XII, 1: La Donna vestita di sole (tav. XVII);
f. 20v: *Apocalisse* XII, 3-6: La Donna, dopo aver partorito il Figlio, è inseguita dal drago con sette teste;
f. 21: *Apocalisse* XII, 7: Combattimento di san Michele e il drago (tav. XVI);
f. 21v: *Apocalisse* XII, 12: Discesa sulla terra del diavolo in collera;
f. 22: *Apocalisse* XII, 14: Un angelo dà un paio di grandi ali d'aquila alla Donna inseguita dal drago;
f. 22v: *Apocalisse* XII, 15: Il drago cerca di fermare la Donna, vomitando un fiume d'acqua;

f. 23: *Apocalisse* XII, 17: Il drago combatte contro i discendenti della Donna, «quelli che osservano i comandamenti di Dio e testimoniano il Cristo»;

f. 23v: *Apocalisse* XIII, 1-2: Esce dal mare «una bestia che aveva sette teste e dieci corna; sulle corna dieci diademi e sulle teste nomi di bestemmia: la bestia pareva un leopardo; le zampe erano come quelle di un orso e le fauci quelle d'un leone»;

f. 24: *Apocalisse* XIII, 2-3: Il drago dà la sua forza, il suo trono e il suo potere alla bestia a sette teste («una delle teste era stata ferita a morte, ma la ferita era chiusa»);

f. 24v: *Apocalisse* XIII, 4: Adorazione del drago (tav. XVIII);

f. 25: *Apocalisse* XIII, 4: Adorazione della bestia a sette teste (fig. 52);

f. 25v: *Apocalisse* XIII, 11-13: La bestia a sette teste è adorata dagli abitanti della terra, mentre un mostro con corna di agnello fa cadere il fuoco dal cielo;

f. 26: *Apocalisse* XIII, 15-17: Il mostro con corna di agnello marchia i fedeli della bestia a sette teste e minaccia di morte chi si rifiuta di adorare la sua immagine;

f. 26v: *Apocalisse* XIV, 1: Adorazione dell'Agnello sulla montagna di Sion;

f. 27: *Apocalisse* XIV, 2-5: Alla corte celeste si canta un canto nuovo;

f. 27v: *Apocalisse* XIV, 6-7: Il primo angelo che annuncia il vangelo agli abitanti della terra;

f. 28: *Apocalisse* XIV, 8: Il secondo angelo che annuncia la caduta di Babilonia;

f. 28v: *Apocalisse* XIV, 9-11: Il terzo angelo che minaccia coloro che adorano la bestia a sette teste e la sua immagine;

f. 29: *Apocalisse* XIV, 13: Beatitudine di coloro che muoiono nel Signore;

f. 29v: *Apocalisse* XIV, 14-15: Apparizione del Figlio d'Uomo seduto su una nuvola bianca e con in mano una falce tagliente; un angelo gli ordina di mietere;

f. 30: *Apocalisse* XIV, 17-19: L'angelo che ha potere sul fuoco ordina a un altro angelo con la falce tagliente di vendemmiare «i grappoli della vigna della terra»;

f. 30v: *Apocalisse* XV, 1: I sette angeli con gli ultimi sette flagelli;

f. 31: *Apocalisse* XV, 2-4: I vincitori della bestia a sette teste celebrano le lodi del Signore sul mare di vetro;

f. 31v: *Apocalisse* XV, 7: Ogni angelo riceve uno dei sette calici d'oro «colmi dell'ira di Dio»;

f. 32: *Apocalisse* XVI, 2: Il primo calice è versato sulla terra;

f. 32v: *Apocalisse* XVI, 3: Il secondo calice è versato sul mare;

f. 33: *Apocalisse* XVI, 4-7: Il terzo calice è versato sulle sorgenti e i fiumi;

f. 33v: *Apocalisse* XVI, 8-9: Il quarto calice è versato sul sole;

f. 34: *Apocalisse* XVI, 10-11: Il quinto calice è versato sul trono della bestia a sette teste;

f. 34v: *Apocalisse* XVI, 12: Il sesto calice è versato sul fiume Eufrate;

f. 35: *Apocalisse* XVI, 13-17: Tre spiriti impuri escono dalla bocca del dragone, della bestia e del falso profeta per convocare i re della terra in vista della battaglia nel luogo detto Hermagedon;

f. 35v: *Apocalisse* XVI, 17-19: Il settimo calice viene versato: scoppiano lampi e tuoni e un terremoto squarcia in tre la città dell'Anticristo;

f. 36: *Apocalisse* XVII, 1-2: La grande Meretrice con i re della terra;

f. 36v: *Apocalisse* XVII, 3-4: La grande Meretrice a cavallo della bestia a sette teste;

f. 37: *Apocalisse* XVII, 6: La grande Meretrice «ubriaca del sangue dei santi e dei martiri di Gesù»;

f. 37v: *Apocalisse* XVIII, 2: La caduta di Babilonia;

f. 38: *Apocalisse* XVIII, 4-20: Un angelo maledice la città;

f. 38v: *Apocalisse* XVIII, 21: L'angelo butta una pietra grossa come una macina nel mare;

f. 39: *Apocalisse* XIX, 1-6: La corte celeste celebra l'annientamento della grande Meretrice;

f. 39v: *Apocalisse* XIX, 7-8: Alla corte celeste si celebrano le nozze dell'Agnello;

f. 40: *Apocalisse* XIX, 10: L'angelo dice a san Giovanni di non adorare l'Agnello;

f. 40v: *Apocalisse* XIX, 11-16: La cavalcata del Re dei re e della corte celeste;

f. 41: *Apocalisse* XIX, 17-18: Un angelo invita gli uccelli del cielo al banchetto del Signore;

f. 41v: *Apocalisse* XIX, 19: I due schieramenti a confronto: la bestia, i re della terra e le loro armate conto il Re dei re e la corte celeste;

f. 42: *Apocalisse* XIX, 20: Cattura della bestia a sette teste;

f. 42v: *Apocalisse* XX, 1-3: Un angelo incatena Satana per mille anni;

f. 43: *Apocalisse* XX, 4-6: Risurrezione dei giusti che potranno giudicare;

f. 43v: *Apocalisse* XX, 7: Satana, uscito di prigione, a capo delle nazioni che sono ai quattro angoli della terra, assalta Gerusalemme ma il fuoco del cielo li divora;

f. 44: *Apocalisse* XX, 9: Satana e i falsi profeti nello stagno di fuoco;

f. 44v: *Apocalisse* XX, 11-15: Il Giudizio Universale;

f. 45: *Apocalisse* XXI, 1: Discesa dal cielo della Nuova Gerusalemme;

f. 45v: *Apocalisse* XXI, 9-27: L'angelo mostra a san Giovanni la Nuova Gerusalemme;

f. 46: *Apocalisse* XXII, 1-5: Il trono di Dio, il fiume e l'albero della vita;

f. 46v: *Apocalisse* XXII, 8: San Giovanni in adorazione davanti all'angelo;

f. 47: *Apocalisse* XXII, 10-21: Discorso del Signore rappresentato da una predica in una chiesa;

f. 47v: La risurrezione di Drusiana[3];

f. 48: Il miracolo delle verghe mutate in oro e dei sassi mutati in pietre preziose[4];

f. 48v: Il miracolo del veleno[5];

f. 49: La morte di san Giovanni[6].

Bibliografia: Haenel 1830, col. 925; Fernandez Montaña 1875, pp. 443-483; Durrieu 1893, pp. 270-274; Id. 1895, pp. 135-137; Champeux 1895, pp. 154-155; Delisle e Meyer 1901, pp. CXXXI-CXXXII e CXCVI-CXCVII; Vesme e Carta 1901, pp. 35-42; Guiffrey 1901, pp. 196-198; Erbach von Fürstenau 1905, pp. 16-17; Petit-Delchet 1905, pp. 65-73; Bayot 1909, pp. 381-383; Toesca 1911, p. 48; Mély 1913, pp. 97-98; Antolin 1916, vol. IV, pp. 265 e 594; Winkler 1919-1920, pp. 225-232; Pemán 1926, pp. 24-32; Blum e Lauer 1919-1920, 1930, p. 62; James 1931, p. 11, n. 43, pp. 72 e 107-108; Dominguez Bordona 1933, vol. II, pp. 61-65, n. 1.557; Chénu 1934-1935, pp. 37-55; Erbach von Fürstenau 1937; *La Bibliothèque de Marguerite d'Autriche* 1940, p. 60, n. 130; Porcher 1955, pp. 239-240; Griseri 1959, pp. 23-26; Mallé [1961], p. 119; Edmunds 1964a; Id. 1964b; Griseri [1965], pp. 34-36; Gardet 1969; Sterling 1969, pp. 2-5; Edmunds 1972, p. 281; Mallé [1973], pp. 102-103; Gardet 1977, pp. 528-529 e 539; Griseri 1979, pp. 8-13; Bellosi 1980, pp. 90 e 92-93; Santiago Agut 1980; De Andrès 1981, pp. 21-26; Emmerson e Lewis 1985, p. 380, n. 57; Sterling 1986, pp. 20-21; Passoni 1987, pp. 34-35; Romano 1988, pp. 17-19; Debae 1990, p. 149; Edmunds 1990a; Id. 1990b, p. 198, n. 25; Id. 1990c, pp. 232-236; Santucci 1992, p. 93; Vadon 1992, pp. 107-108; Avril e Reynaud 1993, pp. 203-204 e 326 (testo di F. Avril); Rivière 1993; Debae 1995, pp. 216-220, n. 128; Santarelli 1996, pp. 13-15; Griseri 1997a, pp. 670-672; Rivière 1998; Thiébaut 1999, p. 149; Rivière Ciavaldini 2000b e 2000c; Natale (a cura di) 2001, pp. 298-301, n. 39 (scheda di F. Elsig); Castelnuovo 2002, pp. 217-221.

[1] Per l'individuazione delle scene dell'*Apocalisse* mi sono valsa dell'edizione del testo curata da Cesare Angelini (C. ANGELINI [a cura di], *Apocalisse*, Torino 1972) e da qui ho tratto le citazioni.
[2] Per la raffigurazione degli strumenti musicali in questa miniatura e in quelle illustranti i ff. 5, 5v, 6, 28 e 31 del manoscritto: C. SANTARELLI, *Due manoscritti appartenuti ai Savoia: L'Apocalisse dell'Escorial e il Livre d'Heures du Duc Louis*, in «RIDIM/RCMI newsletter», vol. 21, n. 1, 1996, pp. 13-15.
[3] Ritornando a Efeso dopo il suo esilio a Patmos, san Giovanni incrocia il corteo funebre di una donna di nome Drusiana e la resuscita: L. RÉAU, *Iconographie de l'Art Chrétien*, tomo III**, Parigi 1958, pp. 716-717 (1955-1959).
[4] Due giovani si lamentano di essersi privati dei propri beni, dopo aver visto i loro antichi schiavi meglio vestiti di loro. Giovanni gli restituisce la perduta ricchezza, trasformando alcune verghe e dei sassi in oro e gioielli (*Ibid.*, p. 717).
[5] Aristodemo, sacerdote del tempio di Diana a Efeso, mette alla prova san Giovanni facendogli bere una coppa di veleno di cui aveva prima verificato gli effetti su due condannati a morte, che erano deceduti all'istante. Giovanni benedice la coppa, beve il veleno, che lo lascia indenne, e resuscita i due condannati: *Ibid.*, pp. 717-718.
[6] Avvertito dal Cristo della sua fine imminente, san Giovanni si adagia nella fossa che si era scavato lui stesso ai piedi dell'altare. I discepoli si chinano verso di lui per dargli l'ultimo saluto, ma sono accecati da una luce soprannaturale e, quando riaprono gli occhi, il corpo del santo è sparito: *Ibid.*, p. 719.

Schema di confronto per l'iconografia dell'Apocalisse di Savoia

Lo schema che segue è un approfondimento del confronto, iniziato da Sheila Edmunds, tra l'*Apocalisse di Savoia* e le *Apocalissi Dyson Perrins* e *Douce*, e non è altro che un passo in più per cercare di arrivare un giorno a ricostruire il prototipo utilizzato da Jean Bapteur per l'illustrazione del manoscritto commissionatogli da Amedeo VIII[1]. Come termini di paragone, si sono aggiunte anche l'*Apocalisse Lat. 688* (*Apocalisse Viry*) e l'*Apocalisse Lat. 10474* della Bibliothèque nationale di Parigi. Il confronto è stato fatto per individuare le affinità e le differenze iconografiche tra l'*Apocalisse* dell'Escorial e quelle contenute nei manoscritti citati. L'analisi dei rapporti che intercorrono tra *Perrins*, *Douce* e *Lat. 10474* o tra *Perrins* e l'*Apocalisse Viry* esula pertanto da questo schema[2]. Per comodità, si sono indicati i manoscritti con le prime cinque lettere dell'alfabeto: *Perrins* = a);

Apocalisse Viry = b); *Apocalisse di Savoia* = c), *Douce* = d) *Lat. 10474* = e). Sono state prese in considerazione solo le prime 58 miniature dell'*Apocalisse* dell'Escorial, ossia quelle eseguite direttamente da Bapteur o da Lamy e Colombe su disegno dell'artista friburghese. Per b), c) ed e) si sono consultati gli originali; per a) e d) ci si è valsi del facsimile dei due manoscritti[3].

f. 1: «Condanna di san Giovanni e suo martirio»: in d) ed e) la scena manca. In a), b) e c) l'impostazione della scena è analoga. Rispetto ad a) alcuni particolari variano già in b) e ancor più in c): qui, per esempio, aumentano il numero degli spettatori alla scena (soldati e civili) e il numero degli sgherri (tav. XI)[4]. Al tempo stesso, in c), ritornano alcuni dettagli di a), eliminati in b): come il cagnolino ai piedi di Domiziano. Altri particolari sono identici nei tre manoscritti, come il gesto di Domiziano che indica san Giovanni e i due soldati che spingono il santo verso l'imperatore.

f. 1v: «Deportazione di san Giovanni a Patmos»: in d) ed e) la scena manca. In a) e b) la scena è quasi identica, in c) è molto più elaborata: si veda lo sfondo con i monumenti più celebri di Roma (tra cui il Pantheon, il Colosseo e la tomba di Adriano), forse un ricordo del viaggio in Italia di Bapteur[5]. In a) e b) due sgherri spingono san Giovanni sull'isola; in c) Giovanni è già sull'isola e, inciampando, perde il libro che in a) e b) tiene stretto in mano.

f. 2: *Apocalisse I, 9-10*: «San Giovanni visitato dall'angelo»: la scena è presente in tutti e cinque i manoscritti: c) è nel complesso assai prossimo ad a) e b). L'unica differenza sostanziale tra i tre codici è questa: in a) e b) san Giovanni ha il libro sotto la testa; in c) sotto il braccio. La scena di d) differisce da a); e), soprattutto per quanto riguarda la postura dell'Evangelista, è un compromesso tra a) e d). Le isole intorno a Patmos («bosforum mare»; «insula sardis»; «garmosia insula» e «insula tilis») seguono lo stesso ordine in a), c) ed e), mentre in d) sono disposte in modo diverso; in b) mancano le scritte[6]. Da notare un particolare: in d) ed e), sulla «garmosia insula», è raffigurato un cacciatore che lancia una freccia contro un coniglio: una scena di caccia è dipinta anche sullo sfondo del f. 1v di c nel margine in basso a sinistra del f. 1 di b).

f. 2v: *Apocalisse I, 11*: «Le sette chiese»: lo schema è identico in a), b) e c), ma in b) le chiese sono viste da tergo; in a) e b) san Giovanni è raffigurato a destra, in c) a sinistra; in a) e c) le chiese sono accompagnate dai loro nomi («Ephesus», «Smirna»...) In d) le sette chiese sono disposte su due registri. In e), come in c), le chiese sono sullo stesso piano e sono accompagnate dai loro nomi. In e) gli angeli non sono posti alla sommità degli edifici, come in a), b) e c), ma dentro questi, come in d)[7].

f. 3: *Apocalisse I, 12-15*: «La visione dei sette candelabri d'oro e del Signore con le sette stelle e la spada»: in a), b), c) e d), l'impianto della scena è molto simile, cambiano solo alcuni particolari in c) e d): per esempio, in a) e b), il Redentore tiene in mano le chiavi e il libro, in c) solo il libro, in d) solo le chiavi; in a) e b) la mano destra del Cristo è levata in alto, in c) e d) indica il san Giovanni prostrato. In e) la scena non è raffigurata, ma manca un foglio.

f. 3v: *Apocalisse IV, 1*: «San Giovanni apre la porta sul cielo»: la scena è presente solo in c) (fig. 39)[8].

f. 4: *Apocalisse IV, 2-V, 1*: «La visione della Corte celeste»: in *a)*, *b)* e *c)* è rappresentata la stessa scena che cambia solo nell'impostazione: in *a)* e *b)* i ventiquattro Vegliardi sono disposti su due registri intorno al Redentore, in *c)* siedono su un banco circolare che circonda il Signore (e questo schema, che sarà ripreso più tardi da Colombe, torna in tutte le visioni della Corte celeste). In *d)* ed *e)* troviamo la rappresentazione delle lettere alle sette chiese, che manca invece in *a)*, *b)* e *c)*[9].

f. 4*v*: *Apocalisse* V, 5: «Un Vegliardo, il leone di Giuda e l'angelo»: in *a)* e *b)* manca il leone di Giuda, presente invece in *c)*, *d)* ed *e)*; la disposizione delle figure (angelo, san Giovanni, Vegliardo e leone di Giuda) in *c)*, *d)* ed *e)* è differente[10].

f. 5: *Apocalisse* IV, 9-11: «La Corte celeste: i ventiquattro Vegliardi si prostrano a Dio e gettano le corone ai suoi piedi»: la scena è presente in *a)*, *b)* e *c)*; manca invece in *d)* ed *e)*[11].

f. 5*v*: *Apocalisse* V, 6: «L'Agnello sul trono»: la scena è presente i tutti e cinque i manoscritti (fig. 49). In *a)*, *b)*, *d)* ed *e)* la disposizione dei Vegliardi, in quattro scomparti posti di lato alla mandorla centrale con l'Agnello, è analoga.

f. 6: *Apocalisse* V, 7: «Il Signore consegna il libro all'Agnello»: la scena è presente in *a)*, *b)*, *c)* ed *e)*, manca invece in *d)*[12]. Da notare un particolare: gli angeli che assistono alla scena, in *a)*, *b)* ed *e)* prendono posto nei registri di lato alla scena centrale, in *c)* sono raffigurati nella cornice della mandorla che circonda il Redentore e l'Agnello;

f. 6*v*: *Apocalisse* VI, 1-2: «Apertura del primo sigillo: il cavaliere sul cavallo bianco»: questa miniatura e le tre che seguono sono presenti in tutti e cinque i manoscritti (fig. 35). In *c)*, *d)* ed *e)* ogni scena è accompagnata dall'Agnello che apre i sigilli del libro man mano che procede il racconto. In *a)* e *b)* questo particolare manca. In *c)* e *d)* l'Agnello è rappresentato all'interno della miniatura; in *e)* occupa uno scomparto laterale alla scena stessa. La sequenza dei quattro simboli degli Evangelisti che compaiono nelle miniature è: angelo, leone, toro e aquila in *a)*, *b)*, *c)* ed *e)*; leone, toro, angelo e aquila in *d)*.

f. 7: *Apocalisse* VI, 2-4: «Apertura del secondo sigillo: il cavaliere sul cavallo rosso fuoco» (tav. XIV).

f. 7*v*: *Apocalisse* VI, 5-6: «Apertura del terzo sigillo: il cavaliere sul cavallo nero» (tav. XIII).

f. 8: *Apocalisse* VI, 7-8: «Apertura del quarto sigillo: la Morte sul cavallo livido»: il quarto cavaliere in *a)* e *b)* è una figura incappucciata, in *d)* ed *e)* è un gentiluomo, in *c)* è un cadavere[13]. Come in *d)* ed *e)* la rappresentazione dell'inferno in *c)* è più movimentata, rispetto a quella statica e convenzionale di *a)* e *b)*[14]. In *a)*, *b)* ed *e)* il diavolo che fuoriesce dalla bocca dell'inferno si regge alla forca tenuta in mano dal quarto cavaliere. In *d)* questo particolare è un po' diverso: il diavolo appoggia una zampa sulla parte posteriore del cavallo e il cavaliere ha in mano non una forca ma una spada, che tiene levata verso il cielo. In *c)* sembra esserci un compromesso tra le due tradizioni: la morte ha in mano una forca, alla quale il diavolo si aggrappa con ambedue le mani mentre con un piede si appoggia alla parte posteriore del cavallo.

f. 8*v*: *Apocalisse* VI, 9-11: «Apertura del quinto sigillo: le anime in attesa del giudizio»: la scena è presente in tutti e cinque i manoscritti. In *e)*, come in *a)* e *b)*, manca l'Agnello che apre il sigillo, presente invece in *c)* e *d)* (tav. XII).

f. 9: *Apocalisse* VI, 12-15: «Apertura del sesto sigillo: un terremoto scuote la terra, il sole si oscura, la luna diventa color sangue, le stelle cadono e il cielo si ritira»: *idem*.

f. 9*v*: *Apocalisse* VII, 1: «I quattro venti trattenuti dagli angeli»: la scena è presente in tutti e cinque i manoscritti e la struttura è simile. Ciò che differisce in *c)*, rispetto ai codici precedenti, è la rappresentazione dell'«orbis terrae»[15].

f. 10: *Apocalisse* VII, 9-17: «Alcuni eletti adorano il Signore e l'Agnello»: la scena è presente in tutti e cinque i manoscritti. *a)*, *b)*, *d)* ed *e)* hanno una struttura simile: mandorla centrale e registri laterali entro cui si dispongono le figure; in *d)* ed *e)* i registri sono quattro e non tre come in *a)* e *b)*. In *a)* e *b)* nella mandorla è raffigurato solo l'Agnello, in *c)*, *d)* ed *e)* sono rappresentati l'Agnello e il Redentore; in *a)* e *b)* questi siede in cima alla mandorla.

f. 10*v*: *Apocalisse* VIII, 1-2: «Apertura del settimo sigillo: Sette angeli ricevono sette trombe»: in *a)*, *b)*, *c)* ed *e)* gli angeli sono disposti ai lati della mandorla centrale; in *d)* sono tutti da un lato. In *c)* e *d)* è presente anche l'Agnello che regge il libro con i sette sigilli aperti (figg. 41-44).

f. 11: *Apocalisse* VIII, 1-5: «Un angelo dopo aver riempito un turibolo del fuoco dell'altare lo getta sulla terra: scoppiano lampi, tuoni e terremoti»: in *a)*, *b)*, *d)* ed *e)* lo schema della rappresentazione, soprattutto nella disposizione delle figure, è molto simile, cambiano solo alcuni particolari. In *c)*, rispetto ai manoscritti precedenti, l'impianto della scena è diverso, molto più complesso ed elaborato: si noti in particolare la divisone dell'episodio apocalittico in tre scomparti.

f. 11*v*: *Apocalisse* VIII, 7: «Il primo angelo suona la tromba: una pioggia di grandine e fuoco misto a sangue cade sulla terra»: in *a)*, *b)* ed *e)* è raffigurato un solo angelo, quello che suona la tromba. In *c)* e *d)* oltre a questo sono rappresentati anche gli altri sei angeli. In *c)* il numero degli angeli diminuisce progressivamente nelle miniature successive (al f. 12*v* ce ne sono sei, al f. 13 cinque e così via)[16].

f. 12: *Apocalisse* VIII, 8-9: «Il secondo angelo suona la tromba: una montagna di fuoco cade sul mare»: in *a)*, *b)*, *d)* ed *e)* la rappresentazione della scena è molto simile. In *c)* la composizione si arricchisce di dettagli.

f. 12*v*: *Apocalisse* VIII, 10-11: «Il terzo angelo suona la tromba: dal cielo cade una grande stella ardente»: *c)* riprende da *a)* e *b)* la rappresentazione dei ruscelli che sfociano in un fiume orizzontale (fig. 51).

f. 13: *Apocalisse* VIII, 12: «Il quarto angelo suona la tromba: oscuramento degli astri»: per la rappresentazione del cielo *b)* riprende *a)*; *d)* ed *e)* sono simili; *c)* traduce alla lettera l'oscuramento degli astri.

f. 13*v*: *Apocalisse* VIII, 13: «L'aquila annuncia nuove sventure»: in *c)* l'aquila è accompagnata dalla scritta «ve ve ve habitantibus in terram»; in *a)* la scritta è in un cartiglio e sotto questo si legge «Per aquilam Christus et apostoli designantur...»; in *b)* il cartiglio retto dall'aquila contiene solo le parole «ve, ve, ve...»; in *d)* ed *e)* non ci sono iscrizioni.

f. 14: *Apocalisse* IX, 1-11: «Il quinto angelo suona la tromba: un astro cade sulla terra e apre il pozzo dell'abisso da cui escono le cavallette guidate da Abaddon»: in *d)* questa scena è rappresentata su due fogli.

f. 14*v*: *Apocalisse* IX, 13-15: «Il sesto angelo libera i quattro angeli incatenati presso il fiume Eufrate»: la struttura di *c)* differisce da quella dei manoscritti precedenti; in particolare la scena è divisa su due registri mentre negli altri codici essa si presenta unificata. In *a)* e *b)* manca il particolare della liberazione degli angeli (ovvero la liberazione è già avvenuta perché è raffigurato solo il verso 15 di *Apocalisse* IX); in *c)* e *d)* questo particolare è invece esplicito, e anche in *e)*, dove però gli angeli sono dei diavoli.

f. 15: *Apocalisse* IX, 16-19: «Massacro di un terzo degli uomini»: l'impostazione della scena è simile nei cinque manoscritti.

f. 15*v*: *Apocalisse* X, 1-4: «All'urlo dell'angelo sceso dal cielo rispondono i sette tuoni»: in *c)*, *d)* ed *e)* questa miniatura e la seguente costituiscono un dittico. Per quanto riguarda l'impostazione della scena non ci sono sostanziali divergenze nei cinque manoscritti, se si eccettua l'aggiunta in *c)* di una scena di predica sullo sfondo, che sembra essere la trasposizione in immagine di *Apocalisse* X, 7: «Nel giorno in cui il settimo angelo farà sentire la sua voce suonando la tromba, il Mistero di Dio sarà compiuto, come ha rivelato ai suoi servitori, i profeti»[17].

f. 16: *Apocalisse* X, 8-10: «San Giovanni prende il libro dall'angelo e lo divora».

f. 16*v*: *Apocalisse* XI, 1-2: «San Giovanni riceve un bastone per misurare il tempio di Dio»: in *c)* e *d)* san Giovanni è rappresentato due volte: a destra, mentre è invitato dall'angelo a dirigersi verso il tempio (in *d)* il santo è dentro il riquadro; in *c)* di lato a questo); e a sinistra dove, in *c)*, è già nell'edificio ed è inginocchiato di fronte all'altare; in *d)*, invece, Giovanni, mentre si avvia verso il tempio, si rivolge a un gruppo di uomini a cui fa un cenno di diniego. In *d)* è raffigurato alla lettera *Apocalisse* XI, 2: san Giovanni misura il tempio ma non l'atrio esterno dato ai Gentili.

f. 17: *Apocalisse* XI, 3-6: «Predica dei due testimoni Enoch ed Elia»: in *a)*, *b)* e *c)* l'impostazione della scena è simile (l'unica differenza è che in *c)* i due testimoni tengono in mano un candelabro e un ramoscello di ulivo). In *d)* ed *e)* le figure dei testimoni sono ripetute due volte[18].

f. 17*v*: *Apocalisse* XI, 7: «Morte di Enoch ed Elia»: la struttura della scena è praticamente identica in *a)*, *b)* e *c)*: a sinistra, l'Anticristo esce dall'abisso, brandendo una grossa spada contro Enoch ed Elia; a destra, lo stesso ha colpito i due testimoni che giacciono a terra sanguinanti. In *c)*, come in *a)* e a differenza di *b)*, le figure sono accompagnate da scritte (si veda per esempio il cartiglio tenuto da Enoch ed Elia su cui si legge: «Dominus Ihesus Christus interficiet...») L'unica differenza in *c)* è la presenza sulla destra delle mura di una città su cui è scritto «Sodoma et Egyptus». In *d)* la scena è molto simile a *e)*, ma con alcune varianti: in *d)*, per esempio, manca il gruppo di persone che in *e)* è raffigurato in alto a sinistra[19].

f. 18: *Apocalisse* XI, 8-10: «Il popolo in festa davanti ai due cadaveri di Enoch ed Elia»: l'impianto della scena è molto simile in *a)*, *b)*, *c)* ed *e)*. Entro le mura della città, i corpi morti dei testimoni giacciono a terra in primo piano, mentre sullo sfondo il popolo festeggia ballando e suonando. In *d)* la scena è divisa in due: a destra, è raffigurato il popolo in festa davanti ai due cadaveri; a sinistra, un gruppo di persone si accalca presso le mura della città; ossia, al contrario degli altri quattro manoscritti, è rappresentato sia ciò che avviene all'interno della cinta muraria, sia ciò che avviene all'esterno di essa (figg. 45-48).

f. 18*v*: *Apocalisse* XI, 11-13: «Risurrezione e ascensione di Enoch ed Elia. Crolla la città di Sodoma»: *c)*, *d)* ed *e)* si

discostano da *a)* e *b)* che, come al solito, presentano una struttura analoga. *c)* e *d)* mostrano diverse affinità: per esempio, in entrambe le scene i due testimoni giacciono distesi al centro (in *a)* e *b)* sono a sinistra, in *e)* a destra); in *c)* e *d)*, a sinistra una folla assiste all'assunzione dei testimoni in cielo, mentre a destra crolla la città di Sodoma. In *a)*, *b)*, *c)* e *d)* si vede solo la parte inferiore del corpo dei due testimoni assunti in cielo, in *e)* le due figure sono rappresentate integralmente (tav. XV).

f. 19: *Apocalisse* XI, 15-18: «Il settimo angelo suona la tromba e proclama il regno di Dio»: nei cinque manoscritti l'impostazione della scena è molto simile; in *c)*, unica differenza, i Vegliardi sono disposti in cerchio intorno alla mandorla. Dopo questa miniatura, in *d)*, p. 40, segue una scena di «Giudizio» (*Apocalisse* XI, 18) che manca in tutti gli altri manoscritti.

f. 19*v*: *Apocalisse* XI, 19: «In cielo appaiono il santuario di Dio e l'Arca dell'Alleanza»: la scena è simile in tutti e cinque i manoscritti.

f. 20: *Apocalisse* XII, 1: «La Donna vestita di sole»: la scena è nel complesso simile nei cinque manoscritti con poche varianti tra l'uno e l'altro: in *a)*, *b)*, *d)* ed *e)* san Giovanni assiste alla scena all'interno del riquadro (in *c)*, come al solito, il santo è all'esterno [tav. XVII])[20]; in *a)* e *b)* sulla destra c'è un albero e, in *a)*, in cima a questo è posto un pellicano. In *a)*, *b)* e *c)* la donna è circondata da raggi; in *d)* ed *e)* da nuvolette concentriche.

f. 20*v*: *Apocalisse* XII, 3-6: «La Donna, dopo aver partorito il Figlio, è inseguita dal drago con sette teste»: la scena in *c)* è molto simile ad *a)* e *b)*: è rappresentata solo in senso inverso, come in *d)*. In *c)* la mandorla con il Redentore è raffigurata nella sua interezza, mentre in *a)* e *b)* se ne vede solo la parte inferiore (con i piedi del Cristo). In *d)* ed *e)* la donna è circondata dalle nuvolette concentriche come nella miniatura precedente.

f. 21: *Apocalisse* XII, 7: «Combattimento di san Michele e il drago»: in *c)* rispetto ai manoscritti precedenti è stato aumentato il numero di angeli che combattono a fianco dell'arcangelo Michele (tav. XVI)[21]. Dopo questa scena, in *d)*, p. 45, c'è una miniatura raffigurante il «Sangue dell'Agnello» (*Apocalisse* XII, 11) non presente negli altri manoscritti.

f. 21*v*: *Apocalisse* XII, 12: «Discesa sulla terra del diavolo in collera»: in *a)*, *b)*, *c)* ed *e)* la struttura è molto simile; in *d)* la miniatura manca. In *c)* e in *e)* c'è un solo angelo annunciatore; in *e)* manca il diavolo ma la miniatura non è finita[22].

f. 22: *Apocalisse* XII, 14: «Un angelo dà un paio di grandi ali d'aquila alla Donna inseguita dal drago»: in *a)*, *b)* e *c)* la struttura della scena è praticamente identica.

f. 22*v*: *Apocalisse* XII, 15: «Il drago cerca di fermare la Donna, vomitando un fiume d'acqua»: la struttura della scena di *c)* è uguale a quella di *a)* e *b)*, cambia solo la direzione (in *a)* e *b)*, questa miniatura e la precedente sono poste su due pagine affrontate). In *d)* ed *e)* questa scena e la precedente sono concentrate su di un unico foglio.

f. 23: *Apocalisse* XII, 17: «Il drago combatte contro i discendenti della Donna»: in *c)* la scena ha una struttura diversa da quella dei manoscritti precedenti. Nella miniatura si affrontano due veri e propri eserciti: le forze del male, capeggiate dal drago, da un lato, e quelle del bene, rappresentate da soldati con cotte e vessilli ornati con lo stemma sabaudo, dall'altro.

f. 23*v*: *Apocalisse* XIII, 1-2: «Una bestia con sette teste e dieci corna esce dal mare»: la scena è simile in *a)*, *b)* ed *e)*, mentre manca in *d)*. In *c)*, sulla sinistra è aggiunto il particolare della predica dell'Anticristo che riprende il commento al testo dell'*Apocalisse* di Berengaudus[23].

f. 24: *Apocalisse* XIII, 2-3: «Il drago dà la sua forza, il suo trono e il suo potere alla bestia a sette teste»: lo schema della scena è simile in *a)*, *b)* e *c)*; in *d)* ed *e)* i due mostri, posti sempre uno di fronte all'altro, sono invertiti. In *c)*, *d)* ed *e)* la folla che assiste all'evento è più numerosa che in *a)* e *b)*.

f. 24*v*: *Apocalisse* XIII, 4: «Adorazione del drago»: la scena è presente solo in *a)*, *b)* e *c)*[24]. In *c)* la folla adorante è sulla destra, e non sulla sinistra come in *a)* e *b)*, e il drago è posto sotto un baldacchino, dietro a cui spuntano due esseri mostruosi (tav. XVIII).

f. 25: *Apocalisse* XIII, 4: «Adorazione della bestia a sette teste»: lo schema di *c)* è simile a quello di *a)* e *b)*, con l'aggiunta di alcuni particolari, quali: il trono-baldacchino riccamente decorato su cui siede la bestia, e il diavoletto, posto al di sopra della folla in adorazione. Come in *a)* e in *b)*, anche in *c)* sulla folla che si rifiuta di adorare la bestia e fugge è raffigurata la parte finale di una mandorla (fig. 52)[25].

f. 25*v*: *Apocalisse* XIII, 11-13: «La bestia dalle sette teste è adorata dagli abitanti della terra mentre un mostro con corna di agnello fa cadere il fuoco dal cielo»: *c)* è vicino ad *a)* e *b)* per quanto riguarda la disposizione delle figure, ma introduce delle varianti e dei particolari non presenti in questi due manoscritti. In *e)*, al contrario degli altri manoscritti, la folla adora il drago, non la bestia a sette teste. In *b)* non è raffigurata la pioggia di fuoco.

f. 26: *Apocalisse* XIII, 15-17: «Il mostro con corna da agnello marchia i fedeli della bestia a sette teste e minaccia di morte chi si rifiuta di adorare la sua immagine»: in *a)*, *b)*, *c)* ed *e)* la struttura della scena è molto simile[26]. In *a)*, *b)* ed *e)* la bestia a due corna marchia la fronte e la mano destra dei fedeli con una penna; in *c)* la bestia ha una boccetta d'unguento. In *c)* la bestia a sette teste siede su di un trono a baldacchino. Alcuni fedeli, come spesso capita nelle miniature di Bapteur, portano sulla veste la rotella bipartita, bianca e rossa, degli ebrei[27].

f. 26*v*: *Apocalisse* XIV, 1: «Adorazione dell'Agnello sulla montagna di Sion»: in *c)*, come in *d)*, l'Agnello è adorato non solo dal gregge di pecorelle, come in *a)*, *b)* ed *e)*, ma anche da una folla di eletti. In *c)* l'Agnello ha il volto umano[28].

f. 27: *Apocalisse* XIV, 2-5: «Alla corte celeste si canta un canto nuovo»: la struttura della scena, al di là della disposizione delle figure intorno alla mandorla centrale con il Redentore, è simile in *a)*, *b)* e *c)*. In *d)* ed *e)* nella mandorla è raffigurato il trono vuoto.

f. 27*v*: *Apocalisse* XIV, 6-7: «Il primo angelo che annuncia il vangelo agli abitanti della terra»: la scena è presente in *a)*, *b)*, *c)* ed *e)*, manca in *d)*, ma tra pp. 54 e 55 di *Douce* è stato tagliato un foglio.

f. 28: *Apocalisse* XIV, 8: «Il secondo angelo che annuncia la caduta di Babilonia»: *idem*.

f. 28*v*: *Apocalisse* XIV, 9-11: «Il terzo angelo che minaccia coloro che adorano la bestia a sette teste e la sua immagine»: la scena è presente i tutti e cinque i manoscritti. Rispetto ad *a)*, *b)*, *d)* ed *e)*, *c)* introduce particolari o figure in più, come: la mandorla con il Redentore e il Tetramorfo ai suoi lati,

in alto a sinistra; la bestia a sette teste, davanti a cui stanno un diavolo e una piccola folla, in basso a sinistra e, dalla parte opposta, un altro diavolo che spinge un gruppo di uomini nella bocca dell'inferno.

f. 29: *Apocalisse* XIV, 13: «Beatitudine di coloro che muoiono nel Signore»: nella raffigurazione di questa scena, *a)* e *b)* coincidono; *d)* ed *e)* sono molto vicini, soprattutto per il particolare dei sepolcri scoperchiati sulla destra; *c)* non sembra aver avuto come modello un'*Apocalisse* inglese del XIII secolo, o ne è una interpretazione estremamente libera[29].

f. 29*v*: *Apocalisse* XIV, 14-15: «Il Figlio d'Uomo miete la terra»: l'impostazione della scena è molto simile in tutti e cinque i manoscritti. Il Figlio d'Uomo appare due volte: in cielo, seduto su una nuvola bianca e con in mano una falce tagliente[30], e in basso a sinistra, dove, rispondendo all'ordine dell'angelo raffigurato sulla destra, è rappresentato nell'atto di mietere un campo di grano.

---

[1] S. EDMUNDS, *Jean Bapteur et l'Apocalypse de l'Escorial*, in A. PARAVICINI BAGLIANI (a cura di), *Les manuscrits enluminés des comtes et ducs de Savoie*, Torino 1990, pp. 92-104 (1990a).

[2] Nella ricostruzione dell'*Apocalisse* che servì da modello a Bapteur, si tenga comunque presente che: «In the complex developments in Apocalypse illustration in the concentrated period of production c. 1250-75 there are certainly many missing links. Only a fraction of the number which must have been produced have survived, and it would be unwise to attempt to be too precise about the iconographic interrelationships of the extant examples» (N. J. MORGAN, *Early Gothic Manuscripts*, vol. II, *1250-1285*, Londra 1988, p. 18).

[3] M. R. JAMES, *The Apocalypse in Latin, Ms 10 in the Collection of Dyson Perrins*, Oxford 1927; J. GROSJEAN, Y. CHRISTE e M. R. JAMES, *Apocalypse de Jean*, Oxford 1981. Per la concordanza delle pagine tra *Perrins*, *Douce* e *Lat. 10474*, si rimanda alla «Table of Apocalypse subjects», in MORGAN 1988, pp. 201-213.

[4] In *b)* il prolungamento dell'iniziale «P», nel margine in basso a sinistra, funge da base d'appoggio per una scena di caccia: un omino punta arco e freccia contro una cicogna che tiene una serpe in bocca.

[5] A. GRISERI, *Nell'area di Jaquerio e di Bapteur*, in «Paragone», anno XIV, n. 161, maggio 1963, p. 10; S. EDMUNDS, *Jean Bapteur and the marvels of Rome*, in «The Art Quarterly», vol. XXVII, n. 2, 1964, pp. 169-175 (1964b); ID. 1990a, p. 101.

[6] La mancanza di scritte all'interno dei libri e dei cartigli in *Lat. 688* si deve forse al fatto che la decorazione del manoscritto non fu terminata (S. CASTRONOVO, *La biblioteca dei conti di Savoia e la pittura in area savoiarda (1285-1343)*, Torino 2002, p. 100, nota 46 [2002a]).

[7] Rispetto a modelli duecenteschi, in *b)*, e ancora più in *c)*, i particolari architettonici sono aggiornati secondo il gusto del tempo. Per l'arricchimento degli edifici con rosoni, pinnacoli e decorazioni architettoniche di vario tipo e l'uso di colori pastello per le murature, *b)* anticipa *c)*, ma le affinità non sono tali da presupporre una conoscenza di *b)* da parte di *c)*.

[8] Secondo Sheila Edmunds, l'inserzione di questa miniatura fu una scelta precisa di Bapteur, che volle apportare una variazione al modello duecentesco, modificando la disposizione delle scene nelle pagine successive e creando differenti accostamenti tra le miniature (EDMUNDS 1990a, pp. 83, 94-95 e 100). Laurence Rivière Ciavaldini si è spinta ancora più lontano, sostenendo l'aggiunta determinò una nuova lettura del ciclo apocalittico (L. RIVIÈRE, *Le pouvoir exégétique de l'image dans un cycle illustré du XVe siècle: l'Apocalypse figurée des ducs de Savoie [El Escorial, B.L., ms. E.Vit.5]*, in *Fin des temps et temps de la fin dans l'univers médiéval*, Atti del Convegno [Aix-en-Provence, febbraio 1993], Aix-en-Provence 1993, pp. 413-442). Forse, molto più semplicemente, la presenza di questa scena, che non troviamo in *Perrins*, *Douce* e *Lat. 10474*, deriva da un'altra tradizione iconografica. Nell'*Apocalisse 177* della College Library di Eton e nell'*Apocalisse 434* della Lambeth Palace Library di Londra, per esempio, prima della «Visione della Corte celeste» è raffigurato «L'angelo che mostra a Giovanni la porta del Paradiso» (per i due manoscritti: MORGAN 1988, pp. 52-53, n. 97 e pp. 119-122, n. 137).

[9] In *e)* non troviamo la raffigurazione della «Lettera a Efeso» (*Douce*, p. 4) perché, come si è detto, è andato perduto un foglio tra i ff. 2 e 3. In questo stesso manoscritto, manca un altro foglio tra i ff. 5*v* e 6, con la perdita verosimile di altre due miniature. In *Douce* manca un foglio tra le pagine 10⁄11, 12⁄13 e 54⁄55, con la perdita complessiva di sei miniature.

[10] Guardando da destra verso sinistra: in *d)* sono raffigurati l'angelo, san Giovanni, il leone e il Vegliardo; in *e)* il Vegliardo, il leone, san Giovanni e l'angelo; in *c)* san Giovanni (all'esterno della miniatura), il Vegliardo, il leone e l'angelo.

[11] Siamo in corrispondenza dei fogli mancanti in *Douce* e *Lat. 10474* (si veda la nota 9). Poiché la miniatura successiva a questa in *a)*, *b)* e *c)* è presente anche in *d)* ed *e)*, in questi due codici doveva esserci una scena in più: forse «L'angelo che mostra a san Giovanni la porta del Paradiso» (Ap IV, 1) o «San Giovanni che sale la scala verso la porta del Paradiso» (Ap IV, 1). La prima scena è presente, per esempio, nell'*Apocalisse 177* della College Library di Eton e nell'*Apocalisse 434* della Lambeth Palace Library di Londra; la seconda, nell'*Apocalisse 75* della Lambeth Palace Library di Londra e nell'*Apocalisse Fr. 9574* della Bibliothèque nationale di Parigi (si veda lo schema dei soggetti in MORGAN 1988, pp. 201⁄213, in particolare p. 202). Comunque sia, questo vuol dire che la miniatura al f. 3*v* di *Escorial*, non è un'invenzione di Bapteur, come sosteneva EDMUNDS 1990a, pp. 93, 95 e 100, ma l'adattamento a una tradizione iconografica precedente. Ossia, è probabile che questa immagine fosse presente nel manoscritto inglese del XIII secolo che servì da modello all'artista di Friburgo, il quale in effetti, nelle miniature a lui spettanti nell'*Apocalisse di Savoia*, non inventa mai di sana pianta nuove iconografie ma, fedele al modello messo a sua disposizione da Amedeo VIII, si limita a elaborare fantasiose variazioni sul tema.

[12] La mancanza della miniatura in *Douce* è dovuta alla perdita di un foglio (si veda sopra alla nota 9). Poiché la scena successiva è presente in tutti i cinque i manoscritti, nell'*Apocalisse* di Oxford doveva esserci una miniatura in più, verosimilmente «L'adorazione dell'Agnello» (Ap V, 8⁄14), che troviamo in altre *Apocalissi* inglesi del XIII secolo, come il ms. 75 della Lambeth Palace Library di Londra o il ms. Fr. 9574 della Bibliothèque nationale di Parigi (MORGAN 1988, p. 202).

[13] Per questo particolare di *c)*: EDMUNDS 1990a, p. 103, nota 14 e il primo capitolo del presente saggio, p. 64, nota 129.

[14] Per la rappresentazione dell'inferno in *Douce* ed *Escorial*: *Ibid.*, p. 93. In *Lat. 10474* l'inferno è una testa mostruosa dalla cui bocca spalancata emergono i dannati, ed è dotata di zampe pelose come in *Douce*.

[15] *Ibid.*, pp. 96⁄97.

[16] Per l'arricchimento delle scene nei ff. 11*v*⁄14 di *Escorial* rispetto a *Perrins* e *Douce*, dove la composizione è ridotta all'essenziale: *Ibid.*, p. 102.

[17] EDMUNDS 1990a, p. 101. È forse un po' azzardato volere riconoscere nel f. 15*v* dell'*Apocalisse di Savoia* un riflesso specifico degli infuocati sermoni di san Bernardino da Siena, che fu assolto dall'accusa di eresia nel 1427, quando Bapteur si trovava in Italia (E. ROMANELLO, *Il Maestro di Lusernetta e alcune considerazioni sulla pittura tardogotica pinerolese*, in «Bollettino della Società piemontese di Archeologia e Belle Arti», n.s., LI, 1999, pp. 285⁄286); ma la scena, come quella raffigurata al f. 23*v* del manoscritto escorialense, potrebbe essere un indizio non irrilevante del forte impatto prodotto dalle predicazioni popolari sull'immaginario collettivo e individuale del periodo (si veda in proposito B. TOSCANO, *Fra «necessità» e «libertà». Appunti su pittori e committenti fra Quattro e Cinquecento*, in *Scritti in onore di Giuliano Briganti*, Milano 1990, pp. 61⁄70, in particolare p. 61): è a tutti nota, tra le altre cose, la testimonianza offerta da Jaquerio, in anni prossimi all'esecuzione dell'*Apocalisse* di Amedeo VIII, in favore del predicatore benedettino Battista da Mantova, sospettato di eresia dai domenicani di Ginevra (*Ibid.*, pp. 64 e 68, anche per la bibliografia precedente).

[18] I testimoni presentano abiti diversi nei cinque manoscritti: in *a)* e *b)* indossano corte tuniche che lasciano loro scoperte le gambe; in *c)* ampi mantelli marrone scuro, dotati di cappuccio; in *d)* le due figure sono vestite da conversi francescani (una scelta del committente? Si veda, a questo riguardo, MORGAN 1988, p. 143); in *e)*, infine, sono avvolti da una tunica, chiusa in vita da un grosso nodo.

[19] L'Anticristo in *a)* e *b)* è un mostro con naso aquilino, barba e capelli, ed è vestito; in *c)* è sempre un mostro, ma privo di qualsiasi connotazione umana; in *d)* ed *e)* è il re delle cavallette, Abaddon.

[20] Le uniche miniature in cui il santo è all'interno del riquadro sono quelle concernenti gli episodi della sua vita ai ff. 1⁄2 (a cui si devono aggiungere le quattro scene finali dipinte da Colombe, ff. 47*v*⁄49) e quelle ai ff. 3*v* e 4.

[21] In *a)*, *b)* e *d)* gli angeli sono due; in *e)* iniziano ad aumentare: sono quattro; in *c)* arrivano a undici.

[22] Anche se la miniatura non è finita, la disposizione del san Giovanni e dell'angelo annunciatore sembra indicare che la scena raffigurata sia Ap XII, 12, piuttosto che Ap XII, 10⁄11, come ritengono F. AVRIL e P. D. STIRNEMANN, *Manuscrits enluminés d'origine insulaire ⁄ VIIe⁄XXe siècle*, Parigi 1987, p. 104; MORGAN 1988, p. 207.

[23] C. SANTIAGO AGUT (a cura di), *Apocalipsis figurado de los duques de Saboya. Ms Vitrina I de la Biblioteca de El Escorial*, Madrid 1980, vol. I, p. 78; R. K. EMMERSON, *Antichrist in the Middle Ages. A study of Medieval Apocalypticism, Art, and Literarure*, Seattle (Wash.) 1981, pp. 115⁄116.

[24] In *d)* questa miniatura manca. Anche in *e)* c'è una sola scena di adorazione: la miniatura non è finita, ma si intravvede un leggerissimo disegno della bestia a sette teste.

[25] In *d)* ed *e)* all'unica scena di adorazione segue una miniatura non presente negli altri tre manoscritti e raffigurante «La bestia che fa la guerra ai santi» (Ap XIII, 4).

[26] La somiglianza deriva anche dal fatto che, in tutti e quattro i manoscritti sono raffigurati i versi 14⁄17 di Ap XIII; in *d)* sono rappresentati solo i versi 16⁄17. Per la diversa rappresentazione della scena in *Perrins* e *Douce*: G. HENDERSON, *Studies in English Manuscript Illumination. Part III: The English Apocalypse; II*, in «Journal of the Warburg and Courtauld Institutes», XXXI, 1968, pp. 117⁄118, tavv. 45 b,c.

[27] Si veda ai ff. 13*v*, 15*v*, 16*v*, 21*v* e 23*v*; B. BLUMENKRANZ, *Il cappello a punta. L'ebreo medievale nello specchio dell'arte cristiana*, edizione italiana a cura di C. Frugoni, Bari 2003, pp. 13, 23, 30⁄31.

[28] Secondo Laurence Rivière Ciavaldini, la disposizione circolare di pecorelle ed eletti intorno all'Agnello nell'*Apocalisse dell'Escorial* potrebbe derivare dal secondo pannello dell'*Apocalisse* dipinto forse per il re Roberto I d'Angiò intorno al 1330 circa e oggi conservato alla Staatsgalerie di Stoccarda (L. RIVIÈRE CIAVALDINI, *Jean Colombe entre Naples et la Savoie. A propos de l'Apocalypse des ducs de Savoie*, in «Arte cristiana», LXXXVIII, fasc. 799, luglio⁄agosto 2000, p. 261 [2000b]). Da un punto di vista stilistico, in effetti, in questa miniatura non si nota né la mano di Bapteur, né quella di Lamy. D'altra parte, l'uso di disporre le figure a cerchio intorno a un asse centrale è tipico di Bapteur (si veda la rappresentazione della Corte celeste ai ff. 4, 5, 5*v*, 6 e 19).

[29] Questa scena non è raffigurata nel secondo pannello di Stoccarda. Secondo Rivière Ciavaldini, la miniatura si deve interamente a Colombe che fu influenzato dall'iconografia delle *Artes moriendi et vivendi* degli anni ottanta del XV secolo (*Ibid.*, pp. 264⁄265). Per le considerazioni stilistiche sul f. 29, in parte divergenti da quelle di Rivière Ciavaldini, rimando al paragrafo sull'*Apocalisse di Savoia*. Sempre secondo la studiosa francese, nella miniatura vi sono alcuni particolari che Colombe avrebbe ripreso dalle *Très Riches Heures* del duca di Berry che, come noto, erano state completate dallo stesso Colombe per il duca di Savoia nel 1485. Uno di questi dettagli sarebbe il gesto del prete che, nella chiesa al centro della scena, recita messa computando sulle dita gli argomenti del suo discorso; gesto che riprenderebbe quello analogo del predicatore raffigurato in uno dei medaglioni che compongono la decorazione marginale dipinta da Colombe al f. 86*v* del *Libro d'Ore* (*Ibid.*, p. 262). In realtà, si tratta di una gestualità assai comune nel tardo Medioevo e la troviamo anche in Bapteur: si veda la già citata scena di predica sullo sfondo del f. 15*v* e, più in generale, J. C. SCHMITT, *La raison des gestes dans l'Occident médiéval*, Parigi 1990, pp. 253⁄258 e 283.

[30] Secondo Rivière Ciavaldini, il Cristo nella miniatura di *Escorial* tiene in mano non il falcetto tipico della tradizione inglese, ma la grande falce della tradizione italiana (presente nel secondo pannello di Stoccarda e in altre opere come gli affreschi della chiesa di Santa Caterina d'Alessandria a Galatina): *Ibid.*, p. 261.

8.

Acta Patrum Concilii Basilensis contra Eugenium IV Pontificum Maximum
Torino, Biblioteca Nazionale Universitaria, ms. I.III.39
Savoia, 1437-1439

Manoscritto membranaceo; misure originali sconosciute, misure attuali 315 x 233 millimetri; II carte + 390 perg. + II carte; numerazione in cifre romane e numerazione in cifre arabe in alto a destra; numerazione di restauro in inchiostro nero o dattiloscritta al centro del margine inferiore; scrittura gotica in inchiostro marrone su una colonna (si distinguono più mani). Legatura recente di restauro (recupero effettuato dal laboratorio Erminia Caudana di Torino nel 1955-1962).

Provenienza e storia del manoscritto: Dalla biblioteca di Felice V? Forse nel castello di Chambéry nel 1498; non è segnalato da Pasini nel catalogo del 1749; fu danneggiato nell'incendio del 1904.

Bibliografia: *Appendice al Pasini* XIX secolo, p. 87; Cosentini 1922, p. 143, n. 1405; Edmunds 1972, p. 287; Bassi 1980, p. XX; Edmunds 1990b, p. 203, n. 59.

9.

Messale romano
Torino, Biblioteca Reale, ms. Varia 168
Savoia, 1443-1445

Manoscritto membranaceo; 330 x 230 millimetri; III carte + II pergamene + 151 + II pergamene + III carte; numerazione moderna in cifre arabe e a matita in alto a destra; scrittura gotica libraria su due colonne di 18 righe l'una; rubriche; tre miniature a piena pagina; 17 iniziali istoriate; nei margini dei fogli: fregi decorati con motivi vegetali, floreali e grotteschi; iniziali rosse o blu con decorazioni vegetali e floreali su fondo oro; iniziali più piccole oro su fondo granata e/o blu.
Legatura ottocentesca in pelle rossa. La decorazione, a motivi dorati impressi, consta di grifoni, vasi, girali, palmette, monogrammi e quattro corone agli angoli. Al centro dei due piatti campeggia lo stemma sabaudo circondato dal collare dell'Ordine della Santissima Annunziata. Sul contropiatto anteriore si legge il nome del rilegatore e la data di esecuzione: «Gio. Giovine Fece 1818»; al centro dello stesso contropiatto si trova l'etichetta con l'*ex libris* di Carlo Alberto: «Ex Bibliotheca Regis Karoli Alberti MDCCCXXXII».

Provenienza e storia del manoscritto: Eseguito per Amedeo VIII-Felice V (stemma sabaudo sormontato dalle chiavi e dal trireggno ai ff. 3 e 22). Il 6 giugno 1483 è segnalato nell'inventario degli oggetti presenti nella Sainte-Chapelle di Chambéry; il 20 dicembre 1498 compare nell'inventario della cappella del castello di Torino. Fu trasferito a una data imprecisata nell'Archivio di Corte dove, il 10 gennaio del 1819, fu presentato al re Vittorio Emanuele I, e da allora conservato nella biblioteca privata dei Savoia fino al secondo dopoguerra, quando passò allo Stato italiano.

Iconografia delle miniature:
f. 7: La Natività (fig. 67);
f. 10: La Circoncisione;
f. 11v: L'Adorazione dei Magi;
f. 17v: La Presentazione di Gesù al Tempio;
f. 19v: L'Annunciazione;
f. 22: Un pontefice inginocchiato davanti ai simboli della Passione;
f. 111v (miniatura a piena pagina): Cristo crocifisso con la Madonna, san Giovanni e due angeli (fig. 69);
f. 112 (miniatura a piena pagina): Dio padre in gloria, circondato dallo Spirito Santo, la Chiesa cristiana, la sinagoga e i simboli dei quattro evangelisti;
f. 113 (miniatura a piena pagina): Un pontefice (Felice V?) celebra la messa (fig. 70);
f. 122: La Risurrezione (fig. 68);
f. 124: L'Ascensione;
f. 126v: La Pentecoste (fig. 71);
f. 130v: La Trinità;
f. 132: L'Eucarestia;
f. 135: La Natività del Battista;
f. 137: Gli apostoli Pietro e Paolo;
f. 139v: L'Assunzione;
f. 141v: La Natività della Vergine (fig. 72);
f. 144v: Ognissanti;
f. 147v: L'Incontro alla Porta Aurea.

Bibliografia: Cibrario 1869, p. 204; Vayra 1880, pp. 88-93; Toesca 1910, p. 61, nota 1; Id. 1911, p. 48; Viale 1940, p. 50; *Mostra storica nazionale della miniatura* 1953, pp. 286-287, n. 455; Diringer 1958, p. 407; Griseri 1963, pp. 12-13; Edmunds 1964a; Gardet 1965, pp. 95-102; *Art et Histoire en Chablais* 1966, n. 47; Griseri [1965], p. 100; Edmunds 1972, p. 290; Castelnuovo e Romano (a cura di) 1979, pp. 222-225, n. 25 (scheda di S. Pettenati); Amiet 1979, pp. 666-667; Vailati Schoenburg Waldenburg 1980, pp. 81 e 85-87; Varallo 1985, pp. 183-184; Edmunds 1990b, p. 206, n. 79; Andenmatten e De Raemy (a cura di) 1990, p. 107, n. VI 16 (scheda di B. Andenmatten); Giacobello Bernard (a cura di) 1990, p. 52, tavv. XVI-XVIII (scheda di C. Vitulo); Vadon 1992, pp. 111-114; Giacobello Bernard 1998, pp. 22-25, n. I.1; Castelnuovo e De Gramatica (a cura di) 2002, pp. 546-549, n. 56 (scheda di C. Vitulo e G. Saroni).

10.

Messale romano
Torino, Archivio di Stato, *Corte, Museo storico*, ms. J.b.II.6
Savoia, 1445 circa

Manoscritto membranaceo; 335 x 235 millimetri; VI carte + 226 + I carta; numerazione moderna in cifre arabe e a matita, in alto a destra (il manoscritto risulta di ff. 223 perché è stata ripetuta la numerazione di tre di essi: ff. 19, 52 e 107; dopo il f. 223 sono state tagliate tre pagine); scrittura gotica libraria su due colonne di 20 righe l'una; rubriche; 112 iniziali figurate; inserti duecenteschi (ff. 96v, 115v, 116 e 116v); nei margini dei fogli: fregi decorati con motivi vegetali, floreali e grotteschi; iniziali rosse o blu con decorazioni vegetali e floreali su fondo oro; iniziali più piccole oro su fondo granata e/o blu.

Legatura ottocentesca in pelle foderata di velluto rosso, con fermagli in cuoio e ottone.

Provenienza e storia del manoscritto: Eseguito per Amedeo VIII-Felice V (stemma sabaudo sormontato dalle chiavi e dalla tiara pontificia ai ff. 1, 4*v*, 129, 130*v*, 136*v*, 147*v*, 165*v*, 171, 202 e 203); il 6 giugno 1483 è segnalato tra gli oggetti presenti nella Sainte-Chapelle di Chambéry; il 20 dicembre 1498 compare nell'inventario del castello di Torino. Trasferito a una data ancora da precisare nell'Archivio di Corte.

Iconografia delle miniature:

f. 1: Introito della I Domenica d'Avvento (*Salmo* 24, 1-3): «Ad te levavi animam meam Deus meus, in te confido non erubescam, neque irrideant me inimici mei, etenim universi, qui te expectant, non confundentur» (fig. 74)[1];

f. 2*v*: Introito della II Domenica d'Avvento (*Isaia* 30, 30): «Populus Syon, ecce Dominus veniet ad salvandas gentes et auditam faciet Dominus gloriam vocis sue in leticia cordis nostri»[2];

f. 4*v*: *Giovanni* 1, 19-28: Giovanni Battista spiega ai Giudei di non essere il Messia ma il precursore che lo annuncia (fig. 75)[3];

f. 6: Introito della IIII Domenica d'Avvento (*Isaia* 45, 8): «Rorate celi de super et nubes pluant iustum: aperiatur terra et germinet Salvatorem» (tav. XXVI)[3];

f. 7: Introito della Domenica nell'ottava di Natività (*Sapienza* 18, 14-15): «Dum medium silentium tenerent omnia et nox in suo cursu medium iter haberet, omnipotens sermo tuus, Domine, de celis a regalibus sedibus venit»[4];

f. 8*v*: Introito della Domenica fra l'ottava Epifania: «In excelso throno vidi sedere virum quem adorat multitudo angelorum psallentes in unum: ecce cuius imperii nomen est in eternum»[5];

f. 10*v*: *Giovanni* 2, 1-11: Le Nozze di Cana;

f. 12: *Matteo* 8, 1-13: Gesù guarisce un lebbroso;

f. 13*v*: *Matteo* 8, 23-27: Gesù domina la tempesta (fig. 77);

f. 15: Introito della V Domenica dopo l'Epifania (*Salmo* 96, 7-8): «Adorate Dominum, omnes angeli eius: audivit et letata est Syon et exultaverunt filie Iude»[6];

f. 16*v*: *Epistola di san Paolo ai Corinzi* I, 9: «Fratres: Nescitis quod hii qui in stadio currunt, omnes quidem currunt, sed unus accipit premium? Sic currite, ut comprehendatis...» (tav. XXVII)[7];

f. 18*v*: *Luca* 8, 4-15: La parabola della semente (tav. XXIX)[8];

f. 20*v*: *Luca* 18, 31-43: Gesù annuncia agli apostoli la sua Passione;

f. 22*v*: *Matteo* 4, 1-11: Gesù è tentato dal diavolo;

f. 25: *Matteo* 17, 1-8: La Trasfigurazione di Gesù;

f. 27: Introito della III Domenica di Quaresima (*Salmo* 24, 15-16): «Oculi mei semper ad Dominum, quia ipse evellet de laqueo pedes meos: respice in me et miserere mei, quoniam unicus et pauper sum ego»[9];

f. 29: *Epistola di san Paolo ai Galati* 4, 22-31 e 5, 1: «Fratres scriptum est quoniam Abraham duos filios habuit unum de ancilla et unum de libera; sed qui de ancilla secundum carnem natus est, qui autem de libera per repromissionem que sunt per allegoriam dicta [...] Sed quid dicit Scriptura? Eijce ancillam, et filium ejus: non enim heres erit filius ancillae cum filio liberae»[10];

f. 31: Introito della Domenica di Passione (*Salmo* 42, 1-2): «Iudica me, Deus, et discerne causam meam de gente non sancta; ab homine iniquo et doloso eripe me: quia tu es Deus meus et fortitudo mea»[11];

f. 40: Domenica delle Palme - Santa Messa (*Salmo* 21, 20 e 22): «Domine ne longe facias auxilium tuum a me ad defensionem meam aspice libera me de ora leonis et a cornibus unicornorum humilitatem meam»[12];

f. 49*v*: Introito della Domenica in albis o ottava di Pasqua (*Epistola del beato Pietro apostolo* I, 2, 2): «Quasi modo geniti infantes, alleluya: rationabiles sine dolo lac concupiscite, alleluya, alleluya»[13];

f. 51*v*: *Giovanni* 10, 11-16: La parabola del buon pastore[14];

f. 52*v*: *Epistola del beato Pietro apostolo* I, 2, 11-19: «...Omnes honorate, fraternitatem diligite, Deum timete, regem honorificate, servi subditi estote, in omni timore dominis; non tantum bonis et modestis, sed eciam discolis»[15];

f. 53*v*: Introito della IIII Domenica dopo Pasqua (*Salmo* 97, 1 e 2): «Cantate Domino canticum novum, alleluya: quia mirabilia fecit Dominus, alleluya, ante conspectum gentium revelavit iusticiam suam, alleluya, alleluya»[16];

f. 55: *Epistola del beato Giacomo apostolo* 1, 22-27: «Carissimi. Estote factores verbi, et non auditores tantum fallentes vosmetipsos. Quia si quis auditor est verbi, et non factor: hic comparabitur viro consideranti vultum nativitatis suae in speculo. Consideravit enim se et abiit et statim oblitus est, qualis fuerit. Qui autem perspexerit in legem perfectam libertatis et permanserit in ea, non auditor obliviosus factus, sed factor operis: hic beatus in facto suo erit...»[17];

f. 56*v*: Introito della Domenica fra l'Ottava dell'Ascensione (*Salmo* 26, 7, 8 e 9): «Exaudi Domine vocem meam qua clamavi ad te, alleluya: tibi dixit cor meum, quaesivi vultum tuum, Domine, requiram: non avertas faciem tuam a me, alleluya, alleluya»[18];

f. 57*v*: *Luca* 6, 36-42: La parabola del cieco che guida un altro cieco[19];

f. 59*v*: Introito della Domenica nell'ottava del Corpus Domini o II dopo Pentecoste (*Salmo* 17, 19-20): «Factus est Dominus protector meus et eduxit me in latitudinem: salvum me fecit quoniam voluit me»[20];

f. 60*v*: *Epistola del beato Pietro apostolo ai Romani* I, 5, 6-11: «Carissimi: Humiliamini sub potenti manu Dei, ut vos exaltet in tempore visitationis: omnem sollicitudinem vestram proicientes in eum, quoniam ipsi cura est de vobis. Sobrii estote et vigilate: quia adversarius vester diabolus tamquam leo rugiens circuit, quaerens quem devoret: cui resistite fortes in fides...»[21];

f. 62*v*: Introito della IIII Domenica dopo Pentecoste (*Salmo* 26, 1 e 2): «Dominus illuminacio mea et salus mea quem timebo? Dominus defensor vite mee a quo trepidabo? qui tribulant me inimici mei infirmati sunt et ceciderunt»[22];

f. 64: Introito della V Domenica dopo Pentecoste (*Salmo* 26, 7 e 9): «Exaudi, Domine, vocem meam, qua clamavi ad te: adiutor meus esto, ne derelinquas me, neque despicias me, Deus salutaris meus»[23];

f. 65*v*: *Epistola del beato Paolo apostolo ai Romani* 6, 3-11: «Fratres: Quicumque baptizati sumus in Christo Jesu, in morte ipsius baptizati sumus. Consepulti enim sumus cum illo per baptismum in mortem: ut quomodo surrexit a mortuis per gloriam Patris, ita et nos in novitate vitae ambulemus»[24];

f. 67: Introito della VII Domenica dopo Pentecoste (*Salmo* 46, 2): «Omnes gentes, plaudite manibus: iubilate Deo in voce exultacionis»[25];

f. 68*v*: *Luca* 16, 1-9: La parabola dell'amministratore disonesto[26];

f. 70: Introito della IX Domenica dopo Pentecoste (*Salmo* 53, 6-7): «Ecce Deus adiuvat me et Dominus susceptor est anime mee: averte mala inimicis meis et in veritate tua disperde illos, protector meus, Domine»[27];

f. 71*v*: *Luca* 18, 9-14: La parabola del fariseo e del pubblicano[28];

f. 73*v*: Introito della XI Domenica dopo Pentecoste (*Salmo* 67, 6-7 e 36): «Deus in loco sancto suo: Deus qui inhabitare faciet unanimes in domo: ipse dabit virtutem et fortitudinem plebi sue - *Psalmus* - (*Salmo* 67, 2): Exurgat Deus et dissipentur inimici eius et fugiant qui oderunt eum a facie eius»[29];

f. 75: Introito della XII Domenica dopo Pentecoste (*Salmo* 69, 2-3): «Deus in adiutorium meum intende: Domine, ad adiuvandum me festina: confundantur et revereantur inimici mei, qui querunt animam meam» (fig. 76)[30];

f. 77: Introito della XIII Domenica dopo Pentecoste (*Salmo* 73, 20, 19 e 23): «Respice, Domine, in testamentum tuum et animas pauperum tuorum ne derelinquas in finem: exurge, Domine, et iudica causam tuam, et ne obliviscaris voces quaerentium te»[31].

f. 78*v*: *Matteo* 6, 24-33: «Nemo potest duobus dominis servire»[32];

f. 80: Introito della XV Domenica dopo Pentecoste (*Salmo* 85, 1 e 2-3): «Inclina, Domine, aurem tuam ad me et exaudi me: salvum fac servuum tuum, Deus meus, sperantem in te: miserere mihi, Domine, quoniam ad te clamavi tota die»[33];

f. 82: *Epistola del beato Paolo apostolo agli Efesini* 3, 13-21: «Fratres: Obsecro vos, ne deficiatis in tribulationibus meis pro vobis, quae est gloria vestra. Huius rei gratia flecto genua mea ad Patrem Domini nostri Jesu Christi [...] ut det vobis secundum divitias gloriae suae, virtute corroborari per Spiritum eius in interiorem hominem, Christum habitare per fidem in cordibus vestris...»[34];

f. 83*v*: Introito della XVII Domenica dopo Pentecoste (*Salmo* 118, 137 e 124): «Iustus es, Domine, et rectum iudicium tuum: fac cum servo tuo secundum misericordiam tuam - (*Salmo* 118, 1) Beati immaculati in via: qui ambulant in lege Domini»[35];

f. 85: Introito della XVIII Domenica dopo Pentecoste (*Ecclesiaste* 36, 18): «Da pacem, Domine, sustinentibus te, ut prophete tui fideles inveniantur: exaudi preces populi tui et plebis tue Israël»[36];

f. 86*v*: *Matteo* 22, 1-14: La parabola degli invitati a nozze;

f. 88: *Giovanni* 4, 46-53: Gesù guarisce il figlio di un funzionario del re;

f. 89*v*: Introito della XXI Domenica dopo Pentecoste (*Ester* 13, 9 e 10-11): «In voluntate tua, Domine, universa sunt posita et non est qui possit resistere voluntati tue: tu enim fecisti omnia, celum et terram, et universa que celi ambitu continentur: Dominus universorum tu es»[37];

f. 91*v*: Introito della XXII Domenica dopo Pentecoste (*Salmo* 129, 3-4): «Si iniquitates observaveris, Domine, Domine quis sustinebit? quia apud te propitiatio est, Deus Israël - (*Salmo* 129, 1-2): De profundis clamavi ad te, Domine: Domine, exaudi vocem meam»[38];

f. 92*v*: Introito della XXIII Domenica dopo Pentecoste (*Geremia* 29, 11, 12 e 10): «Dicit Dominus: Ego cogito cogitationes pacis, et non afflictionis: invocabitis me, et ego exaudiam vos: et reducam captivitatem vestram de cunctis locis - (*Salmo* 84, 2) Benedixisti, Domine, terram tuam: avertisti captivitatem Iacob»[39];

f. 94: Introito della XXIV e ultima Domenica dopo Pentecoste: Il Giudizio Universale (fig. 78);

f. 123: Sant'Andrea;

f. 124*v*: San Nicola di Bari;

f. 126: Sant'Ambrogio di Milano;

f. 127*v*: Santa Lucia;

f. 129: San Tommaso apostolo;

f. 130*v*: Santo Stefano protomartire;

f. 132*v*: San Giovanni evangelista e apostolo;

f. 134*v*: Santi Innocenti[40];

f. 136*v*: San Tommaso vescovo e martire;

f. 137*v*: Sant'Antonio abate[41];

f. 140: Santi Fabiano e Sebastiano;

f. 141*v*: Sant'Agnese[42];

f. 143*v*: Santi martiri Vincenzo e Anastasio;

f. 144*v*: La Conversione di san Paolo;

f. 147*v*: San Biagio vescovo e martire;

f. 148*v*: Sant'Agata[43];

f. 150: Cattedra di san Pietro;

f. 152: San Matteo;

f. 153*v*: San Gregorio papa[44];

f. 155: San Benedetto;

f. 156*v*: San Giorgio;

f. 157*v*: San Marco;

f. 159: Santi Filippo e Giacomo apostoli;

f. 160*v*: Invenzione della santa Croce;

f. 162*v*: San Giovanni a Porta Latina;

f. 164: San Felice I papa;

f. 165*v*: San Claudio;

f. 166*v*: San Barnaba;

f. 167*v*: Santi Giovanni e Paolo;

f. 169: San Paolo;

f. 171: Santa Maria Maddalena;

f. 173: San Giacomo maggiore;

f. 174*v*: Sant'Anna;

f. 176*v*: San Cristoforo;

f. 178: San Pietro in Vincoli;

f. 180: Invenzione di santo Stefano protomartire[45];

f. 181*v*: Santa Maria della Neve (tav. XXVIII)[46];

f. 182*v*: San Domenico;

f. 184: San Lorenzo martire;

f. 185: San Ludovico d'Angiò;

f. 186*v*: San Bernardo abate;

f. 187*v*: San Bartolomeo apostolo;

f. 188*v*: San Luigi re di Francia;

f. 189*v*: Sant'Agostino vescovo;

f. 191: Decollazione di san Giovanni Battista;

f. 192*v*: Esaltazione della Santa Croce[47];

f. 195: San Matteo;

f. 196*v*: San Maurizio;

f. 197*v*: Santi Cosma e Damiano;

f. 199: San Michele;

f. 200*v*: San Gerolamo;

f. 202: San Francesco;

f. 203: Santi Dioniso, Rustico ed Eleuterio;

f. 204*v*: San Luca[48];

f. 206: Sant'Orsola di Colonia e le undicimila vergini;

f. 207*v*: Santi Simone e Giuda apostoli;

f. 208*v*: San Martino vescovo;

f. 209*v*: Santa Cecilia[49];

f. 211: San Clemente;

f. 212: Santa Caterina d'Alessandria;

f. 213: Anniversario della dedicazione della Chiesa[50];

f. 215: Messa dei Defunti[51].

Bibliografia: Cibrario 1861, vol. I, p. 476, nota 1; Vayra 1880, pp. 88-93; Id. 1881, p. 56, n. 6; Mugnier 1894, pp. 19-20; Carta, Cipolla e Frati 1899, pp. 42-43; Toesca 1910, p. 61, nota 1; Toesca 1911, p. 48; Viale 1939, p. 204, n. 11; Mallé [1961], p. 120; Griseri 1963, pp. 12-13; Edmunds 1964a; Gardet 1965, pp. 95-102; *Art et Histoire en Chablais* 1966, n. 48; Griseri [1965], p. 100; Lehmann-Haupt 1966, p. 37; Edmunds 1972, pp. 283-284; Mallé [1973], p. 103; Van Buren e Edmunds 1974, pp. 12, 18-20, 22, 25-27; Castelnuovo e Romano (a cura di) 1979, pp. 225-228, n. 26 (scheda di S. Pettenati); Amiet 1979, pp. 695-696; Vailati Schoenburg Waldenburg 1980, pp. 81 e 85-87; *Il Tesoro del Principe...* 1989, pp. 192-193, n. 71 (scheda di E. Mongiano); Mongiano 1990, pp. 105-108; Edmunds 1990b, p. 201, n. 44; Massabò Ricci, Carassi e Gentile (a cura di) 1998, pp. 252-253, n. 271 (scheda di E. Mongiano); Castronovo 2002a, pp. 48-51, tav. I, figg. 6-7; Castelnuovo e De Gramatica (a cura di) 2002, pp. 550-553, n. 57 (scheda di E. Mongiano e G. Saroni).

[1] Nell'iniziale, re David, inginocchiato davanti al Signore, porge a questi la sua anima, rappresentata da un fanciullo.

[2] Nella miniatura è raffigurato in cielo Dio padre benedicente, mentre Cristo fanciullo scende sulla terra (S. EDMUNDS, *The Missals of Felix V and Early Savoyard Illumination*, in «The Art Bulletin», vol. XLVI, n. 2, 1964, p. 130 [1964a]).

[3] Neri nuvoloni fanno cadere una fitta pioggia su un campo di fiori, da cui emerge, al centro, il Salvatore con la croce e il globo levati verso il cielo.

[4] Un gruppo di persone sta seduto sotto un cielo stellato. Cinque di esse, con un dito premuto sulla bocca, richiedono il silenzio. Sulla sinistra, una meridiana indica mezzanotte; sulla destra, dal cielo scende un cartiglio con la scritta: «In principio erat verbum» (*Ibid.*, p. 129).

[5] La miniatura raffigura l'Eterno in maestà, con quattro angeli di lato.

[6] Nell'iniziale è raffigurato Dio in trono adorato da cinque angeli.

[7] La miniatura raffigura due giovani agoni, uno dei quali indica all'altro una ghirlanda.

[8] Un omino ara e semina un campo.

[9] Un uomo, con vesti umili e catene ai piedi, si rivolge al Signore.

[10] Abramo allontana la schiava e il figlio avuto da questa (*Ibid.*, p. 130).

[11] La miniatura raffigura Dio padre al centro e Cristo inginocchiato alla sua sinistra. Un gruppo di uomini si rivolge a quest'ultimo.

[12] Cristo è al centro tra un unicorno e un leone. In cielo vi è Dio padre benedicente.

[13] Due figure femminili tengono per mano due fanciulli.

[14] Cristo, in veste di pastore, è raffigurato nell'atto di proteggere un gregge da un lupo (*Ibid.*, p. 130).

[15] Nell'iniziale è raffigurato un re seduto in trono, circondato da soldati. Di fronte a lui sta un gruppo di uomini, inginocchiati e a mani giunte.

[16] La miniatura rappresenta un chierico, in piedi davanti a un altare su cui è posto un libro aperto, e un gruppo di uomini alle sue spalle. In cielo, Dio padre assiste alla scena.

[17] Un chierico tiene in mano un libro aperto; di fronte a lui, un uomo in abiti lussuosi si guarda in uno specchio (*Ibid.*, pp. 129-130).

[18] Re David inginocchiato davanti al Signore.

[19] La miniatura raffigura alla lettera il brano: «Quid autem iudes festucam in oculo fratris tui trabem autem in oculo tuo est non consi-

deras?» Nell'iniziale un uomo che ha un bastone in un occhio indica l'occhio semichiuso di una figura posta di fronte a lui.

[20] Gesù nasconde e protegge con il suo mantello un uomo da un gruppo di persone davanti a lui.

[21] All'interno di una cappella, un gruppo di uomini è inginocchiato e a mani giunte di fronte a un altare. Di lato un leone guarda la scena con le fauci spalancate.

[22] Nell'iniziale sono raffigurati Gesù e un pontefice inginocchiato e a mani giunte di fronte a lui. Ai piedi delle due figure giacciono morti dei soldati (*Ibid.*, p. 130).

[23] Nella miniatura un uomo invoca Dio.

[24] Cristo giace steso su un catafalco. Davanti a lui un prete battezza un fanciullo.

[25] Cristo in trono è circondato da un gruppo di laici ed ecclesiastici, tra cui un cardinale e un papa.

[26] Gesù mostra all'amministratore disonesto i conti che non tornano.

[27] Stessa scena del f. 1.

[28] La miniatura raffigura alla lettera il passo evangelico: all'interno del tempio, il fariseo, in piedi e con vesti sontuose, e il pubblicano, con vesti umili e inginocchiato, rendono grazia al Signore.

[29] In un paesaggio all'aperto è raffigurato Cristo con la spada. Intorno a lui un gruppo di persone lo guarda, chi ammirato, chi intimorito.

[30] All'interno di una cappella, un accolito, che tiene un libro aperto sulla testa, è inginocchiato di fronte a un altare. Davanti a lui stanno in piedi quattro figure maschili, tra cui un chierico e un papa.

[31] Cristo, seduto a uno scrittoio, scrive su un libro aperto davanti a lui. Non è chiaro se la miniatura rappresenti il salmo suddetto o il passo che segue, tratto dalla *Lettera di san Paolo ai Galati* (3, 16-22) e che ha per oggetto la fede in Gesù Cristo. Anche in questo caso la raffigurazione sarebbe alquanto generica e non una trascrizione letterale del brano.

[32] Un servitore attende mentre i suoi padroni discutono su quale strada prendere (*Ibid.*, p. 129).

[33] Cristo si china ad ascoltare un fedele (*Ibid.*)

[34] La miniatura raffigura san Paolo inginocchiato davanti al Signore.

[35] Cristo in trono è circondato da un gruppo di fedeli, tra cui un papa in primo piano.

[36] Cristo prende per mano due uomini e li avvicina in segno di riconciliazione.

[37] Un gruppo di fedeli, tra cui un papa, guarda in cielo verso il Signore.

[38] Un uomo che fuoriesce da una buca del terreno invoca il Signore.

[39] La miniatura raffigura Gesù che tende le mani verso due uomini inginocchiati, vestiti con abiti semplici e con le catene ai piedi.

[40] La miniatura raffigura la strage degli innocenti.

[41] In realtà la rubrica indica la festa di san Silvestro. Sant'Antonio avrebbe dovuto essere rappresentato al f. 138*v*, dove l'iniziale è stata lasciata vuota.

[42] La miniatura raffigura il matrimonio mistico della santa: L. RÉAU, *Iconographie de l'Art Chrétien*, tomo III*, Parigi 1958, pp. 33-38 (1955-1959).

[43] Nell'iniziale la santa è raffigurata con san Pietro il quale, la notte dopo il martirio, andò a trovarla in carcere e le strofinò un unguento sul petto insanguinato che cicatrizzò e riprese la sua forma: *Ibid.*, pp. 27-32.

[44] La miniatura raffigura la messa di san Gregorio (*Ibid.*, tomo III**, 1959, pp. 606-616).

[45] Per l'invenzione delle reliquie del santo: *Ibid.*, tomo III*, 1958, pp. 444-456.

[46] Nell'iniziale è raffigurato un gran letto con un pontefice seduto su di esso. Un angelo, con una mano sulla spalla del papa, sembra suggerirgli qualcosa all'orecchio. Il fondale blu è cosparso da fiocchi di neve.

[47] Due angeli sorreggono una grossa croce di legno, appoggiata al terreno.

[48] Nel margine esterno è stato ritagliato un pezzo di pergamena, che doveva verosimilmente contenere o un motivo floreale o una figura grottesca o lo stemma sabaudo.

[49] Come al f. 204*v*, nel margine esterno è stato ritagliato un rettangolo di pergamena.

[50] Nell'iniziale è raffigurato l'interno di una chiesa: a destra, un prete davanti a un altare, su cui si trova un'icona della Vergine, recita la messa. Sulla sinistra, un gruppo di accoliti, di fronte a un leggio che regge un libro aperto, intona un canto.

[51] La miniatura rappresenta un funerale.

11.

Pontificale romano
Torino, Biblioteca Reale, ms. Varia 136
Savoia (?), 1449-1451

Manoscritto membranaceo; 280 x 200 millimetri; II carte + I pergamena + IIII carte + 234 + II carte; numerazione originale in cifre romane e inchiostro rosso, in alto a destra; numerazione recente in cifre arabe e a matita, in basso a destra; scrittura gotica libraria su una colonna di 15-20 righe per pagina; rubriche; annotazioni musicali; iniziali di grandezza diversa blu o granata, decorate con tralci di vite su fondo oro; iniziali oro su fondo blu e granata; margini decorati; firma del miniatore al f. 9: Rémy (o Henri) Messiet (o Meffiet).
Legatura recente, ma sui piatti è stata incollata la pelle chiara con tre fregi impressi a secco di una rilegatura antica (restauro effettuato dal laboratorio P. Brena e C. Valli di Bergamo).

Provenienza e storia del manoscritto: Eseguito per Amedeo VIII nel periodo in cui fu cardinale-vescovo di Sabina (stemma sabaudo sormontato dal cappello cardinalizio ai ff. 1 e 37v; fig. 80). In Val d'Aosta almeno fin dal 1580 (iscrizione sul foglio di guardia). Il 22 agosto 1832 il codice fu donato dai sindaci d'Aosta al re Carlo Alberto (iscrizione sui fogli di carta inseriti dopo il foglio di guardia).

Bibliografia: Edmunds 1972, p. 290; Irtenkauf 1976, p. 49; Amiet 1979, p. 66; Vailati Schoenburg Waldenburg 1980, p. 81, nota 5; Varallo 1985, p. 183; Edmunds 1990b, p. 205, n. 78.

12.

Vie de Saint Antoine
Halle-Wittenberg, Universitäts und Landesbibliothek Sachsen-Anhalt, ms. I/D a/6
Savoia, 1427 circa

Manoscritto membranaceo; 273 x 194 millimetri; 35 fogli; scrittura gotica francese su una colonna; rubriche; una miniatura; margini e iniziali decorate.

Provenienza e storia del manoscritto: La storia iniziale del codice è sconosciuta; appartenne a Johann Christoph von Dreyhaupt (1699-1768); nel 1768 entrò nella Biblioteca dell'Università di Halle.

Iconografia della miniatura del frontespizio: Un principe in preghiera di fronte a sant'Antonio (fig. 53).

Bibliografia: Rothe 1966, p. 268, tav. 120; Avril e Reynaud 1993, p. 203 (testo di F. Avril); Natale (a cura di) 2001, pp. 298-301, n. 39 (scheda di F. Elsig).

13.

Evangelistario
New York, Pierpont Morgan Library, ms. M. 180
Basilea, 1436

Manoscritto membranaceo; 225 x 180 millimetri; 127 ff.; a partire dal f. 12, dove inizia il testo, numerazione originale in cifre romane, al centro del margine superiore; scrittura umanistica italiana su una colonna di 15 righe per pagina; rubriche; una miniatura a piena pagina nel frontespizio (149 x 97 millimetri) e 53 riquadri istoriati nel resto del codice (55-75 x 55-82 millimetri circa); un'iniziale istoriata e fregio fogliaceo nel margine al f. 51v.
Legatura francese del XVIII secolo, in marocchino rosso con decorazioni oro impresse.

Provenienza e storia del manoscritto: Eseguito a Basilea nel 1436 dal copista padovano Giovanni di Baldo da Monterchi per conto di Pietro Donato, vescovo di Padova dal 1428 al 1447 (iscrizione al f. 1v); è forse segnalato al n. 340 o al n. 341 dell'inventario della biblioteca del presule; appartenne in seguito a Louis César de la Baume le Blanc, duca di La Vallière (1708-1780), ad Anne-Léon II, duca di Montmorency (1731-1799), ad Abraham Rhodes (1817; nota di possesso di Emily S. Rhodes) e a Richard Bennett (*ex libris*); fu acquistato dalla Pierpont Morgan Library di New York nel 1902.

Iconografia della miniatura del frontespizio: La Natività e l'Annuncio ai pastori (tav. XIX).

Bibliografia: James 1906, pp. 9-12, n. 7; De Ricci e Wilson, vol. II, 1937, p. I.399, n. 180; Pächt (a cura di) 1948, p. 16; Harrsen e Boyce (a cura di) 1953, p. 35, n. 61; Sambin 1959, pp. 59, 75 e p. 98, n. 341; Edmunds 1964a, pp. 138-139; Castelnuovo e Romano (a cura di) 1979, p. 223 (nella scheda di S. Pettenati); Vailati Schoenburg Waldenburg 1980, p. 85; Plummer (a cura di) 1982, pp. 27-28, n. 38; *Italian Manuscript Painting...* 1984, n. 32; Edmunds 1990b, p. 217, n. 17; Mariani Canova 1997, pp. 167-173; Baldissin Molli, Mariani Canova e Toniolo (a cura di) 1999, pp. 224-226, n. 85 (scheda di A. de Marchi).

14.

Notitia Dignitatum & C
Oxford, Bodleian Library, ms. Canon. Misc. 378
Basilea, 1436

Manoscritto membranaceo; 272 x 192 millimetri; 173 ff.; minuscola umanistica italiana su due colonne di 29 righe l'una; rubriche; 107 miniature.

Provenienza e storia del manoscritto: Eseguito a Basilea nel 1436 su commissione di Pietro Donato, vescovo di Padova dal 1428 al 1447 (nota di possesso al f. 170), è segnalato nell'inventario della sua biblioteca al n. 209. Nel XVI secolo era nella collezione romana dei Maffei; nel XVIII secolo passò in quella del gesuita Matteo Luigi Canonici di Venezia (1727-1805). Nel 1817 fu acquistato dalla Bodleian Library di Oxford.

f. 162: Area di giurisdizione del *dux Provinciae Sequanaci*;

f. 163: Area di giurisdizione del *dux tractus Armonicani*;

f. 164: Area di giurisdizione del *dux Belgicae secundae*;

f. 164*v*: Area di giurisdizione del *dux Brittanniorum*;

f. 165*v*: Area di giurisdizione del *dux Mogonciacensis*;

f. 167*v*: *Consularis Campaniae* (tav. XXI)[40];

f. 168*v*: Area di giurisdizione del *corrector Apuliae et Calabriae*;

f. 169*v*: Area di giurisdizione del *praeses Dalmaciae*.

Bibliografia: Coxe 1854, col. 719; Seeck 1876; Macray 1890, pp. 299-302; Madan 1897, p. 407, n. 19854; Sabbadini 1903, pp. 257-258; Lehmann 1934; Pagnin 1934, pp. 182-183; Pächt (a cura di) 1948, p. 16, n. 45; Thompson 1952, pp. 6-17, figg. I-XII; Ruysschaert 1958, p. 336, n. 74; Sambin 1959, pp. 60, 73 e 91, n. 209; Scaglia 1964, pp. 142, 153 e 162; Edmunds 1964a, p. 139; Bieler 1965, p. 6; Pächt e Alexander 1966, p. 52, n. 666; Maier 1968, pp. 96-106; Id. 1969, pp. 1.017-1.024; Pächt e Alexander 1970, p. 60, n. 599; Alexander 1976, pp. 11-25; Vickers 1976, p. 683; Castelnuovo e Romano (a cura di) 1979, p. 223 (nella scheda di S. Pettenati); Vailati Schoenburg Waldenburg 1980, pp. 85-86; Clemente 1980, pp. 41-42; Edmunds 1990b, p. 217, n. 20; Barsanti 2001, pp. 178-179; Paribeni 2001, p. 282; Alexander 2003, pp. 187-191.

[1] Le miniature dal f. 68*v* al f. 76 accompagnano il *De rebus bellicis*, un *pamphlet* scritto nella seconda metà del IV secolo d.C., contenente consigli di diversa natura su come riformare l'Impero romano, soprattutto per quanto riguarda la politica finanziaria, l'amministrazione delle province e la gestione dell'esercito. A parte le prime due, esse illustrano nuove specie di armi e marchingegni da guerra necessari, secondo l'autore del trattato, al buon funzionamento dell'esercito romano e alla sconfitta dei barbari: M. BERTHELOT, *Sur le traité De rebus bellicis, qui accompagne la Notitia dignitatum dans les manuscrits*, in «Journal des Savants», marzo 1900, pp. 171-177; E. A. THOMPSON, *A Roman Reformer and Inventor*, Oxford 1952 (dove sono riprodotte tutte le miniature che illustrano il *De rebus bellicis* nel manoscritto di Oxford); R. I. IRELAND (a cura di), *Anonymi auctoris, De Rebus bellicis*, Lipsia 1984; A. GIARDINA (a cura di), Anonimo, *Le cose della guerra*, Milano 1996.
[2] Sulla carica del *praefectus praetorio* e le sue insegne: G. SENA CHIESA (a cura di), *Milano capitale dell'Impero Romano (286-402 d.C.)*, catalogo della mostra, Milano 1990, p. 38, n. 1c.1b (scheda di M. Sannazaro). In alto a sinistra, su una sorta di altare coperto da un drappo, è posto il decreto della nomina alla *praefectura*: un dittico in avorio decorato al centro dall'effige dell'imperatore. Ai lati del dittico, quattro candelabri, che compaiono solo in questa insegna, sottolineano l'alto rango della carica. Accanto all'altare è raffigurato il calamaio da cerimonia, che troviamo in molte altre miniature della *Notitia*, e che è costituito da un alto fusto decorato con motivi figurati e poggiante su un treppiede. In primo piano è rappresentato un terzo attributo del prefetto del pretorio (che ritroveremo tra le insegne del *praefectus urbis Romae*): il carro trainato da quattro cavalli.
[3] Le insegne di questa carica, delle tre successive e quelle delle miniature ai ff. 99*v*-100, 134-136*v* e 138-138*v*, sono costituite dal decreto di nomina in forma di dittico e da una serie di scudi rappresentanti i reggimenti posti sotto il controllo della carica stessa. Alcune insegne trovano corrispondenze iconografiche in altri monumenti tardoantichi, come l'Arco di Costantino o il *Missorium* di Valentiniano I; è probabile però che non tutte le simbologie dei vari reggimenti corrispondano alla realtà e che molte siano state inventate.
[4] Sul *quaestor sacri palacii*: *Ibid.*, p. 40, n. 1c.1d (scheda di M. Sannazaro). Nella miniatura, oltre all'altare su cui è posto il decreto della nomina alla carica, sono raffigurati i rotoli dei rescritti e una stele con l'iscrizione: «leges salutares».
[5] Per la carica di *comes sacrarum largitionum*: *Ibid.*, p. 40, n. 1c.1e (scheda di M. Sannazaro). Nella miniatura, oltre al solito decreto di nomina in forma di dittico, sono raffigurate monete d'oro e d'argento, sparse, racchiuse in sacchi o ammucchiate su larghi piatti; casse; fib-

bie e foglie di palme in metallo prezioso.
[6] Per il *comes rerum privatarum*: *Ibid.*, p. 40, scheda 1c.1f (scheda di M. Sannazaro). Nella miniatura, che non si discosta molto da quella precedente, è raffigurato il tesoro imperiale.
[7] Sulle competenze del *magister officiorum*: *Ibid.*, p. 40, n. 1c.1c (scheda di M. Sannazaro). La miniatura «si sofferma soprattutto sulle fabbriche d'armi di cui il *magister officiorum* è responsabile almeno dal 390, sottraendole all'autorità del *praefectus praetorio*. L'immagine offre un campionario dell'equipaggiamento militare tardoantico [...]: oltre agli scudi tondi con umbone, a lance, a spade, a elmi, compaiono corazze di vario tipo tra le quali le cotte di maglia dei *clibanarii* e asce da combattimento di tradizione germanica».
[8] La miniatura rappresenta due altari, su cui sono posati i decreti di nomina in forma di dittico, e due scudi, su cui è raffigurata una coppia di angeli che sostengono un ritratto: verosimilmente quello imperiale.
[9] Le insegne di questa carica comprendono, oltre al decreto di nomina, una serie di oggetti preziosi, tra cui alcune anfore riccamente decorate.
[10] Per il *primicerius notariorum*, che tra le varie competenze aveva quella di redigere la *Notitia Dignitatum*: *Ibid.*, p. 40, n. 1c.1h (scheda di M. Sannazaro). Gli attributi raffigurati sono: un fascio di rotoli, un codice e il registro delle cariche («laterculum maius»).
[11] Gli attributi di questa carica sono rotoli, registri e una serie di codici intitolati *Memoriae epistolarum libellorum grecarum*.
[12] Nella miniatura sono raffigurati l'altare con il decreto di nomina in forma di dittico, il calamaio da cerimonia e la personificazione dell'Asia e delle isole dell'Ellesponto.
[13] Stesse insegne della miniatura precedente e personificazione dell'Acaia.
[14] Stesse insegne della miniatura precedente e personificazione delle 15 province sotto la giurisdizione del *comes orientis* («Palestina», «Syria», «Cilicia», «Arabia»...) Mentre nelle illustrazioni ai ff. 86*v* e 87 le personificazioni del continente, delle isole e delle regione erano a figura intera, qui la scena è così divisa: nella metà superiore della pagina vi sono le insegne della carica; nella metà inferiore trovano invece posto su tre registri 15 busti femminili raffiguranti le 15 province controllate dal *comes*.
[15] Stesse insegne della miniatura precedente e impianto simile con la personificazione delle sei province sotto la giurisdizione del *prefectus augustalis* («Libia superior», «Libia inferior», «Aegyptus»...)
[16] Il decreto di nomina alla carica posto sull'altare non è più raffigurato in forma di dittico, ma è un volume recante sulla copertina la scritta: «Feliciter! Inter allectos, comes ordinis primis». L'iscrizione, che compare in molte altre miniature della *Notitia*, «non fa riferimento alla specifica carica, ma alla dignità connessa di senatore onorario e di *comes* di prima categoria» (*Ibid.*, p. 54). Oltre al decreto, sono raffigurati il calamaio da cerimonia e la personificazione delle otto province sotto la giurisdizione del *vicarius dioceseos Asianae* («Lydia», «Caria», «Lycaonia»...), poste su due registri.
[17] Stesse insegne della miniatura precedente e personificazione delle 11 province sotto la giurisdizione del *vicarius dioceseos Pontice* («Bithynia», «Capadocia prima», «Capadocia secunda»...), poste su tre registri.
[18] Stesse insegne della miniatura precedente e personificazione delle sei province sotto la giurisdizione del *Vicarius Dioceseos Thraciarum* («Europa», «Tracia», «Scythia»...), poste su due registri.
[19] Oltre all'altare con il decreto di nomina in forma di volume, la miniatura raffigura l'area geografica sotto la giurisdizione del *comes*, con i suoi *castella* e i suoi monumenti più significativi. Ritroviamo lo stesso impianto nelle 13 miniature che seguono: tra gli elementi distintivi dei singoli territori compaiono spesso anche gli animali, le catene montuose e i corsi d'acqua più importanti o esemplificativi della zona.
[20] Accanto agli attributi della carica (il decreto di nomina in forma di volume, il calamaio da cerimonia e la cornucopia), è raffigurata la personificazione della «Provincia Palestina».
[21] Nella miniatura sono raffigurati libri, volumi con iscrizioni e rotoli racchiusi entro una cornice, con ai lati quattro tondi rappresentanti la «virtus», la «scientia rei militaris», la «auctoritas» e la «felicitas».
[22] L'impianto della scena è molto simile a quello della miniatura precedente: i quattro tondi laterali rappresentano però le quattro stagioni.
[23] Si veda sopra alla nota 2.

[24] Le insegne di questa carica sono: il decreto di nomina in forma di dittico, il calamaio da cerimonia e il carro trainato da quattro cavalli.

[25] Per la carica di *magister peditum praesentalis*: *Ibid.*, p. 54, n. 1e.1a (scheda di M. Sannazaro).

[26] Si veda sopra alla nota 7.

[27] Si veda sopra alla nota 4 (qui l'iscrizione è: «leges salubres»).

[28] Si veda sopra alla nota 5.

[29] Si veda sopra alla nota 6.

[30] Si veda sopra alla nota 8 (varia solo la decorazione degli scudi).

[31] Si veda sopra alla nota 9.

[32] Si veda sopra alla nota 10.

[33] Si veda sopra alla nota 11.

[34] La miniatura è su due registri: in quello superiore, troviamo l'altare con il decreto di nomina in forma di dittico, il calamaio da cerimonia e la personificazione dell'Africa; in quello inferiore sono raffigurate due navi cariche di sacchi di grano.

[35] L'impianto di questa miniatura è molto simile a quello delle illustrazioni ai ff. 108*v*-112*v*, con le insegne della carica nella metà superiore della scena e, in quella inferiore, posti su due registri, i cinque busti femminili raffiguranti le province sotto la giurisdizione del *vicarius Africae* («Numidia», «Tripolitania»...)

[36] Le insegne della carica sono le stesse della miniatura precedente (l'altare, con il decreto di nomina in forma di volume, e il calamaio da cerimonia) e l'impianto è molto simile con la personificazione delle tre province sotto la giurisdizione del *vicarius Hispaniae* («Betica», «Lusitania», «Callecia») nella metà inferiore della scena.

[37] Compaiono le insegne solite e la personificazione delle 17 province sotto la giurisdizione dei *vicarii* («Viennensis», «Lugdunensis», «Germania prima», «Germania secunda»...), poste su quattro registri.

[38] Come ai ff. 113*v*-127*v*, dal f. 150*v* fino alla fine del manoscritto, con l'eccezione del f. 167*v*, sono raffigurate le aree geografiche di pertinenza dei vari *comites*, *vicarii* e *duces*. Nei ff. 150*v*-165*v* le insegne si limitano al decreto di nomina in forma di volume con l'iscrizione «Feliciter...», mentre per il *corrector Apuliae et Calabriae* e per il *praeses Dalmaciae*, compare anche il calamaio da cerimonia.

[39] «Questa carica è attestata solo dalla *Notitia Dignitatum* che non documenta però alcun reparto militare sottoposto a questo ufficiale che probabilmente fu istituito all'epoca di Stilicone per sovrintendere alle difese alpine»: *Ibid.*, p. 54, n. 1e.1b (scheda di M. Sannazaro).

[40] Personificazione della Campania.

15.

Notitia Dignitatum & C

Parigi, Bibliothèque nationale, ms. Lat. 9661
Basilea, 1436 circa

Manoscritto membranaceo; 350 x 200 millimetri; I + 146 + I; numerazione moderna in cifre romane a inchiostro nero e numerazione in cifre romane a matita, in alto a destra; minuscola umanistica italiana (il copista è stato identificato con l'autore di tre manoscritti, eseguiti per Francesco Pizolpasso, arcivescovo di Milano, presente a Basilea dal 1432 al 1439) su due colonne di 35 righe l'una; rubriche; 105 miniature; un'iniziale decorata all'inizio del testo (f. 1*v*) e semplici inizialine rosse e blu nel resto del manoscritto.
Legatura moderna in pelle verde alquanto consunta.

Provenienza e storia del manoscritto: Le vicende iniziali del manoscritto restano ancora da chiarire; già verso la fine del Quattrocento, il volume si trovava presso i Celestini di Parigi (*ex libris* grattato al f. 1); al volgere del XVIII secolo entrò nelle collezioni di Chrétien François de Lamoignon, guardasigilli di Francia (*ex libris* sul foglio di guardia e timbro sul f. 2); il 19 aprile del 1794 fu acquistato dalla Bibliothèque nationale di Parigi.

Iconografia delle miniature:

f. 1: (*Res Publica Romanorum* e *Divus Augustus pater*)[1]: riquadro rettangolare con aquila nera ad ali spiegate su un globo terrestre, nella metà superiore; lettere SPQR su fondo rosso, nella metà inferiore;

f. 54*v*: *Commode auctoritatis vario priscorum monetae*: serie di monete;

f. 56: *Felix inchoatio sacrae divineque monote*: serie di monete;

f. 57: *Balista quadrirotis*: balestra su quattro ruote;

f. 57*v*: *Tichodifrus* e *Clipeocentrus*: marchingegno mobile su due ruote, munito di aculei e lance laterali, e scudo circolare, anch'esso percorso da punte accuminate;

f. 58: *Plumbata et tribulata* e *Plumbata mamillata*: due tipi di frecce;

f. 58*v*: *Currus dripanus*: carro a due ruote munite al centro di due lunghe falci sporgenti (letteralmente carro falcato);

f. 59:
a) *Currodrepanus singularis*: carro simile al precedente, trascinato da un cavallo;
b) *Currodrepanus clipeati*: carro simile ai precedenti ma arricchito con altre armi (tra cui degli scudi) e trascinato da due cavalli;

f. 59*v*: *Thoracomachus*: indumenti protettivi da indossare sotto l'armatura;

f. 60: *Ascogefrus*: specie di zattera da utilizzare come ponte portatile;

f. 61: *Liburna*: liburna azionata da buoi;

f. 61*v*: *Balista fulminalis*: marchingegno per lanciare frecce;

f. 63: *Disputatio Adriani Augusti*: Adriano, seduto in trono, discute con il filosofo Epictetus;

f. 65*v*: *Urbs quae aliquando desolata nunc clariosior piissimo imperio restaurata*: personificazione di Roma[2];

f. 71*v*: *Arbor consanguinitatis*: schema con i vari gradi di parentela;

f. 73: *Insignia virorum illustrium prefectorum pretorio per Illiricum*: insegne dei prefetti del pretorio dell'Illirico;

f. 73*v*: Personificazione della Macedonia e della Dacia;

f. 74*v*: *Insignia viri illustris magistri militum presentalis*;

f. 75: *Idem*;

f. 76: *Insignia viri illustris magistri militum presentalis*;

f. 76*v*: *Idem*;

f. 77*v*: *Insignia viri illustris magistri militum per orientem*;

f. 78: *Idem*;

f. 79: *Insignia viri illustris magistri militum per Thratias*;

f. 79*v*: *Idem*;

f. 80*v*: *Insignia viri illustris magistri militum per Illiricum*;

f. 81: *Idem*;

f. 82: *Insignia viri illustris magistri officiorum*;

f. 83: *Insignia viri illustris quaestoris*;

f. 83*v*: *Insignia viri illustris comitis largitionum*;

f. 84: *Insignia viri illustris comitis privatarum*;

f. 84*v*: Insegne del *comes domesticorum equitum* e del *comes domesticorum peditum*;

f. 85: Insegne *sub dispositione viri spectabilis castrensis*;

f. 85*v*: Insegne del *primiciarius notariorum*;

f. 86: Insegne del *magister scriniorum*;

f. 86*v*: Insegne del *proconsul Asiae*;

f. 87: Insegne del *proconsul Achaiae*;

f. 87*v*: Insegne del *comes Orientis*;

f. 88*v*: Insegne del *praefectus augustalis*;

f. 89: Insegne del *vicarius dioceseos Asianae*;

f. 90: Insegne del *vicarius dioceseos Ponticae*;

f. 91: Insegne del *vicarius dioceseos Thraciarum*;

f. 91*v*: Area di giurisdizione del *comes limitis Aegypti* (fig. 64);

f. 92*v*: Area di giurisdizione del *comes per Isauriam*;

f. 93*v*: Area di giurisdizione del *dux Thebaidos*;

f. 94*v*: Area di giurisdizione del *dux Palestinae*;

f. 95*v*: Area di giurisdizione del *dux Arabiae*;

f. 96*v*: Area di giurisdizione del *dux Foenicis*;

f. 97*v*: Area di giurisdizione del *dux Syriae*;

f. 98*v*: Area di giurisdizione del *dux Osrhenae*;

f. 99*v*: Area di giurisdizione del *dux Mesopotamiae*;

f. 100*v*: Area di giurisdizione del *dux Armeniae*;

f. 101*v*: Area di giurisdizione del *dux Cithiae*;

f. 102*v*: Area di giurisdizione del *dux Moesiae secundae*;

f. 103*v*: Area di giurisdizione del *dux Moesiae primae*;

f. 104*v*: Area di giurisdizione del *dux Daciae ripensis*;

f. 105*v*: Insegne del *consularis Palestinae*;

f. 106: Area di giurisdizione del *preses Thebaidos*;

f. 106*v*: *Divina providentia*;

f. 107: *Divina electio*;

f. 108*v*: *Insignia viri illustris praefecti pretorio per Italias*;

f. 109: Personificazioni dell'Italia, dell'Illirico e dell'Africa;

f. 110: *Insignia viri illustris praefecti urbis Romae* (fig. 62);

f. 110*v*: *Insignia viri illustris magistri peditum*;

f. 111: *Idem*;

f. 111*v*: *Idem*;

f. 112: *Idem*;

f. 112*v*: *Idem*;

f. 113: *Idem*;

f. 114*v*: *Insignia viri illustris magistri equitum*;

f. 115: *Idem*;

f. 117*v*: *Insignia viri illustris magistri officiorum*;

f. 118*v*: *Insignia viri illustris questoris*;

f. 119: *Insignia viri illustris comitis sacrarum largitionum*;

f. 120*v*: *Insignia viri illustris comitis privatarum*;

f. 121*v*: Insegne del *comes domesticorum equitum* e del *comes domesticorum peditum*;

f. 122: Insegne del *castrensis sacri palatini*;

f. 122*v*: Insegne del *primicerius notariorum*;

f. 123: Insegne del *magister scriniorum*;

f. 123*v*: Insegne del *proconsul Africae*;

f. 124*v*: Insegne del *vicarius Africae*;

f. 125: Insegne del *vicarius Hispaniae*;

f. 125*v*: Insegne dei *vicarii septem provinciarum*;

f. 126*v*: Area di giurisdizione dei *vicarii Britanniarum*;

f. 127*v*: Area di giurisdizione del *comes Africae*;

f. 128*v*: Area di giurisdizione del *comes Tingitaniae*;

f. 129*v*: Area di giurisdizione del *comes litoris saxonici per Britaniam*;

f. 130*v*: Area di giurisdizione del *comes Britanniae*;

f. 131: Area di giurisdizione del *comes Italiae*;

f. 131*v*: Area di giurisdizione del *comes Argentoratensis*;

f. 132: Area di giurisdizione dei *ducis et praesidis provinciae Mauritaniae*;

f. 133: Area di giurisdizione del *dux provinciae Tripolitane*;

f. 134: Area di giurisdizione del *dux Pannoniae*;

f. 135: Area di giurisdizione del *dux provinciae Valeriae*;

f. 136: Area di giurisdizione del *dux Pannoniae primae*;

f. 137: Area di giurisdizione del *dux Reciae*;

f. 138: Area di giurisdizione del *dux provinciae Sequanici*;

f. 139: Area di giurisdizione del *dux tractus Armoricani*;

f. 140: Area di giurisdizione del *dux Belgicae secunde*;

f. 140*v*: Area di giurisdizione del *dux Britanniorum*;

f. 141*v*: Area di giurisdizione del *dux Mogontiatensis*;

f. 143*v*: *Consularis Campaniae* (fig. 63);

f. 144*v*: Area di giurisdizione del *corrector Apuliae et Calabriae*;

f. 145*v*: Area di giurisdizione del *praeses Dalmaciae*.

Bibliografia: Delisle 1862, p. 479; Berthelot 1900, pp. 174-177; Sabbadini 1903, pp. 257-263; Omont 1911; Thompson 1952, p. 9; Edmunds 1964a, p. 139; Bieler 1965, pp. 6-7; Maier 1969, pp. 1.017-1.024; Alexander 1976, pp. 11-25; Castelnuovo e Romano (a cura di) 1979, p. 223 (nella scheda di S. Pettenati); Vailati Schoenburg Waldenburg 1980, pp. 85-86; Edmunds 1990b, p. 217, n. 21; Laffitte e Gantier (a cura di) 1989, pp. 95-96, n. 59 (scheda di M. P. Laffitte) e tutta la bibliografia della scheda precedente.

[1] La rubrica in questa miniatura manca: la si ricava dal confronto con Oxford, Bodleian Library, ms. Canon. Misc. 378, ff. 1*v*-2.
[2] La miniatura illustra la *Notitia urbis Romae*.

16.

C ICERONE, *Orationes*

Ginevra, Bibliothèque publique et universitaire, ms. Lat. 101

Savoia, 1436-1440

Manoscritto membranaceo; 236 x 156 millimetri; III + 285 (e 4 ff. bis) + I; numerazione moderna in inchiostro seppia in alto a destra; in cifre romane fino al f. XI; in cifre arabe dal f. 12 fino al f. 285 (è stata ripetuta la numerazione dei ff. 116, 215, 228, 280); scrittura umanistica rotonda italiana su una colonna; rubriche; una miniatura-frontespizio; iniziali decorate; fregi vegetali nei margini.

Legatura del XVII secolo in pelle marrone chiaro, decorata a motivi floreali impressi.

Provenienza e storia del manoscritto: Il codice fu verosimilmente decorato a Basilea per Martin Le Franc sul *verso* della rilegatura (firma); appartenne in seguito a Germain Colladon, amico e collaboratore di Calvino (*ex libris*); tra il 1615 e il 1616 fu venduto alla biblioteca di Ginevra dalla vedova del figlio di Colladon (iscrizione).

Iconografia della miniatura del frontespizio: Cicerone tra sei uditori (fig. 65).

Bibliografia: Senebier 1779, p. 247; Gagnebin 1976, pp. 96-99, n. 38; Castelnuovo e Romano (a cura di) 1979, p. 223 (nella scheda di S. Pettenati); Vailati Schoenburg Waldenburg 1980, p. 86; Edmunds 1990b, p. 216, n. 12; Castelnuovo e De Gramatica (a cura di) 2002, pp. 544-545, n. 55 (scheda di G. Saroni).

17.

MARTIN LE FRANC, *Le Champion des Dames*
Bruxelles, Bibliothèque royale, ms. 9466
Savoia, 1442 circa

Manoscritto membranaceo; 365 x 264 millimetri; (III) + I + 181 + (II); numerazione in alto a destra, in cifre arabe a matita; scrittura gotica tardiva su due colonne di 36 righe l'una; rubriche; due miniature; iniziali decorate con motivi vegetali su fondo oro; inizialine oro su fondo blu e granata; margini con decorazioni vegetali, floreali, angeli e figure grottesche.
Legatura del 1972 in velluto verde, decorata da gigli di Francia e chiusa da due fermagli in ottone.

Provenienza e storia del manoscritto: Il manoscritto fu eseguito per Filippo il Buono (scena di dedica al f. 1 e stemma al f. 4); è menzionato nell'inventario stilato dopo la morte del duca di Borgogna e in quello del 1485; il 7 luglio del 1501 Filippo il Bello donò il volume a Margherita d'Austria (inventari di Malines del 1516 e del 1523); nel 1530 il codice passò a Maria d'Ungheria (*ex libris* sul primo foglio di guardia); nel 1559 entrò nella Biblioteca di Borgogna; nel 1794 fu prelevato dai Francesi (timbro della Bibliothèque nationale di Parigi ai ff. 1 e 180); fu restituito nel 1815.

Iconografia delle miniature:
f. 1: Filippo il Buono, circondato dai suoi cortigiani, riceve in omaggio da Martin Le Franc una copia del *Champion des Dames* (tav. XXIV);
f. 4: Le truppe di Malebouche assaltano il «château d'Amour» (tav. XXV).

Bibliografia: Marchal, vol. I, 1842, p. 190; Bayot 1928, pp. 9 e 31-32, nota 3; *La Bibliothèque de Marguerite d'Autriche* 1940, p. 46, n. 91; Gaspar e Lyna 1944, pp. 9-10; Id., vol. II, 1945, pp. 130-133, n. 243; *Le siècle d'or...* 1959, pp. 38-39, n. 33; Edmunds 1964a, pp. 131-132; Griseri [1965], p. 101; Dogaer e Debae (a cura di) 1967, pp. 89-90, n. 129; Castelnuovo e Romano (a cura di) 1979, pp. 222-223 (nella scheda di S. Pettenati); Vailati Schoenburg Waldenburg 1980, p. 85; Debae 1990, pp. 151-152; Edmunds 1990b, p. 215, n. 5; Avril e Reynaud 1993, p. 205, n. 112 (scheda di F. Avril); Debae 1995, pp. 251-254, n. 145; Buettner 2001, pp. 616-617; Castelnuovo e De Gramatica (a cura di) 2002, pp. 498-499, n. 39 (scheda di G. Saroni); Bousmanne, Johan e Van Hoorebeeck (a cura di) 2003, pp. 99-104 (scheda di M. Debae).

18.

Messale romano
El Escorial, Real Biblioteca
del Monasterio de San Lorenzo, ms. b.I.3
Savoia, 1440-1445 e 1490-1500 (?)

Manoscritto membranaceo; 370 x 270 millimetri; I + XVI + 342 + I (sono stati tagliati malamente gli ultimi tre fogli non numerati e un foglio tra il calendario e il messale vero e proprio); numerazione in alto a destra in cifre romane e a matita fino al f. XVI; numerazione in cifre arabe a inchiostro rosso in alto a destra, dal f. 1 al f. 342; scrittura gotica rotunda su due colonne di 30 righe ciascuna; rubriche; una miniatura a piena pagina (f. 146v); 14 iniziali istoriate; iniziali decorate con motivi floreali e vegetali; iniziali a filigrana blu o oro con decorazione rossa o blu; margini con decorazioni vegetali, floreali, angeli e figure grottesche; stemma raschiato nel margine inferiore dei ff. 1 e 13.
Legatura in velluto blu (liso e strappato in più punti), con stemma dell'Escorial su entrambi i piatti. Sono andati perduti i quattro fermagli di chiusura.

Provenienza e storia del manoscritto: Il codice fu iniziato in Savoia al principio degli anni quaranta del Quattrocento; forse entrò poco dopo nelle collezioni dei duchi di Borgogna; alla fine del secolo giunse in Spagna, verosimilmente tramite Filippo il Bello o sua sorella Margherita; per vie ereditarie passò a Filippo II che lo depositò nel 1566 all'Escorial.

Iconografia delle miniature:
f. 13: La Natività;
f. 21: L'Adorazione dei Magi;
f. 146v: La Crocifissione (fig. 82);
f. 163v: La Risurrezione (fig. 83);
f. 176v: L'Ascensione;
f. 180v: La Pentecoste (fig. 85);
f. 188v: L'Eucarestia (fig. 84);
f. 241v: Gli apostoli Pietro e Paolo;
f. 253: La morte della Vergine;
f. 269: Ognissanti;
f. 339v: L'Incontro alla Porta Aurea (fig. 87);
f. 340: La Vergine (dopo la rubrica «In festo expectationis partus Beate Marie»);
f. 340v: La Visitazione;
f. 341: La Trasfigurazione (fig. 88);
f. 342: La Presentazione di Maria al Tempio.

Bibliografia: Antolin 1910, vol. I, p. 107; Dominguez Bordona 1933, vol. II, p. 16, n. 1271; Lehmann-Haupt 1966, p. 38; Edmunds 1972, p. 281; Van Buren e Edmunds 1974, pp. 18 e 27; Debae 1990, pp. 150-151; Edmunds 1990b, p. 216, n. 10; Debae 1995, pp. 2-3, n. 1.

19.

Libro d'Ore secondo l'uso liturgico di Besançon
New Haven, Beinecke Rare Book and Manuscript Library, Yale University, ms. 577
Savoia, 1440-1445 circa

Manoscritto membranaceo; 200 x 135 millimetri; 152 ff.; numerazione in cifre arabe a matita, in basso e in alto a destra; scrittura gotica libraria su una colonna di 14 righe per pagina; rubriche; 12 miniature; nei margini: fregi vegetali, fiori, frutti, animali, figure fantastiche e stemmi; iniziali decorate a motivi vegetali su fondo oro; iniziali oro su fondo blu e/o granata. Legatura antica in pelle marrone decorata a motivi impressi. È stato riparato il dorso e i fermagli di chiusura sono andati perduti.

Provenienza e storia del manoscritto: Origini e vicende iniziali sconosciute. Appartenne a «M. Deboiville, officier du Regiment de Neustrie» (iscrizione). Annotazioni in grafia francese del XVII e XVIII secolo sul foglio di guardia e ai ff. 1-3. Entrò nelle collezioni della Beinecke Library nel 1974, come lascito di Charles J. Rosenbloom.

Iconografia delle miniature:
f. 13: L'Annunciazione (fig. 89);
f. 25: La Visitazione;
f. 38: La Crocifissione (fig. 93);
f. 39v: La Pentecoste (fig. 92);
f. 41: La Natività (fig. 91);
f. 46: L'Annuncio ai pastori;
f. 50: L'Adorazione dei Magi;
f. 58v: La Fuga in Egitto;
f. 65: L'Incoronazione della Vergine (fig. 94);
f. 76: San Giovanni Evangelista (fig. 90);
f. 78: Re David in preghiera;
f. 99: Funerali (per l'Ufficio dei Defunti).

Bibliografia: Rutter e Gallup 1975, p. 341, n. 171; Avril e Reynaud 1993, p. 205.

20.
Libro d'Ore secondo l'uso liturgico di Roma
Grenoble, Bibliothèque municipale, ms. 650.8
Savoia, 1445 circa

Manoscritto membranaceo; 207 x 140 millimetri; II + 170 + I; numerazione in cifre arabe a inchiostro nero in alto a destra (è stata ripetuta la numerazione del f. 12; mancano due pagine tra i ff. 24 e 25 e i ff. 70 e 71); scrittura gotica libraria su una colonna di 16 righe fino al f. 161v; ai ff. 163-164 e 164v-169v, intervengono due mani distinte rispetto alla precedente; rubriche (fino al f. 161v); 18 miniature; fregi con decorazioni vegetali e floreali nei margini; iniziali decorate a motivi floreali su fondo oro; iniziali oro su fondo blu o granata.
Legatura in pelle decorata a motivi impressi, in cattivo stato di conservazione. Rimane il frammento di uno dei quattro fermagli di chiusura.

Provenienza e storia del manoscritto: L'origine del codice è sconosciuta; all'inizio del XVII secolo appartenne a Marguerite de Mionnas, priora dell'abbazia cistercense di Bethon in Moriana (iscrizione); in seguito fu forse nella collezione di Jean de Caulet, vescovo di Grenoble dal 1726 al 1750, e fu comprato ai suoi eredi dalla Bibliothèque publique (poi municipale) della città.

Iconografia delle miniature:
f. 7v: San Giovanni evangelista;
f. 9v: San Luca;
f. 12v: San Matteo (fig. 95);
f. 13v: San Marco;
f. 16: San Giovanni Battista (fig. 96);
f. 20: Sant'Andrea;
f. 22: Santa Veronica;
f. 23v: San Gerolamo;
f. 44: La Visitazione;
f. 55v: La Natività;

f. 59v: L'Annuncio ai pastori;
f. 64: L'Adorazione dei Magi (fig. 101);
f. 68: La Presentazione al Tempio;
f. 76: La Discesa di Cristo nel Limbo (fig. 100);
f. 87: La Crocifissione;
f. 90v: La Pentecoste (fig. 97);
f. 93: Re David penitente (fig. 98);
f. 109v: Funerali (per l'Ufficio dei Defunti).

Bibliografia: *Catalogue des manuscrits...*, tomo VII, 1889, p. 58; Royer (a cura di) 1928, p. 16, n. 55; Avril 1989, p. 10, fig. 3 e p. 30, nota 11; Podio 1992; Avril e Reynaud 1993, pp. 206-208, n. 113 (scheda di F. Avril); Jocteur Montrozier (a cura di) 2000, pp. 44-45; Podio 2000.

21.
Libro d'Ore secondo l'uso liturgico di Roma
Chambéry, Musée Savoisien, ms. 977.1.1
Savoia, 1445-1450 circa

Manoscritto membranaceo; 168 x 119 millimetri; 172 ff.; numerazione in cifre arabe e inchiostro nero, in alto a destra; scrittura gotica rotunda su una colonna di 16 righe per pagina; rubriche; 23 miniature; iniziali istoriate e decorate; iniziali oro su fondo blu e granata; piccole iniziali a filigrana; nei margini dei fogli: fregi decorati con motivi vegetali, floreali e grotteschi. Legatura dell'inizio del XVI secolo in marocchino marrone chiaro, decorato a motivi impressi.

Provenienza e storia del manoscritto: Compare sul mercato antiquario londinese nel 1964; nel 1965 è in collezione privata a Bonneville (Haute-Savoie); è acquistato dal Musée Savoisien di Chambéry il 1° febbraio del 1967.

Iconografia delle miniature:
f. 21: Santa Veronica (fig. 102);
f. 25: La Vergine e il Bambino tra due angeli;
f. 31: San Giovanni Evangelista;
f. 33: Il Bacio di Giuda;
f. 34v: Cristo davanti a Pilato;
f. 35v: L'Andata al Calvario;
f. 36v: La Crocifissione;
f. 37v: Il Calvario (fig. 103);
f. 38v: La Discesa dalla Croce;
f. 39v: Il Seppellimento di Cristo;
f. 41: San Luca (fig. 106);
f. 43: San Matteo (fig. 107);
f. 45: San Marco;
f. 47: L'Annunciazione;
f. 58: La Visitazione;
f. 70: La Natività (fig. 108);
f. 75: L'Annuncio ai pastori;
f. 79: L'Adorazione dei Magi;
f. 83: La Presentazione al Tempio;
f. 87: La Strage degli Innocenti;
f. 94: La Fuga in Egitto;
f. 119: Il Giudizio Universale (fig. 105);
f. 135: Funerali (per l'Ufficio dei Defunti).

Bibliografia: *Art et Histoire en Chablais* 1966, n. 43; Lehmann-Haupt 1966, p. 39; Van Buren e Edmunds 1974, p. 27; Castelnuovo e Romano (a cura di) 1979, pp. 224-225 (scheda di S. Pettenati); Vailati Schoenburg Waldenburg 1980, pp. 85 e 87; Edmunds 1990b, pp. 215-216, n. 7; Heid-Guillaume e Ritz 1998, pp. 133-140; Castelnuovo e De Gramatica (a cura di) 2002, pp. 500-503, n. 40 (scheda di G. Saroni).

22.

Libro d'Ore secondo l'uso liturgico di Roma
(*«Ore di Saluzzo»*)
Londra, British Library, ms. Add. 27697
Savoia, 1445-1465 circa

Manoscritto membranaceo; 280 x 196 millimetri; 219 ff.; scrittura gotica libraria («littera gothica formata») su una colonna di 18 righe per pagina; rubriche; 34 miniature tabellari ad apertura delle principali sezioni del testo liturgico; 14 iniziali istoriate; sei piccoli riquadri nei margini; fregi con racemi, fiori, animali e drôleries; iniziali decorate con motivi vegetali e floreali forse di mani e periodi diversi.
Legatura dell'inizio del XIX secolo, in marocchino nero con decorazioni oro impresse.

Provenienza e storia del manoscritto: Il primo proprietario del codice rimane ancora sconosciuto; stemma aggiunto dei Saluzzo (ff. 14*v*, 16, 17*v*, 19, 56*v*, 93, 98, 104*v*, 155*v*, 175 e 206), sostituito in seguito da quello dei D'Urfé (ff. 77*v* e 83*v*); nota di possesso della fine del XVI secolo (?): «Ces presentes heures feurent iadis à Renée Chabot Dame de Lyré, femme du feu Messire Jehan du Bellay, Seigneur de Gounord» (f. 101*v*); nel 1867 il manoscritto era a Parigi, dove fu acquistato dal British Museum alla vendita della biblioteca di mons. Nicolas Yemeniz, collezionista lionese.

Iconografia delle miniature:
f. 13: San Giovanni Evangelista sull'isola di Patmos e Trinità. Iniziale istoriata: san Giovanni che regge la coppa di veleno. Riquadro nel margine inferiore della pagina: Predica di san Giovanni. Riquadri nel margine laterale: il Miracolo delle verghe mutate in oro e dei sassi mutati in pietre preziose (al centro); il Martirio di san Giovanni (in alto) (tav. XXX);
f. 14*v*: San Luca;
f. 16: San Matteo;
f. 17*v*: San Marco;
f. 19: Madonna con il Bambino, san Bernardino, san Domenico e donatrice;
f. 22*v*: Iniziale istoriata con la Madonna sulla falce di luna;
f. 29: Il Matrimonio della Vergine. Iniziale istoriata: l'Annunciazione. Riquadro nel margine laterale: la cacciata dei progenitori;

f. 39: L'Entrata di Cristo in Gerusalemme. Iniziale istoriata: la Visitazione;
f. 49: Le Nozze di Cana. Iniziale istoriata: la Natività;
f. 52*v*: Il Battesimo di Cristo. Iniziale istoriata: l'Annuncio ai pastori;
f. 56*v*: L'Adorazione dei Magi;
f. 60: Gesù tentato dal diavolo. Iniziale istoriata: la Presentazione di Gesù al Tempio;
f. 64*v*: La Strage degli Innocenti. Iniziale istoriata: la Fuga in Egitto;
f. 71*v*: La Risurrezione;
f. 77*v*: L'Annunciazione;
f. 83*v*: La Crocifissione. Iniziale istoriata: la Discesa di Cristo nel Limbo;
f. 88*v*: La Pentecoste. Iniziale istoriata: l'Incredulità di san Tommaso;
f. 93: Gli apostoli Andrea, Pietro, Giovanni e Paolo;
f. 95: San Sebastiano, l'arcangelo Michele, sant'Antonio, san Lorenzo e san Giorgio;
f. 98: I santi Nicola, Fiacrio, Mauro e Claudio;
f. 100*v*: Le sante Apollonia, Chiara, Lucia, Barbara, Margherita;
f. 103*v*: La messa di san Gregorio;
f. 104*v*: Il beato Pietro di Lussemburgo;
f. 105*v*: La Madonna con il Bambino e angeli musicanti;
f. 110*v*: L'Orazione nell'Orto;
f. 118*v*: La Risurrezione di Lazzaro. Iniziale istoriata: scena di funerali;
f. 155*v*: Il Giudizio Universale. Iniziale istoriata: Re David in preghiera;
f. 175: La Trinità;
f. 191: La Trinità;
f. 194: Funerali;
f. 197: Ognissanti;
f. 200*v*: Il Martirio di santa Caterina. Iniziale istoriata: il Martirio di santa Caterina;
f. 206: Cristo prete;
f. 210: Il Cammino della Croce. Iniziale istoriata: la Discesa di Cristo nel Limbo. Riquadro nel margine inferiore della pagina: le tre Marie al sepolcro. Riquadri nel margine laterale: Noli me tangere (in basso); l'Ascensione (in alto);
f. 213: La Creazione di Eva;

Bibliografia: *Catalogue of Additions...* 1877, p. 552; Warner 1903, tav. 51; Winkler 1920, p. 206; Millar 1933, p. 37, n. 53, tav. LIII; Lehmann-Haupt 1966, p. 39; Van Buren e Edmunds 1974, p. 27; Plummer e Clark 1982, p. 56, n. 73; Backhouse 1985, pp. 9-10, tav. 47; Gardet 1985; Avril 1989; Edmunds 1990b, pp. 216-217, n. 13; Naughton 1991, pp. 114-115; Avril e Reynaud 1993, pp. 213-216, n. 117 (scheda di F. Avril); Romano 1996, pp. 190-209; Backhouse 1997, p. 187, n. 162; Griseri 1997b, pp. 693-694; Thiébaut 1999, p. 149; Quasimodo 2002, pp. 20, 27-28 e 37-38.

Bibliografia

FONTI ARCHIVISTICHE

Archivio di Stato di Torino, Sezioni Riunite, Camerale Savoia, inventario 16, Conti dei ricevitori e tesorieri generali di Savoia, rot. 28, *Compte en rouleau de parchemin de Pierre Gerbais de Bellay*, 16 novembre 1366-24 maggio 1368.

Archivio di Stato di Torino, Sezioni Riunite, Camerale Savoia, inventario 16, Conti dei ricevitori e tesorieri generali di Savoia, rot. 29, *Compte en rouleau de parchemin de Pierre Gerbais de Bellay*, 24 maggio 1368-22 novembre 1369.

Archivio di Stato di Torino, Sezioni Riunite, Camerale Savoia, inventario 16, Conti dei ricevitori e tesorieri generali di Savoia, rot. 32, *Compte en rouleau de parchemin de Pierre Gerbais de Bellay*, 25 luglio 1371-15 febbraio 1376.

Archivio di Stato di Torino, Sezioni Riunite, Camerale Savoia, inventario 16, Conti dei ricevitori e tesorieri generali di Savoia, reg. 34, *Compte en livre de noble André de Belletruche*, 8 agosto 1377-1° dicembre 1382.

Archivio di Stato di Torino, Sezioni Riunite, Camerale Savoia, inventario 16, Conti dei ricevitori e tesorieri generali di Savoia, reg. 37, *Compte en un volume d'Amblard Gerbais*, 23 febbraio 1386-23 luglio 1390.

Archivio di Stato di Torino, Sezioni Riunite, Camerale Savoia, inventario 16, Conti dei ricevitori e tesorieri generali di Savoia, reg. 40, *Compte de Lechaux*, 24 dicembre 1392-2 settembre 1394.

Archivio di Stato di Torino, Sezioni Riunite, Camerale Savoia, inventario 16, Conti dei ricevitori e tesorieri generali di Savoia, reg. 84, *Compte de Antoine Bolomier*, 17 maggio 1438-17 maggio 1439.

FONTI MANOSCRITTE

C. GAZZERA, *Descrizione dei codici francesi della Biblioteca Universitaria di Torino*, Torino, Biblioteca dell'Accademia delle Scienze, mss. 945-958, 1261-1409, s.d. (ma 1844-1859).

Ms. Storia Italiana 138, Archintus (comes Octavius), *Insignia familiarum*, Torino, Biblioteca Reale, XVI-XVII secolo.

Ms. Varia 153, *Livres de Blasonnerie*, 13 volumi, Torino, Biblioteca Reale, inizio del XVII secolo.

F. M. MACHET, *Index alphabetique des livres qui si trouvent en la Bibliothèque Royale de Turin en cette année 1713*, Torino 1713, ms. R.I.5 della Biblioteca Nazionale Universitaria di Torino.

F. D. BENCINI, *Indice de' Libri Manoscritti Ebraici, Greci, Latini, Italiani e Francesi i quali la R. M. del Re di Sardegna ha tolti dal suo Regio Archivio per rendere riguardevole la Biblioteca della sua Regia Università di Torino*, Torino 19 agosto 1732, ms. conservato presso l'Archivio di Stato di Torino, Sezione I, *Archivio dell'Archivio, cat. 9, scritture relative alla Biblioteca degli Archivi di Corte, mazzo I* (copia xerografica preso la Biblioteca Nazionale Universitaria di Torino, ms. R.I.28).

Appendice al Pasini, XIX secolo, manoscritto conservato presso la Biblioteca Nazionale Universitaria di Torino, registrante i manoscritti omessi da Pasini nel volume del 1749, o entrati in Biblioteca dopo questa data.

B. PEYRON, *Catalogo dei manoscritti francesi della Biblioteca Nazionale di Torino*, trascrizione frammentaria di G. Tamburini da un manoscritto di proprietà della famiglia Peyron, s.d., consultabile in fotocopia presso la sala Manoscritti della Biblioteca Nazionale Universitaria di Torino.

TESI DI LAUREA, DI SPECIALIZZAZIONE E DI DOTTORATO

1990-1991
M. ALBENGA, *Inventario della Biblioteca Ducale del protomedico e bibliotecario Giulio Torrini (1659)*, tesi di laurea in Letteratura italiana, Università degli Studi di Torino, Facoltà di Lettere e Filosofia, relatore M. Guglielminetti.

1991-1992
V. PODIO, *Le Livre d'heures à l'usage de Rome (650 8) de la Bibliothèque municipale de Grenoble: révélateur d'échanges et d'influences artistiques internationaux au XVe siècle (Savoie, Pays-Bas, Italie)*, mémoire de DEA (Histoire médiévale), directeur de recherche M. Paravy, UFR Sciences humaines, Grenoble.

1998-1999
N. GAUFFRE, *La parure à la cour des comtes et ducs de Savoie (1300-1439). Approvisionnement, confection et distribution*, mémoire de DEA (Histoire médiévale), directeur de recherche C. Guilleré, Université Lumière Lyon 2.
G. SARONI, *Les manuscrits enluminés d'origine française du début du XVe siècle, provenant des collections des comtes et ducs de Savoie: Le Livre du Roy Modus et de la Reine Ratio et Le Chevalier errant de Thomas III de Saluces*, mémoire de DEA (Histoire de l'Art), directeur de recherche M. Pastoureau, Ecole des hautes études en sciences sociales, Parigi.

1999-2000
P. BIANCO, *Un ricettario trecentesco illustrato alla Biblioteca Reale di Torino: il ms. Varia 129*, tesi di laurea in Storia dell'Arte medioevale, Università degli Studi di Torino, Facoltà di Lettere e Filosofia, relatore C. Segre Montel.
C. JACQUEMARD, *Les Artistes à la Cour de Savoie au XIVe siècle*, mémoire de maîtrise (Histoire médiévale) directeurs de recherche C. Guilleré et G. Castelnuovo, Université de Savoie, Chambéry.

2000
L. RIVIÈRE CIAVALDINI, *L'Apocalypse des Ducs de Savoie, entre Westminster et Naples. Spiritualité et pouvoirs princiers dans l'art gothique*, thèse de doctorat (Histoire de l'Art), directeur de recherche M. Paravy, UFR Sciences humaines, Grenoble (2000c).

2000-2003
L. GENTILE, *Processi di rappresentazione del potere principesco in area subalpina, XIII-XVI secoli: riti ed emblemi*, tesi di dottorato in Storia medievale in cotutela tra l'Università degli Studi di Torino e l'Université de Savoie di Chambéry, relatori R. Bordone e C. Guilleré.

OPERE A STAMPA

1655
F. A. DELLA CHIESA, *Fiori di Blasoneria per ornar la Corona di Savoia con i freggi della Nobiltà*, Torino.

1660
S. GUICHENON, *Histoire généalogique de la Royale Maison de Savoie, iusti-fiée par titres, fondations de Monastères, Manuscripts, anciens Monuments, Histoires et autres preuves autenthiques, enrichie de plusieurs Portraits, Seaux, Monnoyes, Sepultures et Armoiries*, 2 volumi, Lione.

1749
G. PASINI, *Codices manuscripti Bibliothecae Regii Taurinensis Athenaei per linguas digesti, et binas in partes distributi, in quarum prima Hebraei et Graeci, in altera Latini, Italici et Gallici*, Torino.

1752-1754
G. DEGLI AGOSTINI, *Notizie istorico-critiche intorno la vita e le opere de-gli scrittori viniziani*, 2 volumi, Venezia (ristampa anastatica, a cura di U. Stefanutti, Bologna 1975).

1759
A. TRAVERSARI, *Latinae epistolae*, Firenze (ristampa fotomeccanica Bologna 1968).

1779
J. SENEBIER, *Catalogue raisonné des manuscrits conservés dans la Bibliothéque de la Ville et République de Genève*, Ginevra.

1830
G. F. HAENEL, *Catalogi Librorum Manuscriptorum qui in Bibliothecis Galliae, Helvetiae, Belgii, Britanniae maioris, Hispaniae, Lusitaniae asservan-tur*, Lipsia (ristampa Hildesheim-NewYork [N.Y.] 1976).

1834
L. CIBRARIO e D. C. PROMIS, *Sigilli de' principi di Savoia*, Torino.

1840
L. CIBRARIO, *Dei governatori, dei maestri e delle biblioteche dei principi di Savoia fino ad Emanuele Filiberto e d'una enciclopedia da questo principe inco-minciata*, in «Memorie della Reale Accademia delle Scienze di Torino», serie II, tomo II, pp. 1-34.

1842
J. MARCHAL, *Catalogue des manuscrits de la Bibliothèque Royale des Ducs de Bourgogne*, 3 volumi, Bruxelles-Lipsia.

1854
H. O. COXE, *Catalogi codicum manuscriptorum Bibliothecae Bodleianae, pars tertia: Codices Graecos et Latinos Canonicianos complectens*, Oxford.

1859
L. MENABREA, *Chroniques de Yolande de France duchesse de Savoie, soeur de Louis XI*, Parigi.

1861
L. CIBRARIO, *Della economia politica del Medioevo*, 2 volumi, Torino.

1861-1888
G. B. DE ROSSI, *Inscriptiones christianae urbis Romae septimo saeculo anti-quiores*, 2 volumi, Roma.

1862
L. DELISLE, *Inventaire des manuscrits conservés à la Bibliothèque Impériale sous les nos. 8823-11503 du fonds latin*, in «Bibliothèque de l'Ecole des Chartes», 23, pp. 277-308 e 469-512.

1863-1938
A. DE FORAS, *Armorial et nobiliaire de l'ancien duché de Savoie*, 6 volumi, Grenoble.

1869
L. CIBRARIO, *Origine e progressi delle istituzioni della Monarchia di Savoia sino alla costituzione del regno d'Italia*, Firenze.
A. DE JUSSIEU, *La Sainte-Chapelle du Château de Chambéry*, in «Mémoires de l'Académie impériale des Sciences, Belles-Lettres et Arts de Savoie», ser. II, X, pp. 65-322.

1870
A. DUFOUR e F. RABUT, *Les peintres et les peintures en Savoie du XIIIe au XIXe siècle*, in «Mémoires et Documents publiés par la Société Savoisienne d'Histoire et d'Archéologie», tomo XII, pp. 7-302.

1875
A. FABRE, *Trésor de la Sainte Chapelle des Ducs de Savoie au Chateau de Chambéry D'après des inventaires inédits des XVe & XVIe siècles*, Lione (pri-ma edizione Vienna 1868).
J. FERNANDEZ MONTAÑA, *El Apocalipsis de san Juan, manuscrito precio-so del Escurial*, in «Museo español de Antiguedades», 4, pp. 443-483.

1876
V. PROMIS, *Inventaire fait au XVe siècle des meubles, ornements religieux, vais-selles, tapisseries, etc., empruntés par le pape Félix V à l'hôtel de la Maison de Savoie*, in «Mémoires et Documents publiés par la Société Savoisienne d'Histoire et d'Archéologie», tomo XV, pp. 297-323.
O. SEECK, *Notitia Dignitatum*, Berlino (ristampa anastatica Francoforte sul Meno 1962).

1877
Catalogue of Additions to the Manuscripts in the British Museum in the Years 1854-1875, Londra.

1880
P. VAYRA, *Il Museo storico della Casa di Savoia nello Archivio di Stato di Torino*, Torino.

1881
P. VAYRA, *Catalogo del Museo storico dell'Archivio di Stato di Torino*, Torino.

1884
P. VAYRA, *Le lettere e le arti alla corte di Savoia nel secolo XV. Inventari dei castelli di Ciamberì, di Torino e di Ponte d'Ain -1497-98*, in «Miscellanea di storia italiana», tomo XXII, pp. 9-248.

1887
G. PARIS, *Un poème inédit de Martin Le Franc*, in «Romania», 16, pp. 383-437.

1889
Catalogue des manuscrits de la bibliothèque municipale de Grenoble, tomo VII, Parigi.

1890
W. D. MACRAY, *Annals of the Bodleian Library*, Oxford.

1892-1893
VESPASIANO DA BISTICCI, *Vite di uomini illustri del secolo XV*, edizione a cura di L. Frati, 3 volumi, Bologna.

1893
P. DURRIEU, *Manuscrits d'Espagne remarquables par leurs peintures*, in «Bibliothèque de l'Ecole des Chartes», 54, pp. 251-326.
F. MUGNIER, *Nicod de Menthon et l'Expédition du Concile de Bâle en 1437*, Parigi.

1894
F. MUGNIER, *Les manuscrits à miniatures de la Maison de Savoie*, Moutiers-Tarentaise.

1894-1896
J. GUIFFREY, *Inventaires de Jean duc de Berry (1401-1416)*, 2 volumi, Parigi.

1895
A. DE CHAMPEAUX, *Jean Colombe enlumineur des ducs de Savoie et de la reine de France Charlotte de Savoie*, in «La Chronique des arts et de la curiosité», n. 16, pp. 154-155.
P. DURRIEU, *Un Manuscrit à miniatures de la Maison de Savoie à la Bibliothèque de l'Escurial*, in «La Chronique des arts et de la curiosité», n. 13, pp. 135-137.

1897
F. MADAN, *A Summary Catalogue of Western Manuscripts in the Bodleian Library at Oxford*, vol. IV, Oxford.

1899
F. CARTA, C. CIPOLLA e C. FRATI (a cura di), *Monumenta Paleographica Sacra. Atlante paleografico artistico compilato sui manoscritti esposti a Torino alla mostra d'arte sacra del 1898*, Torino.

1899-1903
G. F. WARNER, *Illuminated Manuscripts in the British Museum*, Londra.

1900
M. BERTHELOT, *Sur le traité De rebus bellicis, qui accompagne la Notitia dignitatum dans les manuscrits*, in «Journal des Savants», marzo, pp. 171-177.

1901
L. DELISLE e P. MEYER, *L'Apocalypse en français au XIIIe siècle (Bibl. nat. fr. 403)*, Parigi.
P. GIACOSA, *Magistri salernitani nondum editi. Catalogo ragionato della esposizione di storia della medicina aperta in Torino nel 1898*, Torino.
J. GUIFFREY, *Alcune note sulle miniature dell'Apocalisse dell'Escuriale*, in «L'Arte», anno IV, pp. 196-198;
A. VESME e F. CARTA, *I miniatori dell'Apocalisse dell'Escuriale*, in «L'Arte», anno IV, pp. 35-42.

1901-1906
J. VAN DEN GHEYN, *Catalogue des manuscrits de la Bibliothèque Royale de Belgique*, 6 volumi, Bruxelles.

1902
M. SAVONAROLA, *Libellus de Magnificis Ornamentis Regie Civitatis Padue*, ed. a cura di A. Segarizzi, Città di Castello (Rerum Italicarum Scriptores, tomo XXIV, 15).

1903
R. SABBADINI, *Spogli ambrosiani latini: di un nuovo codice della «Notitia Dignitatum»*, in «Studi italiani di filologia classica», vol. XI, pp. 257-263.

1904
M. BORSA, *Correspondence of Humphrey Duke of Gloucester and Pier Candido Decembrio*, in «The English Historical Review», XIX, n. 75, luglio, pp. 509-526.
P. DURRIEU, *Les Manuscrits à peintures de la Bibliothèque incendiée de Turin*, in «La Chronique des arts et de la curiosité», 6, 13 e 20 febbraio, pp. 43-46, 56-58 e 63-65.
P. DURRIEU, *Les Très Riches Heures de Jean de France duc de Berry*, Parigi.

1904-1905
M. PETIT-DELCHET, *Les visions de Saint Jean dans trois Apocalypses manuscrites à figures du XVe siècle*, in «Le Moyen Age», 17, 1904, pp. 385-400; 18, 1905, pp. 65-79.

1905
A. ERBACH VON FÜRSTENAU, *Pittura e miniatura a Napoli nel secolo XIV*, in «L'Arte», anno VIII, fasc. I, pp. 1-17.

1906
G. CARBONELLI, *Il «De Sanitatis Custodia» di Maestro Giacomo Albini di Moncalieri con altri documenti sulla storia della medicina negli Stati Sabaudi nei secoli XIV e XV*, Pinerolo 1906 (Biblioteca della Società Storica Subalpina, XXXV).
M. R. JAMES, *Catalogue of Manuscripts and Early Printed Books from the Libraries of William Morris, Richard Bennet, Bertram Fourth Earl of Ashburnham, and other Sources, now forming Part of the Library of J. Pierpont Morgan*, Londra.

1907
M. BRUCHET, *Le château de Ripaille*, Parigi.

1909
A. BAYOT, *Les manuscrits de provenance savoisienne dans la Bibliothèque de Bourgogne*, in «Mémoires et Documents publiés par la Société Savoisienne d'Histoire et d'Archéologie», tomo XLVII, pp. 307-410.

1910
P. TOESCA, *Antichi affreschi piemontesi*, in «Atti della società piemontese di Archeologia e Belle Arti», vol. VIII, pp. 52-64.

1910-1920
R. DELACHENAL, *Chronique des règnes de Jean II et de Charles V*, 4 volumi, Parigi.

1910-1923
G. ANTOLIN, *Catalogo de los codices latinos de la Real Biblioteca del Escorial*, 5 volumi, Madrid.

1911
H. MARTIN, *Le Boccace de Jean sans Peur, Des cas des nobles hommes et femmes. Reproduction des cent cinquante miniatures du manuscrit 5193 de la Bibliothèque de l'Arsenal*, Bruxelles.
H. OMONT, *Notitia Dignitatum Imperii Romani: reproduction réduite des 105 miniatures du manuscrit latin 9661 de la Bibliothèque Nationale*, Parigi.
P. TOESCA, *Torino*, Bergamo.

1913
F. DE MELY, *Les primitifs et leurs signatures - Les miniaturistes*, Parigi.

1914
R. SABBADINI, *Le scoperte dei codici latini e greci nei secoli XIV e XV*, Firenze (ristampa anastatica, a cura di E. Garin, Firenze 1967).

1915
Illustrations from One Hundred Manuscripts in the Library of Henry Yates Thompson, Londra.

1919-1920
F. WINKLER, *Reisefrüchte. II: Die Apokalypse des Jean Bapteur und Perronet Lami im Escorial*, in «Zeitschrift für bildende Kunst», n.s., 31, pp. 225-232.

1920-1953
J. VIARD, *Les Grandes Chroniques de France*, 10 volumi, Parigi.

1922
L. CARBONELLI, *Amedeo VIII di Savoia ed il libro delle «Due Parole» di maestro Guglielmo Fabri*, in «Bollettino dell'Istituto Storico Italiano dell'Arte Sanitaria», anno II, nn. 7-8 (consultato in estratto).
F. COSENTINI, *Torino-Biblioteca Nazionale*, in A. SORBELLI (a cura di), *Inventari dei manoscritti delle Biblioteche d'Italia* (opera fondata dal Prof. Giuseppe Mazzatinti), vol. XXVIII, Firenze.

1923
P. DE ZURICH, *Le peintre Jean Batheur à Fribourg, en 1453-1454*, in «Annales fribourgeoises», XI, pp. 68-75.

1926
C. PEMÁN, *Las miniaturas del «Apocalipsis de Saboya» de El Escorial y sus autores*, in «Boletin de la Sociedad española de Excursiones», 34, pp. 24-32.

1927
M. R. JAMES, *The Apocalypse in Latin, Ms 10 in the Collection of Dyson Perrins*, Oxford.

1928

A. BAYOT, *Martin Le Franc, L'Estrif de Fortune et de Vertu. Etude du ma-nuscrit 9510 de la Bibliothèque royale de Belgique provenant de l'ancienne «li-brairie» des Croy de Chimay*, Parigi-Bruxelles-New York (N.Y.)

L. ROYER (a cura di), *Bibliothèque de Grenoble. Catalogue de l'Exposition de Manuscrits, Chartes et Objets du Moyen Age*, Grenoble.

1930

A. BLUM e P. LAUER, *La miniature française aux XVe et XVIe siècles*, Parigi-Bruxelles.

F. COGNASSO, *Amedeo VIII (1383-1451)*, 2 volumi, Torino.

1931

M. R. JAMES, *The Apocalypse in Art*, Londra.

1932

E. CORNAZ, *Le mariage palatin de Margherite de Savoie*, in «Mémoires et documents publiés par la Société d'histoire de la Suisse romande», XV.

1933

J. DOMINGUEZ BORDONA, *Manuscritos con pinturas*, 2 volumi, Madrid.

E. G. MILLAR, *Souvenir de l'exposition de manuscrits français à peintures or-ganisée à la Grenville Library (British Museum) en janvier-mars 1932*, Parigi.

1934

P. LEHMANN, *Die mittelalterliche Dombibliothek zu Speyer*, in «Sitzungberichte der Bayerischen Akademie der Wissenschaften, Phil.-hist.Abt.», IV;

V. LEROQUAIS, *Les Bréviaires manuscrits des Bibliothèques publiques de France*, 6 volumi, Parigi.

B. PAGNIN, *Della scrittura padovana nel periodo umanistico*, in «Archivio Veneto», XV, pp. 175-189.

E. G. WAHLGREN, *Renseignements sur quelques manuscrits français de la Bibliothèque Nationale de Turin*, Uppsala.

1934-1935

P. CHENU, *Un souvenir de Chambéry dans l'Apocalypse de l'Escurial illu-strée par Jean Colombe*, in «Mémoires de la Société des antiquaires du Centre», XLVI, pp. 37-55.

1935-1940

S. DE RICCI e W. J. WILSON, *Census of Medieval and Renaissance Manuscripts in the United States and Canada*, 3 volumi, New York (N.Y.) (ristampa anastatica New York [N.Y.] 1961).

1937

L. CIBRARIO e D. C. PROMIS, *Sigilli de' principi di Savoia*, Torino.

A. ERBACH VON FÜRSTENAU, *Die Apokalypse von Santa Chiara*, in «Jahrbuch der Preuszischen Kunstsammlungen», 58, pp. 81-106.

D. L. GALBREATH, *Inventaire des sceaux vaudois*, Losanna.

1937-1938

E. RIGONI, *Giovanni da Ulma è il pittore Giovanni di Alemagna?*, in «Atti e memorie della R. Accademia di Scienze, Lettere ed Arti in Padova», n.s., LIV (Memorie della classe di scienze morali), pp. 131-136.

1937-1945

C. GASPAR e F. LYNA, *Les principaux manuscrits à peintures de la Bibliothèque Royale de Belgique*, 2 volumi, Parigi (ristampa Bruxelles 1984).

1939

V. VIALE (a cura di), *Gotico e Rinascimento in Piemonte*, catalogo della mostra, Torino.

1940

La Bibliothèque de Marguerite d'Autriche, catalogo della mostra, Bruxelles.

A. W. BYVANCK, *Antike Buchmalerei*, in «Mnemosyne», serie III, vol. VIII, fasc. III, pp. 177-198.

J. DE BLASI (a cura di), *I Savoia dalle origini al 1900*, Firenze.

V. VIALE, *Arte alla Corte Sabauda e in Piemonte nel XIV e XV secolo*, in DE BLASI (a cura di) 1940, pp. 35-58.

1944

C. GASPAR e F. LYNA, *Philippe le Bon et ses beaux livres*, Bruxelles.

1947

G. VINAY, *Contributo alla identificazione di alcuni manoscritti frammentari della Nazionale di Torino*, in «Aevum», anno XXI, fascc. 3-4, luglio-di-cembre, pp. 209-232.

1948

O. PÄCHT (a cura di), *Italian Illuminated Manuscripts from 1400 to 1500*, catalogo della mostra, Oxford.

1949

A. P. FRUTAZ, voce *Antonio di Challant*, in *Enciclopedia cattolica*, vol. III, Firenze, coll. 1.369-1.372.

A. WALZ, voce *Balbi, Giovanni*, in *Enciclopedia cattolica*, vol. II, Roma, col. 725.

1950

A. BUGNINI, voce *Croce*, in *Enciclopedia cattolica*, vol. IV, 1950, col. 963.

1952

G. CASTELLINO, voce *penitenziali, salmi*, in *Enciclopedia cattolica*, vol. IX, Roma, col. 1.133.

E. A. THOMPSON, *A Roman Reformer and Inventor*, Oxford.

1953

M. HARRSEN e G. K. BOYCE (a cura di), *Italian Manuscripts in the Pierpont Morgan Library*, New York (N.Y.)

Mostra storica nazionale della miniatura, catalogo della mostra di Roma, Firenze.

E. PANOFSKY, *Early Netherlandish Painting. Its Origins and Character*, Cambridge (Mass.)

1954

P. SIFFRIN e E. JOSI, voce *Benedizione delle Vergini*, in *Enciclopedia Cattolica*, vol. XII, Firenze, coll. 1.264-1.267.

1955

J. PORCHER, *Les enlumineurs des Ducs de Savoie*, in «Revue de Savoie», luglio-agosto-settembre, pp. 235-242.

1955-1959

L. RÉAU, *Iconographie de l'Art Chrétien*, 6 volumi, Parigi.

1958

D. DIRINGER, *The Illuminated Book its History and Production*, Londra.

J. RUYSSCHAERT, *Recherche des deux bibliothèques romaines Maffei des XVe et XVIe siècles*, in «La Bibliofilia», LX, pp. 306-355.

1959

C. GARDET, *Le Livre d'Heures du duc Louis de Savoie*, Annecy.

A. GRISERI, *Nuovi riferimenti per Giacomo Jaquerio*, in «Paragone», an-no IX, n. 115, luglio, pp. 18-35.

P. W. LEHMANN, *Theodosius or Justinian? A Renaissance Drawing of a Byzantine Rider*, in «The Art Bulletin», vol. XLI, n. 1, marzo, pp. 39-57.

C. MANGO, in «The Art Bulletin», vol. XLI, n. 4, dicembre, pp. 351-356.

La miniature flamande. Le mécénat de Philippe le Bon, catalogo della mo-stra di Bruxelles, Amsterdam e Parigi, Bruxelles.

P. SAMBIN, *La biblioteca di Pietro Donato (1380-1447)*, in «Bollettino del Museo Civico di Padova», XLVIII, pp. 53-99.

1960

P. GUERRINI, voce *Albertano da Brescia*, in *Dizionario biografico degli ita-liani*, vol. I, Roma, p. 669.

1962

L. MALLÉ, *Le arti figurative in Piemonte. Dalle origini al periodo romantico*, Torino s.d. (ma 1962, nuova edizione ampliata, 2 volumi, Torino 1973-1974).

1963
A. GRISERI, *Nell'area di Jaquerio e di Bapteur*, in «Paragone», anno XIV, n. 161, maggio, pp. 3-25.
L. MALLÉ, *I dipinti del museo d'arte antica*, Torino.

1963-1982
A. BAUDI DI VESME, *Schede Vesme. L'arte in Piemonte dal XVI al XVIII secolo*, 4 volumi, Torino.

1964
A. AMORE e E. CROCE, voce *Elena*, in *Bibliotheca Sanctorum*, vol. IV, Roma, coll. 988-995.
S. EDMUNDS, *The Missals of Felix V and Early Savoyard Illumination*, in «The Art Bulletin», vol. XLVI, n. 2, giugno, pp. 127-141 (1964a).
S. EDMUNDS, *Jean Bapteur and the marvels of Rome*, in «The Art Quarterly», vol. XXVII, n. 2, pp. 169-175 (1964b).
A. RADAELLI, *Di uno sconosciuto codice lombardo nella Palatina di Parma e del suo miniatore*, in «Aurea Parma», XLVIII, pp. 245-259.
G. SCAGLIA, *The Origin of an Archaelogical Plan of Rome by Alessandro Strozzi*, in «Journal of the Warburg and Courtauld Institutes», XXVII, pp. 137-163.

1965
L. BIELER, *The Text Tradition of Dicuil's Liber de mensura orbis terrae*, in «Proceedings of the Royal Irish Academy», vol. 64, sezione C, n. 1, pp. 1-31.
M. J. DI SAVOIA, *Amedeo VIII di Savoia*, 2 volumi, Milano.
C. GARDET, *De la peinture du Moyen Age en Savoie*, vol. I, *Du XIe au XVe siècle*, Annecy.
A. GRISERI, *Jaquerio e il realismo gotico in Piemonte*, Torino s.d. (ma 1965).

1966
Art et Histoire en Chablais, catalogo della mostra, Thonon-les-Bains.
H. LEHMANN-HAUPT, *Gutenberg and the Master of the Playings Cards*, New Haven (Conn.) - Londra.
O. PÄCHT e J. J. G. ALEXANDER, *Illuminated Manuscripts in the Bodleian Library, Oxford*, vol. I, *German, Dutch, Flemish, French and Spanish schools*, Oxford.
G. B. PROIA e C. MOCCHEGGIANI CARPANO, voce *Innocenzo I*, in *Bibliotheca Sanctorum*, vol. VII, Roma, coll. 840-844.
E. ROTHE, *Buchmalerei aus zwölf Jahrhunderten. Die schönsten illuminierten Handschriften in der Bibliotheken und Archiven der deutschen Demokratischen Republik*, Berlino.
G. TROESCHER, *Burgundische Malerei. Maler und Malwerke um 1400 in Burgund, dem Berry mit der Auvergne und in Savoyen mit ihren Quellen Australhlungen*, Berino.
F. WORMALD e P. M. GILES, *Illuminated Manuscripts in the Fitzwilliam Museum*, Cambridge.

1967
G. DOGAER e M. DEBAE (a cura di), *La librairie de Philippe le Bon*, catalogo della mostra, Bruxelles.
A. LANGE, *Martin le Franc, recteur de Saint-Gervais à Genève et les fresques de cette église*, in «Publication 9 du Centre Européen d'Etudes Burgondo-Médianes», tomo IX, pp. 98-102.
M. MEISS, *French Painting in the Time of Jean de Berry*, vol. I, *The Late XIV Century and the Patronage of the Duke*, Londra-New York (N.Y.)
G. TROESCHER, *Die Pilgerfahrt des Robert Campin. Altniederländische und südwestdeutsche Maler in Südostfrankreich*, in «Jahrbuch der Berliner Museen», 9, pp. 100-134.
M. VIALE FERRERO, *Gli acquisti di arazzi del Conte Verde e Nicolas Bataille*, in *Studi di Storia dell'Arte in onore di Vittorio Viale*, Torino, pp. 63-70.

1967-1968
S. EDMUNDS, *New Light on Bapteur and Lamy*, in «Atti della Accademia delle Scienze di Torino. Classe di scienze morali, storiche e filologiche», vol. 102, pp. 501-554.

1967-1969
L. SIMONETTI, *Monete italiane medioevali e moderne*, I, Casa Savoia, Firenze.

1968
G. HENDERSON, *Studies in English Manuscript Illumination. Part III: The English Apocalypse; II*, in «Journal of the Warburg and Courtauld Institutes», XXXI, pp. 103-147.
I. G. MAIER, *The Giessen, Parma and Piacenza codices of the Notitia Dignitatum with some related texts*, in «Latomus», XXVII, fasc. 1, gennaio-marzo, pp. 96-141.
M. MEISS, *French Painting in the Time of Jean de Berry*, vol. II, *The Boucicaut Master*, Londra 1968.

1969
F. AVRIL, *Trois manuscrits napolitains des collections de Charles V et de Jean de Berry*, in «Bibliothèque de l'Ecole des Chartes», 127, pp. 291-328.
P. COCKSHAW, *Mentions d'auteurs, de copistes, d'enlumineurs et de libraires dans les comptes généraux de l'Etat bourguignon (1348-1419)*, in «Scriptorium», XXIII, pp. 122-144.
C. GARDET, *De la peinture du Moyen Age en Savoie*, vol. III, *L'Apocalypse figurée des ducs de Savoie (Ms. Escurial E.Vitr.V)*, Annecy.
I. G. MAIER, *The Barberinus and Munich codices of the Notitia Dignitatum omnium*, in «Latomus», XXVIII, fasc. 4, ottobre-dicembre, pp. 960-1.035.
V. MONACHINO e C. MOCCHEGIANI CARPANO, voce *Vittore I*, in *Bibliotheca Sanctorum*, vol. XII, Roma, coll. 1.281-1.285.
T. MORAL, voce *Vincenzo*, in *Bibliotheca Sanctorum*, vol. XII, Roma, coll. 1.149-1.155.
CH. STERLING, *Etudes savoyardes I: Au temps du duc Amédée*, in «L'Oeil», n. 178, pp. 2-13.

1970
G. HENDERSON, *An Apocalypse Manuscript in Paris: B.N. ms. lat. 10474*, in «The Art Bulletin», 52, pp. 22-31.
O. PÄCHT e J. J. G. ALEXANDER, *Illuminated Manuscripts in the Bodleian Library, Oxford*, vol. II, *Italian School*, Oxford.

1970-1972
S. EDMUNDS, *The Medieval Library of Savoy*, in «Scriptorium», XXIV, 1970, pp. 318-327; XXV, 1971, pp. 253-284; XXVI, 1972, pp. 269-293.

1971
CH. STERLING, *Etudes savoyardes I. Supplément*, in «L'Oeil», nn. 195-196, pp. 14-19 e 36.

1972
C. ANGELINI (a cura di), *Apocalisse*, Torino.

1973-1974
L. MALLÉ, *Le arti figurative in Piemonte*, 2 volumi, s.d. (ma 1973-1974; edizione originale Torino 1962).

1974
E. L. COX, *The Eagles of Savoy - The House of Savoy in Thirteenth-Century Europe*, Princeton (N.J.)
M. MEISS, *French Painting in the Time of Jean de Berry*, vol. III, *The Limbourgs and their Contemporaries*, New York (N.Y.)
A. H. VAN BUREN e S. EDMUNDS, *Playing Cards and Manuscripts: Some Widely Disseminated Fifteenth-Century Model Sheets*, in «The Art Bulletin», LVI, n. 1, marzo, pp. 12-30.

1975
L. BELLOSI, *I Limbourg precursori di Van Eyck? Nuove osservazioni sui «Mesi» di Chantilly*, in «Prospettiva», 1, pp. 24-34.
C. GARDET, *Jean Bapteur. Peintre héraldiste et miniaturiste fribourgeois à la cour de Savoie*, in «Archives héraldiques suisses», pp. 2-12 (consultato in estratto).
H. W. LIEBERT, *The Charles J. Rosenbloom Bequest*, in «The Yale University Library Gazette», vol. 49, n. 4, aprile, pp. 309-310.
E. PELLEGRIN (a cura di), *Les manuscrits classiques latins de la Bibliothèque Vaticane*, tomo I, *Fonds Archivio San Pietro à Ottoboni*, Parigi.
S. RUTTER e D. GALLUP, *A Checklist of the Bequest [of Charles J. Rosenbloom]*, in «The Yale University Library Gazette», vol. 49, n. 4, aprile, pp. 311-343.

1976

J. J. G. ALEXANDER, *The Illustrated Manuscripts of the Notitia Dignitatum*, in GOODBURN e BARTHOLOMEW (a cura di) 1976, pp. 11-25.

B. GAGNEBIN, *L'enluminure de Charlemagne à François Ier. Les manuscrits à peintures de la Bibliothèque publique et universitaire de Genève*, Ginevra.

R. GOODBURN e P. BARTHOLOMEW (a cura di), *Aspects of the Notitia Dignitatum - Papers presented to the conference in Oxford (December 13 to 15, 1974)*, Oxford (British Archeological Reports, Supplementary series, 15).

W. IRTENKAUF, *Zum Studenbuch des Herzogs Amadeus VIII von Savoyen*, in «Codices manuscripti», 2, pp. 44-50.

E. KÖNIG, *Un grand miniaturiste inconnu du xve siècle français. Le peintre de l'octobre des Très riches Heures du duc de Berry*, in «Les dossiers de l'archéologie», 16, maggio-giugno, pp. 96-123.

M. VICKERS, *Mantegna and Constantinople*, in «The Burlington Magazine», 118, ottobre, pp. 680-687.

1977

D. BYRNE, *Two Hitherto Unidentified Copies of the «Livre des propriétés des choses», from the Royal Library of the Louvre and the Library of Jean de Berry*, in «Scriptorium», XXXI, n. 1, pp. 90-98.

C. GARDET, *Giacomo Jaquerio: Sant'Antonio di Ranverso, Pianezza et Avigliana, Fenis, La Manta, une «Crucifixion» du Museo Civico di Turin, une «Crucifixion» de l'Abbaye d'Hautecombe*, in *Congrès archéologique du Piémont, 129e session - 1971*, Parigi, pp. 514-547.

G. ROMANO (a cura di), *Valle di Susa. Arte e storia dall'XI al XVIII secolo*, catalogo della mostra, Torino.

E. ROSSETTI BREZZI, *La pittura in Valle di Susa tra la fine del Quattrocento e i primi anni del Cinquecento*, in ROMANO (a cura di) 1977, pp. 181-203.

1978

D. BYRNE, *The Boucicaut Master and the Iconographical Tradition of the «Livre des propriétés des choses»*, in «Gazette des Beaux Arts», XCI, novembre, pp. 150-164.

M. LUPO (a cura di), *L'erbario di Trento. Il manoscritto n. 1591 del Museo provinciale d'arte*, Calliano.

F. VAN DER MEER, *L'Apocalypse dans l'art*, Anversa.

1978-1979

R. AMIET, *Catalogue des livres liturgiques manuscrits et imprimés dans les bibliothèques et les archives de Turin*, in «Bollettino storico-bibliografico subalpino», LXXVII, pp. 577-703.

E. CASTELNUOVO, *Le Alpi, crocevia e punto d'incontro delle tendenze artistiche nel xv secolo*, in «Ricerche di Storia dell'Arte», 9, pp. 5-12.

1979

E. CASTELNUOVO, *Giacomo Jaquerio e l'arte nel ducato di Amedeo VIII*, in CASTELNUOVO e ROMANO (a cura di) 1979, pp. 30-57.

E. CASTELNUOVO e G. ROMANO (a cura di), *Giacomo Jaquerio e il gotico internazionale*, catalogo della mostra, Torino.

B. GAGNEBIN, *Le livre d'heures de la comtesse Blanche de Genève*, in *Miscellanea codicologica...*, pp. 345-352.

A. GRISERI, *Ritorno a Jaquerio*, in CASTELNUOVO e ROMANO (a cura di) 1979, pp. 3-29.

Miscellanea codicologica F. Masai dicata, 2 volumi, Gand.

1980

S. BASSI, *Introduzione ai manoscritti della Biblioteca Nazionale Universitaria di Torino*, in SEGRE MONTEL 1980, pp. XVII-XXXIII.

L. BELLOSI, *Giacomo Jaquerio e il gotico internazionale* (recensione alla mostra), in «Prospettiva», n. 20, gennaio, pp. 89-93.

A. BERTINI, *Presentazione*, in SEGRE MONTEL 1980, pp. IX-XII.

G. CLEMENTE, *La Notitia Dignitatum*, in *Passaggio dal Mondo Antico...* 1980, pp. 39-49.

Passaggio dal Mondo Antico al Medio Evo: da Teodosio a San Gregorio Magno, Atti del Convegno Internazionale (Roma, 25-28 maggio 1977), Roma.

C. SANTIAGO AGUT (a cura di), *Apocalipsis figurado de los duques de Saboya. Ms Vitrina I de la Biblioteca de El Escorial*, 2 volumi, Madrid.

C. SEGRE MONTEL, *I manoscritti miniati della Biblioteca di Torino*, vol. I, *I manoscritti latini dal VII alla metà del XIII secolo*, Torino.

G. VAILATI SCHOENBURG WALDENBURG, *I codici miniati alla mostra «Giacomo Jaquerio e il gotico internazionale»*, in «Studi Piemontesi», vol. IX, fasc. 1, marzo, pp. 80-87.

1981

E. CASTELNUOVO, *Postlogium Jaquerianum*, in «Revue de l'Art», LII, pp. 41-46.

G. DE ANDRES, *El Apocalipsis figurado de los Duques de Saboya*, in «Reales Sitios», 18, pp. 21-26.

R. K. EMMERSON, *Antichrist in the Middle Ages. A Study of Medieval Apocalypticism, Art, and Literature*, Seattle (Wash.)

J. GROSJEAN, Y. CHRISTE e M. R. JAMES, *Apocalypse de Jean*, Oxford.

1982

F. AVRIL, *Les manuscrits enluminés de Guillaume de Machaut*, in *Guillaume de Machaut* 1982, pp. 117-132.

Collezioni private bergamasche, Bergamo (Monumenta Bergomensia, LX/***).

Dagli ori antichi agli anni Venti. Le collezioni di Riccardo Gualino, catalogo della mostra di Torino, Milano.

Guillaume de Machaut, Actes du Colloque-Table ronde organisé par l'Université de Reims (Reims, 19-22 aprile 1978), Parigi.

J. PLUMMER (a cura di), *The Last Flowering. French Painting in Manuscripts 1420-1530*, catalogo della mostra, New York (N.Y.)

M. WOLFF, *Some Manuscript Source for the Playing-Card Master's Number Cards*, in «The Art Bulletin», LXIV, n. 4, dicembre, pp. 587-600.

1982-1988

N. J. MORGAN, *Early Gothic Manuscripts*, 2 volumi, Oxford-Londra (*A Survey of Manuscripts Illuminated in the British Isles*, vol. IV).

1983

F. AVRIL, J. P. ANIEL, M. MENTRÉ, A. SAULNIER e Y. ZALUSKA, *Manuscrits enluminés de la péninsule ibérique*, Parigi.

G. F. BERNABÒ DI NEGRO, *L'araldica di Genova*, Genova.

V. BRANCA (a cura di), *Tutte le opere di Giovanni Boccaccio*, vol. IX, *De Casibus virorum illustrium*, Milano.

M. DYKMANS, *Le missel du cardinal Dominique de la Rovere pour la chapelle Sixtine*, in «Scriptorium», 37, 2, pp. 205-238.

P. KLEIN, *Endzeiterwartung und Ritterideologie, Die englischen Bilderapokalypsen der Frühgotik und MS Douce 180*, Graz.

1984

F. AVRIL (a cura di), *Dix siècles d'enluminure italienne (vie-xvie siècles)*, catalogo della mostra, Parigi.

R. I. IRELAND (a cura di), *Anonymi auctoris, De Rebus bellicis*, Lipsia.

Italian Manuscript Painting 1300-1550, catalogo della mostra, New York (N.Y.)

M. NATALE, *Una scheda piemontese: 1435*, in *Scritti di storia dell'arte...* 1984, vol. I, pp. 81-92.

Scritti di storia dell'arte in onore di Federico Zeri, Milano, 2 volumi.

1984-1986

R. K. EMMERSON e S. LEWIS, *Census and Bibliography of Medieval Manuscripts Containing Apocalypse Illustrations, ca. 800-1500*, in «Traditio», XL, 1984, pp. 337-379; XLI, 1985, pp. 367-409; XLII, 1986, pp. 443-472.

1985

J. BACKHOUSE, *Book of Hours*, Londra.

L. FREEMAN SANDLER, *Gothic Manuscripts 1285-1385*, 2 volumi, Oxford (*A Survey of Manuscripts Illuminated in the British Isles, vol. V*).

C. GARDET, *De la peinture du Moyen Age en Savoie*, vol. V, *Les Heures d'Aimée de Saluces, vicomtesse de Polignac et Catherine d'Urfé. Aspects internationaux et évolution dans la peinture des Etats de Savoie au xve siècle*, Annecy.

G. HENDERSON, *The Manuscript Model of the Angers «Apocalypse» Tapestries*, in «The Burlington Magazine», vol. CXXVII, n. 985, aprile, pp. 209-218.

Histoire linguistique de la Vallée d'Aoste du Moyen Age au xviiie siècle, Actes du Séminaire (Saint-Pierre, 16-18 maggio 1983), Aosta.

M. C. LEONELLI, *La dévotion aux saints d'après les livres d'heures confectionnés à Avignon*, in «Mémoires de l'Académie de Vaucluse», VI, pp. 327-335.

Ricerche sulla pittura del Quattrocento in Piemonte, Torino (Strumenti per la didattica e la ricerca, 3).

G. C. SCIOLLA (a cura di), *Le collezioni d'arte della Biblioteca Reale di Torino. Disegni, incisioni, manoscritti figurati*, Torino.

T. SCULLY, *Du Fait de cuisine par Maistre Chiquart, 1420*, in «Vallesia», 40, pp. 101-231.

O. VALLINO, *Codici di primo Quattrocento nella Biblioteca Capitolare di Ivrea*, in *Ricerche sulla pittura...* 1985, pp. 55-65.

F. VARALLO, *I manoscritti figurati*, in SCIOLLA (a cura di) 1985, pp. 183-234.

A. VITALE BROVARONE, *Diffusione dei testi letterari nel Piemonte fra '400 e '500*, in *Histoire linguistique...* 1985, pp. 132-137.

1986

Corpus Vitrearum. Inventaire général des monuments et richesses artistiques de la France, vol. III, *Les vitraux de Bourgogne, Franche-Comté et Rhônes Alpes*, Parigi.

A. GIACCARIA (a cura di), *Manoscritti danneggiati nell'incendio del 1904. Mostra di recuperi e restauri*, catalogo della mostra, Torino.

CH. STERLING, *L'influence de Konrad Witz en Savoie*, in «Revue de l'Art», 71, pp. 17-32.

1986-1990

X. BARRAL I ALTET (a cura di), *Artistes, artisans et production artistique au Moyen Age*, Colloque International du CNRS (Université de Rennes II, 2-6 maggio 1983), Parigi.

F. ROBIN, *L'artiste de cour en France. Le jeu des recommandations et des liens familiaux (XIVe-XVe siècles)*, in BARRAL I ALTET (a cura di) 1986, vol. I, pp. 537-556.

1987

F. AVRIL, M. T. GOUSSET e B. GUENÉE, *Les Grandes Chroniques de France. Reproduction intégrale en fac-similé des miniatures de Fouquet. Manuscrit français 6465 de la Bibliothèque nationale de Paris*, Parigi.

F. AVRIL e P. D. STIRNEMANN, *Manuscrits enluminés d'origine insulaire - VIIe-XXe siècle*, Parigi.

M. DEBAE (a cura di), *La Librairie de Marguerite d'Autriche*, catalogo della mostra, Bruxelles.

A. DE MARTINO, *Costantino Africano*, in PASCA (a cura di) 1987, pp. 50-67.

G. DOGAER, *Flemish Miniature Painting in the 15th and 16th centuries*, Amsterdam.

M. PASCA (a cura di), *La Scuola Medica Salernitana: storia, immagini, manoscritti dall'XI al XIII secolo*, Napoli.

R. PASSONI, voce *Bapteur, Jean*, in ZERI (a cura di) 1987, vol. II, pp. 570-571.

R. PASSONI, voce *Lamy, Peronet*, in ZERI (a cura di) 1987, vol. II, p. 660.

R. PASSONI, *La pittura in Piemonte e Valle d'Aosta nel Quattrocento*, in ZERI (a cura di) 1987, vol. I, pp. 31-52.

P. VITI, voce *Decembrio, Pier Candido*, in *Dizionario biografico degli italiani*, vol. 33, Roma, pp. 488-498.

F. ZERI (a cura di), *La pittura in Italia. Il Quattrocento*, 2 volumi, Milano (prima edizione 1986).

1987-1990

CH. STERLING, *La peinture médiévale à Paris, 1300-1500*, 2 volumi, Parigi.

1988

Dal Piemonte all'Europa: esperienze monastiche nella società medievale, Relazioni e comunicazioni presentate al XXXIV Congresso storico subalpino nel millenario di San Michele della Chiusa (Torino, 27-29 maggio 1985), Torino (Deputazione Subalpina di Storia Patria, Regione Piemonte).

M. DI MACCO e G. ROMANO (a cura di), *Arte del Quattrocento a Chieri. Per i restauri nel Battistero*, Torino.

A. GRISERI, *Le vie dei pellegrinaggi e il segno degli Antoniani*, in *Dal Piemonte all'Europa...* 1988, pp. 41-53.

G. ROMANO, *Momenti del Quattrocento chierese*, in DI MACCO e ROMANO (a cura di) 1988, pp. 11-32.

R. S. WIECK (a cura di), *The Book of Hours in Medieval Art and Life*, Londra.

1989

F. AVRIL, *Le Maître des Heures de Saluces: Antoine de Lonhy*, in «Revue de l'Art», 85, luglio-settembre, pp. 9-34.

M. L. KING, *Umanesimo e patriziato a Venezia nel Quattrocento*, 2 volumi, Roma.

M. P. LAFFITTE e O. GANTIER (a cura di), *1789. Le Patrimoine libéré: 200 trésors entrés à la Bibliothèque Nationale de 1789 à 1799*, catalogo della mostra, Parigi.

M. LUCCO (a cura di), *La pittura nel Veneto. Il Quattrocento*, 2 volumi, Milano.

G. MARIANI CANOVA, *Miniatura e pittura in età tardogotica (1400-1440)*, in LUCCO (a cura di) 1989, vol. I, pp. 193-222.

G. ROMANO, *Sur Antoine de Lonhy en Piémont*, in «Revue de l'Art», n. 85, luglio-settembre, pp. 35-44.

E. ROSSETTI BREZZI, *La pittura in Valle d'Aosta tra la fine del 1300 e il primo quarto del 1500*, Firenze-Torino.

Il Tesoro del Principe. Titoli, carte, memorie per il governo dello Stato, catalogo della mostra, Torino.

1989-1992

L. M. C. RANDALL, *Medieval and Renaissance Manuscripts in the Walters Art Gallery*, 2 volumi, Baltimora (Md.)

1990

B. ANDENMATTEN e D. DE RAEMY (a cura di), *La Maison de Savoie en Pays de Vaud*, catalogo della mostra, Losanna.

M. DEBAE, *La bibliothèque de Marguerite d'Autriche, duchesse de Savoie*, in PARAVICINI BAGLIANI (a cura di) 1990, pp. 147-170.

S. EDMUNDS, *Jean Bapteur et l'Apocalypse de l'Escorial*, in PARAVICINI BAGLIANI (a cura di) 1990, pp. 92-104 (1990a).

S. EDMUNDS, *Catalogue des manuscrits savoyards*, in PARAVICINI BAGLIANI (a cura di) 1990, pp. 193-244 (1990b).

S. EDMUNDS, *L'Apocalypse des ducs de Savoie*, in ANDENMATTEN e DE RAEMY (a cura di) 1990, pp. 232-236 (1990c).

I. FAVARETTO, *Arte antica e cultura antiquaria nelle collezioni venete al tempo della Serenissima*, Roma.

C. GARDET, *Un Livre d'Heures du comte de Piémont, futur Duc Amédée IX de Savoie*, in PARAVICINI BAGLIANI (a cura di) 1990, pp. 109-120.

G. GIACOBELLO BERNARD (a cura di), *Biblioteca Reale-Torino*, Firenze.

J. H. MARROW (a cura di), *The Golden Age of Dutch Painting*, catalogo della mostra, New York (N.Y.)

A. MELOGRANI, *Appunti di miniatura lombarda. Ricerche sul «Maestro delle Vitae Imperatorum»*, in «Storia dell'Arte», 70, pp. 273-314.

E. MONGIANO, *Le missel de Félix V (Amédée VIII de Savoie)*, in PARAVICINI BAGLIANI (a cura di) 1990, pp. 105-108.

A. M. NADA PATRONE, *Médecine et médecins à la cour de Savoie au bas Moyen Age*, in ANDENMATTEN e DE RAEMY (a cura di) 1990, pp. 203-206.

A. PARAVICINI BAGLIANI (a cura di), *Les manuscrits enluminés des comtes et ducs de Savoie*, Torino.

J. C. SCHMITT, *La raison des gestes dans l'Occident médiéval*, Parigi.

Scritti in onore di Giuliano Briganti, Milano.

G. SENA CHIESA (a cura di), *Milano capitale dell'Impero Romano (286-402 d.C)*, catalogo della mostra, Milano.

B. TOSCANO, *Fra «necessità» e «libertà». Appunti su pittori e committenti fra Quattro e Cinquecento*, in *Scritti in onore...* 1990, pp. 61-70.

1991

A. D. HEDEMAN, *The Royal Image. Illustrations of the Grandes Chroniques de France, 1274-1422*, Berkeley (Cal.) - Los Angeles (Cal.) - Oxford.

M. M. MANION e B. J. MUIR (a cura di), *Medieval Texts and Images. Studies of Manuscripts from the Middle Ages*, Sydney.

A. MENNITI IPPOLITO, voce *Donà Pietro*, in *Dizionario biografico degli italiani*, vol. 40, Roma, pp. 789-794.

J. NAUGHTON, *A Minimally-intrusive Presence: Portraits in Illustrations for Prayers to the Virgin*, in MANION e MUIR (a cura di) 1991, pp. 111-126.

1992

B. ANDENMATTEN e A. PARAVICINI BAGLIANI (a cura di), *Amédée VIII-Félix V, premier duc de Savoie et pape (1383-1451)*, Actes du

Colloque International (Ripaille-Losanna, 23-26 ottobre 1990), Losanna (Bibliothèque historique vaudoise 103).

C. BERTELLI, *Amédée VIII et la symbolique pontificale*, in ANDENMATTEN e PARAVICINI BAGLIANI (a cura di) 1992, pp. 375-391.

Biblioteca Apostolica Vaticana. Liturgie und Andacht im Mittelalter, catalogo della mostra di Colonia, Monaco.

E. CASTELNUOVO, *Les fresques du cloître d'Abondance*, in ANDENMATTEN e PARAVICINI BAGLIANI (a cura di) 1992, pp. 405-418.

D. CHAUBET, *Amédée VIII et l'historiographie savoyarde des XVe et XVIe siècles*, in ANDENMATTEN e PARAVICINI BAGLIANI (a cura di) 1992, pp. 63-70.

S. EDMUNDS, *Le patronage artistique de la Maison de Savoie à l'époque d'Amédée VIII*, in ANDENMATTEN e PARAVICINI BAGLIANI (a cura di) 1992, pp. 395-404.

R. K. EMMERSON e B. McGINN (a cura di), *The Apocalypse in the Middle Ages*, Ithaca (N.Y.) - Londra.

C. GARDET, *Le maréchal de Savoie Manfred de Saluces, chef militaire et ambassadeur, fidèle ami du duc Amédée VIII de Savoie*, in ANDENMATTEN e PARAVICINI BAGLIANI (a cura di) 1992, pp. 259-261.

P. K. KLEIN, *The Apocalypse in Medieval Art*, in EMMERSON e McGINN (a cura di) 1992, pp. 159-199.

P. LACROIX e A. RENON, *A propos des stalles de Saint-Claude: quelques notes «savoisiennes»*, in ANDENMATTEN e PARAVICINI BAGLIANI (a cura di) 1992, pp. 435-446.

M. E. LOPEZ, *Colette et Amédée VIII*, in ANDENMATTEN e PARAVICINI BAGLIANI (a cura di) 1992, pp. 317-326.

E. MONGIANO, *Da Ripaille a Losanna: papa del concilio o duca di Savoia?*, in ANDENMATTEN e PARAVICINI BAGLIANI (a cura di) 1992, pp. 363-373.

M. PASTOUREAU, *De la croix à la tiare. Amédée VIII et l'emblématique de la Maison de Savoie*, in ANDENMATTEN e PARAVICINI BAGLIANI (a cura di) 1992, pp. 89-104.

G. ROMANO (a cura di), *La sala baronale del castello della Manta*, Milano.

C. SANTSCHI, *L'érémitisme princier*, in ANDENMATTEN e PARAVICINI BAGLIANI (a cura di) 1992, pp. 71-87.

P. SANTUCCI, *La pittura del Quattrocento*, Torino.

T. SCULLY, *Les «quatre causes principales» du Fait de Cuisine de Maître Chiquart*, in ANDENMATTEN e PARAVICINI BAGLIANI (a cura di) 1992, pp. 457-462.

J. W. STIEBER, *Amédée VIII-Félix V et le concile de Bâle*, in ANDENMATTEN e PARAVICINI BAGLIANI (a cura di) 1992, pp. 339-362.

A. VADON, *Amédée VIII-Félix V dans l'iconographie*, in ANDENMATTEN e PARAVICINI BAGLIANI (a cura di) 1992, pp. 105-119.

1993

F. AVRIL e N. REYNAUD, *Les manuscrits à peintures en France, 1440-1520*, catalogo della mostra, Parigi.

A. BAVA, G. DARDANELLO e G. ROMANO, *Fossano sul finire del Cinquecento*, in ROMANO (a cura di) 1993, pp. 31-58.

Fin des temps et temps de la fin dans l'univers médiéval, Atti del Convegno (Aix-en-Provence, febbraio 1993), Aix-en-Provence (Sénéfiance n. 33/1993).

C. LAPAIRE, *La situation artistique à Genève à l'époque de Jean de Vitry*, in *Pensée, image...* 1993, pp. 63-72.

A. PAGE, *Vêtir le Prince. Tissus et couleurs à la Cour de Savoie (1427-1447)*, Losanna (Cahiers lausannois d'histoire médiévale, 8).

Pensée, image et communication en Europe médiévale. A propos des stalles de Saint-Claude, Actes du Colloque de Saint-Claude et Lons-le-Saunier (24-26 settembre 1990), Besançon.

L. RIVIÈRE, *Le pouvoir exégétique de l'image dans un cycle illustré du XVe siècle: l'Apocalypse figurée des ducs de Savoie (El Escorial, B.L., ms. E.Vit.5)*, in *Fin des temps...* 1993, pp. 413-442.

G. ROMANO (a cura di), *La cattedrale di Fossano*, Fossano.

C. ZAMBRELLI, *Il Libro d'Ore di Beatrice Visconti: le miniature*, in «Bollettino del Museo Bodoniano di Parma», 7, 1993 (scritti in onore di Angelo Ciavarella pubblicati a cura di A. Gatti), pp. 431-448.

1994

B. ANDENMATTEN, A. PARAVICINI BAGLIANI e A. VADON (a cura di), *Héraldique et emblématique de la Maison de Savoie (XIe-XVIe s.)*, Losanna (Cahiers lausannois d'histoire médiévale, 10).

F. FERY-HUE, voce *Isopets*, in HASENOHR e ZINK (a cura di) 1994, pp. 716-718.

J. C. GAFFIOT e D. RIGAUX (a cura di), *Beauté et Pauvreté. L'Art chez les clarisses de France*, catalogo della mostra, Parigi.

G. HASENOHR e M. ZINK (a cura di), *Dictionnaire des lettres françaises. Le Moyen Age*, Parigi (prima edizione Parigi 1964).

Hommage à Michel Laclotte. Etudes sur la peinture du Moyen Age et de la Renaissance, Milano-Parigi.

E. LOPEZ, *Culture et sainteté. Colette de Corbie (1381-1447)*, Saint-Etienne.

M. PASTOUREAU, *L'emblématique princière à la fin du Moyen Age. Essai de lexique et de typologie*, in ANDENMATTEN, PARAVICINI BAGLIANI e VADON (a cura di) 1994, pp. 11-43.

L. PICHARD e S. I. JAMES, voce *Caton (Distiques de)*, in HASENOHR e ZINK (a cura di) 1994, pp. 227-228.

G. ROMANO, voce *Fantini, Guglielmetto*, in *Dizionario biografico degli italiani*, vol. 44, Roma, pp. 643-644.

G. ROMANO, *Tra la Francia e l'Italia: note su Giacomo Jaquerio e una proposta per Enguerrand Quarton*, in *Hommage à Michel Laclotte* 1994, pp. 173-188.

A. VADON, *Les Heures du duc Louis de Savoie (1413-1465). Héraldique, emblématique et datation*, in ANDENMATTEN, PARAVICINI BAGLIANI e VADON (a cura di) 1994, pp. 137-150.

1995

P. BINSKI, *Westminster abbey and the Plantagenets: Kingship and the representation of power, 1200-1400*, New Haven (Conn.) - Londra.

G. BRUNEL-LOBRICHON, D. DINET, J. GREAL e D. VORREUX (a cura di), *Sainte Claire d'Assise et sa postérité*, Actes du Colloque International organisé à l'occasion du VIIIe Centenaire de la naissance de Sainte Claire (29 settembre - 1° ottobre 1994), Nantes.

M. DEBAE (a cura di), *La Bibliothèque de Marguerite d'Autriche. Essai de reconstitution d'après l'inventaire de 1523-1524*, Lovanio-Parigi.

M. R. JUNG, *Situation de Martin Le Franc*, in ORNATO e PONS (a cura di) 1995, pp. 13-30.

M. E. LOPEZ, *Sainte Colette*, in BRUNEL-LOBRICHON, DINET, GREAL e VORREUX (a cura di) 1995, pp. 193-216.

G. MORELLO e S. MADDALO (a cura di), *Liturgia in figura. Codici liturgici rinascimentali della Biblioteca Apostolica Vaticana*, catalogo della mostra, Roma.

M. ORNATO e N. PONS (a cura di), *Pratiques de la culture écrite en France au XVe siècle*, Actes du Colloque International du CNRS (Parigi, 16-18 maggio 1992), Lovanio.

R. W. SCHELLER, *Exemplum. Model-Book Drawings and the Practice of Artistic Transmission in the Middle Ages (ca. 900 - ca. 1470)*, Amsterdam.

1996

W. ANGELELLI e A. G. DE MARCHI, *Pittura dal Duecento al primo Cinquecento nelle fotografie di Girolamo Bombelli*, Milano.

F. AVRIL, *Le Livre des Merveilles, manuscrit fr. 2810 de la Bibliothèque nationale de France*, in AVRIL, GOUSSET, MONFRIN, RICHARD e TESNIÈRE 1996, pp. 291-324.

F. AVRIL, M. T. GOUSSET, J. MONFRIN, J. RICHARD e M. H. TESNIÈRE, *Marco Polo. Le Livre des Merveilles - Manuscrit fr. 2810 de la Bibliothèque nationale de France*, Lucerna.

C. BIANCO (a cura di), *Musica Peregrina. Presenze della Musica Medievale in Piemonte*, catalogo della mostra, Torino.

G. BOTT (a cura di), *La pittura tedesca*, 2 volumi, Milano.

F. BOUCHER, *Histoire du costume en occident*, Parigi (prima edizione Parigi 1965).

M. BUONOCORE (a cura di), *Vedere i Classici. L'illustrazione libraria dei testi antichi dall'età romana al tardo medioevo*, catalogo della mostra, Roma.

M. CAMILLE, *Master of Death. The Lifeless Art of Pierre Remiet Illuminator*, New Haven (Conn.) - Londra.

A. CHÂTELET, *Robert Campin - Le Maître de Flémalle. La fascination du quotidien*, Anversa.

Y. CHRISTE, *L'Apocalypse de Jean. Sens et développements de ses visions synthétiques*, Parigi (Bibliothèque des cahiers archéologiques, XV).

I. DATA (a cura di), *Miscellanea di studi in onore di Alberto Basso*, Torino (Il Gridellino, 17).

S. EDMUNDS, voce *Bapteur [Baptitore; Batheur], Jean*, in TURNER (a cura di) 1996, vol. 3, pp. 188-189.

S. EDMUNDS, voce *Lamy, Peronet [Paronet]*, in TURNER (a cura di) 1996, vol. 18, pp. 684-685.

S. Foister e S. Nash (a cura di), *Robert Campin. New directions in scholarship*, s.l.

A. Giaccaria, *Il codice franco-cipriota J.II.9 e le vicende del fondo manoscritto della Biblioteca Nazionale Universitaria di Torino*, in Data (a cura di) 1996, pp. 7-12.

A. Giardina (a cura di), Anonimo, *Le cose della guerra*, Milano.

F. Joubert, *Création à deux mains: l'élaboration de la tenture de l'Apocalypse d'Angers*, in «Revue de l'art», n. 114, 1996, pp. 48-56.

K. Kügle, *Manoscritti di musica medievale in Piemonte*, in Bianco (a cura di) 1996, pp. 17-22.

S. Nash, *A Fifteenth Century French Manuscript and an Unknown Painting*, in Foister e Nash (a cura di) 1996, pp. 105-113.

S. Pettenati e G. Romano (a cura di), *Il tesoro della città. Opere d'arte e oggetti preziosi da Palazzo Madama*, catalogo della mostra, Torino.

G. Romano, *Da Giacomo Pitterio ad Antoine de Lonhy*, in Romano (a cura di) 1996, pp. 111-209.

G. Romano (a cura di), *Primitivi piemontesi nei musei di Torino*, Torino.

C. Santarelli, *Due manoscritti appartenuti ai Savoia: L'Apocalisse dell'Escorial e il Livre d'Heures du Duc Louis*, in «RIDIM-RCMI newsletter», vol. 21, n. 1, pp. 13-18.

H. M. Schmidt, *La committenza e le forme del gotico*, in Bott (a cura di) 1996, vol. I, pp. 65-149.

J. Turner (a cura di), *The Dictionary of Art*, Londra-New York (N.Y.)

A. van Buren, J. H. Marrow e S. Pettenati (a cura di), *Heures de Turin-Milan. Inv. n. 47. Museo Civico d'Arte Antica-Torino*, Luserna.

M. Wolff, voce *Master of the Playing Cards*, in Turner (a cura di) 1996, vol. 20, pp. 745-746.

1997

L. Avezza, *Appunti su Guglielmetto Fantini*, in «Arte Cristiana», LXXXV, 778, pp. 11-26.

J. Backhouse, *Illuminated Page. Ten centuries of Manuscript Painting in the British Library*, Londra.

E. Castelnuovo e T. A. Hermanes, *La peinture*, in Paravicini Bagliani, Felber, Morerod e Pasche (a cura di) 1997, pp. 517-554.

R. Comba (a cura di), *Storia di Torino*, vol. II, *Il basso Medioevo e la prima età moderna (1280-1536)*, Torino.

I. Data, *La biblioteca di Anna di Cipro e Ludovico di Savoia*, in de Caria e Taverna (a cura di) 1997, pp. 25-34.

F. de Caria e D. Taverna (a cura di), *Anna di Cipro e Ludovico di Savoia e i rapporti con l'oriente latino in età medioevale e tardomedioevale*, Atti del Convegno Internazionale (Château de Ripaille - Thonon les Bains, 15-17 giugno 1995), Torino (Biblioteca dell'Istituto per i Beni Musicali in Piemonte, 3).

A. Griseri, *Le arti alla corte di Amedeo VIII*, in Comba (a cura di) 1997, pp. 659-692 (1997a).

A. Griseri, *Le svolte della moderna cultura artistica*, in Comba (a cura di) 1997, pp. 692-702 (1997b).

G. Mariani Canova, *Per la storia della chiesa e della cultura a Padova: manoscritti e incunaboli miniati dal vescovo Pietro Donato ai canonici lateranensi di San Giovanni di Verdara*, in Trolese (a cura di) 1997, pp. 165-185.

A. Paravicini Bagliani, J. P. Felber, J. D. Morerod e V. Pasche (a cura di), *Les Pays romands au Moyen Âge*, Losanna.

M. Pastoreau, *Traité d'héraldique*, Parigi (prima edizione 1979).

A. Quazza e S. Castronovo, *Miniatura trecentesca in Piemonte: produzione locale e circolazione di manoscritti*, in Romano (a cura di) 1997, pp. 319-357.

G. Romano (a cura di), *Pittura e miniatura del Trecento in Piemonte*, Torino.

G. Saroni, *Tra la Lombardia e la Francia: pittori e committenti del Trecento in area torinese*, in Romano (a cura di) 1997, pp. 141-171.

F. G. B. Trolese (a cura di), *Studi di storia religiosa padovana dal Medioevo ai nostri giorni. Miscellanea in onore di mons. Ireneo Daniele*, Padova (Fonti e ricerche di storia ecclesiastica padovana, XXV).

F. Zeri e A. G. de Marchi (a cura di), *La Spezia. Museo Civico Amedeo Lia - Dipinti*, Milano.

1998

L. Beschi, *I disegni ateniesi di Ciriaco: analisi di una tradizione*, in Paci e Sconocchia (a cura di) 1998, pp. 83-102.

F. Boespflug e E. König, *Les «Très Belles Heures» de Jean de France, duc de Berry. Un chef-d'oeuvre au sortir du Moyen Âge*, Parigi.

P. Cattin (a cura di), *Peintures murales médiévales des églises de Rhône-Alpes*, Lione (Cahiers René de Lucinges, 7).

M. Cortesi e E. V. Maltese, *Ciriaco traduttore dal greco*, in Paci e Sconocchia (a cura di) 1998, pp. 201-215.

G. Cracco (a cura di), *Storia della chiesa di Ivrea dalle origini al XV secolo*, Roma.

F. di Benedetto, *Un codice epigrafico di Ciriaco ritrovato*, in Paci e Sconocchia (a cura di) 1998, pp. 147-167.

F. Elsig, *Notes sur la peinture en Savoie autour de 1450*, in «Nuovi Studi», anno III, 5, pp. 25-28.

G. Giacobello Bernard (a cura di), *Leonardo e le meraviglie della Biblioteca Reale di Torino*, catalogo della mostra di Torino, Milano.

C. Heid-Guillaume e A. Ritz, *Manuscrits médiévaux de Chambéry. Textes et enluminures*, Parigi.

M. Landolfi, *Ciriaco e il collezionismo di antichità greche nel piceno*, in Paci e S. Sconocchia (a cura di) 1998, pp. 443-449.

I. Massabò Ricci, M. Carassi e L. C. Gentile (a cura di), *Blu, Rosso e Oro. Segni e colori dell'araldica in carte, codici e oggetti d'arte*, catalogo della mostra di Torino, Milano.

G. Paci e S. Sconocchia (a cura di), *Ciriaco d'Ancona e la cultura antiquaria dell'Umanesimo*, Atti del Convegno Internazionale (Ancona, 6-9 febbraio 1992), Reggio Emilia.

L. Rivière, *La guerre apocalyptique. Le réalisme des combats eschatologiques peints par Jean Bapteur dans l'Apocalypse figurée des ducs de Savoie*, in Sorrel (a cura di) 1998.

C. Segre Montel, F. Crivello e A. Quazza, *I manoscritti miniati della Capitolare: produzione locale, committenze e acquisizioni*, in Cracco (a cura di) 1998, pp. 643-657.

M. Smeyers, *L'Art de la Miniature flamande du VIIIe au XVIe siècle*, Tournai.

C. Sorrel (a cura di), *La société savoyarde et la guerre. Huit siècles d'histoire (XIIIe-XXe siècles)*, Actes du XXXVIe Congrès des Sociétés Savantes de la Savoie (Montmélian, 21-22 septembre 1996), Chambéry (Mémoires et Documents de la Société Savoisienne d'Histoire et d'Archéologie, 100), pp. 101-111.

1999

G. Baldissin Molli, G. Canova Mariani e F. Toniolo (a cura di), *La miniatura a Padova dal Medioevo al Settecento*, catalogo della mostra di Padova, Modena.

G. Bartz, *Der Boucicaut Meister. Ein unbekanntes Studenbuch* [Illuminationen, I], Rotthalmünster.

Book of Hours Illuminated by the Master of the Breviary of Jean sans Peur, catalogo della vendita Sotheby's del 7 dicembre, Londra.

V. Branca (a cura di), *Boccaccio visualizzato. Narrare per parole e per immagini tra Medioevo e Rinascimento*, 3 volumi, Torino.

B. Buettner, *Il commercio di immagini: i mercanti, i Rapondi e il Boccaccio in Francia*, in Branca (a cura di) 1999, vol. III, *Opere d'arte d'origine francese, fiamminga, inglese, spagnola, tedesca*, pp. 19-28.

E. Castelnuovo (a cura di), *Le Stanze di Artù. Gli affreschi di Frugarolo e l'immaginario cavalleresco nell'autunno del Medioevo*, catalogo della mostra di Alessandria, Milano.

S. Castronovo e A. Quazza, *La circolazione dei romanzi cavallereschi fra il XIII e l'inizio del XV secolo tra Savoia e area padana*, in Castelnuovo (a cura di) 1999, pp. 91-106.

C. Charles, *Stalles sculptées du XVe siècle. Genève et le duché de Savoie*, Parigi.

V. dal Santo, *Miniatori e «scriptores» presenti a Padova. Notizie d'archivio edite ed inedite (secoli XII-XVI)*, in Baldissin Molli, Canova Mariani e Toniolo (a cura di) 1999, pp. 573-588.

I. Data e K. Kügle, *Il Codice J.II.9 - Torino, Biblioteca Nazionale Universitaria - Edizione in facsimile*, Lucca.

M. Ostorero, A. Paravicini Bagliani, K. Utz Tremp (a cura di), *L'imaginaire du sabbat. Edition critique des textes les plus anciens (1430c. - 1440c.)*, Losanna (Cahiers lausannois d'histoire médiévale, 26).

E. Romanello, *Il Maestro di Lusernetta e alcune considerazioni sulla pittura tardogotica pinerolese*, in «Bollettino della Società piemontese di Archeologia e Belle Arti», n.s., LI, pp. 275-300.

P. Rosenberg (a cura di), *La pittura francese*, 3 volumi, Milano.

M. H. Tesnière, *I codici illustrati del Boccaccio francese e latino nella Francia e nelle Fiandre del XV secolo*, in Branca (a cura di) 1999, vol. III, *Opere d'arte d'origine francese, fiamminga, inglese, spagnola, tedesca*, pp. 3-17.

D. Thiebaut, *Dal 1435 al 1500: il primato artistico dei pittori*, in Rosenberg (a cura di) 1999, vol. I, pp. 105-165.

2000

B. ANDENMATTEN, A. PARAVICINI BAGLIANI e E. PIBIRI (a cura di), *Pierre II de Savoie «Le Petit Charlemagne» († 1268)*, Actes du Colloque International (Losanna, 30-31 maggio 1997), Losanna (Cahiers lausannois d'histoire médiévale, 27).

Art et artistes en Savoie, Actes du XXXVIIe Congrès des Sociétés Savantes de Savoie (Thonon-les-Bains, 19-20 settembre 1998), Saint-Juste-la-Pendue.

S. BAIOCCO, *Il procedere degli studi sulla cultura jaqueriana*, in CANAVESIO (a cura di) 2000, pp. 11-25.

L. BELLOSI, *La tavoletta di Gabella del 1444, il «Maestro dei monocromi di Monticiano» e un probabile modello perduto di Ambrogio Lorenzetti*, in «Prospettiva», n. 100, ottobre, pp. 36-40.

W. CANAVESIO (a cura di), *Jaquerio e le arti del suo tempo*, Beinasco.

E. CASTELNUOVO, *La cattedrale tascabile. Scritti di storia dell'arte*, Livorno.

J. P. CHAPUISAT, *Pierre de Savoie, les affaires anglaises et la politique européenne (1252-1255) ou: trois années très remplies*, in ANDENMATTEN, PARAVICINI BAGLIANI e PIBIRI (a cura di) 2000, pp. 257-264.

A. CHÂTELET, *L'âge d'or du manuscrit à peintures en France au temps de Charles VI et les Heures du Maréchal de Boucicaut*, Digione.

Y. JOCTEUR MONTROZIER (a cura di), *Mille ans d'écrits. Trésors de la bibliothèque municipale de Grenoble*, catalogo della mostra, Grenoble.

E. W. KIRSCH, *European Ramifications of a Book of Hours of Beatrice della Scala and Anne de Lusignan*, in SEIDEL (a cura di) 2000, pp. 109-127.

V. PODIO, *Feuillets enluminés insérés dans un livre d'heures de la Bibliothèque municipale de Grenoble (ms. 650.8)*, in «Scriptorium», LIV, fasc. 2, pp. 289-297.

L. RIVIÈRE CIAVALDINI, *L'Apocalypse de Galois de Viry et la «Croisade» de 1366 (Paris, BNF, Ms. Lat. 688)*, in *Art et artistes en Savoie...* 2000, pp. 69-82 (2000a).

L. RIVIÈRE CIAVALDINI, *Jean Colombe entre Naples et la Savoie. A propos de l'Apocalypse des ducs de Savoie*, in «Arte cristiana», LXXXVIII, 798, maggio-giugno, pp. 181-200, LXXXVIII, 799, luglio-agosto, pp. 259-268 (2000b).

R. H. ROUSE e M. A. ROUSE, *Illiterati et uxorati. Manuscripts and their Makers. Commercial Book Producers in Medieval Paris 1200-1500*, 2 volumi, Londra-Turnhout.

M. SEIDEL (a cura di), *L'Europa e l'arte italiana*, Convegno Internazionale (Firenze, 22-27 settembre 1997), Venezia.

A. TARTUFERI (a cura di), *Giotto. Bilancio critico di sessant'anni di studi e di ricerche*, catalogo della mostra, Firenze.

2001

F. AVRIL, *La iluminación francesa del siglo XV y el mundo mediterráneo*, in NATALE (a cura di) 2001, pp. 63-78 (2001a).

F. AVRIL, *Le parcours exemplaire d'un enlumineur parisien à la fin du XIVe siècle. La carrière et l'oeuvre du Maître du Policratique de Charles V*, in FLEITH e MORENZONI (a cura di) 2001, pp. 265-282 (2001b).

C. BARSANTI, *Costantinopoli e l'Egeo nei primi decenni del XV secolo: la testimonianza di Cristoforo Buondelmonti*, in «Rivista dell'Istituto nazionale d'Archeologia e Storia dell'arte», anno XXIV, III serie, 56, pp. 83-253.

N. BLANCARDI, *Les petits princes. Enfance noble à la cour de Savoie (XVe siècle)*, Losanna (Cahiers lausannois d'histoire médiévale, 28).

P. BROILLET e N. SCHÄTTI, *La reconstruction de l'église paroissiale (après 1431 - après 1449)*, in *Les monuments d'art et d'histoire...* 2001, pp. 104-142.

B. BUETTNER, *Past Presents: New Year's Gifts at the Valois Courts, ca. 1400*, in «The Art Bulletin», vol. LXXXIII, n. 4, dicembre, pp. 598-625.

L. CAVAZZINI e A. GALLI, *Scultura in Piemonte tra Gotico e Rinascimento. Appunti in margine a una mostra e nuove proposte per il possibile Jean Prindalle*, in «Prospettiva», nn. 103-104, luglio-ottobre, pp. 113-132.

A. DELLA LATTA, *A propos d'un coffret en cuir. Les scènes de la Passion de Lucques: arts décoratifs et arts majeurs en Flandre vers 1400*, in «Revue de l'Art», 134, pp. 61-74.

F. ELSIG, *De Pierre Maggenberg à Hans Fries: la peinture à Fribourg au XVe siècle*, in «Kunstchronik», 11, pp. 530-538.

L. FARINELLI (a cura di), *Cum picturis ystoriatum. Codici devozionali e liturgici della Biblioteca Palatina*, catalogo della mostra, Parma.

B. FLEITH e F. MORENZONI (a cura di), *De la sainteté à l'hagiographie. Genèse et usage de la Legende dorée*, Colloque International (Université de Genève, 12-13 marzo 1999), Ginevra.

Les monuments d'art et d'histoire du canton de Genève, vol. II, *Genève, Saint-Gervais: du bourg au quartier*, Berna.

M. NATALE (a cura di), *El Renacimiento Mediterráneo. Viajes de artistas e itinerarios de obras entre Italia, Francia y España en el siglo XV*, catalogo della mostra di Madrid e Valenza, Madrid.

E. PAGELLA (a cura di), *Tra Gotico e Rinascimento. Scultura in Piemonte*, catalogo della mostra, Torino.

A. PARIBENI, *Iconografia, committenza, topografia di Costantinopoli: sul cassone di Apollonio di Giovanni con la «Conquista di Trebisonda»*, in «Rivista dell'Istituto nazionale d'Archeologia e Storia dell'arte», anno XXIV, III serie, 56, pp. 255-304.

G. ROMANO, *Il Piemonte occidentale e l'oltralpe, 1300-1450. Frammenti di un profilo critico*, in PAGELLA (a cura di) 2001, pp. 60-63.

I. VILLELA-PETIT, *Devises de Charles VI dans les Heures Mazarines, la personnalisation d'un manuscrit*, in «Scriptorium», LV, fasc. 1, pp. 80-92.

2002

T. H. BORCHERT (a cura di), *The Age of Van Eyck. The Mediterranean World and Early Netherlandish Painting, 1430-1530*, catalogo della mostra, Bruges.

T. H. BORCHERT, *The Mobility of Artists. Aspects of Cultural Transfer in Renaissance Europe*, in BORCHERT (a cura di) 2002, pp. 33-63.

E. CASTELNUOVO, *Alla corte dei duchi di Savoia*, in CASTELNUOVO e DE GRAMATICA (a cura di) 2002, pp. 204-223 (2002a).

E. CASTELNUOVO, *L'Autunno del Medioevo nelle Alpi*, in CASTELNUOVO e DE GRAMATICA (a cura di) 2002, pp. 17-33 (2002b).

E. CASTELNUOVO e F. DE GRAMATICA (a cura di), *Il Gotico nelle Alpi 1350-1450*, catalogo della mostra, Trento.

G. CASTELNUOVO, *Les étrangers du prince: cour, crédit et seigneurie en Savoie à la fin du Moyen Âge*, in «Revue du Nord», tomo 84, nn. 345-346, aprile-settembre, pp. 429-452.

G. CASTELNUOVO e M. A. DERAGNE, *Peintres et ménétriers à la cour de Savoie sous Amédée VIII (1391-1451). Salaires, statuts et entregent*, in GUIDOBALDI (a cura di) 2002, pp. 31-59.

S. CASTRONOVO, *La biblioteca dei conti di Savoia e la pittura in area savoiarda (1285-1343)*, Torino (2002a).

S. CASTRONOVO, *Il mondo cavalleresco. L'Italia nord-occidentale*, in CASTELNUOVO e DE GRAMATICA (a cura di) 2002, pp. 224-237 (2002b).

L. CAVAZZINI, *Tra Fiandre, Francia e Valle Padana. Percorsi internazionali della scultura fra Tre e Quattrocento*, in CASTELNUOVO e DE GRAMATICA (a cura di) 2002, pp. 187-199.

R. COMBA e G. COMINO (a cura di), *Dal manoscritto al libro a stampa nel Piemonte sud-occidentale (secoli XIII-XVII)*, Atti del Convegno di Mondovì (16 febbraio 2002), Cuneo (Bollettino della Società per gli studi storici, archeologici ed artistici della provincia di Cuneo, n. 127)

F. ELSIG, *La peinture en Savoie et en Franche-Comté durant la première moitié du XVIe siècle*, in NATALE e ELSIG (a cura di) 2002, pp. 77-94.

M. FRATINI, *Il panorama figurativo a Pinerolo fra Trecento e Quattrocento. Documenti e monumenti*, in «Bollettino storico-bibliografico subalpino», anno C, primo semestre, pp. 219-261.

N. GUIDOBALDI (a cura di), *Regards croisés. Musiques, musiciens, artistes et voyageurs entre France et Italie au XVe siècle*, Actes du Colloque International (Tours 1999), Parigi.

J. HALL, *Dizionario dei soggetti e dei simboli nell'arte*, Milano (edizione originale Londra 1974).

M. KEMP, *« Your humble servant and painter»: Towards a History of Leonardo da Vinci in his Contexts of Employment*, in «Gazette des Beaux-Arts», CXL, ottobre, pp. 181-194.

J. H. MARROW, *Une page inconnue des Heures de Turin*, in «Revue de l'Art», n. 135, 1, pp. 67-76.

Medieval Mastery. Book Illumination from Charlemagne to Charles the Bold, 800-1475, catalogo della mostra, Lovanio.

M. NATALE e F. ELSIG (a cura di), *La Renaissance en Savoie. Les arts au temps du duc Charles II (1504-1553)*, catalogo della mostra, Ginevra.

E. PAGELLA (a cura di), *Gotico sulle vie di Francia*, catalogo della mostra, Siena.

F. QUASIMODO, *Una segnalazione per Antoine de Lonhy: il Libro d'Ore della biblioteca del seminario di Cuneo*, in COMBA e COMINO (a cura di) 2002, pp. 17-39.

F. THÜRLEMANN, *Robert Campin. A monographic critical catalogue*, Monaco-Berlino-Londra-New York (N.Y.)

2003

J. J. G. ALEXANDER, *I miniatori medievali e il loro metodo di lavoro*, Modena (edizione originale New Haven [Conn.] - Londra 1992).

S. BAIOCCO, S. CASTRONOVO e E. PAGELLA (a cura di), *Arte in Piemonte*, vol. II, *Il Gotico*, Torino.

B. BLUMENKRANZ, *Il cappello a punta. L'ebreo medievale nello specchio dell'arte cristiana*, edizione italiana a cura di C. Frugoni, Bari.

B. BOUSMANNE, F. JOHAN e C. VAN HOOREBEECK (a cura di), *La Librairie des ducs de Bourgogne. Manuscrits conservés à la Bibliothèque royale de Belgique*, vol. II, *Textes didactiques*, Turnhout.

F. ELSIG, *Pour une géographie de l'art médiéval en Suisse*, in «Zeitschrift für Schweizerische Archäologie und Kunstgeschichte», 60, pp. 91-98.

G. GIACOBELLO BERNARD e E. PAGELLA (a cura di), *Van Eyck, Antonello, Leonardo. Tre capolavori del Rinascimento*, catalogo della mostra, Torino.

D. RECROSIO, *Les peintures murales du cloître d'Abondance: histoire d'un succès précoce*, in «Zeitschrift für Schweizerische Archäologie und Kunstgeschichte», 60, 3, pp. 257-275.

E. ROSSETTI BREZZI (a cura di), *Fragmenta picta. Testimonianze pittoriche dal castello di Quart - Secoli XIII-XVI*, catalogo della mostra al castello di Sarriod de La Tour, Aosta.

E. ROSSETTI BREZZI, *La pittura gotica in Valle d'Aosta*, in ROSSETTI BREZZI (a cura di) 2003, pp. 12-19.

Sculpture gothique dans les Etats de Savoie 1200-1500, catalogo della mostra, Chambéry.

2004

T. CREPIN-LEBLOND (a cura di), *Louis d'Orléans et Valentine Visconti. Mécénat et politique autour de 1400*, catalogo della mostra di Blois, Parigi.

B. DE CHANCEL-BARDELOT (a cura di), *Une fondation disparue de Jean de France, duc de Berry: la Sainte-Chapelle de Bourges*, catalogo della mostra di Bourges, Parigi.

S. N. FLIEGEL e S. JUGIE (a cura di), *L'art à la cour de Bourgogne. Le mécénat de Philippe le Hardi et de Jean sans Peur (1364-1419)*, catalogo della mostra di Digione, Parigi.

I. NASO (a cura di), *Alma Felix Universitas Studii Taurinensis. Lo studio generale dalle origini al primo Cinquecento*, Torino.

A. QUAZZA e C. SEGRE MONTEL, *Libri tra professori e studenti: circolazione di manoscritti e biblioteche personali*, in NASO (a cura di) 2004, pp. 269-301.

I. VILLELA-PETIT, *Le Gothique International. L'art en France au temps de Charles VI*, Parigi.

Les Très Riches Heures du duc de Berry et l'enluminure en France au début du XVe siècle, catalogo della mostra di Chantilly, Parigi.

E. TABURET-DELAHAYE e F. AVRIL (a cura di), *Paris 1400. Les arts sous Charles VI*, catalogo della mostra, Parigi.

Indice dei nomi

Indice dei manoscritti

© 2004 UMBERTO ALLEMANDI & C.

FINITO DI STAMPARE NEL MESE DI OTTOBRE 2004
PRESSO LA STAMPERIA ARTISTICA NAZIONALE, TORINO

FOTOLITO FOTOMEC, TORINO

DESKTOP PUBLISHING CARLO NEPOTE E FEDERICA SAVORETTI

DISTRIBUTORE ESCLUSIVO ALLE LIBRERIE
MESSAGGERIE LIBRI